中國近代期刊彙刊·第二輯

新民叢報

十二
（柒拾陸——捌拾貳號）

中華書局

新民叢報

明治三十一年十二月二十七日（第三種郵便物認可）（每月二回發行）

第肆年第肆號

（原第七十六號）

光緒三十二年二月十五日　明治三十九年三月九日

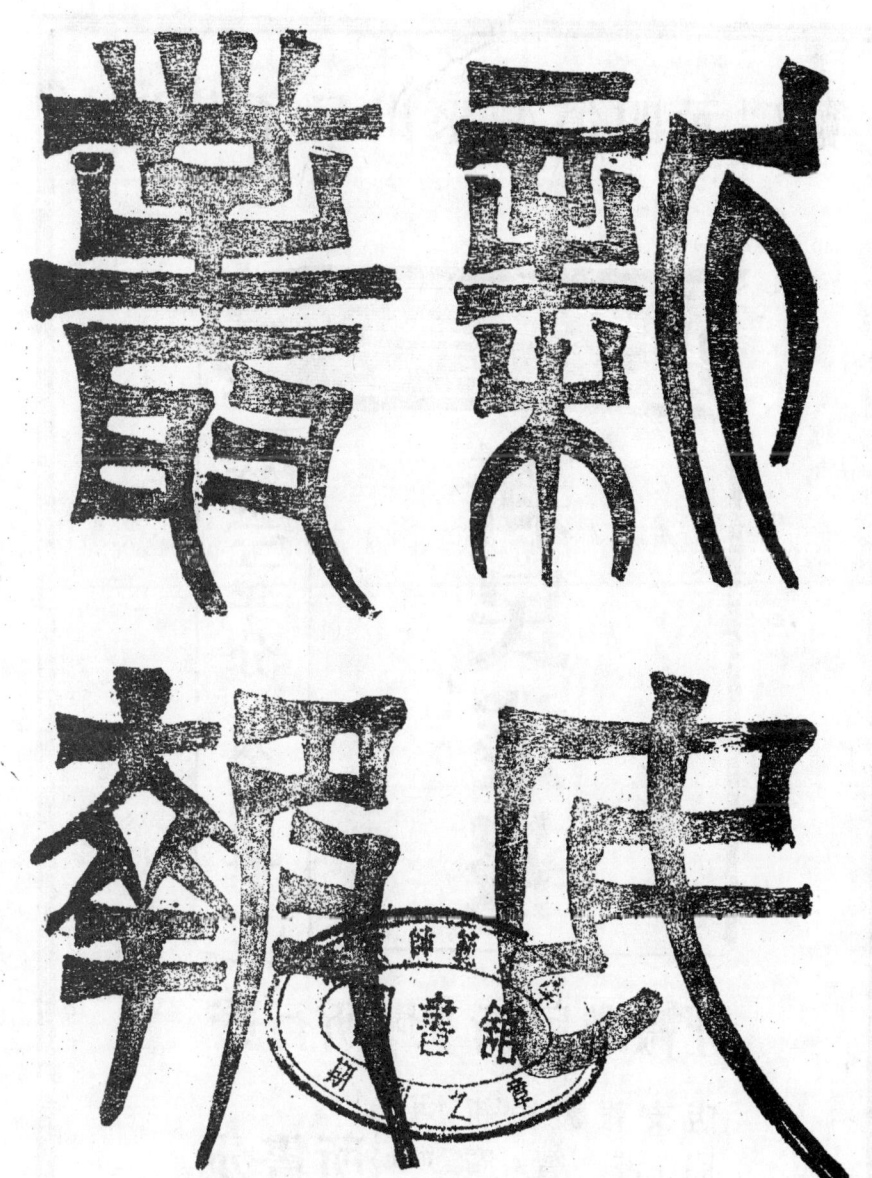

一〇二八八

新民叢報第肆年第肆號目錄

（原第七十六號）

報資及郵費價目表

	全年 廿四冊	半年 十二冊	零售
報資	五元	二元六角	二角五分
上海郵費	二角四分	一角二分	一分
上海轉寄內地郵費	一元二角	六角	五分
各外埠郵費	一元四角四分	七角[illegible]分	六分
四川、雲南、陝西、貴州、山西、甘肅等省郵費	二元八角八分	一元四角四分	一角二分
日本各地及日郵已通之中國各口岸每冊一仙			

廣告價目表

洋裝一頁	洋裝半頁
十元	六元

惠登廣告至少以半頁起算刊資先惠論前加倍欲登長年半年者價當面議從減

編輯兼發行者　馮紫珊

印刷者　陳侶笙

發行所　橫濱山下町百六十番　新民叢報社

上海發行所　四馬路老巡捕房對面　新民叢報支店

印刷所　新民叢報活版部

商業教本

是書爲英國闢脫門原著彼國學堂之課本也寰球商務以英爲冠故其國最重商而言商業之書亦最精吾國載籍雖博士大夫以賤商之故商業向無專書今各省競設商業學堂其不得不借助於他國人之撰述者勢也本局特託曹蔡二君譯成此書文筆雅潔譯言精審非率爾操觚者可比凡欲研究商業者宜一讀不特可爲學堂之教本而已每部定價大洋五角五分

總發行所　上海棋盤街　廣智書局

世界最大工程意大利禮拜堂

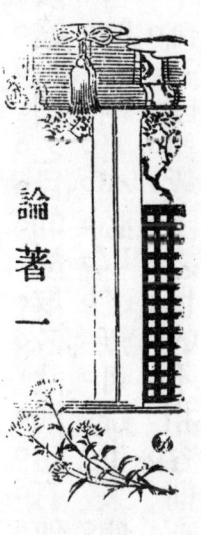

申論種族革命與政治革命之得失

飲冰

吾於所著開明專制論第八章、曾極言種族革命與政治革命之非同物。亦幾詳且盡矣。乃今覆誦陳君天華遺書。益有所感觸而不能已於言者。用更述所懷以質諸我國民。

吾與陳君相識不過一年。晤譚不過兩次。然當時已敬其爲人。非於其今之既死而始借其言以爲重也。但君既以一死欲易天下。則後死者益崇拜之而思竟其志。亦義所宜然。吾以爲當世諸君子中或有多數焉。其交陳君也。視吾久且稔。而其知陳君也。不若吾眞且深。吾請言吾所欲言可乎。

陳君曰「鄙人以救國爲前提。苟可以達其目的者。其行事不必與鄙人合也」（此文所謂行事。）

必非徒指自湛一事。殆指一般行事而言。則君之意苟與彼同目的者正不必與彼同手段其言甚明若雖與彼同手段而不與彼同目的者其必非君之所許此意又在言外也然則君之手段安在其言曰『革命之中有置重於民族主義者有置重於政治問題者鄙人所主張固重政治而輕民族』是其於政治革命與種族革命兩義之中認政治革命爲可以達救國目的之手段而不認種族革命爲可以達救國目的之手段章章明甚雖謂政治革命爲君唯一之手段焉可也雖然君又言曰『鄙人之排滿也非如倡復仇論者所云云仍爲政治問題也』是其既認政治革命爲可以達救國目的之手段而復認種族革命爲可以達政治革命目的之手段於是吾得命政治革命爲君之本來手段亦曰第一手段亦曰直接手段得命種族革命爲君之補助手段亦曰第二手段亦曰間接手段然則君有兩手段乎曰否否其手段仍唯一也蓋君認種族革命爲可以補助政治革命而間接以達救國之目的故取之然則苟有他道焉可以補助政治革命而間接以達救國之目的者則君亦必取之無可疑也又使君一旦幡然而覺種族革命不足以補助政治革命甚或與救國之目的不相容則亦必幡然棄之無可疑也蓋君之意以爲此目的萬不許犧牲若夫手段則聽各人自由焉選擇其適此目的者而犧牲其不適此目的者故苟別有他道焉足以救國則君雖並其政治革命之本來手段而犧牲之亦所不辭而種族革命之補助手段更無論也故曰『苟可以達其目的者其行事不必與鄙人合也』

是故當知。苟以復仇爲前提者是先與君之目的相戾萬不許其引君之言以爲重故復仇論可置勿道。

既以救國爲目的而別擇所當用之手段。然則君所採之手段。適耶。不適耶。吾得斷言曰適也蓋君以政治革命爲唯一之手段而以將來大勢推之苟能有政治革命則實足以救今後之中國苟非有政治革命則不能救今後之中國故曰適也試以論理法演之則先定一大前提而以兩小前提生出兩斷案其式如下。

大前提	小前提	斷案
凡可以達救國之目的者吾輩所當以爲手段者也	(一)而政治革命實可以達救國之目的者也	(一)故政治革命吾輩所當以爲手段者也
	(二)而非政治革命更無道焉可以達救國之目的者也	(二)故舍政治革命以外吾輩無可以爲手段者也

此兩論式皆如銅墻鐵壁。顛撲不破。無論何人。不能相難者也。今使易其小前提。而云「種族革命。實可達救國之目的者也。」隨生出斷案云。「故種族革命。吾輩所當以爲手段者也。」或爲第二之小前提云。「非種族革命。更無道焉可以達救國之目的者也。」隨生出斷案云。「故舍種族革命以外。吾輩無可以爲手段者也。」如此則兩小前提皆不正確而兩斷案亦隨而不正確。何以故。設有難者曰。種族革命而得如秦始皇隋煬帝者以執政。或得如齊東昏陳後主者以執政。遂可以達救國之目的乎。必不能也。則第一之小前提遂破也。又有難者曰。即微種族革命。而今之滿洲政府。忽以至誠行立憲。以更新百度。其可以達救國之目的乎。必能也。則第二之小前提亦破也。凖是以談。苟以復仇爲前提。則無可言者。苟以救國爲前提。則無論從何方面觀之。而種族革命。總不能爲本來手段。爲直接手段。苟不含有政治的觀念。則直謂之無意識之革命焉可也。而政治革命則不爾爾。故吾以爲政治革命。不徒當以爲手段。而且當以爲第二之目的。蓋政治革命之一觀念。與救國之一觀念。既連屬爲一體而不可分也。

吾所云種族革命。不能爲本來手段直接手段。在陳君則明已承認也。即凡持種族革命論者。當亦不可不承認。何也。苟不承認。必須將吾前所舉兩設難。下正當之答辯。苟不能得正當之答辯。遂終歸於承認也。既承認矣。則次所當研究者在種族革命能否爲補助手段間接手段之一問題。申言之。則以政治革命爲前提而問種族革命能否爲政治革命之手段是也。此問題則陳君之所見與鄙人之所見。大有異同。今推陳君之意。復以論理法演之。則如下。

大前提	小前提	斷案
凡可以達政治革命之目的者吾輩所當以爲手段者也	(一)而種族革命實可以達政治革命之目的者也	(一)故種族革命吾輩所當以爲手段者也
	(二)而舍種族革命以外更無他道焉可以達政治革命之目的者也	(二)故舍種族革命以外吾輩無當以爲手段者也

欲知此兩斷案之正確與否。則當先審兩小前提之正確與否。今請細檢之。

第一　種族革命實可以達政治革命之目的者也

欲知此小前提正確與否。不可不先取政治革命與種族革命之兩概念而確定之。

(一)政治革命者革專制而成立憲之謂也無論爲君主立憲爲共和立憲皆謂之政治革命苟不能得立憲無論其朝廷及政府之基礎生若何變動而或因仍君主專制或變爲共和專制皆不得謂之政治革命

(二)種族革命者民間以武力而顚覆異族的中央政府之謂也蓋苟非訴於武力而欲得種族上之政權嬗代則必其現掌政權者三揖三讓以致諸我然後可然此必無之事也（陳君之意似冀其有此此俟下方別辨之）故非用武力不能得種族革命明也而其武力苟未足以顚覆中央政府則不成其爲革命又無待言

此兩概念者又無論何人不得不承認者也。既承認矣。則「人民以武力顚覆中央政府」之一概念與「變專制爲立憲」之一概念果有何種之關係是不可不以嚴密之歸納論理法說明之。

立憲有兩種。一曰君主立憲。二曰共和立憲。苟得其一。皆可命曰政治革命。則試先取「人民以武力顚覆中央政府」之一概念與「君主立憲」之一概念。而求其因果之關係君主立憲必以先有君主爲前提而革命前之舊君主既滅則所謂君主者其必革命後之新君主也革命後以何因緣而得有新君主則吾中國二千年來歷史上之成例不可枚舉一言蔽之則陳君所謂『同時並起勢均力敵莫肯相下非羣雄盡滅一雄獨存而生民之禍終不得息以數私人之競爭而流無數國民之血若是則亡中國者革命之人也』(陳逃君所著中國革命史第一章第三節中之語)可謂盡抉其弊矣信如是也則立憲二字將來能至與否未可期而君主二字當下已先受其毒也信如是也則無論彼欲爲君主之人未必誠有將來立憲之志願即使誠有之竊恐志願未償而中國已先亡也若是乎人民以武力顚覆中央政府其與君主立憲制無一毫因果之關係此吾所敢斷言而當亦凡持種族革命論之所同認也故此問題殆不必辨而所餘者惟有共和立憲制之一途。

人民以武力顚覆中央政府其與共和立憲制有無正當之因果關係此其現象甚複雜非可以一言決也吾於所著開明專制論第八章剖析既略盡今更補其所未及。

欲決此論又不可不先取共和立憲之概念而確定之吾示其界說有二。

(一)共和立憲制其根本精神不可不採盧梭之國民總意說蓋一切立法行政苟非

原本於國民總意不足爲純粹的共和也

(二)共和立憲制其統治形式不可不採孟德斯鳩之三權分立論蓋非三權分立遂不免於一機關之專制也

以上二端精神形式結合爲一遂成一共和立憲之概念此概念諒爲言共和立憲者所能承認也既承認矣則吾將論此概念之能實現與否及其能行於種族革命後之中國與否

第一 盧梭之國民總意說

此說萬不能實現者也夫所謂國民總意者當由何術而求得之乎用代議制度耶決不可今世各國行代議制度者非謂以被選舉人代表選舉人之意見也故代議士之意見與選舉代議士之人之意見常未必相同然則以代議士之意即爲國民總意不可也故欲求總意則舉凡立法行政皆不可不付諸直接投票盧梭亦以爲必如瑞士乃可謂之眞共和亦以此也雖然瑞士蕞爾國也而內部復析爲聯邦之本位者二十二夫是以能行直接投票顧猶不能常行若在他稍大之國能行之乎必不能矣故國

民總意之難實現者一也復次即行直接投票又必須極公平而自由萬一於有形無形間有威逼之者或愚弄之者使其不得爲本意之投票則所謂總意者繆以千里矣故國民總意之難實現者二也復次即直接爲公平自由之投票矣遂能眞得總意乎「總」之云者論理學上之全稱命題也必舉國中無一人不同此意然後可苟有一人焉仍不得冒「總」之名也而試問橫盡虛空豎盡來刼曾有一國焉其國民悉同一意見而無一人之或歧異者乎必不能也不能則所謂「總」者仍不過多數與少數之比例多數而命之曰「總」論理學上所決不許也故國民總意之終不能實現者三也於是乎所謂國民總意說不得不棄甲曳兵設遁詞焉而變爲國民多數說

則又詰之曰所貴乎國民多數者何爲乎彼必曰多數之所在即國利民福之所在也雖然此前提果正確乎吾以爲多數之所在時或爲國利民福之所在而決不能謂必爲國利民福之所在集一小學校數百學童而詢之曰若好弄乎若好學乎而使之以自由意志投票吾知其好弄者必占大多數也而以多數之故謂好弄即爲學校之利學童之福焉決不得也蓋國家自身別有一偉大目的焉高立於各人民零碎目的之

上而斷不能謂取此零碎目的捆爲一團即與此偉大目的同物尤不能謂零碎目的之多數即與此偉大目的同物也故國民總意微論其不能實現即實現矣而未必遂可爲政治之鵠若夫國民多數固可以實現然遂以爲政治之鵠則其於理論上基礎之微弱抑視總意說更不逮也質而言之則謂多數所在即國利民福之所在者不過屬於抽象的觀念而多數果足爲政治之鵠與否更當就其國民自身之程度以求之非可漫然下簡單的斷案也

然而共和政治。舍多數說外。固無復可以立足之餘地。則吾請讓一步。姑承認焉。曰、多數者恒近於國利民福者也。雖然、吾於此不得不補一前提焉。曰、所謂多數者必以自由意志之多數爲斷苟非自由意志之多數非眞多數也此前提當亦爲讀者所同認也。則試訶諸歷史。見夫國民多數之意志。有時方在此點。乃不移時而忽轉其方向。盡趨於正反對之彼點者、則兩者皆其自由意志乎。抑皆非其自由意志乎。抑一自由而一不自由乎。以例證之。如法國大革命時。馬拉丹頓、羅拔士比。宣告國王死刑。乃至並最初提倡革命實行革命之狄郎的士黨。取而盡屠之。而得巴黎市民大多數之同意。

未幾馬拉被刺。丹頓及羅拔士比駢首就戮。而亦得巴黎市民大多數之同意其果前後皆出於自由意志乎。何變化之速也此無他焉蓋有從有形無形間喪其自由者也所謂有形間喪其自由者何也一黨派之勢太鴟張而其人復獰悍中立者憚焉不得不屈其本意以從之也所謂無形間喪其自由者何也外界波譎雲詭之現象刺戟其感情而本心熱狂突奔隨之以放乎中流而不復能自制也夫自由意志云者謂吾本心固有之靈明足以燭照事理而不爲其所眩吾本心固有之能力足以宰制感覺而不爲其所奪即吾先聖所謂良知良能者是也眩焉奪焉是既喪其自由也內心爲外感之奴隸也於彼時也吾所謂意志者已不能復謂爲吾之意志及移時而外界之刺戟淡焉而吾本心始恢復其自由故前此之意志與後此之意志截然若不相蒙也然又必外界之刺戟淡而自由乃始得恢復耳若外界之刺戟轉方向而生反動則吾本心又可以隨之而生反動而復放乎中流脫甲方面之奴籍復入乙方面之奴籍而所謂眞自由者不知何時而始得恢復故波倫哈克氏謂以革命求共和者恒累反動以反動。亦爲此而已此實人類心理學上必至之符也。由此觀之。則欲求得自由意志之眞多數其難也如此而當人心騷動甚囂塵上之時愈無術以得之章章然也彼持共和立憲論者苟承認國民多數說以爲前提也則當種族革命後果有何道以得自由意志之眞多數吾願聞之

猶有疑此理者乎則去年東京學界罷學之現象最足以相證明（彼事件早已過去吾非欲再提之以翹人之短但其事之性質絕相類以小例大最可以爲吾人前車之鑒能懲前毖後則此事件其亦於前途有影響也）則試以留學生總會館比政府以留學生全體比國民甚相肖也其所爭者爲文部省令問題若以例國家則政治上一問題也總會館上書公使爭論第九第十條之利益範圍即法國革命前之改革也而所爭者不能滿多數留學生之意於是有聯合會起猶法人不滿於政府之改革而起革命也初時脅執行部幹事使爲取消之決議猶法人脅國王承認其憲法也未幾總幹事及其他執行部之人多逃焉猶法王之遜荒也聯合會遂取總會館而據之以決意見發布告則革命大功告成而立法行政權皆歸革命黨掌握也而糾察員則新共和政府之警察敢死隊則新共和政府之軍隊及司法官也於彼時也幸而所謂總幹事者能藏身遠害未嘗爲此巴黎市民所弋獲然固已偵騎四出矣萬一不幸而如路易十六之

遯。英未出境。被國民遮留而返之。則遂變爲斷頭臺上之路易第十六。亦意中事也。盖彼時之國民。其計較是非利害之心。早置度外也。又幸而此新共和政府。無執行刑罰之權也。使其有之。則浹旬之間。八千人不屠其半。亦屠其三之一也。聞者疑吾言爲過乎。苟親當其境者。必能知其時之國民心理。實如是已。幸其無此權。故不生大反動。使其有之。則反動必起。而所屠餘之半。或三之二。又將起而屠昔之屠人者。法人所以赤巴黎全市。而棼亂亘十餘年不定。盖以此也。在當時新共和政府之黨人。(即聯合會)固自以爲國民總意也。(即留學生全體總意)夫總意固決非爾。若其爲多數。則較然不能掩也。吾聞諸當時學界中人曰。實非多數。仍少數耳。然彼云停課。則竟全體停課。云退學。則竟幾於全體退學。云歸國。則兩旬之間。歸國者遽逾二千。而其時組織維持會與之相抗者。會員乃僅得二十七人。就形式上論之。謂其非大多數焉不得也。夫彼其本無大多數之實。吾亦信之。顧何以竟能有大多數之形。則其原因甚複雜。由是以細察焉。實最有益之研究也。彼其發表公意之機關。未嘗嚴肅整備。今日甲校集議曰全體退學。明日乙校集議曰全體退學。今日甲省集議曰全體歸國。明日乙省集議曰全體歸國究之所謂全體云者不過由主動者若干人强名之並未嘗爲正式之投票其果爲全體之自由意志與否勿問也其所以能得多數者一也又其發表公意之方法未嘗公平自由有欲爲反對的演說者則羣起而譁之有欲爲反對的投票者則示威而脅之於是有怯懦焉而不敢與競者有顧全大局而不屑與較者則自屈其本來之自由意志而姑從彼其所以能得多數者二也此皆所謂有形的干涉也然猶不止此其勢力之最可怖者則一般之人爲感情所刺戟其良知不復能判斷眞理其良能不復能裁制外感冥冥之中全失其意志之自由隨波逐流而入於洄洑之深淵不自知其非不自知其害也夫不自知其非不自知其害猶可言也乃感情刺激之既極則至有明知其非明知其害而猶徇感情而不恤其他者比比然矣故其爲說曰「一錯便錯到底」曰「一錯便大家錯」蓋至是而不惜以感情枉眞理焉矣其此所以能得多數者三也迨乎浪去波平疇昔主動者既不復能占勢力以爲有形的壓制而感情刺戟之相壓於無形者亦既消滅夫如是而後層層之束縛解脫而自由意志始再見天日焉試在今日任舉一當時最激烈之留學生叩以前事度未有不爽然自悔啞然

失笑者是可知其後此之意志爲自由而證前此之意志非自由矣然幸而無反動耳倘有反動，則他方面之層層束縛其所以相壓者亦一如其前而所謂眞自由者未知何時而始得平和克復也以上吾解釋東京學界罷學時代之物界心界兩現象如此聞者其肯承認否耶若不承認，吾願別聞其解釋。苟承認也則當思國民自由意志之眞多數誠不易覯純粹的共和政治誠不易行而當國家根本破壞搖動人心騷擾甚囂塵上之時愈益無道以得之章章明甚也夫學界事件則其小焉者也然學界中人又一國中文明程度最高者也而猶若此其他則更何如矣

若我國民能以武力顚覆現在之中央政府而思建一共和新政府乎。則其現象當何如吾欲得正當的解釋。又不能不先立一前提。前提維何曰、最初主動占優勢之人不過屬於國民之一小部分而其餘大部分之人不能與彼同意見是也。譬如將全國民意見區爲甲乙丙丁等諸部分其主動者最多不過能占甲部分耳其餘乙丙丁等諸部分雖乙部分意見未必與丙丁同丙部分意見未必與乙丁同要之其對於甲部分之意見亦各各不與彼相同此自然之勢也於斯時也甲部分之人既得政則不能無

所建設無所更革苟不爾則不能謂之政治革命而與共和之初意相悖也既有施設有更革則與之異意見之人必交起而與之相抗又不可避之數也吾所立前提之界說如此若有不承認此前提者乎其說必曰「以我之意見如此其高尚美妙豈有他人而不同我」雖然此幻想也去年學界之主動者曷嘗不自以其意見爲高尚美妙而眞爲高尚美妙與否局中者甯能自知之且即使眞高尚美妙矣而各人有各人之主觀的判斷萬不能以我所判斷而强人也即如近者自號革命黨首領某氏持土地國有主義在鄙人固承認此主義爲將來世界最高尚美妙之主義然試問今之中國能行否乎即吾信其能行而謂他人皆能如吾所信乎此如去年學界主張歸國辦學吾安能不承認其爲高尚美妙之主義然能行與否及能使人人同此主張與否則終不能不聽諸外界之裁擇非可以一部分人之意見例其他也況乎尋常人之表同情於一主義也恒非問其主義之是否高尚美妙而先問其主義是否與我之利害相衝突故凡一主義苟有與某部分之人利害相衝突者則某部分之人必起而反抗此萬不能逃避者也而當夫初革舊政體建新政體時其政策必與舊社會一大部分之人利

害相衝突、此亦萬不能逃避者也。信如是也、則吾所立前提既極正確、無論何人、殆不能不承認。

既承認矣、則新共和政府、對於彼反抗者、將以何道處之、最不可不深長思也。其在君主立憲國、固不能無衝突無反抗、然當其未立憲以前、已經過若干年之開明專制時代、於其間既已能緩融此衝突而減低其程度、由開明專制以移於立憲、拾級而升、又不至助長此衝突而驟高其程度、其所以處之者既稍易矣、而使其立憲而如德國日本、仍含有變相的開明專制之精神、政府不必定得國民多數之同意、乃能行其職權、則其所以處之者益更易。若種族革命後之共和立憲、則大不然。昨日猶專制而今日已共和、如兩船相接觸、而絕無一楔子以介於其間、則其衝突之程度必極猛烈、顯然易見。然既已名爲共和、則不可不以國民總意爲前提、否亦以國民多數爲前提、苟蔑視多數焉、則已不能命之曰共和矣。而新政府之意見、又不過爲國民一小部分之意見、而其他大部分皆與之反對、其必不能得多數、無待言也。於是新政府不能不運全力以求多數、蓋非得多數、則所持意見萬不能實行、而政府且一日不能存立、蓋共和立憲之性質然也如彼去年學界必欲得所謂全體歸國多數歸國者然後可以拱衛其所主張亦性質然也然則何術而能得多數耶則必或用直接間接手段以干涉其發言權投票權或從種種方面弄小小伎倆以刺戟其感情使益漲於高度迷其故常而飲新政府之狂泉於是乎漸得多數夫用直接間接手段以干涉既已惹起一般之不平而爲新政府之隱患弄小伎倆以刺戟其感情始焉未嘗不見小效而感情既奔於極度則又非復新政府所能裁抑如跅弛之馬既已奔逸寗復銜勒之所得馭是又爲新政府之隱患而況乎所謂漸得多數者亦不過多數云爾無論如何總不能得全體必仍有最小之部分爲有强毅之意志而抵死不肯屈從而其人又必爲舊社會中之有力者也如去年聯合會勢力披靡全學界之時而猶有維持會之二十七人此亦自然必至之符也於彼時也新政府之人若不能降伏此小部分之强毅者則其地位終不能安故不得不濫用其運手段所得之多數威力而壓彼反對者以不堪此非好爲之而騎虎之形固不得不爾也壓之既極而反動起焉彼新政府既伏有種種之隱患故强毅之反抗者乘之而遂蹶無論遲早終必有蹶之一日也其既蹶也則前此强毅

之反抗者代之代之者既蓄怨積怒而加以前此一般被干涉者之不平又加以刺戟於感情者既爲失其故常之熱度則其所以還施於前政府者往往視前政府而尤甚亦必至之勢也於是反動復反動皆循此軌以行速則數歲遲則數十年而未能甯息於彼時也甲乙丙丁諸部分之人競政權於中央而他事皆不遑及有武人擁兵於外如該撒拿破侖其人者則俟狺狺羣犬兩斃俱傷之時起而收漁人之利以行共和專制若無其人則各地方當騷擾彫瘵之後秩序已破而復乘中央政府之無暇干涉則羣盜滿山磨牙吮血舉國中無一人能聊其生若無外國乘之則俟數年或十數年後有劉邦朱元璋起復於君主專制若有外國則不俟該撒拿破侖劉邦朱元璋之興已入而宰割之矣於是乎其國遂亡嗚呼。言念及此安得不股慄也嗚呼讀者試平心靜氣以察之鄙人所言其果合於論理否耶如其不合也願讀者有以敎之如其合也則請公等於種族革命後建設共和立憲制之論稍審慎焉乃可以出諸口也

問者曰。然則主動者。或具極高尚之人格。屆時自審不能得多數也。則奉身而退。讓諸他之多數者。其可以免此患乎。應之曰。不然。其事固不能行即行矣而其患亦不能免

也。所謂其事不能行者何也。夫所謂最初主動占優勢之人。質言之即革命黨首領。其人也。既排萬險歷萬難以顚覆中央政府。其本心豈非以舊政府可憤可嫉。故爲民請命而顚覆之也。當其初成功也。舊政府之氣燄尚未遽絕。蓋猶有餘燼焉。故當時除革命軍占最優勢之外。其占次優勢者仍舊政府黨人。而此外未有第三之勢力焉能與之敵者。革命黨若曰吾既覆舊政府而吾之責任畢矣。急流勇退。而一切善後聽諸國民。則起而代之者必占次優勢之舊政府黨人也。其必釋憾於革命黨而黨員生命供其犧牲焉。固意中事。不甯惟是。革命事業一切隨而犧牲。然則前此之擾擾也奚爲也哉。故新政府初建。而革命黨中人必不能不出死力以自壅植其權力。勢則然也。今讓一步。而曰主動人奉身以退。而國權或仍可以不落舊政府黨之手。然吾猶謂其患終不能免者何也。蓋讓政權於他部分之人。而其不能得多數。亦與我同也。如甲部分讓諸乙部分。而乙部分復有甲丙丁三部分與之立於反對之地位。讓諸丙丁部分亦然。故無論何部分。皆不惟不能得總意。並不能得多數。勢使然也。吾聞諸粹於政學者之言曰。凡非在歷史上有久發達而極强固之兩大政黨者。其國萬不能有多數政治。夫政黨而必限以兩者何也必全國中政治之原動力僅劃然中分爲兩中心點然後有多數少數之可言蓋非甲多於乙則乙多於甲甲多於乙則甲爲政乙多於甲則乙爲政而非若黨派紛歧之國甲爲政而乙丙丁等從而撓之乙爲政而甲丙丁等從而撓之也故現在全世界中以多數少數而進退執政之國惟英美兩國能行之而蒙其利其他則皆利不足以償害（德國日本非以多少數進退執政者）皆此之由夫一國政治動力集於兩大政黨此決非可望諸未有政治思想未有政治能力之國民而秩序新破時更愈不能望也然則最初主動占優勢之黨派雖復高蹈善讓而終不能免此危亡此無他共和立憲制實不適於此等國家與此等時代而非關在位之人之賢不肖何如也

然則在歷史上久困君主專制之國。一旦以武力顚覆中央政府。於彼時也。惟仍以專制行之且視前此之專制更加倍蓰焉則國本其庶可定所謂刑亂國用重典是也而我國三千年間之歷史大率當鼎革之初靡不嚴刑峻法以杜反側越再三傳人心已定而始以仁政噢咻之其理由皆坐是也於彼時也而欲慕共和之美名行所謂國民總意的政治國民多數的政治則雖有仲尼墨翟之聖而卒無以善其後也夫既不能

不仍用專制且不能不用倍蓰之專制則其去政治革命以救國之目的不亦遠乎

第二　孟德斯鳩之三權分立說

此說亦萬不實現者也。此其理。近世學者固多言之。吾於所著開明專制論第七章亦曾述之。然尋常學者之言其流弊也。不過謂機關軋轢而缺調和。謂施政牽制而欠圓活。夫此猶爲民政基礎已定之國言之耳。若新造時。則其弊猶不止此。蓋危險有不可思議者焉。請言其故。凡一國家必有其最高主權最高主權者唯一而不可分者也今三權既分矣所謂最高主權者三機關靡一焉得占之然則竟無最高主權乎苟無之斯不成國矣既有國家之形則必有之然則三權分立之國其最高主權安在曰、仍在國民之自身而已於是不得不復返於國民總意之說所謂國民總意即最高主權也總意既不能得則國民多數即最高主權也於是多數之國民對於立法行政司法之三機關而皆可以行其總攬之權何也彼諸機關皆吾所命耳一旦拂吾意焉吾即可以易置之盖其根本精神應如是也。論者或責備去臘東京學界中人。謂總會館之幹事也。評議員也。皆彼等以自由意志用多數投票而公舉者也。既舉之矣、而不肯服從其意見何也吾以爲此所謂責其不當責者也夫謂吾既舉之而即當服從之者霍布士之說也最高主權移於他方也若盧梭說則最高主權無論何時而皆保存於國民之自身也夫既已三權分立矣則最高主權非在國民自身而何在也故吾昨日可以自由意志選舉者明日即可以自由意志而取消也故如瑞士之制隨時得以國民五萬人之同意遂行全國普通投票得多數取決即可取國家根本法而變更之蓋共和制之眞精神實在是也然此惟如瑞士者能行之耳若夫在不慣民政而黨派紛歧階級紛歧省界分歧種種方面利害互相衝突之國則惟有日以此最高主權爲投地之骨羣犬狺狺焉競之而彼三機關者廢置如奕棋無一日焉得以自安已耳蓋隨時拈問題可以爲競爭之鵠而國民復無判斷眞是非眞利害之能力野心家利用而播弄之略施小伎倆即可以刺戟其感情而舉國若狂故所謂多數者一月之間恒三盈而三虛彼恃多數之後援以執政權者時時皆有朝不保暮之心人人皆懷五日京兆之想其復何國利民福之能務也夫去年東京留學生總會館之舊政府其初意豈料以區區文部省令之問題而遂致顚覆也而竟以顚覆蓋千金之隄潰於蟻穴非人力

之所能慮及也。夫留學生總會館之政府。惟有義務而無權利。故人無所歆焉爾。若夫一國之政權。則無論文明國野蠻國之人。皆所同欲也。而況在教育未興民德未淳之國。人人率皆先其私利而後國家之公益。今也傾軋他人而自代之也。既如此其易。夫安有不生心者乎。更槩括言之。則三權分立之政治。即最高主權在國民之政治也。而最高主權在國民之政治。決非久困專制驟獲自由之民所能運用而無弊也。準是以談。則雖當革命後新建共和政府之時。幸免於循環反動以取滅亡。而此政體終無術以持久。斷斷然矣。不持久奈何。其終必復返於專制（或返於共和專制或返於君主專制）然則其去政治革命以救國之目的。不亦遠乎。

彼極端激烈派之不喜聞吾言者。必曰子曷爲頻舉法國之前事以相嚇。彼美國非革命乎。而何以能行共和而晏然也。嗚呼。夫美國非我中國所能學也。彼其人民積數百年之自治習慣。遠非我比。吾既已屢言之。然此或猶未足以使激烈派死心塌地。彼將曰。吾自軍興伊始。即畀權與民。兵權漲一度。民權亦漲一度。迨中央政府覆。而吾民之能自治。遂如美國也。縱吾曰不能。而彼曰能之。此程度問題。各憑其人之主觀判斷。吾安從難焉。雖然。即讓一步。而謂革命功成時。吾民之程度已如美國。抑猶當知吾中國之建設事業。非可如美國云也。論者曾讀美國憲法乎。彼其中央政府之權限。不過募發軍隊。接派外交官。定關稅。借國債。鑄貨幣。管郵政。保護版權及專賣權。定入籍法。破產法。管理海上裁判。及甲省與乙省之訴訟等區區數端而已。其他一切政治。爲憲法明文所未規定者。如教育。警察。農工商務。乃至各省財政。各省普通立法等諸大政。皆屬各省政府之權。未嘗緣革命而有所變置者也。其變置者少。故其衝突也不甚。然猶各懷其私。莫能統一。蓋自一七八三年軍事定。直至一七八九年。始布憲法。舉華盛頓爲大統領。此六年間。各省暴動屢起。華盛頓爲之端居竊歎。而懼前勢之無良果。此稍讀美國史者所當能知也。於彼時也。幸而彼各省故有政府有議會耳。不然。夫安見美之不爲法也。而彼後此憲法。亦惟節縮中央政府權限。除犖犖數端外。一無所更革。其他政治。一如未革命以前。故大體無衝突。而歷乃相安。使其事事而干涉焉。夫又安見美之不爲法也。論者如謂我中國革命後之中央政府。可以無須有偉大之集權。而一切政治。皆悉聽人民之自由。而無勞干涉也。則援美國爲前例焉。猶之可也。然試問若

此者能爲治乎如其不能則請毋望新大陸之梅以消我渴也

至是而人民以武力顛覆中央政府其與共和立憲制無一毫因果之關係吾敢斷言矣夫其與君主立憲制無關係也既若彼其與共和立憲制無關係也復若此故吾得反其小前提曰

種族革命實不可以達政治革命之目的者也

隨而反其斷案曰

故種族革命吾輩所不當以爲手段者也

若是乎苟不以救國爲前提而以復仇爲前提置政治現象於不論不議之列惟曰國可亡仇不可不復者則種族革命誠正當之手段也若猶如陳君之教以救國爲前提乎則種族革命者不惟不可以爲本來手段直接手段而並不可以爲補助手段間接手段蓋眞當一刀兩斷而屏除之於一切手段之外者也世有眞愛國之君子其肯聽吾言否也

（附言）吾所論種族革命之不可。及共和立憲之不可。皆就政治方面以立言。不及其他。蓋此問題不能解釋。則其他問題雖盡解釋。而論者之壁壘猶不能自完也。頃見某報有「論支那立憲必先以革命」一文。駁反對革命論者之說。而舉其兩端。一曰怵殺人流血之慘。二曰懼列强之干預。而於革命後政治現象未言及焉。夫吾之此論。雖至今日而大暢厥旨。然前此固已略言之。屢見於新民叢報中。論者宜未必熟視無睹。而竟不一及何也。得無兵法所謂避堅攻瑕耶。然一堅之不破。雖攟百瑕。亦無益也。而况其所謂瑕者。亦未見其能破也。彼文本無可受駁難之價值。吾姑寬假之。榮幸之而與一言可乎。其言殺人流血之不足怵也。曰『彼夫英吉利之三島與蕞爾彈丸之日本。世人豔之。謂爲無血之革命。乃試一繙兩國之立憲史。其殺人流血之數。殆不減於中國列朝一姓之鼎革。特其恐怖時期爲稍短促耳。』嗚呼。論者豈謂舉國人皆無目耶。不然。何敢於爲此欺人之言也。彼所謂英國之殺人流血。殆指克林威爾一役。夫克林威爾之役。豈能謂於英之立憲無大影響。而斷不可謂英之憲法。由此役發生由此役成立也蓋英爲不文憲法之國。其立憲之起於何代成於何代。無有能確言之者。彼其頒布大憲章在一二一五年。當克林威爾前四百年也若其完全成立則有謂其實在一八三二年之議院法改正選舉法改正者。（美人巴支士所著政治學及比較憲法論謂英國實當一八三二年後始有憲法）則當克林威爾後百五六十年也。然則純以彼一役爲英國立憲之原因。其足以服讀史者之心乎。且即以彼一役論曷嘗有極大之殺人流血。彼役之最慘酷者。則對於愛爾蘭及舊教徒之虐殺也。然與立憲無關也。若日本則西鄉隆盛以軍東指勝安房以城迎降東臺一戰。死傷者不過數百。其後西南之役。又與立憲純然無關也。而論者乃謂其數不減於我列朝一姓之鼎革。夫我列朝之鼎革其屠戮之數若何。今雖無確實之統計。而一役動逾數百千萬。史上之陳迹。尚可略考而推祘也今論者爲此言苟其非自無目而於英國史日本史及中國史未嘗一讀。必其欺舉國人無目而謂其於英日史及中國史無一人能讀者也。陳君之言曰。『中國今日而革命也。革命之範圍必力求其小革命之期日必力促其短否則亡中國者革命之人也』此誠仁人君子之言。而謂殺人流血之不可以不怵也。而試問今日若行種族革命其範圍有術能求其小其期日有術能促其短乎若其不能則亦如陳君所云亡中國而已吾聞諸論者之言曰「軍既興定一縣則開一縣之議會。以次定十八省則全開十八省之議會」。信如是也是其範圍極廣也又曰、「自軍興以迄功成。則全國民自治習慣已養成焉」。信如是也是其期日極長也使陳君之言而無絲毫價值也則論者之政策。其或可行。使陳君之言而有價值也則論者之政策不外陳君所謂亡中國之政策而已夫彼所以敢於立一「殺人流血不宜怵」之斷案者殆有兩前提焉其一。則曰。非殺人流血。不能立憲也其二。則曰殺人流血於中國之前途無傷也。然其第一前提不衷於歷史也既若彼其第二前提不應於事實也復若此亦適成爲脆而易破之論理而已其言列強干涉之不足懼也。亦有兩前提焉。其一。則謂列強持均勢主義。莫敢先發難。其言曰『一起而攫之。一必走而撓之。無甯

論著一

兩坐守之而尙可以少息也』其二則謂我實行革命列强將畏我而不敢干涉其言曰『列强之所以環瞰者吾之不動如死有以啓之一旦張耳目振手足雖不必行動若壯夫而彼覬覦之心固已少息歐族雖恃其威力然未有不撓折於如荼如潮之民氣者』此兩前提又果正確乎則試先檢其第二前提其第二前提童騃之言也未嘗一自審吾之力如何又未一審人之力如何惟喊殺之聲連天遂謂人之必將聞喊聲而震懾也夫威力而果撓於民氣乎義和團之民氣曷嘗不如荼如潮而列國聯軍之威力曾撓折焉否也論者必將曰彼野蠻而我文明也問彼野蠻而我何以能文明必將曰彼由下等社會主動我由學界或其他中等社會之人主動也則試問抵制美約學界人主動矣美國曾撓折焉否也上海鬧審罷市學界人主動矣英國曾撓折焉否也東京罷學學界人主動矣日本曾撓折焉否也夫吾非謂民氣之必不可用也而用之必與力相待無力之氣雖時或偶收奇效而萬不可狃焉以自安也力者何强大之陸海軍是已苟有是物則天下萬國

可以唯余馬首是瞻若其無之雖氣可蓋世而遂不免於最後之滅亡中國而欲絕人覬覦也必其行動確然爲一壯夫焉斯可也僅若壯夫猶不足以威敵而論者乃謂不必若壯夫惟張耳目振手足而人已憚矣其毋乃言之太易乎將來之事未可知。而以最近電報則美國人固派二萬五千之陸軍。以防我暴動。且彼明言所防者不僅在排外而尤在排滿矣。彼反對革命者謂列强必干涉而主張革命者謂列强必不干涉其果誰之言驗而誰之言不驗耶夫民氣猶火也善用之可以克敵不善用之亦可以自焚暴動之起主動者無論若何文明而必不能謂各地方無鬧教案殺西人之舉此事勢之至易見者而謂人之能無干涉乎。且就令無鬧教之舉而以暴動之故全國商業界大生影響而謂人之能無干涉乎必不然矣嗚呼。我國人虛憍之態殆其天性矣前者爲頑固的虛憍今也爲浮動的虛憍外形不同而精神實乃一貫日本人所笑爲一知半解的國權論其言雖刻薄而固不得不謂之切中也今日欲救中國惟忍辱負重厚蓄其力以求逞於將來而論者乃於毫無實力之國民。惟奬其虛憍之氣以揚其沸。是得爲善醫國矣乎。是其第二說之不能自完也。則請復檢其第一前提。其第一前提。所謂知其一而未知其二者也。夫自今以往。列强中無一國焉能獨占利益於中國。無待言也。如英如日如美。皆不願中國之瓜分。亦無待言也。雖然。列强固未嘗不持機會均等主義。日眈眈焉瞯一機會之至。而各伸其權力於一步。若中國民間而有暴動。是卽予彼等以最良之機會也。則試爲懸揣將來革命之趨勢。（此段單言革命者即指種族革命非指政治革命也勿誤）爲中央革命乎。爲地方革命乎。中央革命者。如法國然。僅起於巴黎。取舊王室舊政府而顚覆之。不必以革命軍糜爛四方也。然此恐非中國所能望。如是則必地方革命。地方革命。如其乍起旋滅。僅以現政府之力能剷平之。則不必論。然此又必非言革命者之所望也。吾於是如其願。謂革命軍之力足以蔓延數省。而現政府不能制之。於彼時也。則外國之態度如何。現政府之態度又如何。外國必頻促現政府剷平之。否則干涉。現政府初時必不許。及自審其不能制。則轉而求外國之協助。外國則或俟現政府之請求然後干涉焉或不俟其請求而先干涉焉皆意中事也於彼時也。又當視革命軍之舉動如何。革命軍必求列國承認其爲國際法上之內亂團體。固也。然無論何國斷未有孟浪焉以承認者也其中必多有絕對不承認者亦或有徘徊焉觀其將來之趨勢而始確定其承認或不承認者但得一二國徘徊焉已非有極才之外交家不能矣然即有極才之外交家亦僅能得其徘徊不能得其承認欲得其承認必須有二種實力(一)革命軍之地位確已視舊政府占優勝(二)革命軍確能保障其領土之平和使外人生命財產得十分安全有再起暴動者革命軍頃刻即能鎭壓之然此兩種實力。固非易言也。苟彼此之地位優劣久難決則相持久而影響於商業者甚大。外國必欲其一仆而一存此自然之理也然欲仆革命軍以存舊政府者必多於欲仆舊政府以存革命軍者彼誠非有所偏愛偏憎然扶舊政府以仆革命軍則其可以得利益之機會必甚多彼自爲計甯出於此也然猶必革命軍於其領土內能確有保障平和之實力乃久徘徊耳若以有革命軍之故而致彼之生命財產蒙危險的影響則其絕對的不承認或始雖徘徊而隨即轉方針爲不承認此一定之勢也而排滿之心理恒與排外之心理相連屬在最初革命主動者固已難保其不含此性質即曰吾能節制之而影響所波動必喚起各地方之排外熱此實不可逃之現象也於彼時也革命軍以威力鎭壓之乎恐遂以此失人心而生內訌苟放任之則此等現象將續續起而欲求外國承認之希望遂絕夫不承認則必干涉矣又讓一步。而謂革命軍以極機敏之行動。能於外國未及干涉之前。以迅雷不掩耳之勢。遽仆中央政府或中央革命與地方革命同時並行如是則革命軍既取舊中央政府而代之矣。則於斯時也舉全國十八省中無論何處有暴動而危及外國人之生命財產者革命軍皆不可不任其責何也使革命軍與舊政府對立則革命軍所負責者惟在其已略得之領土耳此外則舊政府任之若舊政府既亡則革命軍任責之範圍逾廣蓋權利與義務之關係應如是也而以倉猝新造之政府能保各省之無騷動乎有騷動而其力遂足以偏鎭壓之乎必不能矣不能。而欲各國認我爲國際上一主格此必不可得之數也藉曰無騷動矣。有騷動而能鎭壓之矣。猶當視其新政府之基礎如何能無於政權攘奪之間生衝突乎茍如吾前者所言建共和政體而不能成立也則不必問各地方之現象如何即以中央政府之蜩唐沸羹而亦足以召干涉干涉則奈何、夫論者所謂「一起而攖之一必走而撓之。」此義固吾所已承認者也。然則干涉之結果究奈何。曰使革命軍而久未能覆舊政府則彼與舊政府提携以聯軍代戡定之而於事後取機會均等主義各獲莫大之報酬於舊政府云爾使革命軍而遽覆舊政府而或不能鎭壓地方之騷擾或不能調和中央之衝突則彼亦將以聯軍入而再覆此新建之政府於彼時也新舊政府既皆滅絕而舉國中無一人有歷史上之根柢可以承襲王統者其間必有舊王統之親支或遠派遁逃於外以求庇於是聯軍乃擁戴之以作傀儡此路易第十八之所以能再王法國也而此傀儡之廢置自茲以往一惟外國人之意而中國遂永成埃及矣信如是也則革命軍初意本欲革滿洲之王統而滿洲卒未得革不過以固有之王統易爲傀儡之王統而已則試問於中國前途果爲利爲害而言革命者亦何樂乎此也夫論者所謂「一起而攫之一必走而撓之」。以此證列國中無能用單獨運動以行干涉者。則其說完矣。然須知列國尚有以共同利害關係之故用共同運動以行干涉此實將來不可逃避之現象也故吾謂彼知其一未知其二也要之兵法曰。毋恃敵不來。恃我有以待之。今日不言革命則已耳苟言革命萬不能曰外國殆不干涉而掩耳盜鈴以自慰也（俗語所謂一心情願）必其自始焉曰吾固預備外國干涉彼從某方面干涉吾之力可以從某方面拒之彼用某手段干涉吾之力得用某手段以勝之不觀法蘭西乎其大革命時外國聯軍所以干涉之者何如法人之力能戰聯軍而退之俾足自支耳不然則不待拿破命之興而已爲波蘭未可知也（美國獨立時。其情形又稍不同。彼僻在新大陸。與歐洲列國關係甚淺。當時有勢力於新陸者。惟英法兩國。英其敵國也。而法則以妬英之故。反爲美援也。故彼無干涉之患。而我中國今日情形。實同於法而不同於美。至易見也。故又未可援美以自慰也）而所謂某方面某手段者又必須有確實證據將彼我之實力統計而比較之而確見其爲如是。萬不能以空談及糢糊影響之言以自欺也。今持革命論者。亦曾計及此而確有所自信乎。若有之。請語我來。若其未也。則不懼外國干涉之言。愼勿輕出諸口也。

以上所駁。吾欲求著者之答辯。若不能答辯。則請取消前說可也。但即能答辯此節。而於革命後不能建設共和立憲制之論。不能答辯焉。則種族革命說。即已從根柢處被破壞而不許存立也。

又頃見種族革命黨在東京所設之機關報。大標六大主義。一曰顚覆現今之惡劣政府。二曰建設共和政體。三曰維持世界眞正之平和。四曰土地國有。五曰主張中國日本兩國之國民的連合。六曰要求世界列國贊成中國之革新事業。吾見之而瞀惑不知其所謂。其第一條顚覆現今惡劣政府。此含有政治革命的意味。雖用語不甚的確。猶可言也。其第二條建設共和政體。則吾此文及開明專制論第八章已令彼之此主義無復立錐地。其第三條維持世界眞正之平和。言之太早。請公等先維持我國之平和。待我國既自立他國有疑我懷侵略世界之野心者。其時自表白焉。猶未爲晚。其第四條土地國有。則公等若生於烏託邦。請實行之。若猶未能脫離現今地球上各國土。則請言之以自娛可也。其第五條主張中日兩國國民的連合。可謂大奇。所謂連合者。屬於交際的耶。則何國不當連合。豈惟日本。言日本則日本以外之各國豈皆排斥乎。屬於法律的耶。既命之曰兩國國民。則何從連合。合日本於中國乎。是又諺所謂一心情願也。合中國於日本乎。公等雖欲賣國與日本。恐四萬萬人未必許公等也。其第六條要求列國贊成中國革新事業。亦大奇。中國革新事業、中國之主權也。豈問人之贊成不贊成。夫要求云者。未可必得之辞也。如彼言外之意。萬一列國不贊成。我遂不能革新乎。然則中國不已失獨立之資格乎。噫嘻吾知之矣、彼其意殆云要求列國承認我共和新政府也。但不敢明言之。故易其詞以自飾。而忘其用語之不正確也。其第五條則因偶結識日本之浮浪子數輩。沾沾自喜。恃以爲奧援。此終不離乎媚外之劣根性也。而以此爲政綱以號於天下、是明示人以舉黨中無一有常識之人耳。以吾讀該報。除陳君天華之文以外。可直謂無一語非夢囈。不能多駁之以費筆墨。僅舉其政綱與一國有識者共評之。

第二 舍種族革命之外更無他道焉可以達政治革命之目的也

此小前提正確與否。即吾之政論正確與否之所攸判也。夫種族革命不可以達政治革命之目的。既爲絕對的而無所容疑。而使更無他道焉可以達之。是亦束手待亡而已。蓋陳君於種族革命之能否間接以救國。亦未嘗無疑焉。而覺舍此以外。無一而可。故不得不姑倡之以爲嘗試也。其言曰『我退則彼進。豈能望彼消釋嫌疑而甘心與我共事乎。』是其義也。某報之言亦曰。『今乃欲以種類不同血系不屬文化殊絕之二族。而强混淆之使之爲一同等之事業。其聲氣之隔膜。已不待言。而况乎此二族者。其階級懸殊。又復若雲泥之迥判。相猜相忌。已非一日。於此而欲求一推誠佈公之改革。豈可得乎。』此其論亦含一面的眞理。而駁解之頗不易易者也。吾所以駁解者則如下。

試請讀者暫將復仇一念。置諸度外。平心以觀察現今之政局。其所以不能改革者。其原因專在種族上乎。抑種族之外尚有他原因乎。抑原因全在他而與種族上毫無關係乎。就此以立三前提。其第一前提曰。徒以種族不同。故不能改革也。其第二前提曰。既以種族不同。復以他種障礙。故不能改革也。其第三前提曰。徒以他種障礙。故不能改革也。若第一前提正確。則僅爲種族革命而即可以改革。若第二前提正確。則一面既爲種族革命。一面復取他障礙而排除之。而後可以改革。若第三前提正確。則僅排除他障礙。即不必爲種族革命。而亦可以改革。此三前提孰爲正確。非以嚴密的歸納研究法不能得之。然此歸納研究法。正未易施也。

欲從事研究。則不可不取改革之定義而先確定之。所謂改革者。（即論者所謂開誠佈公之改革）吾欲以立憲當之。次則開明專制亦可以當之。此諒爲論者所肯承認也。即不承認開明專制。亦必承認立憲。故吾今就立憲以立言。

凡治論理學者。其所用歸納研究法有四。而最適用者曰類同法。(Method of Agreement)曰差異法。(Method of Difference)

今試以類同法求不能立憲之原因。類同法者。甲現象之顯。而必有乙現象起於其前。

或乙現象之顯。而必有甲現象隨乎其後。因知乙現象必爲甲現象之原因也。如「甲乙丙」之後恒有「呷吃哂」、「甲乙丁」之後恒有「呷吃叮」、「甲丙丁」之後恒有「呷哂叮」。由是知「甲」必爲「呷」之原因。「呷」必爲「甲」之結果也。今請以「甲」代「種族不同」以「呷」代「不能立憲」。而求諸百餘年來各國之歷史。法國當一七九一年以前非「甲」也而竟爲「呷」普國當一八四八年以前非「甲」也而竟爲「呷」日本當明治以前非「甲」也而竟爲「呷」乃至葡萄牙當一八二六年以前西班牙當一八〇九年以前奧大利當一八四九年以前皆非「甲」也而竟爲「呷」凡此皆無「甲」而能生「呷」然則「甲」必非「呷」之原因「呷」必非「甲」之結果明矣申言之則「種族不同」必非「不能立憲」之原因「不能立憲」必非「種族不同」之結果明矣於是向他方面以求之則見夫各國之不能立憲者或其君主誤解立憲以爲有損於已或其人民大多數未知立憲之利而不肯要求此兩者皆其普通共有之現象也故以類同法求之知此兩現象實爲不能立憲之原因也吾今以「己」代前者以「戊」代後者。得斷言曰。「己」與「戊」。即「呷」之原因也。然君主之誤解實由於一已之利害問題若人民要求迫切則君主必知不立憲而所損更甚比較焉而誤解自銷故人民要求又爲消釋君主誤解之原因故不肯要求實爲不能立憲之最高原因以代字表之則「戊」即「呷」之最高原因也

問者曰「甲」不能爲「呷」之單獨原因吾固承認矣雖然英國之在印度以「甲」故生「呷」法國之在越南以「甲」故生「呷」日本之在臺灣以「甲」故生「呷」今滿洲之在中國亦以「甲」故生「呷」然則安知「呷」之非有諸種原因而「甲」即爲其一種乎若是乎則非除「甲」而「呷」終不能除也欲答此難則當以差異法明之差異法者凡一現象恆合數部分之小現象而成若其現象本有乙部分忽將其除去而續起之現象即不見有甲部分或其現象本無乙部分忽將其增入而續起之現象即見有甲部分因知乙必爲甲之原因也如本爲「甲乙丙」故生「呷𠮙吶」及將「甲」除去變爲「乙丙」則其續生者僅爲「𠮙吶」而無復有「呷」或本爲「乙丙」故生「𠮙吶」及將「甲」增入變爲「甲乙丙」則其續生者遂爲「呷𠮙吶」而竟有「呷」若是則可以斷「甲」必爲「呷」之原因即不爾亦爲其原因之一部分也今試除之以求其差異乎我

中國當元代其本來現象為「甲乙丙」其相屬之現象為「呷叱呐」至明則將「甲」除去所餘之現象為「乙丙」而其相屬之現象仍為「呷叱呐」不聞其以無「甲」之故而遂無「呷」也又試增之以求其差異乎南非洲杜蘭斯哇爾及阿蘭治兩國其本來之現象為「乙丙」其相屬之現象為「叱呐」及敗於英變為「甲乙丙」而其相屬之現象仍為「叱呐」（兩國今皆已有完全之憲法）不聞其以有「甲」之故而遂有「呷」也由此觀之則可知「甲」必非「呷」之原因且並非其原因之一部分也反而求之則見夫吾中國明代以有「戊」之故故雖無「甲」而猶有「呷」南非兩國以無「戊」之故故雖有「甲」而能無「呷」然則「戊」為「呷」之原因益明

問者曰元明之交之中國則本有「戊」者也南非二國則本無「戊」者也若夫本有「戊」而並有「甲」之國則僅除其「戊」不除其「甲」而「呷」之現象遂可除乎質而言之則如今者之印度安南臺灣乃至吾中國若其人民大多數能要求立憲則雖異族之君主不易位而立憲可致乎吾敢應之曰可也於何證之於匈牙利證之匈牙利之有「甲」而並有「戊」蓋數百年也一旦將其「戊」除去則雖「甲」未除而「呷」已滅其所

得結果與本來無「甲」之國毫無所異也故苟使印度安南之民智民力民德而能如匈牙利乎而人民大多數要求憲法則英法終不能不以匈牙利待之而況乎今日中國與滿洲之關係又絕非如印度與英安南與法之關係也且又不僅如匈牙利與奧大利之關係也

由此言之。立憲之幾恆不在君主而在人民但使其人民有立憲之智識有立憲之能力而發表其立憲之志願則無論爲如何之君主而遂必歸宿於立憲若如論者所謂開誠佈公之改革乎。此豈惟難得諸異族君主即欲得諸同族者夫亦豈易易也不然試觀古今中外歷史其絕無他動力而自發心以行開明專制者曾有幾何人而不由人民要求而欽定憲法者曾有幾何國也故曰此別有他故焉而非異族爲政使之然也。

夫君主之所以不肯立憲者。大率由誤解焉。以爲立憲大不利於己也。若有人焉爲之委婉陳說使知立憲於彼不惟無不利而且有大利則彼必將欣然焉以積極的觀念而欲立憲於是乎立憲之幾動又使於國外有種種的勢力之壓迫於國內有種種的勢力之膨脹人民有所挾而求焉使知不立憲於彼不惟無所利而且有大害則彼必將悚然焉以消極的觀念而不得不立憲於是乎立憲之局成此無論何國皆然而絕非以種族之異不異生差別者也故謂立憲之原因則君主之肯與不肯固占一部分。然其肯與不肯。仍在人民之求與不求。故人民之求立憲實能立憲之最高原因也。亦間有君主雖肯而仍不能立憲者。則貴族實厄之。如某報論我國二百六十年來實爲貴族政治。推其意則曰。縱使滿洲之君主肯立憲。而滿洲之貴族亦不肯。又奈之何也。吾以爲貴族政治有二大要素。而今之滿洲人皆不具之。二大要素者何。一曰貴族必有廣大之「土地所有權」世襲相續二曰貴族之意見常能壓倒君主之意見。否亦左右君主之意見。試觀古今中外歷史。有不具此二要素。而史家名之爲貴族政治者乎。而滿洲人於事實上無此二者。故指爲貴族政治。其斷案實不正確也。（滿洲人無廣大之「土地所有權」。盡人能知。無待設證。若滿洲多數人之意見。果能壓倒君主之意見乎。論者或引一二事爲證。謂如戊戌庚子之役。西后隨滿洲諸頑固黨爲轉移。是實被壓倒也。吾以爲此證不正確也。若便西后之意見。與滿洲多數人意見相反。而衝突之結果卒爲滿洲多數人所勝。斯可謂被壓倒矣。而事實上確不然也。彼等苟非得西后之同意。萬不能行其政策。事至易見也。）且論者所指摘多順康雍間事。久爲陳迹。至今屢變。而非復其舊。以今日論之。號稱第二政府之天津。坐鎭其間者漢人耶滿人耶而北京政府諸人不幾於皆爲其傀儡耶兩江兩湖兩廣之重鎭主之者漢人耶滿人耶乃至滿洲本土之東三省今撫而治之者漢人耶滿人耶（漢軍固不得謂之滿人）平心論之謂今之政權在滿人掌握而漢人不得與聞決非衷於事實者也夫謂彼漢人者不過媚滿洲之一人乃得有此斯衷於事實矣然即此可證權力之淵源實在一人之君主而非在多數之貴族矣夫吾之所以語此現象者凡以證明中國今日實爲君主專制政治而非貴族專制政治云爾吾之所以必爲此證明者以見中國今日苟君主不欲立憲則已耳君主誠欲之則斷非滿洲人所能沮也夫沮之者固非無人矣然其人豈必爲滿洲人吾見夫今日漢人之沮立憲者且多於滿人而其阻力亦大於滿人也由此觀之謂君主以其爲君主之地位而認立憲爲不利於其身及其子孫而因以不肯立憲焉此誠有之謂其以爲滿洲人之地位而認立憲爲不利於其族而因以不肯立憲焉則深文之言非篤論也即君主以外而有沮立憲之人亦不過其人各自爲其私人之地位恐緣立憲而損其權力是以沮之而決非由種族之意見梗其間也使其出於種族之意見也則必凡漢人盡贊焉凡滿人盡梗焉然後可然

今者漢人中或贊或梗滿人中亦或贊或梗吾是以知贊也梗也皆於種族上毫無關係者也

（附言）吾前文以類同法差異法研究不能立憲之原因而解釋此問題謂不問君主之爲異族爲同族而專問人民之能要求不能要求其最後之結論則謂人民果能要求則雖異族之君主而猶必可立憲也然此特如論者之意認滿洲與我確溝然爲兩民族始紆曲而得此結論耳但以嚴格論之滿洲與我確不能謂爲純粹的異民族此吾所主張也頃見某報復有一文題曰「民族的國民」其言若甚辯但以吾觀之則彼所列舉之諸前提皆足以證我斷案之正確而不足以證彼斷案之正確今摘述其說而疏通證明之彼云「民族者同氣類者也（節其定義之要點）所云氣類條件有六一同血系二同語言文字三同住所四同習慣五同宗教六同精神體質此六者皆民族之要素也」此前提根據於近世學者之說吾樂承認之惟據此前提以觀察漢人與滿人之相互關係其第二項同語言文字則滿洲雖有其本來之語

言文字然今殆久廢不用成爲一種之殭石凡滿人皆誦漢文操漢語。其能滿文滿語者。百不得一。謂其非與我同語言文字不得也夫凡異族之相滅。恒蹂躪其國語。如俄滅波蘭則禁波人用波語奧大利之於匈牙利初則官署及議會皆不得用匈語直至去年匈人所求於奧者仍爲軍隊上用匈語之一問題也故如匈之與奧斯可謂之異族何也其語言文字劃然不同而匈人凡屬政治方面其國語皆受壓迫也若滿洲則何有焉其固有之語言文字已不適用於其本族而政治各方面我國文國語立於絕對的優勝之地位更無論也其第三項同住所。則滿洲之本土漢人入居者十而八九而滿人亦散居於北京及內地十八省至今不能爲絕對的區別確指某地爲滿人所居也其第四項同習慣。則一二小節。雖或未盡同。而語其大端。則滿人大率皆同化於北省之人。其雜居外省者。亦大略同化於其省事實之不可誣者也。（若舉其小節之不同。則我國南省與北省。亦有不同者矣。吾以爲滿人習慣之異於我者。亦不過我南省與北省異之類耳。）其第五項同宗教。則現在漢人中大多數迷信「似而非的佛教」滿人亦然現在漢人中少數利用「似而非的孔教」，滿人亦然。是其極相脗合。更不待言。若夫其第六項同精神體質。則漢滿二者果同果異。此屬於人種學者專門的研究。吾與論者皆不應奮下武斷。但以外形論之。則滿洲與我實不見其有極相異之點。即有之亦其細已甚。以之與日本人與我之異點相較。其多寡之比例。較然可見。而歐美更無論矣。然則即云異族。亦極近系之異族。而同化之甚易易者也。其第一項同血系。則二者之果同果異。又屬於歷史學者專門的研究。吾與論者又皆不能奮下武斷。愛新覺羅氏一家。其自有史以來。與我族殆無血系之相屬。吾亦承認之。若其最初果有關係與否。則今未得證明。不能確斷。（彼自述其神話時代之譜系。如天女鳥卵等諸說。此不過襲吾國前此讖緯之唾餘。謂帝者無父。感天而生。如「天命玄鳥」「履帝武敏歆」等之成說耳。凡中國歷朝之君主莫不然。即各國神話亦莫不然。未可據爲信史也。）就令此一家者自始與我無絲毫之血系相屬。然亦限於彼一家耳。不能以概論滿洲全族。其他之滿洲人。則自春秋時齊燕與山戎之交涉。秦時王莽時三國時人民避難徙居遼瀋者。其數至夥。歷史上斑斑可考。（今限於本文之問題。不能備舉以增支蔓。若有欲索吾立證者。吾可據歷史以應之。）然則謂凡一切滿洲人皆與我毫無血統之關係吾斷不能爲絕對的承認也一切之滿洲人既與我或有血統之關係則愛新覺羅氏或有或無是終在未定之數也就以上所辨。則論者謂民族之六大要素滿洲人之純然同化於我者既有四焉其他之二則彼此皆不能奮下武斷而以吾說較諸彼說則吾說之正確的程度比較的固優於彼說也故以吾所主張。則謂以社會學者所下民族之定義以衡之彼滿洲人實已同化於漢人而有搆成一混同民族之資格者也

復次彼論文復揭所謂同化公例者凡四第一例以勢力同等之諸民族融化而成一新民族第二例多數征服者吸收少數被征服者而使之同化第三例少數征服者以非常勢力吸收多數被征服者而使之同化第四例少數征服者爲多數被征服者所同化此四公例者亦吾所樂承認也而吾則以爲滿洲在中國實如彼所擧第四例之位置故疇昔雖不能認爲同族而今後則實已有搆成一混同民族之資格也而論者必强指其爲第三公例之位置是不免枉事實而就臆見也彼其所擧證據分二種每種復分二類。

其第一種曰「欲不爲我民族所同化」就中第一類曰「保守其習慣」雜引順康雍乾間各上諭以爲證第二類曰「發皇其所長」則謂二百年來兵權悉萃於彼族而我族無與焉亦舉順康雍乾間故實以爲證凡其所舉者亦吾所承認者也雖然此不過百餘年前之事耳若近百年來則何如彼所云保守其習慣者雖三令五申而誨諄諄而聽藐藐今則並其固有之語言文字莫或能解而他更無論矣若夫兵權則自洪楊一役以後全移於湘淮人之手而近今則一切實權皆在第二政府之天津又事實上之予人以共見者也至其所舉第二種謂滿洲欲迫我民族同化於彼者其最重要莫如薙髮一事此亦吾所承認也然此事抉去之甚易易且輓近其機已大動一旦傚西風倡斷髮則一紙之勢耳故此事雖爲我同化於彼之一徽識而亦決不能久也夫滿洲自二百餘年前不能認之爲與我同族此公言也其血系及其精神體質相同與否不能斷言而語言文字、住居、習慣、宗教、皆不相同故不得認爲同族也其順康雍乾間諸雄主不欲彼族之同化於我亦其本心也無奈循社會現象之公例彼受同化作用之刺戟淘汰遂終不得不被同化於我日本小野塚博士謂凡兩民族相遇。其性格相近。而優劣之差少者。其同化作用速。其性格相異而優劣之差少者。其同化作用遲。其優劣之差遠者。其同化作用速。論者引之。而謂滿族與我。文野相殊。適合乎第三例。此語亦吾所承認者也。故吾謂今日滿洲之位置。適如彼所舉同化公例之第四種。蓋亦謂此。而論者必謂其屬於第三種。而引彼大會所以思障其流者以爲證。曾亦思此同化作用之大力。決非一二大會所能障乎。故至今日而小野塚之言既畢驗矣。雖彼不欲之而固無如何而事實之章明較著者則今既若是矣然則就今日論而必謂彼欲化我之可畏必謂我欲化彼之不能請論者平心思之其果爲適於事實衷於論理矣乎必不然矣

夫論者固亦自知其說之不完。故於其下方又曰。『其昔之所汲汲自保不欲同化於我者已無復存』又曰『凡此皆與嘉道以前成一反比例』是論者亦認滿洲爲已同化於漢族。如彼所云同化公例之第四項矣。乃旋復支離其詞，謂立憲說若行，則我民族遂永沈於同化之第三例，此眞所謂強詞奪理。不可以不痛辯也。今復取而糾之。論者謂『民族不同而同爲國民者。其所爭者莫大於政治上之勢力。政治上之勢力優者。則其民族之勢力亦獨優』此前提亦吾所承認也，然此又適足以證吾說之正確。而不足以證

彼說之正確也。彼之言曰、「今者滿洲欲鞏固其民族、仍不外乎鞏固其政治上之勢力。由是而有立憲之說」又曰、「吾今試想像一至美至善之憲法曰、此憲法能使滿漢平等相睦。自由之分配適均同棲息於一國法之下。耦俱無猜、如是當亦一般志士所喜出望外也。雖然吾敢下一斷語曰從此滿族遂永立於征服者之地位。而同化之第三例。乃爲我民族特設之位置也云云」吾讀至此。方急欲盡聞其言。聽其有何等之說明、乃不料讀至下方。則滿紙仍復仇之說。而政治上之趨勢。乃不復論及也。推彼所以致誤之由不外誤認皇位與政治上勢力同爲一物夫在非立憲之國則皇位確與政治上勢力同爲一物固也。若在立憲之國。則二者決非同物。如彼英國其皇位全超然於政治勢力以外不必論矣即如日本普魯士等國其皇位雖亦爲政治上一部分之勢力所從出而決不能謂舍皇位以外更無他之政治上勢力蓋立憲與非立憲之區別實在是也皇位以外之勢力何在亦曰在國民之自身而已國民立於指揮主動之地位者其勢力固極大即國民立於監督補助之地位者。其勢力抑亦不小。此凡立憲國之先例所明示也。夫即在非立憲之國。其君主固非能舉一切政務而悉躬親之。其政治上大部分勢力。實仍在臣下之手。但國家機關之行動。無一定規律。而臣下之進退。又悉出於君主之任意。故一切政務。悉働於君主意志之下。而非働於國家根本法之下。故雖謂皇位與政治上勢力同爲一物。亦無不可。若夫在立憲國。即其行大權政治如日本者。固不得不依於憲法條規以行統治權。一切法律皆須經議會協贊。即緊急勅令獨立命令。亦有一定之限制。然則此等國家。其一切政務皆働於國法之下。而非働於君主意志之下明甚。若其用人權。則國務大臣雖非純由議會所得進退。然固不能甚拂輿論。（議院政治之立憲國。其內閣失議院多數者。必不得不退。而進而組織內閣者。惟限於議院多數黨之首領。大權政治之立憲國。不得議院多數者。不必定退。即退矣。而亦不必限以多數黨代之。故常有所謂「不黨內閣」者之出現。此其所以爲異也。然內閣太不滿輿論。則君主亦不得不退之矣。以最近事證之。如日本於日俄和議後之桂內閣。其例之著明者也。）若國務大臣以外之一切官吏。則任用懲戒。皆循一定之法規以行。非特長官不能上下其手。即君主亦不能以喜怒爲黜陟明也。而司法權獨立。君主不得任意蹂躪焉無待言矣。故吾謂苟不名爲立憲則已。既名爲立憲國。則皇位以外。必更有政治上勢力存焉。而此勢力之所存。則國民自身是也。吾之此前提。諒論者雖有巧辯。而必不能不承認也。既承認矣。則吾將復進於第二前提。曰、既爲立憲國國民。同棲息於四民平等的法律之下。則無論何種方面之勢力。皆得行正當之「自由競爭」。（自由競爭者。非謂競其自由也。謂其競爭之力。能行於自由。而不受他力之干涉束縛壓抑也。）而政治上勢力。亦其一端也。此前提諒又論者所不能不承認也。既承認矣。則吾將復進於第三前提。曰、既行正當之「自由競爭」。則其能力獨優者。其勢力亦獨優。故苟於立憲制度之下。以異民族而同爲一國民者。其政治能力高度之民族。則所占政治上勢力。必能優於能力低度之民族者也。此前提諒又論者所不能不承認者也。既承認矣。而猶曰立憲之說。不外爲滿洲民族鞏固其政治上勢力。然則必須尚有第四前提焉。乃能達此斷案。其第四前提云何。必當曰滿族所固有之政治能力。實優於漢族。而兩族行正當之自由競爭。滿必優勝。漢必劣敗也。而此第四前提。果正確乎。論者若承認之。

則本意欲自尊漢族者其毋乃反蔑漢族乎若不承認之則其斷案已屬謬妄而絕對的不能成立也夫吾所主張。固認滿洲爲已同化於我民族。間有一二未同化者。而必終歸於同化。故一旦立憲而行自由競爭則惟有國民箇人之競爭而決無復兩民族之競爭論者所謂某族占優勢者其實不足以成問題也若此問題依然存在乎。則兩族之政治能力孰優孰劣較然易見而兩族之政治勢力孰優孰劣亦較然易見矣論者如謂必不能得滿漢平等之憲法。則其事又當別論若如彼所言。謂自由之分配適均。權利義務悉平等。同棲息於一國法之下矣。而猶謂我民族將來之位置必永同於彼之第三同化公例吾誠不知彼所據論理爲何等也夫彼言『滿洲自入關以來。一切程度。悉劣於我萬倍。而能久榮者。以獨占政治上勢力之故。』此語亦吾所大略承認者也。然誠能得正當之立憲政治則已足救此弊而有餘何也以正當之立憲政治其政治上勢力未有能以一人或一機關獨占之者也故吾輩今日所當研究者。(一)現今君主肯立憲與否之問題(二)所立憲法爲何等憲法之問題(三)吾輩當由何道能使彼立憲且得善良憲法之問題若夫既肯立憲且得善良憲法矣而在此善良憲法之下漢滿兩族孰占優勢此則不成問題即成矣而亦無研究之價值何也此固可以直覺的知識一言而決也

右吾所述即論者寗不知之知矣而復强爲之辭則不過爲復仇之一感情所蔽否則欲以此煽動一般人之復仇感情已耳論者斷斷自辨謂彼之排滿非狹隘的民族復仇主義以吾觀之彼實始終未嘗能脫此範圍故吾請彼還倡其復仇主義無爲牽入政治問題作繭自縛也

復次右吾所述是辨滿洲是否同化於我及能否同化於我之一問題也吾所主張則謂滿洲與我不能謂爲純粹的異民族也論者若不能反駁吾說則不得不承認吾所主張若承認吾所主張則論者所說無論從何方面觀之皆不復能持之有故言之成理即能反駁矣不承認吾所主張矣如是則確認滿洲爲異民族然即戴異族之君主猶未嘗不可以立憲此則吾本論

正文所主張苟不能反駁焉是猶不足以難我立憲說也

夫既有梗焉者。其梗焉者又或爲有力焉者。則甚足以熒君主之聽。而立憲之希望。終不易達也、斯固然也。然此實各國普通之現象。不論其爲異族政府同族政府而皆有之。是不得緣附種族論。而謂以二族相猜相忌之故、故不能得立憲也、明矣。既將種族論剔出。則其所以對付此阻力者。亦採各國普通之手段焉可耳。夫使梗焉者出於貴族。則其對付之也頗難。蓋貴族莫不有其特權。與其階級相附麗、一旦立憲、則必取法律上四民平等之主義。於彼確大不利。故其反抗力甚强。而其意見既足以壓倒君主或左右君主。故其反抗强而抗其反抗固不易也。若我中國今日情勢。則全與彼異。舉國人民其在法律上本已平等無別享特權者即如某報所舉滿洲人於公權私權上間有與漢人異者、然其細已甚。且屢經變遷而非復其舊。況其由特權所得之利益。或不足以償其損害。彼中稍有識者。必出死力以爭此特權。可斷言也。即讓一步。謂彼必爭。然彼之力曾不足以左右君主。君主苟欲之。彼雖爭無益也。然則今後而於君主以外。猶有爲憲法梗者乎。必其人自顧現在之權力地位。懼緣立憲而失之耳。若此輩者。苟有人焉爲之陳說謂欲立憲必經過若干年之開明專制時代在此時代中則立憲之影響不波及於公之權力地位及夫憲法實施之時而公且就木矣何苦爭其所不必爭者以叢國民之怨也又或雖至其時而公猶健在公今者能提倡立憲則他日公之地位及公之名譽或更高於今日而公必棄而不取甚無謂也如此則彼將或有悟而幡然以改是消阻力之一法也又或彼終冥頑不靈則吾所以待之者尙有最後之相當的刑罰在則虛無黨之前例是也夫彼之爲梗者上焉者爲權力下焉者爲富貴耳然若無生命則一切權力富貴皆無所麗故此最後之手段實足以寒作梗者之膽而有餘也

問者曰吾子屢言憲法。萬一彼所頒憲法。虛應故事或更予吾漢人以不利。則奈之何。或頒矣而不實行。又奈之何。曰、是亦在吾要求而已要求固未有不提出條件者夫條件則豈不由我耶不承諾條件吾要求不撤回旣承諾條件而不實行則次度之要求固亦可以繼起耳

故夫吾之言立憲非猶夫流俗人之言立憲也、流俗人之言立憲則欲其動機發自君

主而國民爲受動者吾之言立憲則欲其動機發自國民而君主爲受動者流俗人之言立憲則但求得一欽定憲法而遂以自安其憲法之內容若何不及問也吾之言立憲雖不妨爲欽定憲法而發布之時萬不能如日本爲單純的欽定之形式（此事吾別有論）若其憲法之內容若何則在所必爭也故流俗人之言立憲見夫朝廷派大臣出洋考察政治則欣然色喜謂中國立憲將在此役吾之言立憲則認此等舉動與立憲前途殆無關係即有之而殊不足以充吾輩之希望或且反於吾輩之希望而所謂眞正之立憲政治非俟吾民之要求不能得之故流俗人之言立憲欲今日言之明日行焉吾之言立憲則以立憲爲究竟目的而此目的之達期諸十年二十年以後質而言之則如流俗人所言立憲不立憲之權操諸人我惟禱祀以求而已如吾所言則立憲不立憲之權操諸我我苟抱定此目的終可操劵而獲也

（附言）如近日派大臣出洋考察政治等事。吾固認其與立憲前途殆無關係。然如流俗人之見則謂其小有關係。亦未始不可。蓋君主之欲立憲雖非能立憲之最高原因然不得不謂爲其原因之一部分也然則此等舉動之與立憲有關係與否。亦視其果出於君主欲立憲之意與否而已。若其非出於此意。則可謂爲絕無關係。若其果出於此意。則可謂小有關係。然終不能謂大有關係。何也。苟非由人民要求。則此種關係或不足充吾輩希望。或且反於吾輩希望也。（或不由要求。而竟能充吾輩希望。亦未可知。雖然。其權不由我。即能得之。亦偶得而已。非必得也。）若以人民要求爲前提。則此種關係及今已有之。固可喜也。即今尚無之。吾固可以隨時喚起此關係。且令其關係更深切。故現在此等舉動。其性質若何。吾以爲毫不足輕重也。復次若以人民要求爲前提。則今日此等舉動。其或不足充吾希望。吾可要求使獲充。其或反於吾希望。吾可要求使毋反。吾懸一水平線以爲衡。吾所知者求適合此水平線而已。彼在水平線以下。無論何種現象。吾視之。則五十步與百步耳。能知此義者。可與言立憲問題。不知此義者。未足與言立憲問題。

然則吾國今日所最要者。在使一國中大多數人。知立憲。希望立憲。且相率以要求立憲。若果能爾爾乎。則彼英人在昔常有「權利請願」之舉。有「不出代議士不納租稅」

之格言。眞可謂唯一正當之手段。唯一正當之武器也。而俄人虛無黨故事。抑亦濟變之手段。最後之武器也。我國民誠能並用之乎。吾敢信政治革命之目的。終必有能達之一日也。

（附言）人民要求苟得其法。則必能使政府降心相從。徵諸各國前例。殆成鐵案。即以吾國近數年事實徵之。其趨勢亦甚顯著。如最近粵紳與粵督爭路權一事。其最爲明效大驗者也。彼事件於種族問題。絲毫無涉。而徒以正當的要求。雖當道以炙手可熱之勢。遂不能不出其交讓之精神。以圖解結。此雖僅屬小節。不涉全體。然舉一反三。亦可知不必爲種族革命。而可以得政治革命明矣。其他如枝枝節節之利權回收。斷斷續續之內治改革。彼政府當道。固未嘗不以輿論爲蝦而自爲其水母。凡此之類。不可枚舉。此皆數年來之事實。較然不能掩也。蓋今日之政府當道。其大部分皆脆薄之人。其小部分則欲治事而不知何塗之從而可也。故苟民間有正當之輿論而盾以實力之要求者。吾信其最後之勝利。必有屬矣。而人民不能自改良其輿論不能自扶植其勢力徒懟政府詬當道甯有濟耶嗚呼。雖然。尚有附加之三義焉一曰其所要求者必須提出條件苟無條件微論彼不知所以應即應矣仍恐其不正確也二曰。其提出之條件必須爲彼所能行若爲彼所必不可行則是宣戰而非要求以云要求則等諸無效也三曰。其濟變之手段最後之武器不可濫用用之必在要求而不見應之後且所施者限於反抗此要求之人不然。則刑罰不中既使彼迷惑而有罪者反不自知其罪也此則吾於所著開明專制論第八章。既言之矣。（參觀本報第三號「開明專制論」及第二號「對于陳烈士蹈海之感歎」）抱定此手段而以此三義者整齊嚴肅之吾謂未有不能濟者也故吾又得反其小前提曰。

舍種族革命以外實有他道焉可以達政治革命之目的者也

隨而反其斷案曰。

故舍種族革命以外吾輩別有當以爲手段者也

吾昔於開明專制論第八章第一段之結論曾有兩語云。欲行種族革命者宜主專制而勿主共和欲行政治革命者宜以要求而勿以暴動吾自以為此兩語盛水不漏。無論何人。不能致難矣。而吾見某報之論復有曰。『改革之權。操之於上而下盡輸其資產生命以為之階梯。上復慨與以高爵厚祿以施之報酬。立憲是已』夫解釋立憲而下此概念。是足以服持立憲論者之心乎。凡欲辨難者。必不可不衷於論理。而論理必先確定其概念。而不可先以其所愛憎枉固有之定義。試觀鄙人前後難種族革命說難共和立憲說者。凡數萬言。曾有一度焉曲解種族革命之定義。曲解共和立憲之定義者乎。苟不認此論理學上之公例。是亦不足以入辨林已耳。故吾略下君主立憲之概念曰。『君主立憲者君主應於人民之要求而規定國家機關之行動及人民對於國家之權利義務者也』其所規定則君主與人民協定之而所以得之者則由君主應於人民之要求也故規定為其結果而要求為其原因也讀者謂吾所下之概念視某報所下之概念何如。

然則暴動絕無影響於立憲乎。曰、亦有之。要求不得而繼以暴動。君主憚暴動而遂應其要求是也、然此殆非正當之手段、蓋徒耗其力也。以之與虛無手段相校、其不如虛無遠矣。然以要求不得而暴動、則其暴動之目的已非在種族革命矣。然則種族革命的暴動絕無影響於政治革命乎。曰、亦有之。君主憚種族革命之屢興。而厲行政治革命以銷其燄是也。信如是也則種族革命適以助政治革命之成功也質言之則排滿者適所以助立憲者（狹義的立憲）之成功也使排滿者如有甘犧牲其功業名譽以助與已反對之立憲黨使成功之心而出於暴動則其可敬孰甚焉信如是也則其種族革命共和立憲之主義不得不中道拋棄矣然此恐非言排滿者所樂聞也其所樂聞者則投滿人於荒服之外而組織一盧梭的國家也若此者苟不能將吾之說一一答辯則箝而口焉可也不然我四萬萬人當以故殺祖國之罪科之

抑陳君又言曰、『鄙人之於革命。必出之以極迂拙之手段。（中略）夫以鄙人之迂拙如此。或至無實行之期、亦不可知然而舉中國皆漢人也。使漢人皆認革命爲必要、則或如瑞典那威之分離。以一紙書通過。而無須流血焉可也。故今日惟有使中等社會。皆知革命主義漸普及下等社會。斯時也。一夫發難。萬衆響應。其於事何難焉。若多數

猶未明此義而即實行。恐未足以救中國而轉以亂中國也』蓋君之言。深知現在革命之不可。而欲期諸極遠之將來。其用心可謂良苦。然欲使社會之大多數皆認排滿爲必要而實行之。此誠至難之事。何則。問人言排滿而樂聽之者。比比皆是。若使其實行則樂聽者千人而不得一人也。其所舉以刺激其感情而最有力者。無過順康雍間事。然久已過去。成爲陳迹。非復切膚之痛。復九世仇。豈能人人皆有此志。此猶不如政治論之易動人也。故君自慮其無實行之期。良有由也。然又如君言。舉中國皆漢人。故此手段雖極迂拙。猶非絕對的不可得達。雖然。君未計及實行之後其效果何如也蓋君亦迷信共和論者之一人。而中國萬不能行共和立憲制之理由。君所見尚未審也。夫甯知乎雖多數明此義而復實行。而猶不足以救中國。轉以亂中國乎。嗚呼。安得起君於九原而一上下其議論也

若取君之語而略點竄之曰。今日惟有使中等社會皆知政治革命主義。漸普及於下等社會。則其言斯無弊矣。夫使今日中國之多數人皆知政治革命主義而循吾所謂正當手段者以進行也。其現今在政界地位已高者。陳利害於君主。其次高者陳利害

於上憲及其僚即其未入宦途者或其父兄或其朋友苟有可以爲陳利害者悉陳之以浸潤移其迷見其效既可以極速何也今之在政界者其毫無心肝之人固多數然亦非無欲有所爲而茫然不知所從事者無人焉從而曉之而徒責其誤國是未免近於不教而誅也故此層工夫萬不可少而非徒以此而足也聯多數焉發表其政治的意見提出條件爲正當之要求如英人之權利請願然不應則以租稅或類於租稅者爲武器不應則以虛無爲武器行之十年而謂其無效可睹吾不信也其視專鼓吹種族革命如陳君所謂或終無實行之期者其相去不亦遠乎

今之少年。歆排滿共和之狂泉而失其本性。惡夫持君主立憲論者之與己異也。而並仇之。於是革命二字。與立憲成爲對待之名詞。此眞天下所未聞也。有與言現今政治得失宜興宜革者。彼輒掉頭曰。「吾誓不爲滿洲政府上條陳。」叩以公欲何爲則曰「待吾放逐滿人後吾自能爲之今豈屑與彼喋喋也。」嗚呼。此言誤矣公之放逐滿洲未有其期而今之握政權者日以公之權利畀諸外人權利之斷送也如水赴壑權利之回復也如戈返日恐未及公放逐之期而公之權利已盡矣且即使公能放逐彼而於放逐之前使彼代公做一二分預備工夫亦於公何損焉而必矜此氣節誓不與言何也況乎公即能放逐彼而建設此不適我國之共和政府則所謂實行公之政策者又終無期也然則公毋乃坐視中國之亡而已

嗚呼。輿論之之所以可貴。貴其能監督政府而已。今也不然。輿論曰、吾惟絕對的不認此政府。若此政府尚在。吾不屑監督之。然吾所謂絕對的不認者在彼曾不感絲毫之痛癢而以吾不屑監督之故彼反得放焉自恣惟所欲爲問所得效果維何曰、不過爲政府寬其責任而已嗚呼國中而有此等輿論爲國之福乎抑爲國之禍乎願世之君子平心察之

他社會勿論。即以東京學界及國內各省學界。其人數殊不尠。而虛聲頗爲政府所憚。以之建言。甚有力也。而數年以來。惟於鐵路礦務及其他與外人交涉之事。有所抗爭。而內治之根本。無一敢言者。夫內治根本不立徒爲枝葉之排外終無所濟明也。謂學界諸君而不知此義耶其不知者容或有人而知之者總居多數惟雖知矣而不敢言其不敢言者畏政府耶畏輿論耶吾今請直抉其隱蓋有欲言及內治根本者則輿論

羣起譁之曰是立憲黨也是爲滿洲政府上條陳也是欲做官之奴隸也以故更無人敢提此議即提矣而亦莫之應故惟於交涉事件補苴罅漏甯舍本而圖其末也學界諸君一讀之謂鄙人此言果能寫出諸君之心理否耶果能道盡現今輿論之眞相否耶而此等心理此等輿論其必不爲國家之福吾敢斷言矣

質而言之則要求必能達政治革命之目的且非要求萬不能達政治革命之目的是要求者實政治革命之唯一手段也而政治革命既爲救國之唯一手段以積疊的論理式推之則可逕曰**政治上正當之要求實救國之唯一手段也**

然則中國之能救與否惟視人民之能爲要求肯爲要求與否以爲斷夫彼毫無政治智識毫無政治能力者不知要求爲何物不知當要求者爲何事固無冀焉矣若其稍有政治智識者又不務自養其政治能力且間接以養成一般國民之政治能力而惟醉夢於必不可致之事業奔馳於有損無益之感情語及正當之要求反避之若浼焉夫是以能要求肯要求者舉國中竟無其人也夫彼絕無智識絕無能力者不足

責焉若夫稍有智識者且可以有能力者而亦如是則亡國之惡因非此輩造之而誰造也。嗚呼無有眞愛國者乎其忍以方針之誤而甘爲亡國之主動人也。

夫鄙人之爲此言。誠非有所愛於滿洲人也。若就感情方面論之。鄙人雖無似抑亦一多血多淚之人也。每讀揚州十日記嘉定屠城紀略。未嘗不熱血溢湧。故數年前主張排滿論。雖師友督責日至。曾不肯自變其說。即至今日。而此種思想。蟠結胸中。每當酒酣耳熱。猶時或間發而不能自制。苟使有道焉可以救國而並可以復仇者。鄙人雖木石寗能無歆焉。其奈此二者決不能相容。復仇則必出於暴動革命。暴動革命則必繼以不完全的共和。不完全的共和則必至於亡國。故兩者比較。吾寗含垢忍痛而必不願爲亡祖國之罪人也。吾又見夫不必持復仇主義而國民最高之目的固非不能達也。吾又見夫苟持復仇主義充之至於盡則應仇者不止一滿洲也。故吾謂復仇主義其可以已。而眞愛國者尤宜節制感情。共向一最高之目的以進行也。諸君苟毋任感情。毋挾黨見。平心以一聽吾言。則眞理其庶可出。而正當之手段其庶可見也。

夫使諸君所執排滿共和之手段。而果足以救國。則諸君堅持之宜矣。然於他人之執他手段而欲以救國者。猶當以其目的之相同而勿與爲敵。然今者諸君之手段萬不能實行即實行而不爲國之福反爲國之禍既若是矣而猶戀而不舍焉是終耗其力於無用之地也不惟不舍而已於人之執他手段以欲救國者反從而排之兩相排而其力兩相消卒並歸於無有而已所耗者所消者非他一國中有熱血有智識之人之實力也一國中有熱血有智識者能得幾人其人之實力即一國之元氣而國所賴以不亡者也今徒以此而消焉耗焉夫安得不爲國家前途慟哭也

嗚呼。吾書至此而吾淚承睫而泗横頤吾幾不復能終吾言矣嗚呼。我國中有熱血有智識之人其肯垂聽耶其終不肯垂聽耶夫吾非欲以辯服人而自以爲快也吾實見夫吾國之存亡絕續在此數年而所以救之者惟有一途而不容有二故不惜曉音瘏口以冀多數之垂聽也夫舍己從人人情所難在素持排滿共和論之諸君讀鄙人之此兩文而必有數日之不快殆意中事也則請諸君抒其宏議用嚴正之論理法以賜答辯夫鄙人豈敢竟自以爲是苟答辯而使鄙人心折者鄙人必爲最後之降伏毋爲各趨一途而使力之互相消也若猶以鄙人之言爲有一節可取也則請諸君棄其前

日良知又有開悟則依吾明日良知以行鄙人知服膺此義而已即如排滿共和論以諸君平心察之若謂倡此論者爲有功也則鄙人不能謂無微勞若謂倡此論者爲有罪也則鄙人不得不負重戾蓋鄙人於數年前實此派中之一人且其關係甚不薄也鄙人甯不欲護其前說其奈今所研究確見其與救國之義不相容吾將愛吾國耶吾將愛吾前說耶吾良知於此兩者之間必知所擇矣故決然舍旃而無復留戀也夫諸君之取舍何如亦質諸諸君之良知焉可耳嗚呼。陳君天華而不死也吾信其將聞吾言而契之也

吾之論於是終、吾更綴數言。吾此文固甚望當世有識者之誨之也。蓋眞理以辨而始明。況吾之淺識。豈敢謂所言之必當也。有賜教者苟依正當之論理。則鄙人深願更相攻錯。而或於其根本大端不能箴膏肓起廢疾而惟摭拾一二詞句間之訛繆以相詆諆。則考據家之碎義逃難耳。甚或爲嬉笑怒駡之言。深文周納以相責。則村嫗之角口耳。酷吏之舞文耳。凡此皆無相與攻錯之價値。則恕其不報焉可也。

日良知又有開悟則依吾明日良知以行鄙人知服膺此義而已即如排滿共和論以諸君平心察之若謂倡此論者爲有功也則鄙人不能謂無微勞若謂倡此論者爲有罪也則鄙人不得不負重戾蓋鄙人於數年前實此派中之一人且其關係甚不薄也鄙人甯不欲護其前說其奈今所研究確見其與救國之義不相容吾將愛吾國耶吾將愛吾前說耶吾良知於此兩者之間必知所擇矣故決然舍旃而無復留戀也夫諸君之取舍何如亦質諸諸君之良知焉可耳嗚呼。陳君天華而不死也吾信其將聞吾言而契之也

吾之論於是終、吾更綴數言。吾此文固甚望當世有識者之誨之也。蓋眞理以辨而始明。況吾之淺識。豈敢謂所言之必當也。有賜教者苟依正當之論理。則鄙人深願更相攻錯。而或於其根本大端。不能箴膏肓起廢疾。而惟摭拾一二詞句間之訛謬以相詆諆。則考據家之碎義逃難耳。甚或爲嬉笑怒罵之言。深文周納以相責。則村嫗之角口耳。酷吏之舞文耳。凡此皆無相與攻錯之價值。則恕其不報焉可也。

◉前諸號訂誤表

				(誤)	(正)
第一號	第五葉	夾注	第七行	盖加入	使加入
〃	第七葉	〃	第二行	注意	法意
第二號	第二葉	表	第四格	歷數	歷數代
〃	第三葉	表	第一格	Lycurgvs	Lycurgas
〃	〃	表	第二格	Eaesar	Caesar
〃	第四葉	表	第一格	Colfert	Colbert
〃	〃	表	第二格	Eromwell	Cromwell
〃	〃	表	第二格	Yreat	Great
第三號	第十葉	小注	第八行	速	遷
〃	第十二葉	……	第四行	社	祉
〃	第二一葉	……	第五行	靈	聖
〃	〃	……	第十三行	炎	灸
〃	第二二葉	……	第二行	所以語論者	所以語論者者
〃	〃	……	〃	即	則
〃	第二七葉	……	第十三行	之	立
〃	第三五葉	……	第六行	治	府
〃	第三八葉	……	第三行	力者也能	能力者也

論著二

冷的文章熱的文章

觀雲

余嘗謂國家社會要有熱血性作事的人又要有冷頭腦致理的人近世大哲學家德國雅賓肖爾氏 SchopenLauer 嘗分人格爲二種一熱情的對於事物易激動其情緒而不能自已者是也一冷性的內訢理性常以思想判斷力爲主者是也余亦欲本此意以論文章

熱的文章其激刺也强其興奮也易讀之使人哀使人怒使人勇敢此熱的文章之效也冷的文章其思慮也周其條理也密讀之使人疑使人斷使人智慧此冷的文章之效也以我國時勢言之今以前當用熱的文章之時代也自由乎民權乎革命乎平等乎以及其他之一切新政何乎新法何乎新學何乎凡吾民之所未知者而咸使知之於闇黑之室而燿之以日火於昏睡之場而譟之以鐘鼓煌煌熀熀轟轟闐闐而人心

於是乎一大變維新史之開部則熱的文章之舞臺也然至今日自由則已知之民權則已知之革命平等以及其他一切新政新法新學大槩亦已知之當此時也勢不能於自由民權革命平等以及其他一切新政新法新學之外更有何等之新說焉以鼓舞人之聽聞而其所欲攷者仍在此數者之間而曰吾人之於此數者將以何道而實行之乎實行之而前途之利果何如乎前途之害又何如乎孰者當先孰者當後之次序果何如乎孰者宜益孰者宜損之調和又何如乎窮一理焉而有一理更窮一理焉而又有一理如抽蕉葉如繅繭絲是則必賴有明晰之頭腦深長之心思而其事全屬冷的此冷的文章當繼熱的文章而起者也凡夫時期之大別如此雖然理論者常與事實相伴而行者也故事實常有待於理論而理論亦有待於事實若僅有理論而無事實則理論無發育之助力究不能獨立而自逞其進步而中國數年以來所謂維新者尚專屬理論之界而未進入於事實因之而理論亦不能不徘徊中止以失其伴力而其勢不能獨前夫欲測度事實則理論不可不冷的而欲發動事實則理論不可不熱的故夫中國今日既對於一方之人而當用其攷察又對於一方之人而當用其叫

喚否則更進一步而於攷察之中當有叫喚於叫喚之中當有攷察故夫今日者實爲熱的文章冷的文章一交互而用之時期也

此所謂熱的文章與冷的文章者以心理學所唱之色感論（論顏色之觀感有關係於心理）言之熱的文章如赤色表戰爭表勢力使人豪壯而感奮上古斯巴達國民所最愛之色也冷的文章如綠色表固定表和平使人安息而靜深中世德國市人所最愛之色也又熱的文章如飲酒使人發其牢騷不平忼慷抑鬱而有拔劍斫地不可一世之槩者則酒之性之所爲也冷的文章如飲茶使人惺爽刻露洞毛骨沁心脾撲去塵埃而有無窮出清新之槩者則茶之性之所爲也又冷的文章如四時之有冬非是則無以收藏萬物而堅其本根此冬之德也熱的文章如四時之有夏非是則無以發張萬物而王其氣象此夏之德也故夫求之於人若忠臣義士愛國者與夫宗教家文章家（詩歌等尤甚）則其文章大都屬乎熱的者也高人恬士篤行者與夫思想家（哲學算學尤甚哲學亦間有熱的性質之人然以冷的爲多）技術家（科學等屬之）其爲文章大都屬乎冷的者也此其大較也

若夫今日維新之士吾亦欲以是二種性質分類而別之凡夫長於感情者即熱的性

質之人也凡夫長於攷理者即冷的性質之人也長於感情之人以時勢所激刺亡而欲求其存危而欲保其安此熱的性質之動力也長於攷理之人以學說相比較知夫彼有長之可採我有短之當補此冷的性質之動力也是故今日中國之人畧可分爲四種(甲)兩者之性質兼長均等(乙)兩者之性質兼有而有强弱之差或一極强而一近無(丙)兩者之性質皆弱或一弱而一絕無(丁)兩者之性質皆無是四者最高之甲種與最下之丁種其人蓋寡通例則乙種丙種之人丙種者庸人或不能維新或即能維新而亦碌碌無關於多少之數可論者惟乙種之人而已於乙種之中或於感情之一方强而於攷理之一方亦不失之過弱者則偉人也英雄也於感情之一方强而於攷理之一方或失之過弱或至於近無者則直士也壯夫也於攷理之一方强而於感情之一方稍弱者則學問家也思攷家也於攷理之一方强而於感情之一方弱而或至近無者則專門之家也一技之士也其間參差萬殊不能盡爲格率要各由於其性質配合之多寡而分而其人則皆有益於世者也然則欲望中國之人才仍望其有熱的性質而利用之（亦有熱於富貴功名而維新者是則熱的性質中之下流不足與於此數者也）有冷的性質而利用之夫所謂人才者無

他不過各因其性質之所特長而發舒之以顯其本能之一稱名而已故冷的熱的以各能自造其極爲貴而於二者之間初無彼此高下之分顧本有之先天性既當順而用之不必逆而矯之以完其所固有而本性之所短亦不可不自知其弊而有取於後天之補益如偏於熱的則當求之於冷有冷的而其本性之熱的益能善其所用偏於冷的則當求之於熱有熱的而其本性之冷的益能盡其所長雖其間仍自以一個之性質爲主不過取他之一性質融和而歸幷於其間然而複雜之純一性與單獨之純一性往往有以分人才之高下焉故世有恒言曰熱腸冷腦亦可知熱的之性其中不可不有冷的冷的之性其中又不可不有熱的也

大抵熱的冷的於人心上各有莫大之勢力其最著者如歐洲十八世紀大哲學家德國之康德大文豪法國之盧騷是也當康德學說之盛行也多數之學者咸攝引於其範圍之內而從事於幽深之思索緻密之攷察歐洲大陸派之哲學實以康德爲中心而近世哲學之一進步即可謂由素朴恬靜一康德之所賜編哲學史者所謂以無一事可記之生涯而開出近世紀思想燦爛之花是固康德之功而所謂冷的之勢力也

若夫盧騷者爲國家之所棄爲社會之所屏以窮窘流離之身而交友莫卹親舊莫救（太史公一部史記全以此憤激而成韓昌黎文中亦多發此勃勃不平之氣）起而大聲疾呼欲一舉昏暗之朝廷貪濁之閥閱埽盪而廓清之如大洪水之一洗世界其不平之聲大而動人而人人欲一洩此憤懣以爲快其結果政府倒世族亡貴驕富吝咸捲入於革命之大風潮中而炎炎者滅隆隆者絕貴賤富貴之階級爲之一平而歐洲乃開一新天地其福胙延至今日是實盧騷之功而所謂熱的之勢力也此冷的熱的之兩性固由於各人稟質之不同而又過半由於其國民所特具之性質即所謂國民性又所謂民族心理者德國人靜深而好思慮蓋冷的性質之國民康德即可謂稟德國之國粹而代表德國民族之性質者也法國人活動而喜事功蓋熱的性質之國民盧騷即可謂稟法國之國粹而代表法國民族之性質也（中國民族大抵中庸性質不若德法兩國之各走一端然兩者之中偏於熱的寧偏於冷的爲多故以程度之多寡言則中國亦謂之冷的民族之性質可也）若夫以人心之趨嚮而言大都不能停滯於一方歷久而一無變動其通例常由此一極端而漸移以走於彼之一端至彼之一端既造其極復漸移以走於此之一端故靜極則思動動極則思靜靜者冷的動者熱的冷的之時間經久一遇夫熱的以爲快而歡迎之熱的

之時間經久又一遇夫冷的以爲快而歡迎之猶夫冬日之凛烈而苦其冷極也一煦以陽和之春日而人人以爲快夏日之炎熇而苦其熱極也一逗以凉爽之秋風而人人又以爲快此冷的熱的所以更序迭代而各能操人心之勢力也

試以冷的熱的類推而言。若學校冷的家庭熱的園林冷的宴席熱的仁熱的義冷的德教熱的法律冷的堯曰宥之三皋陶曰殺之三堯熱的皋陶冷的孟子論瞽叟殺人之獄舜熱的皋陶冷的又以此評人物。伯夷冷的比干熱的老子冷的墨子熱的顏子冷的孟子熱的北宮黝熱的孟舍施冷的漢之樊噲熱的蕭何冷的賈誼熱的諸葛武侯冷的若夫溫性之人無冷熱之可言者蓋多然所謂溫性者仍合冷熱之兩性質而成若以化學的論人法而分析言之則仍有熱的冷的者在也

近時姚惜抱氏之論文章。分爲陽剛之美。陰柔之美。曾文正稱述之。其說益光。余亦服其言爲論文之精者。顧以姚氏之言陽陰當余之所謂冷熱其義多不能合姚氏蓋專以文章之態度言余則不專以文體論而從作者所抱之性質及讀者所受之影響而本心理學之義於智情意三部之中以智爲冷的情爲熱的一爲思辨之文一爲興感

之文以五經言之詩經主情熱的也易經主智冷的也試畧舉姚氏之所分與余之所分有不能同者例若揚雄之文固所謂屬陽剛之美者然從其人之性質而言則當謂之冷的又若歐陽修之文固所謂屬陰柔之美者然從讀者之影響而言則歐陽之文主情又當謂之熱的故姚氏自爲姚氏之言與余所言其義固各不相蒙也

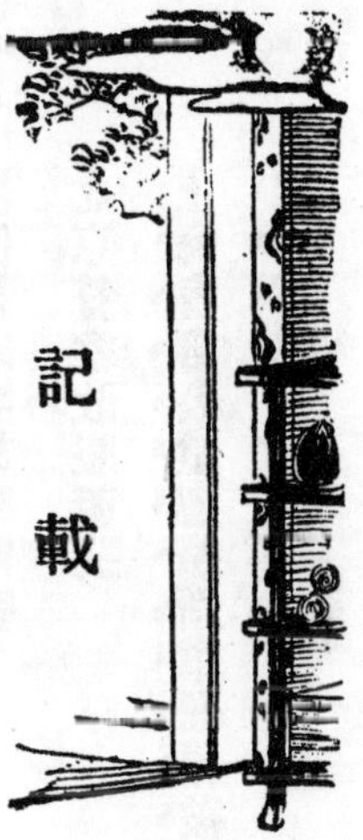

中國大事月表

丙午正月

◎初一日 出洋大臣載澤尙其亨李盛鐸謁見日皇呈遞國書

◎初四日 去臘廿六日諭徐世昌兼署兵部尙書張仁黼調補學部左侍郎張亨嘉補授兵部右侍郎

去臘念七日諭陳兆文補授左副都御史

去臘念九日互換中日條約

去臘廿九日外務部右侍郎唐紹儀與俄使璞科第開議中俄條約

政府要求俄使明訂一交還東清鐵路股本五百萬兩之合同

北海萬善殿災

◎初五日 出使英法德美各大臣聲言五年內中國必能改行立憲制度

◎初六日 京張鐵路第一段告成

去臘念七日廣東京官聯名摺參兩廣總督岑春煊奉旨交兩江總督周馥查覆

政府諭各省督撫示禁人民私將田地售與外國人

◎初八日 內外蒙古王公擬俟京張鐵路告成接築一路直達庫倫並在蒙古各要地架設電線

記載

兩江總督周馥請外務部禁止外人設立公司代華人包收債項

◎初九日 湖廣總督張之洞電請減派鄂省練兵經費

練兵處電催各省造送練兵清册

京師大學堂總監督張亨嘉辭差

皇上在保和殿御宴蒙古王公

◎初十日 用外國人脫拉爲南北洋海軍參贊

戶部銀行訂定代收國民捐章程

粵省紳商大集於總商會籌辦粵漢鐵路卽日認股三百餘萬

◎十三日 俄使抗議開放哈爾賓

北京警察改服西裝

上海會審公堂遵照新章准原被告均立而不跪

◎十四日 兩廣總督岑春煊免屬員屈膝請安俗禮

岑春煊加抽三成糧捐以爲粵漢鐵路經費

俄使提出要求條欵

◎十五日 政府照請法國撤退雷州駐兵法國月索潯州一帶之內河行輪利權以爲抵制

◎十六日 禮部右侍郎朱祖謀奉 旨開缺

◎十七日 兩江總督周馥奏派江蘇按察使袁樹勛赴粵查辦官民衝突事件

安南華僑電請外務部向法國商改待遇苛例

胡燏芬調補禮部右侍郎伍廷芳調補刑部右侍郎唐紹儀補授外務部右侍

郎

諭賞給軍機處養廉

◎十八日 駐京各國公使集議北清撤兵問題

巡警部擬改巡道爲巡警道

旅美華商電留梁使

◎念一日 連州教案賠欵了結

◎念二日 中俄議約全權開第四次會議

諭派李家駒充京師大學堂總監督

◎念三日 岑春煊所參拿之廣東粵漢鐵路代表員黎國廉奉旨開釋

◎念四日 中國派員接收滿洲電報局

學部通咨各省廣設半日學堂

三年京察屆期奉 諭慶親王奕劻交宗人府從優議敘鹿傳霖瞿鴻禨榮慶徐世昌鐵良王文韶孫家鼐袁世凱周馥張之洞岑春煊均交部議敘徐郙李昭煒貴昌印啓奕秩均原品休致劉恩溥陸元鼎均開缺另候簡用

◎念五日 黑龍江將軍電告東淸鐵路公司迫脅庫倫土人强買要地外務部據與俄使交涉

英國因廈門教堂被毁擬向中國索賠

浙江按察使王仁寳開缺

吳重憙補授倉場侍郎劉永亨補授工部右侍部

戴鴻慈補授禮部尚書未到任以前著陸寶忠署理

載卓補授荆州將軍

松壽調補工部尚書淸銳補授兵部尚書

記載

陳璧調補戶部右侍郎唐文治補授商部左侍郎

陳夔龍調補江蘇巡撫張人駿調補河南巡撫恩壽補授山西巡撫

◎廿六日 諭紹昌補授刑部左侍郎

瞿鴻禨著以外務部尚書協辦大學士

伊克坦補授都察院左副都御史

外務部侍郎唐紹儀赴天津與袁世凱面商俄約事宜

顏鍾驥調補浙江按察使繼昌補授湖南按察使

溥偉補授閱兵大臣

◎廿七日 俄使不允廢黑龍江省開礦合同並要求在此次約內聲明承認

戶部派郎中薩蔭圖主事曾習經赴日本考查幣政

軍機處諭各司員編造册詳記每日諭旨京外具奏摺件及廷寄各省信函往來文牘

袁樹勛補授順天府尹

英使照會外務部請開南寧府作商埠以防法國獨占利益

政務處議准陞知縣為五品

◎念八日 朱家寶補授江蘇按察使

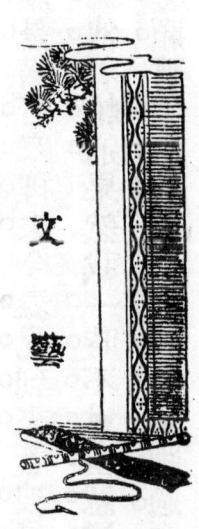

美人手

紅葉閣鳳仙女史譯述

文藝

第四十回　論賊蹤解釋虛無黨　辯冤罪昭雪書記生

却說霞那見丸田夫人十分爲美治阿士關切。倒疑了心。以爲夫人也屬意他。不覺翻動了醋罐子，透出點酸味來，大凡婦人家寄頓了專一的愛情這點醋味兒差不多隨着生命爲消長的怎麼解呢因爲愛情的根子是從精神裡發生出來怎的叫做精神呢譬如一件事是我目的最注意他的又是我本分應該有他的忽從中加上一段阻力隔斷這點精神的交點無論甚的事無論甚的人沒有不動氣的這點氣的原因就是精神反激的動力愛情的醋味兒也同這個道理男女婚姻是一生幸福精神的結果我國未到自由擇婚的境界兩口兒的愛情是從結婚後起的不是從結婚以前結的彼此精神都是賭命掙彩湊着精神不相屬的時時一種反動力激刺腦筋丟又丟不下離又離不得你說這精神怫鬱的苦惱怎得不借醋瓶子宣洩宣洩呢歐洲行自由擇婚的例先彼此精神上旣相印合而後以體魄相許照霞那美治阿士兩個彼此都明了心迹論理不應還有甚麼疑心但他們爲父兄的權力要逼散這點美滿的精神此時這段理想的幸福究竟歸誰享受也不能定千思百慮久已積滿胸中況自公園失約以後這交點的精神似乎那人有點子信不過怕鬼的人怎的不見了黑影生怯麼幸虧夫人料着他心事。旣說專意爲他成全。又說并不曾與那人會過面這段絕望的精神。倒還有了指望。他怎的不感激涕零。如今閒話且休題。卻說霞那聽了夫人的話。剛謝過夫人的大恩。忽見適纔帶領的侍役進來。走近牀前恭恭謹謹稟說道。瑪琪拖亞相公到來。候見夫人呢。夫人見說。即命速請進來。霞那着了忙道。怎麼好呢。小女子今天原是瞞着家裡來今表兄到來若被見着定然瞞不過家裡我要告辭了。夫人不覺也爲他着忙道果然、我一時不曾留意這個怎好呢。呀、有了。指着內房門道請姑娘且進裏廂暫迴避着霞那領命急急跑過廂房剛進門瑪琪拖亞便到夫人一見也不客氣。直問道。助摩祖呢、怎樣呀。瑪琪拖亞道、照夫人所囑、也曾領到各處遊玩。依他記憶。頗查得點子新奇的事來呢、頭一件。他說這賊的名字叫牛田。惜夫詳細說不出。不能得其原委。依我看來助摩祖必是個內應的、夫人聽說也不驚異。隨意的答道。既不是平常的盜賊照我也不怪責助摩祖我諒這賊必爲着政治上不得的所爲瑪琪拖亞道。照夫人猜度。有甚的憑據呢。夫人道。無他其根原諒就是伏在這個鐵箱子荷理別夫這鐵箱子諒必是俄國政府秘密的稿案這荷理別夫大尉就是偵探虛無黨的人該黨恨政府既深怎的不與這大尉爲敵爲保全黨員起見怎的不要毀滅這項稿案該黨員注意這鐵箱子諒也不自今日了我幸不是俄國人於我無關、然就相識的人所傳聞略也知到點兒原委初時俄國政府捕逐虛無黨黨人投奔我法國現時散布滿巴黎都是助摩祖的祖母本生於波蘭（俄國西南部）貴族之家我自少受他撫養他與這班逃亡的黨員多半是熟識的黨員中男子之外以婦人加名入國事犯者也亦不少這件失案必是這一輩子有托於助摩祖以助摩祖一傻子也能替他祖國出一份子的力也算一個好孩子既爲的是替公義上盡力就做了引線也與尋常串賊行刼不同。我倒不怪他啊。瑪琪拖亞聽着夫人這段議論。心裡甚是感服。答道。原來如此。但鐵箱子之外。又失了五千元銀票。那是怎麼解呢、夫人道、這句話。霞那姑娘也對我說過。只有這五千元失得很奇。照政治上的計畫。目的旣注在鐵箱子。斷無兼及金錢主意的道理。其中必另有原故。諒將來總有個出白。我今有一事問你。日前聞助摩祖說。失竊之前一夜。已有賊入了銀行。出的也沒得手。就跑了去。可有這等事嗎。瑪琪拖亞見聞。心裡陡然一驚。默想道。所謂前一夜的賊。不是美人斷手的事麼。我向來隱秘着。未嘗告人。助摩祖那厮、如何知道。這分明是與賊同黨的憑據了。夫人旣有所聞。諒瞞着也無用。不如直白說了罷。於是瑪琪拖亞將金釧及美人手的事、從頭至尾。告知夫人。夫人聽罷。歎口氣道。好一個英雄女賊。你想想若是尋常的女子。斷了手腕。還能毅忍痛跑得脫麼。照此看來。益信是虛無黨裡人的所爲無疑了。我聞虛無黨中。比男子還强的女子。凡有三四人。這斷手的諒必是其中之一了。得此證據。然則美治阿士可下無罪的斷案了。瑪琪拖亞道。怎解呢。夫人道。你還不明白麼。前夜斷手的賊與次晚盜箱子的賊。不是同夥兒的嗎、瑪琪拖亞道、不錯。前夜是一男一女同來。次晚諒必單是一個男子。夫人道。既這麼說。前夜同夥兒。美治阿士不在其列。可明白了。怎見得呢。前一夜那天不是禮拜四麼。是晚你舅舅家開設夜宴。美治阿士應該在席。既在席怎能彀又分身替賊引線呢。況且美治阿士在銀行裡供職。這倉庫的機關。沒有全然不知的道理。既是他引線。那女賊何至失手。這可見幷不是美治阿士的所爲了。把前後事細細的想來。不論甚麼人也推度得出。你舅舅的疑心不過偏執自己愛憎的意見罷咧。如果莫須有三字便可疑人。銀行裡不僅美治阿士一人。怎的不疑到伊古那身上呢。就是你算是最留心此事。你試想過有半點兒蹤影可決的是美治阿士有關涉的麼。你不過久沒見他。作個想像之辭罷咧。這一頓話。把瑪琪拖亞說得啞口無言。心裏只是感服夫人的見識。既而夫人又道。你本是個聰明人。依此推測。有罪無罪。諒也明白了。如今若要認眞剖決。除非得美治阿士本人出來。你昨天領着助摩祖。可探聽得甚麼消息來嗎。不知瑪琪拖亞荅出甚的話來。且聽下回分解。

第四十一回　莽男兒聞言悔失策　弱女子偷避觸驚魂

却說夫人問瑪琪拖亞領助摩祖訪得美治阿士的消息如何。瑪琪拖亞答道。有了有了。昨天我拉着助摩祖到了比古尼街。打從一家門前經過。他忽指着那圍墻道。啊喲。昨兒我就是從這圍墻吊下來啊。我覺他這話來的怪、就盤詰他。他說那天午上。見美治阿士乘着馬車進了這屋。他就猜着了幾分。疑美治阿士一定入了騙局。後來馬車回頭。不見他出。這事更實。那孩子放心不下。到夜裡。就從人家借了一輛繩結的梯子。跑上墻去。我問他向那裡借來。他又恍恍惚惚的答不出。夫人道。必是向他祖母借來的。我爲着要救美治阿士。當時打發助摩祖探聽消息。也曾吩咐。他祖母若是助摩祖要甚的東西。用可預備給他。諒來這梯子必是他祖母借來的了。他到墻上。後來又怎的。美治阿士可見着嗎。瑪琪拖亞道。見着呢。他說跑到墻上之時。恰好美治阿士拿着一盞洋燈在窗戶站着。好像是相度甚麼。見他的影兒。還提起燈來細認呢。後來不曉得是誰在後頭把他一撥。就吊了下來。就不醒人事了。夫人道。說起來。這事狠可惜。若是不把助摩祖跌傷。只怕美治阿士久矣救出來了。就是爲這一節。當時助摩祖的祖母給我的信。說已知美治阿士的下落。又已把繩結的梯子交給助摩祖。後來夜裡報說助摩祖跌傷了。在何處跌傷。始終不能明白。檢他起來之時。乃丟在火車鐵路邊。我曾分發多人探聽都查不出故而今回托你領助摩祖去閒逛就是要他觸記起這事來呢。瑪琪拖亞聽說。詫異道那就奇得狠。他弔下來是比古尼街怎丟得到鐵路上呢。夫人問道。比古尼街是那一家瑪琪拖亞道是荷理別夫大尉的宅子夫人聽說。青白的臉兒忽然紫漲起來發怒道甚麼呀。是荷理別夫的宅子、哦我明白了他失了這鐵箱子不能回報政府死命的要捕個風影因此拿起美治阿士來然則把助摩祖打下來又搬到鐵路上都是他一班牙爪的所爲了這個狠毒的鄙夫是殺人不眨眼的美治阿士困在他手裡不知要捱怎的苦呢還幸是此時知到做不得趁他還在屋裡要快些下手救他纔得及呢瑪琪拖亞哼了聲道這事怕不容易我昨天得了這個消息急急送了助摩祖回家我立刻就跑到荷理別夫宅裡會了他面就照直揭白了他一頓問他討人誰知那廝非常的狡展呢夫人見說勃然變色道你去會荷理別夫來麼他怎的說瑪琪拖亞道我詰問他因甚把美治阿士難爲要他立刻釋放他死口不承認後來爭辯至決裂我要約他比劍決鬥呢夫人把牀一拍道那就大誤事了不把事情細心想透任意鹵莽就決裂不可收拾了荷理別夫幸其一向安心以爲美治阿士之事沒人知覺我輩正宜將計就計做出個疾雷不及掩耳方是手段今你直白向他詰問不特於事無濟倒挑剔起他的心此何異替他通了個消息你眞眞是萬分差錯了如今美治阿士諒不復留置巴黎早晚必定發令到西伯利亞去若一起程事就無可挽了。怎麼你不先同我商量祇把意氣用事呢瑪琪拖亞被夫人斥誡一頓急得搔耳爬顋。說道那便怎好呢。我一時見不到這等深文。此時悔也遲了。夫人依你高見。還有挽囘的法子沒有呢。夫人道。只管想想拆法就是了。事情能否成功。此時也不便預說。惟有儘我的力量就是了。你以後切記。凡事須依我而行。不要忘啊。瑪琪拖亞道。夫人的吩咐。我沒有不謹遵的。夫人道。頭一件留心處。你的定決鬥的荷理別夫大尉以後切莫會他。這是最緊要的。瑪琪拖亞道。這句話。是我先說的。臨事食言。不惹人笑話麼。夫人道。你這樣想就錯了。凡事須要變通。你雖約他決鬥。但以荷理別夫那人時時忌着黨人暗算。行蹤詭秘。且未敢公然出入。怎敢當場同你決鬥麼。你縱去決他。必不來。瑪琪拖亞道。如此說。不去也罷。但美治阿士。用怎的法子救他呢。夫人道。現在還沒有甚麼把握。待我謀度過。總求趕速設法救他便是了。以後此事當任我擺佈。非我見托你切勿插手。你須靜着聽消息。就是外間也以勿多出入爲是。瑪琪拖亞道。雖然是但夫人的貴體有病。奈何夫人道。賤軀倒沒要緊。好歹手下的人脚多着。祇由我分發他們的人去辦就得了。此刻沒有別的事。你可回去了。瑪琪拖亞道。前事辦差了。夫人不再給我差事。我也再不敢討。難道從今以後連風也給我知道點兒麼。夫人道。並不是。以後你只管常到這裡談。到時我還有事要你商量呢。瑪琪拖亞初聞夫人叫他同去。以爲因他莽撞誤事。不喜歡他。以後事情再不對他說了。不覺帶着點失望的意思。今聞夫人許他自由會晤。又說還同他商量。心裡再復高興起來。欣然答道。如此我此刻就回去了。說着正要告辭。忽聞廂房裡哇！的一聲。似是被甚麼嚇着。聲音像是個女兒們。瑪琪拖亞驚怪起來。急跑近裡廂一瞧。恰好一女子連顛帶跑的走出來。嚇得滿臉青白。原來是他的表妹霞那。瑪琪拖亞驚道。啊喲。霞那嗎。你幾時跑到這裡來啊。是時霞那不知被甚麼嚇得呆了。連話也說不出來。夫人接口答道。這是我之過。因把適纔霞那迴避的話。對瑪琪拖亞說明。又對霞那道。姑娘。裡廂何所見。嚇得這麼驚恐。這是我的祕密室。你無論見着甚麼。望你切勿告訴別人。就是你表兄瑪琪拖亞之前也不可說出霞那答道。斷不敢對別人說。夫人道。這樣纔是你兩位可同着回去罷。美治阿士的事你放心只管交給我總儘我力量設法必救他出來好好的交還姑娘就是了。現時且寧耐着候這裡來報的佳音啊。瑪琪拖亞同霞那。默然站着。聽夫人囑咐罷。遂隨着告辭了回去不題。看官你道霞那在裡廂見着甚麼。這樣驚㪍起來呢。作者此時不便直對看官說明。請看官先自猜猜。留着點味兒。俟下文再行分解。

第四十二回　沒口供徒犯仍囚犯　用暗號新官嚇舊官

話分兩頭。却說荷理別夫大尉。自從與瑪琪拖亞爭論。憤然歸入內堂之後。急提美治阿士再審。百方質問。依然不得一些兒口供。不覺自疑起來。想起軍曹友夫之言。或者鐵箱事件。他果不知情。那就把他化骨揚灰。也是沒用。想到此。不覺解送西伯利亞的念頭已漸漸淡了。再又想道。縱然把他貸到西伯利亞。既不得眞贓實證。究竟不能回覆朝廷。再又想道。瑪琪拖亞那廝。他不過是個鹵莽人。原沒甚麼可惧之處。就是他今天來此胡鬧。說我幽閉美治阿士。也不過懸擬之詞。并未拿出眞贓實據。就令他傳報警察。我硬說沒有此事。他也無奈我何。倒不如仍把美治阿士留閉在室。再分發人向別處細查暫時瞞着朝廷保着自己的前程要緊想罷遂傳令把囚車暫行撤退一宿無話。到了次日杳然不見瑪琪荷亞再來守候到晚間決鬥的事情仍沒消息。諒來瑪琪拖亞不過一時意氣不過是威嚇的作用。倒安了心。到夜裡。把便衣換了。出到俱樂部同那熟識的人。擊球爲戲是時守門者。忽傳進一帖子來。對着大尉道這位客人。在外間候着。說有要事。請老爺會一會呢荷理別夫接着一閱這帖子上寫着摩羅提夫名字名字旁邊打了個細細的花押這花押乃是俄國偵探官的暗號他人見着或不曉得但荷理別夫是同道中人自然一見就會了意心裡想道。這個分明是我輩的同僚了有甚的公幹找我相見呢急離了球場跑過客廳時摩羅提夫已在廳上候着見他年紀的在三十內外儀貌堂堂服式上也附着一個暗號荷理別夫心裡籌算道這同僚官來巴黎因甚的公幹呢有甚要緊的事乘夜來找我呢自鐵箱失竊之後不時提心弔膽慮政府知道了風聲自己前程不保今忽新來了偵探官自然是忐忑憂惧惟面目上不好顯出來硬着頭皮跑進客廳用暗號彼此行了初見禮摩羅提夫道。足下就是荷理君嗎。我現奉朝命。有急事要同足下商量。但此地非談話之所。有靜密的去處嗎。荷理別夫道。甚麼的地方合式呢。摩羅提夫道。不這樣嗎。我坐了六十點鐘的急行列車。至今午纔到巴黎。頗覺有點子勞乏。不如找一家上等的館子。覓個僻靜的座。解解悶兒談談罷。荷理別夫道。那麼北邯鄲館子最合式。我可領大駕同去。於是二人離了俱樂部。踱到街上。幸喜夜後往來人不多。摩羅提夫似乎有點子安心。打起俄國的口音。對荷理別夫道。足下離國日久。諒不大知道賤名了。這也難怪。當時足下在聖彼得堡（俄國京城）中央警察部供職。鄙人那時恰調任在波蘭（俄國西南部）。後來鄙人轉調中央警察本部。時足下已派遣來巴黎了。彼此同僚。始終沒有會過一面。今足下遠在異國。兄弟反因公得相晤。這機緣也算一奇事。今回兄弟奉本國政府訓令。受了特委查辦的字樣前來。待明天拿出文憑來給你瞧瞧。兄弟所用的暗號。諒足下心意也明白了。聽摩羅提夫的口氣。居然是個上司的模樣兒。荷理別夫想道。適纔他所用的暗號。顯然是答見屬員的禮儀。諒他官階必在自己之上。更不敢怠慢。恭恭謹謹的陪着走道。甚覺跼蹐不安。不知這摩羅提夫究竟奉本國的密旨要查辦甚麼事來。欲知其詳。且看下回分解。

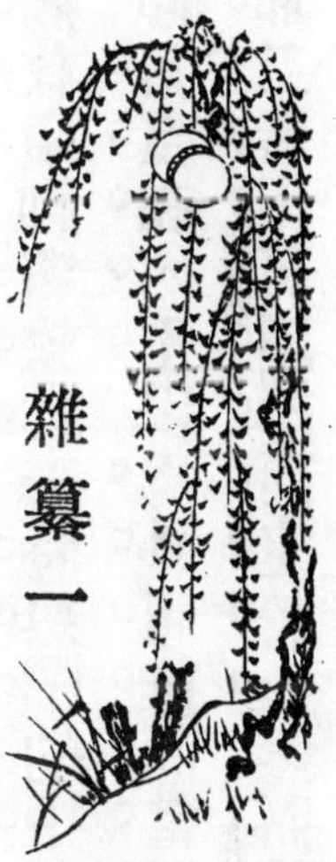

雜纂一

爲富貴人計到底不如專制

飛佳

不觀日俄和約成。日本全國激憤之狀態乎。見本報第參年二十一號數月之後。內閣卒爲輿論之所迫而倒。甚矣文明之國。難乎其爲上也。

夫日本固戰勝之後也。當國之大臣。其辛苦亦已至矣。方將策殊勛受上賞。然而舉事一不當國人之意。而舉國之督斥之如是。其至也。設也戰敗。其何以當國人之鋒。吾不知境遇之慘淡。更復何如。

試一迴觀中國。頤和園裏。歡宴日夜。歌舞湖山。何其快樂無極耶。袞袞諸公。恣威福。逞權力。饜其金玉錦繡。而傲然立於四民之上。又何其快樂耶。然而是固甲午喪師。庚子喪師。賠欵割地。而日日送中國之鑛產之鐵路之航路之種種一切之權於外人。而塗炭生靈勦絕善良剋剝脂膏使中國國勢夷於九地之下子孫無立國之基礎將永永沈淪為列強所虐待者而當局之人怡然泰然富貴如故歡娛送日以與日本之在上者相較成敗不同功罪殊異然而安危苦樂乃得一反比例天下事又何其奇也是何也則以日本人與中國人文明之程度不同日本以民氣之昌既用之足以抗外亦用之足以抗內而執政之人苦矣而中國則抑服於數千年專制政體之下以君上為帝天以官府為神聖非小民之可得而議惜也桀紂生於數千年之前而不生於今使生於今之世則桀紂必神聖文武徽號纍纍者也不觀數年來中國人之所為乎戊戌之變政方謂民將不靖而致怨毒於政府也其結果義和團反助朝廷之守舊而排新政至於庚子之敗方謂民必有起而責政府為致禍之源釀亂之本而欲一滌內政者然而國人之對於政府安然如故有奔走求官之人無慷慨議政之人而起視其下或惟有一二頭痛救頭腳痛救腳一時熱鬧的拒外之風潮夫中國欲救中國之方針固當重在外乎抑當重在內乎以為外可排而當用排外之策耶抑謂外不可排而當用治內之政策耶二者不可不擇而定於一然而是固為中國人所不解。何則。中國人

之智識。尚不知有是兩種之辨別。而對內之一事爲其意識上之素所未有故也，

或曰。自泰西各國東向而中國始弱。故中國今日之所憂者外患。爲中國計。惟在除外患而已。則正告之曰。是正孩提之見而大謬不然之談也。夫今日之外患其果能除乎否乎。此第一所欲問者。以爲能除則除之可也。以爲不能除則今日當取之政策即不在除外而別有一道矣。且夫今日中國之所謂外患者非即指俄法英德美諸國日染指於中國而奪中國之權利耶。此從表面上視之固外患也。然一進探其所以致此之由。決不在外患而在內政。若徒認爲外患之故。則中國所遇之俄法英德美諸國。日本亦遇之。何以中國遇之而爲禍。日本遇之而得福。中國遇之而亡。日本遇之而興耶。然則非外患之能亡人國。其理固彰彰明矣。此理明而救國之方針亦可由此而定。曰不在除外患而在改內政。內政治則外患不必除而自除。風雨能致人病。未聞言衛生學者之欲除風雨也。否則不知治內而但欲除外。吾未見外患之能稍輕於前日者。亦終必亡而已矣。茲事體大。願與論時勢者一究之。

時勢之急如此。爲中國計。正當致全力於抗內。凡革命立憲以納租稅要求民權等事皆屬之抗內之範圍中然如今日所傳之立憲則吾民

未有絲毫要求其上之性質在固不得謂之抗內也必無暇抗外雖然抗外爲中國一般民情之所知其勢順而易行抗內爲中國一般民情之所不知其勢逆而難爲凡言與一般國人之性質相反者必無影響玆所言則正與一般國人之性質相反者也雖然中國若不經過內抗之一關則中國必不能存立吾懸是言

夫中國人既不知有對內之一事則爲上者幸甚殃民而民不問其罪辱國而國不數其咎昏瞶糊塗貪殘暴虐仍得高踞其天位而無慮殃禍之及身爲上者之自由與幸福孰有過於此者則正數千年專制神所賜之福也不然而居於民氣昌强之國有國人之鞭策之督責之則居上位者其亦苦矣故可得而言曰爲富貴人計到底不如專制

守舊維新總以不害其富貴功名爲原則

數年以前守舊之朝廷也惟守舊者可以得富貴功名於是乎守舊之人盈廷近年以來朝廷雖未嘗眞維新而爲環周之時勢所迫不能不爲形質上之維新苟維新者則

可以得富貴功名於是乎維新之人又盈廷維新之人盈廷故守舊維新之界限至近時而已滅夫舊與新不同道。然則昔之守舊。今之維新。其必為兩派之人乎。曰烏乎然。所謂維新也守舊也其道則二人則一而已矣夫使翻然覺悟昔日以守舊為然今日以維新為然因智識之改變而宗旨亦為之改變此以許人改過之例而言吾人寧因其今日之明而獎而進之不當復記其舊日之迷而排而斥之雖然試問新舊間明明白白若此者其果有幾人乎其一派在今日亦依然當厠於守舊之列者也決非以數年之經過於智識上有突然之進步而頑固開明前後若出兩人然而在今日則必言維新者何也曰以維新之可以得富貴功名也其一派在昔日謂之屬於守舊寧謂之屬於維新然而當前此數年必以種種之言語作為表明其為守舊而非維新而以時勢風潮之一變今日則又公然自居於維新者何也曰以維新之可以得富貴功名也若是者其人之變化固已奇矣然試與若輩約曰諸公既已維新則自今以後無論遭逢若何之事故其請勿變而吾人試作一假設之詞今後數年或再有維新可以得禍守舊可以獲福之事則今日之維新者又將盡變而為守舊又試作一假設之詞嗣後更復數年或再守舊之勢消而維新之勢長則守舊者又將盡變而爲維新如是事變循環百出而無窮而其人之宗旨亦與之循環百出而無窮然則吾人今欲作史而斷定其人格其將以若者爲眞守舊之人若者爲眞維新之人乎恐兩方皆窮於揣測否則寧可謂之無一眞守舊亦無一眞維新之人余友嘗有報余書者曰君問今日中國維新守舊之事固哉言矣今日之中國決無所謂守舊亦無所謂維新犂有爲犂笑有爲笑皆各有其所以然之故所謂維新守舊不過一表面上之名目而已其果然乎中國人心之奇幻其固有如此者乎夫以如此之陰陽詭怪變化不測然則以科學求原則之例言之必一探得其原則之所在而後可以知中國人之所以爲中國人而此原則果何在乎曰無他以不害其富貴功名之一事是已

如是而即爲敗壞中國人才之一大原因夫人物之所以爲人物者以有一主義專屬之於其人而非他人之所得而混同者是也彼人物之奉是主義也若奉天帝之命令然抱以周旋而終身勿敢失墜言者無他即言此主義也行者無他即行此主義也稱爲有學問者無他即研究此主義而有得於己者也稱爲有功業者無他即實行此主

義而見效於世者也是故人物之面目或無異乎人之面目人物之動作或無異乎人之動作也然而吾人之所謂敬禮之崇拜之者非敬禮崇拜其人而實敬禮崇拜其主義也主義之與其人合爲一而不可離故或號之爲仁人或號之爲志士或號之爲忠臣或號之爲孝子吾人一記憶其人而其主義若銘印於吾人腦胚之中而緣吾之記憶以俱存吾人一想像其人而其主義即浮現於吾人心目之間而隨吾之想像以俱來今心理學論物我之知識以爲人何以能別之此則爲物此則爲我乎此知識最初之皆紛不過單純關乎身體上一種之感覺而生即以能自覺知者名之爲我不能自覺知者名之爲物是也然此知識至發達之後則所謂我者已決非單純之感覺而實包賅乎一切經過之事情境遇而後方能搆成一完全我之知識例若于諸多中國之古人中而別之爲孔子則必幷孔子所持仁義禮樂之說與其周流列國著述六經之事而後一孔子之人物始顯蓋以是等經過之事情境遇爲孔子之所獨有而非他人所得而共有故也是故所謂庸人者其主義或有或無或彼或此從而吾人之對於其人亦在不明了不確鑿之境若夫特殊偉大之人物其主義亦特別偉大故能明劃其

人之位置而其價值斯可得而定蓋人物之所以能拯濟人之國家改良人之社會者即恃其有一懷抱之主義故也此主義實對於其人之一生而操至高無上之權必不容有何物焉可得而變動之可得而移易之故夫吾人今日若必以守舊爲能救中國乎則雖死生繫之吾必守舊夫豈有爲富貴功名而牽掣者乎是固人物之所爲當如是也設必以維新爲能救中國乎則雖死生繫之吾必維新又豈有爲富貴功名而搖撼者乎是亦人物之所爲當如是也若夫昔日守舊今日維新今日維新明日守舊以富貴功名爲主而吾乃委婉屈曲以從之是則無所謂艱難之志貞固之節將腐敗一國之氣習效尤而爲奴隸之行妾婦之道者也其貽禍於一國之人才界莫大焉可誅也」

彼夫歐洲各國人物之氣風。則與中國大異夫歐洲各國立於政治界之舞臺者爲政黨政黨爲立憲民權之國家所必要固將揭櫫其所懷抱之政策以求得一國輿論之同意由是得占勢力而可以行其道者也彼其得志也則組織內閣挈其一黨之人而立於朝以期其政策之澈貫若不得志乎則挈其一黨之人而處於野以與在朝者爲旗鼓之抗衡而求吾政策之必行兩黨之間各定其立場之所在明明白白堂堂正正決無有曰某黨今且得志吾始枉吾之政策而求富貴也者此鄙陋卑劣之心爲各國政界中人物所必不肯出而以觀於中國固不必先立一政策而後入官即或有一意見則權勢小者之一方必屈於權勢大者之一方夫既不得行其意見其亦可以潔身而退乎曰是固中國人所必不肯爲也以欲伸其意見則將喪其功名也雖李文忠亦如此決不肯去功名夫寧曖昧糢糊變化其意見而與之相混化否則且於暗中各施其排擠侵奪之技可以無所不至而決不敢賭意見之勝負以爲官位之一擲中國官場之慣習固如是故夫以各國與中國立一區別之詞一則必立主義一則不立主義一則進退斬絕一則進退模棱一則彼此之和合必先同意一則彼此之和合但在順旨一則有公戰而無私襲一則但有私襲而無公戰而其終結一則歸納於必以政策之行不行爲原則一則歸納於不害其富貴功名爲原則此各國人才之所以日進於優勝而中國人才之所以日趨於腐敗也按各國人必以有一政策爲原則故當其在官之時必竭智殫力有所作爲蓋不如是則其政策且失敗其政策失敗即無異其人之失敗故也而中國不然不必主義但以不害其富貴功名爲原則故當其在官之時可以伴食坐臥諸事不爲但求工於鑽營逢迎之術期待長保有其祿位而已此又生一人才界絕大之差別蓋其原則異故其結果亦從而異也

或曰中國人欲富貴功名各國人亦欲富貴功名子欲絕人於富貴功名之途毋乃違

人情之大順而其說終不能行乎。曰然。夫必欲以不爲富貴責人。此其言或失之過高。雖然謂人生而但有通俗生理之慾（自居住飲食至于名譽等富貴功名之慾屬此）而無高尚精神之慾（昔時分別此兩者一以爲人欲一以爲天理然此等分別殊嫌不精從心理上言二者當同謂之慾今之所謂知識慾者以得知識爲一種之快樂道德慾者以行道德爲一種之快樂與口之欲食身之欲衣同不得則皆不快者也但慾同而慾之性質高下不同今尚未有適當之名詞余則同名之爲慾而以通俗與高尚別之）則人之所以爲人者殆全失其價値故通俗生理之慾既爲人類所不能盡廢而要不能不有一種高尚精神之慾以爲之主以此爲一前提故吾人未嘗不許人有欲得富貴功名之心也然爲吾人之最要者尤必有一主義是主義也或時換言之亦謂之道蓋即爲吾人之智識學問志趣氣節所合成一總額之名若無主義是無道也無道是無智識學問志趣氣節也無智識學問志趣氣節是將不得爲人矣烏乎而可故吾人入世或不背於吾所立之主義而得行吾之道乎則吾人固取富貴功名而有所不辭彼伊尹之遇湯不聞其必欲安於躬耕傅說之遇高宗不聞其必欲安於版築呂望之遇文王不聞其必欲安於垂釣諸葛武侯之遇先主不聞其必欲安於高臥即吾人今日亦豈不欲得志於當世得發舒其區區所蘊蓄之能有所裨補於當世以不負其天生我才必有用之初心而何必忍飢餓鬧窮迫自屏棄於世外四海皆春一室獨秋而長處於枯槁憔悴抑塞寂寥之境哉美國之大政治家武雷安之言曰余者不得已而爲平民吾人今日蓋亦不得已而爲窮士者也此道與時合不妨取夫富貴功名者也若夫吾人所有之道與夫富貴功名適相衝突於是而欲取富貴功名則不得不改變吾道欲不改變吾道則不能不辭富貴功名審愼於二者之間而權其輕重則吾人究不能蠢然與動物等但求富貴功名以滿足其下等之慾念而拋棄其所有一切智識學問志趣氣節爲人類間所獨有高等精神之樂而不顧至於不可以爲人而止彼伊尹若不遇湯吾知其必安於躬耕傅說若不遇高宗吾知其必安於版築呂望若不遇文王吾知其必安於垂釣諸葛武侯若不遇先主吾知其必安於高臥即吾人今日亦不能不忍飢餓閑窮迫自屏棄於世外四海皆春一室獨秋而長處於枯槁憔悴抑塞寂寥之境非吾人之樂處於此境不得已也道固當如是也故爲孟子曰生我所欲也義亦我所欲也二者不可得兼舍生而取義者也孟子蓋非惡生者至生與義適處於衝突之境則生勝義者爲小人而義勝生者爲君子孟子乃出其高等之判斷曰舍生而取義者蓋爲此也吾之重道於富貴功名也亦然蓋

欲神聖其主義故不得不犧牲其富貴功名然則非誅人之欲得富貴功名也知有富貴功名而不知其他致流爲無主義之人即所謂無道之人是乃吾人之所欲誅也是故今日者欲救國家必先求人物欲求人物必先求主義無主義是無人物也無人物是無國家也嗚呼我輩富貴自在耳此一語殆可謂代表中國官場全體之心理者然則中國人才所以敗壞之原因可得而言曰但知有富貴功名之一事而已而中國國家所以覆亡之原因亦可得而言曰所謂人才者但知有富貴功名之一事而已

雜纂二

商部乙巳年紀事簡明表

例言四則

一本表體例悉仿甲辰年紀事簡明表辦理自本年正月起至臘月封印日止所辦各事依類編列名曰乙巳年紀事簡明表其封印後所辦各事當附入下屆表中以免遺漏

一甲辰年公司註册僅九宗本年增至六十餘宗足臻商智日開漸知保護之益又本部顧問官議員暨駐紮各國商務隨員各省商務議員均有增派更換茲統依類列表附後

一甲辰年礦務僅五宗本年增至三十餘宗各省商會僅七宗本年增至二十五宗故特添列發給礦照及商會總協理兩表以便與紀事表互相參閱

一路務礦務議員本年甫經奏准現在路務議員僅派詹天佑潘志俊二員礦務議員僅派陳樹涵朱鍾琪兩員故暫不另列表

農

畜牧公司　同安陳鼎元稟辦由廈門商務總會轉報擬集資本三萬元十月二十六日批准設在廈門

皮毛公司　伊犁將軍馬亮奏設奉　旨議奏六月初二日本部會同戶部議覆照准

工

中等工業學堂藝徒學堂　七月十七日學務處會同本部戶部議覆御史王金鎔請設藝徒及初等中等各學堂摺內奏明派本部右丞紹英擬章程次第

雜纂二

籌辦所需欵項奉　旨由崇文門溢徵稅項酌撥三
成七月二十六日本部籌擬辦法奏明奉　旨允准
隸屬京師高等實業學堂辦理現正籌辦
京師勸工陳列所　三月二十一日奏明辦理四月
初六日派本部員外郎祝瀛元等爲總理協理暨庶
務長九月二十八日奏給關防並擬訂辦事採取寄
售游覽章程四大綱設在正陽門外廊房頭條胡同
俟工程告竣擇日開廠
永豐機器紡織有限公司　職商楊來昭等稟辦擬
籌股本四萬兩先行購紗織布三月二十五日批准
立案設在北京
常昭裕泰機器紡織有限公司　職商朱譜爵等稟
辦由上海商務總會轉報擬集股本三十萬兩五月
初六日批准立案
華綸機器紡織有限公司　職商趙善培稟辦先集
股本二萬兩用人工機器購紗織布七月二十三日
批准立案設在遵化
和豐機器紡織有限公司　職商顧釗等稟辦由創
辦人認集股本四十萬元八月十六日批准立案設
在甯波
華澄機器織布有限公司　職商祝廷華稟辦由江
蘇商務議員陸樹藩轉報擬集股本九千元紡織各
種花布九月二十六日批准立案設在江陰
無錫振興機器紡織廠　職商張麟魁等稟辦由上
海商務總會轉報擬集股本三十萬元有限先設紗
錠一萬枝布機三百枚仿製花旗各布十月初十日
批准
公益機器紡織有限公司　職商祝大椿等稟辦擬
集股本一百萬元紡織棉紗及原白印花各布十月
二十日批准立案設在上海
因利染織有限公司　職商張有琳等稟辦由通崇

海花業商會轉報擬集股本二萬元仿造日本手工機器先辦織布並將土靛設法改良九月十一日批准立案設在如臯

富華有限公司　職商杭愼修等稟辦擬集股本一萬兩仿造各種洋貨先從織布辦起七月二十九日批准立案設在北京

上海製造絹絲有限公司　本部議員李厚祐稟辦現集股本四十萬兩收買次繭絲頭分化製造十二月初七日批准立案

萬益機器製造氈呢公司　職商潘汝杰稟辦擬招股本五十萬兩十二月十二日批准立案設在天津

裕源機器織麻有限公司　職商張廣生等稟辦由江南商務議員劉世珩轉報擬集股本三十萬兩專織裝米麻袋十月二十一日奏明立案設在蕪湖

贛豐機器餅油有限公司　職商許鼎霖等稟辦擬集股本三十萬兩購機榨製豆餅豆油三月十六日批准立案設在贛榆縣青口

啓新機器榨油有限公司　職商丁殿邦等稟辦擬集股本十萬兩購機榨製麻豆各油十二月十五日批准立案設在河南周家口

北京紙煙有限公司　工部郎中周錫璋稟辦先墊資本五萬兩購機製造並往日本調查辦法四月二十八日批准立案由工藝官局撥地建廠

三星紙煙有限公司　職商劉樹屏等稟辦由上海商務總會轉報擬集股本十萬兩購機製造十月初四日批准立案設在上海

煙台華商電燈公司　職商孫克選稟辦由北京電燈公司作保九月初三日批准立案約需資本十五萬兩

北京玻璃有限公司　職商蔣唐祐稟辦設在工藝

官局擬招股本十萬兩現往日本調查辦法

志城甎瓦有限公司　職商徐鏘鳴奏辦由山東商務議員朱鍾琪轉報擬集股本三萬兩購機製造十一月十一日批准立案設在濟南

礦

熱河灤平縣朝河川金礦　職商吳景毓稟辦經熱河都統查明咨部四月二十四日核准探勘

順天府昌平州河子澗村銀礦　商人李宏富稟辦行查順天府咨覆三月二十二日批准探勘

安徽天長縣冶山煤鐵礦　商人何象雲等稟辦經皖撫查明咨部七月初七日核准探勘

山西陽曲縣王封山礦礦公司　山西商務議員劉篤敬稟辦七月二十五日批准開辦

奉天海龍府遠來窰煤礦　商人張紹華稟辦經盛京將軍查明咨部正月二十四日核准開採

奉天海龍府義和窰煤礦　商人秦德望稟辦經盛京將軍查明咨部正月二十四日核准開採

奉天海龍府進寶窰煤礦　商人翟壽廷稟辦經盛京將軍查明咨部正月二十四日核准開採

奉天海龍府玉盛窰煤礦　商人羅玉潤稟辦經盛京將軍查明咨部正月二十四日核准開採

奉天海龍府永順窰煤礦　商人關永年稟辦經盛京將軍查明咨部正月二十四日核准開採

奉天海龍府永益窰煤礦　商人劉魁一稟辦經盛京將軍查明咨部正月二十四日核准開採

奉天海龍府萬利窰煤礦　商人楊濟春稟辦經盛京將軍查明咨部正月二十四日核准開採

奉天海龍府人和窰煤礦　商人李茂勝稟辦經盛京將軍查明咨部正月二十四日核准開採

奉天海龍府同德窰煤礦　商人史璧臣稟辦經盛

京將軍查明咨部正月二十四日批准開採
奉天海龍府順發窰煤礦　商人郭士有稟辦經盛
京將軍查明咨部正月二十四日批准開採
奉天錦州府大窰溝煤礦　職商王岐山等稟辦行
查盛京將軍咨覆十二月初五日批准開採
奉天鐵嶺縣西營盤堡煤礦　職商錫珍等稟辦經
盛京將軍查明咨部十月初十日核准
安徽廣德州錮猪洞煤礦　職商楊錫琛等稟辦行
查皖撫咨覆二月初三日批准探勘
安徽廣德州梁家山煤礦　職商楊錫琛等稟辦行
查皖撫咨覆二月初三日批准探勘
安徽貴池縣猪形山煤礦　職商孫緒發等稟辦經
皖撫查明咨部十一月初六日核准探勘
安徽貴池縣罐窰山煤礦　職商孫發緒等稟辦經
皖撫查明咨部十一月初六日核准探勘

安徽繁昌縣强家山煤礦　職商吳德懋稟辦經皖
撫查明咨部十月十四日核准開採
安徽東流縣喜山峋煤礦　職商陳啓昌等稟辦經
皖撫查明咨部十一月初六日核准開採
安徽東流縣養山垅煤礦　職商陳啓昌等稟辦經
皖撫查明咨部十二月初六日核准開採
直隸曲陽縣白石溝煤礦　商人孫進甲等稟辦行
查直督咨覆二月十七日批准探勘
直隸宣化縣雞鳴山煤礦　職商沈壽康等稟辦行
查直督咨覆六月十六日批准探勘
直隸曲陽縣野北村煤礦　商人趙文祥等稟辦行
查直督咨覆二月初六日批准開採
浙江桐廬縣皇甫村煤礦　商人張仰雲等稟辦經
浙撫查明咨部二月十六日核准探勘
浙江餘杭縣車口坂煤礦　職商陶濬宣等稟辦經

浙撫查明咨部三月十一日核准探勘

江蘇句容縣龍潭煤礦　龍潭官礦局撥欵辦理經江督咨部二月二十五日核准開採

江蘇上元縣棲霞山煤礦　職商何鉞稟辦由兩江礦政調查局查明詳經江督咨部十二月十八日核准探勘

張家口廳海拉坎山煤礦　職商楊鈞宸等稟辦行查察哈爾都統咨覆十月十一日核准開採

商

上海高等實業學堂　就南洋商務學堂改設專課商學二月十一日奏准派本部右參議楊爲監督三月初一日奏給關防現正擬訂章程兼籌添設輪電專科

中等商業學堂　本部顧問官周廷弼獨力創辦七月二十六日批准立案設在無錫周新鎮

信成商業普通銀行　本部顧問官周廷弼稟辦四月十六日批准立案擬集股本五十萬元兼辦儲蓄銀行事業設在上海

滙通銀行　候選道林爾嘉稟辦十二月初二日奏准奉　旨林爾嘉著俟服闋後以五品京堂候補現籌資本二百五十萬元厦門設立總行北京上海各設分行香港新加坡檳榔嶼南洋各埠均擬推廣設立

通濟銀行　職商劉坦稟辦擬招股本五十萬兩先自出資十萬兩創辦十二月初四日批准立案設在北京

中國合衆水火保險有限公司　候補京堂龐元濟等稟辦擬集股本一百萬兩二月二十九日批准立案設在上海

集生保險有限公司　職商林毓彥稟辦招集股本

五十萬元專辦洋面保險等事七月初五日批准立案設在汕頭

上海大達輪步有限公司　本部顧問官張謇等稟辦擬集股本一百萬兩先就上海十六鋪附近購地建步起造棧房二月十一日批准八月二十七日奏明立案十月二十一日奏給關防

浦口農工商業有限公司　職商陳寶書等稟辦七月初九日批准立案擬集股本三十萬兩籌辦各項實業

重慶商務總會　四川川東商務局遵章籌辦由川督咨部正月二十五日核准並札派李正榮楊怡爲總理協理

厦門商務總會　本部左參議王廷厦邀集紳商重訂會章報部批准七月十六日奏給關防並將厦門保商買燕事宜先後奏歸該會辦理札派林爾嘉邱會瓊爲總理協理

江寧商務總會　江南商業公會商董周善義等遵章請設批准五月二十二日奏給關防並札派劉世珩朱鍾萱何鍼爲總理協理坐辦

蘇州商務總會　紳士翰林院編修王同愈等遵章請設六月十五日批准十月初五日札派尤先甲倪思九爲總理協理十月初八日奏給關防

廣州商務總會　粵省七十二行商董遵章請設由粵督咨部六月二十七日核准並札派左宗藩鄭官應黄景棠等爲總理協理坐辦七月十六日奏給關防

福州商務總會　福建商務議員何成浩遵章籌辦七月十七日批准十二月初二日奏給關防並札派張贊廷李馥南爲總理協理

成都商務總會　四川商務議員蔡乃煌遵章籌辦

由川督咨部七月二十九日核准並札派舒鉅祥喬世傑爲總理協理

河南商務總會　河南商務議員胡翔林遵章籌辦正月二十四日批准立案

蕪湖商務總會　紳士呂祖翼等遵章請設九月二十日批准立案

湖南商務總會　湖南商務議員王銘忠遵章籌辦十一月二十二日批准立案

無錫商務分會　紳士候補京堂楊宗濂等遵章請設四月初八日批准並札派周廷弼爲總理

汕頭商務分會　職商蕭郁文等遵章請設七月初八日批准並札派蕭永聲爲總理

漳州商務分會　職商黃慶琛等遵章請設七月初九日批准並札派陳汝誠爲總理

嘉定商務分會　紳商秦錫棟等遵章請設九月二十六日批准並札派周世恒爲總理

蘭溪商務分會　蘭溪紳商遵章請設由浙撫咨部批准十月十四日札派趙壁輝爲總理

石門商務分會　紳商朱紹濂等遵章請設由浙撫咨部核准十月十八日札派徐多鏐爲總理

金山縣張堰鎭商務分會　職商王仁祺等遵章請設由上海商務總會轉報十二月十八日批准並札派陳德霄爲總理

常州商務分會　常州各業商董遵章請設由上海商務總會轉報六月初一日批准立案

江陰商務分會　紳士吳穆清等遵章請設由上海商務總會轉報八月二十一日批准立案

周口商務分會　河南商務議員胡翔林遵章籌辦八月二十二日批准立案

道口商務分會　河南商務議員胡翔林遵章籌辦

八月二十二日批准立案
海贛商務分會　紳商龍錫恩等遵章請設由江督咨部八月三十日核准立案
鎮江商務分會　鎮江關道郭道直遵章籌辦由江督咨部十月初八日核准立案
如皋商務分會　職商陳光源遵章請設由通崇海花業商會轉報十月十九日批准立案
金山縣朱涇鎮商務分會　紳商丁彥翀等遵章請設由蘇撫咨部十一月二十日核准立案
長崎商會　長崎華商遵章議設由駐日本楊大臣咨部七月初一日准予立案
小呂宋中華商會　小呂宋華商董事邱秉鈞等遵章議設由駐美梁大臣咨部七月初八日准予立案
北京商會總公所　正月間設立在前門外西柳樹井

北京靴鞋行商會　十一月十九日批准董事傅慶涵等八人
北京錢行商會　十一月二十日批准董事趙玉田等八人
天津商報　天津商務總會籌辦稟經直督咨部八月十三日准予立案

東洋 教育掛圖[illegible] 無雙

陸軍示教掛圖	自第一輯至第三輯	各一輯五張一組	各一輯金貳圓
海軍示教掛圖	同	同 同	同 同
天地現象掛圖	自第一輯至第五輯	各一輯五張一組	各一輯金貳圓
地文學示教圖	自第一輯至第二輯	同 同	同 同
世界地理示教圖	自第一輯至第三輯	各一輯七張一組	各一輯金貳圓八十錢
人體生理解剖圖	廿張一組	完結	金八圓
世界人種風俗圖	自第一輯至第三輯	各一輯五張一組	各一輯金壹圓半
工業示教掛圖	自第一輯至第三輯	同 同	同 同
農業教授用掛圖	拾張一組	完結	各一輯金四圓
家禽家畜正圖	自第一輯至第二輯	各一輯六張一組	各一輯金貳圓半
世界哺乳動物正圖	自第一輯至第四輯	各一輯五張一組	各一輯金壹圓半
植物正圖	自第一輯至第十輯	各一輯五張一組	各一輯金貳圓
喰蟲有感植物正圖	五張一組	全	金貳圓
有毒植物真圖	五張一組	全	金貳圓
救饑植物正圖	同	同	同
有益鳥真圖	三張一組		金壹圓半
鳥類正圖	自第一輯至第二輯	各一輯五張一組	各一輯金貳圓
蟲類正圖	自第一輯至第四輯	同 同	各一輯金貳圓
稻作害蟲驅除法圖	五張一組	完結	金貳圓

農作物病害豫防法圖	五張一組	完結	金貳圓
漁業示教圖	五張一組	完結	金貳圓
養蠶示教圖	八張一組	完結	金參圓
爬蟲類及兩棲動物圖	自第一輯至第二輯	各一輯五張一組	各一輯金貳圓
甲殼類正圖	五張一組		金貳圓
菌蕈類正圖	自第一輯至第二輯	各一輯五張一組	各一輯金貳圓
貝殼類正圖	二張一組		金壹圓
前世界動物圖	三張一組		金八拾五錢
魚類正圖	自第一輯至第二輯	各一輯五張組	金貳圓
海獸類正圖	五張一組	完結	金貳圓
熱帶植物圖	自第一輯至第三輯	各一輯五張組	各一輯金貳圓半
人體寄生蟲及黴菌圖	自第一輯至第二輯	各一輯五張組	各一輯金貳圓
下等動物圖	五張一組		金貳圓
植物解剖掛圖	十張一組		金參圓八拾錢
兒童眼病トラホーム豫防法圖	參張一組		金壹圓貳拾錢
救急治療法掛圖	六張一組		金貳圓
支那歷朝帝王御影	全一張		金八拾錢
兵式柔軟體操圖	全一張		金四拾錢
銃砲古今沿革全圖	二張一組		金壹圓四拾錢

鑛石寶寫標本圖	全一張		金參圓
世界列國旗章正圖	全一張		金五拾錢
列國帝王軍隊服裝圖	全一張		金七拾錢
世界人種相貌圖	全一張		金七拾錢
世界發明元始家列影	全一張		金七拾錢
古今軍艦沿革圖	全一張		金參拾五錢
貨幣古今沿革圖	全一張		金參拾錢
帝國陸軍服裝圖	二張一組		金貳圓
列國勳章精圖	全一張		金八拾錢
物理學示教掛圖	自第一輯至第二輯	各一輯五張一組	各一輯金壹圓半
博物集覽全圖	三十六張一組		金七圓
萬國貨幣全覽	全二張		金壹圓半

本館製造教育專門著色圖畫。[illegible]賞。名聲藉甚。亦技術巧妙。價目低廉。稱東洋無雙。無論日本全國。及朝鮮臺灣。大中小學堂無不採用本館圖畫者。本年[illegible]販路。特門增設新工場。裝置精良大印刷機。準備已成。館運旺盛。特爲中國四方君子賞鑒。製圖畫目錄大略如以上。東京造畫館主九拜

一本館書畫目錄壹册。函致有命。不論遠近。即呈。來函一切要照左記本館所在地。書字無誤

○日本東京市京橋區出雲町壹番地

東京造畫館

●電話新橋七百二十三番

◉漢文教科必携品廣告◉

（電話新橋三千百七十三番）

東京市內賜顧諸君電話郵便均可照送不誤

日本 小島彥七先生著
支那古今沿革地圖
附沿革地誌 定價金壹圓廿錢

日本 三松堂編輯所編纂 新出
大清國現勢地圖
彩色入美本 定價金壹圓

日本 高橋屯先生著
漢文 人體解剖圖
附漢文解說 定價壹圓五十錢

漢文地球儀
徑二寸五分紙函入定價金三拾錢
◎徑八寸木箱入 定價金二圓五拾錢

日本 水谷延次先生編
漢詩 両半球地圖
各國旗章及世界高山大川表 定價金二十五錢

日本 三松堂編輯所編纂
大清國疆域分圖
石版密刻彩色入 定價金五十錢

日本 三松堂編輯所編纂
最近 漢文萬國地圖
石版密刻彩色入 定價金五十錢

日本 赤松範靜先生製圖
最新 東亞三國地圖
石版密刻 定價金四十錢

日本 三松堂編輯所編纂
清國明細全圖
石版密刻彩色入 定價金十五錢

日本 三松堂編輯所編纂
大清國廣東省全圖
幅製美裝 定價金壹圓五十錢

發行所 東京京橋區弓町 松邑三松堂
上海 科學儀器館 教育館

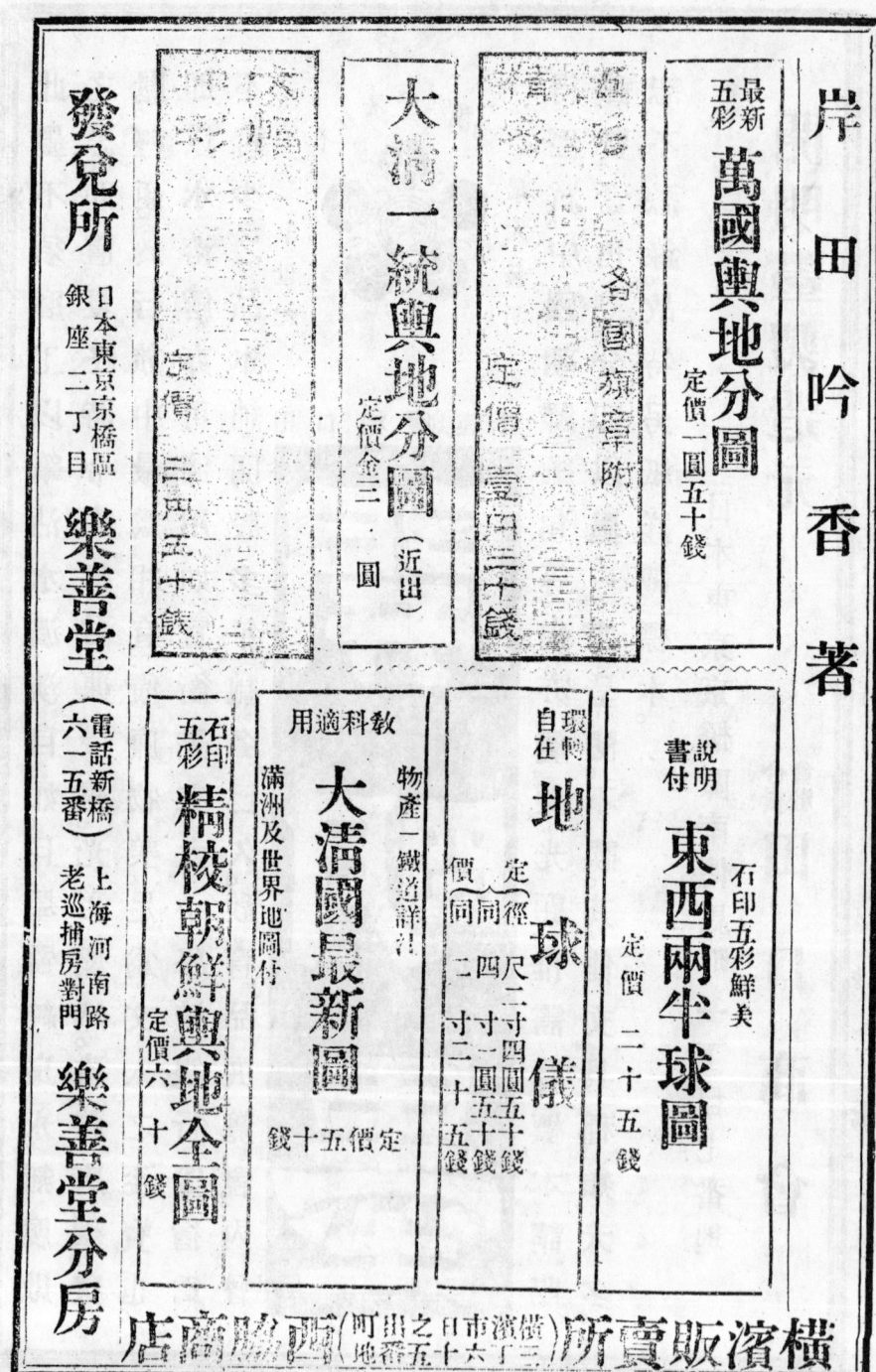

奇情小說

電術奇譚

人之有情稟諸先天與此身相存亡者也無論爲忠孝節義爲姦淫邪盜莫不根之於情其所以分善惡之途者特邪正之用不同耳此書所記鳳美之眷戀仲達不過一點私情耳然觀其暗隨情人遠度重洋時何等冒險詔安相遇時何等委婉相失相念時何等悲苦放鎗復仇時何等激烈一女子耳而演出如許活劇雖是寫情小說而較諸徒寫淫啼浪哭者眞有脊壞之殊也

定價大洋五角五分

發行所上海廣智書局

總發行所橫濱新民社

第三種郵便物認可
新民叢報第四年第四號

明治三十九年三月九日發行

新民叢報

明治三十一年十二月二十七日（第三種郵便物認可）（每月二回發行）

第肆年第伍號

（原第七十七號）

光緒三十二年三月一日　明治三十九年三月二十五日

新民叢報第肆年第伍號目錄（原第七十七號）

報資及郵費價目表

	全年廿四冊	半年十二冊	零售
報資	五元	一元六角	二角五分
上海郵費	二角四分	一角二分	一分
上海轉寄內地郵費	一元二角	六角	五分
各外埠郵費	一元四角四分	七角分	六分
四川、雲南陝西、貴州山西、甘肅等省郵費	二元八角八分	一元四角四分	一角二分
日本各地及日郵已通之中國各口岸每冊一仙			

廣告價目表

洋裝一頁	十元
洋裝半頁	六元

惠登廣告至少以半頁起算刊資先惠論前加倍欲登長年半年者價當面議從減

編輯兼發行者　馮紫珊
印刷者　陳侶笙
發行所　橫濱山下町百六十番　新民叢報社
上海發行所　四馬路老巡捕房對面　新民叢報支店
印刷所　新民叢報活版部

康南海先生新著

(再版)

歐洲十一國遊記(第一編)

洋裝精本 定價一圓

康南海先生近年著述甚少海內外人士識與不識莫不欲一接其言論以爲快此書乃先生去年游歷歐洲所至者凡意大利、瑞士、澳地利、匈牙利、德意志、法蘭西、丹麥、瑞典、比利時、荷蘭、英吉利、十一國隨筆感記於**各國政治教學之本原**精細觀察而以**卓絕之識想評騭之**又以**祖國過去現在之情狀**比較辨晰**而定取法之方針**實救時第一良藥也**其價值**尚遠在**飲冰主人新大陸游記**之上至於與前此尋常紀行之作有若霄壤更無待言本局幸承將原稿見貽速付梓人以公諸世今第一編已印成并插圖畫六十餘幅有志之士度無不先覩爲快也

原名世界著名暗殺案

洋裝精本　定價一圓

血史

美國佛蘭斯士專遜 新著
中國 梁啓勳仲策 程斗北高 翻譯

暗殺非文明舉動也而在政治界往往生絕大之影響其影響之良否姑勿論至其爲一種偉大怪異之動力則歷史上所明示也此書爲**美國史學大家專遜氏最新之著作**以癸卯年新出版專取歷史上重要之暗殺案上自**希臘羅馬**下逮**二十世紀凡三十一人**人爲一小傳敍其被刺之原因被刺之事實及被刺後之結果凡所敍述皆死一人而影響及於全國或及於全世界者盖此書實可作**一種之正史讀**也而其敍述之法則以半小說體行之故趣味濃深比正史尤爲動人實廿世紀一名著也初出未及一歲**重版已逾十次**東方各國未有譯本**梁程二君留學芝加高大學**以暑假之暇特以**沈博絕麗之筆譯成之**託本局印刷今用洋裝美本印成以快先覩全書共**十餘萬言**並揷影像廿餘幅**現已出書**

奇情小說

電術奇譚

人之有情真諸先天與此身相存亡者也無論爲忠孝節義爲姦淫邪盜莫不根之於情其所以分善惡之途者特邪正之用不同耳此書所記鳳美之眷戀仲達不過一點私情耳然觀其暗隨情人遠度重洋時何等冒險韶安相遇時何等委婉相失相念時何等悲苦放鎗復仇時何等激烈一女子耳而演出如許活劇雖是寫情小說而較諸徒寫淫啼浪哭者眞有霄壤之殊也

定價大洋五角五分

發行所 上海 廣智書局

總發行所 横濱 新民社

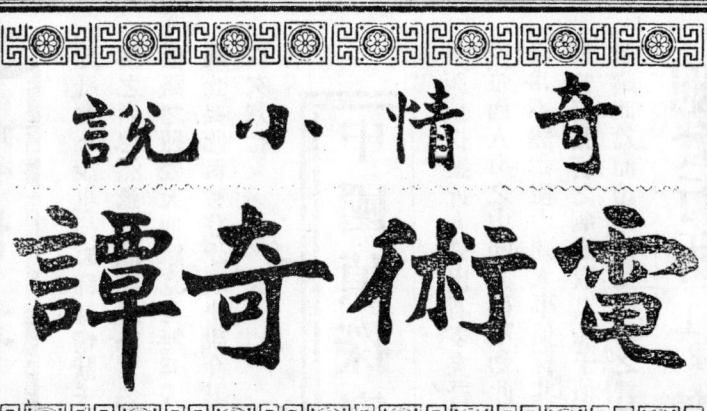

中國烈士史可法及其遺墨

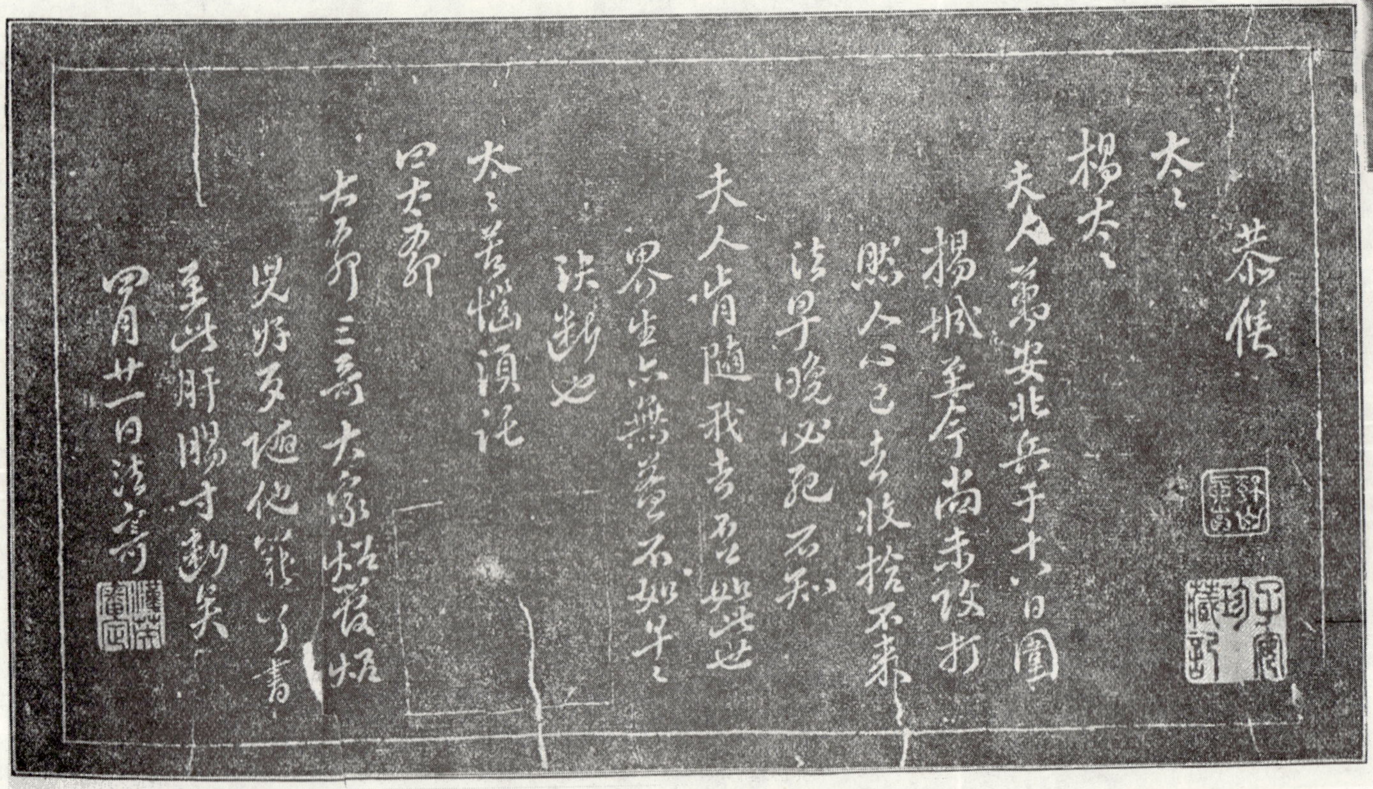

恭候
太太
楊太太
夫人萬安北兵于十八日圍
揚城至今尚未攻打
然人心已去收拾不來
法早晚必死不知
夫人肯隨我去否如此世
界生亦無益不如早早
決斷也
太太苦惱須託
四太爺
大爺三哥大家照管炤
兒好歹隨他罷了書
至此肝腸寸斷矣
四月廿一日法寄

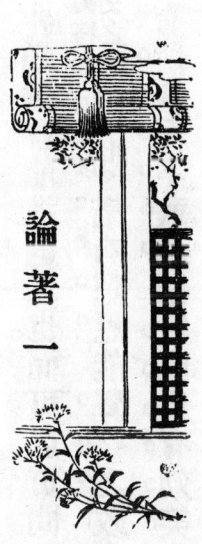

開明專制論（續第七十五號）

論著一

飲冰

第八章之續

二 中國今日尚未能行君主立憲制之理由

既萬不能行共和立憲制。而國家又非可以專制終也。則所餘者。惟有君主立憲之一途。君主立憲。固吾黨所標政綱。蘄必得之而後已者也。然謂其今日尚未能行者何也。請就兩方面說明之。

(甲)人民程度未及格

立憲制之綱領不一端。而議院之開設。當其最重要之一也。問者曰。其在立憲共和國。議院不能不立於指揮主動之地位。國民程度幼稚者。不足以語此。既聞命矣。其在立憲君主國。議院可以立於監督補助之地位。然則何時而不可。且如今日。國中未嘗無輿論。就中發表輿論之報館。亦對於政府而立於監督補助之地位者也。國民程度既可以有報館。曷爲不可以有議院。應之曰。不然。輿論者無責任之監督。而議院者有責任之監督也。申言之。則輿論非爲國家之一機關。而議院則爲國家之一機關也。既爲國家之一機關。而有法律上應享之權利。隨即有法律上應盡之義務。苟不完此義務。而權利或將以消極的而澌亡。申言之。則議院若不能行完全正當的監督。則其地位將下墜。而影響且及於憲法之全部也。請言其故。夫中國他日果制定何種類之憲法。今莫或知。即應制定何種類之憲法。今亦未易言。要之既名曰憲法。則凡各國憲法之共通原則。如國務大臣對於議會而負責任。議會有協贊法律豫算權。議院院內之自治。人民之選舉權等。殆必其不能缺者也。即以此諸端論之。國務大臣對於議會而負責任。非必議會能進退之也。而可以質問焉。可以彈劾焉。但使所質問者洞中癥結。政府（即國務大臣也。以行文之便代以此。）若有隱慝能覺察之。政府若有失策能指摘之。政府乃重其言而不敢藐。有所憚而不敢恣。則質問爲有効笑。反是。若無鑑別政治得失之識力所質者皆薄物細故或於其極正當之行動而故爲責備而其有干法越權及其他失政或反熟視無覩不予糾正則政府視議會易與謂其言一無價值生輕蔑心而議會之神聖損矣此雖不至搖動及憲法然養成此習慣非立憲國之福也又彈劾當如善養蒙者不輕施夏楚若有過舉確認爲不可恕者痛懲一次則常收莫大之効議會之彈劾權不濫用用之必有其正當不容已之理由則就法律上雖未必以彈劾而定黜政府也而事實上令君主感動察民岩之有因令政府悚惶識輿論之眞價則無論或黜或留而彈劾皆有効反是若彈劾之無價值與前所舉質問同則元首厭之政府侮之矣不啻惟是彈劾無効則議院勢不得不被解散屢濫用彈劾則重解散以解散而議院將雖有若無萬一國民厭於選舉或君主怠於召集則憲法根本爲之搖動矣夫學識幼稚之民往往沐猴而冠沾沾自憙有權而濫用焉其常態矣故吾以爲今日中國之民非稍經訓練後其必不免此弊也復次協贊法律協贊豫算之權亦當用之於正當各國通例政府及兩院皆有提出法律案之權提出後經兩院可決復由元首裁可而後施行若議院中人政治智識甚幼稚則其對於法律案也有三種怪象(甲)政府所

提出者盲從焉不能贊一詞(乙)政府所提出或有極良之法案不能知其精神所在漫爲反對(丙)自提出或偏畸或危險或無謂或不可行之法案而自議決之其在甲則政府法案雖有缺點不能匡救議會成贅疣毫不盡監督之責任其在乙則良法美意不能施行阻一國之進步其在丙或頒不適之法案紊一國之秩序然在甲則不過有議會如無議會耳影響尚不波及憲法若乙丙之現象而屢見焉則或重解散以解散甚且怠於召集而憲法動搖矣或厭其久延不待議決而裁可施行焉而憲法又動搖矣至於豫算政府常欲膨脹人民常欲節減此普通之現象也議會以代表人民之資格常思限制政府亦恒情也雖然固不可強國民以所不能負擔亦不可不爲國民謀助長其進步故當協贊豫算案時最宜有圓滿緻密之政治上知識察社會生計之實情鑑內外政局之大勢非可先横一成見於胸中以從事也而程度幼稚之民動偏於一端而在中國義務思想未發達之人民尤汲汲以輕負擔爲務頗聞去年東京留學生總會館議豫算案。經數會期不決。而評議部挑剔節減。乃至原案屋租若干元。亦修正而減給之。並屋主之允否不計及。此雖近於游戲。非可例他日。然亦未免模倣人國、而太求似矣。如此則恐豫算不成立之現象年年續見若將來所定憲法如日本焉謂豫算否決可用前年度豫算則尚不生困難。不然則全國機關爲之動搖矣。然若如日本之憲法則間年偶見可以彌縫若年年否決則政府將見提出豫算毫無結果或遂厭之而竟濫行豫算外之歲出入焉則影響又及於憲法矣。又議院院內之自治。如院內警察權歸議長也。非得議院許諾政府不能逮捕議員也。凡此皆各國通例。所以保議院之神聖也。然在程度幼稚之民往往因辨論而生意見因意見而生仇讎故吾中國向來議事之場動則揮拳拔刀數見不鮮矣夫各國議院。雖亦不能無騷擾。然整理議場之職。議長任之、議員皆有服從議長之習慣。故權可不假於外。若萬一滋擾過甚議長不能節制致警察入而干涉焉甚或在院中犯現行罪而致逮捕焉則應享之特別權利掃地盡矣若屢演此惡劇而議院之地位遂危以現在中國人民程度組織議院吾不敢保此種惡劇之必無也以上所舉。不過以爲例耳。若逐一數之者。更僕難盡。吾之意以爲議院不開則已。既開矣則其於法律上神聖之地位不可以不確保其於政治上優越之勢力不可以不常存而能否確保之常存之則其原因恒在議員之自身議員品格卑而地位乃污衊矣議員見識陋而勢力乃陵夷矣夫偶被污衊。偶見陵夷。似未甚爲害。數年後久習之而改良焉。毋乃亦可。而不知其影響往往牽及憲法也即不牽及憲法而苟使政府與國民有藐議會厭議會之習慣其於立憲之精神已大剌謬也故與其太速而資格缺毋甯稍遲而資格完也此以言夫議員也若選舉議員之人民亦不可不略有其程度如(1)選舉權者含有義務性質之權利也不可以放棄而在程度幼稚之國民往往視此權若弁髦也（日本初行憲政時。人民尙多有放棄選舉權者。今則殆無矣。）(2)選舉必當以自由意志舉其欲舉者而在程度幼稚之國民往往受賄賂被脅逼不得爲本意之投票也（此弊雖程度極高之民。猶不能盡免。然愈幼稚者則其弊愈甚。）(3)選舉不免競爭而競爭必須行於正當在程度幼稚之國民或至用武力以破壞秩序也(4)議員名爲代議士取代表之意然所代表者人民總體之意見非選舉者箇人之意見也而在程度幼稚之國民往往自以其私人之利害或地方小局部之利害而責望所選舉之代議士爲之建議不得則或且相怨而相仇也諸如此類不可枚舉要之苟非養之有素則利恒不足以償其害有斷然矣

(乙)施政機關未整備

前所言。猶其理論也而今日於實際上有未能行立憲政治者則施政機關之不整備

是也。試畧論之。如議會選擧人被選擧人必當有資格其最重要者則必其人爲中國人也而(1)今者國籍法尙未編定「中國人」之界說且未分明也又初立憲時殆萬不能用普通選擧必出於制限選擧各國通行之制限大率以所受敎育之程度或所有財產之稅率爲衡而(2)今者學校尙未徧立義務敎育尙未厲行敎育程度於何測之然此猶較易若夫(3)稅率之多寡則今者租稅法尙未備徵收之方亦不正確於何定之(4)選擧必有選擧區而我今未劃定何由施行且選擧區非可漫然劃定也必比例於人口之多寡與道里之遠近而(5)今者戶口之統計地圖之測量均不確實即以制定選擧區一事已非數年不能爲功也各國選擧率以鄕官市官主之中國地大人衆選擧區萬不能太大如欲以一縣爲一區則鄕僻之民何從至縣城投票且使悉至而城亦不能容也故以鄙見度之大約今之一縣其爲區者當數十而(6)今者地方自治制度未頒鄕官市官鄕會市會未立然則選擧其誰司之選擧競爭最易騷擾各國普通之現象也維持秩序端賴警察而(7)今者警察未普及能保不害及治安乎果爾恐民將談選擧而色變也競爭之結果往往起訴訟而(8)今者訴訟法未定能息爭乎各國通例議會大率年開一次而選舉後最遲不過一兩月即開會而(9)今者鐵路未多交通不便蜀涼滇黔或半歲乃達京師然則開會延至何時而一歲往返豈不疲奔命於道路耶立憲精神不一端而保護人民權利其最重要之一也故常以條文規定之憲法一經實施則必爲絕對的保障乃可以信於民而(10)今者民法未制定權利以何者爲標準而能確實耶民非犯法網不得擅逮捕此保障自由之一要件而各國率皆規定之於條文者也(11)今者刑法未制定以何者爲法網乎有司能無上下其手乎苟有之則憲法無効也且人民之護符恃法律而法律之執行者惟法官無良法官則民終不能完其權利而(12)今者行政司法混爲一鑪絕未嘗爲養成裁判官之豫備民果能食憲法之賜乎對於行政處分之不當者而得起訴訟又人民所以自全其權利之一要件也而(13)今者行政法未頒行政裁判所未搆成有見屈者將何所控愬乎而憲法又無効矣夫諸法固可與憲法同時頒行吾非謂必當先有諸法而後有憲法然諸法之條理恒千端萬緒非積學不能運施故欲使憲法一經布告實施以後而國家諸機關先自保無違憲之舉動以示信於民則必當先頒諸法且豫養成用法之人才亦理論

上之次第所宜爾也以上所舉。隨念所及。拉雜舉之。若悉數者。恐數十條不能盡也。但即就此諸端觀之。已可見憲法者決非一紙空文所能立朝欲之而夕致之也夫人民程度之一問題各人有各人之主觀的判斷吾以爲未可人以爲已可是非終未易決也若夫機關整備與否則全屬客觀的事實雖好立異甯能否認焉吾以爲但就以上所舉諸端苟欲其規模悉具者雖在承平之時有一强有力之中央政府網羅一國上才以集其間急起直追殫精竭慮汲汲準備而最速猶非十年乃至十五年不能致也而彼持極端破壞論者乃謂於干戈倥偬血肉狼籍生計顚頓神魂駭喪之餘不數年而可以躋於完全優美之共和何不思之甚嗚呼。我青年之眩於空華困於噩夢者其醒耶未耶而附和君主立憲者亦一若於數條憲法正文之外更無餘事其可憐而可笑亦正與彼破壞論者相類使如彼等政策抄譯一二國成文憲法而布之也則一二小時可了耳何難之與有且就令能制定極完美而適於我國之憲法未及其時而貿貿然布之顧以種種障礙一切不能實行而徒使天下失望則雖謂爲立憲主義之罪人可也世誠有忠於立憲主義者乎則必當能知今日之未能實行既忠焉而又知

其未能實行則必知所以待之者矣

（此章未完）

中國法理學發達史論

論著二

飲冰

(自敘)

一本論之目的有二一在發揚國粹使我先民久湮之精神發沈曀而著光晶一在與世界新學說相比較知我之短長以喚起我同胞研究法學之興味

一本論原名「中國法學發達史論」嗣以其範圍太廣不易從事故改今名他日研究有得倘思貫徹初志則此論可爲彼論之一部分也

一就法學範圍立論則當涉穹古以迄現今就法理學範圍立論則秦漢以後新發明者甚希故本論以先秦爲斷

一純粹之法治主義必推法家然儒道墨三家其學說之關於法理上者甚多且與法家亦互有短長故本論恒以儒墨道法四家言相比較

一本論第三章其資料多取諸日人廣池千九郎氏所著「東洋法制史敘論」不敢掠美特著一言以鳴謝惟

廣池氏搜采旣未備而去取繁簡之間亦不免失當又其斷案往不往確蓋廣池氏於我國諸子之家數不甚明瞭常以儒家言與法家言混爲一談而不知其根本觀念之差異此所以批判屢失正鵠也

一本論殺青草草不能自慊他日研究續有所得當加釐正績學之士望賜敎言

著者識

(目次)

第一章　緒論

近世法學者稱世界四法系。而吾國與居一焉。其餘諸法系。或發生蚤於我。而久已中絕。或今方盛行。而導源甚近。然則我之法系。其最足以自豪於世界也。夫深山大澤。龍蛇生焉。我以數萬萬神聖之國民。建數千年綿延之帝國。其能有獨立偉大之法系宜也。然人有恒言。學說者事實之母也。既有法系。則必有法理以爲之原。故研究我國之法理學。非徒我國學者所當有事。抑亦全世界學者所當有事也。

法律先於法理耶。抑法理先於法律耶。此不易決之問題也。以近世學者之所說。則法律者。發達的而非創造的也。盖法律之大部分。皆積慣習而來。經國家之承認。而遂有法律之効力。而慣習固非一一焉能悉有理由者也。謂必有理而始有法。則法之能存者寡矣。故近世解釋派（專解釋法文者謂之解釋派）盛行。其極端說。至有謂法文外無法理者。法理實由後人解剖法文而發生云爾。雖然。此說也。施諸成文法大備之國。猶或可以存立。然罔已稍沮法律之進步。若夫在諸法樊然殺亂之國。而欲助長立法事業。則非求法理於法文以外。而法學之効用將窮。故居今日之中國而治法學。則抽象的法理。其最要也。

我國自三代以來。純以禮治爲尙。及春秋戰國之間。社會之變遷極劇烈。然後法治思想乃始萌芽。法治主義者。應於時勢之需要。而與舊主義宣戰者也。夫禮治與法治其手段。固溝然不同。若其設爲若干條件。以規律一般人之行爲則一也。而凡持舊主義者。又率皆崇信「自然法」（說詳第四章）其所設條件。殆莫不有其理由。其理由之眞不眞適不適。且勿論。要之。謂非一種之法理焉不得也。而新主義之與彼對峙者。又別有其理由。而旗幟甚新。壁壘甚堅者也。故我國當春秋戰國間。法理學之發達。臻於全盛。以歐洲十七八世紀間之學說視我。其軒輊良未易言也。

顧歐洲有十七八世紀之學說。而產出十九世紀之事實。自拿破侖法典成立。而私法開一新紀元。自各國憲法公布。而公法開一新紀元。逮於今日。而法學之盛。爲有史以來所未有。而我中國當春秋戰國間。雖學說如林。不移時輒已銷熄。後此退化復退化。馴至今日。而固有之法系。幾成殭石。則又何也。禮治主義。與夫其他各主義。（如放任主義人治主義等）久已深入人心。而羣與法治主義爲敵。法治主義。雖一時偶占勢力。摧滅封建制度階級制度。（戰國秦漢之交。吾國固有之封建制度階級制度。一時摧滅。雖儒法兩家並有力。而法家功尤偉。說詳第六章。）然以吾國崇古念重。法治主義之學說。終爲禮治主義之學說所征服。門戶之見。惡及儲胥。並其精粹之義而悉吐蔑之。而一切法律上事業。悉委諸刀筆之吏。學士大夫。莫肯從事。此其所以不能發達者一也又法家言主張團體自身利益過甚遂至蔑視團體員利益雖能救一時之敝而於助長社會發達非可久適其道不愜於人心雖靡舊說之反對勢固將敝而儒墨家言又主張團體員利益過甚於國家强制組織之性質不甚措意故其制裁力有所窮適於爲社會的而不適於爲國家的夫以兩派各有缺點專任焉俱不足以成久治而相輕相軋不能調和此其所以不能發達者二也坐此二弊故雖於一時代百數十年間有如火如荼之學說而遂不足以開萬世之利造一國之福也

逮於今日萬國比鄰物競逾劇非於內部有整齊嚴肅之治萬不能壹其力以對外法治主義爲今日救時唯一之主義立法事業爲今日存國最急之事業稍有識者皆能知之而東西各國之成績其刺戟我思想供給我智識者又不一而足自今以往實我國法系一大革新之時代也雖然法律者非創造的而發達的也固不可不采人之長以補我之短又不可不深察吾國民之心理而惟適是求故自今以往我國不採法治主義則已不從事於立法事業則已苟採焉而從事焉則吾先民所已發明之法理其必有研究之價值無可疑也故不揣檮昧述其研究所粗得者以著於篇語不云乎層

氷爲積水所成。大輅自椎輪以出，此區區數章，苟能爲椎輪積水之用，則吾之榮幸，甯有加焉。

第二章　法之起因

我國言法制之所由起，大率謂應於社會之需要而不容已，此儒墨法三家之所同也。今刺取其學說而比較之。

(一)儒家

(荀子禮論篇)人生而有欲，欲而不得，則不能無求，求而無度量分界，則不能不爭，爭則亂，亂則窮，先王惡其亂也，故制禮義以分之，以養人之欲，給人之求，使欲必不窮於物，物必不屈於欲，兩者相持而長，是禮之所起也，故禮者養也。

(又王制篇)水火有氣而無生，草木有生而無知，禽獸有知而無義，人有氣有生有知亦且有義，故最爲天下貴也。力不若牛，走不若馬，而牛馬爲用，何也？曰，人能羣，彼不能羣也。人何以能羣？曰，分。分何以能行？曰，以義。故義以分則和，(楊注言分義相須也)和則一，一則多力，多力則强，强則勝物，(中略)故人生不能無羣，羣而無分則爭，爭則亂，亂則離，離則弱，弱則不能勝物，君者善羣者也。

(又富國篇)人倫並處，(楊注倫類也)同求而異道，同欲而異知，生也，皆有可也，知愚同，所可異也，知愚分

（楊注、可者遂其意之謂也）勢同而知異行私而無禍縱欲而不窮則民心奮而不可說也如是則知者未得治也知者未得治則功名未成也功名未成則羣衆未縣也（案縣同懸謂懸隔也）羣衆未縣則君臣未立也無君以制臣無上以制下天下害生縱欲欲惡同物欲多而物寡寡則必爭矣（中略）離居不相待則窮羣而無分則爭窮者患也爭者禍也救患除禍則莫若明分使羣矣

（二）墨家

（墨子尚同篇上）古者民始生未有刑政之時蓋其語人異義是以一人則一義二人則二義十人則十義其人玆衆其所謂義者亦玆衆（案玆同滋益也）是以人是其義以非人之義故交相非也是以內者父子兄弟作怨惡離散不能相和合天下之百姓皆以水火毒藥相虧害至有餘力不能以相勞腐朽餘財不以相分隱匿良道不以相教天下之亂若禽獸然明夫天下之亂生於無政長是故選天下之賢可者立以為天子（中略）天子惟能壹同天下之義是以天下治也

荀子之所謂禮所謂義墨子之所謂義其實皆法也蓋荀子言禮而與度量分界相麗言義而與分相麗墨子言義而與刑政相麗度量分界也刑政也皆法之作用也

（三）法家

（管子君臣篇下）古者未有君臣上下之別未有夫婦妃匹之合獸處羣居以力相征於是智者詐愚强者凌

弱老幼孤獨不得其所故智者假衆力以禁强虐而暴人止爲民興利除害正民之德而民師之(中略)名物處違是非之分則賞罰行矣上下設民生體而國都立矣是故國之所以爲國者民體以爲國君之所以爲君者賞罰以爲君

(商君書君臣篇)古者未有君臣上下之時民亂而不治是以聖人列貴賤制節爵位立名號以別君臣上下之義地廣民衆萬物多故分五官而守之民衆而姦邪生故立法制爲度量以禁之

(又開塞篇)天地設而民生之當此之時也民知其母而不知其父其道親親而愛私親親則別愛私則險民生衆而以別險爲務則有亂當此之時民務勝而力征務勝則爭力征則訟訟而無正則莫得其性也故賢者立中設無私而民日仁當此時也親親廢上賢立矣凡仁者以愛利爲道而賢者以相出爲務民衆而無制久而相出爲道則有亂故聖人承之作爲土地貨財男女之分分定而無制不可故立禁禁立而莫之司不可故立官官設而莫之一不可故立君旣立其君則上賢廢而貴貴立矣

(韓非子五蠹篇)古者丈夫不耕草木之實足食也婦女不織禽獸之皮足衣也不事力而養足人民少而財有餘故民不爭是以厚賞不行重罰不用而民自治今人有五子不爲多子又有五子大父未死而有二十五孫是以人民衆而貨財寡事力勞而供養薄故民爭雖倍賞累罰而不免於亂

以上三家四子之說皆以人類之有欲爲前提謂生存競爭爲社會自然之現象而法制則以人爲裁抑自然從而調和之而荀墨商三家謂人始爲羣即待法治韓則謂地

廣人稀時無取於法法必緣民衆而需要始亟是其徵相異者也韓子殆只認形成國家後之强制組織而不認社會的制裁力是其缺點也蓋韓子之學淵源於老子而老子謂郅治之極無法而能治也「韓子謂人民少而財有餘。故民不爭。然人民少之時。財亦決非能有餘。此可以生計學學理說明之也。故韓子此前提。實不正確。」

人類有欲之一前提。亦老子所承認也然其所以解決此問題之方法則與諸家異。儒墨法諸家皆以節欲爲手段故禮也義也法也從此生焉老子則以絕欲爲手段欲苟絕。則一切皆成疣贅矣故其言曰。不見可欲。使民心不亂。又曰常使民無知無欲故無爲而無不治。又曰。少私寡欲。又曰不欲以靜。天下將自定。皆其義也。雖然。人類之欲果可得絕乎不可得絕則老子之說不售也以今語說之則生存競爭者果爲人類社會所得逃之公例乎不可逃則法制之起其決不容已也

荀子社會學之巨擘也。其示人類在衆生界之位置。先別有生物於無生物。次別有知物於無知物。次別有理性物於無理性物。謂人類者。其外延最狹而其內包最廣。與歐西學者之分類正同。彼之所謂理性荀子所謂義也亦謂之普通性亦謂之大我（附注）義从我从羊。會意字也。董子云 義者我也。其从羊者。所以別於小我。羊能羣者也。故我國文字。凡形容社會之良性質者皆从之。羣善美羑等是也。考工記注曰。羊善也。義从我从羊。所以示我之結集體。即所謂大

我也。此大我之普通性即人類所以能結爲團體之原因也小野塚博士言國家所由起。根於人類之普通性。（參現本報所譯國家原論）而筧博士言國家社會之最高原因。根於自我之自由活動。其所謂自我者。謂人類共通之大我也。與佛學之華嚴性海相合。他日更詳細介紹之。荀子以義爲能羣之本原洵批郤導窾之論矣其富國篇所論由經濟的（生計的）現象進而說明法制的現象尤爲博深切明謂離居不相待則窮故經濟的社會爲社會之成始謂羣而無分則爭故國家的社會爲社會之成終其言爭之所由起謂欲惡同物欲多而物寡欲者經濟學所謂慾望（德語之 Begierde 英語之 Desire）欲多而物寡即所謂欠乏之感覺（德語之 Gefühle des Mangels）而欠乏之感覺由於欲惡同物人類慾望之目的物如衣食住等大略相同故也荀子此論實可爲經濟學社會學國家學等之共同根本觀念也

諸家之說。皆謂法制者。由先聖先王以救濟社會之一目的而創造之。語其實際則此創造法制之人即形成國家時最初之首長也而此首長以何因緣而得有爲首長之資格諸家所論微有不同墨子言選天下之賢可者。立以爲天子。是謂最初之首長由選舉而來。然法制未立以前何從得正確之選舉是不免空華之理想也儒家皆言天生民而立之君。又曰亶聰明作元后。是謂由天所命。然玆義茫漠不足以爲事實也荀

子亦儒家而所言稍趨於實謂必功名成然後羣衆懸必知者得治然後功名成蓋當社會之結合稍進則對內對外之事件日頤其間必藉有智術者或有膂力者內之以維持社會之秩序外之以保障社會之安甯於是全社會之人德之而其功名成焉寖假其人及其輔翼者遂獨占優勢於社會此君主貴族所攸起也故曰羣衆懸而君臣立矣。

管子言智者假衆力以禁强暴其說明社會形成國家之現象尤爲盛水不漏夫雖有智者苟非假衆力而國無由成蓋國家爲人類心理之集合體苟其人民無欲建國之動機則國終不可得建也而又非如民約論者流謂純由國民衆建也雖有衆力苟無假之以行最高權者則國亦無由成兩相待而國立焉制定焉管子此語今世歐西鴻哲論國家起原者無以易之也

又管子所謂「上下設民生體」所謂「民體以爲國」實最古之國體說也（房注謂「上下設。則生貴賤之禮。貴賤成禮。方乃爲國。」以禮釋體。實曲解也。「民體以爲國。」豈復成文義耶。管子又云。「先王善與民爲一體。與民爲一體。則是以國守國。以民守民也。」（君臣篇上）正可與此文相發明。故管子實國家團體說之祖也。）蓋上之對下即全部對一部之意也即拓都對么匿之意也上下既設而肢官各守其機能如一體然而此人民結集之一體則謂之國家也。

商君開塞篇之論。言國家發生成長之次第。尤爲博深切明。蓋由家族進爲社會由社會進爲國家由愛治進爲禮治由禮治進爲法治其所經過之階級實應如是也其所論親親上賢貴貴之三時代亦與歷史相脗合。其上賢之一時代即由圖騰社會形成國家之過渡也而所謂賢者謂智力優秀於其儕者也蓋雖在未成國家以前而社會上優秀者之地位已漸顯即所謂上賢時代也及優秀者之地位被確認則所謂貴貴時代也

商君言制之興。在未立君以前。夫在原始社會。其未立君者。即其未形成國家者也。謂未形成國家而先有法制。似不衷於理論。雖然未有國家以前夫既有社會之制裁力商君所謂制者蓋指此也故別前者謂之制而後者謂之禁制者相互的而禁者命令的也故禁也者即國家之强制組織也而禁之與官官之與君同時並起非謂先有禁而後有官先有官而後有君精讀原文。自不至以辭害意焉矣。

小野塚博士者。日本第一流之學者也。今引其言以證管商二子之說。其言曰。『原人

最始爲徽章（圖騰）社會而此種社會由家族團體時期漸進於地域團體時期（中略）當其未形成國家以前亦罔思所以調和衝突維持內部之平和其間自有規律之發生略約束其分子但此規律無組織的强制力之後援苦失諸微弱洎夫內部之膨脹日增對外之競爭日劇於是社會之組織分科變更而强制的法規起爲强制法規既具不可無統一之之機關羣中之優秀者則膺其任而執行之始猶不過暫置既而內外之形勢繼續而機關遂不得不繼續而所謂優秀者遂得繼續以保其優勢之地位故原始國家與君主國體常有密接之關係非偶然也』（政治學大綱上卷一四五至一五〇葉）此與商君之言抑何相類之甚耶而其所謂優秀者亦即管子所謂假衆力以禁强暴之智者也荀墨兩家僅言禮言義言分是所重者仍在社會之制裁力也混道德與法律爲一也所謂禮治主義德治主義也管商皆言禁則含有强制組織之意義而法治主義之形乃具矣此法家之所以獨能以法名其家也

（漢書刑法志）夫人宵天地之頪（顏注云宵義與肖同頪古貌字）懷五常之性聰明精粹有生之最靈者也。爪牙不足以供耆欲。趨走不足以避利害。無毛羽以禦寒暑。必將役物以爲養。任智而不恃力。此其所以爲貴也。故不仁愛則不能羣。不能羣則不勝物。不勝物則養不足。羣而不足。爭心將作。上聖卓然先行敬讓博愛之德者。衆心說而從之。從之成羣。是爲君矣。歸而往之。是爲王矣。洪範曰天子作民父母以爲天下王。聖人取類。正名而謂君爲父母。明仁愛德讓王道之本也。愛待敬而不敗。德須威而久立。故制禮以崇敬。作刑以明威也。聖人既躬明悊之性。必通天地之心。制禮作教。立法設刑。動緣民情。而則天象地。

此文言法制起原。兼採儒墨法諸家之說而貫通之。明社會制裁力與國家强制組織本爲一物。禮治與法治異用而同體。異流而同源。且相須爲用。莫可偏廢。此誠深明體要之言也。讀此而我國人關於法之起因之觀念。可以大明。

第三章　法字之語源

我國文「法」之一字。與刑、律、典、則、式、範等字常相爲轉注。今釋其文以求其義。

一釋法　法本字爲灋。說文「灋」下云。「刑也。平之如水。从水。廌所以觸不直者去之。从廌去」。今案說文廌下云。「解廌獸也。似牛一角。古者決訟。令觸不直者」。然則从水取平之意。从廌去取直之意。實合三之會意字也。法之語源。實訓平直。其後用之於廣義則爲成文法律之法。用之於最廣義則爲法則。方法之法。實展轉假借也。釋名云『法逼也莫不欲從其志逼正使有所限也』此雖非最初義然與近世學者所言法之觀念甚相接近所謂莫不欲從其志者言人人欲自由也使有所限者自由有界也逼者即强制制裁之意而制裁必軌於正蓋我國之觀念則然也

二釋刑 說文灋下云㓝也而刀部有刑字無㓝字刑下云剄也剄下云刑也二字轉注然則刑之本義甚狹謂剄人之頸而已段注云『㓝罰典㓝儀㓝等字以刑當之者俗字也造字之恉既殊井聲幵聲各部凡井聲在十一部凡幵聲在十二部也』然則刑不足以當㓝而㓝之義究云何說文土部型下云『鑄器之法也』是正與法爲轉注段注云『以木爲之曰模以竹曰范以土曰型』而許書木部模下竹部范下皆訓法是亦轉注也詩毛傳屢云㓝法也亦轉注也易曰『利用㓝人以正法也』是㓝含有正之意荀子彊國篇云『㓝范正金錫美』是㓝以正爲貴也記王制云㓝侀也侀成也一成而不可變故君子盡心焉』一成不變正與型之性質相合其字又與形通左傳引詩『形民之力而無醉飽之心』杜注云『形同刑程量其力之所能爲而不過也』然則㓝有形式之意模範之意程量之意故典㓝儀㓝等字皆備此諸

義。所以从井者井之語源出於井田。說文井下云『八家爲一井。象構韓形。』盖含有秩序意。故「井井有條」「井然不紊」皆以井爲形容詞。又易井卦『改邑不改井』王注云『井以不變爲德者也。』然則井也者具有秩序及不變之兩義者也。从刂者。刀以解剖條理。故制字則字等皆从之也。然則說文雖無荆字。今可以意補之云。『荆法也。从刀。从井。井亦聲。』而下其定義則當云。荆也者以人力制定一有秩序而不變之形式。可以爲事物之標範及程量者也。是與法之觀念極相合也。

三釋律 說文律下云『均布也。』段注云『律者所以笵天下之不一而歸於一。故曰均布。』桂氏馥義證云『均布也者。義當是均也布也。樂記樂所以立均。尹文子大道篇。以律均清濁。鶡冠子五聲不同均。周語律所以立均出度也。』案說文之訓。桂氏之釋。皆能深探語源。確得本意。盖吾國科學發達最古者。莫如樂律。史記律書云。『王者制事立法。物度軌則。壹禀於六律。六律爲萬事根本焉。』書言同律度量衡。而度量衡又皆出於律。（漢書律曆志云。『夫律者。規圓矩方。權重衡平。準繩嘉量。探賾索隱。鉤深致遠。莫不用焉。』故曰萬事根本也。）夫度量衡爲一切形質量之標準。而律又爲度量衡之標準。然則律也者可謂一切事物之總標準。

也而律復有其標準焉曰黃鐘之宮黃鐘之宮者十二律中之中聲也以其極平均而正確故謂之中聲所以能爲標準之標準者以其中也故律者制裁事物之最嚴格者也左傳云『先王之樂所以節百事』是其義也孟子又曰不以律不能正音蓋樂之爲理十二律固定不動而五音回旋焉若衆星之拱北辰然則律者非徒平均正確而又固定不動者也綜上諸義以下其定義則律也者平均正確固定不動而可以爲一切事物之標準者也（國語云「律所以立均出度。」是明其平均正確之義。釋名云。「律累也。累人心使不得放肆也。」是明其爲事物標準之義。）其後展轉叚借凡平均正確固定可爲事物標準者皆得錫以律之名易曰『師出以律』孔疏云律法也是法律通名之始也自漢以還而法遂以律名（史記蕭相國世家云「獨先入收秦律令」杜周傳云。「前主所是著爲律。」漢書刑法志云「不若删定律令。」是皆以律名法也。）

四釋典　詩儀式刑文王之典毛傳云典常也廣韵典下云主也常也法也經也說文典下云『五帝之書也从冊在丌上尊閣之也』是典之本義爲尊貴之書冊而吾國人有尊古之習視之與法同科也（下方更詳述其理例）訓常訓經皆示固定性也

五釋則　說文「則」下云『等畫物也从刀貝貝古之物貨也』段注云等畫物者定其

差等而各爲介畫也。物貨有貴賤之差。故從刀介畫之』余謂古者以貝爲貨幣。而貨幣之用在於易中（易中義見嚴譯原富）故能權物之貴賤而等差之者。莫如貝。故曰等物。齊之如刀切焉。故曰畫物。从貝以示等。从刀以示畫。會意字也。蓋含均齊秩序之意。既差等而猶命之曰均齊者。孟子曰。物之不齊。物之情也。本不齊者。因其等而等之。是即所謂齊也。故吾國文所謂「則」常以爲「自然法」之稱。易乃見天則。詩天生烝民。有物有則。是其義也。然既从刀。則人事寓焉。故「人爲法」亦得適用之。周禮以八則治都鄙。鄭注云。則亦法也。

六釋式 說文式下云『法也。从工弋聲』又云『工巧飾也。象人有規榘』段注云。『直中繩。二平中準。是規榘也』是則式之取義在工。而工含有衡度之意。衡度者。以中正平均爲體用者也。周禮以九式均節財用。鄭注云。『式謂節度』實確詁也。

七釋範 說文無範字。竹部笵下云『法也。竹簡書也。古法有竹刑』段注云。『通俗文曰。規模曰笵。元應曰。以土曰型。以金曰鎔。以木曰模。以竹曰笵。一物材別也。說與說文合』然則笵與型同義。型即刑也。考工記『軓前十尺』鄭注云。『書或作軋。軓法也』。然則在車曰範。範乃後定之字。殆合笵範二文而成也。易繫辭『範圍天地之化而不過』。鄭注云『範法也』。書洪範僞孔傳云『洪大範法也。言天地之大法』。史記宋世家集解引鄭玄曰。「不與天道大法」是僞孔本於鄭也。然則範亦爲法之名。而其義又全與法同也。

此外與法互訓之字尚夥。匪暇殫述。綜上所舉。則吾國古代於法之概念。可以推見焉。曰法也者。均平中正。固定不變。能爲最高之標準。以節度事物者也。

其在希臘。畢達哥士曰。法律者正義也。栢拉圖曰。正義一亦稱法律。喀來士布曰。法律者。正不正之鵠也。其在羅馬。錫爾士曰。法律者。術之公且善者也。哥克曰。法律不外正理。凡此者。近世學者字之曰「正義說」。此與吾國法之語源皆略同。而吾國更有固定不變之意。是其特色也。當法治主義未興以前。吾國人關於法字之解釋。率類是。

第四章 舊學派關於法之觀念

我國法律思想完全發達。始自法家。吾故命法家爲新學派。命法家以前諸家爲舊學派。而舊學派中。復分爲三。一曰儒家。二曰道家。三曰墨家。其關於法之觀念。亦各各不同。今以次論之。

第一節　儒家

吾前述法字之語源。而解釋其定義。謂法也者。均平中正固定不變可以爲最高之標準以節度事物者也。儒家關於法之觀念。即以此定義爲衡者也。夫既以均平中正固定不變爲法之本質。然則此均平中正固定不變者。於何見之。於何求之。是非認有所謂自然法者不可。而儒家則其最崇信自然法者也。詩曰。「有物有則。」言有物斯有則則存於物之自身也。此其義之最顯著者也。是故儒家關於法之觀念以有自然法爲第一前提。今述其說。

(易繫辭)天尊地卑。乾坤定矣。卑高以陳。貴賤位矣。動靜有常。剛柔斷矣。方以類聚。物以羣分。吉凶生矣。在天成象。在地成形。變化見矣。

(又)聖人有以見天下之賾。而擬諸形容。象其物宜。聖人有以見天下之動。而觀其會通。以行其典禮。言天下之至賾而不可惡也。言天下之至動而不可亂也。

(又)是故明於天之道。而察於民之故。是興神物以前民用。一闔一闢謂之變。往來不窮謂之通。見乃謂之象。形乃謂之器。制而用之謂之法。

(記樂記)天高地下。萬物散殊。而禮制行矣。流而不息。合同而化。而樂生焉。

儒家極崇信自然法。凡一切學說。靡不根於此觀念。不可殫述。而繫辭傳二篇。其發之最鬯者也。孟德斯鳩云。靡異不一。靡變不恒。（嚴譯爲其參差者其一定也其變化者其不易也）而易之一書。實專闡此理。觀其異者變者而思於其間焉。求其一者恒者。曷爲思求之。謂求而得焉。則可據之以制定平均中正固定不變之法。以福利天下也。孔子五十以學易。學此物而已。蓋孔子認此物爲客觀的具體的。獨立而存在。而自苦人智之有涯。不足以窮之。故雖學至老而猶欿然也。孔子之志。在求得自然法之總體。以制定人爲法之總體。即未能得亦當據其一部分。以制定一部分。要之。凡人爲法。不可不以自然法爲之原。此孔子所主張也。

法之最廣義。舉一切物之倫脊皆是也。其次廣義。則限於人類社會。人類社會之自然法。於何求之。亦曰求諸人類社會之自身而已。今述其學說。

（記中庸）率性之謂道。道也者。不可須臾離也。

（又）子曰。道不遠人。人之爲道而遠人。不可以爲道。

（孟子告子上）惻隱之心。人皆有之。羞惡之心。人皆有之。恭敬之心。人皆有之。是非之心。人皆有之。惻隱之心。

仁也羞惡之心義也恭敬之心禮也是非之心智也仁義禮智非由外鑠我也我固有之也。

(又)故凡同類者舉相似也何獨至於人而疑之(中略)口之於味也有同耆也易牙先得我口之所耆者也，如使口之於味也其性與人殊若犬馬之與我不同類也則天下何耆皆從易牙之於味也至於味天下從於易牙是天下之口相類也(中略)至於心獨無所同然乎心之所同然者何也謂理也義也

孟子此論證明人類之有普通性而普通性即自然法之所從出此最完滿之理論也故自然法亦稱性法。荀子不認有自然法。下方論之。

既有自然法則自然法必先於人定法至易明也。孟德斯鳩法意云。『物無論靈否。必先有其所以存。有其所以存。斯有其所以存之法。』又曰。『公理實先於法制。』其言所以存之法。即公理也。所謂自然法也。法制。則人定法也。根本觀念。與儒家正同。繫辭傳稱仰以觀於大文俯以察於地理近取諸身遠取諸物於是始作八卦此所謂自然法也下復言蓋取諸離蓋取諸益蓋取諸噬嗑蓋取諸乾坤蓋取諸渙蓋取諸隨蓋取諸豫蓋取諸小過蓋取諸暌蓋取諸大壯蓋取諸夬離、益、噬嗑、乾坤、渙、隨、豫、小過、暌、大壯、夬、皆自然法也取之而制定種種事物所謂人定法也故記禮運曰夫禮之初始於飲食又曰飲食男女人之大欲存焉死亡貧苦人之大惡存焉此言人類受生伊始即有普通性及既爲羣此普通性

定人爲制以法然自此用應得焉道何由當而者法然自謂所成遂實於現而錯交益。法正立法者所當有事也

歐西之言自然法者。亦分二宗。一曰有爲之主宰者。孟德斯鳩之徒是也。二曰莫爲之主宰者。赫胥黎之徒是也。而我國儒家之自然法則謂有主宰者也。學說甚繁。略舉一二。

(易象傳)乾元用九乃見天則

(詩)天生烝民有物有則

(左傳)民受天地之中以生所謂命也是以有動作威儀之則以定命也

(易繫辭傳)天垂象聖人則之

(書)天敍有典自我五典五共哉天秩有禮自我五禮有庸哉

(又)永畏惟罰非天不中

(詩)不識不知順帝之則

(書)天乃錫禹洪範九疇彝倫攸敍

其他儒家言天者甚多。不可悉舉。僅舉經傳中言關於法之觀念者如右。蓋宇宙有自

然法存於人物之自身而人物自身何以能有此自然法則天實賦之故天爲自然法之淵源此儒家之說也天亦謂之命故曰天命之謂性。記稱夏道尊命。即此物也。論語曰。不知命無以爲君子。記中庸曰。思知人不可以不知天。皆欲知此自然法之所從出而體之以前民用也。儒家屢言命。若非以此解之。幾不知其所謂。

儒家言人爲法不可不根本於自然法。顧自然法本天。非盡人所能知也。則其道將窮。於是有道焉使自然法現於實者。曰聖人聖人之言即自然法之代表也聖人之言何以能爲自然法之代表。儒家謂聖人與天同體者也否則直接間接受天之委任者也否亦其智足以知天者也六經六緯之微言皆稱聖人無父感天而生。故有靑帝靈威仰赤帝赤熛怒黃帝含樞紐白帝白招拒黑帝汁光紀。謂之五感生帝。而太昊炎帝黃帝少昊顓頊配之爲五人帝。是聖人爲天之化身聖人即天也故直以其意爲天之意其言爲天之言其法爲天之法「典」本五帝之書而竟變成爲一種法之名蓋以此也此種觀念視他國之神意說其程度之强尚有過之惟耶蘇新約差可比倫耳所謂直接受天之委任者。書曰。天乃錫禹洪範九疇。詩曰。帝謂文王。不大聲與色。不識不知順帝之則。漢書五行志曰。虙犧氏繼天而王。受河圖。禹治洪水。賜雒書。春秋元命苞曰。河以通乾出天苞。洛以流坤吐地符。河龍圖發。洛龜書成。河圖有九篇。洛書有六篇。隋書經籍志緯書類有河圖二十卷。河圖龍文一卷。注云。河圖九篇。洛書六篇。自黃帝至周文王所受本文。又別有三十篇。云自初起至孔子九聖所增演。宋書符瑞志曰。成王周公時。洛出龜書。而書顧命亦言天球河圖在東序。記禮運亦言河出馬圖。論語述孔子語乃云河不出圖。吾已矣夫。計河洛圖書之爲物。見於經緯者。不下百數。洪範一篇。古說皆認爲即洛書之文。自初一曰五行至威用六極。凡六十五字。謂禹所受本文。其以下則後聖之解釋也。即不信緯。安能不信經。記即不信經記。安能不信論語。而其怪誕既若是。以今日理想衡之。雖負牀之孫。猶不能起信。而孔子及兩漢大儒。津津言之何也。乃讀西史。見來喀瓦士制斯巴達法典。云直受諸亞波羅神。摩哈默德之造可蘭經。云直受諸天使加布里埃。乃至猶太之摩西法典。印度之摩奴法典。希臘之綿尼法典。語其來歷。莫不皆同。乃知此實初民之共通觀念。非惟我國有之。而我國所流傳。實本諸口碑。非出自臆說也。然以孔子而猶迷信之。何也。孔子之學說。既認有自然法。復認自然法之出於天。然則宜操立法權者。惟天耳。天既不言。而感生化身之帝王又絕跡於後世然則後之有天下者必天牖其衷乃可創法改制故六經大義皆言應天受命制禮作樂（儒家視禮樂法制同物。前已屢言之。）凡以法之淵源出於天也（董子曰。道之大原出於天。道即自然法也。）而受命必有符則龍龜鳥書等是也受命之符口碑所傳也必受命而後立法則儒家之大義與自然法天定法之主義相一貫者也申而言之則非爲受命故改制實爲改制故受命也孔子學易以求自然法既有所得思欲據之制爲人定法以易天下然受命之符久而未至沈吟不敢自信故歎曰鳳鳥不至河不出圖吾已矣夫洎夫獲麟西狩書降端門然後制作之業託始焉此其義必有所受而非可盡指爲秦火以還之附會者也（西狩獲麟。受命之符。此明見於經傳。不容疑者也。然漢儒言孔子受命者。猶不止此。公羊哀十四年解詁引春秋演孔圖云。『天降血書魯端門內。子夏明日往視之。血書飛爲赤鳥。化爲白書。署曰演孔圖。中有作法制圖之象。孔子仰推天命。俯察時變。却觀未來。豫解無窮。故作撥亂之法。』諸如此類。不遑殫述。蓋前漢儒者。無不篤信受命改制之說。至後漢始漸有疑者。而鄭康成猶據以注羣經。此實孔門家法。非漢儒附會也。）夫在程度幼稚之社會固不能無所託以定民志而況夫既持道本在天之說則一切制作自不得不稱天而行理論相因所當然也猶之大權在君主之國一切法律不得不以君主之名行之亦理論相因所當然也故不得以此等神祕之說爲儒家詬病也夫與天同體之聖人其最貴者也直接受天委任之聖人其次貴者也然直接受天委任之聖人亦間世而不一遇於是乎有知足以知天者亦稱爲聖人認其有立法及解釋法之權蓋謂其能知自然法也故易繫辭傳曰天地設位聖人成能又曰知變化之道者其知神之所爲乎又曰參伍以變錯綜其數通其變遂成天下之文極其數遂定天下之象又曰天生神物聖人則之天地變化聖人效之天垂象見吉凶聖人象之河出圖洛出書聖人則之凡此所謂聖人皆謂其知足以知天者也而記中庸所論尤爲博深切明今述而引申之

(記中庸)惟天下至誠爲能盡其性能盡其性則能盡人之性能盡人之性則能盡物之性能盡物之性則可以贊天地之化育可以贊天地之化育則可以與天地參矣其次致曲曲能有誠誠則形形則著著則明明則動動則變變則化惟天下至誠爲能化

(又)至誠之道可以前知國家將興必有禎祥國家將亡必有妖孽見乎蓍龜動乎四體禍福將至善必先知之不善必先知之故至誠如神

(又)惟天下至誠爲能經綸天下之大經立天下之大本

中庸所謂至誠即聖人也惟至誠能經大經立大本言惟聖人乃能立法也然所以能

立法者非他以其如神也以其與天地參也其何以能如神何以能與天地參則全以能盡其性故此實甚深微妙之論也蓋人類莫不有其普通性人類與衆生又有其相共之普通性人類既有與衆生相共之普通性。又自有其普通性。以人類自有之普通性對於人類衆生共有之普通性。則彼自有之普通性。亦可謂人類之特別性也。明論理學上內包外延之公例。自能知之。日本法學博士筧克彥氏所著法學通論。最能發明此義。可參觀。此普通性有賦命之者維持之者則天是也不認有造化主者。則謂別無一主體焉以賦命之維持之。而儒家則認有造化主者也。聖人亦人類也故聖人之性即人類之普通性亦即衆生之普通性筧博士所謂自我 性體無二華嚴所謂性海 故能盡其性者必能盡人類之性隨即能盡衆生之性如人類有能飲食之機能。衆生亦有能飲食之機能。我既能飲食。則人類之性之此機能。乃至衆生之此機能。我皆具之矣。故孟子曰。萬物皆備於我。 而性之大原出於天故能盡其性以盡普通性者即其與天合德而與天參者也故易文言傳又曰夫聖人者與天地合其德先天而天弗違後天而奉天時也佛說言。一切衆生。有起一念者。佛悉知之。何以能如此。因性體本普通而無二也。是即能盡人性即能盡物性之說也。是即至誠可以前知之說也。夫既認有自然法。復認自然法存於人物之自身。而自然法則固定不變者也。然則能前知不亦宜乎。儒佛皆認自然法存於衆生之自身。而儒家則謂天實賦之。佛家則謂自造因而自受果也。此其所以異也。儒家則認有客觀的爲之主宰者。佛家則全尊主觀。而不認主宰者之獨立存在也。故儒家之論其第一前提曰有自然法其第二前提曰惟知自然法者爲能立法其第三前提曰惟聖人爲能知自然法次乃下斷案曰故惟聖人爲能立法而第三前提所謂聖人者、復分三種。第一種爲天化身之聖人。第二種受天委任之聖人。第三種與天合德之聖人。蓋自然法出於天。故能知自然法之聖人。必其與天有關係者也。此其論理之一貫者也。夫第三種之聖人。則其範圍甚廣矣。凡屬人類。皆可以爲聖人。孟子曰。人皆可以爲堯舜。是也。夫謂凡屬人類皆可以爲聖人者何也。吾有此普通性。聖人亦有此普通性。普通性既同。自可以相學而能。此亦其論理之一貫者也。蓋儒家之意欲使人人皆爲能立法之人。特未達其程度。則不能有其資格耳。而孔子立教之目的。則在是也。

中庸謂至誠之道。可以前知。聞者或疑焉。不知此亦其論理之一貫者也。蓋既認有自然法。而自然法實先於宇宙萬有而存立。取宇宙萬有而支配之者也。宇宙萬有生存運動於自然法之下。有一定之格。一定之軌。而不能踰越。然則既能知自然法者。其於宇宙萬有之若何生存。若何運動。豈不較然若指諸掌乎。夫知天文學公例者。則於日食星孛。可以前知。知物理學公例者。則於鷹化虹見。可以前知。皆以自然法縮之而已。

近世學者。於自然界現象。靡不信有自然法。至心理界現象。則或疑自然法之不能成立。自然界現象。指凡一切物有客觀的一體之存在者也。如動植物體乃至天體人體等者是也。心理界現象者。不能截然有客觀的一體之存在者也。如人類社會中之各現象是也。人類社會。由人類心理合集而成。而心理能自由活動。故或疑其不能有一定之自然法。若儒家言則謂心理界現象亦支配於自然法之下與自然界現象無異故曰一切可以前知也而研究此自然法則儒家所認爲最大之事業也」然儒家固非絕對的不認心理界現象與自然界現象之區別。故其研究支配人類之自然法亦常置重於人類心理。孟子所謂心之所同然者是也然其此論又未嘗不與「自然法本天」之觀念相一貫蓋謂人心所同然者受之於天故人心所同然即天之代表也而得人心之所同然者則其已受天之默許者也若是者吾名之爲間接受委任於天之聖人誰間之民間之也今述其說。

（書）民之所欲天必從之。

（又）天聰明自我民聰明天明畏自我民明畏

（又）天視自我民視。天聽自我民聽。（孟子引泰誓語僞古文采之）

（孟子萬章上）萬章曰。堯以天下與舜有諸。孟子曰。否天子不能以天下與人。然則舜有天下也孰與之。曰天與之天與之者諄諄然命之乎。曰否。天不言以行與事示之而已矣（中略）昔者堯薦舜於天而天受之。暴之於民而民受之故曰。天不言以行與事示之而已矣。（中略）舜相堯。二十有八載。非人之所能爲也天也。堯崩。

三年之喪畢、舜避堯之子於南河之南。天下諸侯朝覲者不之堯之子而之舜。訟獄者不之堯之子而之舜。謳歌者不謳歌堯之子而謳歌舜。故曰天也。（下略）

（又）萬章問曰、人有言至於禹而德衰。不傳於賢而傳於子。有諸。孟子曰、否、不然也。天與賢則與賢。天與子則與子。昔者舜薦禹於天、十有七年。舜崩。三年之喪畢。禹避舜之子於陽城。天下之民從之。若堯崩之後不從堯之子而從舜也。（下略）

（左傳桓六年）夫民、神之主也。

準是以談、則儒家認人民之公意與天意有二位一體之關係。孟子荅萬章問其斷案皆歸諸天。而例證則舉諸人民。蓋謂民意者天意之現於實者也。荀子謂善言天者必有徵於人。蓋謂此也。然人民之意何以能指爲與天意同一體。儒家之說、謂人與天本一體也。試述之。

（春秋繁露爲人者天篇）人之人本於天。天者人之曾祖父也。此人之所以上類天也。人之形體、化天數而成。人之血氣、化天志而仁。人之德行、化天理而義。（中略）天之副在人。人之情性有由天者矣。

（又觀德篇）况生天地之間。法太祖先人之容貌。（案太祖先人謂天也。）

（又天地陰陽篇）貴者起於天。至於人而畢。畢之外謂之物。人超然於萬物之上。而最爲天下貴者也。人下長萬物。上參天地。

凡此皆言人與天本爲一體。夫至形體血氣德行皆由天所化。然則其爲一體也審矣。此非董子之私言。實孔門之大義也。質而言之。則人類之普通性。實與天共之者也。

夫立法者既不可不以自然法爲標準矣。自然法既出於天意矣。而人民之公意即天意之代表也。故達於最後之斷案則曰人民公意者。立法者所當以爲標準也。歐洲十七八世紀之學者主張自然法說。隨即主張民意說。惟儒家亦然。故記大學曰。民之所好好之。民之所惡惡之。孟子曰。所欲與之聚之。所惡勿施爾也。經傳中說此義者。不可枚舉。民意之當重。何以若是。則以其與天意一體而爲自然法所從出也。

若夫人民公意於何見之。則儒家之所說。與十七八世紀歐洲學者之所說異。蓋儒家以爲非盡其性者不能盡人之性。故人民之眞公意。惟聖人爲能知之。而他則不能也。易繫辭傳曰。是以明於天之道。而察於民之故。是興神物以前民用。聖人以此齋戒。以神明其德。記禮運曰。故聖人耐（鄭注耐古能字）以天下爲一家。中國爲一人者。非意之也。必知其情。辟於義。明於其利。達於其患。然後能爲之。（謂人情人義人利人患也參觀本文）皆此義也。蓋歐洲之自然法學派謂人民宜爲立法者儒家則謂惟知人民眞公意所在之人宜爲立法者而能知人民眞公意所在者惟聖人故惟聖人宜爲立法者也故同主張人民公意說而一則言主權在民一則言主權在君其觀察點之異在此而已

夫儒家既謂人定法必當以自然法爲標準則凡法之不衷於自然法者儒家所不認爲法者也又既謂聖人與「自然法之創造者」(即天)有密切之關係故聖人所定之法儒家所認爲法者也夫儒家所認爲法者必其與自然法一致者也而自然法者一定而不易者也故儒家言法之觀念自不得不畸於保守主義論理之一貫使然也故曰因而損益百世可知也又自然法者非一般人所能知者也故儒家言法之觀念自不得不取君主立法主義亦論理之一貫使然也故曰非天子不議禮不制度也然君主亦非盡人而能知自然法必聖人乃能知之然則後世之爲君主而非聖人者其於前代聖君之法惟宜遵守而不可妄有所更革故儒家言法之觀念益不得不以君主立法主義與保守主義相結合又論理之一貫使然也故曰遵先生之法而過者未之有也

然則春秋家言孔子改制者非耶。夫改制則與保守主義相反。以布衣而改制。又與君主立法主義相反。而春秋家言此也何居。應之曰。不然。孔子所謂改制者。非與前聖之法不相容也。前聖之法。不過能發明自然法之一部分。而孔子則欲發明其全部分。而因以泐成一完備之人定法。使萬古不易也。其爲改也。正所以爲無改之地也。而孔子既爲知足以知天之聖人。又爲直接受天委任之聖人。故得行天子之事。而有立法權。也。故孔子改制之義。與儒家主義之大體。未嘗矛盾也。

據上所述。則儒家於其所持法之觀念。其論之也。可謂首尾相應。盛水不漏者矣。雖然。儒家認道與禮與法爲同物者也。而此三者果同物乎。自然法果可應用之於心理界現象。而使一切人定法悉由之出乎。即可應用之。而彼自然法之全部分。果能以人智盡發明之乎。儒家觀念之確與不確。當於此焉判之。

儒家中惟荀子之說。微有異同。荀子不認有自然法者也。隨而不取法原本天之說。而惟以人定法爲歸。今復述其說而詮釋之。

（性惡篇）（前畧）然則從人之性。順人之情。必出於爭奪。合於犯分亂理。而歸於暴。故必將有師法之化。禮義之導然後出於辭讓合於文理而歸於治（中略）古者聖王以人之性惡以爲偏險而不正悖亂而不治是以爲之起禮義制法度以矯飾人之情性而化之（中略）今人之性飢而欲飽寒而欲煖勞而欲息此人之情性也今人飢見長而不敢先食者將有所讓也勞而不敢求息者將有所代也夫子之讓乎父弟之讓乎兄子之代乎父弟之代乎兄此二行者皆反於性而悖於情者也然而孝子之道禮義之文理也故順情性則不辭讓矣辭讓則悖於情性矣

荀子以性爲惡自不得復認有自然法論理之一貫使然也荀子謂人類於生理上既爲自然法所支配而生理上之利不利與心理上之正不正常相衝突故於彼方面既認有自然法則於此方面勢不得復認有自然法藉曰有之亦其不足以爲正不正之標準者也更申言之則荀子者謂支配社會之良法其恒反於自然者也故荀子言正不正之標準不以天而惟以聖人請舉其說

（性惡篇）聖人積思慮習僞故以生禮義而起法度然則禮義法度者生於聖人之僞非故生於人之性也（中略）故聖人化性而起僞僞起於性而生禮義禮義生而制法度然則禮義法度者是聖人之所生也

（王制篇）天地者生之始也禮義者治之始也君子者禮義之始也故天地生君子君子理天地

（禮論篇）禮有三本天地者生之本也先祖者類之本也君師者治之本也

（又）天能生物，不能辨物也。地能載人。不能治人也。宇中萬物生人之屬。待聖人然後分也。

（天論篇）天行有常不爲堯存不爲桀亡應之以治則吉。應之以亂則凶，（中畧）天有其時。地有其財。人有其治。夫是之謂能參。舍其所以參而願其所參則惑矣。（中略）惟聖人爲不求知天。

（又）人之命在天。國之命在禮。（中略）大天而思之孰與物畜而制之從天而頌之孰與制天命而用之。

由是觀之。荀子謂天惟能生物而不能立法能立法者惟聖人而聖人既受生於天之後則與天相對待既非天之一體又非受天之委任者也此其與普通儒家之觀念絕相反者也荀子賤性而尊僞僞也者人爲也楊注云。僞爲也。凡非天性而人作爲之者。皆謂之僞。故爲字人傍。會意字也。故絕對的不認有自然法性者自然也而惟認有人爲法然又言惟聖人爲能起僞故謂可爲人爲法之標準者惟聖人也其言聖人可爲法之標準與普通儒家同其言聖人所以可爲法之標準之故則與普通儒家異實則聖人以何因緣而可以爲法之標準此荀子所未言及也

荀子極尊孔子。謂孔子所立之法。可以爲一切法之標準。其言法後王。謂孔子也。夫孔子固亦欲自以其所立法爲一切法之標準雖然。孔子之所以自信者謂其能知

自然法而應用之也即孔子所以尊前聖人者亦謂其能知自然法而應用之也若荀子既不認自然法徒以其爲聖人爲孔子也而尊之然則毋乃近於無理由之盲從矣乎故就論理上首尾相應之點觀察之荀子之不逮孔子明矣。

然則推荀子之論必歸結於貴人而賤法故其言曰。

(君道篇)有治人無治法(中略)法不能獨立(中略)得其人則存失其人則亡(中略)君子者法之原也。故有君子則法雖省足以徧矣無君子則法雖具失先後之施不能應事之變足以亂矣。

此其言雖未嘗不含一面之眞理然人也者非可操劵而得者也聖人君子間世而一遇專任人而不任法此所以治日少而亂日多也（荀子又以尊君爲主義。君之賢也更難遇。故其說益不完。）孟子曰徒法不能以自行徒善不足以爲政賢於荀子遠矣。

雖然荀子言自然法之不能成立此則雖孔子恐無以難也何也自然法一成不變者也而人類心理自由活動者也以自由活動之心理果能如自然界現象以一成不變之自然法支配之乎此最不易武斷者也而自然法者儒家之根本觀念也此根本觀念破則儒家之基礎已搖此法家說所以蹈其隙而起也。

第二節　道家

道家亦認有自然法者也。雖然。其言自然法之淵源與自然法之應用。皆與儒家異。老子曰。人法地。地法天。天法道。道法自然。又曰。功成事遂。百姓皆謂我自然。又曰。希言自然。又曰。以輔萬物之自然而不敢爲。凡道家千言萬語。皆以明自然爲宗旨。其絕對的崇信自然法。不待論也。雖然。彼不認自然法爲出於天。故曰。天法道。道法自然。又曰。有物混成。先天地生。又曰。天下萬物生於有。有生於無。又曰。有名天地之始。無名萬物之母。其意蓋謂一切具體的萬有。皆被支配於自然法之下。而天亦爲有之一也。故天亦自然法所支配。而非能支配自然法者也。而自然法不過抽象的認識。而非具體的獨立存在也。故曰。恍兮忽兮。其中有象。夫自然法之本質既已若是。是故不許應用之以爲人定法。苟應用之以爲人定法。則已反於自然法之本性矣。故曰。三十輻共一轂。當其無有車之用。埏埴以爲器。當其無有器之用。又曰。大制不割。又曰。物或益之而損。又曰。夫代大匠斲者。希有不傷其手矣。故絕對的取放任主義。而謂制裁力一無所用。非惟無所用。實不可用也。故儒家所以營營焉經畫人定法者。曰惟信有自然法。故道家

所以屑屑然排斥人定法者亦曰惟信有自然法故故道家對於法之觀念實以無法爲觀念者也既以無法爲觀念則亦無觀念之可言

第三節　墨家

墨家之持正義說及神意說與儒家同獨其關於自然法之觀念與儒家異試列舉而比較之

(墨子天志篇下)子墨子置天志以爲儀法

(又法儀篇)天下從事者不可以無法儀(中略)故百工從事皆有法所度今大者治天下其次治大國而無法所度此不若百工辯也然則奚以爲治法而可當皆法其父母奚若天下之爲父母者衆而仁者寡若皆法其父母此法不仁也法不仁不可以爲法當皆法其學奚若天下之爲學者衆而仁者寡若皆法其學此法不仁也當皆法其君奚若天下之爲君者衆而爲仁者寡若皆法其君此法不仁也故父母學君三者莫可以爲治法而可然則奚以爲治法而可故曰莫若法天(中略)既以天爲法動作有爲必度於天天之所欲則爲之天所不欲則止

(又天志篇中)故子墨子之有天之意也將以度王公大人之爲刑政也順天之意謂之善刑政不順天之意謂之不善刑政故置此以爲法立此以爲儀將以量度天下譬之猶分黑白也

墨子之所謂儀法。即義是也。故墨家實以正義說爲法學之根本觀念者也。而正義之源泉。一出於天。故曰兼採正義說與神意說也。雖然。其關於自然法之觀念。不甚明瞭。蓋認有自然法者。必謂自然法先於萬有而存在。必謂自然法一成而不可變。是故有所謂「命」者。記中庸所謂可以前知。知此物也。而墨子非命。是不認自然法之存在也。凡語人類社會之法律。而以自然法爲標準者。則標準必存於人類社會之自身。人心所同然者。即立法之鵠也。故人民總意說與自然法說。恒相隨。我國儒家說有然。歐洲十七八世紀學者之說。亦有然。墨家不認自然法。故隨而不認人民總意。其言曰。

（墨子節葬篇下）今執厚葬久喪者言曰。厚葬久喪。果非聖王之道。夫胡說中國之君子爲而不已。操而不擇哉。子墨子曰。此所謂便其習而義其俗者也。昔者越之東。有輆沐之國者。其長子生。則解而食之。謂之宜弟。其大父死。負其大母而棄之。曰鬼妻不可與居處。（中畧）楚之南。有炎人國者。其親戚死。朽其肉而棄之。然後埋其骨。乃成爲孝子。秦之西。有儀渠之國者。其親戚死。聚柴薪而焚之。燻上。謂之登遐。然後成爲孝子。此上以爲政。下以爲俗。爲而不已。操而不舍。此所謂便其習而義其俗也。

故墨子絕對的認法律爲創造的。而不認爲發達的。若慣習法。其爲墨家所承認者。殆希也。且墨子之排斥人民總意也。猶有說。

(墨子尙同篇上)古者民始生未有刑政之時。蓋其語人異義。是以一人則一義。二人則二義。十人則十義。其人茲衆則其所謂義者亦茲衆(案茲同滋益也)以是人是其義以非人之義。故交相非也(中略)天子之所是皆是之。天子之所非皆非之。(中略)察天下之所治者何也。天子唯能壹同天下之義。是以天下治也。天下之百姓皆上同於天子。而不上同於天。則菑猶未去也。

由此觀之。則墨子謂人民總意終不可得見。即見矣而不足以爲立法之標準。若儒家所謂民之所好好之民之所惡惡之者。墨子所不肯承認也。墨子所視爲立法之標準者。惟天志而已。而其言天也。又與儒家之言天異。儒家之天。則抽象的。而墨家之天。則具體的也。惟抽象的。故雖不能現於實。而可借人民總意間接以現於實。惟具體的。故必須絕對直接以現於實。其言天之所欲。則爲天所不欲。則止(法儀篇)是也。然天之所欲所不欲。果能絕對的直接的以現於實乎。墨子陳種種之義。以爲天所欲者在是在是。所不欲者在是在是。雖然。此不過墨子之主觀云然耳。墨子之主觀。其果爲天志之眞相與否。是又不可不待諸天之自白。或第三位之評判也。然天之自白與第三位之評判。終不可得。故墨子之言。遂不足以服天下也。準此以談。則儒墨兩家。雖同主張正義

說及神意說然就論理上首尾相貫之點觀察之則墨之不逮儒明矣

（本章已完全論未完）

◉第四號正誤表

		（誤）	（正）
第七葉	第八行	革命論	革命論者
第一四葉	第十行	其此所以	此其所以
第一六葉	第四行	難然	雖然
第四五葉	第三行	故謂立憲	故語立憲
第五五葉	第一行	立憲	立憲國
第五八葉	第一一行	必出死力	必不出死力
第六六葉	第六行	政治論之之	之字衍
、、	第九行	而復實行	而後實行
第六八葉	第四行	輿論之之	之字衍
第七〇葉	第二行	無有	世有

譯述一

中國詩樂之遷變與戲曲發展之關係

淵實

劃成一新紀元於中國之文學史上。放陸離之光彩者。元代之雜劇及傳奇也。於南北兩宋自詩餘轉化而來。人皆知之。而其詩餘又古樂府之流別。人亦知之。雖然。叩以古樂府以如何動機而變化爲詩餘。詩餘以如何理由而轉移於雜劇及傳奇。雖斯道專門之詩家者流。對之而有親切明暢之辯解者極少。此之故。乃文人學士。讀雜劇傳奇及詩餘樂府。猶讀詩賦文章。徒論其文字之妍媸好惡。絕不研究音樂之故耳。夫雜劇傳奇及詩餘樂府者。非如司馬相如以下。李杜韓白之輩。所作之詩賦文章。非文字之詩也。非目之詩也。非美文也。乃聲之詩。耳之詩。與音樂相待爲一。以傳於天下。故音樂之變遷。一樂府詩餘傳奇雜劇之遷變也。音樂之滅亡。一樂府詩餘傳奇雜劇之滅亡也。欲知樂府詩餘傳奇雜劇之性質。宜先自上古至於今日上下四千餘年間。於歷史上研究音樂之變遷與興亡。不然則無由知其眞相。此本篇所欲論者。則在於中國音樂如何起滅。如何變遷。而其結果與大漢民族有如何影響之問題也。

在中國之上世。詩樂一致。三百篇皆可歌。無復贅辯。傳曰。詩亡然後春秋作。由此語而推想之。則至東周之季。王道衰微。風俗赴於澆漓。人情流於浮薄。所謂風雅頌溫柔敦厚之教旨。全歸湮沒。詩遂滅亡。但左傳特書吳季札之觀樂。而列國士大夫於宴會之席上。往往賦詩言志。由是觀之。詩之作者雖絕。而歌詠之方法。即音樂之一部。猶依然存也。雖然。至於戰國時代。各家之書史傳記。不復記此等之事。併其樂律而至於絕滅者。當在此時。自此以後。炎漢運隆。樂府乃興。自樂府而詩餘。自詩餘而雜劇傳奇之起原之一大遠因也。

戰國之末。楚之屈原。始發荊楚怨誹之聲。作爲楚辭。首離騷九歌以下二十五篇。在當時必皆可協於樂律。如其九歌。在楚漢間。爲祠廟祭祀之神樂。以奏於神前者。曰雲中君。曰湘夫人。曰湘君。曰東皇。曰太乙。則皆其土神之名也。自此而荊楚之歌調。漸瀰漫天下。到處莫不耳楚聲。即就於今日所流傳之歌篇而檢之。則荀子所錄成相之歌。楚聲也。荊軻易水之歌。楚聲也。項羽虞兮之歌。亦尙楚聲也。若夫司馬遷作史記。於項羽本紀。淋漓大書。如「夜聞漢軍四面皆楚歌。項羽乃大驚曰。漢皆已得楚乎。是何楚人之多也。」云。若例作者以稗官舞文之筆墨。斷爲無此等事實。則非也。蓋在當時能楚歌者。非僅楚人。可想而知也。

戰國而爲秦。秦亡而爲漢。萬般之事態。雖頗有所改革。而至於歌詠之一道。則面目依然。秋毫不變。且全土皆風靡於楚聲。彼高祖之大風歌。鴻鵠歌。亦楚聲也。史記高祖憚呂后欲立寵姬戚夫人所生趙王如意爲太子而不果。故寫哀痛悲切之意。以作鴻鵠之歌。酒酣。對戚夫人曰。「我爲爾楚歌。爾爲我楚舞。」然則鴻鵠高飛。橫絕四海之高歌。非楚歌之明證乎。外之如高祖之宮人唐山夫人。嘗作房中樂。房中樂者。於漢初爲唯一之樂歌。以二南之遺聲稱。改名安世樂。用之於郊廟焉。可謂當時之國樂。然案諸漢書禮樂志所明記者。猶純然楚聲也。又如武帝之秋風歌。匏子之歌。烏孫公主之黃鵠歌。其體裁格調。頗類似屈原九歌。宋儒朱熹夙取而收之於楚辭後語。亦可爲楚辭之遺聲由是觀之則自戰國之際涉於秦漢其間樂歌可謂一切爲楚聲所支配楚風何其競也此際他風雅頌與樂律既亡而他國之詩又不逼於歌可歌者惟楚詩而已故一時備受到處歡迎而一百七十餘年間楚聲遂波及於中國

雖然武帝之時代漢家之國運最稱隆盛文物典章最放光華之時代也文人學士以博學高才被知遇者輩出故樂歌則自楚調以外新聲漸興辭賦則韻文美文亦起蓋辭賦者溯其淵源出於古詩三百篇之苗裔取義於六義中賦比興之賦字以名之者班固遂稱之爲古詩之流別然其體裁一倣於離騷且濫觴於屈原之門下士宋玉景差而成功於賈誼司馬相如其作意之傾向在事物之鋪張揚厲其修辭之宗主在文字之侈麗洪衍楚騷一變而爲一種之韻文美文雖與音樂無有何等關係然既自楚辭變化得來則亦爲楚體而已若夫解釋韻文美文爲廣義之詩則樂詩之出也雖與詞賦同時然二者可謂全相分離者何則詞賦之基礎不存於聲而存於體非耳之詩而目之詩也

漢代詞賦之端陸賈最先叩之時猶際於草創述作至少降而賈誼以雄逸之才氣賦

懷沙。賦鵩鳥。斯道爲之振作。及司馬相如枚乘出。詞釆如景星華藻如慶雲。繼起者則枚皐東方朔王褒劉向揚雄班固之徒。皆以能手稱。其著作豈啻僅孝武一世所錄。亦已千餘。然其體雍容華貴。踏一韻脚。巧於組織。一長一短。任意揮洒。才子衒才。大抵流於浩瀚。莫知歸著。且以型式一倣楚辭。若以比諸三百篇之平和中正。判若雲泥。是以儒家者流。追想三代古風。慕溫柔敦厚之旨義。企圖詩篇之復古。致力於三百篇近似之著作。如楚元王之師傅韋孟所作諫詩。企倣四句四言之例。可想見當時一般之趨向。雖然。漢詩之距周代。星霜已三四百年。人文風氣。夙已變遷。以三百篇之型式。求其適合於當時之人心。固不能之事。故行世者極少。於是武帝前後。蘇武李陵之徒。病楚辭如彼其繁冗。古詩如彼其古質。苟欲於一定之秩序內。自由發揮當代之理想。非別有所發明不可。乃創成一種所謂五言詩者。遂爲近世詩學之淵源。識誠偉矣。要亦天籟之發於自然。而非人力所能强成乎。

詞賦之光華如彼。新詩之精神如斯。武帝時代韻文美文之發達。前古殆無其比也。雖然。唯有一事。其闕典爲當時上下一般所遺憾者。則以一切新聲付於音律均不成聲。

也。武帝天資豪邁。必欲補此闕典。於茲始設樂府。樂府者。音樂之官府。即律呂之研究所也。何幸此時通音律者。得有李延年。文學則司馬相如以下。才學卓絕一時者數十人。濟濟多士。曠典聿修。然其所謂詞賦詩者。非一切皆可歌也。即所謂支配全社會之楚辭。然欲用之於郊廟大典。則宜莊重典雅。其體裁亦非切合也。故司馬相如李延年等。奉命欲倡作一種特別之新聲。而研究之結果。第一所制定者。郊廟歌辭也。次制定者為軍樂鼓吹歌辭也。橫吹歌辭也。樂府之研究。漸漸進化。欲遂舉海內之歌謠。一切付於新律。趙代秦楚之詩樂無論矣。即下迄樵唱牧歌。咸汎采博取。定其曲譜。選童男童女七十餘人。每夜清謳而講習之。此即今日尚存古樂府中一部分。所謂相和歌辭也。相和歌辭出。海內歌謠。縱非楚聲。亦皆可歌。特其付於樂律。譜於樂歌者。實非韻文美文之五言詩也。即有能被於管絃者。亦僅矣。雖然。樂府固多五言者。而謂其實非。則又何也。無他。所謂五言詩者。大抵於秩序一定之型式以內。自由發揮自家之意想。或深遠。或幽邃。或慷慨纏綿。必反覆玩味。始自得之。所謂目之詩也。樂府則反之。以聲為主。如彼郊祀歌詞。用於天地宗社之大禮。於體裁上固隆莊嚴典雅之旨。然必使若師曠之徒。一度聆其聲。即可溯其意。自餘之歌詞。則更近焉。苟不然。則樂歌之效用。殆不顯。且以音樂之易入於婦豎童蒙之耳者。必不在文人學士揮灑滿腹之學問才氣。或高尙或曲奧。所作之抒情詩。却在寫街談巷議云。或可悲或可喜或可恐或可愕之事實之敘事詩。故當時被選采於樂府者。非蘇武李陵之徒。集注一代精神所作之抒情詩。而爲不知作者姓氏之敘事詩。彼亦五言也。此亦五言也。其姿貌形骸。殆無所異。而彼則主於目。主於文字。此則主於耳。主於聲音精神。殆全相異也。夫然後彼此之間。劃一鴻溝。閱星霜。經時代。各相背馳。向一方面愈進步愈發達。有可歌者。有不可歌者。則其由來亦可謂遠矣。

三國鼎立之時。屈指而鴻博之徒。蜀吳至寥寥。魏跨大國。多奇才。曹氏父子。以絕代之才氣。嗜好文學。建安七子之徒。相和而起。能繼承漢代之詩而擴張之。特立一種卓犖之風骨。爲百世所師表。亦中國文學史上有一書之價値也。曹氏父子。夙企圖詩樂一致之復古。子建所作。可付於音樂者特多。雖然社會變遷。一般文學之趨向。自此時漸重文字之詩。魏晉間一大作家阮籍者。詠懷諸作。與漢代之樂府。全異其趣。及其述作推行。而樂府音節。次第澌滅。一部之時謠。僅依於酒館茶樓之妓師。以整理流行。及東晉江左偏安。即此亦散亡。其間眞可付於樂律者。唯存清商曲辭之一體而已。

清商曲辭者。先自三國時代之吳地發生。及晉南渡定都南京之時。盛行於南方之一種俗謠也。其歌調基礎於揚子江上。漁郎篙師羈旅渡客。當無聊之餘。發爲口頭之吟詠。以及沿岸南北之水神叢祠。黃童白叟。降神進奏。俚俗之神樂所配合者。如子夜歌云。『芳草香所爲。冶容不敢當。天不奪人願。故使儂見郎。』如團扇郎歌云。「御路薄不行。窈窕決橫塘。團扇障白日。面作芙蓉光。」之類。皆此清商曲辭之一也。唐郭振之子夜吳歌云。『陌頭楊柳枝。已被春風吹。妾心腸正斷。君懷那得知。』亦擬此而作者。其歌辭簡短。其音調俚俗粗類日本之追分節。追分節者。依於北海迴環之舟子而傳者也。清商曲辭者。依於揚子江迴環之舟子而傳者也。然則其意境亦同。而此清商曲辭。後來分爲二種。爲韻文美文者。即爲今日所流傳之五言絕句之祖。爲樂府者。即入唐而爲新樂之發端。雖爲一極淺微極簡純一小歌辭。而於四千年詩樂之遷變上有絕大之影響。正吾人所亟當注目者也。

樂府之衰滅如斯。然彼美文韻文之五言詩。則自漢之枚乘蘇武李陵。魏之建安七子。糸順相承。迄阮籍以後。更經潘安仁陸士衡左太冲陶淵明謝靈運之徒。促長足之進步。齊梁之際。沈約謝朓之徒出。發前賢未發之秘。驚倒一世。更創爲四聲八病之說。無端而向於從來之五七言詩。加一大革新。遂於茲劃古今之大限。詩愈不可歌矣。蓋沈謝之爲四聲八病也。元欲爲詩賦整頓語格。蓋詩之所主。在於有秩序之文字。則當四聲未判以前。固一任自然之音節。以外不復有何等之手段。及自此四聲之發見。其不能不通用者。則語法必亂。即詩非樂府。樂府非詩。一主於目。絕不主於耳。雖然若語格苟亂。則何以爲詩。此所以沈謝四聲八病之說。一度出世。而風靡天下。其研精之結果。遂至唐初。有所謂律詩者出。律詩者何。蓋律者何。乃規律之律。非音律之律也。即以四聲斟酌文字。調和輕重高低抑揚開闔之間。然雖嚴設規律。於音律上無有何等之關係。今之人。或有誤律詩之律。爲音律之律者。故疑沈謝聲病之說。一自音樂上之關係。訝爲講究歌唱之方法。欲成詩歌一致之盛業者。則非也。

所謂五七言詩者。自斯愈不可歌。而漢魏以來。樂府之滅亡。亦既久矣。但在齊梁時代之詩。時有其題爲樂府者。雖然。此唯取其題而已。未嘗協其律。依一時之感慨。或彷彿古體。或擘畫新作。名以樂府稱。其實絕非音府之聲調。固在當時。不免爲一種之詩。降而及唐李白杜甫白居易之徒。或以古題。或以新題。類自作之。亦名樂府。其實一切不可歌。亦同爲文字之詩。目之詩而已。以此則唐初無復有一詩一歌之可付樂律者。爲足證也。

唐太宗以不世出之英。成撥亂反正之功。振作六朝以來之頹敎。及見貞觀之治。特感其必要者禮樂也。雖然。樂之亡也既久。即欲復之。亦不能企圖復古。太宗乃追慕勝朝隋太祖統一南北之時。患中國之樂譜。一切失傳。專採用外國之音樂。倣其故智。不分界限。輸入音樂。欲混合而大成之。先稱燕樂。制定一大樂部。分爲十部。其中中國本土之所有者。唯自晉代以降。楊子江沿岸所傳清商曲辭之遺聲。清商樂而已。其餘率皆外國之聲。第一。西涼州也。西涼州。今甘肅省西方一帶之地。次天竺也。天竺者。今之印度。次高麗也。高麗。即今之朝鮮。次龜茲也。龜茲者。今之中部亞細亞葉爾羌之都會爲什。當時爲一部之獨立國。音樂早發達。即如元宗所最翫賞之霓裳羽衣曲者。亦自彼地之新曲取來而試演於宮中者也。次安國也安國爲今之波斯。次疏勒也疏勒爲今之喀什噶爾。次回紇也回紇爲今之額魯特。次康國也康國爲今之撒馬兒干。即帖木兒之舊都也。太宗實如斯採取諸方之音樂。始定自家之樂部。非器度豪邁識見超卓。其能爲此大計畫乎。雖然。亦不過漢魏之音夙失其師授。以萬不得已之結果。乃施此大窮策也。然史編且大書特書謂『大唐統一天下。政教加於化外。普天率土。來賓來王。競貢聲技以示誠服。』則又何謂也。抑非夸歟。

新樂採取而制定矣。然欲演之於歌詞。則又大難。何也。蓋詩賦一道。入唐則諸體皆備。復何問然特皆不可歌。可歌者惟清商曲耳。即寥寥四句二十字之五言絕句而已。以如此單純之歌調。而欲附諸複雜組織之音樂。則困難至甚。一時又茫然自失。以種種研究之結果。遂以清商曲辭之歌法爲一般之基礎。調和新來之樂律。雖不完全。尚可試諸絕句。於茲始制定所謂大曲及小曲。對於梨園及教坊。使演習之。然則以如何手段制定之。雖記錄散失。今不能詳。若就諸家之傳註以推之。猶可考信。所謂大曲者。始水調歌頭。而次胡渭州。涼州。甘州。伊州等詞。樂曲極多。此等之樂曲。皆自外國新來者。

歌調頗冗長複雜。故欲以寥寥短篇之絕句配之、到底非所相敵。故當時之樂師費諸般之工夫。將當代名士所作之絕句數首。彼此相聯。斯所謂有節奏也。今舉其一例。如大曲水調歌中之第一疊。則歌張子容所作之『平沙日落大荒西。隴上明星高復低。孤山幾處看烽火。戰士連營候鼓鼙。』一絕。第六疊則歌杜甫所作之『錦城絲管日紛紛。半入江天半入雲。此曲祇應天上有。人間能得幾回聞。』一絕。水鼓水中第一疊。則歌張子容所作之『雕弓白羽獵初回。薄夜牛羊復下來。夢水河邊秋草合。黑山峰外陣雲開。』一絕。伊州歌中第一疊。則歌蓋嘉運所作之『聞道黃龍戍。頻年不解兵。可憐閨裏月。偏照漢家營。』一絕。第二疊則歌『打起黃鶯兒。莫教枝上啼。啼時驚妾夢。不得到遼西。』一絕。涼州歌中之第一疊。則歌張子容所作之『朔風吹夢雁門秋。萬里烟塵昏戍樓。征馬長思青海上。胡笳夜聽隴山頭。』一絕。可以證矣。其他王翰涼州詞『葡萄美酒夜光杯。欲飲琵琶馬上催。醉外沙場君莫笑。古來征戰幾人回。』王之煥涼州詞『黃河遠上白雲間。一片孤城萬仞山。羌笛何須怨楊柳。春風不渡玉門關。』張籍涼州詞『鳳林關裏水東流。白草黃榆六十秋。邊將皆承主恩澤。無人解道取涼州』張祜胡渭州詞『亭亭孤月照行舟。寂寂長江萬里流。鄉國不知何處是。雲山漫漫使人愁。』此等絕句。亦爲教坊梨園之伶人所採取付於新樂而歌唱者也。而其云。胡渭州。云涼州。云甘州。云伊州。皆唐土邊陬之地。接壤於中部亞細亞之各國。即當於採取音樂之初。一切經此等各地地方官之手貢於朝廷者。故特以地名名其曲。今舉其一例。元宗開元中。西涼府都督郭知運進涼州歌。帝嘉納之。特筆於史傳。尚足徵也。

後之論者。或謂唐之絕句。同於漢之樂府。若就其色相上觀。則此說亦足成立。雖然。若其歌法。苟無論何時。皆並聯同體同調之五七言絕句。圓轉廻環。千篇一律。萬口同聲。絕少變化。則決不足以悅耳。萬事趨新。人情亦然。歌者聽者。漸生厭倦。於是彼等音樂師被促於時代之希望。研究工夫之餘。發明一種之新案。先於彈唱之際。爲其節奏之神妙。篇與篇之間。插入散聲。或和聲也。散聲者何、和聲者何、即俗所謂『間、手、』也『撥』也。今舉其一例。從來伊州歌第一疊則歌『聞道黃龍戍。頻年不解兵。可憐閨裏月。偏照漢家營。』一絕。第二疊則歌『打起黃鶯兒。莫敎枝上啼。啼時驚妾夢。不得到遼西。』

一絕於新案則於第一叠與第二叠之間。即前篇之尾。歌「偏照漢家營」之五字已終。而後篇之首。欲歌「打起黃鶯兒」之五字未始時。則加チ、チンチンテン乎。或加ッ、ツンツントン乎。從時協節。或用「間手」或用「撥」也。夫若是。則於原歌之字數句數。雖秋毫無所增減。而依於樂律之調和。使其節奏時或比文字可以長。時或比文字可以短。從尋常一樣之四句短詩。至其歌法漸生變化。得免所謂千篇一律。萬口同聲之譏。雖然此一本於教坊梨園之伶人樂師所發明所傳習。爲其微妙之樂節。即散聲與和聲。一切不能不傳之於其人。故雖歌辭之作手詩家者流。非依賴於伶人樂師而付節奏。則自家不能歌自家之詩。不便亦甚。於是詩家者流。深遺憾之。冥想一度見其文字。一目之下。有可能分別其曲節調拍之方法。種種研究之結果。亦遂發明一個之新案。爾來基礎於其曲譜。向於絕無文字處之散聲和聲。同於詩之本文。裝塡文字。若見所裝塡之文字。則一目之下。即明知其爲何之曲節。此方法也。實爲詩餘之發端。所謂倚聲。即倚於聲而塡其詞者也。故稱之爲「倚聲塡詞」云。倚聲塡詞者。中國特有之文字也。中國之文字。與東西洋諸國絕異。日本與歐洲。其文字之性質。非一字一音。一音一義者也故アイウエオ與AEIOU。對於倚聲和聲裝塡其一字一音不復有何等之意味中國則不然於樂歌上之便宜獨多故倚於聲而塡其字非唯其文與本文之詞相貫串已也更可生無數之新意味使人悠然神往爲此爲文字優美之特色也自此塡詞之絕句出。漸次發達。在其初所謂散聲和聲。插入於數首絕句之篇與篇之間。或句與句之間。如伊州歌第一疊則插入於起句「聞道黃戍花」與承句「頻年不解兵」之間或轉句「可憐閨裏月」與結句「偏照漢家營」之間或字與字之間。即插入頻年與不解兵之間或可憐與閨裏月之間千變萬化。更一變而至於聞道黃花戍。頻年不解兵詩句之本文。一切削除唯剩其散聲及和聲以聯絡之作爲一種新體之歌辭若後世之塡詞。尚存絕句之型式者極少故塡詞其句必不限於五言七言。有一句九字者。如歐陽修之瑞鶴仙云。「睡覺來冠兒還是不整」有一句八字者如王雲之倦尋芳云「莫節韶華又因循過了」。有一句六字者。如張世文之解語花云。「曾過雲山烟島」。有一句四字者。如黃叔暘之沁園春云。「曉燕傳情午鶯喧夢」有一句二字三字不等者。如孔尙任之得勝令云。「蕭條。滿被塵無人掃寂寥花開了。獨自然」或長句或短句。錯落參差。篇幅之長。達於百字。或二百字。故使其人若不能解此間之消息者見之。鮮不疑此長篇大作。如之何其爲自彼寥寥數語之絕句所生出也。

如此乃經唐晚及五代。至宋之時。彼絕句之樂律。全失其傳。上自王公大夫文人學士。下迨倡優舞伎。付諸絲竹而可歌者。唯此倚舞塡詞之詩餘。如柳屯田秦少游所作。特傳播於遠邇。女子亦膾炙之。其中或有以嗜好之餘。移情而至死者云。則當時如何之流行。尙堪想見也。雖然物極必變。及趙宋南渡之後。作者輩出。中間有昧於曲譜者。時亦倣爲之。體裁漸壞。成爲一種之段物。段物者何。無他聯續斷塡詞之數曲。敘述一事、爲一種之長歌。如宋人趙德鄰所作之商調蝶戀花之詞。及金人董解元所作之素紘西廂即是也。趙德鄰商調蝶戀花之詞。將唐元微之所作之會眞記稍改作平易中間處處裝塡蝶戀花之詞。多及十二曲。在當時稱爲譚詞。鳴物入之講壇用之。董解元之素紘西廂。元爲彈詞之一種。在當時爲供瞽女之彈唱。其歌法粗同於日本平家之琵琶物語。而此等之彈詞與譚詞。實爲後時元代崛然興起雜劇及傳奇之發端也。

元人之武功烜赫。版圖廣大。古今殆無其比。方其未取南宋以前。太祖成吉斯汗之雄畧。夙懷席卷中部亞細亞之全土。使長子求赤攻畧裏海之北欽察部。更西進而出俄羅斯之境土。特其孫拔都之西征。掠東部歐羅巴之地。開府於窩爾瓦河町之薩來。至受俄人之朝貢。其交通之利便。固非有如今日者。然而歐亞二大洲之通路全開。依於天山南北之兩路。彼我旅客相往來者極多。加之世祖忽必烈。襟懷豁達。復不問人種之異同。一以才能而登庸之。故近則阿剌伯波斯。遠則意大利法蘭西軍人學者文士畫家技術者等。爭來事元。同時輸入其砲術天文數理等之新學。開文化東漸之端。如希臘之古劇。亦乘此機運以入中國。然在中國。恰好唐宋以來之塡詞。漸生變化。所謂爲譚詞。爲彈詞。將開一進轉機之時也。故此希臘演劇之新型。與塡詞之破體之叚物亦如唐時之五七言絕句與諸外國之樂律相結合者同其趨向。俄然而相結合。以作一種幼稚之相和歌辭。此即所謂雜劇及傳奇之始也。於彼宋代非常隆盛之倚聲塡詞。至此全滅絕。其歌法復無傳者。此亦如唐宋之間塡詞興絕句之歌法失其傳者一般。古今變遷之理。至豈萬事皆同然乎。

元之雜劇及傳奇。有南北二曲。二曲之別。其一存於形式上。則北曲一齣通用一人唱。若上半齣一人唱。下半齣又一人唱。則必換過一宮。南曲則不然。生旦淨丑苟登場皆可唱。蓋以曲爲長言詠嘆之詞。其一係於精神上者。則北曲者蓋元人從來所用之胡樂也。其音調凄緊。爲習慣之所存。及其入中國也。中國所特有之歌詞。多和平中正者。絕無足以快其耳。故特發明一種之新聲而用之者。若南人之耳旣慣於悠揚和緩之調。亦不諧於北曲。故復作特種之體而用之者。北曲之所長在其勁切雄麗。南曲之所長在其清峭柔遠。北曲則字多而音促。促之處最足賞。南曲則字少而調緩。緩之處最可佳。北曲辭情多聲情少。南曲辭情少聲情多。北曲之力在絃。南曲之力在版。北曲宜合奏。南曲宜獨奏。自南北二曲之一度制定也。其流行之所至。家家皆作者。上自公卿下至優伎。各就古今之事態。苟有所感觸。必按曲譜。反覆歌之。宛轉唱之。故述作續出。編於羣英。流傳後世者。全部爲五百五十六本。其中稱無名氏者一百七本。稱娼支者十一本。亦可謂盛矣。雖然。雜劇之體裁。一曲一套四折。每一曲定寫一事。絕無變化。結構頗單簡。足稱者尚少。後有斯道專門之名家王實甫者。另出一種之手眼。著北曲西廂記四倍後來之折數。爲四套十六折。一曲之結構。頗爲複雜。其進境大有可稱者。而一折尚爲一人之專唱。爲從來之習慣未盡改也。元末之詞家高則誠有見於此。作南曲琵琶記。每折必供衆人之分唱。無復遺憾。此爲當時之劇界破天荒之事也。

由斯以論。則於中國大陸之地。自先秦之時代。經漢魏六朝唐宋。上下三千餘年之間。幾無演劇。至元之時忽焉興起者。則又非然也。於戰國時代。諸侯五宮中有所謂優伶者。演一種之道化。猶散見於記錄。在漢魏唐宋之際。何嘗無此事。不過以儒教之勢力甚强。縛束天下之人心。此等滑稽淫靡之遊戲。所謂戾於溫柔敦厚之教義。一切排斥而無所顧戀。故遂不見尺寸之發展。以及於元代。

元之有天下也不過寥寥八十餘年而已。中國之雜劇及傳奇。何以景運兆興於如此短歲月之間。如此其發達。良有以也。蓋以元人之未入中國也。淩風雨於韋韝毳幕。醫飢渴於羶肉酪漿。與彼犬羊窮處於朔漠之野。營淒切寥寂之生活已耳。一旦得志突據中原。安宅於文物光華之域。眼之所觸。耳之所接。心醉於虞夏殷周以來經數千年之星霜。完成優美之風化。其性情。其志氣。均起一大變化。於往時勤儉力行之反動。增長奢華淫侈之風現出鉛粉營花之地自可供其耳目之娛樂材料之必要上促唱曲之發展加之中國人民則以元人入主新建胡國文物制度蕩焉無存且九世不共不立其朝才智之徒既不能馳騁中原滅此朝食又不復躬行實踐天命斯承鬱鬱不得志流極之餘一以抒其性情一以應時俗之要望濡淋揮灑慷慨激昂遂以促此長足之進步爲千古不朽者非歟

及元之亡。而明興焉。天下復爲南人所有。南人者漢人也。南人之耳慣於柔遠緩和之調。不諧於北曲。故北曲自此時乃漸衰。五家之村。十戶之邑。到處盛行者南曲而已。巨擘如琵琶記。虛涵子選擇元詞之名家。無一語及高則誠者。由此觀之。則在元代。或有爲世所不知。至於此而聲價百倍。朱門綺席。茶寮酒館。非此曲則不歌。以至於明之末。至於明之末。河南侯雪苑南闈下第。出金陵時。名妓李香君送之桃葉渡上。奏其一闋。誇爲盛事。概可證也。如彼之北曲西廂記。明代樂師李白華改爲南調。以便梨園之演唱。可推想時俗之嗜好。於南曲何如也。但雜記所傳。有金陵當樂院之名妓劉麗華。於世宗嘉靖二十年。以口授刻西廂古本。海陽之黃嘉惠。以隆慶某年刻董解元素紘西廂。以傳於世。則他曲雖未盡絕。然此寥寥者。亦可謂好事之特癖也。雖然。久經歲月。時勢遷移。樂律亦隨之變。今日非昨日也。故後之演南曲及北曲者。先以現世所變遷之樂譜爲基礎。更塡補刪改其詞曲。故把明代所翻刻之西廂記琵琶記諸傳奇與古本相比較。則詞曲之間。必有見及於其文字增減之跡者。然後之論者。或云無學文盲優伶之徒。爲便口耳。掎破此精金美玉爲文字累如此。夫以優伶之惡筆。增減原詞。誠不可也。雖然。若不增減。則不協律。不可歌。即萬不得已爲之。亦少假矣。

明之末。自湯臨川出玉茗堂四夢以降。江湖之名士。倣之作者極多。及福王南京即位。一代之奢侈。學六朝亡國之故態。建興寧宮起慈禧殿。詩酒宴樂。朝夕歌舞。取快一時。上之所好。下必甚焉。舊院之花。秦淮之月。茶寮酒舍之繁華。隨時俗之要求。致前代未有之盛。雖然。以作者多。則亦如宋末之詩餘。將衰亡之時。中間或多有味於音節者。亦頗流行於世。且以淸兵南下。社稷覆亡。樓閣付兵燹。衣冠歸塵土。優伶舞伎。離散四方。同時樂譜之散亡。舊本失其師傳。至不復可歌者。亦不少。今擧其一例。如淸初尤西堂黑白衛之自序云。「王阮亭最喜黑白衛。携赴如皋。付冒辟疆之家伶。欲親爲顧回。吳中士大夫。亦往往購求抄本。皆授教坊。爲宮譜之失傳。雖梨園之父老。亦不能爲樂。良可慨也』若即此語而按之。則尤西堂所作傳奇。此黑白衛之外。有讀離騷。弔琵琶。桃花源。清平調。鈞天樂等。凡五種。此五種者。皆於清初得付演奏。唯此黑白衛之一種。元爲明末之著作。依於當時所存之宮譜而塡詞者。其宮譜則於明之亡而殉之亡。故今不能協和也。由此觀之。地覆天翻。衣冠塗炭。沐猴竊位。風月傷情。其如何於傳奇大發麗時生一大頓挫。良可慨也。及清康熙三十九年。山東曲阜孔尙任著桃花扇傳奇。爲其塡詞也。先以曲本示於前明之末。金陵秦淮之伶人歌客名播遠邇者丁繼之之朋友王壽熙者。待其熟解。始依譜而塡之。及成一曲。則壽熙按節而歌之。不穩之處。即就改製之。其苦心可稱也。雖然。此亦清初之塡詞耳。若比於前代。已足証如何之衰微。況也更經二百餘年。其間閱幾多擺殘顚倒剗剝之星霜。以至於今日。如西廂記。琵琶記。玉茗堂四夢。雖典麗高雅之歌辭。依然千古。而樂律失傳。不復可歌。文人學士。酒後茶餘。花前月下。徒爲爲目之詞。與詩賦並論而已。其改竄面目。試演羚羶。大抵醜陋淺易。於前代殆無聞者。僅由於村優里娼之口。歌於酒旗歌扇之間者而已矣。

要之雜劇傳奇。自宋之詩餘出。詩餘自漢之樂府出。樂府詩餘樂也。曲也。傳奇亦樂也。曲也。縱其腳色雖分生旦正副。是特由於技舞之動作以顯之。然其所主者在歌唱而已。如俳優者自有識者視之。則計其色藝之巧妙。無仍取其歌喉之宛轉。此所謂非以目取。乃以耳求者也。是則中國音樂之發達。固已夙矣。然今日則實可謂之為絕滅之時代。則又何也。是亦諸君所喜研究者乎。

滿清之入關也。其英武達略不如元人。其小慧術智。固遠勝於元人。然自明太祖之逐元也。首提倡民族主義。加以自宋以來理學日盛。其間莫不含有復仇思想。明之學者更推而揚之。故明之亡也。東南之起義兵倡光復者不絕。清人經百戰汗血始克統一。其間監謗之功。自不得不厲。故康乾之間。文字之獄數見不鮮。考其傳記。時有內廷演劇有傷感情。褻及供奉者。故一時內廷樂部凡有裝演。必為牛鬼蛇神千變萬化。如孫行者。楊二郎。飛天夜叉。金龍四大王等類。一時金鼓喧嗒。旗馬雜蹋。方以為快。蓋清人之起也。由於小部落。不知音樂美術為何物。宜其出此。特其所長者在射御技擊。其所短者在政治文學。其大酋欲利用其所長。以壓制多數之民族。故使其全族皆兵。不得入詞林不得爲商賈讀東華錄康熙一朝時事則每下明諭諄諄然以此相戒勉宜其重視彼而輕視此也然至今日北京之炎族民兵游手游食衣食概不完尚多口唱梆子手提鳥籠終日沈醉於茶園者此爲作者所目擊豈嚴氏所謂將欲愛之適以害之乎然其結果則使漢人有朝不保夕之慮不暇一商量於美學以陶寫其性情使清人有日纍豢養之習造成一不識不知木石鹿豕之人是亦僨矣雖然今日更非昔比矣泰西之新聲共太平洋澎湃而來其諸乎復有唐太宗時代元世祖時代之結果而發明者乎問爲今日一般社會之所必要示爲一般之學者有一研究之價値乎

跋

右文承著者寄稿自云從東文譯出惟未言原著者爲誰氏以余讀之殆譯者十之七八而譯者所自附意見亦十之二三也其中所言沿革變遷及其動機皆深衷事實推見本原誠可稱我國文學史上一傑構惟其結論論有清一代詩樂衰息之故而專歸咎於異族之篡國則竊以爲未免偏至之論也夫元之與清其地位正同元代法網之密未見其不如清代而劇曲反極

盛於彼時。是知其原因別有所在。此不足爲原因。即爲原因。亦不過其小部分之原因。而非全部分之原因。且非重要部分之原因。明矣。然則其原因究安在。自唐代以詩賦取士。宋初沿襲之。至王荊公。代以經義。然旋興旋廢。宋熙甯四年始罷詞賦專用經義取士凡十五年至元祐元年復詞賦與經義並行紹聖元年復罷詞賦專用經義凡三十五年建炎二年又兼用經賦自是終宋之世及元。遂以詞曲承之。榮途所在。士趨若鶩。故元曲之發達。非直空前。且絕後焉。清承明舊專用八股。八股之爲物。其性質與詩樂最不能相容。是此學所以衰落之原因一也。宋代程朱之學。正衣冠。尊瞻視。以堅苦刻厲。絕欲節性。爲教。名雖爲儒。而實兼採墨道。吾嘗謂宋儒之說理雜儒佛其制行雜儒墨故墨學非樂之精神。於不知不覺間。相緣而起。樂者樂也苦行主義與行樂主義正相反對然宋學在當時。政府指爲僞學而禁之。其勢力之在社會者。不甚大。逮元代而益微。及夫前明數百年間。朝廷以是爲獎厲。士夫以是爲風尚。其浸潤人心者已久。清代學術。雖生反動。而學風已成。士夫與樂劇。分途不相雜厠。儼爲一種之社會制裁力。莫之敢犯。是此學所以衰落之原因二也。與宋學代興者。爲考據箋注之學。而其學又乾燥無味。與樂劇適成反比例高才之士皆趨甲途則乙途自無復問津者是此學所以衰落之原因三也。宋元明以來皆有所謂官妓者而閥閱之家又咸自蓄聲伎文人學士莫不有焉（宋明時文學家雖寒士亦蓄聲伎見於記載者甚多不可枚舉）及本朝則自雍正七年改敎坊之名除樂戶之籍無復所謂官妓而私家自蓄樂戶且爲令甲所禁士夫之文釆風流者僅能爲「目的詩」至若「耳的詩」雖欲從事其道末由而音樂一科遂全委諸俗伶之手是此學所以衰落之原因四也。綜此諸原因。故其退化之程度每下愈況。然樂也者人情所不能免。人道所不能廢也。士夫不主持焉。則移風易俗之大權。遂爲市井無賴所握。故今後言社會改良者。則雅樂俗劇兩方面。其不可偏廢也。

飲冰識

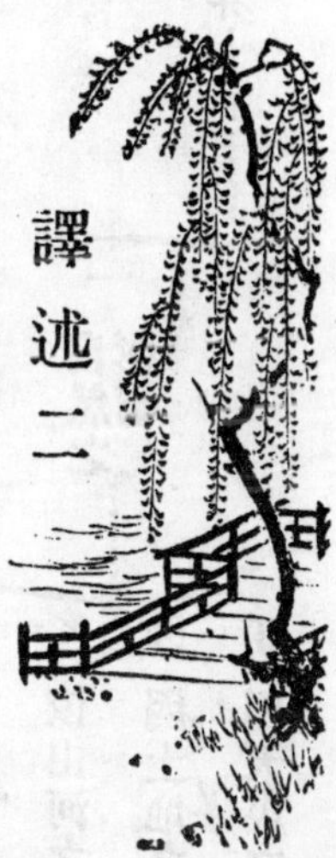

教育學剖解圖說

譯述二

祖武

第一章 總說

(一)敎育之意義

1 定義……敎育云者。是由成人敎未成人。使成極完全之發達。執一定之時間。繼續而行有意之感化作用也。

2 解釋……

一 敎師(成人)……有完全之敎育力者。

二 生徒(未成人)……從未成敎育力者發達之。使得成有敎育之能力。

三 意識的勢力(一定之方案)……可得有系統有秩序之方法。

四 繼續的作用……執一定之時間繼續行之。決不可有間斷之作用。

五 普通的陶冶……凡生徒之身心舉動。均可得而陶冶之。人未成年時。有陶冶性也。

六 一定之目的…陶冶之標準。可依一定之目的。

（二）教育之字義

1 漢文……敎效也。育養也。

2 日語……敎者ヲシヘ即從愛字所出。育者ソダツ即從副立二字所出。

3 英語……Education 原本於拉丁語之 Edacere 有抽出之意。

4 德語……Erziehung 即從抽出之意所出。

（三）教育之可能及其必要

1 可能之理由……

一 陶冶性……使兒童之心身及外部共受其影響。

二 固定性……若從一定之程度發育之則成確乎不拔之狀態。

2 成必要之理由……

一 善良爲敎育之必要……兒童受善惡之影響最易感化。所以善良爲敎育之必要。

二 獨立自裁之狀態……固定善良之傾向即得獨立自裁之能力縱有外部之誘惑。可得而抵抗之。若不良之性格。尙未固定。俄頃即可矯正。

（四）教育之限界

1 意義……敎育之可能。幷無絕對。雖少有之。亦爲左之事情所制限。

2 限界……

一 自然之影響……

甲 依氣候之良否。而敎育力受其制限。

乙 依山河之形勢。而兒童之心身受其影響。

丙 因土地之瘠饒。而兒童異其人格。

丁 因天災之有無。而兒童左右其性情。

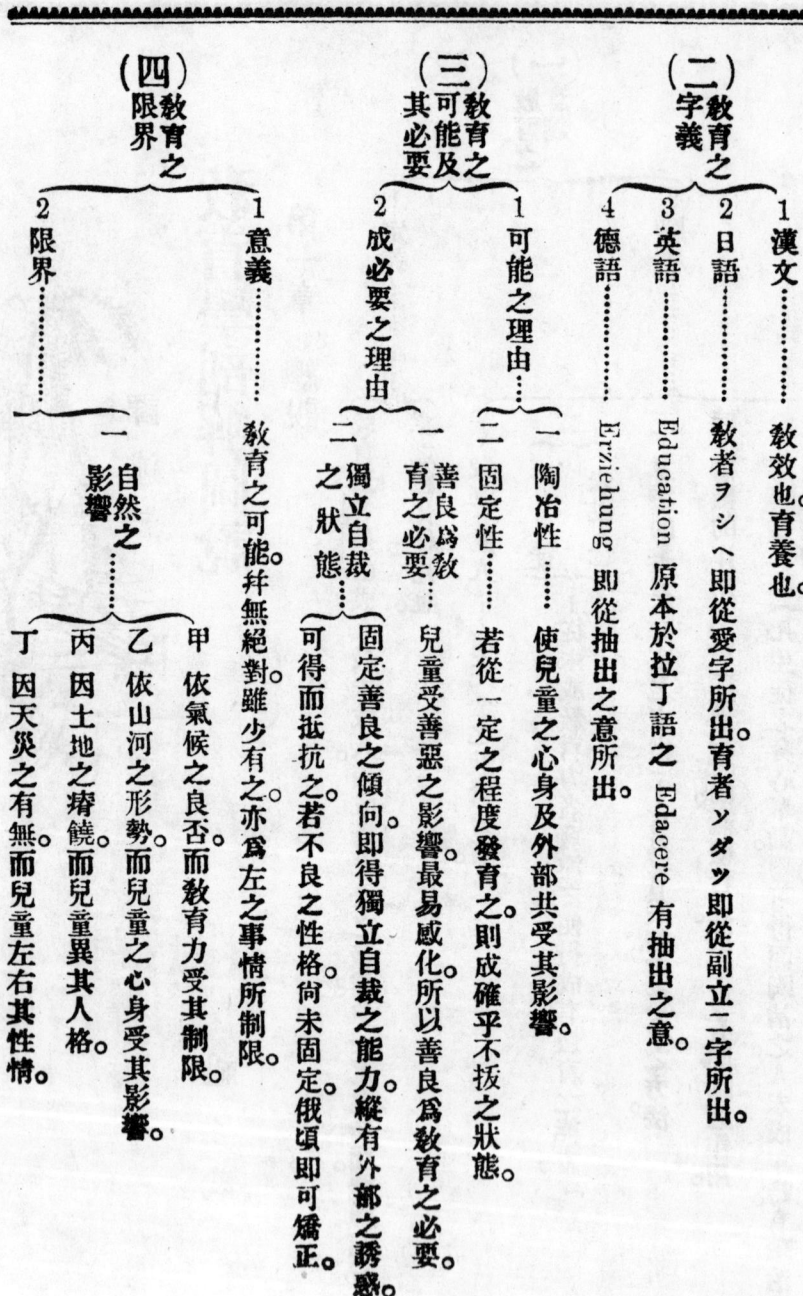

二　人事之影響……
甲　教育之特性……從其感化而各異也。
乙　被教育者之特性……從其遺傳及外部之影響而各異其特性也。
丙　社會之狀態……於社會之風俗習慣影響極大。
丁　兒童之運命……于運命之禍福吉凶爲之左右。
戊　政治宗教之影響……其結果頗大也。

（五）教育之時期
1 教育之始期……直從人之生時始。
2 教育之終期……成熟時終（男子二十四歲女子二十一二歲）。
（附說）教育之終期。或十五六歲時。即春期發動期之謂也。或獨立自裁及期及成熟期之謂也。說可準後說。

（六）教育學之性質
1 教育學者……獨立之一科學也。有方法。有目的云。
2 教育學者……規範科學也。……研究當然之理法及自然之理法。非說明科學也。
3 教育學者……應用科學也。……非純正之科學也。
4 教育學者……實地的科學也。……非理論的科學也。
5 教育學者……經驗科學也。……非推論的科學也。
1 歷史的教育學……教育史也。

（七）敎育學之部分

2 實地的敎育學（特種敎育學）即敎授法。訓練法。管理法之謂也。

3 理論的敎育學（敎育汎論）敎育之原理之謂也。

（八）敎育學之補助學

1 心理學……供給敎育之方便補足料也。

2 倫理學……供給敎育之目的補足料也。（人生之目的）（人類之行爲義務）

3 其他之補助學

一 社會學……研究人類之社會現象也。

二 歷史學……研究人類之活動現象也。

三 審美學……研究審美之標準也。

四 論理學……研究思想發表之形式也。

五 生理學……研究生活現象之原則也。

六 衛生學……研究健康之方法也。

（九）敎育之理論及經驗

1 理論……自古來之經驗。始補學者歸納的整理之原則也。故皆概括的。而不及個個之場合。

2 經驗……本于理論之指導及個個之場合。詢應用之學也。

3 調和……二者之關係。頗爲密切。不可得而分離。

1 審美主義……有調和身體精神。共使發達。

（十）教育之諸主義

2 宗教主義……有未來永久之生活之期望。

3 武士道主義…能鍛練其身體精神。使之勇壯强固。

4 自然主義……（有二義）（一）人生爲自然之美滿若社會爲惡又爲誘惑之媒介。（二）可任身體自然之發達

5 道德主義……可於道德的而陶冶其品性。

6 社會及國家主義……可適于社會共同生存之主義。

（十一）教育之目的

1 形式的……
- 一 個人主義…能使個人發達及于完全圓滿。
- 二 社會主義…爲圖社會之進化。必使個人完成。
- 三 兩主義之調和……教育者有使個人及社會之一員而共成完全之人物也。

2 實質的……
- 一 個人的方面
  - 甲……于身心有十分發達。可于生存競爭上得占優勝。
  - 乙。可得生活高尚之趣味即宗教上學問上審美上種種方面均可得高尚之趣味。
  - 丙……可陶冶品性極十分之道德。
- 二 社會的方面
  - 甲……可協助國家所欲達之目的。
  - 乙……可達世界之人類所有之目的。

丙…可與社會之階級相當應。

(十二)教育之方法
- 1 養護……助身體之發達使增進其康健。
- 2 教授……俾使發達其知識技能。
- 3 訓育……俾使發達其意思感情。

第二章 養護

(一)養護之必要
- 1 欲成完全之人。必先使其身體强健。
- 2 道德行爲者。能使身體服從精神之命令。此服從者。即使身體成强健者也。
- 3 身體强健之作用。爲精神强健之原因。

(二)養護之目的
- 1 健康……身體有機關之作用。能豫防損傷疾病。使成健康之身體。
- 2 優美……能調和身體各部之發達。使成完全完美之體格。
- 3 强固……可使鍛錬筋骨。能耐苦忍痛、缺乏、抵抗疾病。
- 4 技巧……爲敏捷巧妙之運動。最易活潑身體。

(三)養護之方法
- 1 積極的方法…有必要者與之。如衣服飲食是。
- 2 消極的方法…有有害者禁之。如睡眠及休養不足是也。

(四)營養之注意

1 於兒童身體之必要。可供給相當之食物。

2 食物者。必與兒童之消化器之發達相應。如先乳汁。次固形物。又宜注意調理方法。

3 食物之分量。及飲食之時間。必與兒童之發育期相當應。

4 又使守飲食衛生法之規則。

5 當使養成飲食節制之習慣。

6 當使滿足適當之欲望。

7 當使避食前食後心身之過勞。

(五)呼吸之方法

1 供給新鮮之空氣……學校及住房通風開閉。可達如上之目的。

2 空氣適當之溫度……室內空氣。以攝氏一五度至一六度止。過寒過熱宜避之。

3 適當呼吸之方法……新鮮空氣之深呼吸。

4 清潔皮膚之方法……宜注意沐浴及拂拭。

(六)運動之方法

1 均齊之發達……當使各種之筋肉。有同樣之動作。

2 强固及敏捷……運動者能强固其筋骨。且必使之敏捷。

3 運動及休息……宜使交互轉換。可避疲勞。

4 體操及遊戲……二者之目的。可養成各部之發達。動作之敏捷。規律之習慣。協同之精神也。

5 睡眠之目的……可以補消耗，可以復活力。可以慰疲勞。但兒童之年齡、體質、時期等、當十分注意。

(七)衣服之注意

1 衣服之目的……有調節體溫之性質。故宜用長久保溫。遲于發散之材料。

2 衣服之調製……宜求其便利安易。及無妨血行呼吸運動者。

3 衣服之品質……衣服爲保全禮容者。

4 衣服之淸潔……衛生上之必要也。亦保存禮容上之必要也。

5 衣服之輕重……重量宜與時節相當。應過輕過重。都與身體有妨害。

(八)神經五官之注意

1 腦之保護……腦之刺戟。不宜過强。又不宜頻繁。又必避損傷及打擊等。

2 心意之活動……以適當之勞逸互相交換。當使之勞逸平均。

3 適度之練習……當授以銳敏。使之發達其精神。

4 光線及色……適度之光線同色。爲目所必要者。如讀書習字裁縫手藝等項。

5 音響之注意……聽神經當避劇烈之音響。

6 口鼻等之注意 鼻之呼吸。及飲食過熱過冷之物宜愼之。

1 意義……忍困苦缺乏不堪當之欲望。防陷于柔弱怯懦之事之謂也。

2 種類……一 氣候的鍛鍊……浴冷水、遠足運動、以耐寒暑。

（九）身體之鍛鍊

二 勞動的鍛鍊……體操運動、手工洒掃繼續而行。當得較強固之體力。

3 注意……

一 當自幼時鍛鍊馴熟。

二 當依次序逐漸磨練。

三 當依正當之規則而行。

四 當使與年齡、體質、體力、相當應。

（未完）

譯述二

記載一

中國大事月表

丙午二月

◎初一日　正月二十九日法教士王安之誘南昌縣知縣江召棠至天主堂刺之傷咽喉甚重

俄使責中國向比國借欵築伊犁鐵路外務部電止長庚作爲罷論

中國與英國開議滇甸畫界事宜

外務部侍郎唐紹儀自天津回京再與俄開議立約事宜

◎初二日　左都御史陸寶忠奏請將都察院衙門各員分別留裁奉旨交政務處議奏

王大臣提倡國民捐慶親王捐銀三萬兩軍機大臣瞿鴻禨榮慶鹿傳霖徐世昌鐵良各一萬兩

法使以中國阻礙滇越鐵路工程向外務部抗議

◎初三日　南昌縣人民因縣主被法教士謀害人心大憤紳商集會亂民乘機燬教堂三處殺死法教士六人波及英教士三人

山西省同鄉京官集議決定籌欵自辦本省鐵路

浙江開辦督練公所

商部調取各省五金礦苖

潮汕鐵路頭站開車

◎初四日　日使勸告政府請飭各省督撫設法防止排外之舉動

記載一

陳夔龍擬將南陽府南關開作商埠

福建水災

◎初五日 楊樞因留學生韓汝庚等十九人首倡退學專摺參劾革其職銜並斥出學界不准入各處學堂

奉天營口電報局由日本交還中國自行辦理

商部擬將福建沙埕開作商埠

◎初六日 謠傳李蓮英被逐出宮不確

奉天將軍趙爾巽奏調張翼充全省練兵翼長

財政處議准四川仿造盧比銀幣通行藏衛

財政處奏陳整頓圜法

◎初七日 江督禁止各員吸食鴉片

南昌縣知縣江召棠因傷重殞命

巴塘教案以賠欵十二萬一千五百金了結

◎初八日 謠傳言滿洲馬賊竄入關內

新疆請設大學堂

◎初九日 廣西巡撫林紹年接印

謠傳有革命黨五百人入京巡警部飭各巡捕一律戒嚴

惲毓鼎請添設甘肅新疆總督奉旨交政務處議奏

福建漳浦議設民教和平會

欽州改建欽廉道署

誠勳補授江甯將軍

恩銘補授安徽巡撫

◎初十日 法國因南昌教案要求索賠並請將巡

撫胡廷幹革職

俄國决議不問中國答允與否自行築

一鐵路由齊齊哈爾以達愛琿

政府擬令周冕參預中俄議約事宜

陸元鼎交卸江蘇巡撫任

德使請禁增加草帽辮出產稅

練兵處擬添軍樂隊

長蘆鹽商與和華銀行借款八十萬兩

松壽請築熱河鐵路

西藏解餉十二萬兩在蒙古地方被賊

刼去十萬兩

警部飭知各地方設立醫學研究會

繼昌補授江甯布政使

莊賡良補授湖南按察使

◎十一日 御史朱錫恩奏請推廣畿輔警察

張之洞奏請免裁各省學政

鄒嘉來補授外務部左丞朱寶奎補授

外務部參議

諭禁排外

劉廷琛奏請勿裁都察院科道各缺

學部改成均學堂爲初級師範學堂

◎十三日 廣東廣西兩省文報改由水師傳遞

◎十四日 政府擬改學政爲司道

練兵處准將第十三鎮練軍改隸江北

日本撤退奉天守門兵

戶部奏請不准各省擅動款項

◎十五日 御史王步瀛奏請免裁都察院給事中

御史各缺並請添設外商學警四科給

事中

惲毓鼎奏南昌教案宜歸獄法國

江督周馥札飭農務局整頓華茶
江西虔南會匪竄入粵境
盛京將軍趙爾巽電致政府擬在奉天設一銀行以整頓財政

◎十六日 粵省捐輸奏請展限
中俄開議賠償損失及撤兵問題

◎十七日 御史蔡金臺奏辦理南昌教案宜懲王教士嘉許江令然後究辦亂民
警部擬添設各省巡警使
政府擬以各省按察使改隸刑部

◎十八日 巡警部查明並無革命黨潛入京師情事
戶部停鑄當十錢

◎十九日 政務處奏准疏通舉貢生員出路辦法

◎二十日 政府向俄國索還日前占領營口時所收關稅釐金

◎廿一日 議令周冕與聞中俄議約一事因各大員反對者多已作爲罷論

◎廿二日 發內帑十萬金賑日本荒災
議裁各省教職及督糧通判

◎廿三日 政府詰德國有權沿山東鐵路設置無線電線
傳聞有俄兵侵入烏蘇里及黑龍江境內
政府擬將官紳士庶吸食洋烟者一律編入烟籍
奉天開收烟燈烟館捐

◎念四日 新疆巡撫電稱俄人要索礦權請向俄使交涉
學部議令各省學堂添設國語一科

收回奉新鐵路

◎念五日 日本政府決議在奉天開設滿洲博覽會

劉廷琛奏參臺長請仍留科道各缺

◎念六日 許珏非詆立憲

南昌大雨雹

◎念七日 日英法美意等國均允撤退北方駐兵

德使警告請實力防範華民排外以免各國藉口不肯撤兵

英使又向外務堅稱不肯廢蘇杭甬鐵路草約

警部咨催各省杳報辦理巡警實在情形

◎廿八日 俄政府因各國之關係已允將營口之關稅厘金交還中國

擬設膏捐總局於京師

◎廿九日 政府擬添設青海參贊大臣

記載二

雜俎

本國電信之調查

本國電報創其議者。厥惟丁抹國之大北公司。始于一千八百七十四年福州地方。至一千八百八十年而大興。始則以爲關碍風水。無益社會。詎知今日之利益無窮也。今並將各局入欵列表錄下。

上海局	十一萬八千九百餘元
京城局	七萬零七百餘元
天津局	三萬四千九百餘元
廣州局	三萬三千二百餘元
漢口局	二萬五千餘元
香港局	二萬三千餘元
煙台局	二萬一千餘元
福州局	一萬八千七百餘元
汕頭局	一萬七千餘元
廈門局	一萬三千八百餘元
寧波局	一萬一千餘元
鎮江局	一萬零七百餘元
蘇州局	九千五百餘元
江寧局	九千三百餘元
成都局	八千二百餘元
杭州局	八千餘元

海外華僑人口表

據倫敦某新聞所載。現在中國人之移住于海外者。大畧七百六十四萬二千六百五十八人。其分配如左。

	(人)
臺灣	二〇〇、〇〇〇〇

記載二

二

暹羅	二五〇、〇〇〇〇
馬來半島	九八、五〇〇〇
蘭領斯他群島	六〇、〇〇〇〇
香港	二七、四〇〇〇
美國	二七、二八二九
印度支那	一五、〇〇〇六
菲律賓群島	八、〇〇〇〇
澳門	七、四五六八
緬甸	四、〇〇〇〇
澳洲	三、〇〇〇〇
俄領亞細亞	二、五〇〇〇
日本	七〇〇〇
朝鮮	三七一三

海外餘談

世界鐵道之延長線。据去年五月所調查。已有五十二萬零九百九十五英里以上云。英京倫敦之馬車公司。去年上半年間。有三千七百萬人客之搭乘。

世界最深之金礦莫如澳洲之鈕侵斯礦。現已將地下掘開。有四千二百尺。

降雨之多。以印度阿深省之鐵拉般治地方爲最。一年平均其雨量實在三十七寸以上。

月世界之最高山。其高度有二萬二千尺。

英國各鐵道公司。可用至六十萬人。

英國現今皇帝在紐基阿專初度演說。時年方十齡也。

美國大統領盧斯福氏。今年四十八歲。

法國大統領弗華利耶爾氏。今年六十六歲。

日夜二十四點鐘中無停歇而開店之銀行。唯有美國紐約。

太平洋水若悉乾。則立得五百萬平方哩之壚。其壚之厚可約一哩。

英美兩國人氣質之差點

英國人　乘車（不論汽車電車）之時從容不迫。

美國人　乘車之時迅速疾趨大有飛乘之勢。

英國人　婦人態度極之靜淑大有春風滿座之觀。

美國人　婦人好饒舌活活潑潑終日如春鶯初轉。

英國人　各安本分。

美國人　欲一躍而登高位。

英國人　不論服裝言語尊卑有次。

美國人　上下平等雖婢僕不異主人。

英國人　婦人服裝不衒外美質地貴佳。

美國人　婦人大競外觀。

英國人　告白貴誠實無張大語。

美國人　告白必大張其詞故購者亦以其措詞之如何而定至其實質非所問也。

記載二

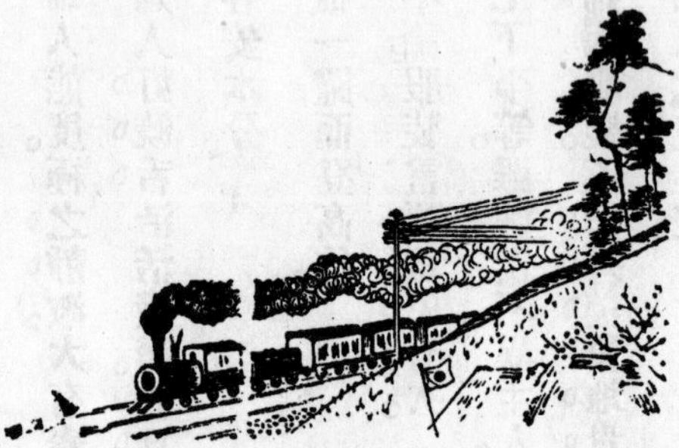

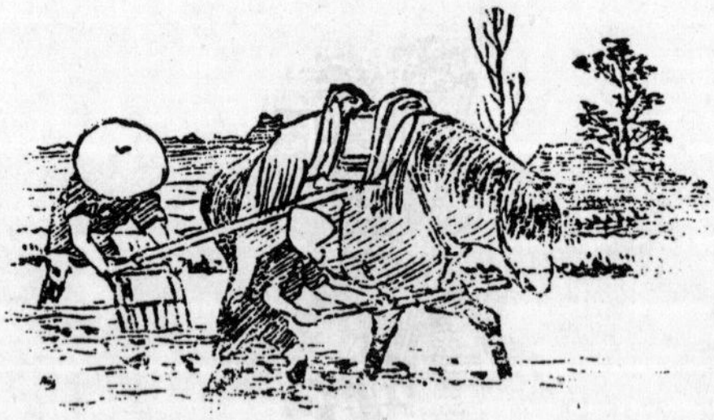

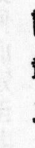

紅葉閣鳳仙女史譯述

美人手

第四十三回　虛無黨太尉被嚴參　北邯鄲寃家巧相遇

却說荷理別夫。既知道他是長官。又聞他是特委的人員。不知要查辦甚麼。肚子裡懷了私。自然滿心危慮。因向摩羅提夫問道。請問長官此次奉差。第一着是查辦甚的事呢。摩羅提夫道。僕此來。於足下名譽甚有關係。我國政府以偵探最爲重職。凡偵探官一舉一動。政府皆格外留意。若有風說。必特派人員查辦。兄弟的差使就是爲着這個。

荷理別夫見說。料到自己的事情不大穩當。忐忑着道。莫非卑職身上有甚風說傳到本國政府裡頭麼。摩羅提夫道。何止風說。有人告發老兄啊。荷理別夫驚道。以何罪被告發。摩羅提夫道。告老兄辦事沒主張。不鄭重。朝廷文件任意抛置於私立某銀行。可是有的嗎荷理別夫道。這并不是不鄭重正為鄭重太過致有此弊卑職受朝廷委任齎此文件自到法國時刻無不關心念本宅子為虛無黨注目之所妨有不慎故悄地交與銀行寄存摩羅提夫道。鄭重不鄭重那也不計聞在銀行被盜。可是有的嗎荷理別夫道。被盜是不錯的。卑職自己掛誤應該受朝廷處分但告發卑職的人是誰敢求見示摩羅提夫道。本不該對足下說但彼此同僚公私也要兼盡我且告訴你告發的就是與老兄共事的那位軍曹友夫啊荷理別夫猝聞此言不覺憤火中燒陡然作色道嘎、是軍曹友夫好大的膽子敢與某作對摩羅提夫道。那不能怪他膽子大照本分上應該如是政府派友夫來為老兄的隨員原是專命他查報老兄的職事這大事他怎敢隱瞞啊我政府通例凡派遣駐劄外國人員其中必暗派一查報之人在內足下還沒知道麼荷理別夫大尉。是時如夢初覺。自悔以心腹待軍曹友夫。原來他是專瞯我的錯處回報政府的。我平日並不曾留意提防他。不覺呆了半晌。摩羅提夫又道。初時政府本極信用足下。自友夫密函告發。政府始駭然疑心。這事體不能不謂老兄辦差了。以虛無黨人員的狡智這等要件豈可露出破綻既露破綻被人暗算就應該上緊查個明白豈可任意拉了個人便不他顧老兄現在拿着的少年據友夫的密禀似是與虛無黨無關可疑處祇不過他的父從前在我國做過公使駐劄過兩年這算得甚麼憑據呢況且他是法國人若被法國警察知道了風說我國侵碍他法權動起交涉那便怎了荷理別夫道。卑職并不爲這個。他另有可疑的原故。卑職方始拿他。摩羅提夫道。無論甚的可疑。於理總不合。照友夫密禀所言說老兄因少年沒話招供就意要把他遞送西伯利亞去我國流竄西伯利亞的罪犯足下可曉得麼這是政治上極重罪的刑法那人既沒招供於理不能定案何能任意視人命爲兒戲我國國權專制雖有絕對的權限也不能無理如是況且那少年是法國人就說治外法權也沒有在人國中可以行用之理現當俄法親交之際朝廷正想藉法國之力以傾德意志聯邦若以一無罪少年動及邦交問題怕你老兄擔不起這個處分就令有罪更該留着此人慢慢試出他的黨羽蹤跡一網打絕方是盡職荷理別夫道。西伯利亞發送的念頭後來經已改轉也照長官的意思要留着他慢慢細查至於卑職本身的罪孽正打算禀陳總長聽候發落敢問長官尊意這事將來怎辦法呢說着、神色甚形觳觫、摩羅提夫道兄弟將來總有個辦法老兄且放心老兄平日功勞也不少諒功罪相抵也不至有甚麼大處分從中轉關處兄弟是必盡力總當替老兄詳輕但兄弟初到應辦事件還要求老兄幫幫忙啊荷理別夫道。仰仗大力給卑職留點薄臉實在感激無地卑職伺候是本該的。怎敢怎慢。但不知長官有何差遣呢。摩羅提夫道。此刻先到館子裡談談、用了膳。再一同到戲園子裡逛逛、此地離戲園子可近嗎、荷理別夫道、離不多遠就是呢。不錯。大駕遠來疲乏。應該找點樂處暢暢胸懷。戲園子倒好。用過膳。卑職隨着去罷。摩羅提夫陡然正色道。兄弟并不爲取樂計。別有所爲。纔要到戲園子裡。劇場是人脚最雜之所。偵探是兄弟的本職啊。說着、二人已至北邯鄲酒樓。於是一同進去。蹬上樓上。在餐堂裡占了個座。幸喜堂內沒有別客。祇他兩人對酌。席間、荷理別夫問及本國情形。摩羅提夫一一對答。幾於無事不知。警察本部的事情所知更爲詳細。居然是個警察部裡的能員。荷理別夫益加崇敬他。私忖道。我在本國時。此人派遣在波蘭。因此不曾會面。這話諒不錯的。看他的本領。似乎不是個尋常警視官。諒或是本部的副長。也不可料。不然。警部裡的秘事。他不能穀知得恁透。雖本國警察副長的名字與此人不同然保無因防備虛無黨人特改換姓名以避不測這事越想越像不敢不加意留神。酒過數巡。忽摩羅提夫開口道。今夜劇場裡一行。諒盜賍人逃不過我眼裡。荷理別夫道。卑職初時所料。這大盜必虛無黨中美人黨的所爲。那少年美治阿士就是受美人黨主使出手的。摩羅提夫道。不錯、正犯必是個美人黨員。但該美人黨不止一人。這件盜案。其中究竟是誰。諒老兄未必辨別得出。即如先年丸田夫人一事。老兄疑他是美人黨的首領。窺伺他三年。也探不出甚麼。倒把精神白用了。這一輩美人黨。諒不如兄弟所知較詳細了。正說着。忽外間又來一客。匆匆跑進餐堂。占了前座。荷理別夫一見。神色陡然變異。頻以目回顧之。摩羅提夫詫異道。這是何故。荷理別夫道。沒有別的。前邊來了那人。就是銀行行主的外甥瑪琪拖亞呢。摩羅提夫道。管他則甚。他在那邊。我們在這邊。他看着菜單子。也沒留意過來。就被他見着。也怕甚麼。我們別要理他罷。說着、彼此又談了一回。却說瑪琪拖亞是個無事忙的人。每日食無定所。晚上頑罷了。隨意挞到飯子裡。胡乱用點子。便算了事。這一天剛巧挞到北郡郵來。就跑進去。不圖與荷理別夫會着。他早上既受丸田夫人所囑。不可與荷理別夫生事。因此他迴避着跑過對面的座遠遠離着詐作沒留意的模樣兒拿起菜單子來往下便看他雖看菜單子但不時偸眼注視摩羅提夫心裡疑詫道。狠古怪這個東西。我不是會過他的嗎但在那裡會過呢聽他說話操着俄羅斯口音原來是那一輩東部斯拉夫賤種哪古怪古怪。我在那裡見過他呢尋思了好一會。兀自想不出來看官、這摩羅提夫。照他適纔所言分明是從俄國新來的瑪琪拖亞怎麼曾會過呢。看官們請猜猜這個理由要知其詳。且俟下回分解。

第四十四回　說黨魁善用反逼法　憶劍客演爲偵探談

却說瑪琪拖亞。隔座偸眼注視摩羅提夫。時摩羅提夫並不在意。聞他對荷理別夫又道。美人黨的首領老兄可知道是誰嗎是個法國土生的女子啊他的歷史當初先代本是波蘭省（俄國西南部）的人後來他父母入了虛無黨我政府查拿國事犯時國內不能容身因此舉家逃到巴黎來這女子是到巴黎以後所生的如今就是這女子爲首領了。荷理別夫疑道。怎麼卑職絕不聞得。本國倒有所聞這就奇了。摩羅提夫道。他雖生長法國不常住在法國的啊那年兄弟到意大里時（歐洲南方之國）得朋友介紹也曾會過他與他來往過幾次那時我還不知到他是美人黨的首領但見他的氣象已有點子思疑料他不是尋常的女子了荷理別夫道。他叫甚名字呢。摩羅提夫道。這等人那裡有一定的眞名字我見他那時名字叫奧嘉華人皆稱他爲奧美人他的面貌如今還記得這種妖豔可稱絕世世間男子不論誰想經一見再沒有能忘記的了荷理別夫道。怎知他是美人黨的首領呢。摩羅提夫道。也是政府裡查出兄弟頗得其詳聞他每禮拜五必到戲園子裡今天剛是禮拜五我們完了餐一同去戲園裡掽掽他荷理別夫道。盜鐵箱的就是這女子麼。摩羅提夫道。不曾着手雖不敢決依兄弟所料這條綫諒也錯不了其中必是他主謀至於出手行盜的人他手下許多爪牙怎能推測更兼戀愛這女子的八貴族中也有仕商中也有他一示意就是赴湯蹈火也沒憂無請奮勇的人我諒那鐵箱子必是這女子主使甚麼人偷的荷理別夫道。然則美治阿士亦是其中受主使的一人。也未可料。摩羅提夫道那也難必正惟難必所以須先入手從這女子查探起來荷理別夫道。怎法子入手呢。摩羅提夫道。那狠容易這女子的手段狠辣最愛同俄國的官場往來最好探聽俄國警部的消息若見了俄國的官吏他必賣弄出一種手段來勾引人我警部的長官險這美人計也不知多少了今老兄宜將計就計也賣弄一種手段來籠絡他慢慢試出他的眞情那鐵箱子便有着落了荷理別夫道。這樣的女子他必認得卑職怕他未必上弔子呢。摩羅提夫道正惟他認得更妙他知老兄是警部的偵探必更想入手藉此窺探我們一切內情老兄勿估量他還有顧忌啊彼黨人崇拜他就是推服他這一副絕世的胆子我國流竄西伯利亞的極刑正爲這一輩而設若美治阿士等么麼男子何値得科此重律老兄須用心啊成敗前程在此一舉若得回原物以功抵過或可挽回長官責備之心不然。祇怕前程就難保了摩羅提夫這一頓話句句透進荷理別夫的心坎兒荷理別夫不覺發奮道好、拚着這頭皮祇管撞撞看誰的手段强就是了。此時也不早了。且陪着到劇場裡走走罷。說着、會了賬。一同離了餐堂。踱下樓來。瑪琪拖亞看着他們走了。忽觸記起道。哼、那厮不是丸田夫人的劍師波蘭人嘉芝嗎怎他同荷理別夫恁親熱呢莫非他也是荷理別夫一黨的人麼唉、是了。是了。他一定借劍術爲題私作偵探爲實了做不得。明天當赶着報知夫人說他與荷理別夫同是俄國政府派來的偵探須小心防備他纔是又想道。

方纔他兩人吃吃咕咕一同到那裡去呢看他們鬼頭鬼腦定有點蹺蹊在內不如躡着他的蹤看他怎的想罷。急喚酒保來會了賬。匆匆下樓追着去了。未知後事如何。再看下回分解。

飲冰室詩話

飲冰

與穗卿一別八年。今春正月。君東游。訪余於箱根環翠樓。誦杜詩十觴亦不醉感子故意長之句。不自覺其情之移也。君見贈一律云。自從多難相離後。握手猶疑各夢魂。風雨沈沈燈火闇。杯盤草草語言溫。十年舊事歸青史。一臥滄江剩酒痕。扶醉登樓西望久。白雲何日出山村。

邃伊曾兩度寄詩、余劇愛之。月前又承寄乙巳歲暮襍感四律。復採實詩話。輝牖殘陽乍暖人孤城愁絕暮笳新坐來書卷非閒日靜任衣裳住暗塵曲巷梅蘇春綽綽霜空雲薄晚鱗鱗年光照客同消瘦獨向風前惜病身獨適寸心弱盡驚風雨還折枯枝挽去

春。醒醉各非甯酒怨。死生常覺與身鄰。燈前突兀三年夢。話裏悽惶一掬塵。此日岑樓彈指現。海天寂滅反吾眞、

學界近事有感

樓宂衣單萬籟稀。神州回首暮煙微。天痕隱隱疏星出。海色蒼蒼獨鳥飛。故里欲尋眞自謂。殘年無語當人歸。裁書總被新愁誤。無那相思兩地違。

登大森海樓有懷伯兄津門

江上梅花怨索居。思歸無計作歸無。忘情自許宜今世。投筆終慚去故都、身外驚疑因及爾。天邊消息獨憐吾。玉關未絕征鴻信。一夜寒聲起岸蘆

思家

菊隱復以民父無題集句六律見寄。蓋所集者限於坊本唐詩三百首云。集句本游戲之作。大雅弗尚。然佳者殊能令人相說以解。若此六章。眞可謂裁縫滅盡針線迹者矣。亟錄之。

小姑居處本無郎。擬託良媒亦自傷。蠟燭有心還惜別。羅衣欲換更添香。斑騅只繫垂楊岸。海燕雙棲玳瑁梁。弔影分爲千里雁。江流曲似九廻腸」

銀燭秋光冷畫屏。碧天如水夜雲輕。扇裁月魄羞難掩。淚盡羅巾夢不成。九月寒砧催木葉。三邊曙色動危旌。天長地遠魂飛苦。別有幽愁闇恨生」

更問神仙還不還。故園東望路漫漫。鴛鴦瓦冷霜華重。絡緯秋啼金井闌。芳草獨尋人去後。夜吟應覺月光寒。身無彩鳳雙飛翼。獨宿江城蠟炬殘」

蓬萊此去無多路。不惜珊瑚贈與人。神女生涯原是夢。賈生才

調更无倫紅顏未老恩先斷流水無情草自春寂寂江山搖落處。渭城朝雨浥輕塵。」桃李陰陰柳絮飛。碧闌干外繡簾垂。花開堪折只須折君問歸期未有期顧我無衣搜盡篋憐君何事到天涯此情可待成追憶臨別殷勤重寄詞。」綏謌漫舞凝絲竹公主琵琶幽怨多直道相思了無益空令歲月易蹉跎玉顏不及寒鴉色媚眼唯看宿鷺窠行到中庭數花朵水晶簾捲近秋河

有自署秋華者。以其友敬庵詩一首見寄。題云。「讀飲冰室詩話中。曹民父感舊述懷六十韵感賦並述余之志」。讀竟覺與曹作工力正相敵。爰錄之。詩云。蒼山十萬重。明月八千里。人生二十年。奈何一彈指。秋宵夜雨長。春日風情綺。感之最難忘。盈盈愛河水。憶余幼年時。由來癡頑子。攀屋每折足。入學多提耳。顧聞大人言。此子質良美。超奇逸驚塵。綜密近文史。當時雖不解。張口竊自喜。壬寅年十六。陡悟俗學恥。倉皇理征裝。長驅從此始。初泛鄂江湄。旋遊瀏水涘。首讀政變書。乃識民權理。癸卯入金陵。問學多疑似。其年秋冬間。始交鍾毛氏。二子志良殷。高言漢宋髓。思想既全更。性情乃自矢。蕭條明故宮。猶餘鍾山屺。敗石咽寒泉。殘月照秋壘。傷心孝陵土。頹然已半圮。我昔發幽

情淚下不可止自從來東邦倏忽一年矣政論服時賢（謂新會梁任公先生）敎宗契高士（九江桂君柏華去年在東余曾向問佛敎概旨）尤有新知樂日文漸可擬粗識學海潤愧奮益難已亦嘗閉門坐凝神收聽視默念國前途憂愛情並起溯從有文明已歷四百紀環顧五大洲後進誰能比流風雖暫歇盛德烏可靡況有衆國民寧容逞姦宄獨怪留學界邇來象何否日日言民德日日行卑鄙日日言士氣又流爲囂侈東扶却西倒南挽更北馳傷哉賢者心撫床嗟無技小子每自思責人先責己志節苟堅定聖賢豈難企我躬苟不恤曉曉徒爲耳立玆自鞭策切勿偶自弛敬告天下人返躬最足恃嶽嶽泰山高清清長河瀰中國儻眞亡除是藐躬死

雜纂

商部乙巳年紀事簡明表

（續第七十六號）

公司註冊表

農

貴池墾務有限公司　創辦人劉世珩等八人股本二十萬兩六月二十七日註冊

通海墾牧公司　創辦人張謇股本二十二萬兩有限七月十四日註冊設在江蘇通州海門

阜生蠶桑公司　創辦人張謇股本二萬元有限七月十四日註冊設在江蘇通州

澤生水利公司　合資人大生紗廠通海墾牧公司資本十萬兩有限七月十四日註冊

工

京師華商電燈有限公司　創辦人史履晉等三人股本二十萬兩二月二十日註冊

博山玻璃公司　創辦人顧思遠股本十五萬兩有限四月十五日註冊

天津機器織絨硝皮廠　創辦人吳懋鼎資本五十五萬兩有限五月十二日註冊

耀徐玻璃有限公司　創辦人張謇等十人股本六十萬兩五月十一日註冊設在宿遷

通久源機器軋花紡織廠　創辦人嚴信厚等二人股本九十萬元有限五月十四日註冊設在甯波

大生紗廠　創辦人張謇股本一百十三萬兩有限七月十四日註冊設在江蘇通州

大生久隆分廠　創辦人張謇股本六十萬兩有限七月十四日註冊設在崇明

雜纂

廣生油廠　機器榨製棉油棉餅創辦人張謇股本十五萬兩有限七月十四日註冊設在江蘇通州

大興麪廠　機器磨麪創辦人張謇股本二萬五千元有限七月十四日註冊設在江蘇通州

大隆油皂公司　製造粗細肥皂創辦人張謇股本一萬兩有限七月十四日註冊在江蘇通州

華寶製瓷有限公司　創辦人林輅存等三人股本二萬元七月十四日註冊設在厦門

鈞窰瓷業公司　創辦人曹廣權股本五萬兩有限七月二十八日註冊設在禹州

大照電燈公司　創辦人郭鴻儀股本十萬兩有限八月初九日註冊設在鎮江

大有機器榨油有限公司　創辦人席裕福等三人股本十萬兩八月二十二日註冊設在上海

海豐麪粉公司　創辦人許鼎霖等四人股本二十萬兩有限八月二十四日註冊設在贛榆

二

裕源機器織麻有限公司　創辦人張廣生股本二十萬元九月初二日註冊設在蕪湖

天津造胰有限公司　創辦人宋壽恒股本五千元九月十九日註冊

三星紙煙有限公司　創辦人劉樹屏等九人股本十萬兩十月初四日註冊設在上海

和豐紡織有限公司　創辦人顧釗等八人股本六十萬元十一月二十七日註冊設在甯波

仁增盛烟草廠　創辦人孟昭顏資本四萬兩有限十二月十九日註冊設在煙台

隆盛煙草廠　創辦人王廷彬資本一萬兩有限十二月十九日註冊設在烟台

路

潮汕鐵路有限公司　創辦人張煜南股本二百五

十萬元七月十八日註冊

礦

朝陽東方小塔子溝金礦公司　創辦人胡久業堂等七人股本四萬兩無限正月二十九日註冊

同人豫煤務公司　創辦人陳文瑋等三人股本十萬元有限七月十九日註冊設在長沙漢口

山東華德中興煤礦有限公司　創辦人張翼等三人股本四十萬元添招華六德四新股一百六十萬元十月十七日註冊

商

稻香村茶食糖果公司　合資人沈樹百等四人資本四千二百元有限正月二十四日註冊設在蘇州

府海公司　領運公棧官鹽專售租界食鹺合資人嚴與敬等六人資本二萬元有限正月二十四日註冊設在上海

富潤公司　營造房屋出賃合資人嚴樂賢堂等七人資本三十萬兩有限四月二十五日註冊

新和記行　行棧合資人陳連生等五人資本二十萬元有限五月二十四日註冊設在溫州

大通源恒記行　行棧合資人葉湘卿等二十二人資本一萬元有限五月二十四日註冊設在溫州

福昌茂行　行棧合資人林堯苑等四人資本一萬元有限五月二十四日註冊設在溫州

陳元元行　行棧創辦人陳佩鈞資本一萬元有限五月二十四日註冊設在溫州

祺順行　行棧合資人陳兆齊等二人資本一萬元有限五月二十四日註冊設在溫州

彙源公棧　代辦江浙兩省漕糧合資人莊得之等五人資本二十萬兩無限五月二十九日註冊設在上海

怡和公斗店有限公司　糴糶糧食創辦人甯世福股本六十萬兩六月初十日註冊設在天津

翰墨林印書局　合資人通州師範等三學校資本一萬兩有限七月十四日註冊設在江蘇通州

同仁泰鹽業公司　仿日本製鹽運售十二圩票商行銷湘岸創辦人張謇股本十萬兩有限七月十四日註冊設在江蘇通州呂四場

通州大達輪步公司　建設輪船碼頭棧房創辦人張謇股本五萬六千元有限七月十四日註冊設在江蘇通州等處

汕頭太古莊號　匯兌合資人林毓彥等三人資本二十萬元有限七月十五日註冊

潮州太古莊號　匯兌創辦人林毓彥等二人資本二萬四千元有限七月十五日註冊

潤豐莊號　匯兌合資人林毓彥等三人資本十萬元有限七月十五註冊設在汕頭

啓峯莊號　匯兌創辦人林毓彥等三人資本二萬元有限七月十五日註冊設在汕頭

伯昌莊號　專作實業放息生理創辦人林毓彥資本十萬元有限七月十五日註冊設在汕頭

南豐莊號　專作實業放息生理創辦人林毓彥資本十萬元有限七月十五日註冊設在汕頭

陶記莊號　專作實業放息生理創辦人林毓彥資本三十萬元有限七月十五註冊設在汕頭

允成號　專作實業放息生理創辦人林毓彥資本十萬元有限七月十五日註冊設在汕頭

資茂號　專作實業放息生理創辦人林毓彥資本十萬元有限七月十五日註冊設在汕頭

利發興記行號　雜貨創辦人林毓彥等三人資本一萬五千元有限七月十五日註冊設在汕頭

南豐行號　雜貨合資人林毓彥等三人資本二萬元有限七月十五日註冊設在汕頭

南記行號　專作石叨暹羅輪船生理合資人林毓彥等三人資本二十萬兩有限七月十五日註冊設在汕頭等處

伯昌輪船行號　專作雜貨放息生理合資人林毓彥等二人資本二十八萬元有限七月十五日註冊設在汕頭等處

上海大達輪步有限公司　建造輪船碼頭棧房創辦人張謇等五人股本一百萬兩七月二十八日註冊

福和當鋪　創辦人劉宗浚股本六萬兩有限八月初三日註冊設在北京

源泰和茶葉鋪　創辦人劉景韓資本五千元十月初一日註冊設在揚州

濟和典　合資人汪贊綸等四人資本五萬元無限十月二十八日註冊設在陽湖

崇昌輪船公司　小輪載運客貨合資人周承基等六人資本三萬元有限十一月初八日註冊設在上海崇明等處

盛豐年公司　買賣蠶繭創辦人廖錦德股本一萬元有限十一月二十日註冊設在廣東順德

公興隆昌記公司　買賣蠶繭創辦人陳永昌股本一萬元有限十一月二十二日註冊設在廣東香山

（未完）

雜纂

東洋 教育掛圖 無雙

陸軍示教掛圖	自第一輯至第三輯	各一輯五張一組	各一輯金貳圓
海軍示教掛圖	同	同	同
天地現象掛圖	自第一輯至第五輯	各一輯五張一組	各一輯金貳圓
地文學示教圖	自第一輯至第二輯	同	同
世界地理示教圖	自第一輯至第三輯	各一輯七張一組	各一輯金貳圓八十錢
人體生理解剖圖	廿張一組	完結	金八圓
世界人種風俗圖	自第一輯至第三輯	各一輯五張一組	各一輯金貳圓半
工業示教掛圖	自第一輯至第二輯	同	同
農業教授用掛圖	拾張一組	完結	各一輯金四圓
家禽家畜正圖	自第一輯至第二輯	各一輯六張一組	各一輯金貳圓半
世界哺乳動物正圖	自第一輯至第四輯	各一輯五張一組	各一輯金壹圓半
植物正圖	自第一輯至第十輯	各一輯五張一組	各一輯金貳圓
顯[illegible]植物正圖	五張一組	全	金貳圓
有毒植物[illegible]圖	五張一組	全	金貳圓
救荒植物正圖	同	同	同
有益鳥類圖	三張一組		金壹圓半
鳥類正圖	自第一輯至第二輯	各一輯五張一組	各一輯金貳圓
蟲類正圖	自第一輯至第四輯	同	各一輯金貳圓
稻作害蟲驅除法圖	五張一組	完結	金貳圓

農作物病害豫防法圖	五張一組	完結	金貳圓
蠶業示教圖	五張一組	完結	金貳圓
養蠶示教圖	八張一組	完結	金參圓
昆蟲類及[illegible]動物圖	自第一輯至第二輯	各一輯五張一組	各一輯金貳圓
甲殼類正圖	五張一組		金貳圓
爬蟲類正圖	自第一輯至第二輯	各一輯五張一組	各一輯金貳圓
貝殼類正圖	二張一組		金壹圓
前世界動物圖	三張一組		金八拾五錢
魚類正圖	自第一輯至第二輯	各一輯五張一組	金貳圓
海獸類正圖	五張一組	完結	金貳圓
熱帶植物圖	自第一輯至第三輯	各一輯五張一組	各一輯金貳圓半
人體寄生蟲及微菌圖	自第一輯至第二輯	各一輯五張一組	各一輯金貳圓
下等動物圖	五張一組		金貳圓
植物解剖掛圖	十張一組		金參圓八拾錢
兒童眼病トラホーム豫防法圖	參張一組		金壹圓貳拾錢
救急治療法掛圖	六張一組		金貳圓
支那歷朝帝王御影	全一張		金八拾錢
兵式柔軟體操圖	全一張		金四拾錢
銃砲古今沿革全圖	二張一組		金壹圓四拾錢

鑛石實寫標本圖	全一張		金參圓
世界列國旗章正圖	全一張		金五拾錢
列國帝王軍隊服裝圖	全一張		金七拾錢
世界人種相貌圖	全一張		金七拾錢
世界發明元始家列影	全一張		金七拾錢
古今軍艦沿革圖	全一張		金參拾五錢
貨幣古今沿革圖	全一張		金參拾錢
帝國陸軍服裝圖	二張一組		金貳圓
列國勳章精圖	全一張		金八拾錢
物理學示教掛圖	自第一輯至第二輯	各一輯五張一組	各一輯金壹圓半
博物集覽全圖	三十六張一組		金七圓
[illegible]國古幣全覽	全二張		金壹圓半

本館製造教育專門着色圖畫。備蒙帝室褒賞。名聲藉甚。亦技術巧妙。價目低廉。爲東洋無雙。銷行日本全國。及朝鮮臺灣。大中小學堂無不採用本館圖畫者。本年更欲[illegible]販路。對於中國增設新場。裝置精良大印刷機。準備已成。館運旺盛。特爲中國四方君子賓需。製圖畫目錄大略如以上。東京造畫館主九拜

一本館畫目錄寄贈。函致有命。不論遠近。即呈。來函一切要照左記本館所在地。寄字無誤

○日本東京市京橋區出雲町壹番地

東京造畫館

電話新橋七百二十三番

三松堂編輯局編纂（新出）

講堂教授漢譯 暗射世界大地圖

◉縱五尺 横七尺全一枚大掛圖

◉石印着色 定價金參圓五十錢

三松堂編輯局編纂（新出）

教科適用最新漢譯 五大洲分圖

◉石版加彩色 定價金壹圓七十錢

日本 吉田晋先生新著（新出）

漢譯 世界大地圖

◉石版加彩色 定價金壹圓貳拾錢

三松堂編輯局編纂

支那帝國 十八省分圖

◉石版加彩色 定價金六十五錢

三松堂編輯局編纂

清國 練習用白地圖

◉學堂用全十四張 定價金四拾錢

三松堂編輯局編纂

最新 漢譯滿洲全圖

◉石版加彩色 定價金四拾錢

發行所 日本東京京橋弓町 三松堂書局

清國上海 科學儀器館 文明書局 ●有正書局 ●教育館

休寧程家聖先生纂著　日本伊藤繁延先生案圖

中國歷史教育畫

外附漢文說明書一冊全部二十頁已經出版定價金五圓

闡一國之精神。有如堅石。有如煉鐵。別無他道。世莫不稱曰國民教育。然其爲國民教育之利器者。則非歷史一科不爲功。中國歷史。浩如煙海。興亡之故。固不難藉教科書以傳之。而國民之眞精神。縱懸河之口。其無圖畫以相輔助。則終莫由而顯也。休寧程韶蓀先生。其經史之學。夙已蜚譽於禹域。自弱冠而負笈吾邦。前歲畢業於大學。其住東京。實留學生之最久者。以應敝局之請。爲著是圖。聯絡古今。貫串倫類。其數雖不過二十。然內準之中國社會之心理。外以合泰西教育之方法。由其精博之心胸。而出以卓越之識見者也。至其描畫神情。幾於頰上三毫。躍躍若活。呼之欲出。足令人可哭可歌。起慕起敬。誠宇內第一之歷史書。而心乎教育者之不可不先睹爲快者矣。特此廣告。務宜家備一編。

講堂教授……漢譯

暗射清國大地圖

◉縱五尺　橫七尺全幅大掛圖

◉石版加彩色　定價金參圓九拾錢

發行所日本東京市京橋區弓町三松堂書局

日本 小島彥七先生著
支那古今沿革圖
◉定價金壹圓卅錢

日本 三松堂書局編纂
大清國現勢地圖
◉定價金壹圓

日本 高橋屯先生著
漢譯 人體解剖圖
◉定價金貳圓

日本 木野崎、小山先生同著
東語讀本
◉全二冊

日本 水谷延次先生著
漢譯 兩半球地圖
◉定價金貳拾五錢

日本 三松堂書局編纂
萬國 練習用白地圖
◉定價金貳拾五錢

日本 三松堂書局編纂
大清國疆域分圖
◉定價金五拾錢

日本 三松堂書局編纂
改正 漢文萬國地圖
◉定價金五拾錢

日本 赤松範靜先生著
最新 東亞三國地圖
◉定價金四拾錢

日本 三松堂書局編纂
清國明細全圖
◉定價金拾五錢

日本 三松堂書局編纂
清國 廣東省全圖
◉定價金壹圓

漢文地球儀
◉徑二寸五分 價金三拾錢
◉徑一尺 定價金四圓

發行所 東京京橋區弓町 三松堂書局

此墨不須磨工。以筆沾水濃淡自如。且墨質純良永無腐敗之患。即置夏冬時令亦無融凍等慮。光彩燦然。遠勝唐墨。美麗。輕便。於行旅中最爲相宜。價廉物美。足爲文人之至寶也。即以水溶解亦可適用。如官衙畫家大小學校銀行等。猶爲不可少之品本舖開設多年馳名已久。教育品展覽會內曾得優賞。中國朝鮮緬甸等處亦屢蒙光顧。惟需覽標本請賜郵費壹角二分。即以墨一個呈閱。不誤。其他文具種類太多。恕不悉錄。故特另紙詳載標本。

大日本登錄商標

二十世紀最大發明

田口精爾謹製

開明墨

日本東京京橋區南傳馬町一丁目七番地

開明墨製造元　合資會社田口商會

陸軍教授　依田雄甫先生著

漢文最新萬國形勢指掌全圖

是圖現今所有最良最新精圖。曾以直隸總督袁宮保。前兩江總督魏制台。學部侍郎嚴大人。日本駐剳楊公使。軍機處存記一品朱大人。直隸學校司參議丁大人諸公殷勤賜書稱賀不已。今寫諸公眞蹟揭之卷首。是亦爲不易得。大方諸彥幸講一本閱悉披覽可以遊于五大州也

石印七彩地圖二十張　人物風景寫眞版十張統計表廿四頁

價貳元五角　小包郵費三角五分

文學博士 [illegible] 著

漢文萬國史綱目

▲唐本形全八冊　價貳元八角　小包郵費三角五分

文學博士　服部宇之吉先生著

漢文論理學講義

▲唐本形全一冊　價六角五分　郵費六分

高等師範學校教授　[illegible]先生著

漢譯單級教授法

▲洋裝美本全一冊　價四角五分　郵費四分

支那疆域沿革圖

▲石印一大張　價參元　小包郵費三角五分

陸軍教授　依田雄甫先生著

漢譯世界讀史地圖

▲石印七彩　價貳元五角　小包郵費三角五分

（掛圖製）

陸軍教授　依田雄甫先生著

漢文最近世界現勢指掌圖

▲石印七彩　價貳元五角　小包郵費三角五分

發兌元　東京市神田區　合資會社富山房特約店

上海、天津、北京、其他各地書局

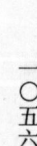

商業教本

是書爲英國闢脫門原著彼國學堂之課本也寰球商務以英爲冠故其國最重商而言商業之書亦最精吾國載籍雖博士大夫以賤商之故商業向無專書今各省競設商業學堂其不得不借助於他國人之撰述者勢也本局特託曹蔡二君譯成此書文筆雅潔譯言精審非率爾操觚者可比凡欲研究商業者宜一讀不特可爲學堂之教本而已每部定價大洋五角五分

總發行所 上海棋盤街 廣智書局

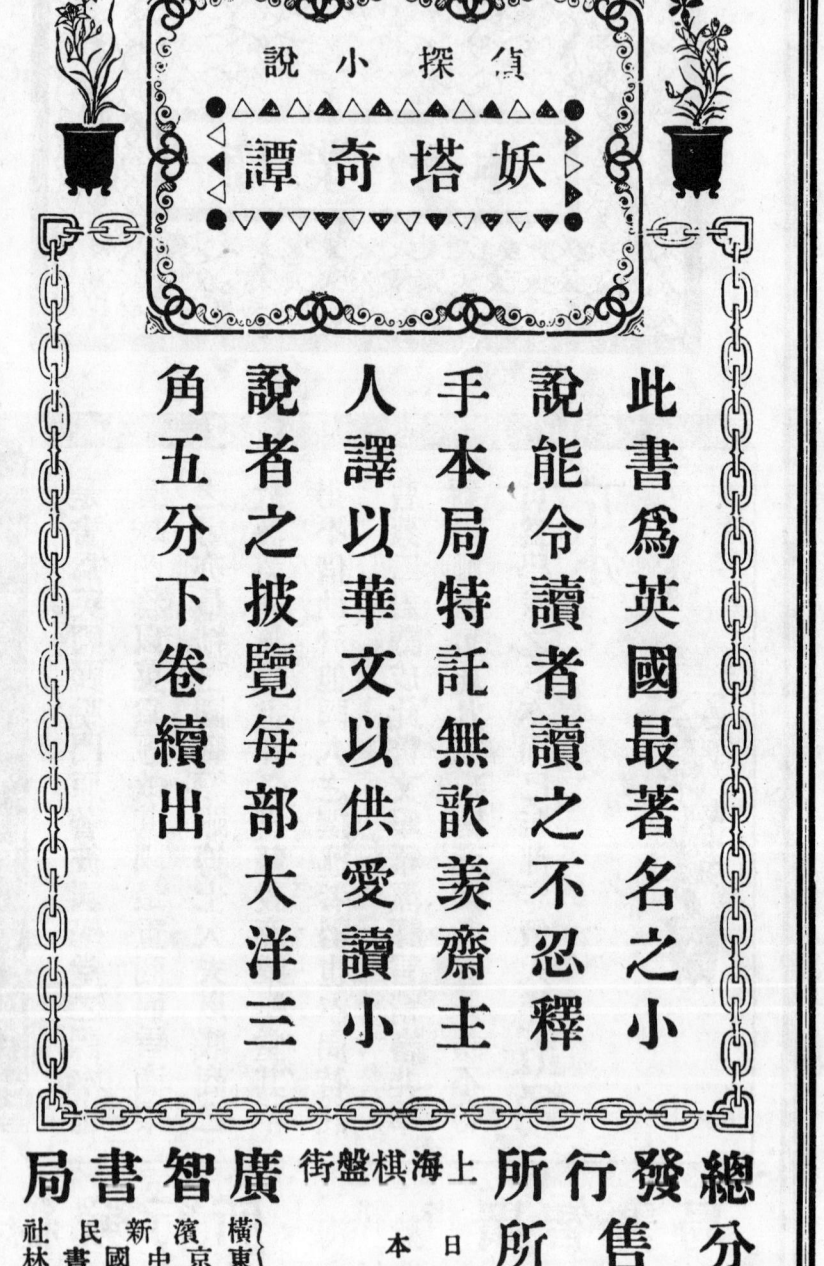

新民叢報

明治三十五年十二月二十七日（第三種郵便物認可）（每月二回發行）

第肆年第陸號
（原第七十八號）
光緒三十二年三月十五日　明治三十九年四月八日

商業教本

是書爲英國闢脫門原著彼國學堂之課本也寰球商務以英爲冠故其國最重商而言商業之書亦最精吾國載籍雖博士大夫以賤商之故商業向無專書今各省競設商業學堂其不得不借助於他國人之撰述者勢也

本局特託曹蔡二君譯成此書文筆雅潔譯言精審非率爾操觚者可比凡欲研究商業者宜一讀不特可爲學堂之敎本而已每部定價大洋

五角五分

總發行所上海棋盤街廣智書局

新民叢報第肆年第陸號目錄（原第七十八號）

報資及郵費價目表

報資及郵費價目表	全年廿四冊	半年十二冊	零售
報資	五元	二元六角	二角五分
上海郵費	二角四分	一角二分	一分
上海轉寄內地郵費	一元二角	六角	五分
各外埠郵費	一元四角四分	七角二分	六分
四川、雲南、陝西、貴州、山西、甘肅等省郵費	二元八角八分	一元四角四分	一角二分
日本各地及日郵已通之中國各口岸每冊一仙			

廣告價目表

洋裝一頁	洋裝半頁
十元	六元

惠登廣告至少以半頁起算刊資先惠論前加倍欲登長年半年者價當面議從減

編輯兼發行者　馮紫珊

印刷者　陳侶笙

發行所　橫濱山下町百六十番　新民叢報社

上海發行所　四馬路老巡捕房對面　新民叢報支店

印刷所　新民叢報活版部

答某報第四號對於本報之駁論

某報第四號有駁新民叢報最近之非革命論一篇對於本報第三號之論文爲無理之攻難本報非屑與校但以眞理所在不能默然故爲文以答之本號出版期迫不及刊入故錄之於第七號批評門今先揭所以答彼之由

一某報於本報最重要之論點避而不擊徒毛擧一二細故冀未讀我原文者以爲吾文所論者不過如彼指摘之一二細故而止

一某報前數號所主張已爲本報駁倒者今不復能反駁倒本報之所駁而猶靦然繹演其進退失據之說

一某報所毛擧之細故多有爲本報并無此言而彼誣指爲有以淆人視聽者　本報爲欲使讀者得以我說與彼說兩相比較而知所持之理孰眞孰僞孰適孰不適故將彼報之文全附錄於第七號此後若彼再有詞而我再反駁之者亦依此例

英人拒納船税者哈彌兒頓
（克林威爾之叔父也）

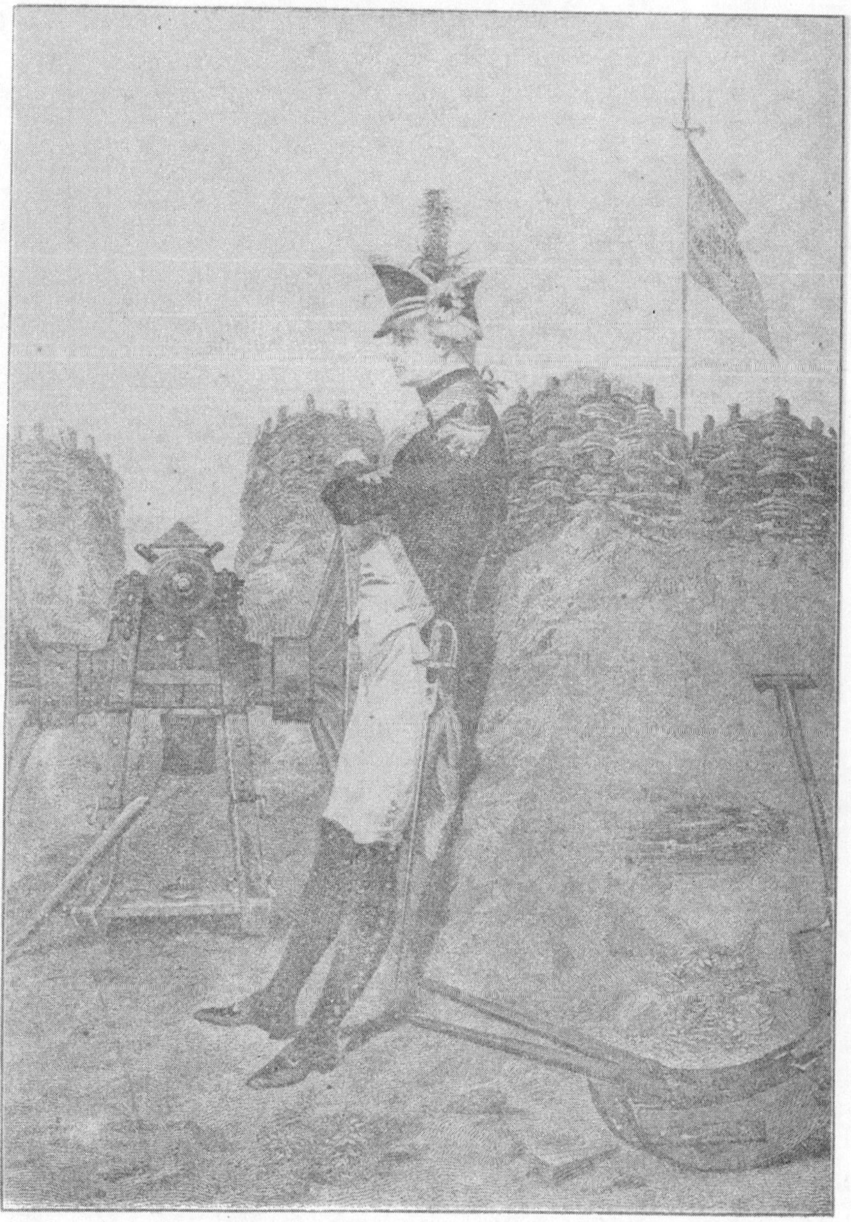

中國法理學發達史論（續第七十七號）

飲冰

論著一

第五章　法治主義之發生

當我國法治主義之興。萌芽於春秋之初。而大盛於戰國之末。其時與之對峙者有四。曰放任主義。曰人治主義。曰禮治主義。曰勢治主義。而四者皆不足以救時弊。於是法治主義應運而興焉。今請語其差異之點。

第一節　放任主義與法治主義

放任主義者。以不治爲治者也。然欲此主義之實現。必以使民無欲爲前提。否亦以使民寡欲爲前提。然有欲之民能使之無乎。多欲之民能使之寡乎。此必不可得之數也。必不可得而猶謂放任可以治天下。是此主義已從根本上被破壞而不得存立也。今述當時難放任主義之說。

放任主義者流。既以無治爲主義。故主人治主禮治主勢治主法治者交敵之。荀子性惡篇曰。

今人之性。生而有好利焉。順是故爭奪生而辭讓亡焉。生而有疾惡焉。順是故殘賊生而忠信亡焉。生而有耳目之欲有好聲色焉。順是故淫亂生而禮義文理亡焉。然則從人之性。順人之情。必出於爭奪。合於犯分亂理。而歸於暴。

此論已足摧破放任主義說而有餘。而韓非子五蠹篇亦云。

古者不事力而養足。人民少而財有餘。故民不爭。是以厚賞不行。重罰不用。而民自治。今人民衆而貨財寡。事力勞而供養薄。故民爭。雖倍賞累罰而不免於亂。

此緣老莊一派。好稱道上古郅治。故爲述社會變遷之勢。謂在古代可以放任。而世運愈進。愈不可以放任。此亦其駁論之最有力者也。若其謂法治足以救之者何也。則愼子曰。馬氏意林引

一兎走。百人追之。積兎於市。過而不顧。非不欲兎。分定不可爭也。

尹文子大道上篇曰。

名定則物不競分明則私不行物不競非無心由名定故無所措其心私不行非無欲由分明故無所措其欲

然則心欲人人有之而得同於無心無欲者制之有道也

持放任主義者必以不私不競爲前提而不私不競必以無心無欲爲前提而法家則謂無心無欲萬不可致而使之不爭不競者乃別有道則權利之確定是也慎子尹文子此語實權利觀念之濫觴也荀子正名篇又曰

凡語治而待去欲者無以道（案同導）而困於有欲者也凡語治而待寡欲者無以節欲而困於多欲者也

荀子此語難法家之欲祛私欲而無其道而荀子所謂道之節之者則分也分即法也尹文子大道篇上又曰

道行於世則貧賤者不怨富貴者不驕愚弱者不懾智勇者不陵法行於世則貧賤者不敢怨富貴富貴者不敢陵貧賤愚弱者不敢冀智勇智勇者不敢鄙愚弱

管子明法解亦曰

故貪者非不欲奪富者財也然而不敢者法不使也强者非不欲暴弱也然而不敢者畏法誅也

此言道德與法律之區別其義最明蓋持放任主義者認意志之自由而行爲之自由隨之故所以規律一般行爲者不得不悉仰諸良心之制裁持法治主義者雖認意志

之自由而行爲之自由非絕對的承認故所以規律一般行爲者壹委諸法力之制裁此道家與法家之大別也夫以良心自制裁者必非盡人而能之明矣於是乎道德說勢不能普及而將有所窮此法家之所以代興也尹文子上同又曰

爲善使人不能得從此獨善也爲巧不能使人得從此獨巧也未盡善巧之理爲善與衆行之爲巧與衆能之此善之善巧之巧者也所貴聖人之治不貴其獨治貴與能與衆共治貴工倕之巧不貴其獨巧貴其能與衆共巧也今世之人行欲獨賢事欲獨能辯欲出羣勇欲絕衆獨行之賢不足以成化獨能之事不足以周務出羣之辯不可爲戶說絕衆之勇不可以征陣

韓非子五蠹篇亦曰

微妙之言上智之所難知也今爲衆人法而以上智之所難知則民無從識之矣故糟糠不飽者不務粱肉短褐不完者不待文繡夫治世之事急者不得則緩者非所務也今所治之政民間之事夫婦所明知者不用而慕上知之論則其於治反矣故微妙之言非民務也

凡此皆謂徒任道德不足以治國而利羣也由此觀之法家固未嘗盡蔑視道德惟以爲道德者只能規律於內不能規律於外只能規律一部分之人不能規律全部分之人故所當標以律民者非道德而法律也法家語固多有排斥道德者然辨論之餘走於極端殆非其本意也而法家言所以不能久者亦以此

第二節　人治主義與法治主義

凡社會之初形成國家其創造之而維持之者恒藉一英雄或數英雄力故古代人民其崇拜英雄之念特甚謂一切幸福惟英雄爲能我賜一切患害惟英雄爲能我捍於是英雄萬能聖賢萬能之觀念發生焉而不知英雄聖賢固大有造於國家然其所以能大有造於國家者非僅恃英雄聖賢自身之力而更賴有法以盾其後也由前之說謂之人治主義由後之說謂之法治主義

儒家固甚尊人治者也而其所以尊之者非以其人仍以其法蓋儒家崇拜古聖人者謂古聖人爲能知自然法能應用自然法以制人定法也故儒家者非持簡單膚淺的人治主義而實合人治法治以調和之者也孟子（離婁上）曰

> 離婁之明。公輸子之巧。不以規矩。不能成方圓。師曠之聰。不以六律。不能正五音。堯舜之道。不以仁政。不能平治天下。今有仁心仁聞而民不被其澤不可法於後世者。不行先王之道也。故曰。徒善不足以爲政。徒法不能以自行（中略）故曰爲高必因丘陵。爲下必因川澤。爲政不因先王之道。可謂智乎。是以惟仁者宜在高位。不仁而在高位。是播其惡於衆也。

徒善不可謂當以法治濟人治之窮也徒法不可謂當以人治濟法治之窮也故既言

不因先王之道不可謂智。又言惟仁者宜在高位。是人與法兩相須。實儒家中庸之大義也。

逮法家興。則排斥人治主義。而獨任法治主義。尹文子（大道下）曰

田子（案田子田駢也）讀書曰堯時太平。宋子（案宋子宋鈃也）曰聖人之治以致此乎。彭蒙在側。越次答曰。聖法之治以致此。非聖人之治也。宋子曰。聖人與聖法何以異。彭蒙曰。子之亂名甚矣。聖人者自己出也。聖法者自理出也。理出於己。己非理也。己能出理。理非己也。故聖人之治。獨治者也。聖法之治。則無不治矣。

此言可謂至言。謂治由聖人出者。具體的直覺的也。謂治由聖法出者。抽象的研究的也。理出於己而己非理。己能出理而理非己。此實論理學上正名之要恉。而治科學者所最當審也。如國家由君主統治。而君主非國家。君主能統治國家。而國家非君主。毫釐之辨。而根本觀念大相反焉。不可不審也。然此義儒家亦能知之。故孟子曰。聖人先得我心之所同然耳。凡儒家之尊聖人。皆尊其法。非尊其人也。

尹文子（大道上）又曰。

聖王知民情之易動。故作樂以和之。制禮以節之。在下者不得用其私。故禮樂獨行。禮樂獨行。則私欲寢廢。私欲寢廢。則遭賢之與遭愚均矣。若使遭賢則治。遭愚則亂。是治亂續於賢愚。不係於禮樂。是聖人之術與聖主

而俱沒。治世之法。逮易世而莫用。則亂多而治寡。亂多而治寡。則賢無所貴。愚無所賤矣。

此其言尤爲博深切明。夫專制國。則治亂繫於賢愚者也。而立憲國。則遭賢與遭愚均者也。必遭賢與遭愚均。然後可以厝國於不敝。若此者非法治無以得之。（尹文子此文謂禮治也。然與法治對舉。則禮治法治爲別物。與人治對舉。則禮治法治爲同物。此先秦諸哲之所同也。尹文此言文則禮治而意則法治也。）所貴乎賢者。以其能厝國於不敝也。故必爲國立法。斯乃可貴。此尹文之意也。韓非子（難勢篇）亦曰。

> 且夫堯舜桀紂。千世而一出。是比肩隨踵而生也。世之治者不絕於中。吾所以爲言勢者中也。中者。上不及堯舜。而下亦不爲桀紂。抱法處勢則治。背法去勢則亂。今廢勢背法而待堯舜。堯舜至乃治。是千世亂而一治也。抱法處勢而待桀紂。桀紂至乃亂。是千世治而一亂也。且夫治千而亂一。與治一而亂千也。是猶乘驥駬而分馳也。相去亦遠矣。

此言難人治主義說最爲有力。蓋言人類至賢至不肖者尠。惟中人最多。有法則賢者益賢。而中人亦可以循法而不失爲賢。無法則惟賢者能賢。而中人則以靡法可循而即於不肖。此立憲與專制得失之林也。前此所言。皆謂人治之不能久。而法治之可以常也。而韓子復論人治之不能周。而法治之可以徧。其言（難一篇）曰。

> 歷山之農者侵畔。舜往耕焉。朞年甽畝正。河濱之漁者爭坻。舜往漁焉。朞年而讓長。東夷之陶者器苦窳。舜往

陶焉。朞年而器牢。仲尼歎曰。耕漁與陶。非舜官也。而舜往爲之者。所以救敗也。舜其信仁乎。乃躬耕處苦而民從之。故曰聖人之德化乎。……或問儒者曰。（中略）且舜救敗。朞年已一過。三年已三過。（案已止也）舜有盡壽有盡。天下過無已者。以有盡逐無已。所止者寡矣。賞罰使天下必行之。令曰。中程者賞。弗中程者誅。令朝至暮變。暮至朝變。十日而海內畢矣。奚待朞年。舜猶不以此說堯令從已。乃躬親。不亦無術乎。且夫以身爲苦而後化民者。堯舜之所難也。處勢而令下者。庸主之所易也。將治天下。釋庸主之所易。道堯舜之所難。未可與爲政也。

有難法治說。謂雖有良法。苟不得賢才以用之。而法將無效者。韓子則釋之。難勢篇曰。

（前略）夫曰良馬固車。臧獲御之則爲人笑。王良御之則日取乎千里。吾不以爲然。夫待越人之善海游者。以救中國之溺人。越人善游矣。而游者不濟矣。夫待古之王良以馭今之馬。亦猶越人救溺之說也。不可亦明矣。夫良馬固車。五十里而一置。使中手御之。追速致遠。可以及也。而千里可日致也。何必待古之王良乎。且御非使王良也。則必使臧獲敗之。治非使堯舜也。則必使桀紂亂之。此則積辯累辭。離理失實。兩末之議也。

此言任人不任法者。人無必得之券。則國無必治之符。所待之人未至。而國已先亂亡矣。任法不任人者。法固中材之所能守。而不必有所待也。此摯論也。

尹文子大道上亦云。

萬事皆歸於一。百度皆準於法。歸一者簡之至。準法者易之極。如此頑嚚聾瞽可與察慧聰明同其治也。

故韓子又言苟非以法治者雖偶治而不可謂之眞治何也未嘗有必治之劵存也其言(問辯篇)曰

夫言行者以功用爲之的彀者也。夫砥礪殺矢而以妄發其端未嘗不中秋毫也。然而不可謂善射者。無常儀也。設五寸之的引十步之遠非羿逢蒙不能必中者有常也。故有常則羿逢蒙以五寸的爲功。無常則以妄發之中秋毫爲拙。

此言專制國雖或偶生英明神武之王行開明專制國運驟進然不能以此自安以其不能常也。法治國雖進不必驟而得寸得尺計日程功兩者比較惟法治可以爲安也。故法家之論謂人主無論智愚賢不肖皆不可不行動於法之範圍內此至精之論也。今最述其說。

(管子明法篇)是故先王之治國也不淫意於法之外不爲惠於法之內也動無非法者所以禁過而外私也

(中略)是故先王之治國也。使法擇人。不自舉也。使法量功。不自度也。

(又明法解篇)明主雖心之所愛而無功者不賞也。雖心之所憎而無罪者弗罰也。案法式而驗得失。非法度不留意焉。故曰不淫意於法之外。(中略)夫舍公法而行私惠則是利姦邪而長暴亂也。行私惠而賞無功則是使民偷幸而望於上也。行私惠而赦有罪。則是使民輕上而易爲非也。故曰不爲惠於法之內。

(又任法篇)不知親疏遠近貴賤美惡以度量斷之。其殺戮人者不怨也。其賞賜人者不德也。以法制行之如天地之無私也。(中略)今亂君則不然。有私視也。故有不見也。有私聽也。故有不聞也。有私慮也。故有不知也。

(又)聖君任法而不任智。任數而不任說。任公而不任私。任大道而不任小物。失君則不然。

(韓非子用人篇)釋法術而心治。堯不能正一國。去規矩而妄意度。奚仲不能成一輪。廢尺寸而差長短。王爾不能半中。使中主守法術。拙匠守規矩。則萬不失矣。君人者能去賢巧之所不能。守中拙之所萬不失。則人盡而功名立。

(又亡徵篇)簡法禁而務謀慮者。可亡也。好以智矯法。時以私雜公。法禁變易。號令數下者。可亡也。

(又飾邪篇)凡智能明通。有以則行。無以則止。故智能單道。不可傳於人。而道法萬全。智能多失。夫懸衡而知平。設規而知圓。萬全之道也。釋規而任巧。釋法而任智。惑亂之道也。

(又姦劫弑臣篇)人主者。非目若離婁乃爲明也。非耳若師曠乃爲聰也。目必不任其數。而待目以爲明。所見者少矣。非不弊之術也。耳必不因其勢。而待耳以爲聰。所聞者寡矣。非不欺之道也。明主者。使天下不得不爲己視。使天下不得不爲己聽。

(又難二篇)以一人之力禁一國者。少能勝之。

(愼子君人篇)君人者舍法而以身治。則誅賞予奪從君心出。然則受賞者雖當。望多無窮。受罰者雖當。望輕。

無已君舍法以心裁輕重則同功殊賞同罪殊罰矣怨之所由生也是以分馬之用策分田之用鉤非以策鉤爲過於人智所以去私塞怨也故曰大君任法而弗躬則事斷於法法之所加各以分蒙賞罰而無望於君是以怨不生而上下和矣。

(管子任法篇)昔者堯之治天下也猶埴之在埏也唯陶之所以爲猶金之在鑪恣冶之所以鑄其民引之而來推之而往使之而成禁之而止故堯之治也善明法禁之令而已

以上所舉皆謂非徒就國家方面論宜任法而毋任人即就君主方面論亦宜任法而毋自任而其言所以不可自任者有三義一曰自任則不周也二曰自任則滋弊也三曰自任則叢怨也凡以明法治之必要而已

第三節　禮治主義與法治主義

日本穗積陳重博士曰『原始社會者禮治社會也舉凡宗教道德慣習法律悉舉而包諸禮儀之中無論何社會皆禮治先於法治此徵諸古代史及蠻地探險記而可見者也支那古代謂禮爲德之形禮也者行爲之有形的規範而道德之表彰於外者也當社會發展之初期民智蒙昧不能依於抽象的原則以規制其行爲故取日用行習之最適應於共同生活者爲設具體的儀容使遵據之則其於保社會之安甯助秩序的

發達最有力焉故上自君臣父子兄弟夫婦朋友下逮冠昏喪祭宮室衣服飲食器具言語容貌進退凡一切人事無大無小而悉納入於禮之範圍夫禮之範圍其廣大如此此在原始社會其人民未慣於秩序的生活者以此裁制之而甚有效至易見也及夫社會確立智德稍進人各能應於事物之性質而爲適宜之自治行爲無取復以器械的形式制馭之而固定之禮儀或反與人文之進化成反比例此禮治之所以窮而敝也」（法學協會雜誌第二十四卷第一號論文「禮卜法」）其於禮治主義之起原發達及其得失言之殆無餘蘊矣。

儒家崇信自然法而思應用自然法以立人定法。其所立之人定法則禮是也今先述儒家所言禮之定義。

（記樂記）禮也者理之不可易者也

（又）禮者天地之序也

（又）大禮與天地同節

（又禮運）夫禮先王以承天之道以治人之情

（又仲尼燕居）夫禮所以制中也

（又禮運）禮也者義之實也

(又禮器)禮也者。合於天時。設於地利。順於鬼神。合於人心。以理萬物者也。

(又)禮也者。物之致也。

(荀子致士篇)程者。物之準也。禮者。節之準也。

(又禮論篇)禮者。斷長續短。損有餘。益不足。達愛敬之文。而滋成行義之美者也。

(記樂記)禮節民心。

(又禮器)禮。衆之紀也。紀散而衆亂。

(又坊記)禮者。因人情之節文。以爲民坊者也。

(又)夫禮。坊民所淫。章民之別。使民無嫌。以爲民紀者也。

(又樂記)禮者所以綴淫也。

(又)禮者。將以平好惡。而反人道之正者也。

(又曲禮)夫禮者。所以定親疏。決嫌疑。別同異。明是非也。

(又仲尼燕居)禮者何也。即事之治也。有其事。必有其治。

(又禮器)禮也者。猶體也。體不備。君子謂之不成人。

(說文示部)禮、履也。段注云。見禮記祭義。(案祭義云禮者履此者也)周易序卦傳。履足所依也。引申之。凡所依皆曰履。

（孔穎達禮記正義引鄭玄說）禮者體也履也統之於心曰體踐而行之曰履（又引賀瑒說）其體有二一是物體言萬物貴賤高下小大文質各有其體二曰禮體言聖人制法體此萬物使高下貴賤各得其宜也（中略）物雖萬體皆同一履履無兩義也

綜上所述則禮之定義可得而明焉曰「禮也者根本天地之自然法而制定之於具體的爲一切行爲之標準以使人民踐履之者也所謂理所謂義所謂中所謂天之道所謂天地之序天地之節皆謂自然法也有其事必有其治即有物有則之義也此自然法本爲具體的當禮之未生以前先已存在而聖人則研究之於抽象的求得其條理而應用之於事事物物復制爲具體的儀式以爲事事物物之標準而使民率循（賀氏謂其體有二是也然謂一物體二禮體則不當當以道體與禮體並列蓋物與事同皆道與禮之目的物而已）荀子又曰「若夫斷之繼之博之淺之益之損之類之盡之盛之美之使本末終始莫不順比足以爲萬世則則是禮也（禮論篇）是其義也然則禮也者一種具體的之人定法而儒家所認爲與自然法有母子血統的關係者也但既由自然法抽象而來故雖認爲固定體而固定之程度比較的不如自然法之强故儒家謂自然法之道爲絕對的不變者謂人定法之禮爲比較的可變者

今述其說，

(記曲禮)禮從宜使從俗。

(又禮器)禮時爲大順次之體次之宜次之稱次之

(又禮運)故禮也者義之實也協之義而協則禮雖先王未之有可以義起也

(又樂記)三王異世不相襲禮。

由是觀之。則儒家謂禮不純爲創造的而兼爲發達的制禮者可承認慣習以爲禮猶立法者可承認慣習以爲法也故所重者不在禮之數而在禮之義記郊特牲云「禮之所尊尊其義也失其義陳其數祝史之事也故其數可陳也其義難知也」此猶言法者非徒重法文而尤重法之精神也。

是故儒家言禮之効用與法家言法之効用正同儒家之言曰。

(記經解)禮之於正國也猶衡之於輕重也繩墨之於曲直也規矩之於方圓也故衡誠縣不可欺以輕重繩墨誠陳不可欺以曲直規矩誠設不可欺以方圓君子審禮不可誣以姦詐。

(荀子禮論篇)故繩墨誠陳矣則不可欺以曲直衡誠縣矣則不可欺以輕重規矩誠設矣則不可欺以方圓。君子審於禮則不可欺以詐僞故繩者直之至衡者平之至規矩者方圓之至禮者人道之極也。

法家之言曰。

(愼子)有權衡者不可欺以輕重有尺寸者不可差以長短有法度者不可巧以詐僞(馬氏意林引)

(管子明法篇)是故有法度之制者不可巧以詐僞有權衡之稱者不可欺以輕重有尋丈之數者不可欺以長短,

(尹文子大道上篇)以度審長短以量受多少以衡平輕重以律均淸濁以名稽虛實以法定治亂。

由是言之則儒家之言禮法家之言法皆認爲行爲之標準儒家所謂中禮不中禮即法家之所謂適法不適法也二者就形質上就效用上其觀察點全同雖謂非二物可也。

故儒家以禮爲治國治天下唯一之條件其言曰。

(孝經)安上治民莫善於禮。

(記祭統)凡治人之道莫急於禮。

(又禮運)聖人以禮示之故天下國家可得而正也。

(又)故治國不以禮猶無耜而耕也。

(又)故唯聖人爲知禮之不可以已也故壞國喪家亡人必先去其禮。

(又)是故禮者君之大柄也、

(又哀公問)爲政先禮禮其政之本與、

(又祭義)致禮樂之道而天下塞焉。舉而措之無難矣。

(又樂記)樂至則無怨。禮至則不爭。揖讓而治天下者禮樂之謂也

(又經解)故禮之敎化也微其止邪也於未形使人日徙善遠罪而不自知也。是以先王隆之也。

(又曲禮)人有禮則安。無禮則危。

此皆極言禮治之效用也

然儒家關於禮之觀念。與關於法之觀念、亦非全無差別、試舉之。

(論語)道之以政。齊之以刑、民免而無恥、道之以德。齊之以禮。有恥且格。

(記樂記)禮節民心。樂和民聲。政以平之。刑以齊之。禮樂刑政四達而不悖。則王道備矣。

此所謂刑即法也。古代所謂刑。其本義即指法律。其引申之義。乃爲刑罰。法律者。刑字之廣義也。刑罰者。刑字之狹義也。說見第三章。然則禮之與法、散言則通、對言則別、儒家固非盡排斥法治、然以禮治爲主、點以法治爲補助、蓋謂禮治所不能施之範圍、然後以法治行之也

然則禮治與法治之範圍。亦有界線乎。曰、有之。

(記曲禮)禮不下庶人刑不上大夫

(荀子富國篇)由士以上則必以禮樂節之衆庶百姓則必以法數制之

荀子此文、實曲禮彼文之注脚也。刑不上大夫者、刑即廣義之刑、謂法也。荀子所謂法數是也。吾國古代亦有等族制度士以上即貴族衆庶即平民也其權利義務皆溝然懸殊於是以禮治刑治(法治)嚴區別之其所以生此區別者蓋在古代宗法社會莫不有賤彼貴我之觀念此各國所同非獨我也英人甄克思曰『宗法社會以種族爲國基。故其國俗莫不以羼雜爲厲禁方社會之爲宗法也、欲入其樊而爲社會之一分子。非生於其族其道莫由。其次則螟蛉果蠃之事。然其禮俗至嚴非與例故脗合者。所弗納也。(嚴譯社會通詮第七六葉)坐是之故其禮俗習故傳自先祖遺訓者常神聖視之而不許異族之適用故古代法律非如今之屬地主義而恒取屬人主義皆此之由此其例證求諸羅馬法最易見羅馬原有之法律名「周士斯委爾」Jus Civile 專適用於羅馬人其後侵略日廣歸化者日衆於是別造一種法律「名周士和那拉廉」Jus Honorarium 者。(此譯蠻民法)以治羅馬種人以外之人此兩法至今猶存斑斑可考也吾古代所謂禮者以治同氣類之貴族所謂刑法者以治歸化之賤族書呂刑曰『苗民弗用靈制以刑惟作五虐之刑曰法』此刑法之起原最可信據者。（苗民即異族之歸化者。故書又曰。黎民於變時雍。凡古代所謂民。皆以別於士士貴族也。民賤族也。）由此觀之則所謂禮者即治本族之法律所謂刑者即治異族之法律其最初之區別實如是洎夫春秋以降漸由宗法社會以入軍國社會固有之貴族孳乳寖多特別權利有所不給而疇昔所謂異族久經同化殆不可識別於是社會大變革之機迫於眉睫治道術之士咸思所以救其敝而儒家則欲以疇昔專適用於貴族之法律(即禮)擴其範圍使適用於一般之平民法家則欲以疇昔專適用於平民之法律(即刑與法)擴其範圍使適用於一般之貴族此實禮治法治之最大爭點而中國進化史上一大關鍵也

夫禮也者取一切行爲而悉爲之制定一具體的形式然行爲者應於社會之變遷而其形式不得不變遷者也於是乎所制定之具體的勢難閱百年而猶與社會相適故在昔可爲社會進化之助者在後反爲社會進步之障而所謂行爲者自洪迄纖其數累億其所謂禮者亦不得不洪纖悉備其數累億非徒非人力所能悉制定抑亦非人

力所能悉記憶。故當戰國以還。社會之變遷日益劇急。而諸子百家之對於儒教之禮治主義。其攻難亦日益甚。又勢使然也。是以道家墨家法家等。羣起而與禮治主義為敵。

（莊子馬蹄篇）及至聖人。摘僻為禮。而天下始分矣。

（史記太史公自序）夫儒者以六藝為法。六藝經傳以千萬數。累世不能通其學。當年不能究其禮。

（淮南子要略）墨子初學儒者之業。受孔子之術。以為其禮煩擾。傷生害業。靡財貧民。

（墨子非儒篇）孔某盛容修飾以蠱世。弦歌鼓舞以聚徒。繁登降之禮以示儀。務趨翔之節以勸衆。儒學不可以議世。勞思不可以補民。累壽不能盡其學。當年不能行其禮。

此道墨兩家相攻難之說也。（多不及悉舉）道墨兩家其立腳點為極端的相反。惟其對於禮治主義之批評則略相同。即一曰束縛過甚。二曰繁縟難行也。

法家亦攻難禮治主義。惟其所以攻難者則觀察點全異。蓋道墨兩家謂禮治主義病在干涉程度太過。法家則謂禮治主義病在干涉程度不足也。今舉其說。

（韓非子顯學篇）夫聖人之治國。不恃人之為吾善也。而用其不得為非也。恃人之為吾善也。境內不什數。用人不得為非。一國可使齊。為治也用衆而舍寡。故不務德而務法。夫必恃自直之箭。百世無矢。恃自圜之木。千世無輪矣。自直之箭。自圜之木。百世無有一。然而世皆乘車射禽者何也。隱括之道用也。雖有不恃隱括而自直之箭自圜之木。良工弗貴也。何則。乘者非一人。射者非一發也。不恃賞罰而恃自善之民。明主弗貴也。何也。國法不可失。而所治非一人也。今或謂人曰。使子必智而壽。則世必以爲狂。夫智性也。壽命也。性命者非所學於人也。而以人之所不能爲說人。此世之所以謂之爲狂也。謂之不能然。則是諭也。夫諭性也。以仁義教人。則是以智與壽說也。有度之主弗受也。故善毛嬙西施之美。無益吾面。用脂澤粉黛。則倍其初。言先王之仁義。無益於治。明吾法度。必吾賞罰者。亦國之脂澤粉黛也。今巫祝之祝人曰。使若千歲萬歲。千歲萬歲之聲括耳。而一日之壽無徵於人。此人之所以簡巫祝也。今世儒者之說人主。不言今之所以爲治。而語已治之功。不審官法之事。不察姦邪之情。而皆道上古之傳譽先王之成功。儒者飾辭曰。聽吾言則可以霸王。此說者之巫祝。有度之主不受也。

(又五蠹篇) 若夫賢良貞信之行者。必待貴不欺之士。貴不欺之士。亦無不欺之術也。布衣相與交。無富貴以相利。無威勢以相懼也。故求不欺之士。今人主處制人之勢。有一國之厚。重賞嚴誅。得操其柄。以修明術之所燭。雖有田常子罕之臣。不敢欺也。奚待於不欺之士。今貞信之士不盈於十。而境內之官以百數。必任貞信之士。則人不足官。人不足官。則治者寡而亂者衆矣。故明主之道。一法而不求智。固術而不慕信

(又) 今有不才之子。父母怒之弗爲改。鄉人譙之弗爲動。師長教之弗爲變。夫以父母之愛。鄉人之行。師長之智。三美加焉。而終不動其脛毛。不改。州部之吏。操官兵。推公法。而求索姦人。然後恐懼。變其節。易其行矣。故父

母之愛不足以教子。必待州部之嚴刑者。民固驕於愛聽於威矣。

(又八說篇)是以有道之主。不求清潔之吏。而務必知之術。

(商君書開塞篇)分定而無制。不可。故立禁。

(又)古者民藂生而羣處。故求有上也。將以為治也。今有主而無法。其害與無主同。有法不勝其亂。與不法同。

(又畫策篇)仁者能仁於人。而不能使人仁。義者能愛於人。而不能使人相愛。是以知仁義之不足以治天下也。聖人有必信之性。又有使天下不得不信之法。所謂義者。為人臣忠。為人子孝。少長有禮。男女有別。非其義也。餓不苟食。死不苟生。此乃有法之常也。聖王者不貴義而貴法。法必明。令必行。則已矣。

(又)國之亂也。非其法亂也。非法不用也。國皆有法。而無使法必行之法。國皆有禁姦邪刑盜賊之法。而無使姦邪盜賊必得之法。

(又禁使篇)其勢難匿者。雖跖不為非焉。

(尹文子大道上篇)今天地之間。不肖實衆。仁賢實寡。趨利之情。不肖特厚。廉恥之情。仁賢偏多。今以禮義招仁賢。所得仁賢者。萬不一焉。以名利招不肖。所得不肖者。觸地是焉。故曰。禮義成君子。君子未必須禮義。名利治小人。小人不可無名利。(中畧)上下不相侵與。謂之名正。名正而法順也。

(韓非子五蠹篇)且夫以法行刑。而君為之流涕。此所以效仁。非所以為治也。夫垂泣不欲刑者。仁也。然而不可不刑者。法也。先王勝其法。不聽其泣。則仁之不可以為治亦明矣。

(又六反篇)故法之爲道前苦而長利仁之爲道偷樂而後窮聖人權其輕重出其大利故用法之相忍而棄仁人之相憐也

(又)夫陳輕貨於幽隱雖曾史可疑也懸百金於市雖大盜不取也不知則曾史可疑於幽隱必知則大盜不取懸金於市故明主之治國也衆其守而重其罪使民以法禁而不以廉止母之愛子也倍父父令之行於子者十母吏之於民無愛令之行於民也萬父母父母積愛而令窮吏威嚴而民聽從嚴愛之筴亦可決矣

(商君書定分篇)夫不待法令繩墨而無不正者千萬之一也故聖人以千萬治天下故夫智者而後能知之不可以爲法民不盡智賢者而後知之不可爲法民不盡賢

(韓非子八說篇)慈母之於弱子也愛不可爲前然而弱子有僻行使之隨師有惡病使之事醫不隨師則陷於刑不事醫則疑於死慈母雖愛無益於振刑救死則存子者非愛也母不能以愛存家君安能以愛持國

(管子七法篇)言是而不能立言非而不能廢有功而不能賞有罪而不能誅若是而能治民者未之有也(中略)是何也曰形勢器械未具猶之不治也

(韓非子八說篇)古者人寡而相親物多而輕利易讓故有揖讓而傳天下者然則行揖讓高慈惠而道仁厚皆推政也處多事之時用寡事之器非智者之備也當大爭之世而循揖讓之軌非聖人之治也

(尹文子大道篇上)故有理而無益於治者君子弗言有能而無益於事者君子弗爲君子非樂有言有益於治不得不言君子非樂有爲有益於事不得不爲故所言者不出於名法(中畧)明主不爲治外之理

以上述法家言雖禮治主義之大概也。其論多不可悉舉。此舉其一斑耳。夫禮固爲一種之制裁力不可誣也。雖然此社會的制裁力而非國家的制裁力也。既名之曰國家則不可無强制組織。而禮治之所施則勸導之謂而非督責之謂也。語人以禮之當率循。其率循與否惟在各人之道德責任心。若其責任心薄弱視禮蔑如者。爲之奈何。法家則認人性爲惡。謂能有完全之道德責任心者萬不得一。故禮治不足爲治之具也。（韓非子顯學篇。商君書定分篇。尹文子大道篇上。等所說。）又以爲人類當其以社會的分子之資格立於社會之下。則社會所以制裁之者不得不專恃道德責任心。若當其以國家的分子之資格立於國家之下。則國家所以制裁之者。於道德責任心外。尚可以有他力焉。（凡今世之人類。一面爲國家的分子。同時一面爲社會的分子。蓋國權所不干涉之範圍。即社會之範圍也。若夫未能建設國家之人類。則不爲國家的分子。而僅爲社會的分子耳。）而道德責任心之制裁實不完全之制裁也。社會之性質不能爲强制的。故不得不以不完全之制裁自滿足。而國家既有强制的性質。可以行完全制裁。故不可徒恃道德責任心爲國民行爲之規律。非惟不可恃。抑亦不必恃也。（韓非子五蠹篇所說）於此而僅恃道德責任心。安於不完全之制裁。則是國家自放棄其責任也。夫人類之相率而組織國家。誠以不完全之制裁不足以確保秩序而增進幸福而思有所以相易也若既有國家而制裁之不完全仍一如其前則人之樂有國家也奚爲也哉準此以談則强制的法治非徒國家之權利抑又國家之義務也（商君書開塞篇所說）凡此皆法家之理想與儒家絕異者也平心論之則儒家對於國家之觀念實不如法家之明瞭非直儒家即道墨諸家皆然蓋儒道墨之論治也其主觀的能治之方針雖各各不同而客觀的所治之目的物則皆認國家與社會爲同物故三家者與其謂之國家主義毋甯謂之社會主義之爲尤得也我國之有國家主義實自法家始

第四節　勢治主義與法治主義

法治必藉强制而始現實强制必藉權力而後能行故言法治者動與勢治相混幾成二位一體之關係（法家以勢治立言者甚多今不暇枚舉）雖然法家決非徒任勢者且決非許任勢者凡以勢言法者非眞法家言也今述其證

（韓非子難勢篇）愼子曰飛龍乘雲騰蛇游霧雲罷霧霽而龍蛇與螾螘同矣則失其所乘也堯爲匹夫不能治三人而桀爲天子能亂天下吾以此知勢位之足恃而賢智之不足慕也堯敎於隸屬而民不聽至於南面

而王天下、令則行、禁則止、由此觀之、賢智未足以服衆、而勢位足以任賢者也。應慎子曰、飛龍乘雲、騰蛇游霧、吾不以龍蛇爲不託於雲霧之勢也、雖然、專任勢足以爲治乎、則吾未得見也、（中略）夫勢者非能使賢者用己、而不肖者不用己也、賢者用之則天下治、不肖者用之則天下亂、人之情性、賢者寡而不肖者衆、而以威勢之利、濟亂世之不肖人、則是以勢亂天下者多矣、以勢治天下者寡矣、（中略）吾所以爲言勢者中也、中者上不及堯舜、而下亦不爲桀紂、抱法處勢則治、背法去勢則亂、

此言法治與勢治之區別甚明、勢也者、權力也、法治固萬不能舍權力、然未有法以前、則權力爲絕對的、既有法以後、則權力爲關係的、絕對的故無限制、關係的故有限制、權力既有限制、則受治於其權力下者、亦得確實之保障矣、此義也、諸法家中、惟韓非最能知之、其他亦有見及者、

（韓非子八說篇）故仁人在位、下肆而輕犯禁法、偷幸而望於上、暴人在位、則法令妄而臣主乖、民怨而亂心生、故曰、仁暴皆亡國者也、

（又）人臣肆意陳欲曰俠、人主肆意陳欲曰亂、

（又難一篇）人主嘗事、遇於法則行、不遇於法則止、

（又大體篇）不急法之外、不緩法之內、

(文子上義篇)古之置有司也所以禁民使不得恣也其立君也所以制有司使不得專行也法度道術所以禁君使不得橫斷也人莫得恣即道勝而理得矣

(管子任法篇)君臣上下貴賤皆從法此之謂大治

(又)此聖君之所以自禁也

(又法法篇)不爲君欲變其令令尊於君也

(又)故置法以自治立儀以自正也

(又權修篇)地之生財有時民之用力有倦而人君之欲無窮以有時與有倦而養無窮之君而度量不生於其間則上下相疾也

(又君臣篇上)有道之君者善明設法而不以私防者也而無道之君既已設法則舍法而行私者也

綜上所述則法家非主張君權無限說甚明謂限之曰自限之自制法而受限於法故曰自限也此管子所以言自禁文子所以言禁君也夫商君以任勢聞者也然猶曰『以法正諸侯非私天下之利也議爲天下治天下(中略)今亂世之君臣區區然擅一國之利而當一官之重以便其私此國之所以危也(中略)是故明王任法去私』(修權篇)然則法家言與彼野蠻專制之治又豈可同年而語耶

第五節 法治主義之發生及其衰滅

法治主義。起於春秋中葉。逮戰國而大盛。而其所以然者。皆緣社會現象與前古絕異。一大革命之起。迫於眉睫。故當時政治家不得不應此時勢。以講救濟之道。鄭子產鑄刑鼎。晉叔向難之。子產曰。僑不才。不能及子孫。吾以救世也。（左傳昭六年）救世一語。可謂當時法治家唯一之精神。蓋認爲一種之方便法門也。當時論法律學研究之必要者。尙多。今更舉之。

（商君書開塞篇）今世强國事兼幷。弱國務力守。上不及虞夏之時。下不修湯武之法。故萬乘莫不戰。千乘莫不守。此道之塞久矣。而世主莫之能廢也。故三代不四。非明主莫有能聽也。古之民樸以厚。今之民巧以僞。故效於古者。先德而防治。效於今者。前刑而法。此俗之所惑也。

（韓非子五蠹篇）夫古今異俗。新故異備。如欲以寬緩之政。治急世之民。猶無轡策而御駻馬。此不知之患也。

（淮南子要略）齊桓公之時。天子卑弱。諸侯力征。南夷北狄。交伐中國。中國之不絕如綫。齊國之地。東負海而北彰河。地狹田少。而民多智巧。桓公憂中國之患。苦夷狄之亂。欲以存亡繼絕。故管子之書生焉。（中略）申子者。韓昭釐之佐。韓。晉別國也。地徼民險。而介於大國之間。晉國之故禮未滅。韓國之新法重出。先君之令未收。後君之令又下。新故相反。前後相繆。百官背亂。不知所用。故刑名之書生焉。秦國之俗。貪狠强力。寡義而趨利。

可威以刑。而不可化以善。可勸以賞。不可厲以名。被險而帶河。四塞以爲固。地利形便。畜積殷富。孝公欲以虎狼之勢而吞諸侯。故商鞅之法生焉。

當時諸家書言法治主義之萬不容已者尙多。匪暇枚舉。若淮南子此論。於其所以然之故。最能道破矣。大抵當時法治主義之動機有二。一曰消極的動機。二曰積極的動機。消極的動機者何。其在國家內部。階級制度之敝。已達極點。貴族之專橫。爲施政上一大障礙。非用嚴正之法治。不足以維持一國之秩序。故商君變法。刑公子虔而黥公孫賈。其他如子產李悝申不害之流。皆莫不首鋤貴族。蓋非是而國家內部之統一將不可望也。積極的動機者何。當時交通旣開。兼幷盛行。小國寡民。萬不足以立於物競界。故大政治家莫不取殖產主義與軍國民主義。即所謂富國強兵者是也。而欲舉富國強兵之實。惟法治爲能致之。蓋非是而國家外部之膨脹將不可望也。由是觀之。則法治主義者。實應於當時之時代的要求。雖欲不發生焉而不可得者也。

故法治主義對於其他諸主義。最爲後起。而最適於國家的治術。今比較而示其位置。

- 治術
  - 放任主義
  - 非放任主義
    - 人治主義
    - 非人治主義
      - 禮治主義
      - 非禮治主義
        - 勢治主義
        - 非勢治主義（即法治主義）

法治主義對於放任主義則彼乃不治的而此乃治的也其對於人治主義則彼乃無格式的而此乃有格式的也其對於禮治主義則彼乃無强制力的而此乃有强制力的也其對於勢治主義則彼乃無限制的而此乃有限制的也此法治主義之位置也。

（附言）勢治主義與人治主義略相類。似不得區別，惟人治主義。墨家及儒家中一部分所主張也、（墨家專標尚賢爲一宗旨，則是人治主義。儒家中，則荀子實持人治主義者也。）勢治主義。法家中一部分所主張也。言人治主義者。徒恃感化力而不恃制裁力，言勢治主義者。則以制裁力爲神聖。而謂此力由自然人之君主而來者也。法治主義亦認此力由君主而來而屬諸國家機關的君主不屬諸自然人的君主矣此其所以異也。

夫以法治主義之適於國家的治術。既已若此。宜其一度發生之後。則繼長增高有進無已、乃其占勢力於政界者。不過百數十年。不移時而遂歸澌滅者何也。吾推求其原因有三端焉。秦漢以還。驟開布衣帝王布衣卿相之局。所謂貴族階級者消滅。殆無復痕跡。而天下一家。又非復列國並立弱肉强食之舊。於是所謂時代之要求者。就消極積極兩方面觀之。其需要法治之亟。已不如其前。故戰國時句出萌達之國家觀念漸成秋扇。而固有之社會觀念復起而代之。夫法治主義與國家觀念密切而不可離者也。國家觀念衰。則法治主義隨之。此其衰滅之原因一也。我國人最富於保守性質。而儒家學說。適與之相應。法家學說。適與之相盩。儒家既緣舊社會之慣習而加以損益有以合於一般之心理。而派中復多好學深思之士。能繼續其學以發揮光大之。法家既以後起。其劇烈之改革。逆乎人心。而派中實行家多。理論家少。秦漢以還。無復有能衍其學說以與舊派對抗者。此其衰滅之原因二也。法律原與道德相互爲用。蓋社會之制裁力與國家之强制力。是一非二。故近今法治國之法律。莫不採人道主義。雖謂法律爲道德之補助品焉可也。然則謂有法律而可以無道德焉。其不當也明甚。謂有法律而不許復有道德焉其滋不當也明甚而法家一部分之說動走於極端認道德之性質與法律之性質爲不相容以排斥道德爲一種戰術夫即以今世之法治國使其擧一切敎育事業悉蔑棄之僅以法律爲維持社會秩序唯一之器械則其社會現象復當何如太史公曰法令者治之具而非制治淸濁之原斯言諒矣以今世之法治國有完全之國家根本法者猶徒法猶且不可況乎戰國時代所謂法治其機關之整備其權限之嚴明遠不如今時而乃先取道德而擯排之雖足以救一時而其道之不可久有斷然矣此其衰滅之原因三也。

綜此三因故法治主義雖極盛於戰國之季然不移時而遽就滅亡秦幷六國大一統主政者實爲李斯李斯本荀卿之徒而應於時代之要求不得不采用法家說以荀卿之人治主義與不完全的法治主義相和合則成爲勢治主義而已其於法治主義之眞精神去之遠矣然則李斯實用術者而非用法者也（參觀附言）故謂法治主義逮李斯而已亡可也及漢之興蕭何用刀筆吏佐新命入關首收秦律因沿以制漢律然簡單已甚張蒼以明律爲丞相然寡所設施（史記張丞相列傳云。『是時蕭何爲相國。而張蒼乃自秦時爲柱下史。明習天下圖書計籍。蒼又善用算律曆。故令蒼以列侯居相府。』然則蕭何律殆由蒼起草耶。其大師見於史者惟有一張恢。（史記鼂錯列傳云『學申商刑名於軹張恢先所。（索隱云軹縣人張恢先生）與洛陽宋孟及劉禮同師。』然則張恢必當時法學大師也）其勢力固已不逮儒家遠甚。孝文雖好之。（史記儒林傳云孝文好刑名之言）然方欲與天下休息。未遑實行。竇太后又好黃老術。（亦見儒林傳）蓋文景間實放任主義制勝之時代也。孝武即位。雜用儒法。互相水火。（今傳鹽鐵論一書。後漢桓寬撰。乃敘述始元六年丞相御史與所舉賢良文學論辨鹽鐵均輸之利害者也。兩黨各持一見。互相詰難。洋洋十數萬言。實儒法興亡之一大公案也。其事雖在昭帝時。實則兩家衝突之局。當武帝時代最甚也。）卒乃表章六藝。罷黜百家。儒術立於學官。尊為國教。自茲以往。法治主義殆見擯於學界外矣。其後雖大儒馬鄭二君。亦著漢律章句。魏明帝時。曾置律博士。（晉書刑法志云『叔孫宣郭令卿馬融鄭玄諸儒章句。十有餘家。家數十萬言。』又云『衛覬請置律博士。轉相教授。事遂施行。』）然皆屬於解釋派。非復戰國法家之舊。且其學不昌。蓋自漢以來。法治主義陵夷衰微。以迄於今日。

（附言）當時法家言。以法術對舉。韓非子定法篇云。『申不害言術。而公孫鞅為法。』又云。『徒法而無術。徒術而無法。不可。』蓋法與術非同物甚明。法乃具體的而術乃抽象的也。若李斯。謂之能用術則有之。謂之能用法則未可也。故不可指為純粹的法家也。

（此章已完全論未完）

◉正誤記

			（誤）	（正）
第五號	第二葉	第十三行	笑•	矣。
〃	第十五葉	〃	刁•	刀。
〃	第二十二葉	第十一行	國•體說	團。體說
〃	第三十葉	第四行	於法之概念	關。於法之概念
〃	第三十七葉	第六行	獲麟	麟獲
〃	第四十三葉	第十三行	辟於義	辟於其。義

又前號記載二有題爲「雜俎」者宜入雜纂一門合并更正

論著二

論責任心與名譽心之利害

佛蘇

此作自問有一日之長針對中國之議論甚多其于學理上心理上尤爲精細之研究可代先賢性理諸書張一羽翼讀者毋視爲浮論也　　著者識

第一章　論責任心發生之原始

人何以可貴以其爲組織國家之一分子故國家何以能組織以各分子之能盡責任心故人何以必盡責任心以國家爲維繫各分子之一總體故國家何以爲維繫各分子之一總體以無國家之存在各分子即喪失其自由活動之機關意力而將爲外部所宰制所驅策故否則內部亦必以各分子之自由互相妨害其自由而終歸於各

喪盡其自由故國家存則分子亦存國家亡則分子亦亡然則各分子若欲保存國家即所以保全自身猶不僅此也保全自身而國家亡保全國家而自身不亡何也當未組織國家以前人人有獨立人格獨立生活既組成國家以後則人人以各個之獨立人格與生活搆成爲國家總體之獨立人格與生活而自身惟餘分子人格與分子生活◎

按各國學者。對于人格之區別。有定名爲「自然人」。與「法人」者。有定名爲「公法上之人格」。與「私法上之人格」者。日本筧博士。肯定名爲「組織人格」。與「私人格」者。案以上各義有從機關上下觀察之點者。有從法律上下觀察之點者。有從個人行爲上下觀察之點者。夫觀察之方面既殊。故其定名亦殊。然括其公同之性質。皆以國家與人民。定對等之名詞。余此段言論之性質。係納分子于國家總體中。確尊主權統一之定義。故以上所舉之各名詞。皆不適用于此文之性質。余故定名爲「獨立人格」與「分子人格」蓋從國家主權上下觀察之點也。

夫既爲分子人格與生活則不能脫離國家外而有獨立人格與生活縱云獨立亦不過對于其他分子而獨立也然固不能對于國家總體而云獨立也縱云對于國家總體而獨立亦不過獨立於總體之範圍中然固不能獨立於總體之範圍外也國法上之所以承認人民有獨立之人格與生活者係就各分子之本身立論此爲片務的(猶言一面)解剖的若就國家之本身立論則可斷言曰祇國家總體可云獨立國家外無一可云能獨立者夫國家防制各分子之獨立常以法律施之命令施之若已有獨立之發表則以團體視之

與國視之決未聞於國家範圍內而承認有其他獨立之人格與生活者譬如積多數磚石而成牆壁。積多數竹木而成房屋。則牆壁爲其多數磚石之總體房屋爲其多數竹木之總體。有牆壁與房屋之名稱。即無磚石與竹木之名稱。安有于同時搆成總體而同時尚有其分子之獨立哉據此理以推之。然則人生對于國家之責任心。有無可分離之勢。即能爲平等博愛之聖賢。經國濟民之君相。殺身成仁之英雄。亦不過曰能完足其天賦人權之固定的職務而已亦不過曰。能發展分子之自利心以利總體而已。括而言之。即謂人生祇對於自利心上負責任亦無不可英國霍布士嘗謂。「人類無論强弱。皆以自謀利益爲目的。」其他各國學者研究國家原理。亦多謂人生祇有一自利心。日本筧博士。微反其說。謂「人生不僅一自利心。並有一愛國心」余謂人之所以有愛國心者。亦根據于自利心而發生者也例如爲中國人則愛中國國家。爲日本人。則愛日本國家。未聞于自國外愛及他國者。何也。以自身原係中國人原係日本人故也故謂其自利心之範圍有廣狹自利心之作用有工拙則可若謂其自利心之性質有異同則不可然則欲保存分子者。即當保存其總體自種因而自結果自負義務而自享其權利奈何世人有放棄其責任心者是未知分子對于國家之地位與其歷史也。

嘗考歐亞歷史。而知分子對于國家之責任心。係發達于「契約說」大昌明之後也。夫契約說。萌芽于羅馬盛時。至十七世紀末以降。其學說之勢力波動全歐自由思想之潮流日放濫于大陸人人欲挾此學說爲傾覆宗敎專制君主專制之武技一夫倡萬衆和遂惹起法蘭西之大革命而全歐政體亦皆爲此潮流所激動大改換舊日之專橫夫契約說之旨意。謂國家成立之原理實因人民以保全安寧幸福爲目的。故各依法律行爲。而組合一機關作用。又恐其機關無一定之主體故。擁護一代表組合之人。而舉各分子之權力以畀之。夫國家者。非主權者之國家乃各分子之國家權力者非主權者之權力乃各分子之權力倘主權者不能保全其安寧幸福之目的。是違反契約也按此種學說之發佈。大掃除十六世紀以前之迷信性質服從性質而喚起二百年來獨立自由之精神者也現世紀國家原理之所以大放光彩者。皆其精神之所貫注。雖其學說中。如盧梭氏斯氏之所論。不無過激之點。然現世紀之人心。則更因其說之愈激。而對于國家之責任心。亦愈加厚。蓋契約說之本意。無非欲對于國家享平等之權利者也。欲享權利。則不能不負責任。以購此權利。盡幾許之責任。即獲幾許之權利。不于權利外負責任。即于責任中求權利。人人有此權利心。即人人有此責任心。國家安得不受契約說之影響哉。德儒獲格爾曰『無論有無契約。不可無國家責任心』。曰

本寬博士曰『使個人皆有國家責任心。則雖無權力自生權力。雖無契約勝于契約』

又云『契約之成立。責任即隨之。未有與人結契約而不負責任者』。此皆以責任心之意義。貫徹契約說之精神。故契約說雖無確實之壁壘。而誘起責任心之功。則終不可沒。後儒雖多反對其契約之說。然不能反對其以責任求權利之說。嗚呼。自十八世紀以來。歐美人民。罔無一人無責任心者。否則不獨其國家受其損害。即個人權利。亦無所獲。若夫責任心不發生之人民。拋棄其組織國家之人格。而漠不加意。吁。縱不爲國家權利計。獨不爲自身權利計耶。

第二章　責任心對于國家之利益

夫國家之所以能行動其主權者。以其有總體之機關意力也。總體之所以有機關意

力者。以其各部分機關之能分歧發達集合其機關意力而仰射于總體機關中以增長其意力者也分子弱國亦弱分子强國亦强（日本筧博士嘗謂「分子若爲三角形。則搆成國家亦爲三角形。分子若爲四方形。則搆成國家亦爲四方形。」此理甚透。所識尚多。無暇詳述。）國家無意思以各分子之意思爲意思無人格以各分子之人格爲人格無權力以各分子之權力爲權力脫離分子即無國家保存國家全由分子世界各法治國之國民也。人人能獨立即人人搆成國家總體中之一部分獨立人人能自由即人人搆成國家總體中之一部分自由以此等素饒于獨立精神自由精神之人民。無論與何等國家。何等種族。出而相遇。未有不被其所征服所同化者雖佔領一、數英里之島嶼。集合極少數之人民。無不可蔚成一國家之機體其始也。各分子割去一部分之獨立自由以組成國家總體之獨立自由（此時期爲組織原動機關之時期。又即國家原始成立之時期也。）繼也。以總體之獨立自由發展各分子之獨立自由或維持或監督各分子之獨立自由（此時期爲機關組織之時期又即憲法原始成立之時期也）終也。總體與分子。互相發展維持監督其獨立自由且互相消化開放其獨立自由（此時期爲機關組織組織機關互爲原被之時期。亦即憲法共和之時期也。）秩序精良操縱肖妙其學說之溥博行動之敏銳有爲野蠻人種想像所不能及白人之所以奴盡異種者豈偶然哉此無他人人抱定一責任心。以與生命相終始。與國家相終始而已。余嘗默察各國興衰起伏之脉絡。並參證以世界歷史之源流。而知責任心對于國家之影響。有至靈妙之効力爲。若一二人有責任心。即有一二人之効力。若一二團體有責任心。即有一二團體之効力。例如某國之責任心。發達于其中央官廳。則其國必爲純粹的中央集權。如其責任心發達于其地方官廳。則其國必陷爲封建時代。如其責任心發達于地方自治團體。則其國必分裂爲多數之小共和國。如其責任心發達于其一二大政黨。則其國權必盡爲其黨中人所握。徵之歷史。瞭如指掌。倘其責任心能發達于其全國人民耶。則其影響之大。勢力之雄。尤不可思議。如欲排專制。則能如法蘭西之革命。日本德川時代之傾幕。否則亦能如俄國虛無黨之暗殺。如欲謀獨立。則能如美之于英。比利時之於荷蘭。挪威之于瑞典。葡萄牙之于西班牙。如欲組織聯邦。則能如薩克諦尼亞時之聯合各國而成意大利。普魯士聯合二十五國而成德意志。如欲締結與國。則能如德奧意之同盟。俄法之同盟。英日之同盟。一言以蔽之曰。全國人民有責任心!!!故無論其或對內。或對外。或和平。或激烈。或建設。或破壞。或分離。或合併。皆可達其愛國之目的無論何人無敢對于其國家有侵犯之意焉蓋既有責任心即有道德心有道德心即有法律心矣至人人知法律守法律則國家之活動能力自能圓滿無限而各分子之責任心且更因法律之保障而日益圓滿無限互因互果互吸互呼不握盡世界最高主權其勢不止若責任心不發達之國家。則人人立于客位事事作一客觀政府對于位祿名壽以外不負責任。人民對于租稅服從以外不負責任。男子對于室家財產以外不負責任。女子對于生育衣食以外不負責任。舉全國而無一負國家責任之社會尚得謂有人類生活哉殊不知今日世界係門戶開放之日係干涉主義達極點之日搏搏全球無尺寸地無一二人不受主權統治之所支配使我國內而無人負責任耶則國外人有代爲我負責任者代負責任即代我享權利也權利失則不獨我永無國家責任之可負且向之所謂位祿名壽。所謂租稅服從。所謂室家財產。所謂衣食生育之等等有限的權利。其落于碧睛紅髯人種之手也不可知即落于黃睛紫髯人種之手也亦不可知迨至其領土成爲公共之戰場人民成爲公共之牛馬則他人之奪我主權也反謂爲保全和平殺我人民也反謂爲勦除禍亂世界無駐足之地無對等之人且無數列强彼攘此奪前虎後狼即欲求為一單獨的附屬國保護國以博其他第三國平等之待遇亦不可得嗟呼國勢至此干涉勢力貫穿國內其對內也尚何有所謂排專制哉謀獨立哉。其對外也尚何有所謂組合聯邦哉。締結與國哉。亦惟待主權交卸之日至而已矣悲夫悲夫。以有責任心之國家與無責任心之國家相比較其價格貴賤。結果美惡。如此懸殊。甚矣人之不可不有責任心也。

第三章 論名譽心發生之原始

夫名譽心發生之原因。與責任心之性質不同。蓋責任心為繼續的名譽心則為一時的責任心為內心界自動的名譽心則為外物界被動的責任心為性理上之固定的名譽心則為事實上之流動的。括而言之即為人為己之界作德作偽之界然何以為人耶。作偽耶。再括而言之。則欲得聖賢英雄之名而已。然此等心理又從何處發生耶。曰有發生于歷史者。有發生于時勢者。

何以謂發生於歷史者。因本人心理上本無此物或于傳記編纂中或于父老傳述中而心理上始發生此物之謂也例如聞陳勝吳廣之以斬木揭竿起事耶。于是欲鼓吹黃巾赤眉之流。以希一逞。而不問今日秩序世界。斷無餘地可容野蠻暴動之事者。如聞蘇秦張儀之以游說立功耶。于是欲以皮毛文明幼稚手段運動當道。而不問所抱之學識。決不足以建設一事者。他如欲學克林威爾之革命。（在一六四九年爲英國第一次革命）而不知其有議會黨之爲主動（議會黨皆推克林威爾爲議長）有全國人民之表同情。如欲學華盛頓之獨立。而不問其有十州之基礎。有各國之援助。（自宣告獨立後。各國皆表同情。法國貴族某。尤出重貲援助。藉以洩英之夙憤。後法國與葡萄牙西班牙。亦相約皆公然助之。且法國最早承認其獨立。俄瑞普德亦隨繼之。此美能獨立之要點也。）如欲學盧梭之倡平等自由。而不問其有全憑想像力自然力之弊。有違背國家原理而偏重個人心理之弊。有空濶而無實驗。馳騁而無歸宿之弊。（按盧梭氏所倡之學說。其精要固多。如所謂自由平等博愛三大綱。各國學者。均恃爲立法行政之精神。特其過於空想之處。則未錄。直所謂吸其精華。吐其糟粕也。倘他人並其糟粕而亦欲吸之。適以自梗其喉而已。夫氏之學說「爲立國之理論。非立國之事實。」德儒康德。久爲第一審判決。其他學者。皆援此例案。固無須再喋喋也。然我國人近來心理。又不免偏重理想之弊。余請正告國人。曰既爲國家範圍中人。即不得有國家範圍外之言論。夫高談原理。誰不歡迎。然有害實施。又何忍逞一時舌鋒之利。雖然余知議者。必有一轉詞曰。理論者。爲事實之母。故不妨過高。曰既知以理論爲事實之母。則理論之程度。不得過高于事實之程度。何也。不相吸引。則不能孕出一事實故耳。譬如選十齡幼女。使之爲母。匪狂則醉。若欲盡行盧梭之學說。得毋類此。蓋不獨自有國家名詞以來。不能行。恐自有團體名詞以來。亦不能行。安見其能爲事實之母耶。余非冒然駮難盧梭氏之學說者。合觀本文第一章自知。）如欲學拿破崙之抵抗聯軍。而不問其有莫斯科之失敗。有滑鐵盧之失敗。有維也納會議之失敗。（按法國自十三世紀以來。國勢隆盛。恒以勢力壓制諸侯。脅迫敎皇。一四一三年。又擊退英軍。得百年戰勝之結果。自亨利四世。與洛易十三世繼統。皆能宣揚國威。路易十四即位。尤能擴張領土。主持諸國。後雖對外政策失敗。然二百年來兵力雄厚。蓋爲當時歷史上之主動焉。故拿破崙能藉此勢力。蹂躪全歐。試問我輩今日起事。能有此勢力之可憑藉耶。且拿破崙發難之時期。手握議會之全權。及行政上軍事上之全權。全國望之如神聖。莫敢異言。當其極盛時期。其領土北自波羅的海。南達地中海。全歐伏懾。一次帥兵二十餘萬。一次而召集各國軍隊五十五萬餘。一次而募集新軍三十餘萬。一次而再募新軍六萬。統計其軍隊。在一百數十萬。然經兩次戰敗。（莫斯科滑鐵盧）卒幽死于孤島。而維也納會議時。各國將其戰爭所得土地。概令退出。償金七億佛郎。且聯合軍駐法境五年。嗚呼我國如不能爲政治上之革命。則必暴動。暴動則必牽擾外交。牽擾外交。則必有各國聯軍。當此時也。如不與之抗戰耶。則我國土地。必永久爲各國佔領。是以一次暴動而亡國也。如與之抗戰耶。則當回顧我國內之實情。能否與拿破崙同一比例耶。戰而敗。其各國會議之結果。又何如耶。此不可不事先熟籌也。我國目前拳匪之亂。各國見其勢力。尚不足以震動全球。故祇以割地償金駐兵三事。爲會議之判决。若再有大于拳匪之亂一倡。恐各國必防第二次之暴動。而下嚴重之干涉矣。禍機一發不可復收。主動諸君。亦曾推想異日之情勢否。嗚呼暴動其能施之于今日耶。暴動外。又豈無革命之妙術耶。雖然今日之主張暴動者。想無甚多人矣。余不過假論及之。 諸如此類。不勝縷述。蓋若輩本無救國之實策與如何救國之成見。不過因追想前代皇皇事業。可以動千古之人心而不覺眉飛色舞。拍掌歡呼。欲躬際其盛。如中國目前小兒之欲中狀元與共和國人人之欲爲大統領者。然至何處爲其事實之精神與其何處之事實可以施之于今日則未暇研究此所謂名譽心發生于歷史上者也。

何以謂發生于時勢者。因本人心理上本無此物。或于一般學說中政論中而心理上始發生此物之謂也例如見今日人心皆主張革命。彼亦云今日不可不革命。至于必從何方面着手而始能達革命之目的必從何方面豫備而始能造革命之程度與夫革命後當如何構造始不至再有第二次之革命彼不問也又如見今日人心皆主張立憲彼亦云今日不可不立憲至于當如何儲養人才而後能實行憲法如何採用各國之成典憲法如何和合國內之實情而後憲法鞏固與夫中國立憲後必造成一何等之現象彼不問也又如見今日人心皆主張專制彼亦云今日不可不專制至于政界必如何活動而始有專制之根據人才必如何支配而後有專制之能力非一派寡廉鮮恥食甘衣輕之髦老無知者。與夫半解新學者。所能專制也。何也。安得有能力。而使四萬萬人不能衝突其範圍哉、嗚呼中國今日尙不能罷黜若輩。必欲釀成一大革命。致國家以俱亡。何悖謬一至于此哉。與夫民氣必如何消納而後無專制之惡果彼不問也他如近來封疆大吏見今日新政學行而彼亦派遣留學興辦學堂至于學生當如何豫施教育而後有留學之資格如何整頓規章而後有興學之實效彼不問也又如見今日外交決裂彼亦保護外人捕緝匪黨至于如何實行警察而後外人並不須特別保護按改良法制。改良政治。非地方官廳所能專擅。故不載入。如何速興教育而後匪黨不須時常捕緝按所謂教育者。非完全之敎育也。如徧地演說。印送語報。亦極有效力。彼不問也諸如此類又不勝述蓋若輩對于國家之觀念並絕未就學理上事實上一加硏究不過見現時人心皆如此趨注、而彼亦漸能解釋普通名義而已。此所謂名譽心發生于時勢者也」

嗚呼、中國人心若皆如此、則雖學生達百萬、學堂徧國中、如何頒法典、如何行憲政、未見其有當也。何也、因各個人之心理、不過欲以此得聖賢英雄之名而已。雖然、聖賢英雄之名、亦究不可得也。夫古往今來人數、不知其幾萬幾萬。其中崇拜聖賢英雄之名譽、而欲剽竊之、描摹之、每于詩文歌詞之間、意態勃躍、而動生仰慕噓唏之感者、人數又不知其幾萬萬。然而所謂眞聖賢者、眞英雄者、每于數百千年上下、偶然一露頭角于歷史行間、終不輕與世俗爲緣。而所謂崇拜聖賢英雄之名譽其人者、亦終不能與聖賢英雄攀鱗附翼、蹁躚雲表、畢竟墮落于塵埃窠臼中者、何哉。若欲詳爲辨別、然原因複雜、非殘筆賸墨所能繪出。然能就其發表之直接因果論之、蓋一爲不求名而得名、一爲求名而不得名。

夫聖賢英雄之對于天下也、有民胞物與之量、大同博愛之情、瞰寰宇之嚬笑、換方寸之悲歡、語默動靜、純任性天、出處行藏、俯隨時勢、或手握政權、整頓綱紀、或扶世翼教、作育人心、或赴火蹈湯、破決羅網、不少假借、不少裝飾、其心迹也燦若日星、其功業也蛇如山嶽足以入世人之寤寐動世人之謳吟而後世人于不知不覺中潛移默化以聖賢之名歸之英雄之名歸之固不因人之求此名而始得此名亦不因人之不求此名而即失此名且其功業若漸被于一鄉一邑而其聖賢英雄之名亦宣播于一鄉一邑。其功業若漸被于國家于世界而其聖賢英雄之名亦宣播于國家于世界。其名譽範圍之廣狹全憑其功業範圍之廣狹爲弛張未見其埋之有或差者也。據此觀之謂名譽與功業爲一分意的名詞言名譽即可推想其功業言功業即可推想其名譽也可。即謂名譽與功業爲一同意的名詞言名譽不須推想其功業而自知其有相當之功業言功業不須推想其名譽而自知其有相當之名譽也亦可蓋名與實相互間之關係如影之于形表之于裏無可脫離無可分割故耳此可知聖賢英雄之功業非博名譽之鈎餌不過其事實之結果後能使他人于精神間意念間生一種愉快之情而已不過他人一種愉快之情而逐漸曾爲一時一世之歌詠傳爲天下萬世之褒嘉而已而聖賢英雄之本身固不獨無博名譽之心且無博名譽之權也即他人對于聖賢英雄有愉快之情者亦無予聖賢英雄以名譽之權也奈何後人之欲爲聖賢爲英雄者不能于精神間意念間求之不能以我之精神與意念感召世人之精神與意念而徒、欲、欣、羨、其表面上之名譽。且欲竊取其名譽。不亦大可怪耶。

第四章　名譽心對于國家之弊害

司馬溫公曰『彼汲汲于名者、與汲汲于利者、其間相去何遠哉、』陸氏象山曰、『好名者多僞、』王氏陽明曰『名與實對。務名之心重一分。即務實之心輕一分。』蓋天下凡事。本末不能共處于一途。而吾儒用心。即本末不能同時而兼顧。嘗觀聖賢愼獨工夫。尅制外物如禦敵軍視聽動言杜絕非禮無非欲約束此心于一定格式之中不使之馳騖于外觀何也。腦筋者。極活動極奮迅之一物也稍不自持則縱情一逝將無復蛛絲馬跡之可尋出聖入狂出理入欲關係危微無局外中立之餘地故務名者、可決其無務實之心也。然此、猶、係、以、兩、端、對、舉、也、究其實名與實非兩種物質也務名與務實者非可從吾所好也蓋名者無獨立之姿勢者也無形迹之可憑者也必有一實物在此、而後可就此一實物。命以名曰……。命以名曰……。實之不存名將安附若好名者則無此實物而欲竊此實物之名其罔是非欺天下之心昭然若揭故不獨務名者不能秉有務實之心。且已斵喪其務實之天眞。今可判斷之曰。務名者。決無心理。一涉及于務實也。蓋既有名譽心。則朝暮頂踵。無時無事不射其精力於名譽之一範圍中。所讀之書。則皆古今英雄功名卓越時之一段事蹟也。所言之志。則欲爲大政治家。大教育家。大軍事家。大實業家也。所交之友。則皆東方之華拿。無名之邦瑋也。日日談學理。然推其學理于事實。則失敗。日日談救國。然授以重大之實職。則張惶。當平居無事之時。其中之秀者。每鋪張表面之才華。揣摩適時之言論。以坐享輿論之歡迎。及一旦有事。則白計兎脫。決不以身體投入利害之衝。一言以蔽之曰。事前籠絡他人以得名也。其中之更卑者。日日向人縷縷言情。期與共圖大局。及一旦有事。則一籌莫展。惟掇拾他人之言論爲學說。憑藉他人之聲勢爲救援。一言以蔽之曰。臨事依賴他人以得名也。其中之更黠者。平日優容玩愒。濫居長厚之衣冠。及一旦有事。則惟厚擁勢力以自衛。委家國于千鈞一髮之危。甚至反坐他人以破壞之罪。而自誇其挽救之功。一言以蔽之曰。事後歸罪他人以得名也。中國人幾無不深中此等流行疫。而以官場中爲尤甚。鄙人留東。目擊此情。感憤交集。故略爲借題發皇。若欲詳盡描寫。又非萬言不能罄。吁。中國人心。尚可問哉。願當道痛除此病。合而觀之。此等名譽心。小則誤一事。大則誤一國。小則誤一

部分人大則誤全體人也

按以上係指極端名譽心者立論若其名譽心不如以上所舉之例之甚者然亦可決其無論如何犧牲精神如何擔任事業亦決不能有磊落光明之功績也何也蓋若輩對于國家之觀念若無時不足以爲其獵取名譽之機緣無事不足以爲其獵取名譽之材料故凡一事之來也必先熟察其名譽之有無及大小而後決任事之從違有如生產家企業家（略如資本家之意）之權衡利益者然若已確知有名譽在其中則雖對于國家甚無利益之事而亦見獵心喜矣若確知無名譽在其中或其名譽不足以爲其勞績之報酬則雖對于國家甚有利益之事而亦談虎色變矣縱或一時爲職務所牽輿論所逼不能全顧個人之名譽強起奉公然根器既薄志趣易搖一旦變故相乘安能有堅壁久持之志其不能不棄甲曳兵倉皇內遁者勢所必至也據此言之蓋人生若一時不滌盡其名譽心則一時不能盡絲毫之責任一事不滌盡其名譽心則一事不能盡絲毫之責任何也以其人之胸中已橫亘一名譽心故反大名譽心之事物者無隙可入耳

然以上所言之禍害。猶係就直接者有形者立論也。若其禍害之隱伏于無形者。波及于間接者其範圍尤廣其影響尤神譬如一學說或甚為時勢所必需如所謂「自由」「平等」「改革」「立憲」「競爭」「衝突」「反抗政府」「收回權利」等等學說。皆為仁人志士所急當闡明者也徒因一知半解者肆口鼓吹汨沒眞理附會臆說致此學說。大失社會心理之信仰甚或一時相視如涕唾後雖有人欲光復此等學說之眞理無奈彼等名詞亦忸怩而不欲出諸其口近來多數人之所謂自由者。無事不自由。平等者。無事不平等。競爭者。無事不競爭。衝突者。無事不衝突。漠無界限。漠無制裁。故社會心理。視此等字樣。如眼中釘。我輩如有時欲說此等字樣。囁嚅許久。面有羞色。即或出諸其口。亦無甚意味之可咀嚼耳。此非名譽心。實羞惡心也。吁異說之足以妨礙正學。可畏哉。縱或不顧浮議括垢磨光然非筆禿舌枯不足以挽回人心之趨向有較之新倡一學說者勞倍蓰矣試再以事實論。即如興學一事。為今日救國之唯一方針。乃有掌教務者。謬解平等自由之說誤盡少年自以為有精神教育近來內地學堂。以學生之能出風潮、能不服從者。為有精神教育。若其教習徒優于科學、而無國民口吻者。則羣斥為腐敗。若其監督能嚴正執行者。則羣斥為專制。嗚呼若以此為精神教育。則中國無須辦學堂矣。卒之學生之平等自由日達最高潮而掌教務者之平等自由反剝奪淨盡。非伺學生之眼波仰學生之鼻息不足以立腳于風潮湍激之渦至如學生。雖如何不修學行。亦不能自由懲褫。更無論矣。甚或不勝其擾。乃代爲百術運動當道。派遣出洋。而以鄰國爲壑于是他國之「風紀問題」又起矣夫其在內地也尚有父兄族戚之制裁尚有舊道德舊習慣之制裁不能過于狂蕩迨其積慣一洩之于外界非顯觸法律毫無他種之制裁有如虎兕之出于柙飛走搏噬獵獵生風小則團體傷感情大則國際生危害後來雖有人欲挽此頹風然其習慣成爲二天性灸頭則脚痛灸脚則痛頭雖扁鵲亦敬謝不敏矣括其總因。無非由掌教務者。日前欲使學生稱之爲「教育家」故以柔順長其驕縱耳（本段情事。鄙人原不欲暢論。非恐阻礙此等學堂之發達也、亦非恐他人以「腐敗」「奴隸」「專制」「野蠻」等等慣語斥我也。實因風氣初開。即其掌教務者。亦無甚完全智識、與管理方法、若語以教育原理、猝難解悟。又何必費詞。及今日實害橫生。颶風狂吹。若猶不作中流砥柱。迨二三年後。學生愈多時。謬想益以傳播。後禍不忍明言、今故縱筆論及。欲使有教務之責者、稍醒其夢寐也。）他如人人辦學堂。遂使自好者不敢辦學堂。人人留學。遂使自好者不欲留學。諸如此類。又不勝述。嗚呼徒欲造個人名譽甘斲喪國家之元氣而不顧試問國家若亡其個人名譽又安在哉余敢振筆直書曰若輩名譽心滿足之日即其責任心耗盡之日亦即其國家殲盡之日亦畢竟其名譽喪盡遺臭萬年之日危耶否耶畏耶否耶

（未完）

譯述二

教育學剖解圖說（續第七十七號）

祖武

第三章 敎授

（一）敎授之意義
- 1 智識之傳達……敎育者對于被敎育者有傳達其智識擴張其思想之責任。
- 2 技能之熟練……敎育者對于被敎育者旣傳達其智識有使之熟練之義務。
- 3 目的及方法……爲以上之敎授。付一定之目的。同一定之方法。

（二）敎授之種類
- 1 非敎育的敎授（專門敎授）如各種之專門學校及職業學校等是也。以專門之智識技能傳達爲目的。
- 2 敎育的敎授（普通敎授）……如小學校及中學校是也。專主陶冶被敎育者之心性爲目的。

（三）敎育的敎授之目的
- 1 形式的目的……陶冶被敎育者之心性。使其精神有活力。
- 2 實質的目的……于日常所必須之智識技能而傳達之。使資實地之生活。爲精神之養料。
- 3 二目的之調和（二方面）敎育的敎授者以上之二目的。不可偏廢。當于日常必須適切之智識。精選其精神所有之能力而十分陶冶之。

(四)興味……

- 1 意義……如某事有趣味之感觸即益加熱中而追求之此精神之狀態之謂也。
- 2 種類……
  - 一 直接之興味 於事物之內容既有所感觸之趣味將爲永久持續之狀態也。
    - 例 修身科於事實之關係甚有趣味。(聽孝行之例話。使人興起感奮)
  - 二 間接之興味 於教授物理之際。觀方便巧妙之準備有一時感觸之興味者也。
    - 例……如理科教授。見有實驗標本爲一時之大興味是也。
- 3 直接興味之種類(二種六類)……
  - 一 知的興味(又客觀的興味)
    - 甲 經驗的興味 對于現象與事實之興味也。(一名貪知心云。)
    - 乙 推究的興味 有因果之關係。理法等之發見。(一名研究心云。)
    - 丙 審美的興味……有天然人工美醜善惡之判別。
  - 二 情的興味(又主觀的興味)
    - 甲 同情的興味……有與個人共同苦樂之情。
    - 乙 社會的興味……有與社會共同苦樂之量。

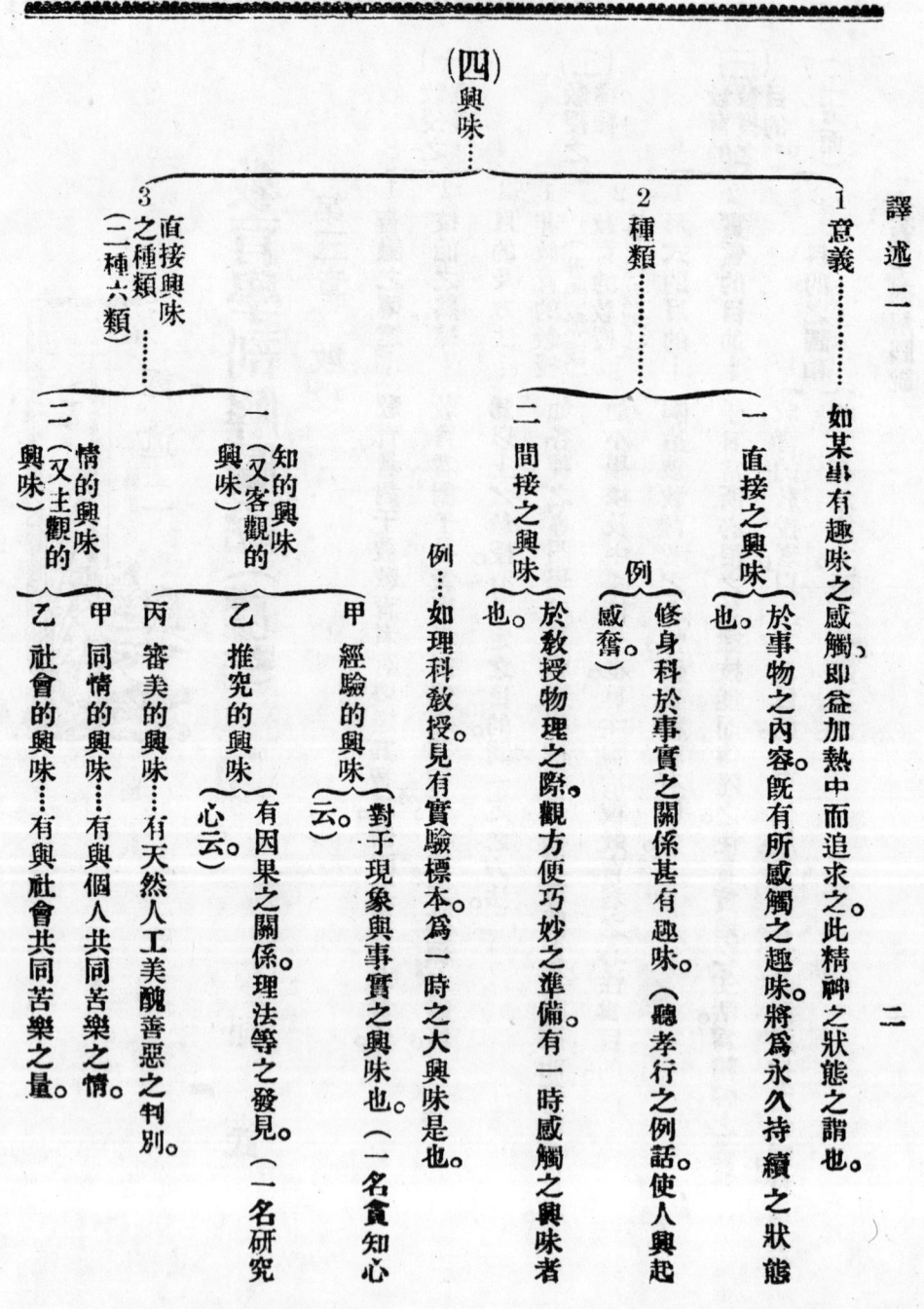

(丙 宗教的興味……有命運應報之理之感。

(五) 多方興味之喚起

1 意義……各學科教授之際。必取多方面之設例以喚起興味。

2 實例……例如理科教授有推究經驗以喚起審美的之興味。(如歷史教授有同情社會以喚起宗教的之興味是也)

3 教授之目的……最近之目的。爲喚起興味。極終之目的爲陶冶品性。即興味、欲望、意志、品性之順序也。

(六) 教材

1 意義……即知識技能可爲傳達于被教育者之實質之謂也。

2 教材選擇

- 一 必要……材料皆教授者所必要。但國民教育之時日短。非可盡于教授者。其選擇適當者之必要也。
- 二 標準
  - 甲 須選與兒童身心之發達相應當之材料。
  - 乙 須選道德教育國民教育適切之材料。
  - 丙 須選有日常生活之知識技能者。

- 一 體育……體操、(遊戲)……身體健康精神活潑。(規律心也。)
- 二 德育
  - 甲 修身……德性涵養實踐躬行。
  - 乙 國語……智德之啓發。

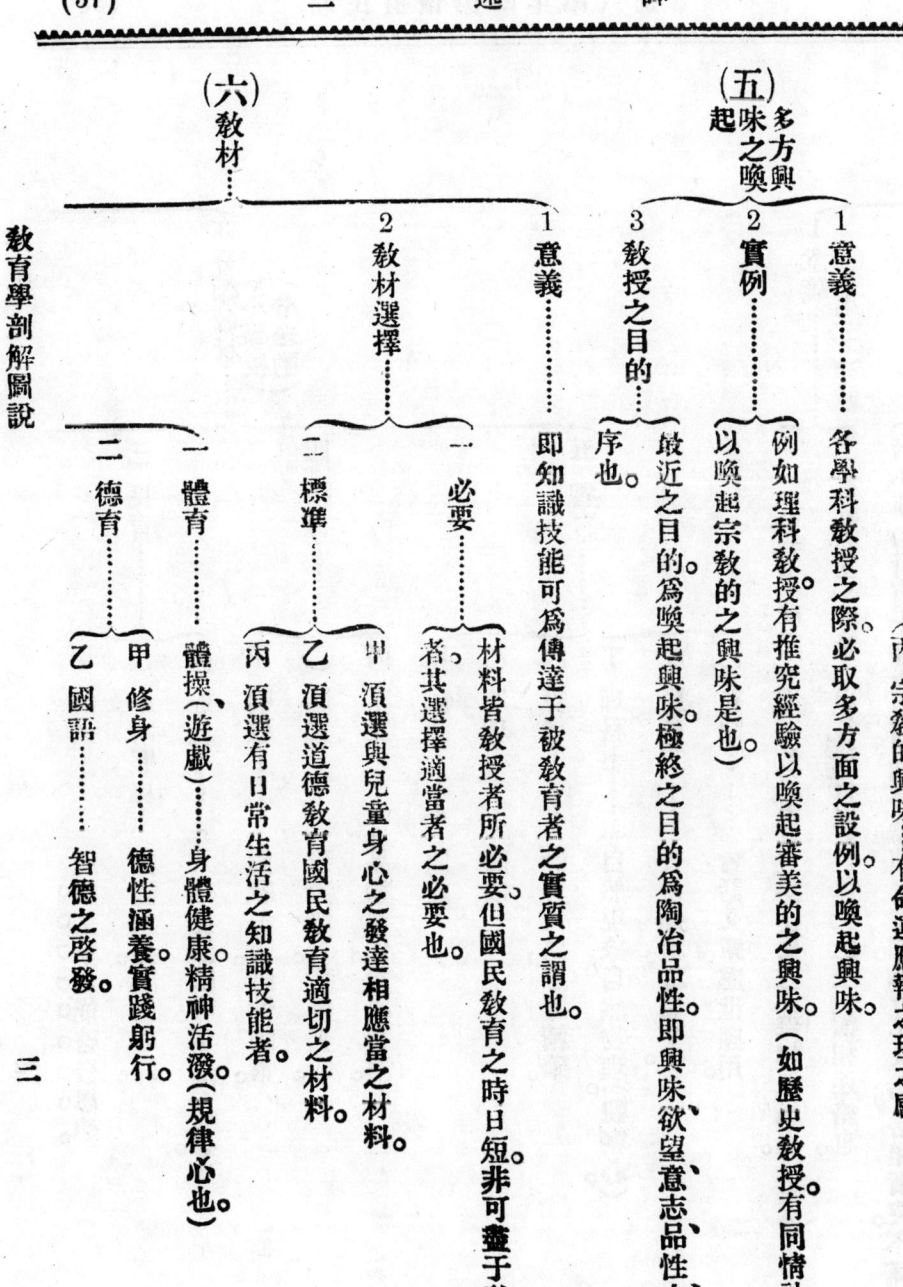

3 分類教材（小學校令參酌）……

- 三 民育……
  - 甲 國文……祖國文章最能啓發思想。
  - 乙 本國歷史……國體大要國民志操。
  - 丙 地理……人類生活國勢。（愛國心也。）
- 四 技育……
  - 甲 唱歌……曲歌美感淑性陶情。
  - 乙 圖畫……形體取看養成美感。
  - 丙 手工……品物製作勤勞習慣。
- 五 智育……
  - 甲 國語……同前
  - 乙 地理……同前
  - 丙 算術……計算習熟思考精確。
  - 丁 理科……自然現象自然物理。（觀察心。）
  - 戊 農商業……普通知識。（實業心。）
  - 己 英語……會話文章處世應用。

1 意義（有二）……

- 一 一教科之連絡……因一教科之教材而使前後縱相連絡也。
- 二 各教科之連絡……以各教科之教材使之左右橫相連絡也。

（若不使教材有十分之連絡。則令諸種之智識。孤立于心中。必相衝突。不僅爲思

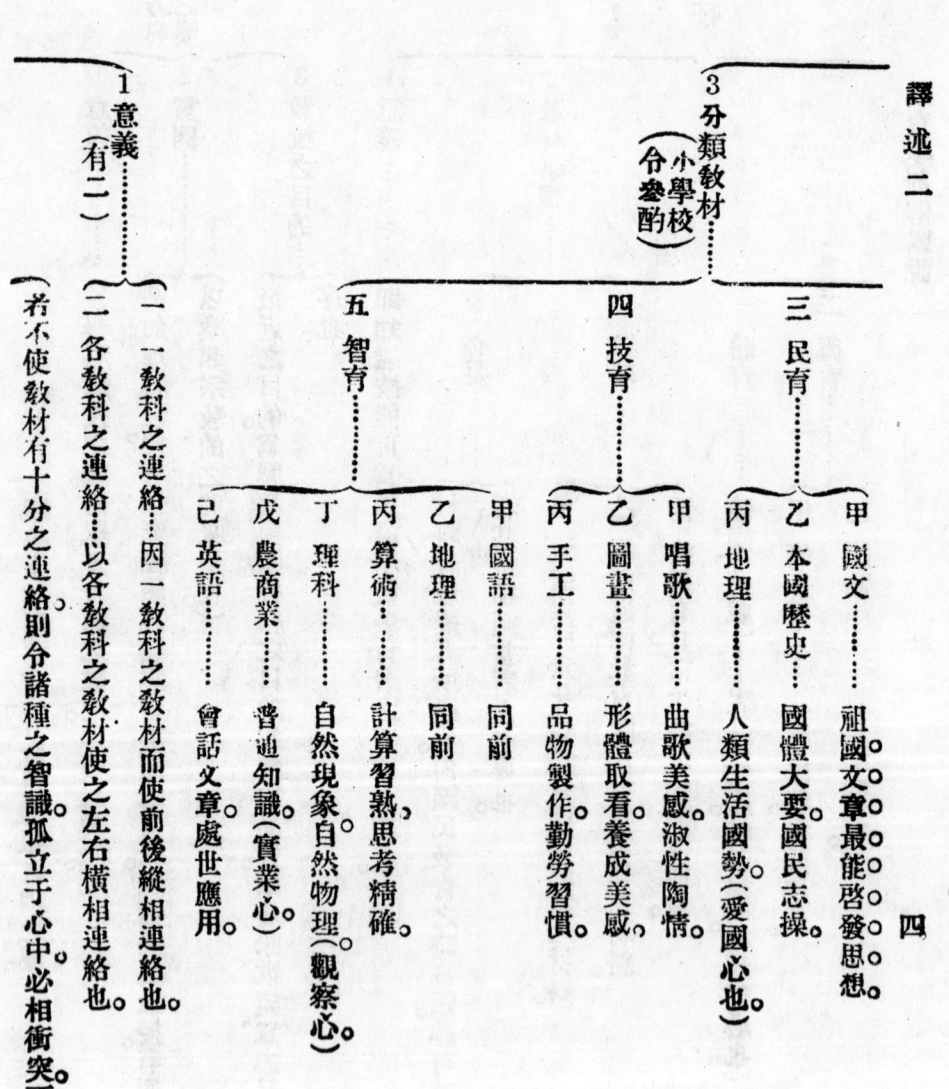

2 必要……想界支離滅裂之介且又多費時間及勞力也。

3 利益
- 一 時間可得省略……敎材旣連絡而無數回重複之事。
- 二 勞力可得省略……一方得了解則他方亦容易得了解或于前旣得了解則于後必令有確實智識。
- 三 宜使興味深長……因有連絡之觀念故興味深長。

4 方法
- 一 中心統合法……以修身歷史爲中心使他科爲之屬附。
- 二 敎科混同法……合敎科而混同者敎授之方法也。如國語一科而讀法書法綴法皆在焉。(同科法)或者地理與理科、唱歌與修身、互相混焉。(異科法)敎授者若失極端則不可也。
- 三 敎科連絡法……各敎科必使各自獨立而必要依他敎科而連絡之。此最善之方法也。如寓修身于國語中。寓物理于算學中是也。

(八)敎材之排列

1 意義……對于敎授時間排列敎材之謂也。

2 種類……有敎案、(一時間之排列、)週錄、(一週間、)敎授細目、(一年間)之數種。
- 一 直進法……于一部分之敎授時期終時。次及他敎科之他部分之謂也。

- 3 方法……
  - 利害……教授之事項。雖最易完結。而有難于反復習練之害。
  - 二 循環法（又圓周法）……於初學年期而教授以全體之教材。從此次第更加詳細。或概括全體。以反復教授。
  - 循環法之利害……
    - 一 利點
      - 甲 使之早知大體。
      - 乙 反復使之有確實之知識。
      - 丙 熟知兒童之程度。然後授以更高之知識。
    - 二 害點……同一事項而反復教授也。有減殺興味之患。

（九）時間表

- 1 意義……於一週間及一日間所排定教科之順序者也。
- 2 注意……
  - 一 教科之性質及心力……因難之教科。可于心身活潑清新之時課之。
  - 二 教科難易之更代……多勞心力之教科後。當以少勞心力之教科課之。
  - 三 教科之繼續及倦怠……各教科之排列。當使一週間有適當之間隔。不使僅見同教科之繼續不斷也。一授業之間。當使人心有張弛之作用而後可。
  - 四 教科之排列及健康……當注意于兒童心身之康健而排列之。如課修身之次當遊戲。課唱歌之次當圖畫是也。
- 1 意義……依心理學之規則。使其知覺完全。而兒童庶可得其確實知識。

(十)教授之段階
- 2 順序
  - 一 先將事實十分觀察而使得有觀念。(直覺)
  - 二 次將各觀念及舊觀念爲比較系統使之思考。(思考)
  - 三 次將以上實際使之應用。(應用)
- 3 段階
  - ライン氏云、一豫備、二提示、三比較、四總括、五應用、

(二)方法單元
- 一 就教材之一小節言。如教授之段階之各作用以之取受者是也。
- 二 如教授一單元。必先示以目的。然後次及五段之作用。

(三)目的之指示
- 1 目的
  - 一 新教材當使之注意。
  - 二 令喚起其有關係之思想。
  - 三 開導其追求心及研究心。
- 2 注意
  - 一 應于教授之初。當先示以各部分中一部分之目的。
  - 二 應得其簡短明瞭之要。
  - 三 應成事實的具體的。

(三)豫備
- 1 意義
  - 新教材當使之容易會得而爲喚起有關係之舊觀念之作用也。
- 2 注意
  - 一 宜爲最好之問答法。
  - 二 應常整理其順序。

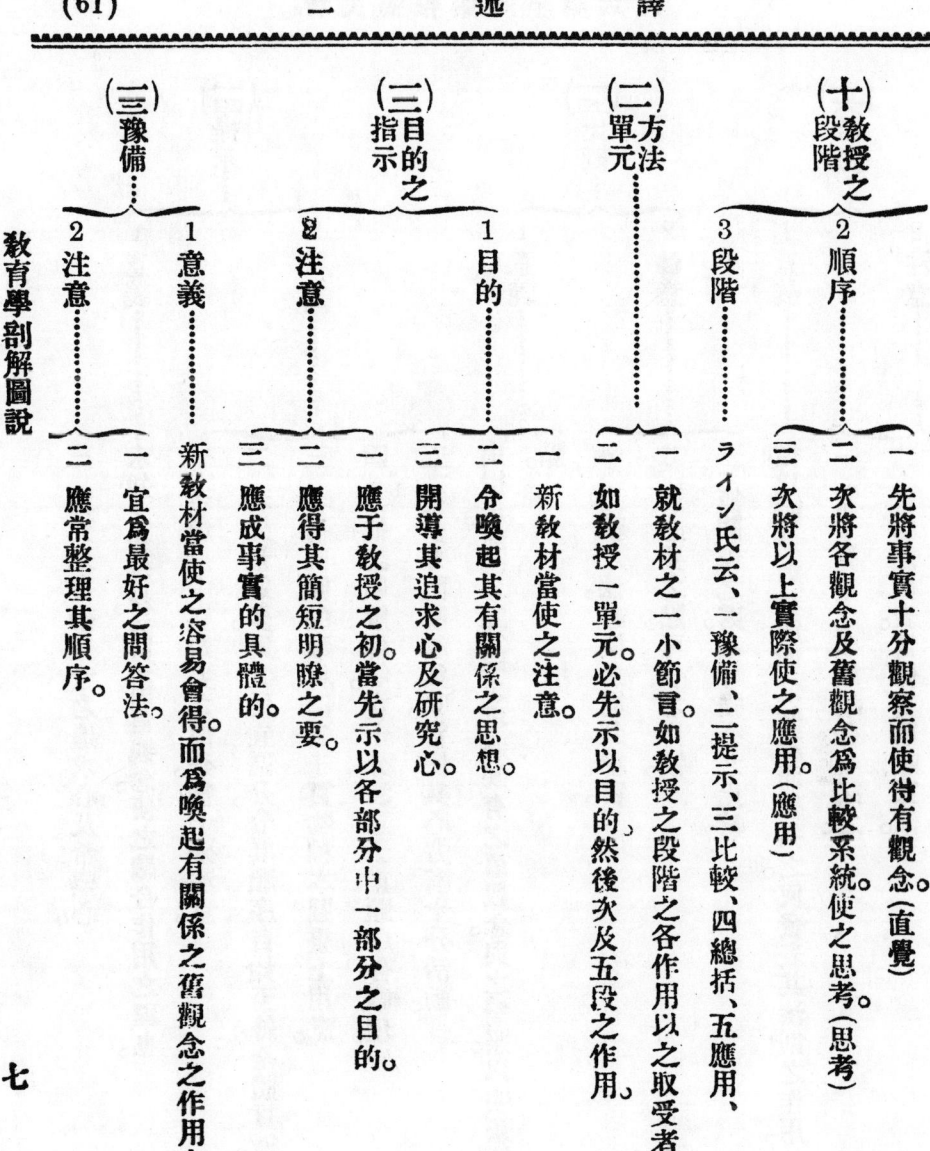

三　當充足發動兒童之追求心及希望心。

(四)提示
- 1 意義……未知之新教材須提出舊觀念使之融合作用之理也。
- 2 注意……
  - 一　若教授中有最要之部分當十分注意。
  - 二　若分量過多則宜便宜區分令其順序自始至終全體貫徹。
  - 三　若有直觀的教材則當于實物標本圖畫上用意。
  - 四　其他說明解釋等當十分注意于正順序合論理。
  - 五　從多方面喚起興味當使其心力有十分活動。

(五)比較
- 1 意義……由提示所得之新觀念再將既有之舊觀念與之對照以明類似之點及相異之點。
- 2 注意……
  - 一　比較之法必使之周到綿密。
  - 二　於必要之點可令之比較。
  - 三　無關係之處不可强令之比較。

(六)括總
- 1 意義……從比較新教材所明之知識而總括之使發表其法則之作用。
- 2 注意……
  - 一　當于兒童之多數場合中試之。
  - 二　言語之發表當使其明瞭正確。

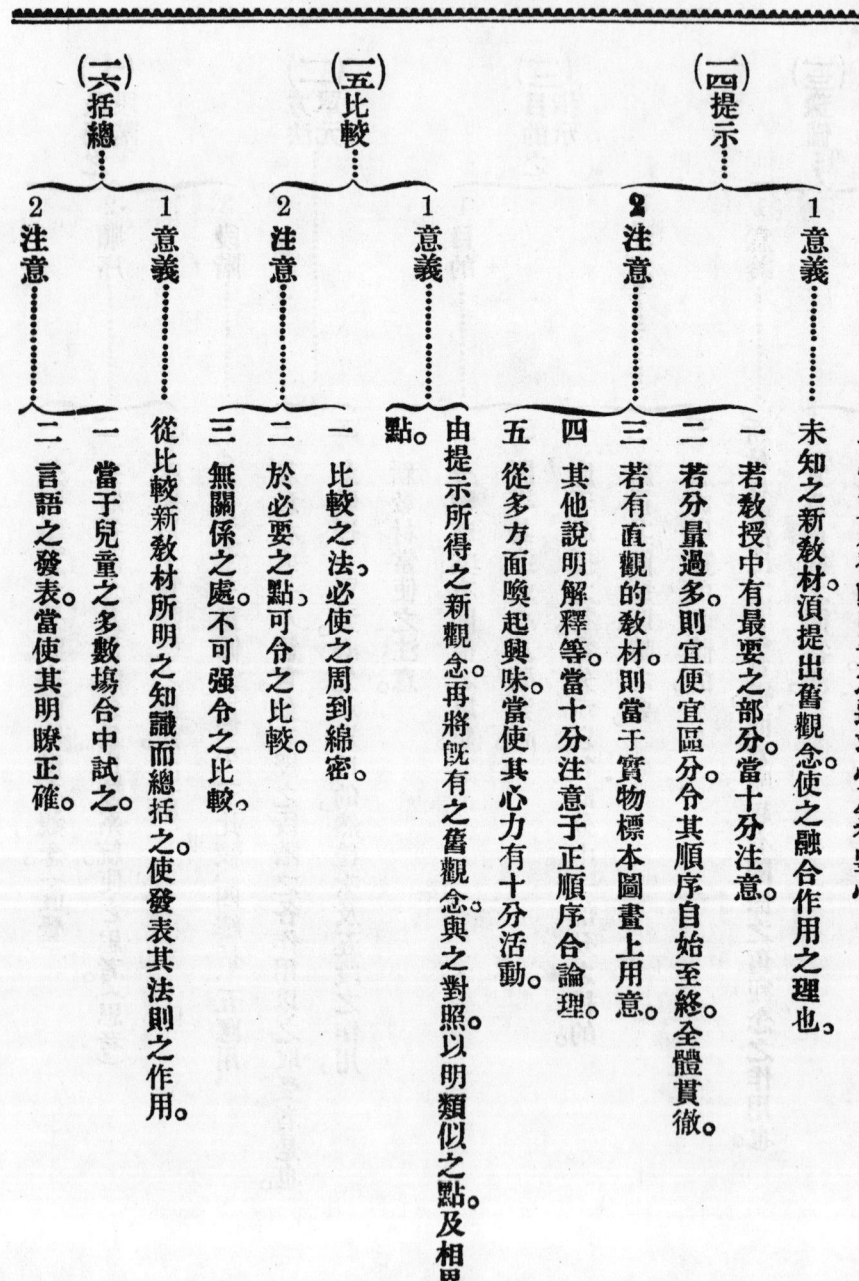

三 重要之點當使之筆記。(如道德、格言、及箴語、)

四 使之反覆表出以強固其記憶。

(一七)應用……

1 意義……新得之知識種種之事實法則使之有活用之作用之謂也。

2 注意……

一 當使兒童之能力與事實相當者。

二 當使適用於實際生活上之場合者。

三 變化順序循環上下可使十分練習。

(一八)五段教授法之活用

1 教科之性質從兒童之能力而酌定之。

2 各段者當從教材之性質或爲三段或爲四段可也。

3 若在技能之教授則一示範、二練習、三應用、三段可也。

4 據各學者之說段階之名稱及種類相異。

(一九)教授之形式(又教式)

1 意義……教師及兒童于教授之時間所作之謂也。

2 方法……

一 獨斷式(注入式)……主教師之勞働、

甲 示教式。

乙 示範式、

丙 敘述式、

甲 課題式。

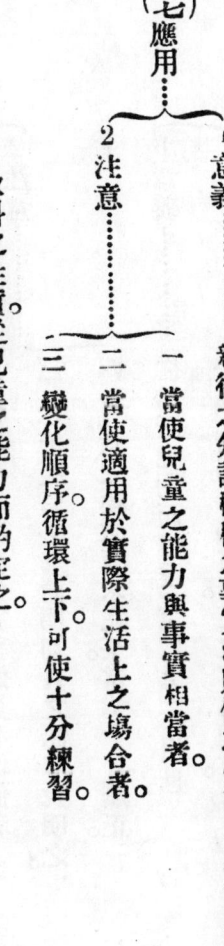

譯述二

二　開發式……主兒童之勞働。（乙）發問式。

(二十)示教式

1 意義……於兒童之直覺而訴述之使得明確知識之目的。

2 注意……

一　可成實物之用者。或用模型標本繪畫以明之。

二　當使兒童有十分觀察。

三　順序將事物之要點提出說明。

四　理科歷史地理等之敎科尤爲必要。

(二)示範式

1 意義……用模範實例。必使兒童反復習練。

2 注意……

一　于唱歌圖畫體操話方等之敎科用之。

二　模範必取其美滿完全之眞有價値者。

三　示模範時必加簡明切實之語以說明之。

四　兒童之模倣有未完全當爲十分矯正。

(三)敍述式（講演式）

1 意義……從講話說明而傳達其敎材之作用也。

2 注意……

一　用普通平易言語使之容易理會。

二　聲音當明瞭音度當適度音速當徐徐。

三　設巧譬取喩實例。當使兒童爲正確之想像。

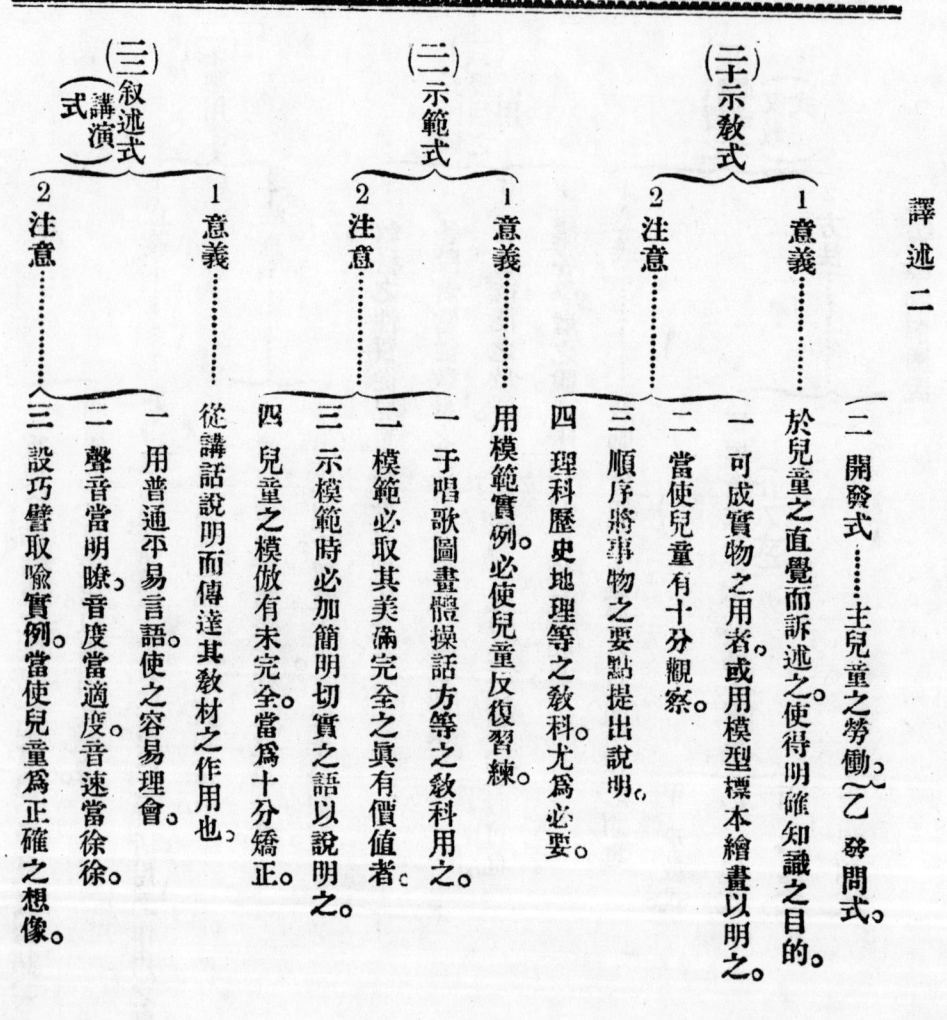

四 須立成一定之秩序事實之前後及事實之反覆當避之。

五 須置成適當之段落每段落教授之形式當一變化可避兒童之倦厭。

六 于修身歷史等之教科所必用之。

(三)課題式

1 意義……發一問題使之考案或令書答案之謂也。

2 注意……

一 無論在學校及在家庭皆宜十分注意。

二 須使既得之知識能十分應用。

三 須酌量兒童之知能及其程度。

四 課題之主旨須極明瞭易解如茫漠難解者不可施之于兒童。

五 可示解釋大體之方法。

六 指示兒童成績之結果及答案之謬誤。

(四)發問式

1 意義……教師發問兒童答之自然活動者也。

2 目的……

一 記憶的發問……已得之觀念探其記憶與否之目的也。

二 鍛鍊的發問……如格言法則等使之活動應用即整理兒童使成正確思想之目的也。

1 發問之言語旨趣當共明瞭正確方可。

譯述二

一　音聲及音調。當必使兒童使于聽取。
二　言語宜平易。當必使兒童聽之易于了解。
三　凡單簡之難問。及迂迴問形容問。避之爲良。
四　主要之點。宜變換其聲音。可惹起强于注意。

(二五)發問式之注意一內容上

2 限定一意義。一問一答。不可使一問多答。
一　一問題能作二個以上意味之解釋者不可。
二　如故作虛問。及轉倒發問者不可。

3 當思誘動兒童之思考者。
一　發問之難易。當與兒童之程度相當。
二　可本于兒童之思慮。及答案之費吟詠者。
三　若僅「然」「否」二語簡單可答之問題。最不可發問。

(二六)發問式之注意二

1 發問宜善爲分配。
一　對于兒童全體思考之時間。餘有一名置其後者。可指名使之發言。
二　或側旁或順序。及偏于某之一人最不可。

2 教師當有靈机之處置。

（所置法）

一　使理解發問與否或答案不見完全須具迅速机敏之形而變化其順序。

3　不須從容貌態度音調等暗示其答辯。

4　教師發問之方法宜特別練習。

（二七）發問式之注意三

1　內容上之注意。

一　答者宜與問者之主旨適中。

二　答者須使學近時明瞭正確之文章語。

三　答者不可聽其曖昧。

四　于机械的模倣的使毋用教師及他童之語。

2　答之所置法。

一　答之理解雖正而臨機之教師亦宜反覆駁問證摘理由。

二　答之一部分雖正其不正當之一部分仍使兒童充補修正。

三　答之一般兒童皆不得完全是能力不及之處教師案出相當之方法試從他之方法而更問之。

（未完）

記載

過去一年間世界大事記（續第七十四號）

飲冰

第六　朝鮮之亡國

嗚呼。吾觀於朝鮮而歎亡國之易易也。二十年前大院君初執政時代之朝鮮何如。十年前中日將搆釁時代之朝鮮何如。兩年前日俄將搆釁時代之朝鮮何如。而今日之朝鮮何如。人人曰朝鮮必亡朝鮮必亡。而朝鮮竟亡也。朝鮮人亦或自虞度曰如是則可以不亡。如彼或亦可以不亡。而朝鮮竟亡也。亡朝鮮者始以中國人。繼以俄國人。終以日本人。雖然。非中俄日人能亡朝鮮。而朝鮮自亡也。春秋書梁亡。傳曰魚爛而亡。朝鮮之謂也。吾語其歷史而不知涕之何從也。

（一）前記

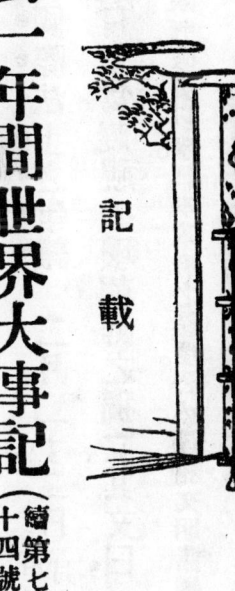

當日俄搆釁前有中日爭韓日俄爭韓之兩時代。其事實略記載於去年本報之朝鮮亡國史略。第五十三號至第五十四號 今不復述。述日俄交戰以後事。

日本在朝鮮爲軍事上之占領 初日俄將交戰時。兩國政府。日以文牒往復。而俄之駐韓公使大運其機敏之外交手段。恫喝與誘餌並行。韓廷上下。畏而惑之。俄使氣燄薰天。炙手可熱。日人蜷伏。殆如冬蟄。而朝鮮政府。且向各國宣告交戰中局外中立。瞷然自以爲安。及前年二月十日。癸卯十二月廿四日 兩國宣戰詔勅下。而前一日日本陸軍第十二師團已入韓城。同日日本軍艦千代田高千穗淺間及水雷艦隊。擊沈俄艦於仁川。於是戰局開而朝鮮之局面亦一變。二月十一日俄使巴布羅福及在韓京之俄人與使館護衛兵。遂悄然就歸途。

日俄兩國關於國際法上之爭議 二月二十二日。甲辰正月七日 俄政府通牒於駐紮俄京之各國公使。詆日本爲蔑視破壞朝鮮之獨立。其文曰。

> 日俄兩國間。自談判破裂以來。日本政府之態度。公然違犯文明諸國互相遵守之法律及習慣。其違犯之罪。我政府雖不能一一名狀。然其敢于韓國。加以暴戾之行爲。固各國之所最宜注意者也。夫韓國之獨立及保

全。已爲各國所公認。其所以不可犯之原義。見于千八百九十五年之馬關條約。千九百二年之日英協約。及千九百二年三月十六日之俄法宣言。韓國皇帝。豫知日俄兩國衝突之危險。于本年一月。以嚴守中立之宣言書。送之于各國。各國既樂受之。俄國亦承認之。而據我在韓公使之報告。英國政府。曾命其駐韓公使。以對于該宣言書之謝表。捧呈之于韓國皇帝云。然日本政府。藐視此等之事實。蔑視各條約及其義務。違背國際法之原則。敢爲如左之行爲。今歷證其確認爲十分精確之事實如左。

一 未戰之先。日本軍隊。于曾經宣言中立之韓國上陸。

二 日本艦隊。于二月八日。即宣戰前五碇日。泊于中立港之濟物浦。（韓國境）而其艦長。以日本人之惡意。割斷我經由丹馬之海底電線。且破壞韓國政府交通之電線。因此之故。我軍艦二隻。竟陷于國交破裂。無由得知之境遇。而日艦對之。竟加以突然之襲擊。

三 日本政府。不遵現行之國際法。于將戰之前。將我在韓國之商船數隻。作爲戰利品以捕收之。

四 日本政府。命駐韓公使。對于韓國皇帝。宣言韓國自今須置于日本行政下。若不從、則日本軍隊當占領皇城。以此意警告于韓國皇帝。

五 日本政府。託駐韓法國公使。致書于我國駐韓公使。促其率公使館員。退去韓國。

我國政府。于前記各事。確認其有大違國際法之罪。自量對於日本政府之行動。有提出抗議于各國之義務。且確信重視國際法原則之各國。必與我政府表同情而無疑。又今後我政府。以日本于韓國。欲壟斷其不法之權力。以故韓國政府所出之命令及宣言。全數作爲無效。特爲豫告」

日本政府旋發回牒以辯明之。其文曰。

頃聞俄國政府致書于各國。責日本政府以違背國際法之行爲。行之於韓國。且聲明將來韓國政府之命令及宣言作爲無效云云」

帝國政府于此。對于俄國政府之意見及其聲明。本以爲無足顧慮。然任事實之誣妄。或恐中立國中因此而致生誤解。以故對于此而辯其誣妄。固信其爲帝國政府之權利及其義務也。茲于俄國之公文。關于其所謂有十分之證佐。且聲明其爲確實之事實之五點。爲辯明之如左。

一　日本軍隊。于宣戰之前。于韓國上陸。帝國政府亦認之。然而交戰之狀態既已成矣。且夫維持韓國之獨立及領土之保全。爲此次戰爭之一目的。因之派軍隊于爲俄國所侵迫之地方。固屬于我國必要之權利。况此事已得韓國政府明確之同意者乎。日本軍隊于韓國上陸。較之俄國于平和商議時。未經淸國之同意而派大軍于滿洲者。大爲不同。孰曲孰直。必有能辨之者。

二　我國政府于俄國公文之第二點。聲明其爲全然無根之虛言。我國政府並無遮斷俄國海底電線之事。亦無破壞韓國政府電信之事。若夫對于二月八日。我艦隊攻擊俄國在仁川之艦隊。而加之以非難。則當時交戰之狀態既已成。且韓國已準日軍于仁川上陸故也。該港雖于日俄戰爭。無何等之關係。然一言以蔽之曰。已無中立港之性質而已矣。

三　我國政府設立捕獲審判所。關于捕獲商船之合法與否。命以全權下最終之決定。以故關于俄國公文之第三點。今不能爲何等之說明。

四　我國政府于俄國公文第四點之所說。聲明其爲全然無根據之事實。

五　我國政府斷言俄國公文第五點所說之不精確。我國政府對于俄國公使。雖直接要求其退去之事亦無之。二月十日。駐韓法國署理公使來訪我國公使。以俄國公使欲退去韓國之意告。並尋我公使關于此事之意見。我公使以俄國公使率其隨員及護衛兵平和撤退。當以日本軍隊極力保護之意答之。爾後關于此事。日法兩公使更有往復之書翰。于是俄國公使遂以二月十一日。自行退出韓京。而仁川一帶。我國已以日兵護衛之。

茲尚有一事可以附記者。駐釜山之俄領事。至二月二十八日。尚未離其任地。該官之所以淹留如此之久者。因未接何等之訓令。出于不得已也。蓋俄公使于未行之先。應與該領事以訓令之事。想已忘却。其後撤退之訓令。殆達于該領事。該領事亦有速離釜山之意。我國駐釜山之領事。于俄領事之起程也。與以一切之便宜。其後俄領事。遂由我領事之斡旋。經日本而赴上海。

●●●●●日韓議定書　二月二十三日。正月八日　日本駐韓公使林權助。遂與韓國外務大臣訂結所謂日韓議定書者。實日本外交上一鳴驚人之手段也。其文如下。

第一條　日韓兩帝國間。爲保持永久不易之親交。確立東洋之和平。大韓帝國政府。確信大日本帝國政府。

記載

關于施政之改良容納其忠告

第二條　大日本帝國政府。於大韓帝國之皇室。以確實之親誼。使之安全及康甯。

第三條　大日本帝國政府確實保證大韓帝國之獨立及領土之保全。

第四條　爲第三國之侵害或內亂。大韓帝國皇室之安甯、或領土之保全、有危險時。大日本帝國政府須速取臨機必要之措置。而大韓帝國政府爲使大日本政府易於從事。當與以十分之便宜

大日本政府爲達前項之目的。於軍略上必要之地點。得臨機收用之

第五條　此後不經兩國政府互相承認。違背本協約主義之協約。不得與第三國訂立之

就此議定書之內容言之。(一)韓國於施政上之改良。不可不容日本之忠告(二)日本於韓國版圖內得爲軍事上及政治上臨機必要之措置。而韓國對於此有與以十分便宜之義務(三)凡將來與此議定書精神相背之條約。有不得與第三國締結之限制。質而言之。韓國因此議定書拋棄其自治權之一部分。而以關於重要國務之干涉權。讓之於日本政府。故以事實論。韓國已自承認爲日本之保護國。此議定書即謂一種之保護條約可也

此議定書草案。當初開戰時。已提出於韓政府。而韓廷大臣李容翊玄尙健等。猶以局

外中立說動韓皇。莫知所適。二月二十一日。開議政府會議。發言盈廷。終莫能決。二十二日。開御前會議決定之。二十三日。遂畫諾。

議定書畫諾後十餘日。韓人之愛國者。咸集矢於外部大臣李址鎔之一身。三月三日。遂有志士四五人。投爆彈於李氏之邸。李氏外出獲免。而人民間反抗之氣燄。益大熾。翌日。其四五人者。見逮於日本警察之手。或曰。是實以嫌疑被累。非本人也。然反抗之氣燄。亦遂衰。

●伊藤博文之使韓● 世人或謂日本有軍人而無外交家。雖然。日本外交家之手段。固非可侮也。吾於伊藤博文使韓之役。益信之。日人深知韓人倚賴之根性最强也。又知韓國於宮廷以外。無第二之勢力也。乃當全韓人心惶惑之時。忽派伊藤氏爲皇室聘問專使。伊藤者。日本人中之最有聞於鄰國者也。三月七日。忽受使韓之命。韓人聞之。以爲議定書第一條所謂施政之改良者。遂將迫我實行。惶恐無計。及伊藤抵韓。乃知其所銜者。非國家機關之天皇的使命。而自然人之天皇的使命也。非日韓兩國家之交涉。而日韓兩皇室之交際也。三月二十日。伊藤謁韓皇於皇宮。惟致日皇敬問之語及其手書而於內政外交上不置一詞。韓人遂安。以為日人果親我也。蓋日本深鑒於甲午之役以急激之强迫改革大損韓人之同情故今茲大加持重所謂將軍欲以巧勝人盤馬彎弓故不發也日本之外交殆以失敗而進化矣

俄韓國交之斷絕　四月三十日日軍大破俄軍於鴨綠江以次占領九連城鳳凰城。旅順之交通絕勝負之局漸定。其影響遂使韓廷倚賴日本之心益堅。五月十九日（四月初五日）韓廷遂發勅宣書聲明俄韓之國交從此斷絕其文曰。

一　前此韓俄兩國間所締結之條約及協定。一切罷廢全然無效、

一　俄國臣民及其會社前此所訂之特許合同。至今期限未滿者。此後大韓政府若認為無妨害則許其繼續享有權利。惟圖們江鬱陵島森林伐植之合同。不特以其為俄政府所自經營者而已。又且不遵原定章程。恣行侵占。故該特權自今罷廢全然無效、

此等舉動。其出於日本政府之指揮。路人共見。自茲以往。韓國全脫離兩大之夾持而入於一强之覊勒矣。

韓人排日之檄文　日本之外交。既已著著制勝。然韓人中猶有跛不忘履者。俄韓國

交斷絕後不久。而排日論復大倡。有草檄文徧布於十三道者。今譯錄其全文如下。

方今韓日之交涉。東洋安危之樞機也。誠宜敦睦好誼。實心相孚。如輔車相依。脣衛相親。然後東亞之勢益張。免俄人之呑噬。此非惟日本之所求。亦我韓之所願也。何幸日本皇帝。宏慮遠量。萬里暴師。不憚勞苦。直搗滿洲旅順之域。先摧貪暴之俄鋒。修好我韓。欲保全我疆土。鞏固我獨立權。此誠韓人所最感歎。謂東亞之安。實此役攸賴也。何圖任使之臣。不得其人。約書甫成。二三其德。與貪鄙賣國之奸黨相結。威脅我皇上。攘奪我國權。全國之利益。無不攫入掌握之中。政府大官。黜陟之權。無不干預。苞苴公行。館庭成市。所愛者雖僉邪奸宄之輩。勸之而顯陞。所憎者雖公正善良之人。告之而遞改。沮遏我聖上維新之治。其兵民之入我境者。肆其暴行。比之俄人之貪殘。尚有過之而恬然不知戢。所謂保全鞏固之約。果如是乎。率此不已。則將囊橐我三千里之疆土。魚肉我二千萬之生靈。雖使俄人肆志於東洋。其禍或尚不至若是之烈也。防盜入鄰家而代逐之。藉其功而盡奪其家產。則爲家主者。反不如失於盜之爲愈也。今之情勢。何以異是。我韓雖疲廢。二千萬之人口。同心齊憤。激發義氣。求生於方死之地。圖存於將亡之時。則何有我弱之足患。而彼强之可畏乎。雖氣盡力屈。弱不敵强。不猶愈於束手而死。縮頭而亡乎。彼日人貪暴之行。百不能舉其一二。今臚其大槪於左。以通告十三省同胞之士。伏願諸君子毋偷目前一日之安。協力發憤。鞏固我宗社。安保我生靈。使有辭於天下萬國。千萬幸甚。

一　鐵道作弊

記載　十

南大門外之停車塲邊。有地八千餘坪。及停車塲傍近三角形之地二千餘坪。皆爲都民建屋必要之地。不許他用。此我宮內府所明定者也。昨秋協定停車塲區域之時。畫地六萬九千餘坪。當時日本株式會社。十分滿足。初無一言請加。乃今年陽四月日公使移照外部。要求右二處地段一萬餘坪以附屬於停車場。不待認許。遂移植木柵標石而勒行占領。我鐵道院嚴正拒絕日使最後乃照會外部。自定此地段之價二萬四千元。謂已由株式會社劃付第一銀行。又開城人參案被害日人之恤費亦在其中扣除。此豈非强橫之抑買乎。

昨秋署理鐵道院總裁崔夏榮與日使所訂之協定書第五項云。汲水鑿井之地一百坪以內。當歸會社收用。與鐵道院協議酌宜定之云云。而其後株式會社要求牛首峴爲鑿井之地。且加請二百坪。鐵道院回牘。謂牛首峴接近南廟。不許更與商他處。日人不理。忽遝自牛首峴橫鑿山根以通隧道。夫鑿井者鑿平面而深之以得水儲水之謂也。豈有橫鑿山根之理乎。鐵道院嚴督詰責。置若罔聞。始終未嘗停役。警務廳派員禁止亦不聽。今已鑿通三道。合三四十間。爆藥日轟。南山響震。

永登浦停車塲開設以來。日人欲廣占鐵道院堅持不許。日人竟以自意占領之。夫日本國內鐵道極多。雖大都會之停車塲。用地亦不過幾千坪。今在我國。則占地如是之廣。豈不可駭。

取線路傍邊之土田水田。其損害之價由該工事人以時價賠給。此通例也。而左右支吾。不給嶺南之地。我鐵道院別派技師前往視察。始賠給若干。而不滿半價。其技師未到之地。則竟不給。稷山一郡水土田十九石十四斗落田一石八斗不給價、松楸七百株。浮石四千五百塊。柴場二百四十亦同。移葬費二百五十兩亦不給。日人之飲食債不酬而去者四千八百五兩。有該郡守之報告可憑。他邑可推而知矣。已熟之牟麥方生之穀苗。不問主人而刈去之。天下有是理乎。

鐵道所用之砂石。該會社曾與宮內省約每一立方坪準價若干。而竟邁約千里之砂石。一空而一文未納於宮內省。

今年以速成之故。到處役夫甚多。日人之役夫亦多而皆無賴潑皮也。我役夫則恃其黨與狐假虎威。日人則惟聽通譯之慫慂。不法行爲。無所不至。侵掠村里。刼奪婦女。打人傷命。作鬧官府。地方官或欲捕治。則日人袒護衆徒。拏之反受其辱。今此患害殆甚於火賊。而官吏人民皆畏其氣焰。不敢告訴於京院。其各郡民訴之可據者如下。

清州金致安之妻歸甯夫家。爲鐵道什長金德順勒執以去。迫令同居。官往捕捉。則日人抗不許。此忠州觀察使之報告也。

据沃川民柳成烈告狀。言鐵道院役夫通譯人藉日人之勢。闖入村閭。無論貧富人家。所有米粟。盡數掠去。地方官無如何。

振威之役夫輩因醉而與邑吏相詰於酒店。日人遂闖入官府。打破門窗。縛打吏屬。又振威屬役夫之什長。擄奪婦女於村閭。又爲賊而荷杖入村討索錢財。至四千餘金。有民訴可憑。亦日人袒護之故也。

右數件特其千百中之一二也。振威以南五六百里之地殆成邱墟，清州懷德以下尤甚。費潤等之郡則日人公行刼掠攘奪婦女而民不敢訴於地方官亦無報告冤憤漲天慘無人理。日人恐釀民變反駐一小兵隊於懷德以鎮壓之。此外尚有一事為往古所無之變。金山郡守李成海人頗强硬禁彼不法，袒恤我民。即日使照會我外部謂防礙鐵道工事應嚴行處罰者也。日人及役夫輩積憾已深。郡守自太邱還官至渠谷店。鐵道牌長洪明善橫行偃臥。官隸呵其無禮洪即大怒揮打官隸。招集日人及役夫。四面圍匝。役夫朴南老打破轎子曳出郡守裂破衣冠。日人近藤精一直田為名等十餘人以大棒亂打郡守。渾身重傷。官隸皆成肉泥。此見於邑報者也。

永同之役夫金水卜許聖五酗酒不給價反毆店主。郡守千世顯捕治之。役夫輩亂入官庭。亂言悖說。氣勢危駭。日人十餘名各持鐵杖突入官庭。亂打官隸。二吏死焉。又犯郡守。拳打足踢渾身被傷腦破眼傷血流如湧。昏仆不省。

其他如破蕪岐等之邑獄門。打官吏。碎官物。諸如此小變。連紙屢牘不能盡書。

一　侵奪國權攫取利益

韓半島為日本所有之說。

敎唆我國之宰相使發用銀行券。

內地未經通商之處任意居住。將欲殖民於我土地。私買不法。

鬱陵島之森林任意採伐闢人居留反禁韓人之採伐又擅課稅於韓人。

勒占濟州島之牧塲魚基。

環海三面之漁業權盡入彼手我民失業。

勒占稷山金礦及昌原銅礦。

一 北進軍之作弊

西北各地方日軍所到之處軍糧馬草擅自儲置於校宮及客舍致位牌闕之不安。（案殆震驚陵廟之意歟）

占奪東軒任意居住恣行暴掠攘辱雞豚牛馬米穀錢貨人民逃散閭里空虛。

右文據日人松宮春一郎所著「最近之韓國」譯載其所以抨擊日人者雖非能見其大然所舉歷歷皆事實日人所以蹂躪韓人與韓人所以自相蹂躪者皆略可見焉蓋不待統監府之設而韓之不國盖已久矣其檄中署名者三十一人盖無一知名之士云檄雖布毫無影響日人亦一笑置之。

●長森案 長森案亦名韓國荒蕪地開墾問題蓋日人長森藤吉氏以私人之資格欲攬斷朝鮮全國荒蕪地以從事開墾也其契約之要點如下。

(一)韓國內府所屬土地及官業民業土地未經開墾者悉歸長森氏集資本從事開墾

(二)長森氏開墾以上之土地而改良之以後種植牧畜漁獵等有利事業悉歸長森氏全權辦理且有完全使用之權

(三)開辦五年不納租稅五年以後若所經營事業既有利則與現在已開闢之土地納同率之稅於朝鮮政府（但遇天災地變水旱之類收穫不足則其租稅或減或免）

(四)本約由所經營各部分經已完成之後起算凡五十年爲滿期滿期之後商議再續

此等契約吾無以評之若欲强評者則如漢武之語田蚡曰君何不遂取武庫而已而日本政府乃爲之代表將全案提出於韓廷而韓廷怵於其勢亦殆將應之實陽歷月　日也是爲日本實行日韓議定書所得權利之第一著

韓人之激昂及其運動　此案既提出於韓廷舉國譁然於是朴箕陽李宗說等首倡異議聯合縉紳士夫抗疏爭之以宗漢李乾夏首署其疏略曰

(前略)韓國地形山多野少環海三千里山澤居三之二凡此山澤皆荒蕪地也今乃一舉而割國土三分之二予諸外人天下可駭之事孰有過此(中略)且以日本人言之二十年來號稱扶我國家之獨立證我領土之保全今玆憤强俄之侵略動全國之師團以爭之其以信義自暴於東洋非一日也今以義始而以利終名

實相悖情僞互眩臣等以爲此殆不過起於一二商民私利之見在日本政府之老成謀國者未必弁髦信義至於如是也今若束手聽從則割肉飼虎肉有盡時而虎無饜期臣等誠不忍見祖宗之疆土日蹙不忍與賣國之徒同立於陛下之本朝也云云。

其言慷慨激昂聲淚俱下。韓廷亦大有所感悟。而諸人者。又非徒抗疏而已。一面傳檄四方激動全國公憤一面倡立所謂農礦會社者以相抵制以宮內省大臣朴陽圭尙禮院卿金相煥中樞院副議長李道宰等爲首領號稱集資本一千萬元。分爲二十萬股每股五十元。其股東惟朝鮮人乃得充之其經營事業之第一著。即從事於荒蕪地之開墾。而全國荒地之先占權皆歸該會社所獨有此其手段與吾湘人創礦務總公司以圖挽將失之礦權者何其相類也韓人以是爲抵禦外力之不二法門也官紳倡之政府贊之雖然以韓人之能力與其資力豈能組織此尨大之會社者當其會社章程之發布也日人譁然笑之曰是滑稽的政策也是俳優之舉動也果也倡之月餘所集資本不能及千分之一不旋踵而解散。

然自是以往。排日之運動大起漢城西門外鐘路天洞一帶日日集會。處處演說。以培方學堂漢語學校兩處生徒爲中心點。於是有所謂保安會獨立協會興國協會一心會等。所至號召會員。切齒裂眦。喘汗奔走。其他有散在全國之負褓商者。出沒於平安咸鏡兩道。或切電線。或毀鐵道。或以日本軍情諜洩於俄國。而種種舉動。實韓廷有力諸大臣陰主之。在日本各報。則目之曰亂暴之徒也。陰險之輩也。以旁觀公平之眼論之。使韓人並此區區之敵愾心而無之也。則禽畜之不如也。雖然。此區區之敵愾心。其終必無救於亡韓。又稍達時局者所能預斷也

日人專制政治之發端　此長森案之交涉。韓廷一面拒絕。韓之人民。復一面運動反對日本。則一面使其公使威逼要求。一面使其駐紮軍隊實行軍事警察。委其司令官原口氏以全權。使處置韓境內回復秩序之事。其手段如下。

(一)捕縛會黨首領　保安會長元世性等三名。又負褓商首領吉泳洙。內官姜錫鎬。先後被逮。

(二)禁止集會自由　以妨害治安名義。一切新立之會。皆被解散。不許人在韓京聚集演說。

(三)束縛出版自由　韓人所發行之皇城新聞。帝國新聞。皆須呈日本警官檢閱後。乃得發行。

以脆蒲弱柳之韓人。當此嚴霜烈日之處置。不轉瞬間。而其指天畫地。憨跳狂擲之氣

象全歇滅矣。嗚呼。無能力以盾其後。則客氣之不足恃也如此。嗚呼。

此案之結局　自長森案提出以來。韓國朝野上下皆激烈抵抗。而日本輿論亦大不直其政府。不直之者。非謂其對韓手段失於嚴厲也。一則長森氏之在本國。本非知名士。以此不足輕重之私人。畀以全韓土地之大權。謂其政府之輕重失當也。一則以對韓政策大綱未立。諸事曾未一著手。而以此區區者害韓人之感情。謂其政府之先後失宜也。於是政府幾度商議。乃於實際上撤回長森案。於名義上改爲無期限之延期。而別提出所謂韓國內政改革案者。以爲此權利之代償。自玆以往。而朝鮮乃眞爲日本人之朝鮮矣。

內政改革案　陽歷八月十二日。日本駐韓公使林權助謁見韓皇。將改革案提出。未幾遂畫諾。今將原案全文譯出。次乃略評之。

(一)韓國因欲整理財政。特於度支部內設財政監督。聘日本人目賀田種太郎氏充之。

(二)因整理財政之故。日本許貸與欵項於韓國。其第一期貸欵三百萬圓。

(三)略

(四)將韓國舊有之典圜局廢去。別爲白銅貨幣之處置。以確立幣制。

(五)結日韓幣制同盟。凡日本政府所鑄造之貨幣及鈔幣在韓國一律通行
(六)特設中央銀行司理徵收租稅及其他公金各事務。
(七)略
(八)因向來外交事務辦理失宜。故特設外部顧問。永由日本政府推薦。而現薦美國人田尼遜氏充之。
(九)韓廷將所有一切外交事務及保護海外韓人之事務皆託諸日本政府。俟此約實施後。即將前此派出駐劄各國之公使領事盡行召還
(十)韓國召還各國公使之時。各國派來駐韓公使亦同時撤退。惟留外國領事駐紮境內
(十一)因欲整理財政之故。將韓國軍備縮小以節糜費。前此全國二萬之兵額。當減為一千內外。除守備京城之外。各地方兵丁一切撤退。
(十二)結日韓兵器同盟。整理現在之軍器。
(十三)整肅宮禁。除君側之惡。禁巫女卜祝。凡一切雜輩不許出入宮廷。
(十四至二十三)略
(二十四)除現定度支外交兩顧問官外。不復置總顧問官。前此所聘外國顧問皆黜免
(二十五)略

右二十五條。則日本政府提出於韓廷改革案之內容也。其後經屢次協議。雖稍有修

改。然大體皆經許諾。至二十二日。先行發布三條。其文如下。

一 韓國政府。傭聘日本政府所推薦之日本人一名。為財務顧問。凡關於財務之事項。必諮而後行

二 韓國政府。傭聘日本政府所推薦之外國人一名。為外部顧問。凡關於外交之要務。必諮而後行

三 韓國政府若欲與外國締結條約及其他重要之外交案件如對於外國人許與特權等事一切須先與日本政府協議

同日又別訂一約云

前此各國公使謁見韓皇。例須經外部請於宮內省。待其指定時日。乃許召見。自今以往因內政改革之故韓皇之下問於日本公使者與日使之忠告於韓皇者皆當甚多特廢此例除捧呈國書仍循故事外其餘不拘何時得以任意入謁

據此諸約。則韓國政府凡關於財政外交兩大政。悉不能自行其志。必諮於顧問。顧問所不許。無施行之權利。顧問所指定。有不得不施行之義務。自推荐顧問之約定。則韓之財政及外交。事實上已生出必須日本指導之結果。而況乎締結條約。必直接經日本政府協議。則所謂外交顧問者。亦不過在漢城辦理小節。而全韓外交之主動。實已移於東京之霞關矣。

顧問政治之進行　其後日人目賀田種太郎氏受聘爲財務顧問。美人士的文氏受聘爲外部顧問。未幾日人丸山重俊氏復受聘爲警務顧問。十月十五日。（九月七日）韓人與目賀田氏所訂之約云。

（一）目賀田種太郎。整理監查韓政府之財政。凡財政上諸般之設備。當誠實擔任審議起案之責。

（二）韓政府關於財政一切事務。須得目賀田種太郎之同意。然後施行

韓國議政府開會議。凡關涉財政事項。目賀田種太郎得參與會議。又得將其關於財政上之意見。經度支部大臣而提議于議政府

（三）議政府之決議及各部事務與財政有關係者。於上奏之前。須經目賀田種太郎之同意及加印

目賀田種太郎。關於財政事務。得請謁見及上奏

（四）（五）略

（六）本契約雖不豫定期限。但於各一方既生出必須解除本協約之情形時。互相協議後。經日本代表者之同意而解除之

其明年二月三日。（甲辰十二月廿九日）丸山重俊氏受聘爲警務顧問。其契約亦略相同。由本契約之形式觀之。雖爲一私人之目賀田種太郎與韓政府代表者所結民法上之契約。

然該氏受聘之原因實出於日韓兩政府代表者所結之日韓協約以故執行本契約之權力而使之有效者其在日本政府之手也不待論矣即謂本契約爲日韓協約第一條之別約可矣自是以往韓國之顧問政治乃確立

軍政之施行　十月十二日。九月四日日本陸軍大將長谷川氏。特派爲駐韓軍總司令官。未幾遂於占領地域施行軍政。其規定如下。

一　內外人所有既得之權利。不妨礙軍事行動者盡力保護之。

二　於軍政地域內。凡欲興辦事業須使役多數人員如開礦伐森等業。須得軍司令部認可。

三　於軍政地域內。有妨軍事行動者。(所舉例略之)依軍律處分。

四　外國人若非得大本營及陸軍大臣軍司令官之許可不得出入逗留於開港場以外之軍政地域。

五　於軍政地域內執行條項如左。

第一　集會及新聞雜誌廣告等認爲妨害治安者解散之停止之禁止之

第二　調查官有民有之諸物品可供軍需者。依於事宜而禁止其使用移動及輸出

第三　不問何人攜有銃砲彈藥及其他危險之諸物品者。皆檢查之依於事宜而沒收之

第四　爲保軍政地域內之安甯。認爲必要時。不問何人得遞解出境

記載

第五第六　略

此規則其始不僅行於咸鏡道一帶。未幾遂擴張於京城及其附近。名爲治安警察法。

長谷川司令官之告示云。

我軍爲保護軍事行動上之利益。於作戰軍之背後因維持公安秩序之必要。曾於管區內布軍令而實施之。今也於京城及其附近之關於治安的警察。我軍代韓國警察擔任之。以期秩序愈加嚴肅。茲公布軍令。使一切人民相戒勿犯焉。（下略）

自是以往。舉韓國受治於軍政之下。若束溼焉。韓國民間有所謂一進會共進會等。蜂屯蟻聚。氣勢初若可畏。治安警察一布。戢戢而已。自是遂送殘臘以達於去歲之蠶春

（此項未完）

文藝一

紅葉閣鳳仙女史譯述

美人手

第四十五回　入梨園太尉驚豔　受騙局寃家撞頭

却說摩羅提夫與荷理別夫。離却北邯鄲。一直跟至戲園。相將入了座。瑪琪拖亞隨後趕到也進了場。遠遠找了個僻靜的座。把身子隱着。那一双眼睛不時注着他二人的所爲。祇見他二人坐在人叢最熱鬧的地方。摩羅提夫架起望遠鏡。四面顧盼。已而放下望遠鏡。對荷理別夫道。那美人還沒來呢。荷理別夫道。他今夜定然來的麼。摩羅提夫道定然的話難說。惟是禮拜五之期。那與美人應該是要到聽戲的。荷理別夫道。與嘉蕐是他的眞名麼。摩羅提夫道。眞假却不能知。他名字不時變換。但我會着他也不管他甚麼。只照初見的名字稱呼他就是了。荷理別夫道。他懂得俄國語嗎。摩羅提夫道。他自己說不懂，依我看來。他是狠懂的。我們操起國語來。他一概都聽得出呢，荷理別夫道。哼、好。剛說着。忽外間一美人進來。滿座皆把看戲的精神凝注着他。荷理別夫也隨着衆人視綫看去不覺讚道好一個尤物。急向摩羅提夫道。美人來了。摩羅提夫轉首一看。說道。這就是與美人了。荷理別夫道。果然名不虛傳。虛無黨有這樣的美人。無怪輕薄少年神魂也攝進黨裡去了。巴黎藏着有這個尤物。我竟然不知到。那就奇了。你看他目灼灼周視座間。似乎要找熟識人的模樣兒呢。當滿座注視那美人之時。不特荷理別夫一人驚豔。更有後頭遠遠坐着那個瑪琪拖亞神色益驚異道。啊喲。那美人不是澤瀨阿梅嗎、打扮得狠有行。哪好大膽子。還敢跑到這裡來。今晚又不知想甚麼胡混了。前回在戲園裡。我被他同髯臉漢串謀把手鈕騙了去。眞是不値。今晚怎麼不見那髯臉漢牛田呢。聞他騙了手鈕之後。同着牛田跑到外國避了一個多月。莫非他近來又與牛田拆了夥。丟了那髯臉漢。獨自跑回這裡來麼。這賊婆子實在不是個好人。照助摩祖所說。只怕荷理別夫的鐵箱子就是他出手偸了。但他的左手怎麼還完完全全呢。想了一回。又自沈吟道。是了。阿梅之外。必還有別個同黨的美人。那也不用疑了一面想着。一面藏着臉偷看他的所爲忽見俄國秘密偵探即充作丸田夫人的劍師嘉芝站起來招呼他他站着點了點頭大家示了個禮意瑪琪拖亞疑惑道。啊喲、怎麼他兩人也認識繼又見嘉芝含笑招他前來示以此間有座之意又見那美人遲疑不進輕輕一豎纖指又搖一搖手似乎說他座間同來之友不相識不便招呼之意又見嘉芝示以無妨當爲介紹之意嘉芝又示意荷理別夫立起來招呼他瑪琪拖亞是時又疑又憤似醋非醋的心裡沈思道。眞是奇絕了怎麼偷鐵箱子的同那失了鐵箱子的也漸漸要攏起來呢。呸、這狹路的寃家難道儘着白放過他不成若然放過他更欺我沒用了初時他還有些兒忌憚說是跑往外國裡避着如今公然跑到熱鬧場中來這明明是欺我沒奈他何了做不得待我跑上前一把拉住當場丟他的臉蹧蹋他一頓硬討回那手釧指供偷盜鐵箱子的是他證明美治阿士的無罪繼又轉念道。使不得使不得我受丸田夫人切囑須迴避荷理別夫那厮凡事要忍耐着勿出手萬一鬧起事來夫人見責那便怎好不如此刻跑去告訴夫人囑他留意拒絕那俄探子慢慢再攝布他想罷、正欲離坐忽又躊躇道。今晚機會正好候着探探他們行徑我跑了去豈不是兼顧不得怎好呢不知瑪琪拖亞。究竟想出個甚的主意來。欲知其詳。且俟後回分解。

第四十六回　出女黨員以假對假　認美書記似眞非眞

却說瑪琪拖亞滿心裡正盤算着。祇見那美人。已跑近摩羅提夫座前。摩羅提夫。急把自己的座讓他坐了。是時摩羅提夫坐在美人之右荷理別夫坐在美人之左那美人左顧右盼活潑潑地漸漸談笑起來也沒半點羞怯瑪琪拖亞一腔惱悶幾乎按捺不住幸虧念念記着丸田夫人所言不敢造次咬着牙齒强忍既而三人交頭接耳愈覺親熱起來那與美人對着荷理別夫道。哦、記起來了。比古尼街那一所狠體面的大宅子不是尊府麼我家裡離着狠近呢從比古尼街東頭一轉過上布街就是了荷理別夫驚道。怎麼連鄙人的住址也知道。美人道那算甚麼像你們的大人家那有人不曉得又顧摩羅提夫道摩羅君還記得嗎我平生最愛交處俄國人我認得貴國人狠多呢摩羅提夫道。不錯。從前在意大里時俄國的警察長官差不多都有來往的啊是時那美人。更覺高興起來急口急舌一些兒沒隱藏對着他兩人道可不是呢我當時聞那長官說、荷理君狠有來歷的呢、荷理君你不是貴國朝廷的命官嗎、因爲那班虛無黨跑到我國來、特地派你來鎭壓他、可是嗎、荷理別夫聽着心裡一跳、驚道、怎麼連我的來歷也知道、摩羅提夫笑着接口道、是呢、原來是個朝廷的命官、怪不得比從前倒珍重起來、荷理君眞是有點子官樣呢、荷理別夫也笑道、老實說、鄙人雖是個命官、但不是朝廷有意派來、因爲我聞得巴黎的美人爲天下第一、故而設法幹弄這個差使來、要想同這一輩美人親炙親炙呢、摩羅提夫復笑道、今夜老兄所遇這位就是天下第一裡頭第一位的美人、老兄這一場幹弄的苦心、可也算達了目的了、美人聽說、以眼梢向着荷理別夫一瞥、笑道、啊喲、原來荷理君雖屬朝廷命官、幷不是眞個偵探麼、那說話倒安心、我靜中告訴你、這裡有好幾家貴夫人、我也認得都是甚麼的虛無黨呢、他自己狠秘密、狠怕人家識破、但我一見就看出來了、摩羅提夫道、如此說、姑娘是天生一個偵探的奇才了、美人道、我雖沒學過做探子、我諒偵探的工夫也不狠難、即如從貴國跑出來這一班志士、差不多都被我認得的、就是日前同我住着那牛田、他也是俄國一個逃亡的志士啊、荷理別夫見他順口直湊、幷不作半點隱藏、不覺瞪目結舌欲加幾何盤詰也不能良久、祇問道、還有甚麼新聞。再說點聽聽。美人道。要說新聞多着呢處無黨的新聞眞是有趣其中狠可憐的也有狠利害的也有荷理君。且揀點兒最近的新聞說說你聽啊處無黨裡近日有個貴夫人哄着某家銀行一個少年把政府寄存的要件偸了去呢荷理別夫此來的目的正爲這個問題今幸從他口裡挑逗起來便欲乘勢試試他因用反激法答道。這等事也不算奇先日聞說甚麼嘉理遜銀行被處無黨偸了鉅欵初時也是用美人局串攏着十來個美人哄騙銀行隔壁那家男子把他房子租了後來從牀底下挖通地道過來把金庫盡地搬了個空可憐那家房東白白擔了個罪那班美人已不知跑到那裡去了此事至今還沒破案呢美人道。這也是男子們沒思想我所說那貴夫人也是哄着一個男子是銀行的書記生把要件偸了來既到了手那貴夫人完了心事就一溜烟跑到瑞士國去了也不管那男子那男子沒法祇得打算投奔到美國後來聞有人說那男子下船時在碼頭上被俄國的探子拿了送了去西伯利亞呢眞的假的究竟不知到要之這男子再不能到世間來了聽他的語氣。居然是明指美治阿士。荷理別夫想道。這顯然是他的招供了。他不過借別人爲題。藉此探我們消息。我也不必道破他。不如想個法子。拿着慢慢的擺佈他。正尋思着。恰好戲檯上剛完了第一幕。荷理別夫計上心來。對美人道。此刻剛完了一幕。還有好一會兒纔開檯。我們何不出去逛逛。順便請到我家裡。隨意弄點小酌談談呢。美人道是呢。坐得怪煩我也想散散步呢但我夜裡不大願意去叨擾人家倒不如兩位請到我家裡罷摩羅提夫接口道甚好甚好荷理君。何不一塊兒去荷理別夫想道。這女子是個虛無黨員到他家裡豈不危險。繼又轉想道。藉此機會探探他內裡的動靜。也是一件要緊事不怕、我先到家裡派定三四個親隨到他門外守着若來勢有些不像我就喝令這一班人打將進來把那女賊一齊綑倒趁勢拿他回來且裡攻外應有摩羅提夫稱手怕甚麼祇管壯着膽子答應他罷胸中盤算已定。遂道、承姑娘一塌美意。怎好驚擾呢。摩羅君你也去嗎。摩羅提夫道。只管一同去領領他的情美人道。如此說。此刻便去罷。說着。那美人擡起頭來。把眼睛四面打量了一回。忽見左邊後頭的座。坐着一位少年。美人作驚狀道。啊喲。那個穿斗篷的把高領子反起來遮着臉兒那不是美治阿士君嗎奇怪了他不是去了外國麼怎麼還在這裡聽戲呢荷理別夫見說。明知不是美治阿士。但怎麼那美人道出他名字來。不覺大爲疑惑。也隨着美人所指之處。定睛細認起來。不知美治阿士困在一室。怎能跑得到劇塲裡來。欲知其詳。且聽下回分解。

第四十七回　借針引綫各有安排　滅燭登樓私作偵探

却說荷理別夫。隨着美人所指之處。細認那人的容貌。與美治阿士雖有幾分像。但并不是美治阿士。荷理別夫藉勢。又欲試試那美人。因說道。果然像。或者是美治阿士也未定。看他光景。此時也要走了。待他站起來。留意看眞些就明白了。美人作駭狀道。啊喲。荷理君。你也認得美治阿士君麼。這句話。幾乎把荷理別夫問倒。幸虧急人有急智觸記起美治阿士的先世。遂答道。怎不認得。他父美治侯爵前做駐俄的欽差。狠有名的。那個不知。到不過近來中落了罷咧。我也不時有照顧他呢。正說着。那少年果然起來。整整衣冠。便自去了。美人以目送着。沒精打彩的道。不是啊。我認錯了。我也料美治阿士君。再也沒見面的了。是時挑引得荷理別夫。更大着膽子道。那裡……要見美治阿士。何難。他幾曾去外國。初意雖有遊美國之議。但并不曾出發。昨天我還碰着他呢美人又作驚狀道。啊喲。他還在此地荷理別夫道。可不是麼他還說打算明天起程呢我近年與他來往頗密昨天他到我這裡說要到美國一遊還托我寫了幾封介紹書子今早纔送了去呢他的寓處我手摺裡還記着可惜今晚沒有帶在身上如果姑娘要找他我明日當把地步抄一紙送來美人道明日要這地步何用你不說他明天起程麼未起程之前若得會會他或者中用摩羅提夫笑着從旁插嘴道。姑娘勿聽荷理君騙你罷他那裡是知道不過見姑娘思慕他懇切特地騙姑娘作耍當個笑話兒罷咧美人道笑話我那裡是思慕他我不過會過他一面實在是我有一位朋友是個貴夫人如今住在意大里國裡先日我到意大里時他說起美治阿士是他的知交托我帶一小箱子給他說這箱子內裡有緊要的東西必須要當面纔交故我想趁他未起程之前找着他完了一件心事摩羅提夫復帶笑道。那貴夫人可是虛無黨員嗎美人道啊喲。怎麼你刮沙鍋子連底也要翻轉來是時荷理別夫聽了美人之言。滿心注意着他的箱子。思量道這是甚的箱子呢。怎法子弄他到手就好了。因對美人道原來是爲這樣的原故。何不把箱子交給我待明天我替你交他美人道謝謝。狠承你的情但這事不敢奉勞我受人家所托切囑要當面交納就是怎樣信得過的也不能轉手箱子之外還有代傳的說話呢荷理別夫聽說還有說話把眼睛摽一摽摩羅提夫摩羅提夫使了個眼色令他就勢籠絡那美人荷理別夫也使個眼色會了意遂向美人道。既然是那麼機密的事情待我今晚替你把美治阿士招了來大家會會姑娘有說話我們避開座讓你們靜靜說可好不好呢美人道。好是好的但你沒有帶手摺來記不起他地步怎能彀呢。荷理別夫道時候還不狠夜我立刻回家裡找出手摺來親身去請他。摩羅提夫道狠好狠好美人道怎好意思呢也罷算格外給我點臉勞大駕走走能三人商議已定遂離座出了戲園。一同坐了美人來時所乘的馬車馬夫舉鞭颼的一聲那輪蹄便飛也似的離了戲園荷理別夫在車上對着那美人。心裡暗自打算道。且先到他家裡探探情形再回去調派防護兵然後誘令美治阿士來再相機行事看官、你道那美人怎原故引賊進門呢。就說是他有意兒引荷理別夫。但荷理別夫步步爲營。他又用怎的拆法呢。如今暫且按着不題。話分兩頭。却說戲園裡躲着那個瑪琪拖亞見他三人去了更覺事體可疑立意要躡着蹤探個底細因急急離坐也跟着出來偏了一輛馬車吩咐馬夫多許他賞錢叫他追着前頭三人所坐的馬車祇見前頭那馬車跑到上布街在牛田宅子門外停住三人相繼下了車那美人當先二人隨着進了門瑪琪拖亞令馬夫加上幾鞭通過他門前到了十字街口駐了車吩咐馬夫定給一夜租錢命他跑過拐灣兒那邊候着於是自己一人復踱過來隱隱聞牛田家裡樓上排匕箸聲又見燭光映着他三人的影兒在粉墻上料他們必在樓上夜宴急跑至對門那家熟識的小酒店見了店主人給了些零碎錢懇他把樓上對窗的小房借他停泊一夜主人欣然允諾於是一直跑到樓上熄滅了灯移身在窗縫兒不轉睛的望將過去不知瑪琪拖亞究竟見着甚麼。欲知其詳再看下回分解。

文藝一

文藝二

飲冰室詩話

飲冰

有不署名者。以其友井无詩四章見寄。蓋學道有得之言也。錄之。有感情時悲欲死。無因緣處郤偸生。靈山十萬八千路。仍是壓中碌碌行」漫漫長夜旦何時。揮日陽公事轉奇。惟有惺惺常不昧。悲歌慷慨聽鄰雞」盲人瞎馬夜臨池。不著驚忙不意迷。時念彌陀時勒轡。自然光照大千區」烈火燒空劇可哀。梵王天上跳身來。灰飛片片原酬願。郤悔當初卻轉回」

今詩皆不能歌。失詩之用矣。近世有志教育者。於是提倡樂學。然樂已非盡人能學。且雅樂與俗樂二者。亦不可偏廢。俗樂緣舊社會之嗜好。勢力最大。士大夫鄙夷之。而轉移風化之權。悉委諸俗伶。而社會之腐敗益甚。此亦不可不察也。客歲橫濱大同學校生徒。開音樂會。欲演俗劇一本以爲餘興。請諸余。余爲撰「班定遠平西域」六幕。自謂在俗劇中開一新天地也。中有從軍樂十二章。乃用俗調十杯酒（又名梳妝臺）所譜。雖屬游戲。亦殊自憙。乃錄其詞與其譜。

從軍樂。告國民。世界上。國並立。競生存。獻身護國誰無份。好男兒。莫退讓。發願做軍人。

從軍樂。初進營。排樂隊。唱萬歲。送我行。爺娘慷慨申嚴命。弧矢懸四方。志今日。慰生平。

從軍樂。樂且和。在營裏。如一家。饔廝磨。同生共死你和我。有前進。無後退。行得也哥哥。

從軍樂。樂野營。平沙白。竈烟細。月華明。令嚴夜寂人初靜。劃然嘯天地。肅奇氣。與雲平。

從軍樂。前敵時。鎗林立。硝雲湧。彈星馳。我軍一鼓進行矣。望敵營。白一色。片片是降旗。

從軍樂。樂如何。乘雪夜。追敵騎。渡交河。名王繫頸帳前坐。下征鞍。了無事。呼酒倡軍歌。

從軍樂樂且奇決死隊摩敵壘樹國旗黃龍光影蟠空際十萬軍齊拍手嘖嘖好男兒。

從軍樂樂無窮人一世死一遍難再逢男兒死有泰山重爲國民捨生命含笑爲鬼雄。

從軍樂樂功成追逐北橫絕漠掃王庭敵人城下盟初定守載書遵約束羅拜漢威靈。

從軍樂報國仇瓜分論保全說何紛呶睡獅一吼驚羣獸六七强走相告黃禍正橫流。

從軍樂樂太平弱之肉强之食歲靡甯堂堂一戰全球定主齊盟洗兵甲世界永文明。

從軍樂樂凱旋華燈張綵勝結國旗懸國門十里歡迎宴天自長地自久中國萬斯年。

文藝二

四

從軍樂

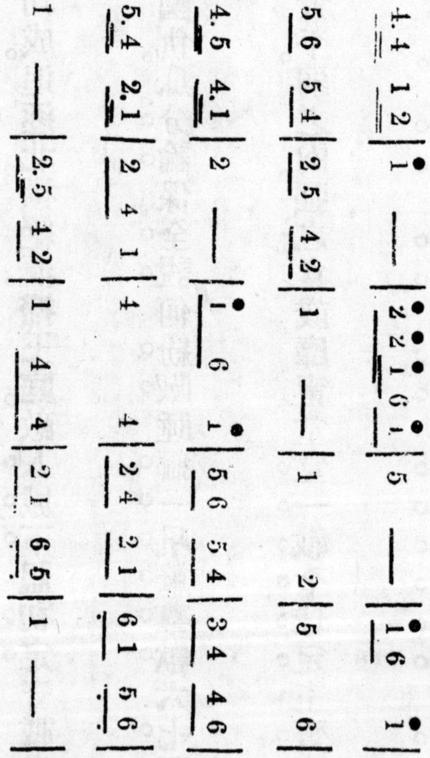

雜纂一

中國國債賠欵清單（戶部銀行原稿）

甲　匯豐銀欵

光緒二十年十月初四日借匯豐洋行規平銀一千九十萬兩常年七厘行息分二十年清還前十年付息不還本後十年本息並還每年還本一百九萬兩息隨本減共應付息一千一百六萬三千五百兩扣至光緒四十年本息還清應付本息銀兩（凡下所列者皆兩數也）

（一）（上半年撥）四川鹽斤加價銀三十六萬　廣東歸還息借商欵騰出銀十三萬五千　四川鹽斤加價銀八萬　浙江關稅釐金鹽課盈餘銀二十萬　雲南減

（二）（下半年撥）平銀六萬七千

應還初次本銀一百九萬兩指撥（自二十年起）粵海等關藥釐應解海軍海防經費

項下提銀五十萬下餘銀兩在滙豐等項洋欵減息項下湊撥每年共撥銀一百九十三萬二千據赫税司所稱每年應付本利約一百八十萬兩

乙 滙豐磅欵

光緒二十一年正月初一日借滙豐洋行三百萬磅常年六厘行息分二十年清還前五年付息不還本後十五年本息並還每年還本二十萬磅息隨本減共應付息二百二十四萬磅扣至光緒四十一年正月分本息還清應付本息銀兩

(一)上半年撥(武衞中軍餉銀騰出欵內撥) 浙江六萬 福建十萬 閩海關十萬 甘肅船廠經費銀三萬五千

(又)(鐵路經費內撥) 河南五萬 安徽五萬 江甯五萬 江蘇五萬 江西五萬 浙江五萬

(二)下半年撥 浙江稅釐鹽課盈餘銀十萬五千 廣東裁節釐捐鹽務盈餘銀一百六十萬 安徽裁減經費辦公盈餘銀七萬 廣西辦公經費並州縣外銷局費銀四萬 江西關稅釐金並節省鄂皖淮鹽加價銀廿一萬三千

每年共撥銀二百六十二萬三千　據赫稅司所稱每年應付本利約二百十萬

丙　克薩洋款

光緒二十一年閏五月初六日借英商克薩款一百萬磅週年六厘行息分二十年清還前五年付息不還本後十五年本息並還每年還本六萬六千六七百磅不等息隨本減核計共應付息七十八萬三十磅扣至光緒四十一年五月本息還清應付本息銀兩

（一）上半年撥（鐵路經費內撥）福建五萬　閩海關五萬　湖北五萬　湖南五萬　廣東五萬　四川五萬

（又）（解廠經費內撥）江蘇十萬　安徽五萬　湖北五萬　湖南五萬　兩淮督銷局銀十二萬

（二）下半年撥　山省稅厘鹽課銀三萬　雲南稅厘鹽課銀四萬　山西厘金鹽課銀三萬　河東鹽商攤捐銀三千　通商銀行息款銀四萬　江蘇清賦銀一

萬　每年共撥銀八十三萬三千　據赫稅司所稱每年應付本利約七十萬兩

丁　俄法洋欵

光緒二十一年閏五月初九日借俄法商欵五萬萬佛郎週年四厘行息分三十六年清還核計統共應付息銀三萬六千一百五十七萬一千零七十二佛郎每年應付本息指撥各省關歸還銀五百十萬兩因磅價不敷核計銀一百二十餘萬兩於二十五年奏請仍由各省關攤撥

(一)鹽斤加價項下指撥　長蘆四萬　山東一萬　河東三萬　四川十五萬　廣東五萬　浙江六萬　淮南四岸共銀十三萬　河南三萬　湖北川鹽銀六萬

(二)西征洋欵改爲加放俸餉項下　浙江五萬　福建五萬　湖北萬　廣東五萬

(三)廣東闈姓捐輸項下指撥　闈姓捐輸二十四萬

（四）各省地丁鹽課鹽釐貨釐雜稅等款項下指撥
廣東二十四萬　加撥六萬　江蘇二十萬　加撥五萬
四川二十萬　加撥五萬　浙江十六萬　加撥四萬　湖
北十六萬　加撥四萬　河南十四萬　加撥三萬五千
直隸十二萬　加撥三萬　山東十二萬　加撥三萬
山西十二萬　加撥三萬　安徽十二萬　加撥三萬　江
西十萬　加撥二萬　湖南十萬　加撥二萬五千　福建
十萬　加撥二萬五千　陝西十萬　加撥二萬五千　廣
西七萬　加撥一萬七千五百

（五）各海關洋稅洋藥稅釐項下攤撥

江海關四十萬　加撥十萬　粵海關三十六萬　加撥九萬
閩海關十六萬　加撥四萬　浙海關十六萬　加撥四萬
鎮江關六萬　加撥五萬五千　九江關十八萬　加撥四萬
五千　江漢關十六萬　加撥四萬　宜昌關八萬　加撥二
萬　重慶關四萬　加撥一萬　蒙自關四萬　加撥一萬

甌海關四萬　加撥一萬　津海關十二萬　加撥三萬　東海關三萬　加撥七千五百　蕪湖關二萬　加撥五千　又代鎭江關解十六萬　山海關四萬　加撥一萬　每年共撥六百二十萬五千　據赫稅司所稱每年應付本利約五百八十一萬兩

戊　英德洋欵

光緒二十二年二月十九日借英德商欵一千六百萬磅常年五厘行息分三十六年清還核計統共應付息銀一千八百八十萬二百七十二磅每年應付本息九十六萬六千九百五十二磅扣至光緒五十八年本息還清應付本息銀兩原指撥各省關歸還銀六百九十萬兩因磅價不敷核計銀一百三十二萬兩於光緒二十五年奏請仍由各省關攤撥

(一)鹽斤加價項下指撥｛長蘆四萬　山東一萬　河東三萬　四川十五萬　廣東五萬　浙江六萬　淮南四岸共銀十三萬　河南三萬　湖北川鹽銀六萬

(二)西征洋款改爲加放俸餉項下指撥)浙江五萬　福建五萬　湖北五萬　廣東五萬

(三)廣東闈姓捐輸項下指撥　(闈姓捐輸銀二十四萬
(四)各省地丁鹽課鹽釐貨釐雜稅等款項下指撥)
廣東三十八萬　加撥九萬五千　江蘇三十二萬　加撥
八萬　四川三十二萬　加撥八萬　浙江二十二萬　加
撥五萬五千　湖北二十二萬　加撥五萬五千　河南十
五萬　加撥四萬七千五百　直隸十七萬　加撥四萬二千五百　山東十七萬　加撥四萬二千五百　山西十七
萬　加撥四萬二千五百　安徽十七萬　加撥四萬二千
五百　江西十四萬　加撥三萬五千　湖南十四萬　加
撥三萬五千　福建十四萬　加撥三萬五千　陝西十二
萬　加撥三萬　廣西八萬　加撥二萬

(江海關六十萬　加撥十五萬　粵海關五十二萬　加撥十
三萬　閩海關二十四萬　加撥六萬　浙海關二十四萬

(五)各海關洋稅洋藥稅釐項下攤派

加撥六萬　鎮江關八萬　加撥八萬　九江關二十六萬加撥六萬五千　江漢關二十四萬加撥六萬　宜昌關十二萬　加撥三萬　蕪湖關四萬　加撥一萬　又代鎮江關解銀二十四萬　重慶關八萬　加撥二萬　津海關十八萬加撥四萬五千　東海關五萬　加撥一萬二千五百　山海關六萬　加撥一萬五千　每年共撥銀八百三十七萬五千

據赫稅司所稱每年應付本利約六百六十五萬兩

已　續借英德洋款

光緒二十四年二月初九日續借英德商款一千六百萬磅每年應付本息八十三萬五千二百三十二磅扣至光緒六十九年本息還清應付本息銀兩奏定由蘇州松滬九江浙東各貨釐宜昌鄂岸皖岸各鹽釐作抵銀五百萬兩年約不敷銀八九十萬兩由部籌撥足數　每年共撥銀五百萬兩　據赫稅司所稱每年應付本利約五百八十一萬兩　以上六項統共撥銀二千四百八十八萬八千兩　據赫稅司所稱每年

共應付本利約二千二百八十七萬兩

庚　瑞記洋欵

光緒二十一年閏五月初九日借瑞記欵一百萬磅常年八厘行息分二十年還清前五年半不還本後十四年半本息并還每年還本六萬六千六百六十六磅十三先令四本士息隨本減核計共應付息五十六萬二千六百九十磅零本息扣至光緒四十一年五月還清應付本息銀兩由江蘇司關道局籌撥

二十七年十一月二十二日第十三次銀九萬四千六百六十六磅十三先令四本士約庫平銀六十七八萬兩　本由蘇藩司銀六萬兩　息銀六萬兩　淮運司銀二萬兩　各局卡分攤銀十二萬兩　息銀五萬餘兩　甯藩司銀二萬兩　江海關銀十五萬兩　鎮江關銀二萬兩　金陵關銀二萬兩　金陵釐捐局銀六萬兩　蕪湖關米厘局息銀三萬兩　皖南茶釐局息銀二萬兩　蕪湖關息銀二萬兩　九江關息銀二萬兩　據赫稅司所稱每年約七十萬兩

辛　庚子年賠欵表

一千九百零二年至一千九百十年計九年每年歸本利十八兆八十二萬九千五百兩合一百六十九兆四十六萬五千五百兩

一千九百十一年至一千九百十四年計四年每年歸本利十九兆八十九萬九千三百兩合七十九兆五十九萬七千二百兩

一千九百十五年歸本利合二十三兆二十八萬三千三百兩

一千九百十六年至一千九百三十年計十六年每年歸本利二十四兆四十八萬三千八百兩合三百九十一兆七十四萬零八百兩

一千九百三十二年至一千九百四十年計九年每年歸本利三十五兆三十五萬零一百五十兩合三百十八兆十五萬一千三百五十兩

總共三十九年計歸本利九百八十二兆二十三萬八千一百五十兩

又第一期展期息銀九百萬兩亦按四釐利分三年還清息隨本減

二十八年應還三百三十三萬兩　二十九年應還三百二十一萬兩　三十年應還三百九萬兩　（完）

雜纂二

雜俎

外洋入口之竹頭木屑

印度首府加爾加但圖書館有關係于印度之書冊十萬卷。

參詣基督敎聖地遮爾沙利模之國民以俄國人爲最多。每年有三萬至四萬

各國人之食煙者以荷蘭人爲最多。次比利時次土耳其次美國

棲息于土穴之中之動物。無目者有百七十二種。

蟻子全身有七眼。各異其用。

英國有生命保險二百餘。其中火災保險四十二。生命保險八十一。營業保險十四。海上保險十九。不慮災害保險四十四。

死于不慮災害者就千人統計平均年齡三十五歲〇六個月。可知三十五六歲之橫死者多。

黑人之數美國有百五十五萬。其中自已有家屋者二十六萬四千二百八十八人。

據最近之統計美國二百萬圓以上之財產者有三千五百四十六人。

英杜戰爭之時兵士中彈丸而負傷者。每百人中中頸部、面部者十四人。中腕部、肩部者三十人。中胸部、腹部者二十一人。中胯部、脚部者三十五人。以腹部胸部受傷較少實一奇現象也。

寢具之善惡與其國兵之强弱成正比例。今由其最粗惡者以及其最美善者以序列之如下。日本、德國、奧國、俄國、英國、法國。法國行軍所用之寢具與居旅

店無異是其所以弱也。

海之平均深一萬二千尺陸之平均高海面千五百尺。又海之最寒之月係二月最暑之月係八月。

無論如何植物自海面以下五百呎則不能生長。

千二百八十五年阿剌伯人核治廉偶于沙漠中失路迫于飢餓取珈琲之實而食之苦不能下咽乃炙而浸以水食少許覺其非常之美于是携歸而製以飲料自飲而更勸人此爲珈琲之濫觴也。

千九百〇四年一年間歐美兩洲所出之新書共有十五萬種。

西班牙以乞食爲職業者有十九萬〇二百七十七人其中有婦人五萬一千九百四十八人。

英國有一動物學者研究鼠之蕃殖如牝牡一對全無障害三年間之蕃殖可達一千頭。

英國人最近統計其成人身長平均五呎八吋五分之一五十年間身長增一吋之割合。

全世界之宗教信徒數世界人口十四億三千萬耶穌教徒四億七千七百〇八萬〇百五十八人儒教徒二億五千六百萬人佛教徒一億九千萬人回教徒一億七千九百九萬人其他之各宗教一億一千八百十二萬九千四百七十八人。

千九百四年一年間英國製造進水之船舶八百六十八艘百三十三萬八千八百噸日本自外國購入之船舶七十二艘十七萬七千二百五十九噸。

台灣人之喫鴉片煙者前年十二月現在特許者十三萬七千九百五十二人。

英國人口十萬人中有醫師一人。

千九百四年一年間倫敦之死于馬車自轉車者百五十四人傷者一萬〇二百一人。

東京最高之處爲牛込區若松町附近海拔百廿九

尺。最低之處。爲深川區千田町附近。海拔四尺。最暑之時。華氏九十四五度。最寒之時。華氏二十七八度。最廣之區。爲麴町區。一方里之五分二厘。最狹之區。爲四谷區。一方里一分二厘。最長之區。爲麻布區。南北一里廿一町。最短之區。爲四谷區。南北十二町。

俄國皇帝無一定之寢室。每夜各異。蓋所以避爆烈彈也。

東洋無雙 教育掛圖

陸軍示教掛圖	自第一輯至第三輯各一輯五張一組		各一輯金貳圓
海軍示教掛圖	同	同	同
天地現象掛圖	自第一輯至第二輯各一輯五張一組		各一輯金貳圓
地文學示教圖	自第一輯至第二輯 同	同	同
世界地理示教圖	自第一輯至第三輯各一輯七張一組		各一輯金貳圓八十錢
人體生理解剖圖	廿張一組完	結	金八圓
世界人種風俗圖	自第一輯至第二輯各一輯五張一組		各一輯金貳圓半
工業示教掛圖	自第一輯至第二輯 同	同	同
農業教授用掛圖	拾張一組完	結	各一輯金四圓
家畜家禽正圖	自第一輯至第二輯各一輯六張一組		各一輯金貳圓半
世界哺乳動物圖	自第一輯至第四輯各一輯五張一組		各一輯金壹圓半
植物正圖	自第一輯至第十輯各一輯五張一組		各一輯金貳圓
害蟲及感植物正圖	五張一組	全	金貳圓
有毒植物眞圖	五張一組	全	金貳圓
救饑植物正圖	同	同	同
有益鳥眞圖	三張一組		金壹圓半
鳥類正圖	自第一輯至第二輯各一輯五張一組		各一輯金貳圓
蟲類正圖	自第一輯至第四輯 同	同	各一輯金貳圓
稻作害蟲驅除法圖	五張一組完	結	金貳圓

農作物病害豫防法圖	五張一組完	結	金貳圓
漁業示教圖	五張一組完	結	金貳圓
食鹽示教圖	八張一組完	結	金參圓
爬蟲類及兩棲動物圖	自第一輯至第二輯各一輯五張一組		各一輯金貳圓
甲殼類正圖	五張一組		金貳圓
菌蕈類正圖	自第一輯至第二輯各一輯五張一組		各一輯金貳圓
貝殼類正圖	二張一組		金壹圓
前世界動物圖	三張一組		金八拾五錢
魚類正圖	自第一輯至第二輯各一輯五張一組		金貳圓
海獸類正圖	五張一組完	結	金貳圓
熱帶植物圖	自第一輯至第三輯各一輯五張一組		各一輯金貳圓半
人體寄生蟲及黴菌圖	自第一輯至第二輯各一輯五張一組		各一輯金貳圓
下等動物圖	五張一組		金貳圓
植物解剖掛圖	十張一組		金參圓八拾錢
兒童眼病トラホーム豫防法圖	參張一組		金壹圓貳拾錢
救急治療法掛圖	六張一組		金貳圓
支那歷朝帝王御影	全一張		金八拾錢
兵式柔軟體操圖	全一張		金四拾錢
銃砲古今沿革圖	三張一組		金壹圓[illegible]拾錢

鑛石實寫標本圖	全一張		金參圓
世界列國旗章正圖	全一張		金五拾錢
列國帝王軍隊服裝圖	全一張		金七拾錢
世界人種相貌圖	全一張		金七拾錢
世界發明元始小影	全一張		金七拾錢
古今軍艦沿革圖	全一張		金參拾五錢
兵器古今沿革圖	全一張		金參拾錢
帝國陸軍服裝圖	二張一組		金貳圓
列國勳章綬圖	全一張		金八拾錢
物理學示教掛圖	自第一輯至第二輯各一輯五張一組		各一輯金壹圓半
博物集覽全圖	三十六張一組		金七圓
萬國貨幣全覽	全二張		金壹圓半

本館製造教育專門着色圖畫。偶蒙帝室寵賚。名聲藉甚。亦技術巧妙。價目低廉。稱東洋無雙。無論日本全國。及朝鮮臺灣。大中小學堂。無不採用本館圖畫者。本年更欲擴販路。□門增設新工場。裝置精良大印刷機。準備已成。館運旺盛。特爲中國四方君子貴需。製圖書目錄大略如以上。東京造畫館主

九月

一本館書畫目錄壹冊。函致有命。不論遠近。即呈。來函一切要照左記本館所在地。寫字無誤

○日本東京市京橋區出雲町壹番地

東京造畫館

●電話新橋七百二十三番

休寧程家檉先生纂著　日本伊藤繁延先生案圖

中國歷史教育畫

外附漢文說明書一冊全部二十頁已經出版定價金五圓

圖一國之精神。有如堅石。有如煉鐵。別無他道。世莫不稱曰國民教育。然其爲國民教育之利器者。則非歷史一科不爲功。中國歷史。浩如煙海。興亡之故。固不難藉教科書以傳之。而國民之眞精神。縱懸河之口。其無圖畫以相輔助。則終莫由而顯也。休寧程韻蓀先生。其經史之學。夙已蜚譽於禹域。自弱冠而負笈吾邦。前歲畢業於大學。其在東京。實留學生之最久者。以應敝局之請。爲著是圖。聯絡古今。貫串倫類。其數雖不過二十。然內準之中國社會之心理。外以合泰西教育之方法。由其精博之心胸。而出以卓越之識見者也。至其描畫神情。幾於頰上三毫。躍躍若活。呼之欲出。足令人可哭可歌。起慕起敬。誠宇內第一之歷史畫。而心乎教育者之不可不先睹爲快者矣。特此廣告。務宜家備一編。

講堂教授 ……漢譯

暗射清國大地圖

◉縱五尺　橫七尺全幅大掛圖

◉石版加彩色　定價金參圓五拾錢

五

發行所 日本東京市京橋區弓町 三松堂書局

日本合資會社富山房書局新書發售告白

陸軍教授 依田雄甫
河田熊
兩先生同編

漢文日俄戰記

洋布上製頗美本
價 貳元
清國小三角五分
包郵費

口繪（日俄兩國皇帝等八頁入）▲▲交戰地圖（石印五彩）▲▲日俄海陸勇將（戰場景色）百餘▲▲大判三七七頁

日俄戰役非日俄之私戰。東亞大陸之力戰也。歐亞國民之智戰也。而亦黃白人種優劣之競爭也。其聳動世界之耳目。震撼天下之人心。良有以也。夫今支那帝國之獨立自存强固者。則所以維持東洋永遠之平和。而東亞國民當盡之天職也。於是乎日俄戰役有焉。●惟此戰役者。古今稀見之壯舉也。而可傳於天下後世之偉績莫大焉。蓋有經世之志者。須先可作之戰記錄之實史以遺之子孫也。●此書旨之趣如何。開戰之原因經過戰況陣形等。詳論精察無不到。若夫至于實戰之起止舉措筆舌不能盡之所 則插置百數十寫眞圖補說之。蓋自戰場之山川草木乃至勇將名士之手采。歷歷可得指顧。宛然如臨於柑子局面。勝敗之數炳乎自判明。卷首更添戰鬪地圖。以明海陸戰鬪之時日兩軍對陣之形容攻守進退之經過 惟自日俄開戰之遠因近因國情兵力武備。乃至戰鬪之經過媾和之結果。解說明晰如此書者未有之也。●清國之於日本國實脣齒輔車之親。且同文同種有密切之關係 希大清帝國之君子。必探此書一以誇于外人。以遺子孫。以誡後士焉。

理學博士 寺尾壽先生監修
藤森溫和先生著

日清對譯算術教科書

洋布上製菊判頗美本
價 壹元
郵費 壹角

寺尾博士者以算數學名聲冠于日本。宜也。其書 出群書恐潜其形也。蓋是理勢之當然亦不足怪。今漢譯發售。洛陽紙價自是漸貴矣 江湖君子請勿逸購求之機。

八

新書發售豫告

陸軍教授 依田雄甫先生編
大清帝國分省精圖
縱一尺一寸 橫一尺六寸
石印七彩頗鮮明
五月發行

文學博士 瀨川秀雄先生著
漢譯
西洋通史
菊判洋裝全一冊
紙數約一千頁
附圖 石印六彩 沿革圖十九葉入

第六高等學校校長 理學士 酒井佐保先生著
漢譯
酒井物理學教科書
菊判洋裝全一冊
紙數約五百頁
圖畫三百數十入

發兌元 東京市神田區裏神保町九番地 電話本局壹千三十六番 合資會社 富山房書局

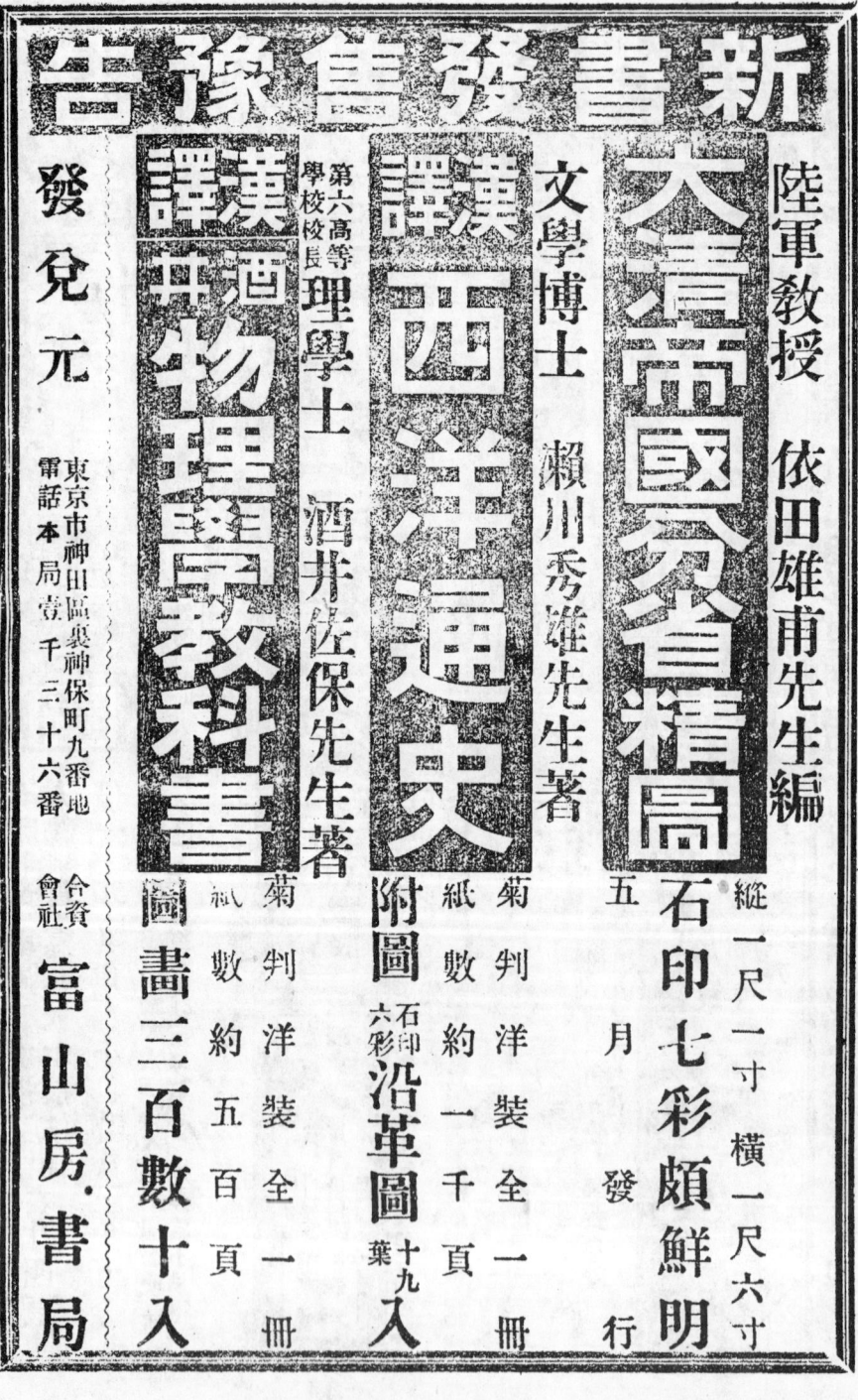

岸田吟香著

最新五彩 萬國輿地分圖 定價一圓五十錢

[illegible] 坤輿全圖 [illegible]

大清一統輿地分圖（近出） 定價金二圓

[illegible] 重訂中外方輿全圖 [illegible]

石印五彩鮮美 說明書付 東西兩半球圖 定價二十五錢

環轉自在 地球儀 定價 徑一尺二寸八 一圓五十錢 同 四寸一 圓 同 二寸二 十五錢

教科適用 物產一鐵道詳註 滿洲及世界地圖付 大清國最新圖 定價五十錢

石印五彩 精校朝鮮輿地全圖 定價六十錢

發兌所 日本東京京橋區銀座二丁目 樂善堂（電話新橋六一五番） 上海河南路老巡捕房對門 樂善堂分房

橫濱販賣所（橫濱市日之出町三丁目六十五番地）西脇商店

十一

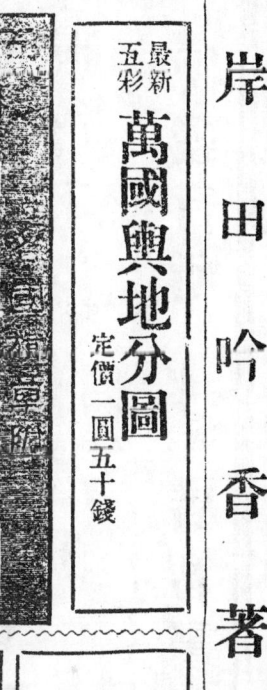

二十年目睹之怪現狀

甲卷 定價四角

此社會小說也描寫種種情狀千奇百怪如大禹鑄鼎使讀之者忽然驚忽然怒忽然懼忽然悲怵然于人心之險世路之艱而涉世不敢不慎至其筆墨之神妙令人歎觀止焉此書曾登于新小說今其版權歸本局丙卷以次刊行

乙卷已出版 每册價四角

總發行所 上海廣智書局

分售所 上海新民支店及各書坊 橫濱新民社 東京中國書林

高等國文讀本

我國文與學相爲表裏非通文無以通學故國文爲中學以上最要之科然文字之道繁賾紛紜非示以塗轍未易尋究世所通行各選本非過於高遠則失之蕪雜此編謹依欽定中學章程分五年爲五編每編所錄皆求極合于學者之程度而于文法文體言之最詳辨之最精雖曰讀本而實包有文法書文學史之義蘊學者讀此其於文字之要思過半矣高等學校及師範學校用作讀本皆極適宜

第一編每冊二角二編二角五分三編三角五分四編五編每冊四角

中學文法教科書

此書共分三部一曰正字學二曰性詞學三曰修辭學凡識字造句成章諸法皆備中國師得此敎爲講授之資師逸功倍可斷言也每部二冊大洋七角

總發行所　上海棋盤街　廣智書局

第三種郵便物認可
新民叢報第四年第六號
明治三十九年四月八日發行

新民叢報

明治三十一年十二月二十七日（第三種郵便物認可）（每月二回發行）

第肆年第柒號
（原第七十九號）

光緒三十二年四月一日 明治三十九年四月二十四日

新民叢報第肆年第柒號（原第七十九號）

報資及郵費價目表	全年 廿四冊	半年 十二冊	零售
報資	五元	二元六角	二角五分
上海郵費	二角四分	一角二分	一分
上海轉寄內地郵費	一元二角	六角	五分
各外埠郵費	一元四角四分	七角二分	六分
四川、雲南、陝西、貴州、山西、甘肅等省郵費	二元八角八分	一元四角四分	一角二分

日本各地及日郵已通之中國各口岸每冊一仙

編輯兼發行者 馮紫珊
印刷者 陳侶笙
發行所 橫濱山下町百六十番 新民叢報社
上海發行所 四馬路老巡捕房對面 新民叢報支店
印刷所 新民叢報活版部

◉本年之新民叢報

本報自開辦以來已出至七十餘號其價值爲舉國所共認無俟喋喋本年益大加改良報中文字由飲冰主人全力擔任其編纂法亦視前數年更爲適當所分門類凡六

一論著殆全出於飲冰之手所論者皆極重大之問題或極宏博之學理一文動十數萬言而皆連屬登載絕無斷續

二批評對於國內外一部分之問題加以正當之批評

三譯述東西碩學之名著擇其學理最新而最適於我國者譯述之而又非直譯其理太邃者加以解釋其與譯者意見有異同者加以評案大半亦成於飲冰之手

四記載網羅國內外大事以史的體裁記述之與尋常記事有異

其他五文藝六雜纂體例略如從前惟尚有一事大加改良者則出版已一依定期現已出至第七號定稿已至第九號必力革前此愆期之習今將本年報中文字內容略述如下

開明專制論本論爲飲冰所撰自發表其最近政見全論凡十數章十餘萬言第一章釋制○第二章釋專制○第三章釋開明專制○第四章述開明專制之學說○第五章述開明專制之前例○第六章論適用開明專制之國與適用開明專制之時○第七章論變相之開明專制○第八章論開明專制適用於今日之中國○第九章論開明專制者所當有事○第十章論開明專制之人物○第　章論開明專制之精神實今日救國惟一之方略也本論連載於本年第一號至第七號今尚未完約至第十二號完結

中國法理學發達史論本論亦飲冰所撰以東西最新之法理學說與我先秦之言相印證而校其長短絕無牽合附會其目的一以發揚先民久湮之學說一以喚起國人研究法律之興味凡十章十餘萬言第一章緒論○第二章法之起因○第三章法之語源○第四章舊學派關于法之觀念第一節儒家第二節道家第三節墨家○第五章法治主義之發生第一節放任主義與法治主義第二節人治主義與法治主義第三節禮治主義與法治主義第四節勢治主義與法治主義○第六章新學派（法家）關于法家之觀念○第七章法之目的及效用第一節團體員利益說第二節團體

自身利益說○第八章國法上君主之地位○第九章人民之權利義務○第十章公法與私法○附錄成文法編纂沿革連載於第五號以下

中國成文法編纂之沿革得失本論亦爲飲冰所撰因我國今日編纂法典之業實不容已因徵諸史乘考求前此編纂法典之沿革而以東西碩學之言證其得失凡十章四萬餘言第一章緒論○第二章戰國以前之成文法○第三章李悝之成文法○第四章兩漢之成文法○第五章魏晉間之成文法○第六章唐代之成文法○第七章宋代之成文法○第八章明清之成文法○第九章成文法之淵源○第十章法典之公布○第十一章我國成文法之闕點○第十二章今後編纂法典之方針及其預備其前十章根據歷史搜羅繁博其後二章按切時勢議論整嚴連載於第八號以下

上海領事裁判及會審制度本論爲希白所著著者留學東京極深於法學本論說明領事裁判權及會審之性質多爲常人所未聞見而其結論論我國今日拒回領事權之不可緩及其拒回之方法誠深切實用之文字不同浮光掠影之政論連載第一二三號已完

申論種族革命與政治革命之得失本論亦飲冰所撰因近來一部分之輿論沈醉於排滿共和之說不應於事實徒貽誤國家大計因極言政治革命與種族革命之非同物不可並行載於第四號中所言者一遵論理深鑒事實壁壘森嚴顛撲不破凡心醉排滿共和說者皆當一讀

國家原論本書爲日本第一流學者小野塚博士所著由飲冰譯述原文含義甚富簡奧不易曉解譯者特爲加解釋解釋之文其字數殆與原著相埒欲研究政學者舍此編殆無更良之本連載於第二號以下今尚未完

過去一年間世界大事記本文亦飲冰所記刺取去年一年間世界大事用紀事本末體編成實一極良之現代史也連載於第一號以下今尚未完

●漢譯教科用地圖廣告

大清帝國全圖　石印細密六彩鮮美　定價六十錢

漢譯世界全圖　石印細密七彩鮮美　付各國旗章　定價四十錢

大清一統分圖　石印細密五彩印美　定價五十錢

支那帝國明細圖　石印細密配彩　定價廿五錢

兩半球圖　石印細密美彩　付各國旗章　定價參十錢

掌中清國形勢地圖　石印精密配彩　定價廿五錢

本圖爲清國學堂教科用而發行者也故凡地形山河及地名皆爲確實至其既成未成之鐵道亦詳細調查一一記入極便於地理研究者請速爲購取

大日本東京市京橋區三十間堀三丁目十九番地

發行所　大須賀善忍堂

清國行政法一書原在東京排印曾與日人訂有成約以陰歷三月廿日先出上卷彼以工人休業故旋即再改訂于四月初五日計已逾限該書仍未脫版已屢屢敦促該店又以印刷繁忙譯稿字體潦草爲詞以故出版延緩實深抱歉現上卷尅日告成便當先出以供豫約諸君快覩

廣智書局謹白

總發行所

泰西偵探案近人譯出者多矣吾人心目中
以爲偵探之術惟西人有之中國人則
不知此術爲何物也吳君趼人以
爲不然謂使中國人非偵探

中國偵探案

此神妙必爲西人昔萬特輯
錄賢長官之判案取其類于偵探
者數十事以爲證據試取此篇而讀之
自知吳君之言信而有徵也

定價一角

上海

廣智書局

碩儒奈端

批評

答某報第四號對於本報之駁論

飲冰

昨言某報印派號外。發表與本報辨駁之綱領十二條。雖其詞意之牽强者甚多。然以爲彼既敢於强辯。則必能將本報重要之論點。難倒一二。殷殷然引領願聽。而不意見彼報第四號。乃使我大失望也。何也。彼文皆毛舉細故。或枝蔓於論點之外。而本報所以難彼說者。於根本上無一能解答也。本報論文最要之點。曰、今日中國萬不能行共和立憲制。而所以下此斷案者。曰、未有共和國民之資格。欲論共和國民資格之有無。則必先取「共和國民資格」之標準而確定之。然後按諸中國現象。視其與此標準相應或不相應。則其已有此資格與否。較然易見。共和國民之資格不一端。或非吾之學所能悉知。或非吾之文所能悉舉。然吾櫽括言之。吾所認爲最重要者。則曰「有能行

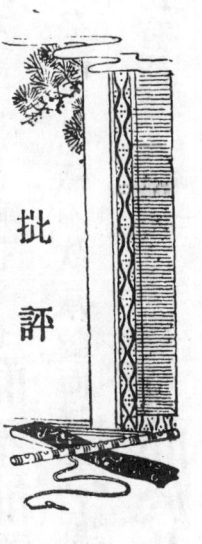

議院政治之能力者、斯有可以爲共和國民之資格。此吾所命之標準也。論者如欲難吾說也。則於吾所命之標準或承認或不承認不可不先置一言。若肯承認之。則還按諸中國現象。指出其已與此標準相應之確據。夫如是斯吾之說破。若不肯承認之。則說明吾所命標準不正確之理由。夫如是斯吾之說亦破。若更能別命一標準曰「如此如此則可謂已有共和國民之資格者也。而中國現象實已如此如此者也」夫如是斯吾之說益破。不幸而論者所以相難者不爾爾。於吾所謂「凡國民有可以行議院政治之能力者皆其有可以爲共和國民之資格者也」之一前提。**避而弗擊**。吾讀其文至再三。**其果承認此前提與否。渺不可見**。而惟悍然下一斷案曰『吾之意以爲中國國民必能有爲共和國民之資格者也』。（能爲與已能爲自有別下方別論）之推其意。似不承認吾之此前提者也。**而不能說明所以不承認之理由**。噫吾知之矣。論者殆極不欲承認。而無奈苦思力索不得所以不承認之方法也。

彼言中國國民有能爲共和國民之資格。**而於共和資格之概念及要**

件不能指出。噫、吾知之矣。論者殆極欲指出而無奈於吾所指者之外。欲別指而不知所指也。於是不得不支離焉。遁而之他。毛舉一二小節以混耳目。冀人之徒讀駁論不讀原文者。謂原文之所論不過爾爾。而彼之欺遂得售。而不思天下之目固非一手所得掩盡也。欲相辨難而用此等手段。本無復受反駁之價值。但鄙人固嘗宣言有賜教者深願更相攻錯。今得彼文亦所謂見似人者而喜。故略一解答之。

論者於吾所命「凡國民有可以行議院政治之能力者即其有可以爲共和國民之資格者也」之一前提自言對之爲駁論。乃讀至終篇不得其駁論之語。而惟曰『先問論者所下議院政治之解釋果正當乎』云云夫吾所下議院政治之解釋謂事實上總攬統治權者在議會也。觀本報第三號第三十一三十二葉其文意甚明。吾見論者言吾之解釋不正當方欲急就教以聞其不正當之理由。不意讀至終篇亦無一言。而惟摭拾篇中「美國變爲議會專制」一語謂吾將政治論與法理論併爲一談。嘻、論者殆未讀吾全文耶。吾固明言「美則憲法上不許爲議院政治。而事實上固已爲議院政治。」第三號第三十三葉吾混言耶。毋亦論者強命吾爲混言以入人罪也。在野蠻時代爲獄吏則此等手段可施矣。而烏可以入辨林。夫以吾之先就法理方面立論。後就政治方面立論。而遽謂其併爲一談也。則吾草此文。並未嘗與讀者約。謂吾專言法理學。或專言政治學也。吾所以先述美國國法之大概。次言其政治之趨勢者。正以其國法所規定者如彼。而今者政治現象已大反於其國法之精神。凡以證明共和政體與議院政治相屬而不可離也。論者若能就政治方面而證明今日美國爲非議院政治。則吾願聞。若就法理方面而斷斷然辨美國爲非民權專制政體。則誰謂美國之國法爲民權專制者。論者謂我無敵而放矢。彼自當之矣。論者謂吾之評議院政治。不外抄襲穗積氏說。夫以吾學力之綿薄。豈能多自有所創見。其常用他人之說。不必自諱也。雖然。謂「不外抄襲」則穗積原文與吾原文具在。可覆按矣。且即使果全屬抄襲也。亦問其說之完否。不能以抄襲之故。

遂一概抹煞也。吾之原文。以美法瑞士三國政治現象爲證。而斷言必有能行議院政治能力者。乃有可以爲共和國民之資格。論者果承認吾說。而謂必有此能力乃有此資格耶。抑反對吾說。謂不必有此能力而已有此資格耶。盍一明言之。以發吾蒙。蓋既與我辨。則於吾所置前提或可或否。不可不擇其一。今取其最重要之點。囫圇瞞過。則是非與我辨也。其命題無取夫「駁新民叢報」云云也。

吾原文之解釋此前提。先就美法瑞士之國法比較之。次述美法兩國政治趨勢。以證明共和政體所以必歸於議院政治之理由。而論者於吾所言法國政治之現象。避而不論。而惟論美國。論美國又於吾之全段皆置之。而惟摘取一語。似此而欲使吾心折。豈不難哉。

吾謂今日中國國民。未有可以爲共和國民之資格。論者一則曰。「中國國民。必能有爲共和國民之資格者也」再則曰「我國民必能有民權立憲之能力者也」其所謂必能有者屬現在乎屬將來乎若屬將來則近的將來乎抑遠的將來乎其文意不明瞭惟其文有云『論者之意以爲中國國民必不能有爲共和國民之資格者也』**此又故入人罪以冀挑撥讀者之惡感情**不可不察也吾原文具在讀者試終篇曾有此語意否耶吾文屢言**今日**夫抽象的「今日中國國民」與具體的「中國國民」其不能混爲一談明矣吾文謂今日我國民不能有此資格吾文中之意謂在近的將來我國民不能有此資格凡此皆就抽象的立論也若具體的言中國國民則吾曷嘗謂其必不能有此資格豈惟未嘗言其必不能而且言其必能也吾之前言具在可覆按也吾固明言曰『既名之爲人類自有人類之普通性既有其普通性則必可以相學而能相肖豈惟吾國民能爲共和凡屬圓顱方趾者未有不能爲共和者也』(第三號第四十葉)而論者所以駁我之言一則曰『人類之所以靈於動物者以其有模倣性也』再則曰『苟其適合於人類之普通性則將一鍥而不能舍』三則曰『共通之

法理不以國爲域』其全篇立論大率類是。讀者試兩校之彼之此語與吾之前語有以異乎。**直用人之所主張者以駁人之所主張者**。此眞千古所未聞也。吾之意以爲凡人類皆有可爲共和國民之資格。可有民權立憲之能力。非獨中國。而現在已有之與否。則以演進之淺深爲斷。若今日中國國民。則吾信其未有者也。論者欲駁吾說而**刪去今日二字**。則又非與我辨矣。論者如欲難吾說以自申其說。則請於**今日已有今日未有兩者擇取其一以立論**。不然。是又無敵而放矢也。

夫論者雖未明言今日已有或今日未有。然推其全文之意。則不敢武斷爲今日已有明矣。故彼與我之爭點。實不在現在而在將來。我所主張者。則謂在遠的將來。彼所主張者。則謂在近的將來也。吾之說謂共和資格必非可以一二十年之力養成之。且尤非可於內亂倥偬時養成之。（見第三號第二十三四五葉及四十四十一葉）而論者未嘗一致駁。**且於吾所謂內亂時代不適於養成共和之義。諱而不言**。何其規避若是請還讀原文之第二十三四五等葉、窮思極索而更有所以相難也。夫吾之持論。謂一二十年內。我國民萬不能遽養成共和資格。未養成而遽行之。必足召亡。若待數十年後養成焉而始爲用。是猶待西江之水以救涸鮒。所希望未遂而中國之亡固已久矣。即所謂數十年後養成者。其養之也亦必在開明專制時代。或君主立憲時代。若非在此時代。則非惟數十年不能。即數百年亦不能也。此吾說之梗概也。

夫吾所以敢於立「今日中國國民未有能爲共和國民資格」之一前提者。吾所謂共和國民資格。吾先示其標準也。若論者承認吾所示之標準與否。殊不明瞭。而又未嘗自示一標準、此如甲乙相爭。甲曰此物有機體也。乙曰此物非有機體也。而有機體之概念。尚未論定。則是非何從判。雖辨論累萬言。皆無意識焉爾。故吾謂論者如欲與吾辨此問題。必須先承認吾所示之標準。乃可否則自示一標準。待吾承認之後。乃可。而不幸**論者之文於此點全付闕如也**。吾乃極力搜索之於彼文。見有曰。

『夫我國民既有此自由平等博愛之精神。而民權立憲則本乎此精神之制度也、』又曰。『我國民於公法之基礎觀念。未嘗缺也。』又曰。「此足以證我國民之有國家觀念也』然則彼所謂共和國民之資格。殆即以由平等博愛公法觀念國家觀念等爲標準也。夫彼謂我國民既有此等等。吾固不能爲絕對的承認。然比較的可以承認。然如彼說。謂有此等等而遂可命之爲共和國民之資格乎。此似是而非之言也。法國者自由平等博愛論之大本營也。論者即極諛我民謂其富於自由平等博愛之精神。恐亦無以踰十八世紀之法國。而十八世紀之法國國民。即吾所認爲無共和資格者也。即今日之法國國民。吾猶認爲無共和資格者也。吾所根據之理由具見前論。論者何不一駁之。論者而認法國國民爲共和資格之標準也。謂我國革命後所建設之共和政治。能如法國大革命後之共和政治而已足也。則吾敢斷言曰。論者殆日以詛中國速亡爲事者也。而不然者。則微論我國今日此等精神萎弱已甚。即使極發達。而斷不能遂據此以爲有共和資格之證也。若夫所謂公法觀念國家觀念。則國之所以立耳。若並此而無之。則將僅爲社會的結集。而不能形成國家。雖然。不能謂有此等觀念。即有共和資格也。泰西歷史上國家。何國之民不有此等觀念。而何以優美之共和政體。至十八世紀而始實現也。即今世國家。亦何國之民不有此等觀念。而何以除美國瑞士外不聞更有可爲模範之共和國也彼法國及中美南美諸國於此等觀念論者甯能謂其無之而謂其有共和資格雖論者或強詞承認恐不能言之成理也蓋公法觀念自國家初成立時而即有之善固法惡亦不可謂非法此觀念之有無不足爲國民程度之試驗器甚明國家觀念之強弱則全視乎國家外部之相接厲者如何列國對立則此觀念自強此觀念之強其於促內部整理之進步固大有影響然不能謂有此觀念而整理內部之術遂臻圓滿也以上所述吾繹論者之文意而假定彼所舉三言爲彼所示共和資格之標準而此標準則吾絕對的不肯承認者也論者若曰此非吾所示之標準也則吾願別聞之

論者又摭拾吾原文論革命後建設共和政治之困難一段而復誚我爲不知國法學與政治學之區別其言曰「夫既爲立法論矣乃以政治上之觀察判斷之是混法理論與事實爲一談也」噫異哉言立法論者乃不許從政治上觀察判斷 微論者吾安得聞此前古未聞之奇論也夫立法之政策原屬政治學部門

蓋立法之學與成法之學異。爲立法論者未有不合法理政治兩方面研究者也。豈惟政治。凡屬社會現象。（如經濟現象等）皆其研究之範圍矣。如論者言則不知國法學政治學之區別者。豈惟鄙人。凡各國古今之立法家皆然矣。如論者言則立法者不過一鈔胥之業。取外國法搬字過紙而已足。苟有他及者。遂不免如論者所謂非馬非驢之類矣。吾爲中國前途共和憲法著想。見其若立甲種之共和憲法。則政治趨勢不勝其敝也。若彼若立乙種之共和憲法。則政治趨勢不勝其敝也。又若此而因以斷言共和憲法之不適用於我國今日。而爲我國立法家所不可採。此正言立法者所最當論及。且不可不論及者也。若夫語具體的共和憲法之性質若何。則屬於純粹法理論。而非政治學部門中之立法論矣。論者謂吾不知二者之區別。其果誰知之而誰不知之耶。　論者一篇之中。頻以此語相誚。然由前段所辨之說觀之。則吾並無此言。而論者强代吾言以故入吾罪。就此段所辨之說觀之。則論者與吾之說。孰得孰失。稍治政法學者。當能爲公正的批判也。

夫此皆屬枝蔓之論。不過因論者無理之挑撥。不得不應敵耳。顧本論之要點。則吾謂中國今日無論採何種之共和立憲制而皆不能善其後。吾所根據者皆有絕大之理由。論者欲難吾說而不能取吾所舉之理由破之而惟漫然下一斷案曰『夫中國即使模倣美國憲制三權分立而以議會爲總攬機關固亦能舉行民權政治之實』彼之所以答吾說者。僅此卅五字而於所以能舉行此實之理由無一語之證明。是足成爲辨論之文矣乎夫既云以議會爲總攬機關是即瑞士制法國制所演出之議院政治也是論者於吾前者議院政治之說。不承認而承認也。如是則於吾之第二前提所謂『今日中國國民未有能行議院政治之能力者』或承認或不承認二者不可不擇一。而論者又避而不擊。舍此三十五字外不能復著一字則又何也吾則謂中國今日若以議會爲總攬機關必不能舉行民權政治之實吾最強之論據則曰必政黨發達圓滿然後議會可以爲總攬機關而無弊。所謂政黨發達圓滿者。則以小野塚氏所舉七條件（第二號第三十四葉）爲標準。而中國現時之程度吾認爲與此七條件不相應者也。論者如欲難吾說則當曰以議會爲總攬機關之國無須有完全發達之政黨否則曰政黨不必如小野塚氏所舉七條件而亦得稱爲完全否則曰中國現時程度既已具備此七條件而無遺此三說者苟論者能有一說證明其理由則吾之說立破而不然者無取復嘵嘵爲也。

論者言模倣美國憲制論者亦曾知美國憲制由來之歷史乎當一千六百二十年英國淸敎徒中之康格黎基純派四十一人（或言六十一人）去其母國而西渡以適新大陸之馬沙諸些省於航海船中即共結所謂移住契約 Plartativn Covenants 者同舟人悉署名然後登岸此契約之目的在相約爲政治上之團結保其善良之秩序據之以作法律選官吏宣誓各各服從之蓋此契約實帶憲法的性質故學者或認之爲成文憲法之嚆矢云其後來者日衆而每加入一員必使之向此契約而宣誓服從由此觀之盎格魯撒遜人之初殖於美國實取盧梭所謂民約建國說而實行之其共和憲制導源之遠若是而彼最初所以能實行者其第一條件由盎格魯撒遜人種固有自治之特性第二條件由淸敎徒高尙純潔之宗敎觀念第三條件由僅有極少數之團體員第四

條件由利害關係同一而無衝突此四條件一不具則其能達此目的與否焉未可知。也夫以極少數之素能自治而有純潔之宗教觀念且利害關係同一之人共居一地。而爲政治生活夫是以能益發達其美性而自治之習慣愈純粹而堅牢美國共和憲制之源泉皆自玆出迨一六三八年其中一部分人由馬沙諸些更移殖於康尼狄克。復發布所謂 Fundamental Orders of Connecticut 者其所定政治之組織益詳細已確然成一憲法之形（一八七七年出版之北美合衆國及各州之憲法集載其全文）此後多數之殖民地皆從英王得特許狀 Charters 其特許狀凡皆規定該殖民地之政治組織行政組織而大率由殖民所自決定而已實行者國王從而承認之耳如一六六二年查理士第二所給與康尼狄克殖民之特許狀實全以彼公定之移住契約（即 Fundamental Orders ）爲基礎是其明證也。迨獨立戰爭時代而彼十三省者固皆已莫不有此等特許狀其久者已行之百餘年。近者亦數十歲故一經脫母國而成聯邦採集各省固有之憲法（即移住契約及特許狀）斟酌而損益之一轉移間耳而中央政府干涉之程度又極微弱凡百殆皆悉仍其舊（參觀本報第四號第二十五葉）故利害之衝突無自而生然後所謂合衆國憲法者始得適用以迄今日。夫當未有合衆國憲法以前。其久行共和立憲制。能舉自治之實。且富於政治上之經驗。既若彼矣。及合衆國憲法既發布以後。而母國最善良之政治習慣。即所謂兩大政黨之習慣者。復發生於其地。且其組織政黨之術。視母國尤完整。至今有稱美國政黨爲第二之政府者。蓋英國猶時或有有力之第三黨偶爾出現。（如前世紀末之愛爾蘭自治黨及現今之社會黨）而美國則幾舍利巴披力根丹們奇勒兩黨外。更無復他小黨出沒之餘地。又其一國政治上事業。中央政府與各省政府中分之。故其人之競政權於中央也不甚烈。以此等種種理由。故能行共和政治而獲今日之盛強。而此等種種理由。必非可漫然模倣之。尤非可以短期之歲月模倣之。章章明甚矣。彼西班牙舊屬之中美南美諸殖民地。固皆革命後而模倣美國之共和憲制者也。而其結果何如矣。蓋其歷史舍人民與軍隊之爭鬥外。無他可紀。就中如玻利非亞。自發布共和憲法以來。凡易大統領十四度。而十四人之大統領中。得善終者。僅一人。餘十三人則慘殺者九。而流亡以終者四也。自餘他國。大概類是。吾固不敢謂我國民之程度。必如中美南美諸國。顧吾不幸而偏求我國民程度與北美合衆國相同之點。而不可得。吾又不幸而偏求北美合衆國憲法發布以前之諸條件於我國中欲舉其一二類似者而不可得也吾是以不敢謂模倣美國憲制而遂能舉民權之實也論者既主張此說則何不將其理由指出一二以間執我口耶。嗚呼論者最崇拜筧克彥氏顧以吾間接聞諸筧氏之說謂『英之憲法自然發達者也。至於美則其憲法由人爲矣。而彼乃以發達圓滿之人民組織爲國而制爲憲法。皆不能學者也』（國法學講義第一編第三章第一節）然則謂美之不能學非余一人私言也。論者能難波侖哈克盡一更難筧克彥也。

抑論者又言『立憲各國各具其特有之精神。又各具共通之精神。所謂特有之精神。如英人對於巴力門之觀念。日本人對於萬世一系天皇之觀念。皆其歷史上所遺傳之特別原因結果也。所謂共通之精神。如國家對於人民有權利義務。人民對於國家亦有權利義務。其國權之發動。非專注於唯一之機關。而人民有公法上之人格。有私法上之人格。凡此皆我國民所同具者也。我國民而爲民權立憲也。固亦有特殊之精神。不必强學英法美也。非唯不能學。抑且不必學也。至其共通之精神。則立憲國所皆有者。而證諸歷史。我國民固亦有之』（下略）以下省言我國固有立憲共通之精神文繁不具引參觀附錄原文吾讀此語至數四。而不解其所謂夫國民之有立憲的共通精神。此何勞論者與我曉曉耶。立憲二字。豈論者所能專有耶。吾固持君主立憲主義者。使吾不認有立憲的共通精神。吾安敢為此主張耶。論者絮絮數百言。**毋亦又放無敵之矢而已**。顧所最奇者。則於此一大段中。忽揷入「我國為民權立憲固亦有特殊精神」一語。吾方欲急聞其所謂特殊精神者何在。不料讀至終篇。**無一語之證明**。而所舉者。仍為共通精神。乃云『我國民較諸英法美。非有與無之區別。乃精與粗之區別。自無而有難。自粗而精易。』吾以為此言實足以佐我說之成立。而不足以佐彼說之成立也。蓋立憲共通精神。今日中國與彼所異者。精粗之問題也。即論者所謂程度問題也。共和特殊精神。今日中國與彼所異者（今日二字勿忽）有無之問題也。即論者所謂性質問題也。吾之所以解釋者如是。論者又何以教我耶。

所尤奇者。前文方言『模倣美國憲制。以議會為總攬機關。』而此文又言「不必強學英法美。非唯不能學。抑且不必學。』鄙人本不知中國文法（此論者評我之語）不識「學」字與「模倣」字其訓詁有何區別。不能學而能模倣此種妙文。眞費人索解也。論者謂『文成於一人之手。而自相矛盾。斯乃可識。』其何以自解於此文耶。吾此詰問。非襲論者之故智毛舉細故也。蓋此所關者。乃問題之主點。要之論者之意。謂我國若行共和憲制。**宜學美國耶。宜不學美國耶。**吾亦欲取論者之語以還贈彼曰。『吾將列學論者**自相挑戰**之點。使自定一勝著。吾乃對於其勝著而下駁論。

夫吾謂我國民今日未有能爲共和國民之資格。**箴我國民也**。彼謂我國民今日已有共和國民之資格。**諛我國民也**。樂聞諛言而惡聞箴言。人之情也。彼有覺於是。遂出其卑劣手段。角理不勝。乃轉而挑撥人之惡感。故其所布綱領十二條曰。『新民叢報以國民爲惡劣』。其意蓋謂新民叢報侮辱國民。惟我爲能崇敬國民也。夫吾固自信非敢侮辱國民者。但吾言固批國民之逆鱗。知非國民所樂聞也。雖然古哲不云乎。苦言藥也。甘言疾也。願我國民自審其病理之若何。則藥與疾二者之間必知所擇矣。

以上皆本報第三號論文最重要之點也。（彼報自言所駁者在第三號故其於第四號不能相駁者暫勿問之）讀者試以我原論與彼駁論兩兩相校觀彼所駁者曾有一語中肯綮焉否也。

彼之駁我分爲兩大段謂我第二之論據曰雖革命不能得共和也。謂我第一之論據曰約法不足恃也。讀者試全繹吾文則知吾於其間自有輕重主助之別。吾文標題爲今日中國萬不能行共和立憲之理由。今日不能行共和立憲革命後愈益不能行共和立憲是吾文之唯一之論據也。而因彼有革命時約法之說。故並破之實此論據之附屬論據也。彼苟不能將吾原本論據解駁。則雖能解駁附屬論據而其說固已不能自完。故吾原文曰。『吾對於論者之說。固已連讓十餘步乃達此最後之結論。使前所讓者。有一非如論者言。則不必達於最後之一問題。而論者之說。固既可以拉雜摧燒之。即使前所讓者。皆如論者言。苟不能解此最後之一問題。則論者之說。猶當拉雜摧燒之也。』今論者於此最後一問題支離躲閃而要害處全不能解駁。既已若此。然則前此諸附屬問題雖一一能解駁而其說之不立如故也而況乎其並此而不能也。論者謂吾之詰難約法。非能就約法之本體。一一指其利害得失。而因以我之所設種種假定。爲不能於根本上著想。以我之連連讓步。爲進退失據。嘻異矣。吾之連連讓步。非吾之不能不讓也。因吾文前半所列之諸問題。本屬假定。使吾所置假定而爲正確。則吾此一段之說立。使吾所置假定而不正確。則吾此一段之說不立。夫假定之正確不正確。其徵驗在將來。吾與論者皆不能下武斷。使吾必堅主張吾之所假定。則殊不足以服論者之心。吾故如其意謂雖取消吾之假定亦可也。於是乎有讓步。此吾對於論者忠厚之意也。若語於實際。則雖假定之正確不正確。無從斷言。而我說正確之程度。比較的强於彼說。甚章章也。然即使吾所置假定有一不正確者。則亦此一段之說不成立耳。即使吾所置假定悉不正確者。則亦前半之說悉不成立耳。然吾之說。**固非除假定問題外別無成立之理由**吾說最重之根據。則一曰未有共和資格之國。萬不能行共和立憲。二曰今日中國國民實未有共和資格。三曰共和資格。非可以短期之歲月養成。四曰革命軍倥傯騷擾時代。必不適於養成共和資格。此四者。皆非憑假定以立論而事實上有必至之符者也。吾雖全掃假定說而吾說之得成立也猶若是。是得為進退失據矣乎。而論者於吾之此重要論據無一焉能為正當之答辯。而徒毛舉細故。吾誠不知其進退何據也。

且論者謂「吾詰難約法。非能就約法之本體指其得失。以是誚我為不能於根本上著想」夫論者所謂約法之法文今尚未發表。吾何從就其本體而下評騭。但吾據彼報所標之六大主義。有所謂建設共和政府者。有所謂土地國有者。則其約法之條件。雖不可知。而其約法之精神大約可以推定。吾因以極言共和立憲主義之約法萬不可行。復順言土地國有主義之約法萬不可行。此正吾從根本上著想。而予論者以最難之返答也。而論者乃謂我「為此假定以僥倖其或然。何蒙稚若是。」論者試細讀吾文。其果舍假定外無立足之餘地耶。抑吾何嘗僥倖其或然耶。吾固已如論者之意。一一取消我之假定。如剝春筍。以達於最後之決論矣。吾文具在。而論者乃反責以僥倖。何相誣之甚也。

彼論言約法之能行。根於國民心理。而引「合成意力說」以為之證。此殆彼最得意之點也彼每以知學派知家法自詡而其所主張之合成意力說不外本於日本之筧克彥博士故非引筧氏之說不足以破之今請以論者所言與筧氏所言相比較筧氏曰『所謂合成者非要約之合成而心理之合成也』（國法學講義第一編第二章第一節第一欵）筧氏說所以異於前此之契約說者以此論者解合成意力而以約法**是先與筧氏說相戾也**欲言法必合實質方面與作用方面觀之然後法之觀念始完故筧氏既言合成意力而重以一言曰必須有外部的組織且舉其例云『如在校聽講各有求靜之心然此雖與同校中人心理相合而心理尙在內部不得即謂爲法何也設校中人有妨礙靜謐者同校莫得而强制之時謂無法蓋法者全恃外部的組織也如校中有校長舍監而同校中人皆尊敬之恐怖之而後校中秩序自無紊亂此之謂法』然則如筧氏之說法也者必藉强制執行力爲後援而非僅如論者所謂欲問箇人肯服從此法與否當先問此法是否由箇人心理所表現云云也蓋筧氏採盧梭之總意說而以霍布士之權力說輔之論者所言則採其半而遺其半也蓋苟無外部組織無强制執行

則各箇人之意力無從合成縱偶合成亦歸幻散故以秦漢間之挾書律明太祖之大誥雖殘酷無人理而不得謂之非法。蓋其法文中所規定之條件果爲箇人心理中所表現與否不可知然心理所含者不一端如恐怖心亦其一也。專抽象的利用其恐怖心而以外部組織厲行之則亦得命爲規律的合成意力反是而如康德所倡之永世太平論(弭兵論)瑞士及海牙之萬國平和會。英國之仲裁裁判協會。法皇拿破侖第三及俄今皇所倡平和會議。凡此皆世人所極表同情者。而不得謂之法。雖以前世紀世界二十六國在海牙所結之仲裁條約。猶不得謂之法。蓋其約雖或爲「有人格的國家」之心理所表現而無立乎此諸人格之外部者以組織而强制之受裁判者若不服從則仍出於戰爭蓋國際無强制力使然也吾初聞論者約法之說。以爲彼之法字。不當作法律解。故未與辨析及此。今論者既引筧氏合成意力說。則所言者必爲國法無疑。國法而以約爲作用是先已與法之性質大相反蓋約也者得以自由意志結之亦得以自由意志解之者也人不願與我約將若之何約矣而旋解棄之又將若之何論者如曰。吾所約之法。甚善而中於人心。民必願就我約。且約矣而必不背。是則又事實論非法理論也彼報第二號述某氏約法之說。從事實方面立言吾故亦從事實方面難之。既不能答辨。則一轉而遁入法理論指其所謂約法者與國法爲同一之意義吾請以簡單之語質之曰國法者事實上國家之意力也超然於各分子之上而國家固有獨立之意力也（日本法政新誌第十卷第四號第三五葉筧克彥著「論國家之性質」）公等革命發難伊始此國家固有獨立之意力從何而來恃約法而意力始發生是約也者其母也而法也者其母所生之子也無約斯無法矣而論者乃曰。『使國民而背約法。則軍政府可以强制。』夫約也者本私法上之名辭非公法上之名詞既彼此立於平等之地位以互結契約則本無可以行强制之道而私法上相約者之一方或不履行所約之義務而他方有可以强迫使履行之權利者則以其權利由法律所規定而法律則有國家之權力在其後也故强制之權利實自國家來也使權利未經國家法律規定以前甲乙兩人以社會的分子之資格而共結一約一旦乙不履行所約之義務而甲欲强制之其道何由則惟訴於武力以決勝負耳即舍決鬭外無從解決也此如兩國互結條約一國背約而他國欲强制之舍戰爭外無從解決也軍政府既與國民約法。不過如社會上箇人與箇人之契約耳否亦國際上國與國之條約耳而云國民背約、則軍政府可以强制。試問可以强制之權利從何而來故吾以爲**若就法理方面立論**。則軍政府既與人民約法。苟一方有背約者。則惟以膂力爲最後之裁判耳何也。此國際法上之法理而非國法上之法理也必中央政府確立外部組織已完然後有國法之可言乃如論者之說謂定甲縣則與約法定乙縣又與約法。以此而冒筧氏之規律合成意力說吾不期以法學家自命者乃如是也夫筧氏說本合盧霍於一爐而冶之。如論者說、已採盧而遺霍。然筧之評盧說也謂其國民總意說爲相乘的而非相加的。如論者言甲縣又與乙縣約。馴至十八省相約則正相加的也並盧氏之說而悖之也論者所以笑人者曰、**非驢非馬之奇觀**。論者自當之矣。夫苟專就事實上立論曰、吾軍政府有莫大之威力。能使人民恐怖吾利用其恐怖心。無論制何種法律皆得以無限之權行之。由此恐怖意力之合成。遂產國法。如此則與筧氏說不繆矣。**而貴頭領約法之大義。則拉雜摧燒之矣。**

然則論者即取消約法說。而易其詞曰。吾軍政府審國民心理之趨嚮。採其所表現者。而制爲法。以軍政府之權力使其服從。此其說足以自完乎。曰是未定之問題也。筧氏又曰『輿論非法也。輿論爲多數人類合成之意見。非社會心理之合成意力。意力與意見不同。若辨別不明。必有誤認意見而制爲國法。欲其合於社會一般之心理難矣。』同上此以言夫眞正之國民心理（筧氏多言社會心理而論者稱國民心理今用論者之名稱）不易見。而立法者之不可以冒昧也。吾謂凡國民心理之能形成爲規律的合成意力者。必須其眞正而成熟者也。何謂眞正。何謂成熟。凡國民心理必須其爲自由發動者。若一時刺戟於感情。不可謂眞。如法蘭西大革命時代之狂醉於共和。其心理不可謂眞。於何見之。於其共和政府成立後僅八年而復狂醉於帝政見之。不眞隨而不成熟。蓋沈醉共和固非眞。沈醉帝政亦非眞。何也。皆不成熟也。故其憲法發布後不及百年。變更已累十次。（(一)一七九一年九月三日之憲法(二)一七九三年六月廿四日之憲法(三)一七九五年之憲法(四)一七九九年之執政官政府憲法(五)同年之帝政憲法(六)一八一四年六月四日之憲法(七)一八三〇年八月四日之憲法(八)一八四八年十一月四日之憲法(九)一八五二年一月十四日之第二次帝政憲法(十)一八七〇年五月二十一日之憲法(十一)一八七五年之憲法）夫憲法者。一國之根本法。而合成意力之發表於具體的者也。而動搖若此。使一國投於戰亂渦中。而日以萎悴。

法國當十七八世紀爲全歐第一雄國及十九世紀惟拿破崙時代有曇花一現之光榮後此遂日即於弱今殆已失第一等國之位置數月前摩洛哥問題談判將破裂德國報紙嘲之曰法人欲與我德戰乎請先復帝政乃議戰爭之準備可耳皆由所認爲國民意力者非眞意力即偶爾發動而亦未成熟而彼少數主動者自以其主觀的意見而指爲全體國民之合成意力或以直接間接手段煽動脅迫國民偶得多數而指爲全體國民之合成意力而因據之以立法而不知此意見也非意力也即爲意力亦其不眞且不成熟者也故不移時而復有他主動者亦用此術而自以其意見立法或據別方面之不眞且不成熟的意力以立法夫是以法雖迭更而累偏畸以偏畸終無一焉實爲國民合成意力者而法不勝其敝也而論者曰『約法者革命之際應於國民心理之必要而發生者也』就令將約字删去而所謂法者吾恐其爲論者一人之意見**而非覓氏所謂合成意力也**雖然一人或多數人之意見固不能徑指爲國民合成意力而一人或多數人之意見有時亦能與國民意力相脗合然則其法果爲應於國民心理之必要而發生與否必當視其法之性質爲何如論者將來所約之法今未嘗發表一字於此而欲論其爲應於國民心理之必要與否實不成問題也而吾敢斷言彼將來所約之法決非應於國民心理者以吾

雖未見其法。而據彼所標主義。有共和憲制土地國有諸條。吾因以推定其法之性質。亦當如是。而吾確信含此種性質之法。決與今日我國民心理不相應。不過彼一私人之意見而不得以冒合成意力之名也。此還可以筧氏之說正之。筧氏論學最重「第一事實」（第一事實者。謂天下事實。有果必有因。由果推因。因復有因。推而上之。至於無窮。終必有所謂最高原因者。而此最高原因。則非吾人之智識所能及也。故只得以最高原因之下一級以爲斷而已。最高原因之下一級。即第二原因也。而亦即第一果也。故謂之第一事實。）而謂『國家之第一事實即歷史也故國是之或保存或改良不能不以歷史爲根據』（同講義第一編第一章第四節第二款第一項）而吾國之歷史何如論者歷舉吾國歷史上革命之心理。（參觀附錄原文）而謂使我國民長葆此心理則約法誠可廢棄。是彼明認歷史上心理不足以行彼之約法矣。及觀其所以自解者則曰『國民之心理有變遷者也。疇昔吾國民有國民思想矣。然專制之毒足以摧抑之。有民族思想矣。然君臣之義足以尅滅之。今欲使國民心理發達變遷。則當葆其固有者而去其沮遏者』彼所謂疇昔有國民思想民族思想者。彼未嘗引事實以證明之。吾不能斷言其確否。即使確矣。而既已爲專制之毒所摧抑。爲君臣之義所尅滅。則被摧抑被尅滅者。今日之事實也。夫國民心理之不能無變遷。不待言也。政治家常當導國民心理使變遷而進化。不待言也。而其變遷無論爲自動爲他動。而要不可不假以若干之歲月。吾所以謂吾國民在遠的將來有能爲共和國民之資格者。以其心理之能變遷也。吾所以謂吾國民在今日或近的將來未有能爲共和國民之資格者。以其心理變遷之不能速也。筧氏又曰『先知先覺以其心理造成社會心理。使發達於一定程度而制爲至善之國法。非不可幾及。雖然由國家自爲之則可。以外國之心理爲標準則不可』（同講義結論）論者殆以先知先覺自命。而謂此種心理吾能造之也。（實則他人之汲汲焉思造此種心理也。已在十餘年之前。論者不過其被造之一人耳。當他人造此心理時。論者方伊唔於八股。未可知也。他人之心理。或已幾經變遷進化。而論者摭拾其棄置之唾餘。囂然以先知先覺自命。不亦重可哀也耶。）而由造以迄於成。所需之歲月幾何。筧氏未嘗明言。（此不能明言者也。蓋緣各國之程度而千差萬別也。）然其言曰。『法國大革命時。以人民發達未及程度之故。卒無成效』又曰『或謂俄敗於日。亦將立憲。不知俄之人民程度比之法國當時。猶未及也。』（同講義第一編第三章第一節）夫以法之先知先覺造此思想在十七八世紀之交。俄之先知先覺造此思想在十九世紀初期。乃經百年之久。而筧氏猶謂其程度之未及。然則欲造成之。必非如論者所戴首領謂如改惡汽車爲良汽車之易易明矣。而論者乃謂『革命之時日不必甚長。一方抉義。萬里響應。而約法即應於其時國民之心理而發生』。信如是也則覓民之所以論俄法者其皆譫語矣嘻爲此論者苟如魯敏孫之在荒島無第二人與之交語自言之而自聽焉斯可耳而不謂以先知先覺自命者其覺民之言乃如是也。

復次論者謂『使民族主義國民主義而普遍於國民之心理也則共和約法乃應於其必要而生者也』（原文無共和二字。然吾推定其約法。必爲共和約法。故僭下此二字。以供行文之便。當爲論者所樂承認。）其所謂民族主義國民主義者。吾不知其所下定義如何以簡單的推定之。則民族主義謂排異族。國民主義謂排專制也。誠如是也則吾謂民族主義普遍與否與共和絕無因果之關係如明太祖洪秀全論者所崇拜爲民族主義之偉人也（吾則不許之。彼等皆一邱貉之民賊耳。其動機豈在爲一族爭氣耶。爲一人謀利益耳。）而其已然之事實與共和立於正反對之地位也既若彼矣論者亦知之乃曰。『即使民族主義昌明。而國民主義尚未入於人心。則猶將知忠君而不知愛國。』夫愛國心者國家之成立維持所最必要者也僅明民族主義而猶不知愛國則民族主義非徒與共和無關係且與國家之成立維持無關係矣然則民族主義所以能與愛國心相聯屬者乃僅在依賴國民主義以爲之媒介則其與愛國心無原因結果之關係甚明然使國民主義不依賴民族主義而亦不能與愛國心相聯屬則是此兩主義者爲愛國心之合成原因離之則兩皆非原因合之則兩皆原因也（如五雀六燕交而處。衡適平。僅雀不得爲衡平之原因。僅燕亦不得爲衡平之原因。而合之各置一軸。則皆原因也。是之謂合成原因。）而徵諸古今萬國已然之事實則大不然國民主義離民族主義而獨立固自能與愛國心相連屬然則民族主義與愛國心絕無原因結果之關係益明論者謂僅言民族者不知愛國誠至言也而愛國心者與國家之成立維持有原因結果之關係者也僅言民族主義而猶不知愛國則民族主義其非國家之成立維持所必要甚明今以甲代兩主義之和合以乙代國民主義以丙代民族主義以丁代愛國以戊代國家成立維持之必要演其式如下。

(1) 乙+丙——甲——丁——戊

(2) $\frac{\text{甲}}{\text{丙}}$——乙——丁——戊

(3) $\frac{\text{甲}}{\text{乙}}$——丙——非丁——非戊

此吾就論者之說推演之而種族革命爲國家成立之不必要其明白如此夫國民主

義則政治革命論之立脚點也民族主義則種族革命論之立脚點也吾認國民主義爲國家成立維持之必要故主張政治革命論吾認民族主義爲國家成立維持之不必要故排斥種族革命論吾以爲若從國家之成立維持一問題著想則民族主義贅疣已耳蓋僅乙而已等於戊不必俟其與丙相加而乃等於戊也而論者必强主張兩主義同時並行必謂惟甲乃等於戊夫丙之等於非戊（非丁等於非戊。丙既等於非丁。故即等於非戊也。）論者所明言矣乙之等於戊又論者所不得不承認矣然則何必以丙加乙使成甲然後謂之等於戊耶吾故曰贅疣也論者如欲與我辨也其毋以國民主義爲護符國民主義吾與論者所共同主張非論者所得專有也　**如曰今日中國當言國民主義而因以難我是又無敵而放矢也**　吾之所惡於論者謂其以贅疣蝨於其間也

吾謂共和的國民心理必非久慣專制之民能以一二十年之歲月而養成。乃論者謂革命時日不必甚長。而共和約法已應於國民心理。吾始焉苦思力索而不得其解。及

細讀彼文。見有云。『去專制之苦。嘗自由之樂。夷階級之制。立平等之域。心理之感孚。速於置郵而傳命也。』吾於是恍然焉曰、論者所主張之理由。乃在此。然則論者日言共和。殆絕未知共和為何物而已。共和之眞精神在自治秩序而富於公益心。（所以能行議院政治者專恃此）國民心理而能如是者則共和不期成而自成。美國是也。或且無共和之名而有其實。英國是也。苟不能如是。而惟囂囂然求自由求平等。是未形成國家以前原始社會之心理。而決不可謂為今世共和國民之心理也。（自由平等。固共和精神之一部分。然必與自治心公益心相和合。乃成完全之共和心理。苟為離自治心公益心而獨立之自由平等。則正共和精神之反對也。）而樂自由愛平等之心理可以爆動力而驟致之。重秩序尊公益之心理。非養之以歲月而萬難成就。論者徒認彼為共和心理。無怪其心目中養養然呼之欲出。謂其今日已大發達。而實行革命時。愈益發達也。夫論者所謂今方滔滔汨汨而進行者。此樂自由愛平等之心理也。若吾所謂重秩序尊公益之心理則非惟不見進行而已。且視前此更有退步焉。此事實之章章不容諱者也。故吾惟見夫彼方面之滔滔汨汨而進行也。而益以斷其與共和之心理適成反比例而萬不能相容勿論他人即以論者證之論者固自命爲忠於共和主義之人也而其所認爲共和心理者乃僅若是是則論者之心理先已不適於共和　而凡附和共和者其心理亦若是則已耳其今之聞共和而好之者凡以謂共和能予我以自由平等也然自由平等有其代價焉彼勿問也一旦際於實行共和時而索其代價則與彼之心理遂大相拂戾矣吾之所以謂共和約法萬不能行者以此論者其何以教之

夫筧氏之合成意力說采盧梭之總意說也而既以霍布士之權力說補之復以康德之責任說補之其言曰『盧梭以人民總意爲法源此不刊之論也其提倡自由平等說功不在禹下雖然不有說以補之流弊日滋故言自由者拋卻責任言平等者昧於服從規律力蕩然而人道或幾乎息矣故當參諸康德說以責任心爲之維持』同講義第一編第一章第三節第一欵　夫責任心則吾之所謂自治觀念公益觀念之所從出也筧氏言合成意力而冠以「規律的」之一語蓋以此也論者襲用筧說而襲其半而遺其半昔晚唐西崑

詩體盛行時。優人有扮演李義山者衣襤褸以登場。他優問其衣胡敗若是。答曰。吾爲若輩撏撦殆盡。一座粲然。嗚呼。筧克彥何不幸而遇論者遽變爲鶉衣百結之玉谿生也。論者之規我也曰『凡治學問者不當以自己之理想主張他人之術語』其詆我也曰『所主張之學派人索而不可得』又曰『生物學家發見一種蠅取草謂之爲動物則非謂之爲植物則非論者之文毋乃類是』又曰『有非驢非馬之奇觀』此種輕薄語。吾本不忍以加諸彼。惟彼之撏撦筧氏學說而東塗西抹。則彼之所言者。彼實當之耳。今覆述前文而特指論者所說與筧說矛盾者如下。

一筧氏謂合成意力非要約的。而論者指約法爲合成意力。

一筧氏謂意見與意力異。而論者併爲一談。

一筧氏重第一事實。而論者蔑視歷史。

一筧氏言不可以外國之心理爲標準。而論者所以爲標準者實外國心理。非本國心理。

擲評

一覽氏兼采盧梭之總意說。康德之責任說。與霍布士之權力說。故自成己說。論者將權力說責任說全行抹卻。所以非驢非馬。

一覽氏規律的合成意力論者將規律的一語刪去。所以為蠅取草。

一覽氏言盧梭之總意說為相乘的而論者所言約法。乃相加的並盧氏說而不類。故曰其所主張之學派。大索而不可得。

一覽氏之合成意力指事實上國家之意思論者之合成意力指理想上箇人之感情故曰以自己之理想主張他人之術語。

嘻、論者欲與吾言法理耶。吾不幸而未得厠法政速成科之末席安敢比足下。夫吾固自知吾之不諳法理。故吾於第三第四號本報皆從事實方面觀察立論。而論者乃對於並速成未就學之人。而嘵嘵然搬弄其甚深微妙之法理論。何也吾請直言論者之隱衷可乎。**吾之事實論駁無可駁者也。**而法理論則是丹非素。入主出奴雖歷千歲而可以無定論。此如我國漢宋學者所謂皆一椿公案而已。**論者欲**

吾反駁其法理論。而彼遂不憂詞竭。吾今請明告論者。吾自初之與排滿共和論宣戰也以事實論非以法理論也即間涉法理亦附庸也非正文也論者如不能於事實上解決則即將速成講義錄全文謄出以入貴報猶無當也而吾亦決不予返答。何也。諸博士之講義。豈吾之淺學所能詰難。而論者既非與我辨。則吾亦何爲嘵嘵也。

雖然。論者好言法理。抑亦知法理學之不可離事實乎。他人之說。或不足以寤足下。請復舉足下所崇拜之筧博士所言。博士曰。『凡研究一種學問必就理論事實兩方面觀察之然後得精確之知識』又曰。『由正當之意思而後可求精確之知識反是即爲物蔽物蔽之原因有二曰迷信曰獨斷』（同講義緒論第一章）此以言夫一般學問也。即法學亦何獨不然。足下之蔽。正在以迷信行獨斷。故於事實之不與吾空想相應者。奮然抹煞之掩耳盜鈴自欺欺人。自謂得計而不知與學問之道相去益遠耳此吾之所以忠告於足下也。吾知足下必不容吾忠告。則吾願承學之士。以足下爲鑑而勿效之。

且吾以論者崇拜筧氏之故。請更一述其說以爲箴言。氏之論盧梭也。謂『其說之所以昌者。由當法蘭西專制恣盛之秋。人民不平。達於極點。忽以絕妙之文章。抒極新之理想。既已深中人心矣。而尤妙者。在拋卻當時之道理心說。辨別心說。而移入於感情以立言。彼十七八世紀之交。思想幼稚。羣苦辨理之難於精確。而獨信所謂感情者。接一事物。惟憑直覺的認識。不為歸納的研究。其歡迎之。不亦宜乎。而法國遂緣此而成血世界矣』（同講義第一編第一章第三節第一款）嗚呼。此言不啻為今日之中國言之也。論者固非能有極妙之文章。亦非能有極新之理想。而我國今日思想界之程度。未嘗有研究的精神。而惟憑感情之一瞥。則眞與盧梭時代之法國同也。故排滿的感情論。最易煽動一般年少氣盛之人。而驟占勢力於社會。雖然。論者當知此非由所持學說之有價值也。亦非由辨才之足以入人也。感情論之性質。其投合於此種社會。應然也。抑尤當知專以感情論投合社會。非社會之福。而社會之禍也。法國其前車也。不知其為社會之禍而輕投合焉。則及其既知而當改之。若明知其為社會之禍。而故投合焉。則其心可誅也

論者之所以駁吾之非革命論者。其無一毫價值。既具如前述矣。而彼尚有一卑劣手段焉。指波侖哈克學說為吾說。唯一之根據。而因以駁倒波氏學說。為即駁倒吾說。夫

吾說舍波氏說外尚有他根據與否讀吾原文者自能知之論者安得以一手掩天下目也抑吾固言學說者千古之最難論定者也是丹非素入主出奴自昔然矣論者若欲與波氏爭法學之幟則請還與波氏上下其議論吾無爲波氏作辯護人之義務也。雖然波氏之主權論吾固未嘗爲絕對的承認故吾於癸卯年本報曾紹介其法理論。今茲轉錄則從而刪之而惟采其近於事實論者吾之意固有在矣。況波氏亦非絕對的排斥共和政體者。惟言因習慣而得共和政體者常安因革命而得共和政體者常危。且而其最重要之理由則謂數百年卵翼於專制政體之人民既乏自治之習慣又不識團體之公益也。蓋共和政體之爲良爲惡不能以具體的論定之而惟當以抽象的研究之波氏所述取法國革命時代之現象以爲證抽象論也而吾論今日中國不能行共和立憲之理由亦抽象論也論者難波氏說。**取吾所徵引者全行抹煞。一字不駁。**而惟取吾所不徵引之主權論駁之抄襲美濃部達吉之說。絮絮數千言。則何不改其題曰。**駁波侖哈克國家論**。而題爲駁新民叢報胡爲也。

吾固無爲波氏作辯護人之義務。然論者所述之機關說。抑非能全難倒波氏說也。國家有諸機關而更有最高機關爲以立於諸機關之上此最高機關其在君主立憲國當然屬於君主其在共和立憲國當然屬於國民故國民全體爲一國最高機關實一般共和國共通之原則也然近世之共和國有三種。一曰國民直接的共和國二曰代議制度的共和國。三曰直接代議參用的共和國。（美濃部達吉國法學第一二一葉）其在第一第三種。國民全體直爲最高機關。不辨自明。其在第二種則以議會爲最高機關。似屬例外。不知此原則雖緣代議制度而變其形不緣代議制度而喪其實也如論者所述拉攀氏說。謂以法學上之觀念言之。國會不得謂爲國民之代表。此則耶陵尼及美濃部既已力闢之。蓋如拉氏說。則國家但求有此機關而已。足不必更問此機關之何自成立。其專由君主勅命議員所組織者。與專由人民選舉議員所組織者。應無差別。而古代勅任樞密顧問參與立法之國。可視與今世民選議院之國爲同物。而君主所有解散議會權與夫議員任期之一定。在法律上可云無意義。而當議員任期終結及議會被解散時國家之立憲制度可謂之中止而一時復返於專制之形矣。國家學會雜誌第二百號美濃部論文「議會ノ國法上ノ性質ニ關スル一新說」凡此皆足以難倒拉氏之說而有餘使如論者所謂「國會非國民代表而超然於利害關係之外」則雖以解君主立憲國之國會猶不能得其眞相若以解共和立憲國之國會則此種國家在法學上可命之爲寡人專制國而不得復謂之共和矣然則拉氏說不足取既已甚明若夫耶氏說以國民全體爲作成機關以國會爲被作成機關其從法學方面說明國民與國會之關係可謂博深切明雖然耶氏尙有說焉謂此種之作成被作成機關與純粹的作成被作成機關有異純粹的作成被作成機關如中世德意志之選舉侯以選舉皇帝爲職選舉侯即作成機關皇帝其被作成機關也選舉既終皇帝全與選舉侯相離而立其上此純粹的作成機關之原則也若夫立憲國國民之與國會其關係則與此異國民非徒以作成行爲而已足也而常與其所選舉之代議士爲繼續的結合關係故耶氏亦名國民爲原始機關名國會爲代表機關被作成的代表機關與作成的原始機關其利害關係決非超然相離甚明而耶氏之論原始代表兩機關之性質引君主國之有攝政爲例攝政非君主而攝政之意思法律上認爲君主之意思。議會爲國民所作成。而議會之意思法律上認爲國民之意思。謂君主與國民。皆原始機關。而攝政與國會則彼原始機關之代表機關也。（以上述耶陵尼說皆據國家學會雜誌第二百號美濃論文）據此說則當選舉終結後議會開會中國民恰如民法上之「無能力者」而議會則無能力者之「法定代理人」也。雖然。耶氏此說所以說明代議制度議會之性質（無論君主國共和國凡行代議制度者其議會性質皆得以此說明之）而非以說明共和國國民之地位。蓋共和國決非徒有代議制度之一種。而尚有直接制度與直接代議制度參用之二種也。論者引用耶氏說而不明其所謂原始機關代表機關之關係。認國民之作成行爲與德意志選舉侯之作成行爲相等。已大非耶氏之意。且耶氏就議會論議會而論者乃剽竊其說以推論一般共和國國民之地位。其相去不愈遠耶。夫如耶氏說。則即在行代議制度之共和國。所謂國民如民法上之無能力人。而國會如法定代理人者。亦不過當選舉終結後爲然耳。若夫當議員滿任或議會被解散而新選舉未成立之時。則其原始能力即已直顯。此又至易見者也。故美濃部氏曰。『民主的共和國者國民全體有爲國家最高機關之地位。國民全體之意思爲國家統治權之源泉也』（國法學百二十葉）

今論者全忘卻此語。徒竊其作成被作成的半面議論。而謂國民全體之利益衝突。其影響不波及於所作成之機關。是得爲知法理矣乎。夫民主國既以最高機關在國民爲其原則（即代議的民主國亦不能離此原則）則國民全體之程度能否當於最高機關而完其責任。是即此種國家存立維持之第一大問題也。所謂完其責任者不一端。而必先求機關內部之統一。毋使以衝突而內潰。苟內部自潰焉。則先已失其爲一機關之資格（機關者一體而不可分析者也）而對外之行動能適宜與否。更無論矣。最高機關在君主之國。其對外行動。與彼最高機關在國民之國。孰優孰劣。雖不能以具體的論斷之。惟語其機關自身內部之統一。則此以一人爲一機關。彼合多數爲一機關。統一之難易。則有間矣。故曰因於習慣而得共和政體者常安。因於革命而得共和政體者常危。蓋因習慣而得之者。則其國民程度發達圓滿。有自治秩序。而富於公益心。一旦組織爲最高機關。則無論國民全體直接而行統治權。或議會代表而行統治權。而機關自身先無內訌魚爛之憂。然後可以語於對外行動。若因革命而得之者。則國民前此並未嘗當於一機關之任。雖使之組織一補助機關。猶慮不勝（所以雖君主立憲制猶必經過開明專制之一階級然後能至）一旦而躍立於最高機關之地位安見其可機關自身之要素先自不具他更何論矣夫使爲一補助機關而不勝其任則腐壞者僅在此機關耳而尙有他機關調和補救之惡結果不遽影響於全局而可以除圖改良若爲最高機關則一國命脉所繫也最高機關腐壞而國隨之法國及中美南美諸國所以禍亂相尋元氣斲喪者皆坐是也此吾所以雖不採波氏之君主主體說而於其調和利害衝突之義則甚佩之也。論者**所抄襲之半面的美濃部機關說**。能復有他種遁詞以難我否耶。

夫既以國民全體爲最高機關其在實行合議制度之共和國此機關於法律上有萬能力無論矣即在行代議制度之共和國其政治上之趨勢所謂被作成之代表機關亦往往仰此原始的最高機關之鼻息又勢之不可避者也英人布黎士之美國政治論謂『美之各邦其立法部之議員非常軟弱。往往有一新問題之起。兩黨派中人各各有其或贊或否者。如禁酒問題婦人選擧權問題等。甲黨中有贊者否者。乙黨中亦有贊者否者也。故政黨之用幾窮。則惟求人民之直接干涉。爲最後之判決。以自卸其責任。此直接立法之事所以日多也。』夫美國之議院政治所以能運用圓活者全恃其兩大政黨組織之得宜及遇此等問題而政黨之長技失其効用遂不得不還求解決於國民自身而布氏論其弊曰『若此法屢行則大損議會之權威及責任。人民將視議會爲可有可無之物。而彼人民者。不徒無學識之人居大多數而已。而又以人數太巨之故。不能聚集一地以相討論。其所直接判决者。未必衷於眞利害。流弊不可勝窮。深爲美國政界前途懼之。』吾以爲布氏所論。可謂博深切明。而美國顧未嘗大受其敝者。則以彼之黨派組織本極完密而此等歧於黨派以外之問題固非屢起不至常失兩大政黨之効用而中央政府（即聯邦政府及議會）之權限本縮至極小故聯邦立法部所討論之問題益鮮有歧於黨派外者而復加以其人民尊秩序重公益之習慣養之已熟故雖遇此等事件委諸原始的最高機關之判決不至緣是而生大衝突釀大禍亂若乃歷史上不具此原素之國民其政黨既絕不統一無論何種問題固皆足以起衝突而其國家之組織又非如美國於聯邦之下復有各邦一切洪纖問題悉集於中央議會而其人民復非有尊秩序重公益之習慣任以一睚眦之爭而可以釀殺人流血之慘禍而其人民學識程度足以供判斷力之用者又遠出美國下而其人數又遠過於美國而其交通機關之便利又劣於美國萬萬倍於此而欲以國民全體爲最高機關果有術以能完機關之責任乎即以國民所作成之代表者爲最高機關而作成者此國民也被作成者亦此國民也以數千年未嘗一度作此機關之國民而驟以最高機關委之果有術以能完機關之責任乎論者於吾所謂共和國以國民爲最高機關之說而有以相難也則吾願聞之若無以相難也則吾所徵引哈氏之說卒無見其能破也。

論者又曰『使國會而爲被作成機關則必能顧其作成機關之國民全體之利益』論者此段全從法理方面立論。法理學上果有何等之說明以證其必能。吾苦難解之。若就事實上徵諸各國。則法國革命山嶽黨最占多數時代。其國會固被作成機關也。吾不知其所顧者果國民全體之利益焉否也。西班牙之有國會垂百年。固被作成機關也。吾不知其所顧者果國民全體之利益焉否也。奧大利之有國會亦五十餘年。固被作成機關也。吾不知其所顧者果國民全體之利益焉否也。中美南美諸國無不有國會。其國會皆被作成機關也。吾不知其所顧者果國民全體之利益焉否也。北美合衆國之國會。當論者所認爲被作成機關之最美者也。以近今其對於托辣斯之態度。吾不知其所顧者果全國民之利益焉否也。機關之性質。可以類似者比例論之。市會議員亦可謂市之被作成機關也。而英之倫敦市會。易瓦斯爲電燈之問題十年不通過。美之費爾特費市會改良水道之問題。亦歷年不通過。吾不知其所顧者果市民全體之利益焉否也。故吾以爲此非能有必至之符而總以搆成機關分子之各員責任心公益心之强弱爲斷。而吾中國今日之人民據之以搆成機關。吾認其責任心公益心未能圓滿者也。又即使有責任心公益心。則其欲顧國民全體之利益。差可期耳。而必能爲國民全體謀利益與否。尙屬於別問題。如普國會當普奧戰爭前。大反對俾士麥擴張軍備之政策。自謂顧國民利益。其果爲國民利益焉否也。阿根廷國會當六十年前大歡迎外資輸入之政策。自謂顧國民利益。其果爲國民利益焉否也。然則此又非能有必至之符而總以搆成機關分子之各員政治知識之多寡爲斷。而吾中國今日之人民據之以搆成機關。吾認其政治智識太過幼稚者也。論者徒漫然下一武斷曰。必能必能。吾願論者將其所以必能之理由。一爲我說明之。

論者謂『革命之際。流弊或所不免。然但當思患豫防。力求所以免之者。不當以革命之有流弊而至於不敢革命也』此其言尚屬平心之論。吾樂受之。雖然。當視其流弊之可避不可避以爲斷。若政治革命論則其流弊有可避之道者也。若種族革命論則其流弊無可避之道者也。何也。論者所主張之種族革命與共和政體相緣而不可分。而共和政體與吾所列舉之諸流弊相緣而不可分也。論者而猶有絲毫爲國家前途計利害之心乎。其必不妄爭意氣而當思所以處之也。

至論者有駁吾所持開明專制論之點。吾固先與論者約。謂請俟全文出版。乃賜敎言。不幸而論者不守此約。故吾仍自守其約。不復詳爲置辨。讀者欲知吾論據。則亦俟全文出版可也。雖然。彼既振振有辭。則吾亦不能不先爲簡單的說明。吾所論我國民對於現政府所當行者本有兩大方針。一曰勸告。二曰要求。其言具在本報第四號。可覆按也。所勸告者在開明專制。而所要者在立憲。所要求者在立憲。其理由不待解釋而自明。而所勸告者則曷爲在開明專制。吾既確信共和立憲之萬不能行。行之則必至於亡國。而又信君主立憲之未能遽行。行之則弊餘於利。而徒瀆憲政之神聖。然則爲今日計舍開明專制外更有何塗之從夫以吾所忖度則君主立憲制非十年乃至二十年以後不能實行即如論者之說主張革命而行共和共和利弊之一問題姑置勿論而革命事業亦豈其旦夕可致或遲至十年乃至二十年未可知也 **然則當此欲立憲而未能立憲欲革命而未能革命之時一國之主權尙須行動否** 如須行動也則政府之現象無論如何而必出於專制此事實之不可爭者也夫固有之事實則既若是矣 **然則開明不開明之問題安得不發生於今日** 夫全部分之開明固莫善矣即不能而有一部分之開明(即行開明專制政治之數端)而其影響於我中國前途者固已甚大吾之所以主張之者蓋以此也吾知讀吾文者見吾所命之題而不能無駭焉曰子曷爲敎政府以專制曾不思專制者現在之事實也非吾之所能敎亦非吾之所能不敎也政府不以吾之無開明專制論而不專制則亦非以吾之有開明專制論而始專制甚

明即如論者極力排斥開明專制而當論者之理想的共和政府尚未成立以前而現政府安能不專制專制等也而開明不開明之間其直接影響於國民進步者固有擇矣然則政府之肯開明與不肯開明雖屬於別問題而勸告之以開明則爲凡有言責者所應履行之義務無可疑矣非獨以君主立憲爲究竟主義如鄙人者當履行之即以革命共和爲究竟主義如論者者亦當履行之也何也。究竟主義之貫徹在將來而此乃目前之事實問題也。若曰吾利用現政府之野蠻。而後覆亡之易爲力。此則殊非君子之用心吾奉勸論者宜勿如是吾奉勸普天下愛國君子無論持何主義者皆宜勿如是且今當外患日侵間不容髮之時而我尚未能建設新政府一國之生命財產猶託於現政府之手現政府而改良一分則吾受一分之利現政府而加劣一分則吾受一分之害故以利害問題衡之而曰吾利用現政府之野蠻此愚之又愚者也且即使持極端的暴動革命主義。而現政府開明一分則敎育普及一分而無論持何種主義以欲沁入於國民心理者其易爲力也亦加一分國民稍慣於規律制裁的生活則雖如論者所持之約法說屆時而實行之也亦較易而國家對外之實力稍增將來雖有內亂而受干涉不至甚劇即受干涉而抵抗之力亦厚於今日然則現政府之開明專制何一不足以供論者將來之材料豈謂政府開明之後而尚不如今日之可以馳騁耶故即爲論者之偏枯單一的主義計而曰吾利用現政府之野蠻此愚之又愚者也吾故曰勸告現政府之開明專制實今日獨一無二之法門也吾之所以爲開明專制論者以此願普天下愛國君子平心察之

夫開明專制非不美之名詞也筧克彥曰「開明專制以發達人民爲目的者也」又曰「開明專制與立憲同一狀況而爲立憲所由之階級也」又曰「開明的專制一立憲制度皆已實行但未公布憲法耳」由此觀之特患專制者之不能開明耳而開明專制豈可詆耶當未能立憲未能革命以前今日之中國舍開明專制以外更有何者爲國家所當有事耶願普天下愛國君子平心察之

該報第三號引筧氏此說並述其言中國漢唐時代曾經過開明專制遂以爲中國今日可以行共和立憲之據今論者此文亦引證此言以爲重然則論者固不能絕對的排斥開明專制不過謂此爲中國前此所已行者而非今日所當行者云爾願以吾間

接所聞諸覚氏者謂。「凡國家如欲立憲。必當經過開明專制。若中國漢唐時代。固亦可謂開明專制。然其後復歸於完全專制。故中國今日如欲立憲。必當再經過開明專制」。覚氏之言如此。論者徒剽竊其發起語句。屏棄其結搆語句。破碎誕妄一至此極。縱可以欺外人。其能掩盡同校中數百人之耳耶。如必因漢唐時代之曾經開明。遂謂今日可以行共和憲制。然則何不更曰唐虞時代之政體已具有共和模範中國今日並不須創訂共和憲制耶何不更曰歐洲十字軍以後之文明皆由我中國輸往中國今日竟不必以輸入他國文明爲事耶噫適見其强詞而不能自完已耳」。

論者又難吾之要求說而以國民無實力爲言夫要求必須與國民實力相待無待言也。然實力必須養之而後成吾以爲養之之途分兩方面開明專制其一也。政治革命思想之普及其一也夫言要求固須實力即言排滿亦豈不須實力今日持要求論者固得以無實力而謂其不成立今日持排滿論者亦得以無實力而謂其不成立不成立等耳。然則今日無論持何主義者皆只能從預備實力處下工夫此當爲論者所承認也（若不承認則是無意識而已）而試問預備排滿之實力則舍種族革命思想之普及更有何道乎此又當爲論者所絕對的承認也種族革命思想可以使之普及而謂政治革命思想不可以使之普及乎論者詰我何所挾以要求吾亦將詰論者何所挾以革命（凡此單稱革命者皆種族革命之省文也）論者若曰吾將來必有所挾以革命則吾亦曰吾將來必有所挾以要求矣夫國民意力爲世界上莫强之實力善其用焉靡堅不破以之行政治革命可也以之行種族革命亦可也國民意力固自由發動而有指導焉而爲之助者則其發動也更易而更顯且能合成論者詰吾無實力而問論者何以有實力無亦曰吾將指導國民意力使趨於種族革命之一點是即吾之實力云爾誠如是也則論者所謂實力其含國民意力外無他物也然則論者問吾要求論之實力吾亦答以國民意力而已論者若謂國民意力無從使之趨於政治革命之一點則吾亦可謂國民意力無從使之趨於種族革命之一點要之兩者皆非也凡屬人類皆有感情與辨理心兩者我國民亦何獨不然若從感情方面而煽動之以壓倒其辨理心則雖舉國人而皆趨於種族革命一途可也若從辨理心方面而濬發之以節制其感情則雖舉國人而皆趨於政治革命一途亦可也而一國中其有中流以上之學識而以言責自任者則於此樞機之轉捩皆與

有力焉質言之則自認以指導社會爲天職者即其對於指導方針之或得宜或失宜而不可不負其責者也更質言之則一國之或興或亡此輩皆當科其功罪者也夫今後之中國。其當指導社會之大任者。當自有當世賢豪在。若鄙人則安敢望此。雖然。夫既以言責自居矣。且自審今日之地位。舍言責無以報效國家矣。故自今以往所言者必求爲有責任之言即不能使國家由我而興而決不忍使國家由我而亡夫吾豈不能鼓吹革命共和主義以漲彼方面之實力顧吾所信者謂彼方面實力漲至極度之時即我國家滅亡之時也吾故不惟不鼓吹之且盡吾力所能及以摧壞彼方面之實力而增進此方面之實力吾固知彼方面之人仇我必甚顧吾爲踐我之天職吾安能已也論者如欲問政治革命之實力安在乎舉國大多數之國民其頑舊焉而本無政治革命思想者至能發動其政治革命思想其熱狂焉而沈醉於種族革命思想者至能折歸於政治革命思想此其時矣此其時矣論者若問以何道而能得此則非吾獨力所能爲焉而還求諸國民之自身亦如論者之排滿非獨力所能爲焉而還求諸國民之自身也以上所論。謂政治革命與種族革命。其現在實力之不足也同。其將來實力之可以養成也同。而吾所謂當養成者。在此不在彼也。雖然同爲可以養成。而養成之難易。則又有差焉。吾主張將來之政治革命（吾所下政治革命之定義謂革君主專制而爲君主立憲也第四號詳言之）同時主張今日之行開明專制。開明專制行得一分。則國民實力增得一分。持種族革命論者。既未能立刻推倒現政府。則其不能不暫受治於現政府專制之下也。亦實與我同。而彼利用其野蠻。不顧其開明。政府愈野蠻。而國民實力愈萎縮。此其難易之差一也。吾主張政治革命論。非濬發國民之辨理心不可。而國民辨理心既發達。則無論治學治事。皆從實際上著想。條理自趨於緻密。而能爲國中養成多數實行之才。彼主張種族革命論。非挑撥國民之感情不可。國民奔於極端之感情。則本心固有之靈明。往往爲所蒙蔽。求學者或厭伏案而日言運動。治事者不審條理而輒盲進。小有成就。而愈益其囂張。小有挫折。而遂至於嗒喪。其究極也。只爲國中養成多數空論之輩。此其難易之差二也。不甯惟是。彼以感情煽人。則只能收拾狂奔於感情者流。我以辨理心動人。則并能獲有辨理心者之相助。凡狂奔於感情者。多無實力。而有辨理心者。其實力必富。以固有之成分爲基礎其勢已優於彼復因此成分而擴張滋長焉此其難易之差三也夫此則就建設以前言之也。若夫建設以後。則吾之政治革命論以君主立憲爲究竟彼之種族革命論以共和立憲爲究竟君主立憲其所養人民之實力但求其能爲監督補助機關而完其責斯已足矣共和立憲其所養人民實力非能爲指揮主動機關而完其責則不得謂成功此就程度之淺深相較其難易之差四也君主立憲則所以搆成此監督機關者可以制限選擧行之共和立憲則所以搆成此主動機關者不可不以普通選擧行之此就程度之廣狹相較其難易之差五也夫淺深之一問題。吾既與論者辨之明矣。若夫廣狹之一問題。則前此猶未及言吾今試更一詰論者。論者豈謂吾中國創共和憲制無須行普通選擧耶天下有不行普通選擧而得謂之共和之國耶既必行普通選擧矣而謂中國在近的將來能行之耶論者每好引日本近年來民權發達之速以爲證曾亦思日本之行開明專制也二十餘年其實施憲法以迄今日又十餘年而至今猶不能不行制限選擧而謂中國革命時日不必甚長而經過此不甚長之時日遂可以行普通選擧之民權憲制也非夢囈。而安得有此言也。

就此諸點觀察之。則彼此之在今日。雖皆同爲做養成實力的工夫。然養成政治革命之實力。其視養成種族革命之實力。難易相去。固不可以道里計矣。故吾黨之所謂實力。至已養成確可以有要求之資格之時。而彼黨之所謂實力。尚虛懸而無薄。可斷言也。

雖然。此不過比較的言之耳。種族革命之實力。固非絕對的不能養成。亦吾所信也。苟非養成種族革命之實力而不足以救國者。則安能以其難而舍之。吾之所以不主張從彼方面養實力者。其理由全不在難易問題。徒以養彼實力。徒取亡國故耳。若論者無他種之說明。而徒以現在無實力之故。謂我所持要求說不得成立乎。**則以無實力者笑無實力者**。所謂不自見其睫也。

抑論者更有一奇語焉。謂『我不汲汲養成民力。而惟望其要求。』夫論者安知我之不汲汲養成民力者。吾將來於他方面之若何養之。今不必以語論者。即本報之勸告專制政府以開明。及鼓吹人民之政治革命思想。即吾所認爲養成民力之一種法門也。論者其悟耶否耶。若其謂『我國民對於滿洲政府。義不當要求。』則狹隘的復仇主義、吾所不能容喙也。

惟論者自謂養成國民實力。則吾誠不知其所以養成者操何術矣。若徒刺激其感情耶、則所養者**感情也非實力也**以感情與實力爲同一物。千古所未聞也。而論者之所以自文者。則曰『普遍之法。教育與革命。教育者。於革命之前革命之時革命之後。皆一日不可缺者也』如論者言。革命之後。中央政府已確立。其能施教育不俟論。若夫革命之前。吾不知其從何處得有教育機關也。其教育尙須學校耶。抑專憑書報之鼓吹而已足耶。若須學校。則校中所教育爲何科目耶。尙有普通專門諸學科否耶。抑專爲革命的政治談耶。夫不爲政治談。則革命之心理何從普遍。若爲政治談。則論者亦知政治談與教育之性質最不相容耶（大學不在此例）夫專爲政治談。則天下固無此學校。即有他學科而以政治談常參入之。則學童亦必徒喜此大言壯語之政治談。於他學科不屑措意。而學校卒破壞不得成立。他種之政治談猶且不可。況論者所高標者。又自由平等主義也。自由倡則學校之規則一切不守。平等倡則師長之教訓一切不行。夫三年前上海某學校、其最顯著之前車。而此外諸學校。其覆轍相尋者。亦不知幾許矣。論者豈其未聞之。故吾於論者所謂革命前之教育百思不得其解也。夫彼所恃以爲教育之具者。旣與教育之性質成反比例矣。況乎教育行政機關決非革命以前之革命黨所能干與也。而何從使公等之主義藉教育之助長力而普遍於全國民之心理也。然則公之所謂教育者。殆不過以每月一期之貴報爲獨一無二之機關耳。更進焉則以一二之山膏的日報（山海經言山膏之草善詈人）爲補助機關耳。信如是也。則吾請正告公等曰。此等之教育事業。於養感情則有之。若云養實力。是欲適燕而南其轅也。

嗚呼。讀者諸君。其勿以論者兼言種族革命政治革命。而誤以其所持主義爲圓滿。勿以吾之言政治革命排種族革命。而誤以我所持主義爲薄弱也。論者旣語及教育。故吾益得就教育上以解決此問題。吾以爲一日不行開明專制。一日不行政治革命。則教育一日不普及。而人民一日不能得共和之程度。論者謂種族革命不實行。則政治革命之目的終不可達。而豈知政治革命不實行。則無論何等主義之目的皆終不可達耶。何也。不先利用國家之强制力以實行一切行政法規。則教育斷無普及之理。大多數之人民。其眼光無從射及國家。雖以一部分人抵抗政府而哀號者自哀號。嬉笑者自嬉笑耳就令一時能激動其感情爲電光一瞥之破壞而以未受教育之人民蜂屯蟻聚向未識規律制裁爲何物而欲以一二豪傑之力拔諸九淵之下而驟登諸九天之上靡論其人未必豪傑也即使豪傑其力幾何而曰吾能破壞之能建設之直欺人自欺之言耳論者而不知教育之爲急也。則吾靡從與言。夫既知之矣則尤當知開明專制與教育相倚政治革命與教育相倚經此兩階級後則雖民族主義緣玆普及焉可也雖共和資格緣玆養成焉可也而不然者則豈惟共和資格不能養成即民族主義亦安從普遍也夫論者知有政治革命其視單一之復仇論。既有進步。吾深嘉焉。而獨怪其所謂政治革命者。實行之時期。必俟諸種族革命凱旋之後。而汲汲焉反對今日之開明專制。反對今日之政治革命。吾誠不知其所據之理論爲何等也。

夫論者以人民無要求政府之能力。而因勸以顛覆政府。**其腦想之誤謬眞不可紀極**夫要求政府之能力尚且不有而顛覆政府之能力更何自來蓋此兩種主義皆無非以武力爲唯一之聲援而要求政府所需之武力其分量極少顛覆政

府所需之武力其分量無限也論者其能平心靜氣以細察此中相比較相關係之性質否耶

吾答論者之說既略盡矣。吾更附一言。吾決非與論者爭意氣。欲勝之以爲武也。吾實見此問題爲今日最大之問題。言之本不厭其詳。而我國民辨理心非皆能完全發達者。則似是而非之論。恒足以搖動其定識。而我國民對於國家對於政府之方針及今不定。則歲月一去而不可留。一部分人之聰明才力。消耗於無用之地而不可復。故吾雖犯剛愎排擠之嫌欸。而有所不敢避也。若彼報此後復有所言。而不脫此次之窠臼者。則吾雖不復與校焉可也。

又以上所答。皆就大端論之。其有論者毛擧細故以詆我無關問題之宏旨者。及其自發論之錯謬。而非辨難之要點者。本更不必齒及。今縱筆所至。順解答之糾正之。

一論者謂我既排斥國家器械說。何以復主張十七八世紀幸福說一派之干涉論。而引斯賓塞之對於器械說干涉論兩皆排斥以爲證。吾以爲干涉論決非十七八世紀學者所能專有。十七八世紀之學者亦非皆主張干涉論。若盧梭孟德斯鳩等。皆對於當時普王腓力特列法相哥巴等之開明專制政策而生反動。故於政治上排專制而主張共和。於經濟上排保護貿易而主張自由貿易。豈得謂持幸福說者即持干涉論者耶。夫邊沁之言最大多數最大幸福。可謂幸福說之鉅子矣。而其言曰『政府者有害之物也。然以不得已之故而存之』是又大反對干涉論也。蓋十七八世紀之學者雖同以人民箇人之幸福爲標準而其言所以致此幸福之方法則大異。有謂由政府干涉之力可以致之者。霍布士一派是也。有謂由人民自由之力可以致之者。盧梭一派是也。而斯賓塞則並兩派而箴之者也。論者毫不知各派之內容。而惟耳食焉知十七八世紀之交。有所謂器械說幸福說干涉說者同時並存。乃混爲一談。不自知其謬誤。而反以誣人。偷所謂仰天自唾適汚其面者非耶。吾對於今後中國之政策。實主張干涉論。而不取斯賓塞說。吾所主干涉之程度。則小野塚氏論國家之目的第三欵箇人心身之發達是也。而所以達此目的者。將來以君主立憲行之。今暫未能立憲。則以開明專制行之。故吾雖主干涉論。而不妨於排斥國家器械說。如曰主張干涉即不當排斥器械者。則今世學者宜莫敢或齒及助長行政矣何也今世學者、固無復一人表同情於器械說也。論者謂『惟其視國家爲器械故謂得以人力謀其進步發達此幸福說之所由來也』吾聞筧博士之說曰國家者基於自然必至之關係。藉人爲而發達者也、此說在論者固已徵引之、乃今之爲說則謂以人力謀進步發達惟視國家爲器械乃得行之而因以器械說幸福說爲相緣而不可離然則筧博士亦應不許其排斥器械說矣豈惟鄙人故鄙人之取彼舍此絕不足爲鄙人之玷。若論者日日言國民合成意力而復崇拜彼「以汽車機器喻國家」之人。（即彼所謂孫先生其人者是也。此乃彼在東京富士見樓演說之詞。全文登於該報第　號。正極端的國家器械說。而與合成意力說最反對者也。）斯乃可異耳。

一論者謂我既采國家主權說曷爲又言國家爲客體。而引我開明專制論第四章之一語以相詰。但論者未見吾之注耶、吾固明言認國家爲客體、似與近世學者所示國家之概念相戾。然但就專制言專制耳云云。（第三號第五十葉）夫吾第四章之彼文。乃言管子、商君、等一派之觀念也、管商等非認國家爲客體耶、此何足以難我。夫我既已恐讀者之誤解文意。而贅以注矣。論者何不細心讀之。

一論者以我引波侖哈克學說之故。遂謂我主張國民客體說。而我實不爾爾。古人賦詩。固有斷章取義者。豈其守一先生之說。而他說遂不敢徵引耶。況吾所譯述波氏說。半皆事實論。（其法理論與事實論相緣者間不得不並引之）而吾所據之以推言中國革命共和之前途者。亦半皆事實論。夫吾第四章所言。既專就管商言。管商且特注明之矣。第八章所言。於波氏原著第二編第一部第一章之說。未嘗一引。論者何所據而指我為主張國家客體說國民客體說耶。若論者之既采國家主權說。而復言國家與人民結契約。斯乃可異耳。

一論者又謂我主要求開明專制。又曰。『立憲後之開明專制。無所謂要求。立憲前之開明專制。不能要求。昔有要求立憲。今有要求開明專制。皆笑柄也』噫、天下有明目張膽。故入人罪。至於若此者乎。吾於開明專制論第八章。有「欲為政治革命者。宜以要求而勿以暴動」二語。吾於第四號申論種族革命與政治革命之得失篇中。下政治革命之定義云。『政治革命者。革專制而為立憲之謂也』此其語具載前號。文意甚明。可以覆觀、要求專屬於政治革命而政治革命則革專制也。則吾所謂要求當然不屬於開明專制。又何待言。論者徧讀吾原文。能指出一處有「要求開明專制」六字連屬成文者乎、抑有論開明專制時。而語中含有云當要求之意者乎。夫吾第八章之末語。又明云、『夫此固又別問題、非本論所宜及也。』讀者曾見彼語否。嗚呼。吾觀論者。抑何其與酷吏傳中人物相肖也。

一彼報所布綱領末一條。『謂彼報鑒於世界前途。知社會問題。必須解決。故提倡社會主義。我報以爲社會主義。不過煽動乞丐流氓之具。』云云。此亦不可以不辨。吾認社會主義爲高尙純潔之主義。且主張開明專制中及政治革命後之立法事業。當參以國家社會主義的精神。以豫銷將來社會革命之禍。若夫社會主義中之極端的土地國有主義。吾所不取。今日以社會革命提倡國民。吾認爲不必要。野心家欲以極端的社會革命主義與政治革命種族革命同時並行。吾認其爲煽動乞丐流氓之具。蓋辨理的社會主義與感情的社會革命。決非同物。并必由人民暴動舉行社會革命。乃可以達社會主義之目的。此吾所主張也。此當別著文論之。如彼報綱領之所布。直是誣我。

一吾對於論者所最感謝者。則其於吾所譯穗積氏論中一字之誤。而賜糾正。是也。夫此一字誠誤。豈敢自諱。然幸而吾於彼一段尚有數百言之注。注中解釋其原文之意。與論者所以誨我者。尚無大相剌謬之處。雖然論者斥我爲不識日本字。不知中國文法。則我固直受之不欲辨矣。

以上吾答彼之說已完更將彼失敗之點列爲一表如下

一我所主張而彼不能難者

一　有行議院政治之能力者乃有爲共和國民之資格　此爲吾論文之大前提彼之承認與不承認不明瞭辨駁之基礎已失

二　今日中國國民未有能爲共和國民之資格　此爲吾論文之斷案彼於吾所舉證據一毫不能返答

三　共和立憲制調和利益衝突甚難　彼所駁頗有力而吾反駁之力更强於彼

四　今日中國當以開明專制爲立憲之豫備　彼所駁者觀察點全誤

五　當以政治革命（即立憲）爲究竟主義　彼所駁似甚有力然細按之無一毫價値

六　中國不能學美國共和制彼所答不明瞭

七　中國不能學法國共和制彼不答

一我所難彼而彼不能答者

一　約法之不可行彼所答毫不衷於事實且前此就事實方面立論今就法理方面立論支離窮遁益增其醜

二　革命軍同時並起不必皆同主義彼不答

三　革命時實行土地國有主義足以亡國彼未答

四　革命時代不能增長人民能力彼不答

五　革命中短期之歲月不能養成共和資格彼惟武斷曰能而不能舉其理由即所舉亦不成理由

六　彼首領以機器汽車喻國家可笑彼不答

七　問其發布何種類之共和憲法彼不答

一彼所主張而不能說明其理由者

一　中國模倣美國憲制能舉行民權政治之實何故能之不聞說明

二　中國國民必能有共和國民之資格其爲今日已能抑何時始能語意不明所以能有此資格者不聞說明

批評

三　革命之前革命之時行教育　以何者爲教育機關教育如何行法不聞說明

四　疇昔吾國民有國民思想民族思想　不能舉其證據

五　民族主義普遍則共和的約法應於國民心理　民族主義與共和政治有何等因果關係不聞說明

六　中國有特殊之共和立憲精神　其條件雖一端不能指出所舉者仍立憲之共通精神然亦不確

七　人民對於政府當求力足以制之而制之之術舍革命軍末由　人民之力並要求政府而不足彼所認也而偏有力足以起革命軍其理由未聞說明

八　國會爲被作成機關必能顧國民全體之利益　何故必能不聞說明

一彼所難我爲無敵而放矢者

一　波倫哈克之主權論　我並未采用彼無端抄錄講義與波氏宣戰

二　美國之法非共和專制　我明以法律上事實上分言彼乃斷斷辨美國之非共和專制政體

三　中國將來能有爲共和國民之資格　吾文處處有今日二字彼刪去而論將來之能不能

四　要求開明專制　吾並無此說不知彼所指爲何語

五　滿洲人與其死黨反對革命不足畏　吾全文並未嘗就此方面立論吾引曾胡前事爲例謂不應以種族革命與社會革命同時並行苟

同時幷行則雖有表同情於甲主義者亦將反對其乙主義如洪楊以種族革命與宗教革命同時並行曾胡非徒反對其種族革命且反對其宗教革命也而論者不駁此說其所駁者全在吾原文之外

六　不汲汲養成民力何以見我不以養成民力爲主

七　國家客體說吾以爲管子商君認國家客體何以見我必與管商同意見

八　立憲國共通之精神彼問我敢謂我國民無此共通精神否夫我主張君主立憲苟不信我國民有立憲共通之精神何從主張之若彼言我國民有共和之特殊精神乃一件指不出則眞可笑耳

一彼以我之所主張難我所主張者

一　人類有普通性能互相模倣全襲我說以難我

一彼所主張全屬門外漢語者

一　但能愛自由樂平等即謂之有共和精神自治力公益心一方面全然拋卻

二　有民權然後能革命民權者國民權利之謂也民權乃革命之結果必非革命之原因論者文中屢有此語外行已極

三　立法論不許以政治上觀察判斷前古未聞此奇語

四　謂干涉論與幸福說同學派混霍布士與盧梭爲一團

一彼所主張爲自相挑戰者

批評　七十　一〇七八二

一　一面主張合成意力說一面主張約法合成意力爲公法的性質國法的性質約法爲私法的性質國際法的性質不能相容

二　既主張合成意力說復崇拜以機器汽車喻國家之說

三　既謂國家藉人爲而發達復言惟視國家爲器械乃得以人力謀其進步發達

四　既謂中國當模倣美國憲制復謂中國不必學英法美

一彼以自己之理想主張他人之術語者及引人之語而遺其半者

一　襲耶陵尼機關說而不知原始機關代表機關之性質

二　襲美濃部機關說而不知共和立憲國以國民爲最高機關

三　襲筧氏合成意力說而不知其兼采霍氏權力說乃至謂約法爲合成意力唯一之精神

四　襲筧氏合成意力說而不知其兼采康氏責任說乃至認自由平等爲共和

五　襲盧梭總意說而不知其爲相乘的非相加的乃至言甲縣與乙縣約法

六　襲筧氏言中國漢唐時代已行開明專制而忘其言此後復返於野蠻專制

以上不過略舉彼失敗之點耳，猶未能盡，將吾全文與彼原文合讀之，則禹鼎鑄姦，無復遁形矣。

（附錄原文）

駁新民叢報最近之非革命論

頃見新民叢報第四年第三號開明專制論第八章論開明專制適用於今日之中國其第一論綱云中國今日萬不能行共和立憲制之理由其發端數語曰

『中國今日固號稱專制君主國也於此而欲易以共和立憲制則必先以革命然革命決非能得共和而反以得專制』（第八章第十一頁）

嗟夫論者亦中國之一人也而乃爲是言是烏可以無辨

方吾之爲此駁論也下筆時心滋不悅蓋論者吾仇也非私仇乃公仇也與吾仇筆墨相見非余所欲也然吾之爲駁論也非第欲以折論者將以質諸天下之人而決其是非也故論者雖吾仇姑強抑吾怒平其心以立於相對辨論之域

於是當定駁論之範圍原著有云

『請先將波倫哈克學說及此數紙中狂夫之言一一遵論理據歷史推現象以賜答辨』（四十六頁）

又曰

『答辨本章固所歡迎若欲駁開明專制論者則請俟全文出版乃賜教言否則恐枉筆墨也』（同上頁）

吾今乃即以此爲駁論之範圍先辨波倫哈克之說所以破革命不能得共和反以得專制之妄也次駁論者之非革命論所以破中國革命不能得共和反以得專制之妄也爲本論之主點

中有對於論者之開明專制論加以駁議蓋論者既盛言『今日中國國民非有可以爲共和國民之資格』則必以開明專制望之今日之政府故吾不能已於言固知全文尚未出版然苟使論者見之庶不至於枉費筆墨也此爲本論之從點

最後乃對於論者理論上不完全之點及其作繭自縛之苦處稍加糾正俾今後之毋易其言也此非本論之之必要故爲附論

其他在駁論之範圍外者則概不齒及擧二例以言之(一)論者有云

某報(此指本報)凡發刊兩號而其文殆無不自相矛盾如此文(此指本報第一號所載論中國宜改創共和政體)與前述某氏之說(此指本報第二號所載民族的國民論中所述孫君之言)即其極矛盾者也(四十四頁)

夫文成於一人之手而自相矛盾此可譏者也文成於二人之手而意見不同此不能以爲矛盾也此二論文一爲思黃之作一爲吾之作吾與思黃之所見不必盡同此不能咎爲黨見之歧也使當決議時代則定於一而入於實行使當討論時代則人各得自由以發其思今宜示於報章者爲決議乎爲討論乎矛盾之誚何無因也故吾今爲駁論亦第就論者與吾相論難之處爲之辨詰然使吾說果足以破論者之根據則論者更無以難思黃也

(二)論者有詆諆民生主義之語當別有專論者不在此駁論之範圍

以上皆定駁論之範圍今以次入於本論

第一　關於波倫哈克學說之評論

論者言革命不能得共和反以得專制其唯一之論據在波氏學說之一片段然則論者所以『由美洲來而夢俄羅斯者』(此論者自述語見新民叢報)皆波氏爲之主動也原著辭繁不殺而其所深恃爲信者祇波氏之說而已然則謂波氏之說爲論者腦海之主宰亦不爲過苟破波氏之說則所謂「革命決非能得共和而反以得專制」者其根據可謂全破而論者亦將無他說以非難革命也

凡對於他人之說而下駁論者與其尋其枝葉不如叩其根據即如波氏之說窮革命之流弊可謂備矣吾若紹介他學說以與之對抗則亦能歷數革命之良果如佛蘭西法學者仙治羅氏所著憲法要領即爲純粹之革命論者也而政治學者亦謂國家至不能以改良政策達其目的時則當以革命爲例外手段是故革命者應于國家活働之必要而生者也由是則歷史上所示革命之良果革命家當思循而則之而革命之惡果當思鑑而避之抑其良果以鼓吹革命與抑其惡果以非議革命均無當也故吾辨波氏之說不與辨革命之流弊而與辨非難革命之根據

波氏立說之根據論者曾譯其一二語云

「共和國者於人民之上別無獨立之國權者也故調和各種利害之責任不得不還求之於人民自己之中」十二頁

此實波氏立說之根據也彼以爲共和國之人民利益競爭舍自己之外更無他人能調和之使其自力不能調和則必破壞紛擾而不得不復歸於專制故曰因於革命而得共和政體者往往釀成民主專制其所以得爲此結論者根據使然也

今所最宜辨明者則波氏之根據果正當否欲下判斷當先硏究波氏所云「共和國者於人民之上別無獨立之國權」其意義若何此當參攷波氏所著國家論方能得其完義者也

波氏之國家論以君主爲國家統治之主體而以領土及臣民爲國家統治之客體其原著第二編論專制君主政體畧謂專制君主政體之本質在以國家之人格歸屬於君主之一身故路易十四世嘗云朕即國家即此義也然從政治上之側面而觀則當以腓力特列大王之言補之王曰朕乃國家之從僕盖國家乃爲集合體而存故也（第一部第一章第一節）其第二節論立憲君主政體畧謂立憲君主政體以國家之人格歸屬於君主之一身與專制君主政體無所異故其歸結之語曰「國家之人格不外於君主之國法上之人格」是故波氏者乃以君主與國家同一視之者也而土地人民則以爲國家統治之客體（第二編第二部）人

民各爲利益而相競爭君主則立於利害關係之外而超乎其上以判斷之故能以平衡的正義調和社會各種利害關係之衝突若夫共和政體則人民之集合體與國家自體爲同一而人民相與之關係錯綜分歧欲人民自能調和此等利害關係之牴觸必不得也故共和政治較之奉戴超然於利害關係以外之君主者遙爲困難因之而陷國家於不斷之革命至於不能貫徹共和政體之目的者不一而足（第一部第一章第二節）此波氏對於國民主權國家所下之論評也而其謂由革命以得共和政體者將復歸於專制亦不外於此標準求之是故總括波氏之大旨以爲國家之目的在以平衡的正義調和社會利害關係之衝突君主在利害關係之外故足以調和人民則自爲利害關係人未有能調和者也然問君主何以能在利害關係之外則謂君主之人格即國家之人格而人民乃國家統治之客體故也君主與人民之關係爲主體與客體之關係故能超乎其外立乎其上而判斷之也然則波氏之根據乃在以君主爲國家而以人民爲國家統治之客體也

以上述波氏之學說以下就于其學說而下論評

自來關於國家之性質學說頗繁大別爲二（一）國家客體說（二）國家人格說國家客體說復有二別（一）德國學者濟惕爾（Seydel）所倡者以領土及臣民爲國家謂君主之於國家猶人之於所有物也故君主爲權利之主體而國家爲其客體（二）即波倫哈克所倡者以領土及臣民爲國家之客體而君主即爲國家二說雖稍異然其以君主爲統治權之主體而國家爲客體則相同也國家人格說則其觀念全與上二說相反以國家爲人格者自爲統治權之主體也關於二說之優劣余雖不文竊欲紹介二三學者之說暨聞諸師友者以告天下國家客體說自歐洲中世家長國之思想而生者也中世時代封建制度盛行以領土及臣民爲君主之所有物處分拋棄贈與繼傳一惟其意洎乎近世此種觀念久已變遷而一二學者猶欲維持之彼濟氏波氏即其人也然久爲學者所不容攻擊唾棄如矢之集其最中的者則爲左之諸點

（一）波氏認君主爲國家此最不能明國家之性質者也國家之性質非如分子說所謂國家如器械然由箇人

所製造亦非如有機體說所謂國家如生物然能自然而成長蓋既有自然必至之關係亦復藉人爲而發達詳言之則人類苟欲自由活動必不可一日無國家而國家之所以生由於箇人之有規律的意力翕各箇人之規律的意力萃而爲合成意力此合成意力固以箇人之意力爲其分子而自獨立存在者也彼分意者固有人格而總意亦有人格前者曰單純人格後者曰合成人格國家即合成人格者也故國家自有意力非藉他力而存民權國之國會君權國之君主乃發動國家意力之最高總攬機關耳非即國家也

(二)苟認君主爲國家則君主死亡不得不謂爲國家滅亡然此固波氏所不承者也彼之言曰君主雖死亡然由於君位繼承法新君主即繼其位是故爲自然人之君主雖有死亡而爲國家之君主則亘久不變以新君主非自得人格乃繼續前君主之人格故也雖然爲斯言者正陷於論理學之循環論法者也夫前君主所定之君位繼承法何以於其死後猶有効力耶不能明其所以然則不能主張前後君主之同一人格而猥曰新君主之得與前君主有同一之人格者乃依於前君主所定之君位繼承法故是非以問答問者耶況君位繼承法非規定前後君主之同一人格乃規定繼承君位者之範圍及其順序耳

(三)波氏以國民爲統治之客體亦謬見也國民之全體及其箇人皆非統治權之目的物蓋國民非奴隸乃人格者爲權利義務之主體且服從統治權乃義務之主體非統治權之目的物明甚也在民權國國民全體爲國家之最高總攬機關其非統治權之客體固不待言即在君權國而既認國民爲國家之構成分子則固爲人格者非如物之爲人之所有權之目的物亦不待言也

綜上而言則波氏之以君主爲國家而以人民爲統治之客體其謬灼然矣如是則其謂人民無君主則不能調和競爭者其根據已破如是則其謂革命之後人民各爲利益而相衝突無以調和卒返於專制者其根據亦已破蓋如國家人格說所言則君主不過國家之總攬機關構成此機關之人各國異其制在法國美國則國法學上政治學上皆以國會爲國家之總攬機關在英國則國法學上以君主爲國家之總攬機關而政治學上以國會爲國家之總攬機關在普國則國法學上政治學上皆以君主爲國家之總攬機關如是則人民

之利益衝突國家之機關當調和之以謀其發達蓋國家之機關常超然於利害關係之外故能得平衡的正義若君主則不過某國構成某機關之人耳無君主則人民利益不能調和之說已失其立足地也在以國會爲總攬機關之國其選舉被選舉爲國會之議員者固國民也然既以議員構成國會則國會對於國民乃以國家機關之資格而非以構成分子之資格至於國會爲國民之代表與否則學者尙有歧說如德國學者耶陵尼(Jellinek)(當世之公法學大家)之說則以國民全體爲作成機關而國會爲被作成者故爲其代表機關那攀(Raband)(亦德國之公法學大家)之說則曰國會爲人民之代表云者非法學上之觀念乃政治學上之觀念而已夫此二說皆非波氏所能折駁者也使國會而非國民之代表者則其在利害關係之外不待言也使國會而爲被作成機關則必能顧其作成機關之國民全體之利益而不偏徇其一部分之利益如是則正足以調和人民之利益競爭也故波氏之說所能詰難者惟古代議會觀念耳古代之議會議員各代表其選舉人各代表其選舉區各謀其部分之利益而遺全體於不顧故利益之衝突常起而波氏之言乃中矣然今日之議會觀念與昔相反議員雖由各選舉區中舉出而決非其區之代表人此至普通之法理當亦論者所已知也然則波氏謂舍君主而外更無能調和人民利益衝突之人其立足地又已破也

波氏之學說法學的方面也故吾亦自法學的方面以爲辨論者而猶有言則亦宜定駁論之範圍更討論之

第二　對於論者非革命論之駁議

論者非議革命有事實論有法理論其法理論無他言惟波倫哈克之學說而已已辨之於前論者而無以難也則可謂全北至其事實論則絮絮數千言要皆對於本報第二號「民族的國民」篇中所述孫君之說而致辨詰玆逐段駁之於下

抑吾於爲駁論之前有當言者吾之目的在得民權立憲政體此或非論者所欲聞也然觀論者有云「以開明專制爲立憲制之豫備」(原著第十一頁)然則論者最終之目的亦在於立憲也然則民權立憲非論者所欲聞而立憲則固論者所懷望者也顧以吾策之則以爲今日之中國不革命決不能立憲此有二理由

一曰不爲政治革命者則不能立憲此其理由本報第三號「希望滿洲立憲者盍聽諸」一篇已詳言之世界各國無論民權立憲政體君權立憲政體（不曰君主民主者以君民皆非國家之主體也）要其所以能立憲之故莫不由於革命者革命者謂於其政體上生一大變動也使不能於政體上生大變動則雖殺人如邱流血成河其進行時可云革命而其結果不可云革命以其於政體上無變革故也反之能於政體上生變革者則爲革命然有國於此所以能由君權專制政體變而爲民權立憲政體或變而爲君權立憲政體者何也非其君能自變革乃民權發達之結果使之然也民權發達而實行革命因所遇之敵不同而結果有異前文已臚舉歷史以爲證故吾之意以爲欲得立憲必民權發達有革命之能力然後乃得達其目的也

二曰不爲種族革命者則不能立憲此其理由於本報次號繼續「希望滿洲立憲者盍聽諸」篇中詳之今提其要結世界各國有以一民族構成一國家者有以數民族構成一國家者以一民族成一國家其民族之觀念與國家之觀念能相融洽故於政治之運用無所窒礙使以數民族成一國家則當察其能相安同化與否果其相安同化則亦能式好無尤如其否也則各民族位置不同等勢力不均利害相反各顧其本族而不顧國家如是則惟一民族優勝獨占勢力而他族悉處於劣敗之地位專以壓制爲治猶足苟求一日之安欲以自由博愛平等之精神施之政治必將格格而不能入矣中國今日滿漢不并立人所同知者也故非種族革命必不能立憲

據此二理由則中國苟欲立憲舍革命外更無他策革命者建立憲制之唯一手段也知非革命無以立憲則惟當奮起而實行革命使所遇之敵而堅也則雖艱難百折終求達其目的使所遇之敵而脆也則事半而功倍目的既定不以敵之堅脆而殊其趨也使怵於敵之堅而趦趄退伏以爲不如希冀有開明專制之一日之爲愈斯則大逆不道而中國之罪人也至於革命之際流弊或所不免然但當思患豫防力求所以免之者不當以革命之有流弊而至於不敢革命也且天下豈惟革命乃有流弊世界一日未至於至善之域則無事不有流弊世之言曰兩害相權取其輕兩利相權取其重此就比較上言之也若自根本上言則革命者建立憲

制之唯一手段也立憲者當望之國民不當望之君主當望之本族不當望之異族故也而革命之後必爲民權立憲何也其時已無異族政府祇有一般國民故也

以上爲主張革命之根據以下爲對於論者之非革命而下駁議

本報第一號「民族的國民」篇中所述孫先生之言乃約舉其要點其宏綱巨旨當別爲專書非本論所能詳也茲惟對於論者所辨詰者一一駁之

論者第一之論據以爲約法不足？恃也然論者之詰難約法也非能就約法之本體一一指其利害得失也第曰苟無其人雖有約法亦不足恃而已故一則曰首難革命者其果能有此優美高尚之人格乎二則曰彼革命者能皆有此優美高尚之人格乎三則曰他之革命軍能同此宗旨乎四則曰人民果能安之乎絮絮數千言進退數數步噫可哀矣駁他人之議論不能於其根本上着想而爲此假定以僥倖其或然何蒙稚若是也

夫論者能假定爲無其人吾亦能反證爲有其人此論者之所慮及也乃曰使無其人則我據勝着使有其人則我讓步也故其爲論也乃進退失據若此今吾將一掃假定之說而於國民心理上論約法之能行論者其諦聽之夫中國歷史上革命軍之蠭起屢矣彼發難者語其公心則曰誅無道拯民於水火也語其私心其志之大者則如黥布之言曰吾欲爲帝其志之小者則如陳嬰之母曰事成猶得封侯也彼反抗革命軍者語其公心則曰忠君衛社稷也語其私心則曰立功名以博取人間富若貴也夫使我國民而長葆此心理則約法誠可廢棄雖然國民之心理有變遷者也疇昔吾國民有國民思想矣然專制之毒足以摧抑之有民族思想矣然君臣之義足以尅滅之今欲使國民心理發達變遷則當葆其固有者而去其沮遏者去沮遏之道在聲專制君主政體之窮凶極惡吾民備受苦痛徒以爲君臣之義無所逃於天地之間故隱忍安之今辭而闢之必霍然驚覺也而國民思想民族思想則我民族之所固有者道在發揮光大之而已使民族主義國民主義而大昌明也則約法者乃應于國民心理之必要而不能不發生者也今言其理法之爲物自表面上觀之則意力之强者耳換言之則有强制力者耳然問法何以於諸意力中而爲最强何以有强制力則當知法之發生非存於具文而

存於人之心理心理有二一曰箇人心理一曰社會心理社會心理箇人心理所合成者也根於社會心理所生之意力曰合成意力强於其分意力以其乃以團體之資格對於其分子故也而此合成意力即法之本質也然則欲問箇人肯服從於法與否當先問此法是否由箇人心理所表現如其然也則法乃應于其必要而生者也故曰使民族主義國民主義而普遍於國民之心理也則約法乃應于其必要而生者也而普遍之之法則如前文所言教育與革命教育者於革命之前革命之時革命之後皆一日不可缺者也至於革命則有豫備時代有實行時代在豫備時代所以濬發其心理而使生愛情者仍不外乎教育若在實行時代去專制之苦嘗自由之樂夷階級之制立平等之域國民主義民族主義昔存於理想今現於實際心理之感孚速於置郵而傳命也故辨論此問題最主要之點在民族主義國民主義果爲人之心所安與否而如以上所述則非空想乃實想也至於慮反抗者之爲梗則又論據之最薄弱者也論者文中舉洪楊曾胡之事以爲例今即就此例而辨明之洪楊之始起也猶是帝制自爲之思想而其所揭以號天下者則爲民族主義一時從之而靡者職是故也而方其攻城畧地俘虜滿洲官吏命之降有不爲屈者曉之以大義則曰彼雖異族吾既委贄而爲之臣義當死之當時授命者最純潔之心理皆如此也此吾所謂種族思想爲君臣之義所尅滅者也彼曾胡者亦即此輩中之一人彼豈不嘗讀王船山之書而服膺於黃太沖之言論然彼以爲事君不敢有貳心故當爲之盡力此在民族主義未昌明之日無怪其然且即使民族主義昌明而國民主義尚未入於人心則彼猶將知忠君而不知愛國如此二主義而昌明也則曾胡之在今日吾可决其爲革命軍中之一人也若夫懷蓄私心思屠同種以博富貴者則羌無足慮何也天下有爲義而死者有爲名而死者至於爲利而死者蓋鮮蓋利莫大於生命苟其死之則利益之主體已無所屬故也故好利者流其好官爵不如好貨財好貨財不如好妻子好妻子不如好性命豈死亡之不足恤而富貴之是圖有遠慮者所不爲也此非有力之反對派明矣是故吾之意以爲國民主義民族主義而大昌明則反對革命者祗滿洲人與其死黨不足以當一碎然則革命之時日不必甚長一方扶義九州響應合謀分舉指顧而定即使不然終不以此而餒卻也（至於謂

革命可以召瓜分者尤似是而非之言以論者文中未言及此故不辨他日當更爲專論論之）而欲决革命之成功與否當决民族主義國民主義之昌明與否然推過去察現在審將來民族主義國民主義之必昌明旣班班如上所述則革命者應于國民心理之必要者也則約法者革命之際應于國民心理之必要而發生者也

論者第二之論據以爲即使革命亦不能得共和也原著有云

『凡國民有可以行議院政治之能力者即其有可以爲共和國民之資格者也』三十三頁

『今日中國國民未有可以行議院政治之能力者也』三十八頁

『故今日中國國民非有可以爲共和國民之資格者也今日中國政治非可採用共和立憲制者也』仝上頁

今對之爲駁論先問論者所下議院政治之解釋果正當乎原著有云

『綜美法瑞三國其異點雖有多端而有一大同者焉曰議院政治（政權全在議院謂之議院政治）是也』三十二頁

『然則倣純粹之美國制以憲法限定行政首長之職權其憲法無明文者一切不得專擅如是則大統領勢將變爲立法部之奴隸（中畧）於斯時也苟立法部與行政部生衝突則國事將無一能辦何也無立乎其上以調和之判斷之者也故雖以美國之老於共和而迄今已不得不變議會專制』三十一頁

『純粹之美國制若爲國家永遠計固萬不可採以其戾於主權不可分之原理也』仝上頁

如論者所言則議會政治者政權全在議會之謂故其結果遂爲議會專制此一論據也三權分立之制戾於主權不可分之原理此二論據也更證諸論者之論變相之開明專制有云

政權之欲趨於一如水之就下然其性則然也或執行機關壓伏監督機關或監督機關壓伏執行機關而遂不免於變相之開明專制』第九頁

證以此諸論者之論據益顯然矣雖然凡治學問者不當以自己之理想主張他人之術語不獨法學爲然也

吾於法學毫無所聞知故下筆時殊赧言法學然每觀論者之伸紙搖筆汩汩而來未嘗不驚其膽之巨雖然論者若利用法學以為行文之壁壘如婦人女子之於其首飾焉則吾雖孤陋寡聞亦不得已當起而糾正之蓋論者懷抱成見而以法學自文揭其所文飾者而去之則論者之眞相乃見也

論者舉君權立憲政體民權立憲政體皆謂之變相之開明專制雖以共和制如美國亦謂之議會專制且自法理上以立言此巨謬極戾者也論者知直接機關之特質乎不立於他機關之命令權之下關於其作用之內容全然獨立之謂也（此德國耶陵尼氏所下之定義他學者雖有異點然謂直接機關為獨立不羈則皆無疑義也）是故一國之內有二以上之直接機關時則機關與機關立於相關係之地位而非立於壓伏之地位如是、機關以外尙有他之不可犯之機關其異於專制者此也使如論者所謂「政權全在議會」又曰「議會專制」是非以民權立憲政體與民權專制政體同一視之耶夫自政治論以言則國權誠有畸重於一機關者如論者所譯穗積氏立憲制下之三大政治即為此說者也然彼自政治的方面以言故不害為一家之說而論者乃自法理的方面以言不知自法理論以言則立憲國必不容有專制不能强詞附會者也原著有云

「既解兵柄須憲法則雖舊年政府之首領復被舉為行政首長而亦必須行動於新憲法權限之內不然則違憲也大逆不道也而此新憲法者無論采美國采法國采瑞士而其議院政治皆足以苦行政首長（中略）然則其所定憲法廣行政部之權限認議會為補助機關耶則大反共和之精神」三十八頁

此其立論純自立法上言乃憲法上之立法論也夫既為立法論矣乃以政治上之觀察判斷之是混法理論與事實論為一談也無他不知國法學與政治學之區別而已通觀全篇其論美法瑞三國政體之異同則用憲法上之解釋論就中國前途之共和憲法着想則用憲法上之立法論然又忽參以一大段政治論又參以一大段非法理論亦非政治論之奇談使讀者如在五里霧中百怪雜遝畢現亦可謂惡劇矣敢告論者須知國法學與政治學之區別不然徒枉費筆墨耳

至於論者謂純粹之美國制戾於主權不可分之原理此則語有所本不如上之離奇然亦非確論也美國憲制采三權分立主義三權分立之說盛於孟德斯鳩孟氏而後學者多左右袒然自法理論以言則三權分立之說實爲完全無缺學者雖有譏爲損國家之統一者然耶陵尼氏近著(DasRecht des Moderneu Staates)有云國家之意思固須單一然國家之意思非必依於唯一之機關而發動雖二以上之機關可共同而發動國家之意思也筧克彥氏法學通論亦曰孟氏非欲損國家之統一者以爲三權分立而互相監督制限則其結果足以防專制而使國家之統一故以孟氏之說爲法律上國家人格之分離者誤也而自政治論以言則國家之作用不可不統一故孟氏之說終當有以補其缺點盧梭之說則謂政府國會裁判所皆爲獨立機關而國會立乎二者之上而統攝之君士丹之說則謂國會裁判所政府皆獨立而君主則立於三者之間而調和之近今各國則此權或歸之君主或歸之國會也

要之論者之評判議院政治不外抄襲穗積氏立憲制下之三大政治一篇然使爲純粹的抄襲則猶不害爲一種之政論而論者乃雜以法理論焉此其所有非驢非馬之奇觀也

夫中國即使模倣美國憲制三權分立而以議會爲總攬機關固亦能舉行民權政治之實故上之所爭都非要點吾之持論與論者絕異之處乃在「中國國民非有可以爲共和國民之資格」一語也吾之意以爲中國國民必能有爲共和國民之資格者也故望以民權立憲論者之意以爲中國國民必不能有爲共和國民之資格者也由是而非難革命由是而望政府以開明專制夫論者之主張開明專制也吾前數年固已料其必然蓋保皇黨日日盛言國民能力不足以革命而偏苦苦望中國以立憲於是章君炳麟闢之曰「夫謂國民不可革命而獨可立憲者何也豈有立憲之世一人聖明於上而天下皆生番野蠻者哉」此其說實足塞彼輩之喙而令其窮無復之故論者爲自完其說計不得不主張開明專制其當然之結果也雖然學者之論開明專制本有廣狹二義語其廣義則專制之善良者悉謂之開明專制日本筧克彥氏所謂中國漢唐盛時亦得謂之開明專制時代也語其狹義則必政權生大變動之後權力散漫於是有以立憲爲目的而以開明

專制爲達此目的之手段者德國那特硜氏所謂近世擅制政治如法蘭西拿破崙第一時代是也由其前者意義寬泛由其後者則發生於政權變動之後思黃所謂革命之後先以開明專制者也吾與思黃所見稍異今姑不辨而於論者之主張開明專制則絕對排斥者也蓋論者以爲今日之中國萬不可革命則其以開明專制望之今日之政府章明無疑者也然論者須知行開明專制者必有二條件第一則其人必須有非常英傑之才第二則其人必須爲衆所推戴如法之拿破崙第一普之腓力特列第二是其例也日本所以能行開明專制者則以其天皇爲萬世一系之故今日之政府能具此二條件之一乎盈廷老髦彌縫苟且求保一日之富貴而種族之間軋轢愈甚鐵良良弼躍奮修軍政布警察汲汲於鞏固專制政府以力追俄羅斯而奕劻領袖政務榮慶把持學務其政策猶是康雍以來之政策形式雖稍變而精神如故也此時正滿洲人瞿然驚覺之時惕惕然慮綱紀廢弛廣攬權力以求固位而千百漢奸方且挾其所學歸而助之吾敢決言曰循是以往不出十年中國必如俄羅斯專制政體益進化益鞏固矣（此自其對內言之也若其對外能有俄羅斯之强力否又別爲一問題）而論者猶籲之以開明專制噫不必辨理試撫衷自問良心其汝容乎而猥曰「經開明專制後十年乃開議院可不至有此」（三十七頁） 夫謂政府之開明專制則十年效見而國民之自動則數十年數百年而猶未有成績則又何說也專制之利國家機關之行動能自由能迅速此人所知也然世界各國其自由民寧伏尸流血以求易專制爲立憲者豈太愚耶誠以專制則治人者爲惡可以自由而立憲則不能爲惡也夫道德之異於法律者在有强制力與否今爲專制者曰汝不可爲惡此道德上語也彼竟爲惡將奈之何若夫立憲則機關之行動依於法律違法則無效是雖欲爲惡而不能也夫爲政者雖欲爲惡而不能則國家之安寧秩序可以長保此立憲之精理所以優於專制萬萬也誠欲得完善之專制則必專制之人有善無惡始可故亞氏目爲理想的政體理想者言非實想也（理想與實想之別論者當已知之故不下解釋） 若徵之於事實則人安能有善而無惡況授以自由爲惡之權又從而望其不爲惡乎至於謂專制可以大行干涉政策增進人民之幸福此似采十七八世紀學者之幸福說雖然自學理之沿革上觀之則論者又

皆不免於錯綜顛倒之誚者也夫論者而采幸福說乎則須知幸福說之所由來十七八世紀之學者謂國家由人民所構成以箇人爲單位而國家不過箇人之集合所謂國家器械說也唯其視國家爲器械故謂得以人力謀其進步發達此幸福說之由來也迨國家有機體說出而反對以爲凡有機體皆自然發達不能以人力助長故極排斥干涉政策如斯賓塞爾之著書十九明此義「干涉論」「將來之奴隸」諸篇尤極言之洎乎十九世紀之後半則國家主權說（即上文所言國家人格說）發達之結果能調和幸福說與法律說（其說謂國家第當以法律保護人民而去其阻遏不當干涉之故名法律說）而兼採之而其根據則國家爲自有人格非如國家器械說或以君主爲主體或以人民爲主體也其沿革之大要如此論者既謾罵國家器械說（二十六頁）則不宜自同於幸福說也何也其根據地已失故也然謂論者采國家主權說乎則又不然證之原著有云

「吾嚮下開明專制之定義曰以所專制之客體的利益爲標準斯固然也然所謂客體亦可析而爲二其一即法人之國家其二則組成國家之諸分子」（開明專制論第四章）

是明明國家客體說也然而謂論者主張有機體說耶文中固嘗屢用之然論者何以又采干涉政策論者所主張之學派吾讀其文至六七徧終大索而不可得也無他必其獺祭羣書於此一掬焉於彼一撮焉參伍錯綜以成此文生物學家發見一種蠅取草謂之爲動物則非謂之爲植物則又非論者爲文毋乃類是此固論者之自困抑亦讀者所深苦也且論者既采國家客體說而以爲行開明專制者當以客體的利益爲標準矣然使專制者不以客體的利益爲意且從而蹂躪之而惟以自己之利益爲標準則將奈何此非假定之辭乃自然必至之結果也何也以無能制限之也論者至此並不能援波氏穗積氏之說以自解彼固主張國家當有憲法既有憲法則機關之行動一準於法法於某種機關予以廣大之權限則其自由活動之範圍乃得優裕耳而論者之主張專制則無憲法以定其範圍故穗積氏等之盛言大權政治固與論者殊科也如是則論者何以自解耶且自被專制者以言其憔悴無聊尤不堪言立憲之國民依於憲法有一定之權利一定之義

務故意思得以自由發舒而經營共同事業必奮專制政治下之人民有服從的消極性凡百放任無所設施干涉愈甚能力愈縮徒敺之使歸於劣敗之林而已故吾就開明專制而下案語曰開明專制者待其人而後行然欲得其人非能自然必至乃偶然之遭值而已且治國者不徒恃有治人而兼恃有治法開明專制有治人無治法者也彼非無法而法之力不足以限制之則猶之無法也故開明專制非適宜於今日之中國尤非能望之今日之政府者也此寥寥數行語已足扼論者之吭而盡撤其藩籬論者苟無以難則自此絕筆而前稿則拉雜摧燒之可也

論者以開明專制望之今日之政府吾則以民權立憲望之今日之國民論者之所望者吾既辭而闢之矣今更進而主張自說其第一之論據則以爲國民之能力終遠勝於政府之能力也蓋凡改革之際當一面策進國民之能力一面策進政府之能力然其大部分終注重國民以國民爲國家之分子分子良則機關亦良且未有分子不良而機關能獨良者也但今日之政府豈惟已絕無可望直國民之仇讎而已故吾惟絕對的期國民之策進其能力若政府則所欲顛覆之目的物耳況國民之能力雖未純粹而與政府之能力相比較固已優之萬萬且以所處之地位而論彼政府者其對內政策猶是防家賊之手段其對外政策猶是利用列强之嫉妬心以其爲異族專制政府故也其所處之地位祇能與國民爲敵不能與國民爲助明矣故吾不以改革之事望諸政府而專望之國民國民既能改革矣則民權立憲當然之結果也（所以不云共和立憲者以共和一語有廣狹二義其廣義則貴族政治亦包含在內故不用之） 其第二之論據則以我國民必能有民權立憲之能力也論者詆我國民無民權立憲之能力以爲英法美之民權養育至千數百年我國民何能以十年二十年之力追及之（節錄二十五頁大意）信如是也則我國民欲享民權必當先歷歐洲古代國家專制之狀況次歷中世寺院專制之狀況而後乃能有近世民權發達之能力乎是直傎言耳一言以蔽之則可謂不知人類心理之作用者也人類所以靈於動物者以其有模倣性也故當鎖國時代無所感觸則安其習慣數千年未之有改迨乎與外界相接其始如戴着色眼鏡覺所觸者皆生惡感其繼則因比較而知長短於

是模倣作用乃行而心理之變遷至速然又當視其所模倣者爲何如苟其不適合於人類之普通性而爲某種人之特長或其固有之慣習則模倣之或久而生厭苟其適合於人類之普通性則將一鍥而不能舍自由平等博愛三者人類之普通性也特其所翕受之量有多寡之殊而已論者雖武斷敢謂我國民自有歷史以來絕無自由博愛平等之思想乎但觀貴族政治至戰國而蕩盡我國民之精神寧可誣者夫我國民既有此自由平等博愛之精神而民權立憲則本乎此精神之制度也故此制度之精神必適合於國民而決無虞其格格不入也論者當知立憲各國各具其特有之精神又各具共通之精神所謂特有之精神如英人對於巴力門之觀念日本人對於萬世一系天皇之觀念皆其歷史上所遺傳之特別之原因結果也所謂共通之精神如國家對於人民有權利有義務人民對於國家亦有權利有義務其國權之發動非專注於唯一之機關而人民有公法上之人格有私法上之　格凡此皆立憲國所同具者也我國民而爲民權立憲也固亦有特殊之精神不必強學英法美也非唯不能學抑且不必學也至其共通之精神則立憲國所皆有者而證諸歷史我國民固亦有之較諸英法美非有與無之區別乃精與粗之區別耳從而濬發之模倣作用必捷非誕言也蓋凡模倣者自無而有則難自粗而精則易何也此有而彼無則未知二者之性質果相同否也若此粗而彼精則性質同矣所不同者其程度耳性質同則模倣易今舉例以言之民法商法勒爲法典中國前此所無者也然國之所以有民法商法者在維持私人之生活而平均其權利也此爲人生所不可缺者故中國關於民事商事有繁富之慣習有錯綜之單行法不過其精密之程度較之歐西而有愧色耳他日中國若制定民法商法則必當采各國共通之法理衡本國特有之慣習二者不能偏廢者也論者不能謂我國之民事商事與外國之慣習大殊遂必不能采之以自益也尤不能謂我國民慣習既與歐西大殊遂謂我國民無享有民法商法之能力也何也共通之法理不以國爲域者也此舉私法之例以言也若舉公法之例則尤有說公法者關於國家之權力之發動之法也中國自堯舜以來已知國以民爲本三代之書莫不勗王者以敬天而又以爲天意在於安民王者當體天之意求有以安其民者不然則降之大罰故三代之際對於王者之制裁力遙視後世爲强此

中國道德法律之精神也泰西公法學者至今猶有維持國之元首對於神而負責任之說者自其尊君的方面觀之則君權專制國國民之心理也而自其保民的方面觀之則公法之精神也且吾國之歷史易姓改號覆轍相尋故人民認君主爲國家之觀念亦最薄弱若枚舉學說則更僕未可終要之亡國與亡天下之別其最著也古以中國爲天下所謂亡天下即亡中國之謂而所謂亡國即易朝之謂耳且貴族政體至戰國而盡廢故人民皆得發舒其能力爲國家而活働由是以觀我國民於公法之基礎觀念未嘗缺也特其精密之程度較之歐西而有愧色耳他日中國若制定憲法則亦必采各國共通之法理衡本國特有之歷史而各國共通之法理其犖犖大者即上所指立憲國共通之精神也論者敢謂此種精神乃我國民所必不能有耶論者嘗歷擧證據以實其言矣曰今日之國民「非頑固之老輩即一知半解之新進」「三十四頁」又曰「試觀去年東京罷學事件與上海罷市事件何如矣」「四十六頁」論者之侮視我國民如此其極吾今不從擧他例即就上之二事而觀則知我國民心理之變遷與模倣作用之進行章章不可掩也東京罷學事件其理由其辦法今已成陳迹不復深論要其揭示之主義則曰有辱國體也足此以證我國民之有國家觀念也上海罷市事件在欲主張國際上之權利而不知所以主張之方法要之國際觀念已生國際觀念本於國家觀念者也此又足以證我國民之有國家觀念也夫吾之意深不願我國民之僅有渾括的國家觀念而止不待言也然觀其能由箇人權利觀念而進於國家權利觀念則知其必能由渾括的主張而進於條理的主張也夫能進於條理的主張則我國民之能力大可恃矣而當此模倣作用滔滔進行之際去其阻力而予以佳境則能力發舒一日千里目的之必達可決也吾持是標準以觀察種種方面敢信我國民終有民權立憲之能力也惟使如論者一派所主張利用滿洲政府導以進化的專制則眞足以死國民方新之氣百喙不足以辭其責者也

論者第三之論據以爲種族革命有專制無共和也原著有云

『公等欲言種族革命也請昌言之且實力預備之公等既持復仇主義而曰國可亡仇不可不復吾哀其志

而壯其氣也雖然切勿更言政治革命夫政治革命者革專制而爲立憲云爾君主立憲耶則侯公等破秦滅項縶彭醢韓之時言之未晚共和立憲耶則請先將波倫哈克學說及此數紙中狂夫之言一一遵論理據歷史推現象以賜答辨』四十六頁

其所主張者以爲政治革命與種族革命不能幷行也而其所以不能幷行之故未嘗一言也至於謂吾黨欲主張君主立憲則本報具在稍通文者皆能了解不能强加以誣揑也至於謂共和立憲之必不可得則波氏學說爲論者腦中唯一之主宰而吾已辨之於前所謂「此數紙中狂夫之言者」亦已一一答辨然皆關於革命論之辨詰非關於種族革命論之辨詰也論者旣大書曰「欲爲種族革命者宜主專制而勿主共和」(四十八頁)而其理由未一言也故吾亦無從加以論難則亦惟有等諸狂夫之癲語而已然吾尚有一言者則種族革命與政治革命皆中國今日所不可缺者也今之政府異族專制政府也驅除異族則不可不爲種族革命顚覆專制則不可不爲政治革命徒驅除異族而已則猶明之滅元於政界不生變革也若徒欲顚覆專制而已則異族一日不去專制政府終一日不倒故種族革命與政治革命豈惟並行不悖實則相依爲命者也本報同時提倡民族主義者以此而所發揮說明者亦在此

論者第三之論據以爲欲爲政治革命者宜以要求而勿以暴動其理由云

『如欲爲政治革命也則暫勿問今之高踞中央政府者爲誰何翼其左右者爲誰何吾友也不加親吾仇也不加怒惟懸一政治之鵠焉得此則止不得勿休有時對於幾諫焉如子之於其父母有時對於彼督責焉如父母之於子然此猶言而已若其實行則對於彼而要索焉如債權者之於債務者不得則盡吾力所能及加相當之懲罰以使之警此各國爲政治革命者之成例也然要索必當量彼所能以予我者夫然後所要索爲不虛懲罰必當告以我索汝某事夫旣先語汝而汝不我應故懲汝以警汝及汝之儕輩使今後毋復爾爾夫然後所懲罰爲有效』四十七頁

此其理由尙言之詳非如駁種族革命之惟有謾罵也雖然細按之則不通之論而已夫要求者有所挾而求

之謂也故凡言要求必有實力要求之際實力固已具矣特未發現耳要求而不獲則實力遂顯是故要求云者其表面爲請願書其背面則哀的美敦書也論者所舉三例其第一例爲子之幾諫其父母此乃乞求非要求也何也求而不遂無可如何也論者欲以政府爲父母而日日幾諫之則好自爲伏闕十年庶幾一當可耳若夫第二例爲父母之於子第三例爲債權者之於債務者則有實力存於其間父母對於未成年之子而有親權子不得父母之許可而有所爲能取消之債權者對於債務者而有債權請求而不履行則有强制執行損害賠償以隨其後是皆有强制力使然也論者試思今日人民對於政府力足以制之否力不足以制而言要求能有效乎論者又言要索之而不得，則盡吾力所能及加以相當之懲罰」然則論者之意以爲要求而不獲則繼以懲罰也吾不知所謂懲罰者果何所指也狙擊之耶論者所不謂然也革命軍耶尤論者所排擊也無已其不納租稅乎此歐人所謂不出代議士不納租稅者也然苟欲爲此猶非有實力不可力不足以反抗而欲不納稅徒重罪戾而不免於刑罰耳然則論者所謂懲警者果何所指耶若夫各國政治革命之成例則吾固聞之矣法要求路易十六以改革而不應則繼之以大革命美要求母國承認其獨立而不應則繼之以七八年之血戰此其大者也語其小者則普魯士柏林三月之變日本覆幕之師亦前例也是故人民欲政府之順其要求必其力足以制政府始可而制之之術舍革命軍固無他也論者又言「要索必當量彼所能予我者」夫吾力若不足以制彼則予我與否彼之自由也吾力若足以制彼則輕重予奪我之自由也彼政府之所以能專擅者以其權力足以束縛人民也人民苟不能脫其束縛則其發言懸於政府之聽否無絲毫自主之權也不汲汲養成民力而惟望其要求各國政治革命之成例恐無此兒戲也況我國民對於滿洲政府義不當要求何也彼爲刀俎我爲魚肉二百六十年於茲矣譬如縶豕於牢乃對於操刀者搖尾乞憐天下有此不自量者乎然此種義埋非懷抱民族主義者不能喻吾今唯對於論者所謂「要求」者直駁之曰要求者有所挾而求也汝何所挾而求又對於論者所謂「懲罰」者直駁之曰所謂懲罰舍革命外尚有何術嗚呼圖窮而匕首見論者雖有蘇張之辨亦將不能以理勝也今以極簡單之語結本論曰吾之目的欲我民族的國民創立民權立憲政體（普通謂之民主立憲政體）者也故非政治革命種族革命不能達其目的（各國革命有至君主立憲而止者而我國今日爲異族專制故必不能望君主立憲）惟有民權乃能革命惟革命乃能民權立憲而我國民之能力若傑有精進則實足以舉之此本論之大旨也

吾駁論者之文列舉其主要之點而一一辨之未嘗有枝辭蔓語論者而猶有言亦宜就本論之主要而定駁論之範圍

附論

開明專制爲論者最近之政見而其所見適與本報宗旨相反故本報必不能已於言然使論者之理論果能一貫則可申駁論不幸而其全篇自相矛盾令人不知其學派之爲何譬如玻璃碎片積疊成堆其色或紅或白不能斷定其全體爲某種顏色其形或方或圓不能斷定其全體爲某種形狀雖欲駁之烏從而駁之今舉一例以爲證

自來論國家者本有二派一以國家爲統治之主體（即國家人格說）一以國家爲統治之客體（即國家客體說）正相反對濟惕爾氏以領土臣民爲國家而以君主爲統治之主體其爲國家客體說不待言波倫哈克以領土臣民爲統治之客體而以君主爲國家故謂國家無獨立之人格離君主則國家不復存在是以學者亦指爲國家客體說論者既崇信波氏學說以爲非難革命之唯一根據則其采國家客體說無疑然觀國家原論所下注語有云

『國家本屬於法人之種類統治者則屬於自然人之種類法人可以歷千百年而不死自然人則爲生理上所限制無長生久視之理若謂統治者之筒人即國家然則統治者死亡之時國家之生命豈不隨之而俱絕乎是不通之論也觀此則論者又采國家人格說者也既采國家人格說則國家自爲統治權之主體而君主乃國家之機關與波氏之說正相反然則波氏立說之根據已爲論者所斥爲「不通」既斥

爲不通則君主立乎人民之上而調和競爭之說已失其立足地論者何以又實爲非難革命之唯一論據也耶此眞百思不得其解者乃不料開明專制論第四章又采國家客體說原著有云

以所專制之客體的利益爲標準所謂客體亦可析而爲二其一即法人之國家其二則組成國家之諸分子（人民）

『然則論者以君主爲主體而以國家及人民爲客體者也與波氏之說不同尤與國家人格說正相反乃論者同時而主張三說斯亦奇矣使其果有折衷之論據則亦常事（三說相反以第三之論據折衷之學者所常有）所最奇者毫無一貫之理論貿貿然呈此奇離之觀

論者殆又以今日之我與昔日之我挑戰耶（此論者自述語見新民叢報）夫論者昔主破壞繼主要求立憲今主要求開明專制（開明專制有施於立憲之後者如當拿破崙時代非無憲法而政治上固開明專制有施於立憲之前者如腓力特列是立憲後之開明專制無所謂要求立憲前之開明專制不能要求昔有要求立憲今有要求開明專制皆笑柄也）可謂以今日之我與昔日之我挑戰矣至於一月之內忽主國家客體說忽主國家人格說是直同時以我挑戰我耳無他今日讀波氏之書而好之則襲取盈掬明日讀小野塚氏之書而好之又襲取盈掬不悟二氏之學派固不同也則適成其爲論者之著作而已

夫論者方自相挑戰未決勝負吾不知所駁也不如姑待之俟其有據勝着者乃對之而下駁論故以後論者爲文若復爾爾則吾將列舉其自相挑戰之點使自定一勝着吾乃對於其勝着而下駁論

因不知學派而造自相挑戰之結果如上所述又有不知學之分科而妄駁他人之議論者亦舉一例以爲證

譯穗積氏論說有云『議會雖累歲不開會而於政治之進行無傷也』

注云『議會累歲不開會雖於政治之進行無傷然彼憲法第四十一條云帝國議會每年開之天皇不

得違憲而不召集故氏之言不過極端言之矣」

夫日本君主總攬統治權故議會雖累歲不開會而於政治之進行無傷此政治之狀態也議會每年必開此法律之規定也穗積之言爲政治論論者之言爲法理論以法理論否認政治論直胡鬧而已（法律與政治之關係法律與政治之區別法學與政治學之分科論者蓋未之知故篇中屢蹈此弊試思彼憲法四十一條之規定穗積氏豈未之知而故爲是言者徒以不涉及法理範圍故耳）

不知學之分派其結果爲自相挑戰而不知學之一科則其結果爲無敵而放矢在論者爲徒勞在讀者爲不幸以後論者爲文若復爾爾吾亦惟語以宜知學之分科而已不更爲駁論也

以上所陳無甚深義非表揚論者之短亦非欲爲箴規不過與之豫約以後爲文若再蹈此愆謬則無駁詰之價值也

尙有宜注意者則譯東文時亦當稍謹愼也以吾所偶見者則論者譯穗積氏「立憲制下ノ三大政治」一篇因不知語尾之故致令與原文反對舉其一例如左譯文有云

議會不過爲立法豫算之諮詢府其權力有一定之限制以憲法之明文域之其明文所列擧之外則藉口於無反對之禁止任意奔逸而靡所閑彼議會絕非有能據現在權限以擴張將來權限之自由也」

所謂「任意奔逸而靡所閑」者正與原文相反原文有云

「憲法ノ明文ヲ以テ議院ノ權域ノ限界トシ反對ノ禁止ナキヲ口實トシテ其明文列擧ノ外ニ奔逸スルコトヲ許サス固ヨリ議院ノ權限ヲ以テ自ラ其權限ヲ擴張スルノ自由ヲ認メサルナリ」

如原文當譯爲以憲法之明文爲議院之權界不許以無反對之禁止爲口實而奔逸於其明文列擧之外固不認以議院之權限而自擴張其權限之自由也如此乃爲不失原意今論者譯爲「任意奔逸而靡

所閑」是由於不知「許サス」之故也「許サ」者サ行四段活用將然格也「ス」者助動詞之否定詞也本作ズ畧爲ス此日本文所習見者也論者誤譯「不許」爲「許」矣此非細故也實大反原文之意原文謂議會不得奔逸於條文列舉之外此爲限定議院之權力大權政治則然也論者譯爲藉口於無反對之禁止任意奔逸而靡所閑則議院之權力毫無限制卻成議院政治矣且即以文法而論亦不連貫上句云「以憲法之明文域之」下句云「其明文所列舉以外則藉口於無反對之禁止任意奔逸而靡所閑」成何文義耶

噫論者休矣文法之不知遑論其他日爲文若復如此則眞可謂無絲毫辨駁之價值也

文甫脫稿復見該報第四號中論種族革命與政治革命之得失其根據所在不外引申開明專制論已一一駁之於前惟其中有論種族革命與政治革命之關係則於次號續「希望滿洲立憲者盍聽諸」中辨之附識於此

附言

此文付印方成。友人有以「戊戌政變信史」一小冊見寄者。蓋匿名印刷無代價以分散於東京學界云。其全文則即某報第一號所載某氏演說醜詆康先生及鄙人者也。彼雖匿名而其出於誰氏之手固已路人皆見。角理不勝而專以攻擊人身爲事。其手段之卑劣眞不值一笑也。所尤奇者彼自作一序而云該演說之文。登於該報已數月吾儕何以無一語辨明不辨明則是默認也云云。嘻吾之文字雖無價值何至與村犬爭吠。彼黨之機關報。其攻擊人身之語。殆占全篇幅之泰半。苟一一辨之。即不愛惜吾文。獨不畏暴殄紙墨耶。信如彼言。則彼黨香港之機關報。曾謂吾最好食「埃士忌廉」。每日最少須食一桶。其報發印已經兩年。吾至今未嘗一辨。然則吾果有偌大之埃士忌廉食量矣。吾輩欲以言責自效於國家。國家大計。當言者何限。而安得有如許閑日月閑筆墨。學彼輩作村嫗之角口耶。吾於彼輩所持主義。不得不痛下針砭者。誠以其主義之足以亡國耳。若夫彼輩箇人之行誼。曾不屑一揭其隱。非惟義不應爾。抑亦不暇也。抑吾聞諸道路。人言藉藉。有謂新近現政府對於鄙人執何等態度。鄙人對於現政府執何等態度者。殊不知其語之何自而來。事之眞僞。不久自大白於天下。鄙人亦何必嘵嘵致辯。而此種謠諑之興。乃在吾排共利論出現以後。則其爲用卑劣手段。欲以減殺吾文之効力。跡據甚明。斯亦大可哀也已。嗚呼。吾國今日當學絕道喪之餘。人欲橫流。無所不至。凡行一事。發一言。無所爲而爲之者。蓋寡焉。故紛紛以小人之腹。度君子之心。見他人之行一事。發一言。則亦共相猜度其有所爲而爲一若苟非爲一己私利計。則不應有言。不應有行者。吾不怪乎此種謠諑之來。而深痛夫吾社會之善容此種謠諑耳故吾於本文之末。更綴一言。凡前此對於鄙人作人身攻擊者、吾既一字不辨。凡後此如有對於鄙人作人身攻擊者、即使其醜詆視前十倍。吾亦一字不辨。吾之文例則然也、若夫信與不信。則聽諸社會之自擇。於吾何與焉。顧吾所欲求於社會者則平心靜氣以審吾言之價值何如孔子曰不以言舉人不以人廢言人自人言自言不相蒙也就使吾爲聖賢爲豪傑苟吾言對於國家前途大計無益而有害者猶當割棄之就使吾爲凶惡爲棍騙苟吾言對於國家前途大計無害而有益者猶當節取之昔鄭駟歂殺鄧析而用其竹刑苟社會能以鄧析待我吾固躊躇滿志耳。

記載

中國大事月表

丙午三月

◎初一日　吉林黑龍江紳商集議自辦鐵路礦業森林業及各工藝已電稟商部

英使薩道義請將南昌教案提京辦理

左紹佐奏陳南昌教案辦法

諭陳夔龍迅赴江蘇巡撫新任以瑞良護理河南巡撫

直隸總督袁世凱請商部速辦奉新鐵路

日俄議約於吉黑兩省之林業礦產彼此相讓擬照從前密約而以兩國之提案折衷之月訂一條約

外務部與俄使爭論俄國鐵路公司在蒙古購買荒地事

政務處奏准調奉人員一律免交離省銀兩

科布多辦事大臣錫恒電奏經營阿爾泰山警備設立台站十六處

明降諭旨宣示教育宗旨曰忠君曰尊孔曰尚公尚武尚實並着學部通飭各省學堂師長生徒不視爲功名利祿之路而以爲修齊治平之規。

◎初二日　京師大學堂總辦李家駒接任視事

◎初三日　左紹佐奏請派湖廣總督張之洞訂立

紀載

辦理教案章程奉 旨外務部會同商
酌
兩宮在海晏殿接見各國公使參贊隨
員等之夫人並賜御宴
去月二十三日福州地震
去月三十日端戴兩大臣謁見德皇
政府撥欵五萬兩修設烏里雅蘇台至
庫倫之電線
外務部所用司員擬由京外各官及各
學堂畢業生出洋留學畢業生隨時咨
調到部一年後奏留不合者隨時咨回

◎初四日 上海道瑞徵批准上海華教士自立教
會
福建厦門福州興化漳州泉州龍岩州
永春州地震

◎初五日 胡廷幹奏法參贊聲稱江令自刎圖賴
應予以革職處分礎商未協請先開議
二月初三日開教之案外務部以開教
由戕官而起不得先後倒置即電飭仍
將戕官案議妥然後再及其他
德皇告端戴兩大臣中國當以充實軍
備爲急務更宜取法各國之政治以圖
富强等語

◎初六日 駐法劉使電覆政府法政府議在廣東
洋面增加艦隊並將守備兵移往雲南
蒙自又擬在廣州灣厚增兵力大加經
營决意撤退柳州駐兵
江南開鑄當五銅元
今年秋季大操擬調集兵數十萬五千
人經費約需一百四十萬兩

外務部照會俄使請即咨商俄軍將所占吉黑兩省電線交還中國

盛京將軍趙爾巽電告政府日本軍政官在威遠堡以修道為名徵收各稅實屬侵我財權請向日本交涉

練兵處在地安門德公府第內刨獲白金一百餘萬兩

電飭伊犁將軍整頓青海魚塲

◎初七日

法參贊因南昌教案要索六款一不認江令為被殺二懲辦紳士三賠款四每年津貼教堂經費五參革保護不力各員六為被難法人建坊

河南周家口亂匪竄至西平遂安等縣

鄂督張之洞派桑寶帶步兵一旗乘特車前往河南察看

黑龍江將軍告派員調查萬爾巴列山林業俄官以中俄條約未定為詞忽來阻止

湖廣總督張之洞電告漢口英領事在漢口西門外購買民地一千頃

◎初八日

黃昌年奏參江西布政使周浩辦理南昌教案遷延誤事奉旨交張之洞查辦

安徽巡撫恩銘接印

陝甘紳商公舉李聯芳會辦陝甘兩省鐵路奉　旨允准

◎初九日

英美政府因恐中國內地有亂擬託日本掌握中國警察權以保護外國之生命財產

高密德兵已一律撤退

◎初十日

有旨命湖廣總督張之洞查辦江西各

記載 四

案政務處奏准添設陝甘總督一事暫從緩議

學部擬改各省提督學政為提學司秩三品

◎十一日 俄國戰敗後尚在黑龍江雇用華人暗中從事防禦工程

兩廣總督岑春煊電外務部謂九廣鐵路英國要求向彼購買材料告貸資本兩層礙難答允請將草約改正

◎十二日 中俄兩國電線議准在喀什噶爾接續

駐俄胡使電請預定立憲年限

外務部擬再照會各國公使嗣後礦約限滿不得再請展期

御史貴秀奏參江蘇發審局委員玩視重案押賠免命奉旨交周馥會辦

廈門地震

廣西巡撫衙門擬於五六月遷往南寧城內以桂林舊署改作行臺

◎十三日 日本軍政官將奉天將軍衙門交還中國

湖廣總督張之洞派梁鼎芬代赴江西查辦教案

政府通咨各省將課吏館一律改為法政學堂

津海關道梁敦彥法參贊端貴因議南昌教案不合均由贛起程回京

政府允撥官款八十萬兩協助吉林紳商自辦吉林至長春鐵路

◎十四日 戶部鑄幣總廠行知直隸湖北江蘇廣

東各分廠赶鑄一兩及五錢一錢銀幣製造北廠業已開辦

◎十五日 外務部接英使照會滇緬邊界以北緯線二十五度以至三十五度爲兩國分界之處外務部即電飭雲貴總督查明具覆

法使到外務部議及南昌教案要索五欵(一)不認江令被刺(二)革胡撫(三)擬開南苑爲商埸布按兩司降三級調用南昌府降知縣(三)懲辦紳士(五)賠欵外部不允

◎十六日 兩廣總督岑春煊出遊惠州

江西京官聯名上摺公擬辦法六條一定信讞二懲郡兇三許公理四安他教五戒株連六弭後患奉 旨外務部知道。

◎十七日 擬將步軍統領所轄各營改爲巡警隊兵

◎十八日 商部奏定商船公會章程十八條

江甯將軍誠勳接印

法使照稱安南總督將赴雲南蒙自調查路礦請予保護

直隸總督袁世凱奏請京員入外省學堂者免扣資俸奉 旨依議

黑龍江將軍程德全請設偵探學習館

政府電飭駐日楊使查報留學生人數姓名籍貫

◎十九日 奉夫捐輸奉 旨再展限一年

命孫寶琦與政務處大臣商議設一政務官報

記載

政府復議試鑄金幣

◎二十日　政府允許俄國在多木新克築設電線以通中國

日本交還奉天皇陵

廣東淸遠輪船拖渡在西南海口覆沒溺斃四百八

商部會同修律大臣擬定破產律十三條

俄商擬從伊爾庫茨克省拜喀勒湖側西伯利亞鐵路之幹線起築一枝線鐵路直達買賣城

◎廿一日　烏里雅蘇台參贊大臣電告俄人自去年以來不守舊約迫脅土人强借土地擅自設店營業

◎廿二日　電飭出使英美大臣查明英美政府是否擬令日本干涉中國警察權速行電覆

江西巡撫著吳重憙署理

諭責江西巡撫胡廷幹辦理南昌教案顢預貽誤著先行撤任布政使周浩已有旨　查辦按察使余肇康著先行交部議處

電飭吉林將軍預先籌畫長春開埠事宜

工部奏准設立工藝館

◎廿三日　財政處奏准在戶部設一化幣廠以化驗各省銀元成色

議准改綠營爲巡警兵

江西龍開河自闢商埠

劉永亨調署倉場侍郎張人駿調署工

部右侍郎
練兵處議設槍砲廠於北京
嚴修補授學部右侍郎並兼署學部左侍郎

◎廿四日 駐滬美領事照會安徽巡撫允飭本國兵艦嗣後游弋長江不得放槍遊獵
戶部擬裁內倉監督
陸寶忠奏參出洋考察政治大臣尙其亨李盛鐸奉 旨交澤公査覆

◎廿五日 添築南苑至北京行軍鐵路
總稅務司赫德擬將郵政交還中國自辦
政務處新訂官制擬自知府以下之地方官准用本省人

山東巡撫楊士驤請收用英國在威海衛遣散之華兵
外務部電飭各省督撫嗣後如有未與立約國之人犯案即立派兵拘拿交海關道或海務局照例判斷毋須由他國領事干預

◎廿六日 吏部調撤山海關道之按察使銜

◎廿七日 學部擬令候選教職人員赴部考試擇其品學俱優者咨赴本省仕學館肄習期年方准補署或派爲學堂教習
俄使因議約不合以俄國已拼決裂嚇我
太平洋海底電線初通西后與美總統互相致電稱賀

◎廿九日 巡警部札飭京師內外總廳認眞編査

記載

戶籍

日本政府定期四月初八日開放安東、大東溝，閏四月十日開放奉天。我政府接其照會，以為中國自開商埠，當自訂定日期布告各國，今日本所為，實屬侵礙主權，故多反對其事。

廣九鐵路議定由中英合辦

美人手

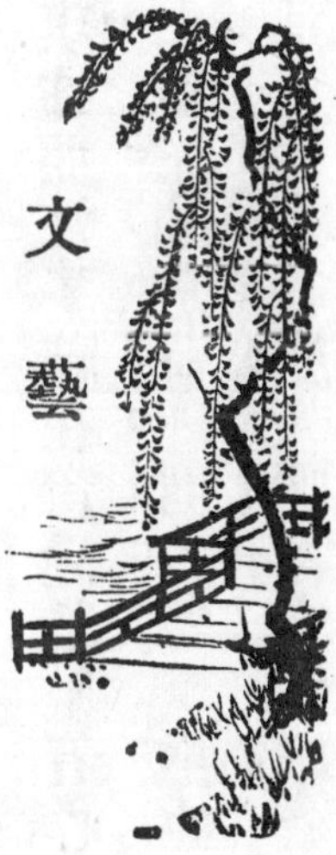

紅葉閣鳳仙女史譯述

第四十八回　轎子車乘夜送囚犯　門外漢提屏驚店家

却說瑪琪拖亞站着在窗縫兒偸看那對間的樓上。說也奇怪。始初祇有兩個窗戶射出灯光。一霎間全樓也就通亮起來。瑪琪拖亞忖道。這分明是開夜宴的光景了。他家裡有幾許使喚人呢。看他不慌不忙。全屋的灯火霎時便點得通亮。這一件人脚也就不少了。我往日窺探他屋裡狠不像熱鬧的人家。這又怎原故呢。再定睛狙伺。忽見他三人的影兒聚着頭似有甚麼商議。已而一人點點頭。立起來畧握手。便匆匆轉身下樓去。瑪琪拖亞急俯首注視大門。未幾門啓。一人出。乃荷理別夫。祇見他左右一盼。便急着步前行。瑪琪拖亞欲探聽他行蹤。急從樓上跑下來。直追出街前。時荷理別夫已行至十字街頭見轉灣處停着瑪琪拖亞所僱的那乘馬車遂向前對着馬夫說了兩句便跑上車來揮手促馬夫行駛祇見那馬夫把頭搖了搖馬車依然不動又見荷理別夫急跳下來怒目對着馬夫狠獗獗的嘴唇動了一回便低着頭去了瑪琪拖亞戛然安了心遂躡手躡脚跑到車旁問那馬夫道適纔那人向你說甚麼馭者道。他叫我送他到比古尼街我說是人家僱定的馬車他問誰僱的我說是一位醫生逐月包僱的現醫生到某家診症我在此候着他聽說纔去了。瑪琪拖亞點首道。果然靈醒變通。比古尼街。就是那厮的家裡。他赶着回去幹甚的啊。馭者道。待我躡着蹤替你探聽探聽他何如。瑪琪拖亞道。不必了。依舊在此等着罷。說罷。復轉身跑回那小酒店來。依舊伏在樓上窗縫伺探。署一會兒。見陸續來了十來個人打扮的也像憲兵也像警察似是由比古尼街差來到了那家門前便站住脚隨後又一乘雙馬車隆隆然駛到那家門前也停住瑪琪拖亞注了神在窗縫兒瞰着。心裡讚道。狠排塲的轎子車。未幾。門開處有四人跳下來當先的是荷理別夫瑪琪拖亞私道、原來又是他配着自己的馬車親身去接了來那三個是甚麼人呢再定睛細看。三人中有一人恍惚像是美治阿士瑪琪拖亞十分疑訝時深夜街灯闇淡看得不甚清楚急從袋裡掏出聽戲時所用的望遠鏡來架在眼端細認果然不錯復自語道助摩祖的話不謬了。為何深夜帶他到這裡呢。總想不出頭緒來。再又看時。見同來的兩人。退去只荷理別夫領着美治阿士按鐘叫門少頃。門啓。一人出迎那人向着荷理別夫耳邊不知說了幾句甚麼祇見荷理別夫點點首那人便携着美治阿士的手一直進了門荷理別夫轉身復到車內似乎有物携取已而復向那兩人說了句那兩人便以手招那一班也像憲兵也像警察的過來荷理別夫昂着頭大踏步正要進門剛至閾間忽若有人儘力把大門推過來祇聽訇的一聲門已閉了荷理別夫大尉的額幾乎不曾打出血來是時荷理別夫好像手足失措急儘力推那門覺那門已鎖得鐵桶似的動也不動一霎間樓上的灯光也盡滅了荷理別夫站在門外不覺暴跳起來把門踢了幾脚那班兵丁也忙着過來幫手推門門堅絕不少動有幾個兵丁忽地跑上車篷翹首望着樓窗似是要爬墻上去七手八脚鬧做一團再說那小酒店的主人正挨着梳化椅邊瞌睡忽聽外間一片聲鬧哄哄着從夢中驚醒忙着三步兩步跳上樓來嘴裡嚷到了不得了不得。強盜來了急啓窗鑽頭一看見對門聚着十來個人影也有爬在墻上也有攀着窗檽因大呼道賊啊、賊啊。酒店裡的人聞聲盡跑起來也跟着賊啊賊啊的喊個不住漸漸鄰家也傳叫起來荷理別夫是時弄得進退維谷心裡又急又怕警察知道不便逼得招呼那班手下祇見那幾個爬墻攀窗的好像蝦蟆跳水一般畢卜畢卜飛躍下來跟着全班走散了。荷理別夫同那兩人匆匆跑上馬車加起鞭一霎間便如飛的連影兒也不見了。欲知後事如何再聽下回分解。

第四十九回　認俄兵少年逞臆斷　搜家宅警察破羣疑

却說那家小酒店雖是個賣酒的營生。但也兼做下宿屋。常有幾個老主顧的客人。在這裡宿泊。是晚被店主人一呼。眼都被嚇醒了。後來那班黨徒跑走了。急也睡不着。因一同聚在廳上。瑪琪拖亞亦在其中。聞某甲問道。這班東西究竟甚的來由呢。某乙道。一定是强盜無疑。我近來聞說有些歹人結着三羣五隊。不時各處行劫呢。某丙道。是了。你不見他向大門搥不開。又想向樓上爬窗戶進去麼。某丁道。你們都是傻話。那有纔十一下鐘。賊盜就恁猖獗的。既有這猂的膽子。我們也不能驚走他了。彼此正爭論着。維時同座另有一少年。年紀約畧與瑪琪拖亞相當。忽聞他着着實實的說道。你們各位見他撾門爬窗料是强盜也怪不得。依我看來必不是。我初跑到窗前一見就狠思疑。怎解呢。你們不見這班人穿的衣服麼。說他是警察也不像。說他是憲兵也不像。這等服制是俄羅斯的兵隊啊。我料屋裡必有非常事件或者殺死人也未可定。各人道。這話更儍。那有俄羅斯兵隊跑得到這裡來。瑪琪拖亞聞少年看出是俄兵。心裡狠感服他眼力。又聞那少年答道。不錯。俄國兵本不能到這裡來。但裝束是狠像的。焉知不是俄國公使館的人役啊。對門那家是甚的人。各位可知到嗎。這是虛無黨人租作辦事室的啊。適纔穿了軍服狠高大的那個官員必是俄國公使館的人。他那馬車應該容坐四人。回去時祇見得三人。諒必還有一個人與那官員同來。入了那家被他閉着不得出。公使館與虛無黨本是個對頭。一定中了甚麼計。被黨人哄進去殺害了。那班護衛的自然想要救他。撾不開門又想爬窗都不外爲這原故呢。這一頓話。說得衆人皆信服起來。某甲道。如此說。裡便一定殺了人了。人命事大。不可不報警察。我們何不通知警署。拔開他的門看看呢。瑪琪拖亞正欲一察看他屋內情形。聽了這話。正中心懷。亟從旁贊成道。應該應該。我們也算是知見的。若有謀殺情事。應該替他做個証人。報警署。我也願意同去。那少年聞他極力贊成。便跑近瑪琪拖亞身傍說道。也不必太多人。祇你我同店主人便彀了。此刻時候不早了。要去快去罷。復看着瑪琪拖亞問道。老兄幾時搬到店裡來呀。怎總沒會過呢。瑪琪拖亞道。我不是住在這裡。我同店主人是認得的。今晚來探望他。順便在這裡住住足。我叫瑪琪拖亞。圖理舍銀行的主人。是我的親戚呢。少年驚喜道。足下就是瑪琪君麼。大名久仰了。賤名叫哈理治。貴銀行的會計伊古那君。是我的知交呢。如今我們約店主人同去罷。瑪琪拖亞點首。於是約了店主。一共三人。出了店門。直至警察署。報說我們是上布街來的。我們對門某家。適纔有多人搥門爬窗。不知甚的原故。我們恐屋裡有謀殺事件。特地來報警察。官聞說。不敢怠緩。立刻點了幾名警察。帶了一個開鎖的。一直跑到上布街來。依着他們所指某家。遂拿着打燈照着鎖穴。揀了一把萬能匙。把門機撥開。警察等先入。瑪琪拖亞等跟着也進去。祇見那家不甚寬廣。樓下總計不過四間房子。也沒甚裝飾。樓上客廳。當中設一張圓桌子。鋪了檯巾。擺着幾副刀叉碟子。似是將近晚餐的模樣。再跑進厨房裡看看。一些晚餐的預備都沒有。竈也沒舉火。就是罐頭的食品以及酒果餅乾一些兒也無看來狠像是許久沒人住的光景。瑪琪拖亞心裡暗稱怪道。這就狠奇。那澤瀨阿梅那裡去呢。僞劍師嘉芝同美治阿士又那裡去呢。怎麼連影兒也消滅了。再看那屋後一所露天的小小院子。見有一梯子擱在墻邊。向梯子跑上墻脊一望。見那邊是一條巷子。也搭着一輸繩梯。大家議道。他必向這裡騎墻逃走了。警察覺沒有甚形跡可查。因對店主人道。以後望你留意。若有甚麼可疑的人出入。可到署裡報知說罷。便同着出了門。依舊下了鎖機。各自散了。是時瑪琪拖亞無事。也不再逗遛。從袋裡掏出些金子。給了店主人。又同哈理治殷勤了兩句。約他明日晚餐。并邀伊古那會會哈理治。道了謝。彼此親親熱熱的握了握手。遂辭別了。跑到十字街頭。坐了僱定的馬車。便自去了。要知後事如何。再聽下回分解。

第五十回 味頭緒狂士動親情 報新聞醫生約幽會

却說瑪琪拖亞回到寓所。把上衣脫了。偃臥在牀。輾轉苦不成寐。默將日間所見之事。細細尋味。自語道。世間奇奇怪怪的事。眞是說也說不盡。照今晚看來的事情。就是福爾摩斯也想不出他頭緒了。怎原故荷理別夫親身把美治阿士送到來呢。又怎原故美治阿士落在澤瀨梅的手呢。那澤瀨梅不是偸鐵箱子的黨人麽。看起來這件盜案。

美治阿士再不能擺脫乾淨的了又想道，那僞劍師嘉芝我初以爲是俄政府的偵探照今看來又不是偵探倒是澤瀨梅的同黨了。美治阿士與澤瀨梅必有甚麼私情因爲有私情纔有那麼關切要求同黨救他我向來信不過美治阿士說他不合與霞那作配果不出我所料丸田夫人還當他是好人把我心也講轉了又自悔道。可惜我錯聽丸田夫人之言以爲他果清白又挑起霞那的心如今又怎法子開導他好呢我與他是個表親斷不能昧着本心誤他一生的大事美治阿士。既是虛無黨同類又是澤瀨梅的情人我怎肯讓他汚衊了霞那的身子我默着不說不特對不過親戚就連我的名譽也有關係想到此心裡按擦不住幾乎想要立刻告訴霞那但時已夜深要速也不能會面。不得已耐着性子。等候天亮。繼又想道也好。均之沒有對丸田夫人說這意見既起於丸田夫人不先對他講明由他合力解釋霞那的心諒霞那之心未必能轉不如明早見了夫人然後再見霞那爲是主意想定遂候至天明起身梳洗畢用了些早點。換過衣服。正想出門。忽閽人傳進一名刺來。原來是醫學博士烏拉迓華請見。瑪琪拖亞恐防是丸田夫人差來的。因急急請了進來。烏拉醫生本來是狠熟的。彼此一見也幷沒甚的拘禮。祇見他活潑潑的。對着瑪琪拖亞道。瑪琪君。我近來聞得一件狠奇的事特來通知你啊瑪琪拖亞道。甚的奇事烏拉醫生道。就是那個澤瀨梅的事呢。瑪琪拖亞訝道。澤瀨梅……甚的事呀烏拉醫生道。我諒你未必知道原來這美人是俄國虛無黨裡一個狠着力的人員啊，瑪琪拖亞想起昨宵的事幾乎洩了出來但記着丸田夫人有言叫他忍耐性子不要管外間閒事因此把口縮住祇順荅道。我雖不狠知道心裡也猜着幾分若是尋常的人家行蹤斷沒有這詭秘的烏拉醫生道。他近來的行蹤更詭秘呢聞他現在巴黎城外租了一所房子躲着呢你想找他見見嗎瑪琪拖亞本來有狠多說話想盤問那美人。更兼昨夜的事情。愈懷着一種疑團。欲探個消息。因荅道。找他見見也狠有趣。但此消息你從何處探得來。烏拉醫生道。這事說來狠奇我有個朋友與那美人是狠相好的他常邀我到那裡坐呢瑪琪拖亞道。那怎好意思同他一路去。烏拉醫生道。怕甚麼。你也沒與他怎的不過先借個針兒引過這綫子罷咧此刻白天裡我有事若要去今晚夜裡九點鐘我來替你做個荐頭罷瑪琪拖亞道。九點鐘纔起程跑到城外不要十點鐘麼烏拉醫生道。十點鐘也怕甚麼談到十一點鐘可也够了一齊同到俱樂部不過十二點鐘那不剛好麼瑪琪拖亞點點首道。好好。我今天也有點事一於準九點鐘我在家裡候你就是了烏拉醫生荅應了。因又道。還有一事。沒對你說。這樣花朶兒似的一個美人。估不到是個虛無黨員。已是奇了。還有一件更奇丸田夫人想要救他那個美治阿士原來也是虛無黨裡人啊瑪琪拖亞驚道。你何以知道。烏拉醫生道。怎麼不知。美人不知在那裡找着他現正藏着在屋裡呢瑪琪拖亞道。是幾時的事。烏拉醫生道。纔聞得。特來告訴你知。瑪琪拖亞本來是個心直口快的人聽了烏拉醫生之言不覺禁制不住遂一五一十把昨夜上布街所見的事盡地洩了出來烏拉醫生聽着。跑起來狠高興的道如果有這等事會着了美人更有一段狠趣的新聞可聽呢好歹今晚九點鐘且候着我一定來說着、便匆匆握手告辭。剛出門。忽又轉身跑進來道。還有一句話。幾乎忘了。丸田夫人今朝起程到鄉裡別莊養病要一禮拜纔回囑我傳達你知呢瑪琪拖亞驚道。夫人的精神。昨天不狠好嗎烏拉醫生道。不錯。精神本好了。點子但嫌這裡空氣不清潔要到鄉裡養養靜他臨行時切囑我告訴你說他回來便即使人來通知就是這幾句說話了。說罷、舉了舉手。便自去了。瑪琪拖亞立着。呆了半晌想道。有這麼巧。湊着夫人從鄉裡去。昨晚所定的主意。又不行了。沒法兒。祇管先找找霞那。把美治阿士的惡迹對他說說罷、想罷便離了寓所。一直望圖理舍譽銀行而來。要知後事如何。再聽下回分解。

商部乙巳年紀事簡明表（續第七十七號完）

發給礦照表

開礦執照

（礦地）	（礦質）	（領執照人）	（給照日期）
奉天海龍府屬松杉崗十處	煤礦	張紹華秦德恩翟壽廷 羅玉潤關永年劉魁一 楊濟春李茂勝史璧臣 郭士有	正月廿四日
直隸曲陽縣野北村	煤礦	張鵬元陳念新趙文祥	二月初六日
直隸阜平縣炭灰舖村	煤礦	周萬然張玉銘	月十五日

雜纂

直隸臨城	煤礦	華比合辦臨城礦務	月十七日
江蘇句容縣龍潭	煤礦	龍潭官礦局	二月廿五日
安徽涇縣窰頭嶺	煤礦	張榮舜	三月十七日
張家口廳屬海拉坎山	煤礦	景澎楊鈞宸	十月十一日
安徽繁昌縣張家山	煤礦	吳德懋	十月十四日
安徽東流縣喜山皰養山塊兩處	煤礦	陳啓昌楊炎華	十一月六日

一探礦執照

（礦地）	（礦質）	（領執照人）	（給照日期）
安徽廣德州綳豬洞梁家山兩處	煤礦	楊錫琛	二月初三日
直隸曲陽縣白石溝	煤礦	孫進甲	二月十七日
浙江桐廬縣皇甫村	煤礦	沈德民張仰雲皇甫裁生	二月廿六日
浙江餘杭縣車口坂	煤礦	錢士芳陶濬宣陳炳瑞黃樾	三月十一日
順天府昌平州河子澗村	銀礦	李宏富	三月廿二日
熱河灤平縣朝河川	金礦	吳景毓	四月廿四日
直隸宣化縣鷄鳴山	煤礦	沈壽康白繼賢濟英蘊宣	六月十六日

安徽天長縣冶山	煤鐵礦	何象彭何象霁金獻長何黼	七月初七日
安徽貴池縣猪形山罐窰山兩處	煤礦	孫緒發鄭大年吳炳森吳南岩	十一月六日
江蘇上元縣棲霞山	煤礦	何鉞	十二月十八日

顧問官議員表

（顧問官）

頭等	張謇	三十年三月初一日奏准
	袁樹勛	三十一年十一月十一日奏准
二等	丁寶銓	三十一年四月二十二日奏准
三等	周廷弼	三十年十一月二十二日奏准

（議員）

四等	李厚祐	三十年二月十二日奏准
五等	葉璋	三十年十二月十二日奏准

商務隨員表

英國	陳貽範	二十九年十一月咨報
	蔡灝元	添派三十一年三月二十四日咨報

商部乙巳年紀事簡明表

法國	張人傑	二十九年十月咨報
	水韶鈞　周維廉	幇辦三十年三月咨報
	胡德望	駐紮日斯巴尼亞三十一年六月咨報
美國	孫士頤	二十九年十月咨報
	容揆	改派三十一年四月十三日咨報
	唐虞年	添派三十一年十月十五日咨報
日本國	王克敏　梁居實	二十九年九月咨報
奧國	莫鎮疆	三十年五月咨報
義國	許沐鏶	二十九年十月咨報
比國	沈瑞麟　劉錫昌	三十年七月咨報

商務議員表

直隸	黃璟	農務局總辦三十年八月札派
	周學熙	工藝局總辦三十年八月札派
江南	劉世珩	商務局總辦三十年九月札派
江西	周浩	農工商礦局總辦三十年十月札派
河南	胡翔林	商務農工局總辦三十年八月札派

湖南	王銘忠	商務局總董三十年十二月札派
山東	朱鍾琪	農工商務局總辦三十一年正月札派
浙江	萬福康	農工商礦局會辦三十一年正月札派
四川	蔡乃煌	商務局總辦三十一年正月札派
	周克昌	川東商務錢法局總辦三十一年四月札派
福建	何成浩	農桑局總辦三十一年三月札派
	玉貴	廈門商政局總辦三十一年六月札派現已銷差
山西	劉篤敬	商務局總辦三十一年四月札派
安徽	任廷枚	商務局提調三十一年六月札派
江蘇	陸樹藩	商務局總辦三十一年八月札派
湖北	孫泰圻	漢口商務局總辦三十一年八月札派
廣東	左宗蕃	商務局總辦三十一年九月札派
	周平珍	商務局會辦三十一年九月札派兼辦廣西商務事宜
陝西	吳樹棻	農商局會辦三十一年十一月札派
雲南	方宏綸	商務局總辦三十一年十一月札派

商會總協理表

(總會地)	(總理)	(協理)
通崇海	張謇三十年八月札派	劉桂馨三十年八月札派
天津	王賢賓三十年九月札派	甯世福三十年九月札派
安慶	宋德銘三十年十二月札派	胡遠勛三十年十二月札派

重慶	李正榮三十一年正月札派	楊　怡三十一年正月札派
江寧	劉世珩三十一年五月札派	朱鍾萱三十一年五月札派
廣州	左宗蕃三十一年六月札派	鄭官應三十一年六月札派
厦門	林爾嘉三十一年七月札派	邱曾瓊三十一年十二月札派
成都	舒鉅祥三十一年七月札派	喬世傑三十一年七月札派
蘇州	尤先甲三十一年十月札派	倪思九三十一年十月札派
上海	曾　鑄三十一年十一月札派	朱佩珍三十一年十一月札派
福州	張贊廷三十一年十一月札派	李馥南三十一年十一月札派

（分會地）	（總　理）
通州	顧世魁三十年八月札派
崇明	施徵睿三十年八月札派
海門	劉燮鈞三十年八月札派
無錫	周廷弼三十一年四月札派
汕頭	蕭永聲三十一年七月札派
昭文	楊壽標三十一年八月札派
漳州	陳汝誠三十一年八月札派
嘉定	周世恆三十一年九月札派
蘭溪	趙璧輝三十一年十月札派
石門	徐多鏐三十一年十月札派
張堰鎮	陳德霄三十一年十二月札派

（已完）

東洋 教育掛圖畫 無雙

陸軍示教掛圖	自第一輯至第三輯	各輯五張一組	各一輯金貳圓
海軍示教掛圖	同	同	同
天地現象掛圖	自第一輯至第二輯	各輯五張一組	各一輯金貳圓
地文學示教圖	自第一輯至第二輯	同	同
世界地理示教圖	自第一輯至第三輯	各輯七張一組	各一輯金貳圓八十錢
人體生理解剖圖	廿張一組	完結	金八圓
世界人種風俗圖	自第一輯至第三輯	各輯五張一組	各一輯金貳圓半
工業示教掛圖	自第一輯至第三輯	同	同
農業教授用掛圖	拾張一組	完結	各一輯金[illegible]圓
家禽家畜正圖	自第一輯至第二輯	各輯六張一組	各一輯金貳圓半
世界哺乳動物正圖	自第一輯至第四輯	各輯五張一組	各一輯金壹圓半
植物正圖	自第一輯至第十輯	各輯五張一組	各一輯金貳圓
喰蟲有感植物正圖	五張一組	全	金貳圓
有毒植物眞圖	五張一組	全	金貳圓
救饑植物正圖	同	同	同
有益鳥眞圖	三張一組		金壹圓半
鳥類正圖	自第一輯至第二輯	各輯五張一組	各一輯金貳圓
蟲類正圖	自第一輯至第四輯	同	各一輯金貳圓
稻作害蟲驅除法圖	五張一組	完結	金貳圓

農作物病害驅除法圖	五張一組	完結	金貳圓
[illegible]業示教圖	五張一組	完結	金貳圓
[illegible]示教圖	六張一組	完結	金參圓
肥料及栽培學圖	自第一輯至第二輯	各輯五張一組	各一輯金貳圓
[illegible]穀類正圖	五張一組		金貳圓
[illegible]類正圖	自第一輯至第二輯	各輯五張一組	各一輯金貳圓
貝殼類正圖	二張一組		金壹圓
前世界動物圖	三張一組		金八拾五錢
魚類正圖	自第一輯至第二輯	各輯五張一組	金貳圓
海獸類正圖	五張一組	完結	金貳圓
熱帶植物圖	自第一輯至第三輯	各輯五張一組	各一輯金貳圓半
人體寄生蟲及黴菌圖	自第一輯至第二輯	各輯五張一組	各一輯金貳圓
下等動物圖	五張一組		金貳圓
植物解剖掛圖	十張一組		金參圓八拾錢
兒童眼病トラホーム豫防法圖	參張一組		金壹圓貳拾錢
救急治療法掛圖	六張一組		金貳圓
大那歷朝帝王御影	全一張		金八拾錢
兵式柔軟體操圖	全一張		金四拾錢
戰爭古今沿革圖	二張一組		金壹圓[illegible]拾錢

礦石寶石標本圖	全一張		金參圓
世界列國旗章正圖	全一張		金五拾錢
列國帝王軍隊徽章圖	全一張		金七拾錢
世界人種相貌圖	全一張		金七拾錢
世界文明元始影	全一張		金七拾錢
古今軍艦沿革圖	全一張		金參拾五錢
[illegible]古今沿革圖	全一張		金參拾錢
帝國陸軍服裝圖	二張一組		金貳圓
列國勳章綬圖	全一張		金八拾錢
物理學示教掛圖	自第一輯至第二輯	各輯五張一組	各一輯金壹圓半
博物集覽全圖	三十六張一組		金七圓
萬國貨幣全覽	全二張		金壹圓半

本館製造教育專門著色圖畫。係蒙帝室嘉賞。名聲藉甚。亦技術巧妙。價目低廉。稱東洋無雙。無論日本全國。及朝鮮臺灣。大中小學堂。無不採用本館圖畫者。本年更欲南販路。擴設新場。裝置精良大印刷機。準備已成。館業旺盛。特爲中國四方君子需。製圖畫目錄大略如以上。東京造畫館主九拜

一本館書畫目錄壹冊。函致有命。不論遠近。即呈。來函一切要照左記本館所在地。書字無誤

〇日本東京市京橋區出雲町壹番地

東京造畫館

電話新橋七百二十三番

日本 合資會社 富山房書局新書發售告白

陸軍教授 依田雄甫
河田羆
兩先生同編

漢文 日俄戰記

口繪日俄兩國皇帝等八頁入 交戰地圖石印五彩 日俄海陸 勇將 戰場景色 百餘 大判三一七七頁

洋布上製頗美本
價 貳元
清國小包郵費 三角五分

日俄戰役。非日俄之私戰。東亞大陸之力戰也。歐亞國民之智戰也。而亦黃白人種優劣之競爭也。其聳動世界之耳目。震撼天下之人心。良有以也。夫今支那帝國之獨立自存强固者。則所以維持東洋永遠之平和。而東亞國民當盡之天職也。於是乎日俄戰役有焉。●惟此戰役者。古今稀見之壯擧也。而可傳於天下後世之偉績莫大焉。苟有經世之志者。須先可作之戰記錄之實史以遺之子孫也。●此書旨之趣如何。開戰之原因經過戰況陣形等 詳論精察無不到。若夫至于實戰之動止擧措筆舌不能盡之所。則挿置百數十寫眞圖補說之。蓋自戰場之山川草木乃至勇將名士之丰采。歷歷可得指顧。宛然如臨於枰子局面。勝敗之數炳乎自判明。卷首更添戰鬪地圖。以明海陸戰鬪之時日兩軍對陣之形容攻守進退之經過。惟自日俄開戰之遠因近因國情兵力武備。乃至戰鬪之經過媾和之結果。解說明晰如此書者未有之也。●清國之於日本國實脣齒輔車之親。且同文同種有密切之關係 希大淸帝國之君子。必採此書一以誇于外人。一以遺子孫。以誡後上焉。

理學博士 寺尾壽先生監修
藤森溫和先生著

日清對譯 算術敎科書

洋布上製 菊判頗美本
價 壹元
郵費 壹角

寺尾博士者以算數學名聲冠于日本者實也。其書出群書逸洋其右也。蓋是理勢之當然亦不足怪。今漢譯發售。洛陽紙價自是漸貴矣 江湖君子請勿逸購求之機。

岸田吟香著

最新五彩 萬國輿地分圖 定價一圓五十錢

五彩精密 坤輿全圖 各國旗章附 定價壹円二十錢

大淸一統輿地分圖（近出） 定價金三圓

大幅加彩 重訂中外方輿全圖 定價三円五十錢

說明書付 東西兩半球圖 石印五彩鮮美 定價二十五錢

環轉自在 地球儀 定價 徑一尺二寸八圓 同四寸一圓五十錢 同二寸二十五錢

教科適用 大淸國最新圖 物產一鐵道詳洽 滿洲及世界地圖付 定價五十錢

石印五彩 精校朝鮮輿地全圖 定價六十錢

發兌所 日本東京京橋區銀座二丁目 樂善堂（電話新橋六一五番） 上海河南路老巡捕房對門 樂善堂分房

橫濱販賣所 西脇商店（橫濱市日之出町三丁目六十五番地）

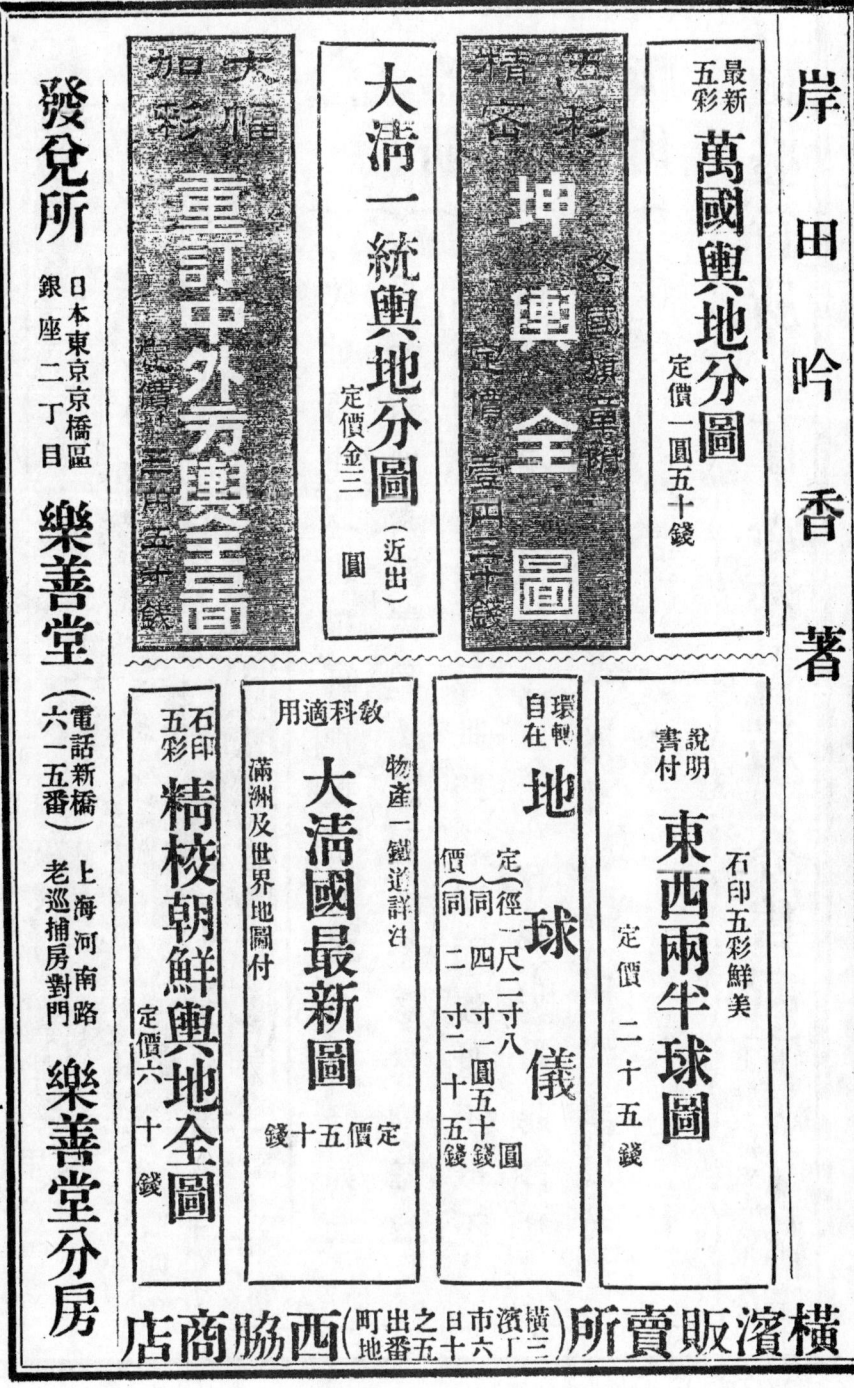

奇情小說

電術奇譚

人之有情寘諸先天與此身相存亡者也無論爲忠孝節義爲姦淫邪盜莫不根之於情其所以分善惡之途者特邪正之用不同耳此書所記鳳美之眷戀仲達不過一點私情耳然觀其暗隨情人遠度重洋時何等冒險韶安相遇時何等委婉相失相念時何等悲苦放鎗復仇時何等激烈一女子耳而演出如許活劇雖是寫情小說而較諸徒寫淫啼浪哭者眞有霄壤之殊也

定價大洋五角五分

發行所　上海　廣智書局

總發行所　橫濱　新民社

第三種郵便物認可
新民叢報第四年第七號
明治三十九年四月二十四日發行

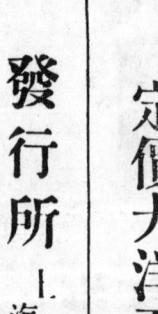

SEIN MIN CHOONG BOU

P. O. Box 255 Yokohama Japan

新民叢報

明治三十一年十二月二十七日（第三種郵便物認可）（每月二回發行）

第肆年第捌號

（原第八十號）

光緒三十二年四月十五日 明治三十九年五月八日

原名世界著名暗殺案

洋裝精本　定價一圓

血史

美國佛蘭斯士專遜新著

中國梁啓勳仲策
程斗北高翻譯

暗殺非文明舉動也而在政治界往往生絕大之影響其影響之良否姑勿論至其爲一種偉大怪異之動力則歷史上所明示也此書爲**美國史學大家專遜氏最新之著作**以癸卯年新出版專取歷史上重要之暗殺案上自**希臘羅馬**下逮**二十世紀凡三十一人**人爲一小傳敘其被刺之原因被刺之事實及被刺後之結果凡所敘述皆死一人而影響及於全國或及於全世界者盖此書實可作**一種之正史讀**也而其敘述之法則以半小說體行之故趣味濃深比正史尤爲動人實廿世紀一名著也初出未及一歲**重版已逾十次**東方各國未有譯本**梁程二君留學芝加高大學**以暑假之暇特以**沈博絕麗之筆譯成之**託本局印刷今用洋裝美本印成以快先覩全書共**十餘萬言**並插影像廿餘幅**現已出書**

新民叢報第肆年第捌號目錄（原第八十號）

目錄

報資及郵費價目表

報資及郵費價目表	全年廿四冊	半年十二冊	零售
報資	五元	二元六角	二角五分
上海郵費	二角四分	一角二分	一分
上海轉寄內地郵費	一元二角	六角	五分
各外埠郵費	一元四角四分	七角二分	六分
四川、雲南、陝西、貴州、山西、甘肅等省郵費	二元八角八分	一元四角四分	一角二分
日本各地及日郵已通之中國各口岸每冊一仙			

廣告價目表

洋裝一頁	洋裝半頁
十元	六元

惠登廣告至少以半頁起算刊資先惠論前加倍欲登長年半年者價當面議從減，

編輯兼發行者　馮紫珊
印刷者　陳侶笙
發行所　橫濱山下町百六十番　新民叢報社
上海發行所　四馬路老巡捕房對面　新民叢報支店
印刷所　新民叢報活版部

本社出版各書目

書名	册數裝訂	價	書名	價
清議報全編	全十六册	八元	粵漢鐵路議	二角半
清議報全編	洋裝精本全八册	九元六	美國華工禁約記	一角二
第一年分新民叢報	洋裝精本	四元	美國游學指南	一角二
第二年分新民叢報	同	四元	歐美公德美談	五分
第三年分新民叢報	同	四元	十五小豪傑	二角半
戊戌政變記		三角五	極樂世界	二角半
中西偉人傳		四角	電術奇談	五角半
節本明儒學案	洋裝精本	一元五	說部腋	二角半
新大陸游記		一元	偵探案彙刻	貳角
李鴻章		五角	廿年目睹之怪現狀甲乙	四四角
康南海		二角	新小說全年	四元
新地理		二角	班定遠平西域新劇本	一角半
德育鑑		五角	黄蕭養維新夢劇本合刻	一角八

論著一

論中國成文法編制之沿革得失

飲冰

(自敘)

一本論原爲拙著「中國法理學發達史論」之附錄及著成時則已累數萬言附庸蔚爲大國且其論全屬於法理學範圍外與原題名義不相應故析之別自爲篇

一成文法之定義謂國家主權者所制定而公布之法律也不著竹帛之慣習法其非成文法不俟言即已著諸竹帛如君主之詔勅及法廷之判決例實際上雖與法律有同一之効力然名義上未經主權者指定賦與法律之名仍不能謂之成文法本論所論者以此定義爲斷

一成文法復可分爲兩種一曰單行法謂隨時頒布之法律也二曰法典夫單行法之上或集錄前此之單行法而勒爲大典者也本論所論者兼此兩種

一此類之文全基於事實事實不備則譌誤滋生著者越在海外參考之書無多其中闕失知所不免伏乞績學之士惠而敎之

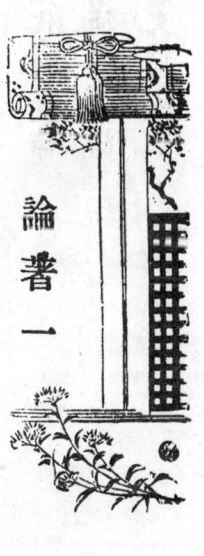

論著一　二　一〇八五四

一本論最重要之參考書爲二十四史中所有之刑法志及藝文經籍志通典續通典皇朝通典文獻通考續文獻通考皇朝文獻通考唐六典唐律疏義大淸律例唐會要其日本人所著書則織田萬之淸國行政法淺井虎夫之支那法制史廣池千九郎之東洋法制史序論田能村梅士之世界最古之刑法穗積陳重之法典論奥田義人之法學通論梅謙次郎之民法原理及其他各雜誌之論文等

(目次)

第一章　緒論

人類之始爲社會其間固自有種種慣習以爲之制裁是即法律之所由起也故法律之起可謂之先於國家及社會既形成國家而前此所謂制裁力者漸以强制執行之主治者與受治者之關係既確定慣習變爲慣習法主治者復以其意之所是非制爲禁令而一國人皆有服從之之義務此法律發達之第一級也然慣習雖經承認禁令雖經厲行而或僅從實際方面遇事而發表其權力作用而未嘗以文句泐爲一定之科條使國中以共守或雖有文句而以隱而秘之爲政治上之妙用故法律之爲物屬於理官之所專有而人民莫能睹其端倪其意盖以法律者統治之要具也爲主治者而立非爲受治者而立而主治者惟常示民以不可測乃能威天下而善其治故

有法而不公諸民與無法同及夫統治作用漸進步主治者以種種原因不得不取前此之慣習及禁令㴑爲條文而特命之以法律之名日本法政新誌第九卷第七號法學博士仁保龜松著「論法律之發達」云法律之由不文法以進於成文法也。固由文字之利用。方法之進步。自然爲外形之發達。雖然。徵諸各國之立法史。其以文字表示法律者。莫不有其極重大之政治的理由。有欲確表立法之本意。使執法官及臣民咸知所適從者。名曰訓示的立法。如我日本聖德太子之憲法。北條氏之貞永式目。是也。有欲明示權力行使之準則學權利保障之實者。名曰治安的立法。如羅馬之十二銅表法。英國之大憲章。是也。有欲表明立法之意思。示統治權之威力者。名曰威壓的立法。如希臘古代之多拉哥血法是也。有欲保存不文法。使便記憶者。名曰保存的立法。如德意志中世之索遜士比奇、疏華彬士比奇。是也。又以不敎而誅之爲罔民也乃以法律代一種之敎規㴑而布之使一國知所守於是所謂成文法者見焉此法律發達之第二級也成文法之初起不過隨時隨事制定爲多數之單行法及單行法發布既多不得不最而錄之於是所謂法典者見焉然法典之編纂其始毫無組織不過集錄舊文而已及立法之技量稍進於是或爲類聚體之編纂或爲編年體之編纂晝然成一體裁及立法之理論益進於是更根據學理以爲編纂凡法律之內容及外形皆有一定之原理原則以組織之而完善之法典始見此法律發達之第三級也今更詳密表示之如下。

- 法
  - 社會法
  - 國家法
    - 不文法
    - 成文法
      - 不公布之成文法
      - 公布之成文法
        - 單行成文法
        - 集合成文法（法典）
          - 無組織的集合
          - 有組織的集合
            - 非學理的組織
            - 學理的組織

以上諸階級實各國法律之形體的進化所必經也。日本法學博士穗積陳重法典論曰。『法律有實質與形體之二原素。一國之法律。果適於興國利進民福乎。此法律之實質問題也。一國之法令。果簡明正確而成法文。使人民容易知權利義務之所在乎。此法律之形體問題也。』本論之範圍。屬於形體問題。而不及實質問題。我國自黃帝堯舜時代即已有國家法而虞夏之間成文法之痕跡見於故書雅記者漸可考見迨夫周代成文法之公布遂認爲政府之一義務及春秋戰國而集合多數單行法以編制法典之事業蚤已萌芽後漢魏晉之交法典之資料益富而編纂之體裁亦益講有組織的之大法典先於世界萬國而見其成立羅馬法典之編成。在西歷五百三十四年。當我梁武帝中大通六年。晉新律之頒布。在晉武帝泰始四年。當彼二百六十八年。唐宋明清承流蹈軌滋粲然矣其所以能占四大法系之一而爛然有聲於世界者蓋有由也

雖然法律之實質既已歷二千餘年無所進步即其形體亦沿漢晉隋唐之舊卷帙條

目雖加增而組織之方法卒未一變馴至今日而固有之法系殆成博物院中之裝飾品其去社會之用日遠勢不得不採他人之法系以濟其窮蓋編纂新法典之論漸入於全國有識者之腦中促政府當道以實行而政府當道外迫於時勢內鑒於輿論其實行之機抑已漸動今後最重要問題即編纂新法典之問題申言之即新法典當以何等方法從事編纂之問題也。雖然法律者。非創造的而發達的也。然則非徒有外國之法律智識。而遂足以語於立法事業。而本國法律之沿革。與夫社會之需要。皆不可不深厝意焉。夫法律當如何而適於社會。此實質問題。非本論所及也。本論之意。欲就法律之形體一商榷焉。故略敘成文法編制之沿革。而以東西碩學之論證其得失云爾。

第二章　戰國以前之成文法

我國成文法之起原。不可確指。然以數千年來之思想。往往視法律與命令同為一物。蓋君主之詔勅。得稱之為實質的法律。故說文典下云。五帝之書也。而後此法律。即以五帝書之名名之。是五帝書。即最古之一種法律也。左傳有三墳五典之目。但其書久佚。不識內容云何。以今尚書有堯典一篇推之。則古之五典。當亦不過爾爾。殆記載一古帝王之言論行事以爲法程。其視後世之成文法。相去固甚遠。逸周書武王踐祚篇云王召師尙父問曰。黃帝顓頊之道存乎。師尙父曰。在丹書。明楊愼釋之曰。丹書古人之法律書名也。（丹鉛錄）日本先儒蘆東山氏曰。黃帝與宗室大臣國人相約之言。書於丹圖者。（無刑錄）凡此皆後人揣度之詞。不可徵信。丹書殆即五典之類。或即五典之一部耳。

我國之法系。其中一部分。殆可謂繼受苗族之法系而來。蓋我國文明。實濫觴於揚子江流域。若刑法者。我之受之於彼。又載籍所明示也。書呂刑云「苗民勿用靈。制以刑。惟作五虐之刑曰法。殺戮無辜。爰始淫爲劓刵椓黥。越茲麗刑」是五刑爲苗族所創。其跡甚明。墨子尙同中亦云「譬之若有苗以五刑然」亦其證也。自黃帝迄於舜禹。我族與苗族爲劇烈之競爭。卒代之以興。於是彼族之文明。吸收以爲我用。刑法於是起焉。而此種刑法。初但還以施諸彼族。不以施諸我族。書呂刑又云「皇帝哀矜庶戮之不辜。報虐以威。遏絕苗民」是當時我刑法。爲限用於苗族之特別法。報虐以威者。謂苗人以虐制刑。還以刑威之也。書堯典亦曰。「帝命臯陶。蠻夷猾夏。寇賊姦宄。汝作士』皋陶爲司法官而其職權所轄治者乃在蠻夷是其證也左傳僖二十五年云『德以柔中國刑以威四夷』此殆上古時普通之觀念也記曲禮云『禮不下庶人刑不上大夫』亦是此意、（參觀拙著中國法理學發達史第五章）

（附言）唐律名例篇云『諸化外人同類自相犯者各依本俗法異類相犯者以法律論』然則治異族人還以其族固有之法律實我國法學上之一原則此原則導源於黃帝堯舜時代至唐時則明著諸法文中（唐律亦本前代。此條爲唐律所特著。抑因襲前代成文。今不可考。）而今日之領事裁判權施行於國中而恬不以爲怪者亦自此觀念演出也古代法律率採屬人主義即羅馬法囘囘法莫不皆然又匪獨我矣

書堯典曰『象以典刑流宥五刑鞭作官刑扑作教刑金作贖刑眚災肆赦怙終賊刑』此數語可謂我國成文法之最古者象即周官秋官所謂懸刑象之法於象魏也左傳昭十四年引夏書曰『昏墨賊殺咎繇之刑也』（咎繇即皋陶）然則皋陶之刑殆必爲一種簡單的成文法特今不傳耳而唐律疏議敍云『堯舜時理官則謂之士而皋陶爲之其法略存而往往槩

見』。然則其遺文至唐時或猶有存焉者矣。

我國古代禮與法視同一物。禮者即規律本族之法也。故凡禮制之著於竹帛者皆可認爲一種之成文法。而書堯典云『修五禮』。禮而言修。則其據依成文可知。（堯典又云。自我五典五共哉。自我五禮有庸哉。五刑五用哉。五典五禮五刑。皆可認爲成文法。）論語云『殷因於夏禮。所損益可知也。周因於殷禮。所損益可知也』。此殆如漢律之因秦律。大清律例之因大明律歟。若禮而可認爲成文法。則周代所謂經禮三百曲禮三千者。其可謂最古而最繁博之法典焉矣。日本博士織田萬曰『支那之行政法典。實先於刑法典而成立。彼周禮實周公之政典。而世界最古之行政法典也』。（清國行政法第四葉）周禮一書。眞僞未有定論。織田氏之說。吾非能絕對的表同情者也。雖然。其書即依託。亦殆出於春秋戰國之間。然則語世界之行政法。猶未或能先也。但果屬依託者。則僅能命爲學說。而不得以冒法律之名耳。

德國碩學里斯特曰『法律發達史之第一葉。必屬於刑法』。（清國刑法論第三葉）即我中國亦豈其能外此公例。今翻觀刑法方面。虞之五刑尚矣。尚書大傳曰。『夏刑三千』。左傳昭六年曰、『夏有亂政而作禹刑。商有亂政而作湯刑。周有亂政而作九刑』。是夏商周三代各各有成文刑法也明甚而書呂刑一篇則法文之見於經傳而尤可信據者也其他如周禮有懸法讀法之文。是皆非既有成文法以後不可。今以眞僞未明。姑略之。逮於春秋。社會形勢一變法治主義應於時代之要求而句出萌達於是各國政治家咸以編纂法典爲當務之急其成文法之名見於傳記者至夥。今臚舉之。

(一)齊之憲法 管子首憲篇云。『正月之朔。百吏在朝。君乃出令。布憲法於國。五鄉之師五屬大夫。皆受憲於太史。大朝之日。五鄉之師五屬大夫。皆身習憲於君前。太史既布憲。入籍於太府。憲籍分布於君前。五鄉之師出朝。遂於鄉官。致於鄉屬。及於游宗。皆受憲。』憲而有籍。則其爲成文法甚明。此殆管子所制定者也

(二)楚之僕區法 左傳昭七年云。『吾先君文王作僕區之法。曰、盜所隱器。與盜同罪。』杜注云。『僕區刑書名。』案此傳載楚無字之言也。所謂僕區法者能舉其條文則其爲成文法可知

(三)楚之茅門法 韓非子外儲說右上云。『荊莊王有茆門之法。』

(四)晉之被廬法 左傳昭二十九年云。『文公是以作執秩之官。爲被廬之法。以爲盟主。』案僖二十七年傳云。『於是乎蒐於被廬。』杜注云。『晉常以春蒐禮改政令。敬其始也。』然則此法殆文公所制定。以蒐於被廬時頒之者也。

(五)晉之刑書刑鼎 左傳昭二十九年云。『冬、晉趙鞅荀寅帥師城汝濱。遂賦晉國一鼓鐵。以鑄刑鼎。著范宣子所爲刑書焉。』然則此蓋一種新刑法。范宣子所制定。而趙鞅更鑄之於鼎以垂久遠者也。

(六)鄭之刑書　左傳昭六年云。『三月。鄭人鑄刑書。叔向使詒子產書曰。(前略)今吾子相鄭國。作封洫。立謗政。制參辟。鑄刑書。將以靖民。不亦難乎。(中略)復書曰。僑不才。不能及子孫。吾以救世也。』案所謂鑄刑書者。亦以成文之刑法鑄之於鼎也。至其法爲舊有之法。抑子產所新制定。傳無明文。

(七)鄭之竹刑　左傳定九年云。『鄭駟歂殺鄧析而用其竹刑。』杜注云。『鄧析、鄭大夫。私造刑法書之於竹簡。故云竹刑。』案今傳鄧析子五篇。眞僞未定。鄧析殆當時之一法學者。自以意見制一新刑法。駟氏執政。從而承認之爲國家法也。

以上見於傳記者如此。大抵當時各國。莫不各有其成文法。而政治家亦以此爲最要之政策焉。蓋春秋以降。構成國家之分子日趨複雜。非用强制組織。無以統治之。而欲實行强制組織。莫亟於法律之公布。故各國汲汲於立法事業。而或著諸竹帛。或濈諸金石。刑鼎之製。與羅馬之十二銅表。東西同揆矣。韓非子定法篇云。『法者。憲令著於官府。刑罰必於民心者也。』其釋法之定義如此。可知成文法典。至其時而已大具矣。

第三章　李悝之成文法

語中國法制史上最重要之人物。則李悝其首屈一指矣。漢書藝文志法家有李子三十二篇。原注云。『名悝。相魏文侯。富國强兵。』晉書刑法志曰。『秦漢舊律。其文起自魏文侯師李悝。悝撰次諸國法。著法經。以爲王者之政。莫急於盜賊。故其律始於盜賊。

盜賊須劾捕故著網捕二篇其輕狡、越城、博戲、借假、不廉、淫侈、踰制以爲雜律一篇又以其律具其加減是故所著六篇而已商君受之以相秦漢承秦制』(下略)又唐律疏義進律疏表云『魏文侯師於李悝集諸國刑典造法經六篇一盜法二賊法三囚法四捕法五襍法六具法又漢相蕭何更加悝所造戶興廄三篇謂九章之律是爲九法』綜上兩文則李悝在我國法制史上之位置從可識矣吾語其關係之最大者有二。

一曰立後此成文法之基礎 我國現行之律繼受明律明律繼受宋律宋律繼受唐律唐律繼受魏晉律魏晉律繼受漢律漢律繼受秦律而秦律即李悝之原文也然則二千年間之法律無不以李悝所制定者爲藍本不過因緣時代之需要而有所損益云爾法經六篇雖亡實則展轉間接散存於今之大清律例者尚不知凡幾但孰爲原文不可識別耳故後世一切法典之對於法經非徒母子血統的關係而實一體化身的關係也

二曰集前此成文法慣習法之大成 悝之法經既撰次諸國法而成然則前所列

擧之七種法與夫不見於傳記之他種成文法乃至各國未著於竹帛之慣習法。當莫不爲法經所網羅。盖法經者集局部法以爲一般法者也。我國法律之統一。自法經始。我國之有法經。猶法蘭西之有拿破侖法典也（法國前此各地方各有法律。莫能統一。現行民法。由拿破侖時代制定。名爲拿破侖法典。實集各地方法律之大成。棄短取長以編制之者也。其內容之豐富。與理由之深遠。雖非法經可擬。然其制定之歷史。頗相類矣。）故諸國法今雖無一遺存。然以其爲法經之淵源。則東鱗西爪。藉法經之介紹。間接以散見於現行法律中者。殆非絕無矣。

第四章　兩漢之成文法

漢高初入關。宣言除秦苛法。與民約法三章。然條件太簡單。勢固不能實行。而蕭何首收秦圖籍律令。遂因秦律。（秦律六章即李悝法經也秦政法曰律）益爲九章。今擧其名以與法經相比較。

法經——盜法　賊法　囚法　捕法　雜法　具法

漢律——盜律　賊律　囚律　捕律　雜律　具律　戶律　廐律　興律

張蒼者。故秦柱下史。以明律聞。蕭何辟爲相府主計。然則九章律之起草。殆出蒼手歟。

其後社會之現象日繁。法律之條件亦日密。終兩漢之世。其所謂實質的法律者已數十倍於前。其種類亦至夥。今縷舉之。

一曰律 此正式的成文法也。自蕭何益法經爲九篇。未幾叔孫通益律所不及爲傍章十八篇。張湯復爲越宮律二十七篇。趙禹復爲朝律六篇。合六十篇。皆漢律正文也。後漢永元六年。廷尉陳寵上疏。謂律有三家。說各駁異。所謂三家者。即蕭、張、趙三氏所定之律也。其他見於史傳者。尙有尉律、尙方律、金布律、田律、上計律、錢律、田租稅律、大樂律、酎金律、挾書律、等。其詳不可得而聞。

二曰令● 凡在專制國。法律制定之權。悉操諸君主。故君主之詔令。與法律有同一之効力。史記酷吏傳云。『前主所是著爲律。後主所是著爲令。』是令亦一種實質的法律也。然令亦有立法命令與行政命令之分。其立法命令。則史所稱「功令」所稱「著令」者是也。其後積久寖多。乃編次爲令甲令乙令丙等。漢書宣帝紀『令甲。死者不可生。刑者不可息。』顏注『如淳曰。令有先後。故有令甲令乙令丙。師古曰。淳說是也。甲乙者。若今之第一第二篇耳。』又晉書刑法志有「令景」之文。景即丙。避帝諱也。六朝時皆避丙作景。漢書刑法志謂孝武之末。律令凡三百五十九章。則其數之多可知。然律與令固非相雜厠者。說文衣部襄下引漢令云。解衣而耕謂之襄。系部繂下引漢律云。綱宗廟丹書告也。䌷下引漢律云。綺絲數謂之䌷布。然則律與令各自爲編明甚此如日本之法令對文則別散文則通矣。日本之法令。法謂法律。令謂命令也。漢令之名稱見於史傳者。有田令、契令、光祿契令、廷尉挈令、水令、公令、養老令、馬復令、諸姬令、秩祿令、官衛令、憲令、金布令、任子令、祠令、胎養令、品令、等其即在令甲令乙令丙之中抑離而獨立今不可考。

三曰比。比者。今大清律例之所謂例也日本所謂判決例也其義本於記王制王制曰。必察小大之比以成之是也。漢時稱爲決事比或稱法比或單稱比漢書刑法志謂死罪決事比萬三千四百七十二事。則其繁多可想、蓋法文有定而行爲之變態無窮以有定馭無窮勢必不給故折獄者不得不隨時比附此各國所不能免也而比附者或比附法文或比附條理條理者。日本法律上專用之一名詞。裁判官於法文所不具者。則推條理以爲判決。如我國所謂準情酌理也。我國則於此兩者之外更有比附經義之一種比附法文者漢書刑法志云。『制疑獄者。各讞所屬官長皆移廷尉廷尉不能決具爲奏附所當比律令以聞。』史記張湯傳云。『貧弱雖陷法曲文以出之其豪傑侵小民者。以文內之』

是也。比附條理者。凡法文所不具者。法官憑其心之所安以爲斷。書呂刑所謂輕重諸罰有權。周官司刺職所謂求民情斷民中而刺上服下服之罪。是也。此自古有之。而漢代法文簡略。用之尤廣。漢書刑法志曰『姦吏轉相比況』又曰『所欲活則傅生議。所欲陷則予死比』又曰『奇請它比日以益滋』唐律斷獄篇曰諸制敕斷罪。臨時處分。不爲永格者。不得引爲後比。是即比附條理之意也。漢書刑法志又載孝景中五年詔云。『諸獄疑、雖文致於法。而於人心不厭者。輒讞之』然則雖有法文可按者。猶時或推條理以爲斷矣。比附經義者。我國崇古而尊經。視經義與國法有同一之効力。漢初法制未備。每有大事。朝臣得援經義以折衷。是非。漢書張湯傳云。『湯爲廷尉。每決大獄、欲傅古義、乃請博士弟子治尚書春秋者。補廷尉史亭疑奏讞』又兒寬傳云『寬爲廷尉掾、以古義決疑獄。奏輒報可』應劭奏上「漢儀」表云。晉書刑法志引『故膠東相董仲舒老病致仕。朝廷每有政議。數遣廷尉張湯親至陋巷。問其得失。於是作春秋折獄二百三十二事。動以經對』是也。應劭漢儀自言撰具律本章句、尚書舊事、廷尉板令、決事比例、司徒都目、五曹詔書、等而成。所謂尙書舊事廷尉板令決事比例司徒都目省判決例即所謂比也。晉書刑法志謂「漢時決事集爲三百餘篇。及司徒鮑公撰嫁娶辭訟決爲法比都目凡九百六卷。」則當時判決例之浩瀚繁博。可以想見。而此等之在當時皆視之與律令有同一之効力者也

晉書刑法志云。「漢興以來三百二年。憲令稍增科條無限。」而魏律序略。雜引律有某條令乙令丙有某條。科有某條。又言以省科文。又言於旁章科令爲省。然則科者當時一種法律之名而與律令異其性質者也。殆即判決例。而漢時所謂比矣。不然漢之法比九百餘卷。何序略不一引之耶。此說若信。則比與律令有同一之効力益明。

四曰學說 以學說爲成文法之淵源。此各國法律史上所習見也。徵諸西史。凡學說之所以得變爲法律者。其途有四。(一)以解釋法律之權。付諸學者。如羅馬帝奧古斯丁。選當時法律家付與解釋法律之權。其所解釋者稱爲學士說。Responsa Pruden Tium 直與法律同効力是也。(二)直以法律之効力賦諸學說。如羅馬帝托多

條士采當時碩儒巴比尼安等五家之著書認爲國法若五家說有互相牴牾者則以巴比尼安說爲正是也(三)編纂學說以爲法典如羅馬帝周士的尼安奴編纂羅馬三十九大家之學說爲一法典名曰「的支士潭」是也(四)學說養成慣習法者學者之法律思想浸灌人心遂養成一種之慣習法或裁判官採其學說以折獄遂成爲判決例而由慣習法或判決例轉變成爲法律者是也此四者皆各國法制史上所常見也我國漢代如董仲舒之「春秋折獄」本非立法亦非判決例而後此經應劭採爲漢儀獻帝承認之遂成爲國法又應劭之書末附議駁八十二章自言內二十六博採古今瓌瑋之士是則前哲之學說也內二十七劭所創造是又劭之學說也而皆經獻帝承認又成爲國法矣且當時大儒解釋法文者尤爲繁賾晉書刑法志云「後人生意各爲章句叔孫宣郭令卿馬融鄭玄諸儒章句十有餘家家數十萬言凡斷罪所當由用者合二萬六千二百七十二條七百七十三萬二千二百餘萬言言數益繁覽者益難天子於是下詔但用鄭氏章句不得雜用餘家」(案此所謂天子者魏明帝也)由此觀之當時法律解釋派之發達殆不

讓今之德國夫七八百萬言之章句恐合今玆日本諸家之法律注解尙未逮其數也而絕代大儒馬鄭二君皆有成書其博深切明當無待言惜乎今日無一字之能見也而當時旣爲斷罪所當由用（由用猶遵行也）則其與法律有同一之効力甚明逮魏明帝專認鄭氏章句則又明賦與鄭說以法律之効力矣

第五章　魏晉間之成文法

次於李悝法經而從事編纂法典之大業者魏晉間之新律是也蕭何之九章雖稍益於秦舊而以馭生事日繁之社會旣大苦不給故續頒之詔令任意之判決例及繁重之解釋間雜錯出動相矛盾蓋至東漢之末而律有六十篇令有三百餘篇法比有九百餘卷章句有七百餘萬言晉書刑法志評之曰「事類雖同輕重乖異通條連句上下相蒙」又曰「律文煩廣事比衆多」誠切中其弊也於新法典編纂之必要迫於眉睫魏明初政厲精圖治乃命司空陳羣散騎常侍劉邵給事黃門侍郎韓遜議郎庾嶷中郎黃休荀詵等刪約舊科傍采漢律定爲魏法制新律十八篇州郡令四十五篇尙書官令軍中令合百八十餘篇其序略云

舊律所難知者。由於六篇篇少故也。篇少則文荒。文荒則事寡。事寡則罪漏。是以後人稍增。更與本體相離。今制新律。宜都總事類。多其篇條。舊律因秦法經。就增三篇。而具律不移。因在第六。罪條例既不在始。又不在終。非篇章之義。故集罪例以爲刑名。冠於律首。盜律有刼略恐猲和賣買人。科有持質。皆非盜事。故分以爲刼略律。賊律有欺謾詐僞踰封矯制。囚律有詐僞生死。令景有詐自復免。事類衆多。故分爲詐律。賊律有賊伐樹木殺傷人畜產及諸亡印。金布律有毁傷亡失縣官財物。故分爲毁亡律。囚律有告劾傳覆。廐律有告反逮受。科有登聞道辭。故分爲告劾律。囚律有繫囚鞫獄斷獄之法。興律有上獄之事。科有考事報讞。宜別爲篇。故分爲繫訊斷獄律。盜律有受所監受財枉法。雜律有假借不廉。令乙有呵人受錢。科有使者驗賂。其事相類。故分爲請賕律。盜律有勃辱强賊。興律有擅興徭役。具律有出賣呈。科有擅作修舍事。故分爲興擅律。興律有乏徭稽留。賊律有儲峙不辦。廐律有乏軍之興。及廐典有奉詔不謹不承用詔書。漢氏施行有小愆之反。不如令輒劾以不承用詔書乏軍要斬。又減以丁酉詔書。丁酉詔書漢文所下。不宜復以爲法。故別爲之留律。秦世舊有廐置乘傳副車食廚。漢初承秦不改。後以費廣稍省。故後漢但設騎置而無車馬。律猶著其文。則爲虛設。故除廐律。取其可用合科者以爲郵驛令。其告反逮驗。別入告劾律。上言變事。以爲變事令。以驚事告急。與興律烽燧及科令者。以爲驚事律。盜律有還贓畀主。金布律有罰贖入責以呈黄金爲價。科有平庸坐贓事。以爲償贓律。律之初制。無免坐之文。張湯趙禹始作監臨部主見知故縱之例。其見知而故不舉劾。各與同罪。失不舉劾。各以贖論。其不見不知不坐也。是以文約而例通。科之爲制。每條有違科。不覺不知。從坐之免。不復分別。而免坐繁多。且總爲免例。以省科文。故更制定其由例以爲免坐律諸律令中有其敎制本條無從坐之文者皆從此取法也。凡所增定十三篇故就五篇合十八篇於正律九篇爲增於旁章科令爲省矣。

據此。則魏律之視秦漢律其篇章大有所增損。編次亦多移易。若其內容。今雖不可得見。然於漢代詔令法比乃至諸家之學說。殆多網羅而抉擇之。其用力之劬。殆非初漢時代所得同年而語也。夫漢高本以駔儈弋大位未嘗有立法制以福天下之志其臣又非能有管仲子產李悝商鞅之才可以任立法事業蕭何一刀筆吏耳叔孫通闒然媚世之賤儒耳一國法制全委於其手故因陋就簡蹈襲秦舊東塗西抹命爲漢制及不周於用則任嗣君之是非以爲詔令憑俗吏之抑揚以爲法比與原有之根本律分馳矛盾曾無一貫之原則以樞紐之無秩序無統一故法愈多而弊愈不可勝窮蓋自文景武之世而學者已極言改制立法之不可以已矣賈誼之告文帝曰。『人之所設。不爲不立。不植則僵。不修則壞。(中略)豈如今定經制令上下有差。父子六親各得其宜。姦人亡所幾幸。而羣臣衆信。上不疑惑。此業壹定世世常安而後有所持循矣若夫經制不定是猶度江河亡維楫中流而遇風波船必覆矣』漢書本傳董仲舒之對武帝曰。『繼治世者其道同繼亂世者其道變。』又曰。『琴瑟不調甚者必解而更張之。乃可鼓也。爲政而不行甚者必變而更化之乃可理也。』漢書本傳賈董皆一代大儒而其所主張咸謂當取一切法度爲根本的變更而別以良法組織之所論者不徒在刑法之一方面而已即就刑法一方面觀之亦歷歲愈久而敝愈甚漢書刑法志述孝武時代之現狀謂『文書盈於几閣典者不能徧睹是以郡國承用者駮或罪同而論異姦吏因緣爲市』然則法文不整其毒害之及於社會者可以概見矣宣帝起閭閻深知情弊及即位置廷平之官。秩六百石員四人。常自幸宣室決事此殆如英王愛華德第三之設衡平裁判所矣英王爲濟普通法之窮。特命近侍法官。別設裁判所。許人民叩闕。其判決例。復別成爲衡平法。然識者固已謂爲不揣其本而齊其末鄭昌上疏曰。『若開後嗣不若删定律令律令一定愚民知所避姦吏無所弄矣今不正其本而置廷平以理其末也政衰聽怠則廷平將招權而爲亂首矣。』漢書刑法志是最初倡修正刑法法典之議者鄭昌也元帝成帝曾兩下詔議修正。元帝詔云『夫法令者所以抑暴扶弱。欲其難犯而易避也。今律令煩多而不約。自典文者不能分明。而欲羅元元之不逮。斯豈刑中之意哉。』成帝詔云。『今律令煩多。百有餘萬言。奇請它比。日以益滋。自明習者不知所由。欲以曉喻衆庶。不亦難乎。於以羅元元之民。夭絕亡辜。豈不哀哉。』而臣下無足以當此重任者業遂不就班固論之曰。『有司無仲山父將明之材不能因時廣宜主恩建立明制爲一代之法而徒鉤摭微細毛舉數事以塞詔而已是以大議不立遂以至今」誠傷之也蓋當西漢元平間編纂法典之機一動而遂不見結果蹉跎以迄東京之季固之言又曰。『議者或謂法難數變此庸人不達疑塞治道聖智之所常患也。』又曰『豈如惟思所以正本清源之論。刪定律令復古刑爲三千章』（俱見漢書刑法志）是班氏亦當時主張修正刑法論者之一人志中之言一篇間三致意焉此殆當時一般之輿論又非徒班氏一人意見而已和帝永元六年。廷尉陳寵復大倡是議亦蹉跎未行。獻帝建安元年。應劭以私人資格獨力纂述未臻完備、暫以適用而當世大儒崔實鄭玄陳紀之流倡改革論益力夫漢律自孝武時代已苦其猥雜棼亂況復加以三百年間不秩序不統一之科令日出而不窮其有法等於無法漸演出無政府之現象勢所必然矣故編纂法典殆時代最急之要求而當日救濟社會唯一之手段也魏武相漢。陳紀子羣復申父論。而操自謂不宜以藩國改漢制。復疑不行。直至魏明初政。天下稍蘇息。始克從事斯業。而陳羣即出其家學以當編輯之任蓋此舉爲一般學者之所倡垂數百年而至是始實行也及司馬文帝爲晉王。又以陳羣劉邵之本雖經改革。而科網本密。尙苦不周。又叔孫郭馬杜諸儒章句。但取鄭氏。未免偏黨。魏明帝時下詔諸家章句有相牴牾者以鄭玄說爲正乃命賈充更事編制。而以鄭沖、荀顗、荀勗、羊祜、王業、杜友、杜預、裴楷、周權、郭頎、成公綏、柳軌、榮邵十四人典其事。半皆一時名宿以學聞於世者也。於是就漢九章增十一篇。仍其族類。正其體號。改舊律爲刑名法例。辨囚律爲告劾繫訊斷獄。分盜律爲請賕詐僞水火毀亡。因事類爲衞宮違制。撰周官爲諸侯律。合二十篇六百二十條。二萬六千七百五十七言。其一時權宜之制。不著於律。悉以爲令。犯令者則以律中違制之罪罪之。都凡律令合二千九百二十六條。十二萬六千三百言。爲六十卷。秦始三年事畢。武帝親自臨講。使裴楷執讀。四年正月。大赦天下。班新律焉。由此觀之。則此次編纂新律之事業。伏根於西漢中葉。大動於東漢之季。作始於魏代。而成就於晉初。學者提議於前。而政府實行於後。蓋議論亘於數百年之間。而草案成於數十人之手。雖其所改正者。萬不能如賈誼董仲舒之所期。且未必能如鄭昌班固之所期。要之不可謂非歷史上之一大事也。今其書雖不存。然以載籍所可考見。其視漢舊律進化者有數端。

(一)嚴律令之界　漢代律令併爲一談、至晉新律。則釐令於律之外。夫律者含有固定的性質一經施行雖人主亦不得以私意輕重者也故近世文明國嚴法律與命令之區別不許以命令變更法律當時雖未能如是然別令於律其間自有主從之形其意蓋以令爲律之補助品也故曰『違令有罪則入律』。然則非令能罪之而惟律能罪之也

(二)根據於學理　漢律采摭秦法。補苴一二。於立法所以然之故。少所推求。及經推行數百年雖復棼亂猥雜然解釋派大興學說如鯽其間所闡明學理定當不少魏晉襲之取精用宏去取之間殊非草草觀唐書經籍志所載有劉邵撰律略論五卷賈充等撰刑法律本二十一卷。（隋書經籍志題爲律本。無刑法二字。而下注杜預撰大約其書成於杜預之手。但當時編律。以賈充領銜。故題賈充等耳。凡中國歷代官書。皆如是也。竊意當時晉律。殆由杜征南起草、故晉書刑法志。亦稱爲杜律。果爾則價值更高矣。）凡此皆當時起草員之著述殆如日本之憲法義解民法原理等矣則其條文蓋必有學理上之根據無可疑也。晉書刑法志又稱明法掾張裴注律表上之其表文云『律相須而成若一體焉刑名所以經略罪法之輕重正加減之等差明發衆篇之多義補其章條之不足較擧上下綱領（中略）自始及終往而不

窮變動無常周流四極不離乎法律之中也其知而犯之謂之故意以爲然謂之失違忠欺上謂之謾背信藏巧謂之詐虧禮廢節謂之不敬兩訟相趣謂之鬭兩和相害謂之戲無變斬擊謂之賊不意誤犯謂之過失逆節絕理謂之不道陵上僭貴謂之惡逆將害未發謂之戕唱首先言謂之造意二人對議謂之謀制衆建計謂之率不和謂之强攻惡謂之略三人謂之羣取非其物謂之盜貨財之利謂之贓凡二十者律義之較名也夫律者當慎其變審其理若不承用詔書無故失之刑當從贖謀反之同伍實不知情當從刑此故失之變也卑與尊鬭皆爲賊鬭之加兵刃水火中不得爲戲戲之重也向人室廬道徑射不得爲過失之禁也都城人衆中走馬殺人當爲賊賊之似也過失似賊戲似鬭鬭而殺傷傍人又似誤盜傷縛守似强盜呵人取財似受賕囚辭所連似告劾諸勿聽理似故縱持質似恐猲如此之比皆爲無常之格也五刑不簡正于五罰五罰不服正于五過意善功惡以金贖之故律制生罪不過十四等死刑不過三徒加不過六囚加不過五累作不過十一歲累笞不過千二百刑等不過一歲金等不過四兩月贖不計日日作不拘月歲數不疑閏不以加至死幷死不復加不可累者故有幷數不可幷數乃累其加以加論者但得其加與加同者連得其本不在次者不以通論以人得罪與人同以法得罪與法同侵生害死不可齊其防親疏公私不可常其敎禮樂崇於上故降其刑刑法閑於下故全其法是故尊卑敘仁義明九族親王道平也（中略）律之名例非正文而明也若八十非殺傷人他皆勿論即誣告謀反者反坐十歲不得告言人即奴婢捍主主得謁殺之賊燔人廬舍積聚賊贓五匹以上棄市即燔官府積聚盜亦當與同歐人敎令者與同罪即令人歐其父母不可與行者同得重也若得遺物强取强乞之類無還贓法隨例畀之文法律中諸不敬違儀失式及犯罪爲公爲私贓入身不入身皆隨事取法以例求其名也夫理

者精玄之妙。不可以一方行也。律者幽理之奧。不可以一體守也。或計過以配罪。或化略不循常。或隨事以盡情。或趣舍以從時。或推重以立防。或引輕而就下。公私廢避之宜。除削重輕之變。皆所以臨時觀釁。使用法執詮者幽於未制之中。采其根牙之微。致之於機格之上。稱輕重於豪銖。考輩類於參伍。然後乃可以理直刑正。(下略)」〇案此爲當時注釋新律者之表文。而所言多屬於刑法學上之大原則。即現今學者所視爲重要問題而研究之者也。(此文所論屬於總則爲多。加圈者除一部分爲文中要旨外。其餘大率皆現今學者所研究之原則也。)其注釋之文。所含學理之富如此。則原文必有可觀者矣。晉律久亡。故節錄此以示其梗概。

(三)鄭重公布之形式　漢代法律未嘗爲正式的公布。故人主一時之詔令。法官推意之判例。學者私議之學說。皆得冒法律之名。有同一之效力。魏晉律則視爲大舉。嚴重以公布之。有整齊畫一之概。不甯惟是。法律既有固定性。得爲具體的研究。於以助此學之進步。晉書刑法志載衛凱奏云。「刑法者國家之所貴重。而私議之所輕賤。王政之弊。殆由於此。請置律博士轉相敎授。事遂施行。」然則當時以有新律之故。而法學漸至成爲一種科學之形矣。

此外如條文之增多。重複之芟除。篇第之釐正等。又一見而至易明者也。由此觀之。則

此次編纂法典實我國法制史上一大事後此南北朝循之直至隋唐少所更革然則魏晉律者實筦法經與唐律之中樞而爲其重要之媒介者也

爾後一度易姓。必有新法典之發布。然大率沿襲魏晉。無大改作。今將其法典之名及其篇數與其制定發布之年月。列表如左。

魏	新律	十八篇	陳羣劉邵等撰	
晉	新律	二十篇	賈充鄭沖等撰	泰始四年正月成
	令	四十篇	同	同
後魏	新律	二十篇	崔浩等撰	太和五年成
齊	律	二十篇	王植等撰	永明七年成
梁	律	二十篇卅卷	蔡法度等撰	天監二年四月成
	令	三十篇卅卷	同	同
	科	二十篇卅卷	同	同
東魏	麟趾格			興和三年十月施行
西魏	大統式	五卷	蘇綽等撰	大統十年七月頒

北齊律……十二篇十二卷……趙郡王叡等撰……河清三年成

令……卅八篇五十卷……同……同

後周大律……廿五篇廿五卷……趙肅等撰……保定三年三月成

令……同

陳律……二十卷……〔范泉徐陵等撰〕……永定元年十月成

令……三十卷……同……同

科……三十卷……同……同

隋新律……十二卷……高熲等撰……開皇元年十月施行

新令……三十卷……同……開皇二年七月施行

大業律……十八卷……牛弘等撰……大業二年成

大業令……三十卷……同……同

今復將戰國至隋法律篇目次第列表如左。

法經	漢律	魏律	晉律	宋律	齊律	梁律	後魏律	北齊律	後周律	隋唐律
具法6	具律	刑名	刑名1 法律2	刑名 法例	刑名 法例	刑名1 法例2	刑名 法例	名例1	刑名1 法例2	名例律1

					盜法1 賊法2			雜法5	捕法4	囚法3	
		戶律	廐律	興律	盜律 賊律			雜律	捕律	囚律	
		戶律		擅興	盜律 賊律		詐偽	雜律	捕律	囚律	劫掠
宮衛15	違制19	戶律12	廐牧17	興律13	盜律3 賊律4		詐偽5	雜律11	捕律8	斷獄10	
宮衛	違制	戶律	廐牧	興律	盜律 賊律		詐偽	雜律	[illegible]律	斷獄	
宮衛	違制	戶律	廐牧	興律	盜律 賊律		詐偽	雜律	捕律	斷獄	
宮衛15	違制20	戶律12	廐牧17 倉庫18	擅興13	盜律3 賊犯4		詐偽5	雜律11	討捕8	斷獄10	
宮衛	違制	戶律	牧產	擅興	盜劫 賊犯	鬪律	詐偽	雜律	捕亡	斷獄	
禁衛2	違制5	婚戶3	廐牧11	擅興4	盜賊8	鬪訟	詐偽6	雜律12	捕斷9		
宮衛9	違制15	戶律6 婚姻5	廐牧18	興繕	劫盜12 賊犯18	鬥競11	詐偽20	雜犯19	逃捕10	斷獄25	
衛禁律2	職制律3	戶婚律4	廐庫律5	擅興律6	賊盜律7	鬥訟律8	詐偽律9	雜犯10	捕亡律11	斷獄律12	

		毀亡	毀亡14	毀亡	毀亡	毀亡14	毀亡	毀亡10	毀亡14	
		告劾	告劾7	告劾	告劾	告劾7	告劾		告劾22	
		係訊	繫訊9	繫訊	繫訊	繫訊9	繫訊		繫訊24	
		請賕	請賕9	請賕	請賕	請賕9	請賕		請賕21	
		驚事								
		償賕								
			水火16	水火	水火	水火16	水火		水火7	
			諸侯20	諸侯	諸侯				諸侯17	
			關市18	關市	關市	關市17	關市		市廛10 關津16	
									祠享3	
									朝會4	
六篇	九章	十八篇	二十篇	二十篇	二十篇	二十篇	二十篇	十二篇	廿五篇	十二篇

觀此表則魏代之成文法。上接秦漢。下開隋唐。而爲之樞紐。其間之統系甚明。

第六章　唐代之成文法

我國之成文法。至唐代而始極浩瀚。而其現存於今者。亦以唐之成文法爲最古。故研究唐代成文法之編制。實屬較易之業。而又最要之業也。唐之律名。凡有四種。一曰律。二曰令。三曰格。四曰式。此四者皆實質的法律也。唐六典云。『凡律以正刑定罪。令以設範立制。格以禁違正邪。式以軌物程事。』卷六 舊唐書刑法志云。『令者尊卑貴賤之等數。國家之制度也。格者百官有司所常行之事也。式者其所守之常法也。凡邦國之政。必從事於此三者。其有所違及人之爲惡而入於罪戾者。一斷以律。』由此觀之。則似令者爲一般之國法。格者爲行政法及民法。律者爲刑法。而式者則施行諸法之細則也。然考諸當時之載籍。其界限亦不甚分明。今舉其名而推定其性質。

●律　唐高祖初定天下。武德元年。詔以隋開皇律爲適用。隋有開皇律大業律。大業律後起煩苛。故以開皇爲正。而制定五十三條格以輔之。武德七年。以五十三條格入於律。餘悉爲開皇之舊。名爲新律。是即最初之唐律也。太宗貞觀十一年。房玄齡等復加修定。篇目卷數條文。悉依隋舊。律十二卷。五百條。而內容大有殊異。舊唐書刑法志云。唐初律視隋律死刑始除其半 高宗永徽三年。復命長孫無忌等刪定律令格式，律之卷數仍舊。其內容有變易否。不可考。同時復命無忌等撰律疏三十卷。四年十月。頒之天下。即今存之唐律疏義是也。武后垂拱元年復有修改。而律惟改二十四條。其後終唐之世無所變。

令● 武德七年。頒武德令三十一卷。貞觀十一年。頒貞觀令二十七卷。一千五百四十六條。永徽二年。頒永徽令三十卷。開元四年。頒開元前令三十卷。開元二十五年。又頒開元令三十卷。此外尚有麟德令、儀鳳令、乾封令、垂拱令、神龍令、太極令。不知卷數。唐令沿革之見於史籍者如此。今諸書無一存。令之內容不復可見。誠遺憾也。若欲求律與令之區別。則請列其篇數及篇目比較之如下。

律十二篇五百條

一名例　二衛禁　三職制　四戶婚　五廐庫　六擅興　七賊盜　八鬥訟　九詐僞　十雜律

十一捕亡　十二斷獄

令二十七篇一千五百四十六條

一官品　二三師三公臺省職員　三寺監職員　四衛府職員　五東宮王府職員　六州縣鎮戍嶽

瀆關津職員　七內外命婦職員　八祠令　九戶令　十選舉　十一考課　十二宮衛　十三軍防
十四衣服　十五儀制　十六鹵部　十七公式　十八田令　十九賦役　二十倉庫　二十一廐
牧　二十二關市　二十三醫疾　二十四獄官　二十五營繕　二十六喪葬　二十七雜令
（案官品篇鹵部篇公式篇皆分爲上下卷故合三十卷）

此據唐六典卷三所載唐令之篇目也。六典之編纂。濫觴於開元十年。殺青於開元二十七年。此所舉者爲開元四年之令。抑開元二十五年之令。不可深考。要之唐令之內容。大率類是。其他雖有異同。當不相遠。由此觀之。則律令兩者對象之目的物。固有相同者（如律有衛禁。令有宮衛。律有戶婚。令有戶令。律有廐庫。令有倉庫廐牧等。）而令之範圍甚廣。律之範圍較狹也。令則普涉於一般國法。律則專限於刑法也。然則律與令二者。非性質上之差別（兩者皆有固定的性質。與格式異。）而資料上之差別也。非如日本命令與法律之差別。實如日本刑法與其他法律之差別也。

格• 唐時之格。其與律令之界限。最難分明。武德元年。制五十三條格。七年。則以入於律。是格變爲律也。而貞觀十一年所頒。則於律令之外。復有格七百條。永徽三年所頒。於律令之外。復有格十五卷。是格離律而獨立也。自玆以往。武后朝則有垂拱格。（神龍元年刪定）中宗睿宗朝則有太極格。（太極元年奏上）玄宗朝則有開元格。（開元三年刪定）開元後格（開元七年刪定）開元新格。（開元二十五年編纂）其後屢有修改。皆名爲格。不名爲律。蓋自開元以後。無復有新律矣。是格與律有同一之効用也。考唐時所謂格者。有廣義有狹義

廣義之格。律令格式之總名也。（宋王溥著唐令要卷三十九云。貞觀十一年正月。頒新格於天下。凡律五百條。令一千五百九十條。格七百條。以爲通式。是律令式者可通稱爲格也。）其狹義之格。復分兩種，

（一）留司格。屬於曹司常務者。留存本司。

（二）散頒格。屬於天下所共者。頒行州縣。

此永徽間之令類也。其後遂以爲常。然則留司格者。殆近於行政法。而散頒格者。殆近於普通之法律也。惟格與律之異。則律爲特定之條文。格則集制敕以爲之故唐之格。可當漢魏晉之令（亦可當日本之令）其視律之性質。微有差別也。但其所涉之範圍。則視律令（唐之所謂律令）皆廣。凡律與令兩方面。其條文有不具者。皆以格規定之。是格實律令兩者之補助品也。唐律云。「諸制敕斷罪。臨時處分。不爲永格者。不得

引爲後比」（唐律疏義卷三十）然則凡制敕之被承認爲格者皆變成實質的法律與律令正文有同一之効力明矣自中宗神龍元年有「格後勅」之編定其後有貞元定格後勅（貞元元年編）開元格後勅（元和二年編）元和格後勅（元和十三年編）大中格後勅（大中五年編）等是又格之草案而認爲與格有同一之効力者也

式　武德七年所頒有式十四卷貞觀十一年所頒有式四十卷永徽二年所頒有式十四卷垂拱元年所頒有垂拱式二十卷開元三年二十五年所頒各有式二十卷元和十三年所頒有元和式三十卷是唐代所頒式之大略也格與式之差別今不可深考惟據舊唐書刑法志所稱格以尚書省二十四司（唐官制尚書省所屬凡二十四司）爲篇目式以尚書省列曹及祕書太常司農光祿太僕少府及監門宿衛計帳爲篇目至其淵源及性質有何差異尚俟攷定（宋史刑法志引神宗詔書云「設於此以待彼之謂格使彼效之之謂式」不知唐時格式之區分實如此否但即神宗此文我讀之仍苦不明瞭也）

通有唐一代其編纂法典事業凡有七役(一)武德間(二)貞觀間(三)永徽間(四)垂拱間(五)開元間(六)元和間(七)大中間就中永徽開元兩役尤爲重要蓋刑法之大備自永徽時

代而行政法之大備自開元時代也

日本博士織田萬氏謂我國行政法法典發達最早而推本於周禮此其言吾雖未能純表同情然近世學者解釋行政法之定義謂行政法者總括關於政權作用之法規的全體也此定義若當則今傳之唐六典足以當之矣我國自漢以來諸種法典中雖偏重刑法而關於行政作用之規定者固已不少特東鱗西爪未泐成書其漢官儀（應劭撰）魏官儀（荀攸撰）齊職儀（范曄撰）等書（俱見舊唐書經籍志）又屬私家著述未爲成憲迨唐玄宗開元十年始命修六典帝手寫白麻子六條曰理曰教曰禮曰政曰刑曰事凡亘十六年經十數人之手乃始完成（陳振孫直齋書錄解題引韋述集賢記注云『開元十年。起居舍人陸堅被旨修是書。帝手寫白麻子六條。曰理教禮政刑事。令以類相從。撰錄以進。張說以其事委徐堅。思之經歲莫能定。又委毋丘煚徐欽韋述。始以令格入六司。其沿革並入注中。後張九齡又委苑咸。二十六年奏草上』唐會要載開元二十三年張九齡等撰是書。而今本卷首著李林甫奉勅註者。四庫提要謂開元二十四年。張九齡能知政事及二十七年。林甫乃註成獨上之也。）其體裁分三師、三公、尚書省及六部、門下、中書、秘書、殿中、內官、內侍、各省、御史臺、九寺、三監、十六衛、二軍、及太子親王三府、都護、州縣、官吏各規定其職掌與其職員而以理典教典禮典政典刑典事典六部綰之凡三十卷實空前之一宏著也蓋自是而刑法以外始別有獨立之成典後此明會典大淸會典皆因襲以成。雖謂唐六典一書爲我國法制史上開一新紀元可也。

四庫提要唐律疏義條下云。『論者謂唐律一準乎禮以爲出入。得古今之平。故宋世多採用之。元時斷獄。亦每引爲據。明洪武初命儒臣同刑官進講唐律。後命劉惟謙等詳定明律。其篇目一準於唐。』又云。『蓋斟酌畫一。權衡允當。迨今日而集其大成。（案此指大清律例也。原文以大清律例與唐律相比較。以文繁故闕不錄。）而上稽歷代之制。其節目備具。足以沿波而討源者。要惟唐律爲最善。』據此。則唐律之內容及其影響於後世者可以概見。夫以唐之行政法（即六典）其影響之大而久也既若彼。唐之刑法（即唐律）其影響之大而久也復若此。然則永徽開元間爲我國法制史上一最重要之時代。不其益信乎。

唐律影響之大。不惟在本國而已。蓋唐代文化。隨其武功以遠被於亞洲諸國。而法律即所播文化之一種也。故高麗日本安南諸國。皆以彼時代繼受我之法系。（日本博士奧田義人法學通論云『我國所汲文化之源於支那。故代表文化之法律。亦皆繼受支那法系。當天智天皇之朝。始據唐律爲母法。以編纂律令。其後天武文武等諸朝。數經改正。元正天皇之朝。編律令各十卷。名爲養老律令。實我國古代成文法之沿革云云』案彼天智天武。當我唐高宗時。彼文武當我唐中宗時。彼元正當我唐玄宗時也。）計自梁武帝中大通六年（西歷五百三十四年）羅

馬法律全典成立隋開皇以迄唐永徽（西曆五百八十年至六百五十年）而我國法典大成世界兩大法系同以此百年間臻於全盛不亦異耶

唐書經籍志載有僧格一卷實一種之特別法雖未能視之與羅馬寺院法同科然亦可見當時法律之繁密進步矣

開元二十五年又頒格式律令事類四十卷以類相從便于省覽大中七年復命張戣等編刑法統類六十卷集律令格式條件相類者一千二百五十條分爲一百二十一門頒之此又一種類聚體之編纂法爲後世所承學者也

（未完）

◉前號論文正誤表

（葉）	（行）	（誤）	（正）
一	二	言●	見。
九	一	即以由	即以自。由
四六	六	哈●氏	波。氏
、、	、、	無●	未。
四八	十一	所要者	所要求。者
、、	十三	讀●	瀆。
五一	七	立憲	切。立憲
六一	七	嫌欸●	嫌疑

論著二

論責任心與名譽心之利害（續第七十八號）

佛蘇

第五章　論責任心與名譽心之辨別

夫責任心之利益與名譽心之弊害。前既暢發無遺矣。然從何處下觀察之點而能辨別其孰爲責任心孰爲名譽心耶。若事實之發表。則人人可以推究。若心術之微。又何從推究耶。若可稽證其爲責任心與名譽心者。可以推究。若似責任心而似非責任心似名譽心而似非名譽心者。又何從推究耶。欲精察學理心理者。不可不用眼光。不用腦想于其中也。

(甲)公私說　謂可從公私二字之性質中觀察之。如其所行之事爲公。則爲責任心。所行之事爲私。則爲名譽心。

竊按自國家學國法學大發明之後。國家與個人。權利與義務。溶成一質。無可辨別盡個人之義務即所以盡國家之義務義務之發表即權利之發表自甲一方面觀之爲義務自乙一方面觀之即爲權利縱或强據一時一事之形迹而爲之辨別曰「如爲國家所被動而有行爲者則係爲公如爲個人之自動而有行爲者則係爲私」然有事有時或其行爲之着手雖由于國家之被動而其行爲之効力即趨入于個人範圍中例如爲官吏者原爲國家盡職務其俸祿亦即在其中倘不盡職務則不能得此俸祿倘無此俸祿則不能盡職務若必曰盡職務者公也得俸祿者私也可乎又或其行爲之着手雖由于個人之自動而其行爲之効力即趨入國家之範圍中例如業工商者製賣物品原以謀個人之利益然國家即受其供給倘不謀個人之利益國家即無此供給倘國家未受此供給個人即無此利益若必曰供給者公也利益者私也可乎即權即義非義非權公中有私私中有公試問從何處而辨別其孰確爲公孰確爲私耶

辨駁至此余請代爲之完一說曰于職務中而得俸祿者公也于職務外而稍有貪婪者私也于供給中而得利益者公也于供給外而稍有浮收者私也按此說誠足以對

付如上者之所駁。誠足以自完其說。雖然、謂得俸祿者。得利益者爲公。則公字之範圍。無非擴張太廣耶。何也。所得之俸祿。所得之利益。原所以生活其身家性命也。若謂個人生活之事。係爲公而非爲私。則父母妻子相互間之行爲。不可謂爲國家公法上之行爲耶。財產土地所享有之權利。不可謂爲國家公法上之權利耶。民法商法之所規定。不可謂爲公法上之所規定耶。吁、公私之辨別。不足以爲責任心與名譽心之辨別。其陋不足以當一駁矣。夫宋儒之研究性理。亦不免泥解公私二字之性質。其誤點者于國家與個人之間。下一天塹之界限。幸後儒尚能發揮光大之。豈他人尚欲拔幟立幟于今日之學界耶。

(乙)是非說　謂可從是非二字之性質中觀察之。如其所行之事爲是。則爲責任心。如其所行之事爲非。則爲名譽心。

竊按此說。較甲說爲圓淡。何也。公私無一定之標準。而是非則有一定之標準也。公私可以並存。而是非則不能並存也。公私可以互爲因果。而是非則不能互爲因果也。近來學說龎雜。人心囂競。窮理盡性之功。不能探索。乃謂天下事是非無定評。以人力強弱爲定評。釋。我國人近來。皆謂國際無是非。以强權爲是非。按此說雖有所見而云。然猶係一方面之解釋。蓋國際原有是非。不過强暴者。破壞國際法。而自由行動。無一最高機關。可以直接施以强制力而已。雖然被害國。倘得有敏銳之外交家。猶可要求仲裁裁判。（設于海牙）或第三國居中調停。近來世界心理。漸厭戰爭。亦漸畏公論。毋謂强權者。即絕對不受制裁。必擾乱世界和平也。而于是生出之大弊害。（一）爲主動的弊害（二）爲被動的弊害。其主動的弊害在于妄逞意見其被動的弊害在于妄表同情凡評論一事實之是非不取決于原理之向背徒取決于個人腦想之從違以爲彼是也我亦何嘗不是彼駁我不是我何嘗不可駁彼亦不是甚或謂我雖不是然不妨姑倡此說以標出一學派之旗幟異日自有人入我彀中者殊不知是非之公亘如天日一時雖無定評事後自有定評人心中雖無定評道心中自有定評余故曰「是非說」較「公私說」爲圓浹也

雖然欲持此說以辨別責任心與名譽心之性質。則又相背馳何也是非者係從事理中推出而責任心名譽心者則從心理中推出若心理雖自問無欺不必其有濟于事理也且是非者爲最後結搆之一批評而責任心與名譽心者爲最初發動之一研究若最初發動雖如人意不能謂其最後結果亦必盡如人意也蓋心理爲歸納法事理爲演繹法。不能謂歸納法即演繹法故所行之事雖非未必無責任心所行之事雖是

未必無名譽心也且常有同一事實之中生出許多絕對的異說而皆不能謂其爲有名譽心者例如客冬東京之罷學問題。有主張平和者。有主張偏激者。又有所謂調停者按其中自有一定之是非不能曰此說是也彼說亦是也然亦不能曰是者即爲責任心非者即爲名譽心也縱謂其中之分子爲有名譽心者然不能謂其公共之目的爲有名譽心也。何也彼不過理解未透非必心術不正故彼等各團體中皆有犧牲自身之精神財產以求其目的之達者甚或有慷慨悲號憂鬱成病者甚或素老成素篤實之人一旦流于偏急而不自覺者好名者豈能如彼之懇切耶試再換一方面言之。夫有名譽心者心雖暗昧然託義必正大措詞必憤切待人必謙莊且尤能審時度勢演其堅白異同之說以曲合一般普通人之心坎中蓋其目的若不爲他人之所公認其人格若不爲他人之所公推則决不能得名譽之結果王莽何嘗不稱伊周曹操何嘗不學湯武倘因人之學伊周湯武爲是遂謂莽操之學伊周湯武爲有責任心能乎否乎據以上所論觀之。是非二字之辨別。不足以爲責任心與名譽心之辨別。其理可斷矣若必欲施一辨別之術于其中。亦不過曰。有責任心者。是多而非少有名譽心者。

是少而非多有責任心者。其事之原始雖非而其後或易悔悟而趨于是有名譽心者。其事之原始雖是而其後或易沈迷而趨于非蓋因其一則無求于外物故其心易瑩一則有求于外物或其心易蔽雖然此係客觀的解釋抽象的解釋若自主觀的具體的之一正面論之則是非二字之性質仍不足以為責任心與名譽心之辨別也。

(丙)利害說　謂可從利害二字之性質中觀察之。其所行之事。如有利于國家則為責任心。其所行之事。如有害于國家則為名譽心。

竊按此說。既不至如甲說之無標準復不至如乙說之不融貫推其用意以為國家總體之所以必須各分子之盡責任心者無非為利其國家計。今所行之事。既有利于國家自可謂為有責任心。反此自可謂為有名譽心。雖然此係就一部分原理立論也。而其例外尚多蓋責任心與名譽心對于國家之利害。有有形者有無形者有人能察覺者有人不能察覺者有造因于先而結果于後者有原動于此一方面而被動于彼一方面者有利于一時而害及永久有害于一時而利及永久者有小利中而伏大害小害中而伏大利者其中原委無限變幻無限精細非腦力銳進眼光旁射而大有剖解力大有辨別力者未易究詰其奧竅若徒指一事一時一方面之形迹而見其有利耶。曰「是爲責任心之標準」見其有害耶、曰「是爲名譽心之標準」其淆亂黑白不既多耶蓋世界英偉瑰異之人物精奧溥博之論著最易與一時之心理相忤而不適于生存者也哥白尼之倡「地動」也當時訝其妖妄置之獄中哥倫布之「發見新大陸」也當時人皆斥之且幾殺于同舟中人之手盧梭之作「民約論」也當時嚴令逮捕輾轉逋逃于英、意、瑞士之郊因此憤死然而地動之說成爲千古鐵案則一時心理固不足以知哥白尼也美洲大陸爲今日一新世界則一時心理固不足以知哥倫布也共和精神現散見于文明各國則一時心理固不足以知盧梭也（夫盧梭學說之不見容于社會。原有自取之咎。即其當日。大哲學家之福祿特爾奇特祿等。曾與盧梭爲舊交。後尚與之絕好。何論他人耶。不過當日人心。過于卑弱。將其精彩處、一概抹煞。誠大冤也。）夫英雄之學問。有自信力無徇物心有顯微察幽之才無急功近名之見有長駕遠馭之識無依流平進之形甚或創一學說行一事實至數百千年世人始能窺見其精神者或數千年之政策心理無人能逸出其範圍者彼一般社會腦筋簡單知其粗不知其精知其表不知其裏其資質之劣者畢生擯斥于風氣之外即其資質之優者亦不過能服從于風氣之中而固不能出入操縱于風氣之際也此又安足以評論人物哉余故曰、不能就一時一事之利害。以判斷其爲責任心與名譽心也。

合觀三說(甲)說之誤在以範圍廣狹之比較爲其性質異同之比較其持論也隘其流弊也。一方面使個人置身于國家外而淡漠其愛國心一方面使個人避利己之名苟全衣食減縮其自由競爭之活動力而國家亦因此障礙其發達

(乙)說之誤在以事迹優劣之比較爲其心理優劣之比較其持論也幻其流弊也。一方面使人假公濟私口義心利而國家將無眞有責任心之人一方面、使人強非爲是抹煞眞理而長世人以執見怙過之習

(丙)說之誤則以有限的得失之比較爲無限的得失之比較。其持論也膚其流弊也。一方面使有精奧理想者不能見容于社會一方面、使人急欲自見無遠大之規模（按以上三說。余確聞確見學界中人有持以辨別責任心與名譽心者。余故引證之。即隨加以辨駁。非鶩空凑虛。漫拾以上三說。充行間也。）

夫以上三說既皆不足以爲責任心與名譽心之辨別。然則必以何說始可辨別耶。曰誠僞二字較爲妥愜也蓋天下無論何事若出之以「誠」心雖其事屬於「私」之行爲

然其行爲之結果必猶是國家總體中一分子之行爲也雖其事一時有「非」有「害」而他人固不諒其心例如某某者其救國之方法爲余之所絕對不苟同者也然其肝膽則可予人以共見若出之以「僞」心雖其事屬於「公」之行爲然其行爲之結果必終爲國家總體外一分子之行爲也雖其事一時有「是」有「利」而他人固可誅其心又如某某者其救國之方法爲余之所承認者也然其肝膽則難予人以共見蓋所謂「公私」者「是非」者「利害」者皆不過就事迹立論而皆未爲心理上之評判者若誠僞二字則正從心理上推出者也雖然誠僞二字之性質亦復難于辨別而責任心與名譽心之辨別遂牽連而終無確實之保障此由于責任心與名譽心之性質紛紜交錯非能以單獨名詞代表其狀態者也試再融合歸納法與演繹法而將責任心與名譽心之辨別摘證數則于後

責任心之特點	名譽心之特點
一事出于內心界以自力爲主動	一事出于外物界以他力爲主動
一力所能及不辭艱危	一遇事趨避傀儡他人
一言皆樸誠心皆泊爽	一言多琱琢心多凸凹

一處事必憑藉眞理與實力
一認爲當爲之事不擇職務
一處事必徹始貫終期于有成
一不拒絕團體亦不依賴團體
一凡事必統籌全局不汲汲于小利害
一以方法術目的心理必隨時勢爲變遷
一祇期目的之達不必功自我成
一精神無墮落不用於此則用於彼
一對于同黨多德性上之砥礪對于他黨多學說上之辨駁

一祇顧議論之壯濶行爲之矯激
一凡事喜居于主動之地位與易于見功之地位
一心力旁騖發起事多成功事少
一臨事多招搖黨徒事後多互相傾軋
一好爲張皇輕于發難
一以目的術方法心理必堅愎不進化
一事可破壞而我之功不可沒
一若遇挫折則流爲寂滅病爲徉狂
一對于同黨多聲氣上之標榜對于他黨多節目上之吹求

按以上皆係從心理上事理上直截抉出。責任心與名譽心之辨別。略盡于此矣。雖或有疏漏之處。然就以上所舉之例。觸類旁通。自能擒縱即離于無既。但論人者尤當參諳其事實爲下判斷之主點。不當拋棄其事實而徒偏執以上所舉之例以判斷之。蓋事實者有隨時隨地隨人之變幻。不可牽合于一定格式之中故耳

第六章　論名譽心對于國家之利益

夫名譽心對于國家之損害。第四章已詳言之。雖然名譽心者。非絕對的惡名詞也。第四章之所以力陳其弊害者。係與責任心比較而言。若單就名譽心一方面立論。則對于國家亦有利益之可言。且第四章之旨意。係針對有名譽心者之主觀。有雙方對抗之意。故立論務嚴正。此章之旨意。係旁寫有名譽心者之客觀。有第三者居中調停之意。故立論務寬恕。何謂名譽心非絕對的惡名詞耶。蓋既有名譽心。則猶畏公理。猶惜人言。猶知個人之對于國家有所謂應盡之責任。而不失其爲中等人格也。

余試將世界之人格。平列爲三階級而後先權衡之。

(一)曰聖賢。祇有責任心而無名譽心。

(二)曰枯槁之夫。既無責任心復無名譽心。

(三)曰功名之士。既有名譽心復有責任心。

何謂聖賢祇有責任心而無名譽心耶。蓋聖賢之視天下事。莫不以爲自身所應擔任之事。一人飢。曰我飢之。一人寒。曰我寒之。一人犯罪。曰我陷之。曰痌瘝在抱。曰視民如傷曰一夫不獲時予之辜。曰當今之世。舍我其誰、曰天下興亡。匹夫有責。舉日用飲食之所以不能已於其懷者無非關心于黎庶之禮義衣食也本此悲憫惻隱之心以覆育天下有如慈母之哺其子懇摯噢咻惟恐不至尙有何名譽心存于其間哉（第三章文中已發明此義。可參觀。茲不複論、）

何謂枯槁之夫。既無責任心復無名譽心耶。唐虞之世。郅治隆休。元首股肱。明良喜起。此正當龍虎風雲之會。乃即有所謂巢許之流自甘化外。周末以降。屢遭暴主之專橫蹂躪國家之原理故二千年人心之觀念枯槁更甚每視國家如身外物倘當時局多事之秋則所謂清流名士者道學先生者即相率偕隱。博琴書一席之歡以不與聞國事爲名貴甚或如春秋時。楚狂、晨門、荷蕢丈人之類。並其姓名世系亦不欲遺流于人間廟堂雖退山林可居蒼生雖窮生徒可集國運雖斬道統可傳謬想浸淫鑄成國腦雖以孔子之仁聖」尙備遭世人之譏罵斥其爲栖栖皇皇魏晉之間流爲清淨士節日卑放棄禮法遺落世事身居廊廟而競尙猖狂日食甘肥而自誇淡泊不知國家種族爲何物亡國滅種爲何事此非不好名譽也。其程度尙不足以知名譽之可好耳譬如齷齪村嫗。自矜莊潔。究其實未鑿開其嗜欲非能節制其嗜欲者枯槁之夫。亦猶是耳。夫若輩生平服膺之慣語曰厭世。厭世！厭世!! 吁若輩如眞能實行厭世主義。惟有兩法。一則或于伯夷叔齊之餓死。並首陽亦不居薇蕨亦不食一則或能覔入桃源洞。別開天地斷絕世間而後可以達厭世之目的。若徒治出亂入如龜頭之隨時伸縮此尙有人格哉（各國學說。視隱居者與盜賊同科。以其不盡力於社會，而徒消耗社會之物產故也。）夫明哲之治國。非無沉幾審變養晦待時之術然不過當兵鋒旁午猝無可防之時姑蓄勢力其所以蓄勢力者正所以豫備最後戰勝也安有事先不整頓事後不維持聽國家之自治自亂而徒宣告自身作一永久局外中立人耶（世界永久局外中立國。如比利時瑞士盧森堡等。皆有相當之海陸軍。以爲正當防衛。非絕對放任也。）即如孔子當日雖曾避衛孔悝之亂。避魯季桓之亂。或臨河而返。或接淅而行。然出衛入宋出魯入齊車馬奔馳莫或安處未聞徒以杏壇一席消盡其七十三春秋也未聞一日不開通風氣運動公卿也可知聖賢即知即行無不熱心時局固不豈世人以名譽心擬之者乃後人久伏降于專制政體之下。志趣薄弱消滅其組織國家之人格反疑他人之拯濟國家爲營求名譽計意謂我既不求名譽何須有此國家故若輩欲拋棄名譽而並國家亦拋棄之也。嗚呼若輩如自慚疏陋不敢妄干時政則亦已矣若猶有片長薄技可以自効于前途而復偷安一身委億萬血肉于鋒鋩之巔清夜尚可自問耶雖然當今日新思想湧現之時。斷無人抱枯槁山林之志。余此論不幾無目的物耶。曰否否。枯槁與否。不以居處論而以意志論不以事迹論而以心理論隱于山隱于市隱于朝不過軀壳之所寄託殊耳余見我國人少數之心理。墮聰絀明于虛幻之天思想言文。既悖夫實行復乖夫哲理視國家二字之意義。若不足以容納於其腦中恍若他人之所謂救國救種者皆如嬰兒之喧噪擾亂長者之清神佛道耶老學耶個人主義耶世界主義耶余等思想污濁者。誠不足以立于批評之地位然有一言不能自已者。蓋君等如欲實行大同主義。亦不能不保守其國家之一資格異日倘開萬國平和會時君等亦可據一議席以大抒宏論若先亡其國家而希望他人之講大同主義。此亦如勞働社會中人之主張均產主義者然終不足以邀世人之一盼倘君等並絕無所謂主義。一飲一啄隨前定一鳴一寂憑天籟則亦無礙于天地之寬余亦無須饒舌也但不得以冷笑陰刺沮喪他人之英氣動以名譽心擬之也何謂功名之士。既有名譽心復有責任耶。大凡世人如欲建一事之功名不能不負一事之責任。雖不能如聖賢之純粹的負責任。然不至如枯槁之夫純粹的不負責任也。何也。名譽者事實之結果也。寫眞也。不以責任爲素因何能有此結果不以責任爲本相何能有此寫眞故可決其有名譽心者必無一日能忘情于責任也特其責任非出自內心不能眞實不能牢固耳譬如有人使不研求教育不實行教授。則斷不能得教育家之名使不研求政治。不發表政見。則斷不能得政治家之名夫當其研求學問之始心是否發生于責任或名譽。他人均不必苛責且人心之微亦無從下苛責之點亦惟視其果能研求學問與否而已倘必曰某某之研求學問也。係發生于責任心當敬之。某某之研求學問也。係發生于名譽心當斥之。揆議者之用意或欲嚴貶世人之名譽心使之共趨于責任心之一途然竊恐某某之名譽心。一經挫折將墮落于枯槁之最下階級中決不能超度于聖賢之最上階級中以如議者之所期望也。何也蓋某某使爲不好名譽之人耶。則他人之必囂囂誣毀奚爲者某某使果爲好名譽之人耶。見今日之名譽既遭失敗則如始然之火而遭撲滅始達之泉而遭遏塞欣欣向榮之機變爲鬱鬱不得之態徬徨無所之勢必坐安暴棄甚或積羞成憤鋌而走險即甘作一不惜名譽之人以爲文明之障礙又將奈何聖賢之垂教每如春風夏雨不爲巨霆疾雷非無見也

試再從心理上推論之而知名譽心之發生由於欲向善而未能力行欲爲惡而未敢實行之兩種觀念所和合所胎孕之一結果也不能斷其爲至善亦不能斷其爲至惡其心理最後之歸宿也不能逆料其必爲善或必爲惡稍一奮勉即爲善稍一放任即爲惡欲維持世道者亦惟和靄開導使之生油然向善之心以遏絕其惡念而已若折之以嚴厲臨之以倨忤則人之怠心生惰力起必背善而趨惡何也人之向善也如挽舟逆行若不力爭上流則無中流之可砥柱矣據此觀之名譽心之名詞尙係或善或惡之未定的名詞亦惟視他人之能利用其機以左右之而已然而名譽心者之本質亦甚可以誘起責任心也即如所謂研求教育學與政治學其人者雖其始意發生于名譽心然其學問進行之速率即並此名譽心進行之速率而互相追逐互相頡頏迨至其學問可以擔任職務之時期則其人之閱歷必稍深識見必稍透理解必稍强或

即因此漸能誘起其責任心。蓋教育既深。根器既厚。則澆漓自革也。余嘗見有許多人。因欲逞暴動之目的。乃往日本學陸軍。及二三年後。陸軍之程度漸高。而日前之暴動目的。反歸消滅。又嘗見有許多人。因欲謀富貴功名。乃捐出洋之資格。及二三年後。學問之程度漸高。竟有不赴當道之調用。而欲更求高深學問者。此皆足以佐證余之言論也。

且名譽心者。尚可以誘起世人之責任心也。即如我國近數年來。一切新學說之謬解。浸淫于智識幼稚者之腦中。人人以能談一切新學說之濫腔調爲志士。致此學說。大失社會心理之信仰。余既言之矣。本文第四章然而今日少數人。搖筆弄舌。正本清源。世界眞理。日漸顯豁。其稍得有精神上之教育者。或稍得有事實上之閱歷者。皆知守秩序遵公理。對于日前一切囂競氣習。有返躬內訟之意態焉。且日前人人談維新。而今日亦誘起許多眞維新之人才。人人談求學。而今日亦誘起許多眞求學之人才。若從此循序漸進。則日前一切言論。皆必育成豐美穠郁之結果。倘必謂名譽心不足以誘起世人之責任心。然何以中國之維新人才。求學人才。不發生于十年前耶。又何以不沾染風氣之舊社會中人。迄今皆以鹿豕自囿耶。試再觀歐洲自十八世紀以來。其所謂改革主義。權利主義。自由平等主義者。震動一世。而名譽心之流竄。其緒論每破碎旨意鼓簧是非其放縱悖戾之惡德流中人心（法蘭西革命時代。此現象最爲慘烈。）當時有不勝其害者然而自十九世紀開幕以來其學說之眞理畢竟日益圓滿日益推闡以搆成今日之文明世界倘必謂名譽心不足以誘起世人之責任心然何以歐西學說偏于十九世紀以來而大放奇光異彩耶又何以十六世紀以前其黑暗如彼之甚耶雖然余之爲此說也非謂世界之眞理必憑藉名譽心而後能發明也乃謂必經過名譽心之一時期而後可喚起世人以研究此眞理也又非謂名譽心之一時期爲論理上不可無也乃謂爲事實上個人心理上不能無者也何也凡一學說之能吸收社會心理者必社會之心理中先含有此學說之原理急欲發明而力量未能發明者也或已經歷其一二階級而未能窮源竟委者也或已通曉其一二節目而未能提綱挈領者也冥情摹擬之中忽見他人盡抉出我之衷曲吐露之于宏文偉論中不啻謄錄我之腹稿而我窮年累月鬱結不解之心事一旦描寫逼肖其手舞足蹈拍案叫絕之情必躍躍不能自禁甚或逢人傳播滿口揄揚以發展此學說之勢力如是更由此一部分人之傳播而日日推廣于全社會人而全社會人于風聲披靡之中其手舞足蹈拍案叫絕之情必較之一部分人而更躍躍不能自禁此即所謂名譽心之一時期也至于此學說之眞理必反朦蔽于此一時期何也因此一時期人人對此學說皆爲流動的吸收而未暇爲靜定的研究故也然而此學說之潛勢力固隱伏于無形若一旦人心稍靜自能取之裕如譬如有珍味在前。祇患他人之不下箸若既納入口中則決不患其不咀嚼咀嚼之後則決不患其不知此味倘必求他人之確能先知此味者而後授以食之嗚呼。此珍品之能售于世間也不亦難哉夫世界之眞理亦猶是耳。倘必曰此眞理之進行必不容有名譽心者插足于其間則余可斷言曰。此眞理之勢力必無普及社會之一日若欲普及社會則必不能無名譽鼓吹之一日蓋社會心理者。不能自動者也又不能有完全之辨理心者也使無一種飛揚激勵之聲勢霹靂于其腦中則必長此睡鄉誰能放開眼界否則或偶一起視而隨以安臥也余嘗見交戰者。而有軍樂以鼓其精神。演劇者。而有腔板以諧其音調。使無軍樂。則士卒不獨減其戰鬥力且消其悲憤心豈得曰交戰者國民之天職不須以軍樂鼓吹之耶使無腔板。則不獨聽之者生倦臥之心即演之者亦生枯寂之感。豈得曰演劇者生人之樂事不須以腔板叶奏之耶此可知、欲、利用、社會之心理者、不可不先發揚其志氣而後收歛其精神也不然則惟有用愚民政策使人民絕無所謂思想以養成其永靜性之一法然猶不能斷絕其名譽心不過其名譽心之範圍較小狹對于國家表面無甚發現而已即以中國日前之科舉論其愚民可謂極矣其人民之無思想亦可謂極矣然而熱心標榜之徒趨之若鶩賄賂跪拜以一博座主之下筆圈點爲祖宗門戶之光甚或以生命殉之其貧賤者猶曰爲一生衣食計不得不爾而其顯宦子弟亦爭入此彀其意爲何曰好名譽而已矣夫野蠻時代之人民其不能無名譽心也既如彼況開明時期之人民權利思想發達自由思想發達能保其不馳騁其名譽心耶況野蠻時期着手過渡于開明時期之人民有權利思想而無權利能力有自由思想而無自由能力能保其不誤用精力于名譽心耶余故曰名譽心者爲事實上爲個人心理上所不能無者也能無名譽心者即爲聖賢爲英雄試問世人其能爲聖賢爲英雄者又有幾人耶再括論心理而爲本段文義之一斷案曰名譽心發生之主觀係由于自身之有感覺心與愛慕心也感覺此物愛慕此物而未暇爲根本上之研究則名譽心即乘隙而試其技又名譽心發生之客觀係由于他人之有好惡心與毀譽心也欲博他人之好與譽避他人之惡與毀而未暇爲根本上之研究則名譽心亦即乘隙而試其技據此觀之如自身能無感覺心與愛慕心則名譽心可以斷絕或他人能無好惡心與毀譽心則名譽心亦可斷絕否則名譽心之一物未有能斷絕于人心者也

或者謂名譽心若不斷絕恐亡國敗家毀倫滅理之事皆由此起曰此中性質複雜宜以嚴正的論理法剖辨之萬不宜以囫圇片語下斷案也蓋亡國敗家毀倫滅理之事乃窮凶極惡之事作此事者乃窮凶極惡之人即絕對的不惜名譽之人也使若輩稍有名譽心則對于一事實必撫拾公理必環顧輿論而心中有許多忌憚許多遲迴何至明目張膽毅然犯天下之不韙耶夫我輩縱欲貶斥名譽心不過曰有名譽心者斷不能有鞏固建設與獨立能力而已更進擊一步立論亦不過曰有名譽者不以長一時浮僞之氣與標榜之風而已不當旁引窮凶極惡之事悉歸咎于名譽心以文致其罪鍛鍊其詞也余試以議者之原論作一倒裝法還以詰之曰若有人爲窮凶極惡之事而當事者祇以名譽心三字定其心理上之罪名其不足以爲精括之裁判也自

不待言明夫此則不能以窮凶極惡之事歸咎於名譽心之原因。一左證之而自明瞭也。各國刑法之通則。凡有意志而無動作者與有動作而無意志者。不爲行爲。其罪不成立。況于意志外之意志動作外之動作而輾轉牽連耶例如縱火罪由縱火而焚他人之屋。由焚屋而使受害者更造新屋。然刑法不問其害人更造新屋之罪而祇以焚屋之一動作爲結果又如盜賊罪。竊取財物。致受害者流爲乞丐然刑法不問其害人爲乞丐之罪而祇以竊取財物之一動作爲結果（日本岡田博士刑法講義中。曾舉此例。）何也。施害者之行爲已終止于此地步故耳倘必曰日後一切之縱火罪與盜賊罪皆此一人之動機與其遠因所造出之結果。恐其深刻爲商君韓非夢想所不及法理無此苛碎。道德亦然故論名譽心之弊害者。祇當就名譽心實質上所發生之直接因果立論不當反果以證因剝因以論果也我國歷代立國之道。其賴法律以爲維持者其事少其賴道德以爲維持者其事多而道德之作用施之于事實上者少施之于心術上者多若論及他人之罪過每拋棄事實而對于其人之心術上推究復推究吹求復吹求一言論稍涉浮蕩一步履稍涉遽促即可謂充此言論充此步履可以亡國敗家其用意以爲亡國敗家之事。莫不由天良之喪失。欲保此天良之本眞。則惟有于言論間步履間杜絕一切偏倚乖舛之習。按其理論。誠可謂爲正本清源防微杜漸之論。無奈世人其上智者少。其中材者多。若教育之程度過高。其上智者自能及格。而中材者每易落第矣。旣經落第。則仰跂萬仞之宮牆。如天之不可階而升。而又無一程度稍低之教育以範圍之。出道日遠。入惡日深。馴至其中材之資亦不可保守。犯科作姦。流于不覺。而國家多事矣。而法律之懲戒。又左支右絀。罅漏無可彌縫矣。某某所編之法學通論。第一章。其中有云。「後之儒者。不通孔氏之意。不知道德法律。皆當以教育爲先。而惟高言道德主義之德治國。而恥言法律主義之法治國。卒之其理想之德治國。而永無可以希望。且並世界各國之法治國。秩序井然。整齊畫一之規模。亦不可幾及矣。」此足以與本意相發明也。我國之所以人人空談道德。即人人不能實行道德。冥冥中隨入于禽獸之域。猶自誇爲孔孟之徒者。得無由論事過于深刻而行事反逸出範圍之咎耶。故我國歷代名儒講學。祇知以好名爲大戒。而不知利用其好名以誘起其責任心。此所以成爲今日無名譽心無責任心之一麻木不仁之國家也。昔有人問劉蕺山曰。『三代下惟恐不好名。名字恐惟可抹壞。』又曰『即如今日之會。來聽者亦爲有好名之心耳。即此一念。便亦足取。』蕺山曰『此語尤有病。這會若爲名而起。是率天下而爲亂臣賊子者。皆吾輩倡之也』竊按此段言論。全然答非所問。夫問者之意。原謂世間不能無好名之人。此事實上之言也。而答者則謂世間不當有好名之人。此原理上之言也。問者謂他人之好名。亦有足取。此處世接物之道也。而答者則謂吾輩不可爲亂臣賊子之倡。此誠意正心之道也。嗚呼知名之不可好而不知化人之好名。知亂臣賊子之不可爲而不知化人之爲亂臣賊子此全係消極的學說此全係束身自好之模範大違反聖人有教無類因材設教之本意也。殊不知天下果無一好名之人也。又何必費施此教育耶。又安用有此維持世道之人耶。余再結論本段文義而下斷案曰。有名譽者決不敢有窮凶極惡之事。有窮凶極惡之事者。決不足以有名譽心。縱或有因一時名譽心之發動。而不覺陷身之窮凶極惡之中者。然亦衹可謂其名譽心爲「其罪成立」之一部分要素。而固非其單獨要素何也。以名譽心之原始意志。必不能有此窮凶極惡之結果。故耳此即刑法上之所謂「意思上未具一定之條件者。而責任之問題不生」之意也。安得以亡國敗家毀倫滅理之事。皆歸獄于名譽心之一原因耶。按此章之論意。係由於名譽心之總體中。而另開一部分之理論。猶講學家之于原則中而有例外。于總論中而有各論也。讀者合觀本文第四章。即知此意。並非余之贊揚此名譽心也。

或者曰。然則對于他人之名譽心。即純用放任主義耶」曰否否。激發我之責任心爲世道人心之鵠一方面感動他人之責任心一方面劣敗他人之名譽心此最有成効最有把握之法蓋天下無論何事。祇有或是或非之剖斷法而無不是不非之調停法我輩對于天下之事。祇有或應擔任或不應擔任之剖斷法而無可擔任可不擔任之調停法何也。天下祇有一理也人生祇有一腦也用我之腦以推想此理者又祇有我一人也我用我之腦我推我之理絕無一對待者可以侵佔我之權利或代表我之義務倘我之腦合夫此理耶我即行使其責任心返夫此理耶我即收束其責任心事先絕不須他人協贊事後絕不須他人承認吁試問有何餘地以容我之名譽心之駐在耶況其事如爲我腦中所已推想之事其應擔任與否他人莫能有範圍外之行動倘逸出範圍則失敗而已矣墮落而已矣吁又試問有何餘地以容他人名譽心之駐在耶故我之責任心若增一分世人之名譽心即減一分我之責任心充滿于世界世人之名譽心即消滅于世界推此理以反映之。可知世人名譽心之所以發生者由于我之責任心不發生之咎也試就我國歷史觀之。孔氏出而管晏無可誇之功孟氏出而蘇張無可獻之策諸葛出而孫曹無可假之義司馬出而王呂無可文之奸諸如此類。不勝縷述、至于歐美各國其效尤著。蓋各國人民對于國家之觀念異常懇篤莫不各激發其責任心縱或有少數名譽心者。可以熒眩一時之是非然一經實驗無不立仆于責任心之前例如、一政黨也當其國家智識幼穉之時、必有多數小政黨弋取聲華各抱政見互相水火迨其人民程度日高能有批評政治之常識而其弋取聲華之政黨即就劣敗而全國人才必趨注于此二三大政黨之範圍中。（現任各國政黨之能佔政治上優勢者。以兩大政黨爲適宜。否則紛爭之禍烈。）而此大政黨之勢力遂瀰漫全國其在立憲國。則必能組織政黨內閣兩大政黨互相起伏（政黨內閣制度。英國最爲盛行。）或橫佔勢力于議會其在共和國、則必能選爲大統領以搆成第二之政府（美國政黨之勢力最大。世人稱爲第二之政府。）試再就報紙論、當國家出一重大問題。各處報紙、每多虛幻離奇之說或偏挾成見或空演理想或以深文沽直名或以誣詞洩私憤人心迷茫莫可究詰及有責任心者出夫其中義正詞嚴發明公理即可以吸收全國心理于立談或朝爲一人之私議夕成全體之公評朝爲民黨之文章夕成當道之政治由是觀之。世間不患有名譽心者而患無責任心者若有責任心者一露頭角而有名譽心者。即退處于無權。且必爲其所招降焉。所歸化焉。斷無相持不下之理。即如我國三年前或見他人有數月程度之科學者。即推之爲教育家。今則猥狽于講席上矣。又或見他人之能稍通外國語言者。即推之爲外交家。今則知其不能談一法理矣。（中國日前所駐在各國之公使領事。以及臨時派遣之各外交官。皆以能略通英語者充之。絕無他種智識者。十而八九。現在尚抗顏于外交上重要之位置。其喪失權利。猶其顯焉者。其召人輕侮者。尤關係人種問題也。）又或見他人之能發一普通議論者。即推之爲文章家。今則不能供通人之參證矣。何也。人心者。進化的也。有機的也。而謂名譽心之作用。可以有永久繼續之効力耶。余故曰惟有激發我之責任心一方面。感動他人之名譽心一方面。劣敗他人之名譽心也。此所謂兩大利也。倘徒排斥他人之名譽心。則有兩大害。一則其中之狡黠者。易生仇憤。開私黨攻訐之風。使國家受無形之禍害。一則其中之柔懦者。既受挫折。則志氣萎縮。無復有國家之觀念。至于思想初開之國家。則爲禍尤烈。何也。以其人民之程度。尚在名譽心之一階級。而未能躋上責任心之一階級故也。試觀我國。現今所在政治界上行動之人。今日鍊兵隊。明日興學務。今日辦警察。明日修鐵道。百計籌畫。僕僕不遑。較日前之高臥羲皇。勤勞倍蓰。而猶有餘歡者。且猶有顧忌輿論之心者。無非欲博一開通之名文明之名維新功臣之名而已其能熟察中國現將趨于必亡之勢以及本身有萬不能不負之責任者百難一二也然而中國現今之所以有一綫光明者猶存留此殘山賸水以偷安旦夕者皆此有名譽心者之所賜也不然恐此等人久已埋身于室家衣食之一範圍中置國事于不問矣再不然則必反對文明奏章交阻雖科舉亦不能廢矣此名譽心之未可排斥之一大原因也倘必持極端反對之論曰中國今日國勢如何危險新政如何艱難非有眞負責任之人出而任事則斷無可整頓某某之開通者皆僞開通也文明者皆僞文明也維新者皆僞維新也其用意不過爲個人名譽計並無一實心救國之處必排斥之而後事乃有濟按此言自一方面論之未必非洞中時弊之談但中國今日之能眞負責任之人又安在耶縱或有少數軒昂不拔之才然中國現今百廢具舉少數人才又安能供全部之支配耶若必俟受有完全教育之人才出而後舉行一切新政然人才之作育又非十年爲期決不能有所建設而中國現在之危態朝遷夕幻恐未必有十年之存在即或十年尚存在人才亦輩出然非有二三年極力整頓其一切學政不能有現在之根基又何如假今日根基以爲巽

日實行之着手耶簡單判之曰國家者不能一日不活動者也人才者非一日所能造成者也當此時期則不得不利用名譽心以鼓舞世人之精神裒痛扶創假定一時之壁壘授後起英雄以展布之資至于欲構造國民精神之國家行動一切國民精神之事業則有責任心者刻苦自勵可也若徒事事立于客位批評之地位對于政府事先既不條陳意見事後復漫然譏嘲甚或見他人之稍有生氣者即訾其爲好事而自以爲志氣清高品學純粹無一切名譽心而不知其名譽心較之尋常人更爲深曲更爲尖刻何也以其心中無時不摹寫清流名士道學先生之狀態故也嗚呼亡中國者以此等人爲最烈也

按本章文義與第四章文義係水天反映非自相矛盾也蓋彼章爲原則此章爲例外彼章可持爲勵志之方法此章可持爲待人之方法彼章可引爲道德上之砥勵此章可引爲事實上之演繹彼章可爲永久之歸宿此章可爲一時之假借讀者當能辨別之。

（完）

◉第六號本論正誤表

(葉)	(行)	(誤)	(正)
一〇	五	十州	十三州
一三	四	幾萬幾萬	幾萬萬萬
〃八	九	然能就	然就
	四	泊沒	汨沒

教育學剖解圖說（續第七十八號）

譯述

祖武

第四章 訓育

（一）訓育之意義目的及關係

1 意義……在被教育者之有感情意思是亦教育上之作用也。

2 目的……
- 一 感情的方面……有優美厚情快豁氣宇。
- 二 意思的方面……陶冶使成强固不拔之道德的品性。

3 訓育及教授之關係……
- 一 初時……訓育先于教授。
  - 規律秩序之必要及貴重之事物在實地合計行之使之有感而成習慣然後施以教授。
- 二 中時……訓育與教育并行。
  - 教授兒童之從順最宜肅靜而其欲望及感情又恐不易興起故此時且教授且訓育之必要也。
- 三 終時……訓育後行于教授。

一於教授雖熟知之。然恐不能實行其効。故令將已知之者使之實地練習。

（二）訓育之種類（一）

1 消極的方面……抑壓兒童勿爲不良之性質行爲之謂也。（抑制）

2 積極的方面……兒童有爲善良之欲望意見。即于多方面而使活動之。將養成正確習慣之謂也。（誘導）

3 兩方面之調和……兩方面相待必使相和。

（三）訓育之種類（二）

1 訓練（內心的方面）

一 於兒童之意思使之直接道德的感化作用也。故無敢强制之者。

二 於兒童未來之品性上求其使有結果者。狹義之教育也。

三 於教育之末期。要義甚多。是兒童之知見若稍稍進步也。

2 營理（外形的方面）

一 從外部之秩序而整齊之。有使團體統一之目的。

二 有必使現在兒童服從之之威力也。

三 於教育之初期。必要注意者。因是爲兒童欲望感情將盛之時期也。

1 有從順之養成

理由……兒童不明理性。一任欲望感情之作用者也。故教師爲兒童代判斷其善惡者。可即以其意志而支配其意志。此從順之所必要也。

2 有習慣之養成

（四）訓育之順序及注意
理由……從順者。一時的也。機械的也。若兒童之知見既明。則善惡亦有明確之判斷。不難使爲善良之働作也。此習慣之所必要也。
3 有自治心之養成
理由……習慣亦機械的働作也。因此價值甚少。道德上最貴重者。於理性之判斷正確。乃得爲獨立自裁之人也。

4 有敎育者之模倣
理由……敎育者。兒童之先天的模倣者也。敎師之言行最爲愼重。則兒童于不言不識之間。當得養成善良之品性。

5 注意
一 當得寬嚴之宜
理由……兒童之惡傾向。有惡行爲者無使假借。當必十分嚴厲。兒童之善傾向。有善行爲及無邪氣之所行者。當必十分寬弛。若過嚴則成卑屈怯懦陰險狡猾。若過寬則成放縱傲慢不規律的。
二 宜注意於個性
兒童各人之個性。有千種萬種。是由遺傳敎育之經驗使之然也。其理由……善惡在于何點。亦宜注意詳密。有須助長者。有須排滅者。不可不明察之也。

(五)教育之手段

1 訓育之目的……以道德的品性爲陶冶。

2 品性之意義……常從一定之道德上之主義。而動作確乎不拔之性質。以發育最高之思想之謂也。

3 陶冶之手段……
- 一 有直接關係者。遊戲。作業。交際者。
- 二 有間接關係者。模範、許可、非拒、命令、勸告、監視、訓諭、賞罰

(六)遊戲

1 目的……
- 一 增進心身之活力。
- 二 欲兒童有自然之活動。必使滿足其要求。以豫防閑居將爲不善之舉動。
- 三 養成協同規律勇氣禮儀等之精神。
- 四 增進其自信力發揮其獨立獨行之精神。
- 五 使兒童之個性任意自然發現。且從而觀察之。訓練之。以供給爲有力之材料。

- 一 當使毋忘運動之快感。
- 二 不可不組織于教育的方案之下。

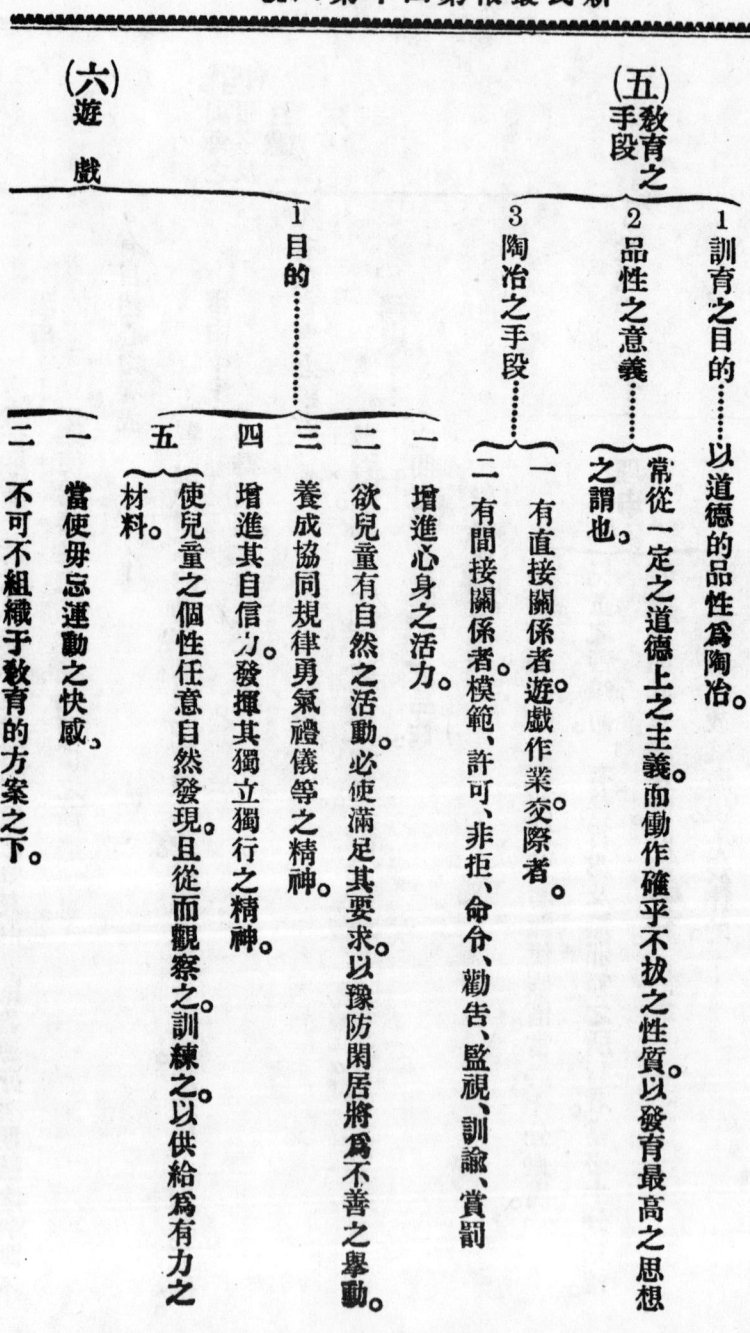

2 注意
三 無論團體及個人當必使得行同一之活動。
四 當避道德上之防害及危險者。
五 可令兒童自擇其種類教師不得而强之。
六 當使守大體之規律而於個性之活動且使十分發揮之。
七 教師亦爲遊戲中之一人者。但恐流于亂雜則須有威嚴之地位。

(七)作業

1 種類……手工、裁縫、洒掃、動植物之採集等。

2 目的
一 於各技能各任事有固有之目的。
二 使得社會的職業之基礎之觀念。
三 熱中於業務者養成剛忍勤勉注意競爭之德性。
四 業務既成之後使感神聖之快情。

3 注意
一 於兒童身體精神發達之時即應課之。
二 可使之熱心從事毋令其無故中止。
三 除使守大體之規律外其他各兒童之自由活動之餘地。不得禁止。
四 宜注意於適宜之指導且毋怠于常常監視。

1 意義……人人互相交接而爲交換思想感情之謂也。

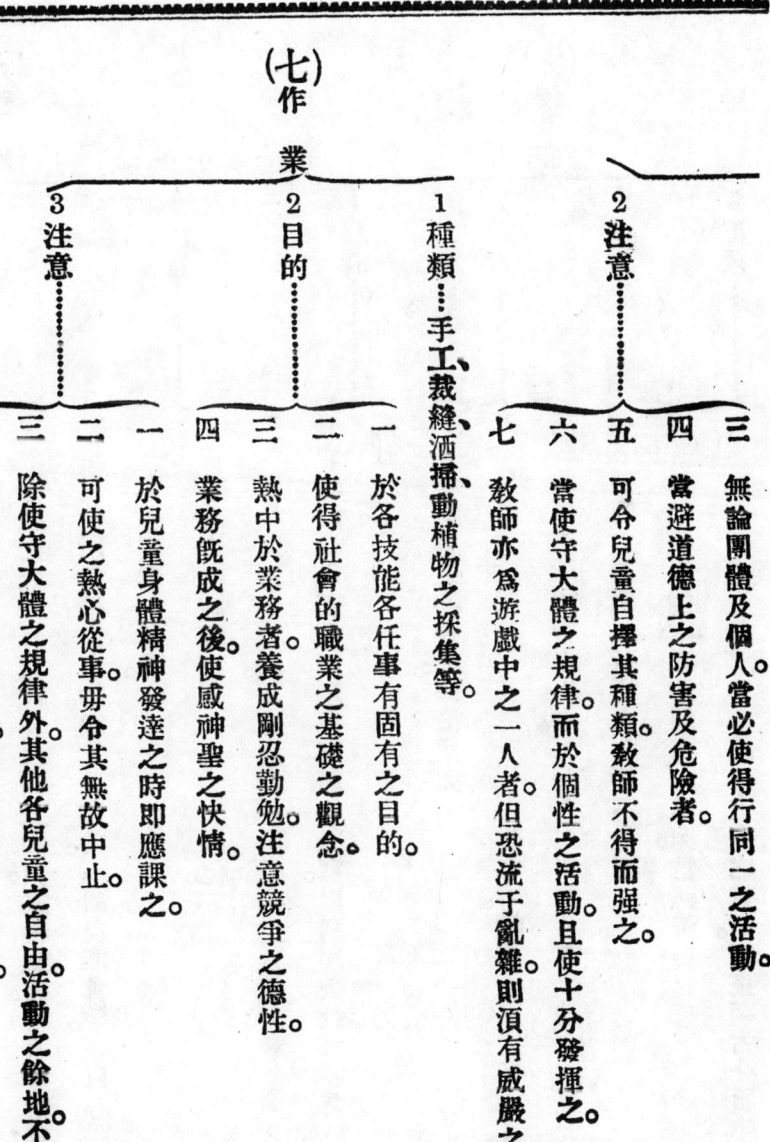

（八）交際
2 結果……
一 于個人之間。交換其思想。融洽其感化。
二 于多人之間。養成其共同心。（校風國風）
三 從感化之中心比較其人物之如何。或善或惡。均有非常重大之結果。
3 注意……
一 兒童所常接之人物。即父母兄弟而朋友能尊敬。亦自心服者。與交際之中心則爲大影響。
二 教育者之威權德望。與之大有感化。
三 學校所有之校風。及儀式會合。亦感化之力頗大者也。

（九）模範
1 意義……教育者於自己體具的示以模範的事實。以利用被教育者之模倣性。有使之模倣之意。
2 効力……
一 從教育之初期始。即須用此。
二 兒童最宜學此。且易受感化影響之事。較勝于用他言語及訓育的手段。
三 非僅單于實行上用之。而又有用于言語者。故効力之最大也。
3 種類……
一 教師之示例。教師之言行。不可不一致。
二 外圍之示例。家族朋友之示例。當必善良。（示古人之言行。有東西古今賢聖勇者之傳記。

三 歷史上及理想上之示例……
甲 詩歌小說之種類。
乙 使兒童假想善良之人物。而自判斷之且使之自假想也。

四 為最強勢之影響社會上之習慣及法律是也。

(十) 許可及非拒

1 許可之意義……一任兒童之意而許可之之謂也。

例……非必要而有益者不得許可。

2 非拒之意義……抑制兒童之意而使不為惡行之謂也。

例……非有害而危險者不得非拒。

3 關于許可之注意……
一 當注意于時期及時間。
二 當選擇物之分量及性質。

4 關于非拒之注意……
一 當制欲望及我意。
二 當豫防將來之生活。恐成不幸之結果。
三 可使至良之習慣。
四 須使必強行之。
五 當使用一定之主義。

譯述

(二)命令

命令

1 意義……（指導兒童將來爲敎師之意志而使之服從之謂也。

2 種類……（一示令（於兒童未發動之時以積極的支配于彼而使之發動者也。
二禁令（於兒童既發動之時以消極的支配于彼而不使之發動者也。

3 價値……（敎師若从外部强施抑御則兒童心內無自裁之行爲故兒童之進步亦因之而阻滯。命令者代使兒童之自裁的行爲者也。

4 命令……（許可非拒者有於兒童之根元而爭動的偶然的之作用也。命令者從敎師根元起而發動的規則的之作用也。

5 注意……（
一 當必熟慮而斷定之者。
二 當必可得兒童之實行者。
三 須出于前後一途者。
四 當必明確主旨。
五 須在具體的。
六 當必爲實際的者。
七 當以好意引動愼毋陷于酷刻嚴峻。
八 當使理解其命令之主旨。

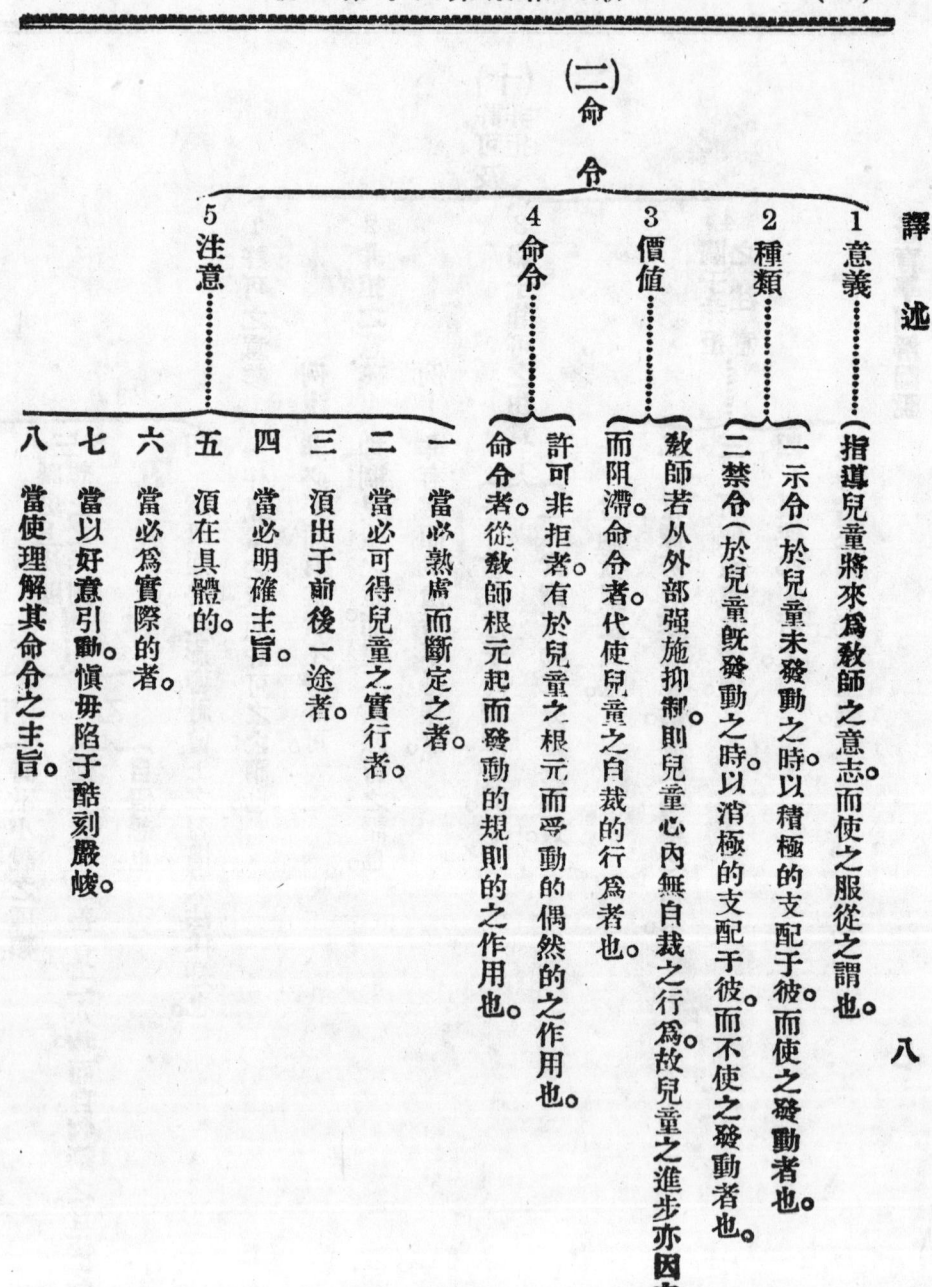

九 愼毋妄爲取消之事。

十 愼毋過一時之多。

(二)勸告

1 意義……先將理由示明使實行可爲之事警戒使不實行不可爲之事之謂也。於兒童長成之時從命令及許可非拒次第減其分量勸告者可使代命令等者也。

2 時期……故用時當在許可之次期即彼獨立自裁之始期。

3 注意……
- 一 當必用溫和之言語態度。
- 二 當直用于必要之時機。不可後時否則恐無效力。
- 三 有行于全般者有行于個人者。

(三)監視

1 目的(有二)……
- 一 監督豫防兒童身體上及道德之危險且有指導奬勵爲善之責。
- 二 觀察密究兒童之個性。

2 方法……
- 一 家庭及學校最適于幼稚年期必要之事。
- 二 若過于嚴密失于干涉則大殺兒童之活氣。
- 三 切不可濫用以致面從心違也。
- 四 最不可使此童而摘發他童之惡事。

1 目的……直于日常之偶發事項。以利用兒童之志意使發達其感情。

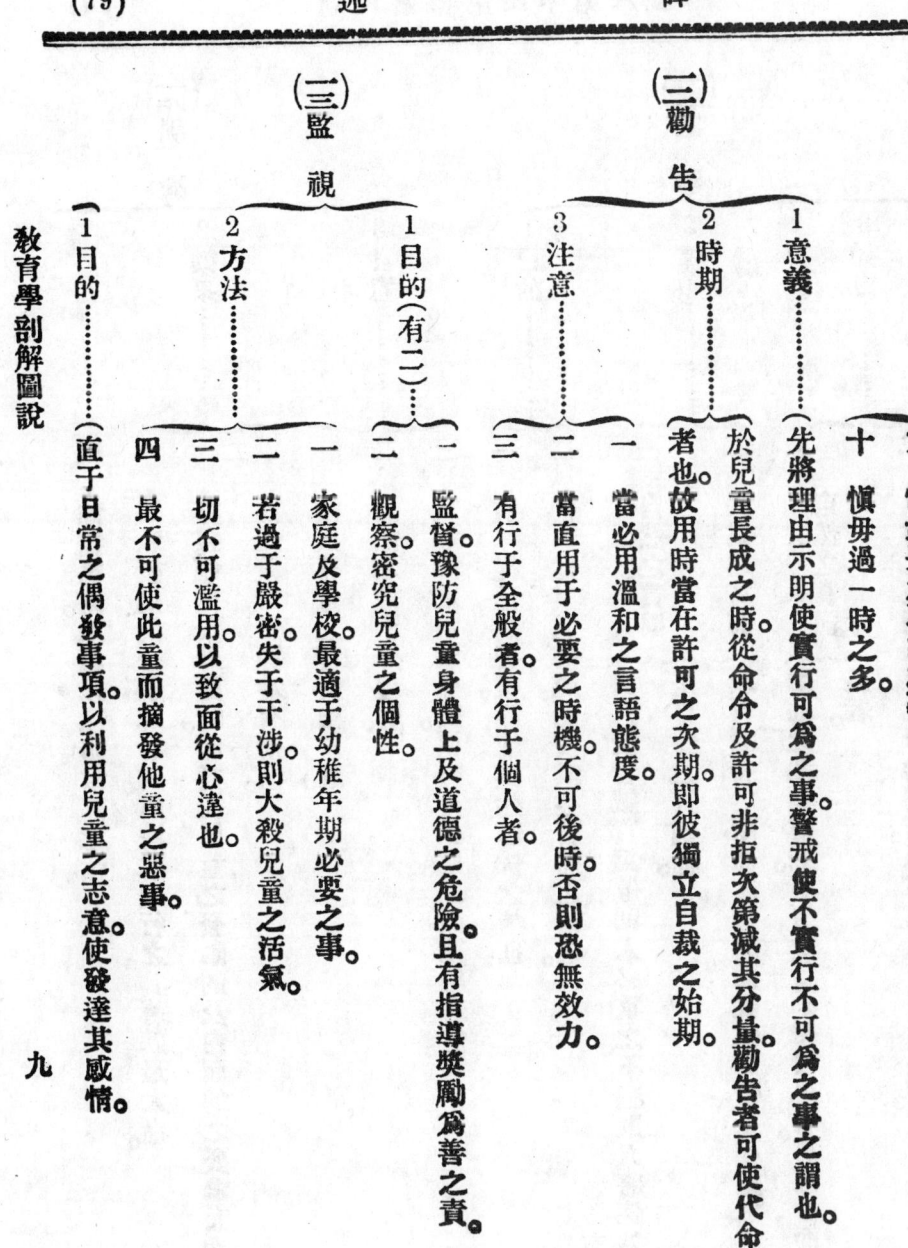

例……如雷鳴時。即諭以豫防雷落之法。

(一四)訓諭

2 効果

一 與敎授的同一般之行爲。而注意施行之。其著効最大也。

二 非强制的及外面的。而實從兒童之發動的及內面的之要求而投之者。因此較命令等爲有効也。

3 注意

一 須與兒童之程度相當應。

二 須使之得十分理解。

三 於敎師之言動事實須一一相應。且須寬嚴適宜。

(一五)賞罰

1 目的

一 賞 從己爲善後。而使其生愉快之情也。

二 罰 從其爲惡處。而使其生苦痛之情也。

2 種類

一 自然之賞罰（與人交若誠實篤敬。則人必重之。不然則人將疎外之也。是自然之賞罰也。）

二 人爲之賞罰（敎育者特於覿面之報應而設。使爲確正相應之方法也。）

3 効力

一 自然之賞罰（雖如此裁制薄弱。而有善行不得善果者。有惡行而無惡果者。）

二 人爲之賞罰（使之行爲精確。以防以上所有之缺點。）

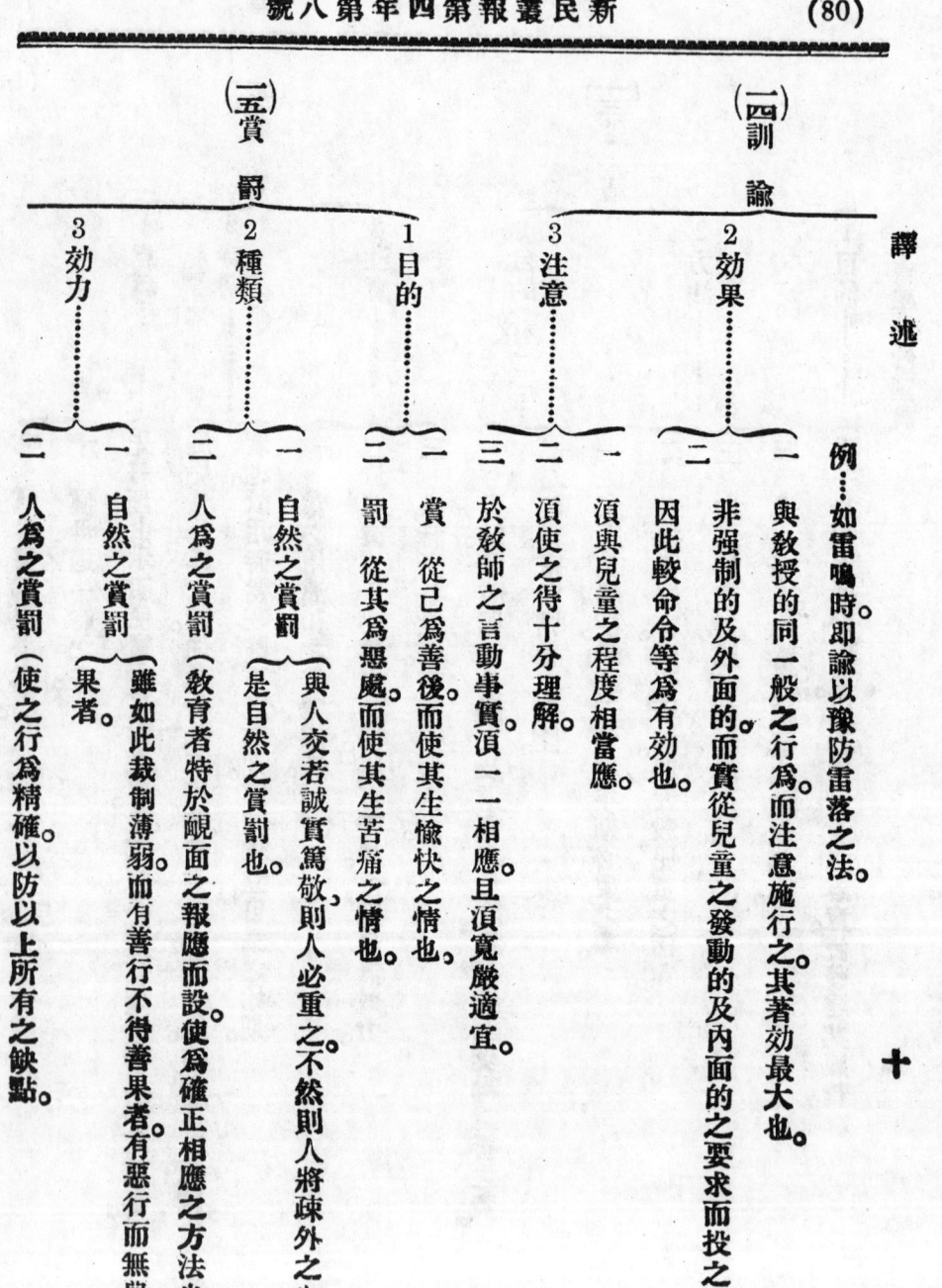

4 必要……施人爲的賞罰者。所以使之訓練者也。但多行之于個人。而非行之于全體教育者。爲賞罰之手段。不可不使兒童有向善之心。因兒童于實際上將爲欲望感情之舉。故以賞罰而左右之。此亦一時的之必要。而借爲方便者也。

（一六）褒賞

1 目的……對于兒童之善良行爲。故使與起愉快之情。而益使行善良之事實也。

2 種類……

一 稱贊……對于兒童之善行。以言辭容貌舉動而表稱之。使其喜悅滿足者也。若教師有十分之威權。則此法最爲相宜。

二 贈與（有以書籍學用品繪畫賞牌等。以獎勵其善行者。

三 許可（與以特別之自由時間。此對于勤勞而施獎勵之法也。

四 表彰……與以特別之待遇。及授以名譽之職。以獎勵其善行。然必適用于兒童之實有進步者。

1 目的……欲矯兒童之惡行。使改去不良之性質。故特意與以苦痛。使起不快之感情。而移化之也。

2 必要……

一 强大於命令禁止之力。

二 非拒其不正當之行爲。使生善良之傾向。

三 將使悟正當之理由。且使起敬畏之情及義務之情。

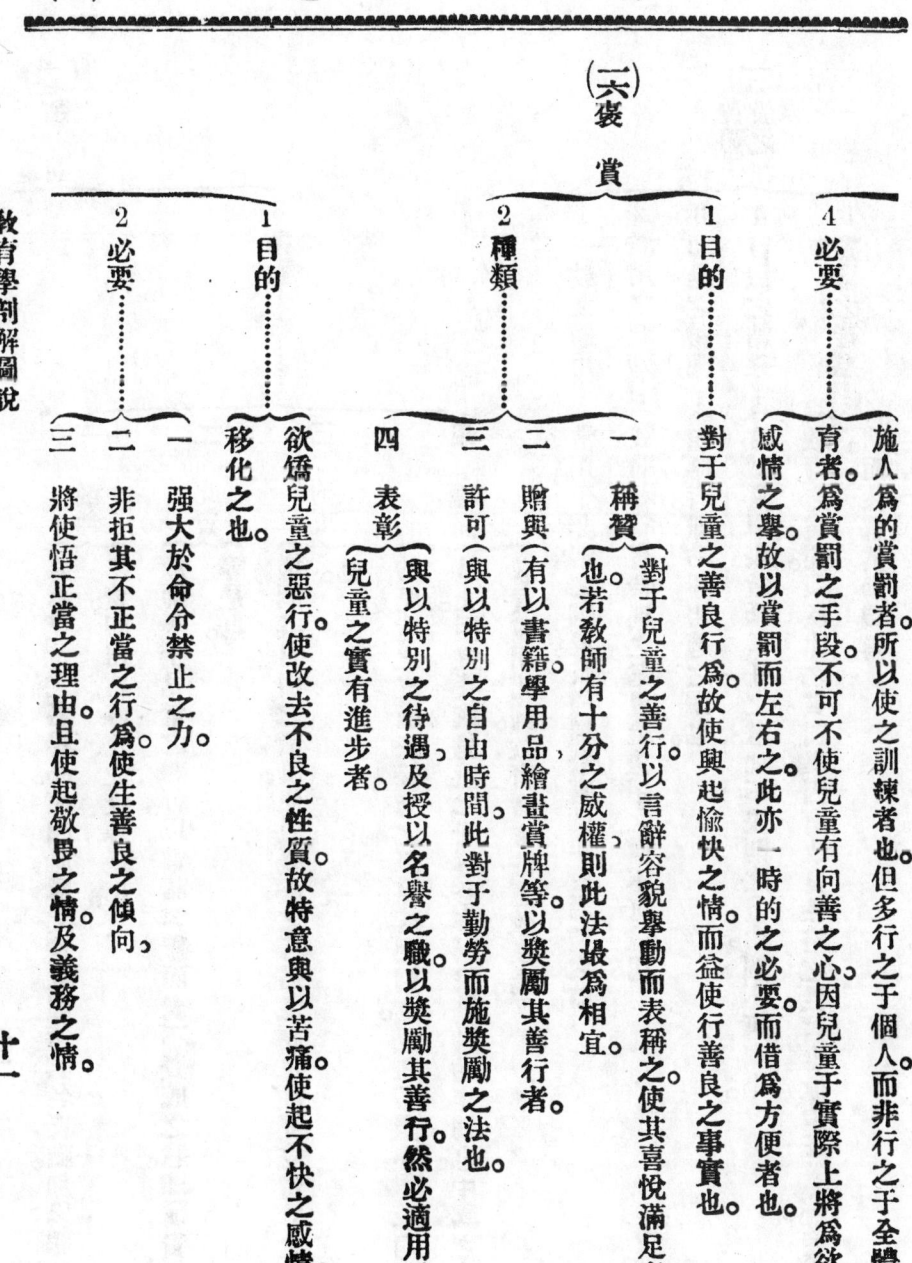

譯述 十二

（一七）懲罰

3 種類……

一 褫奪｛直訴兒童之名譽心使起耻辱之情也如奪其名譽職加以非難之叱責即出席停止放校等是也。

二 叱責｛敎師對于兒童之悪行以言語容貌而表不贊成之意即譴責恐惧等是也。

三 拘束｛抑制其自由之活動使感覺心之苦痛之謂也如罰立留守之類是也。

四 體罰｛於兒童之皮膚直接施之以痛苦之謂也現在各國小學校均發行禁止因宜養成兒童之耻辱心亦國民精神的作用也中國之家庭敎育慣用此例敎育者宜注意改良焉。

（一八）賞罰一般之注意

1 一般之適用……（當用于非常之處置及種種敎育的手段窮盡之時。

2 濫用之無効……（賞罰者希有特別之處置然後用之愼不可濫用。

3 功過之相應……（相應者即功罪相適之謂也。

4 自然之結果……（宜誠實以表敎師信任之意如不規則之自由則不可與也。

5 動機之善惡……｛敎育之賞罰與法律之賞罰異因有改良性格之性質也故須于善惡行為之前而注意其動機焉。

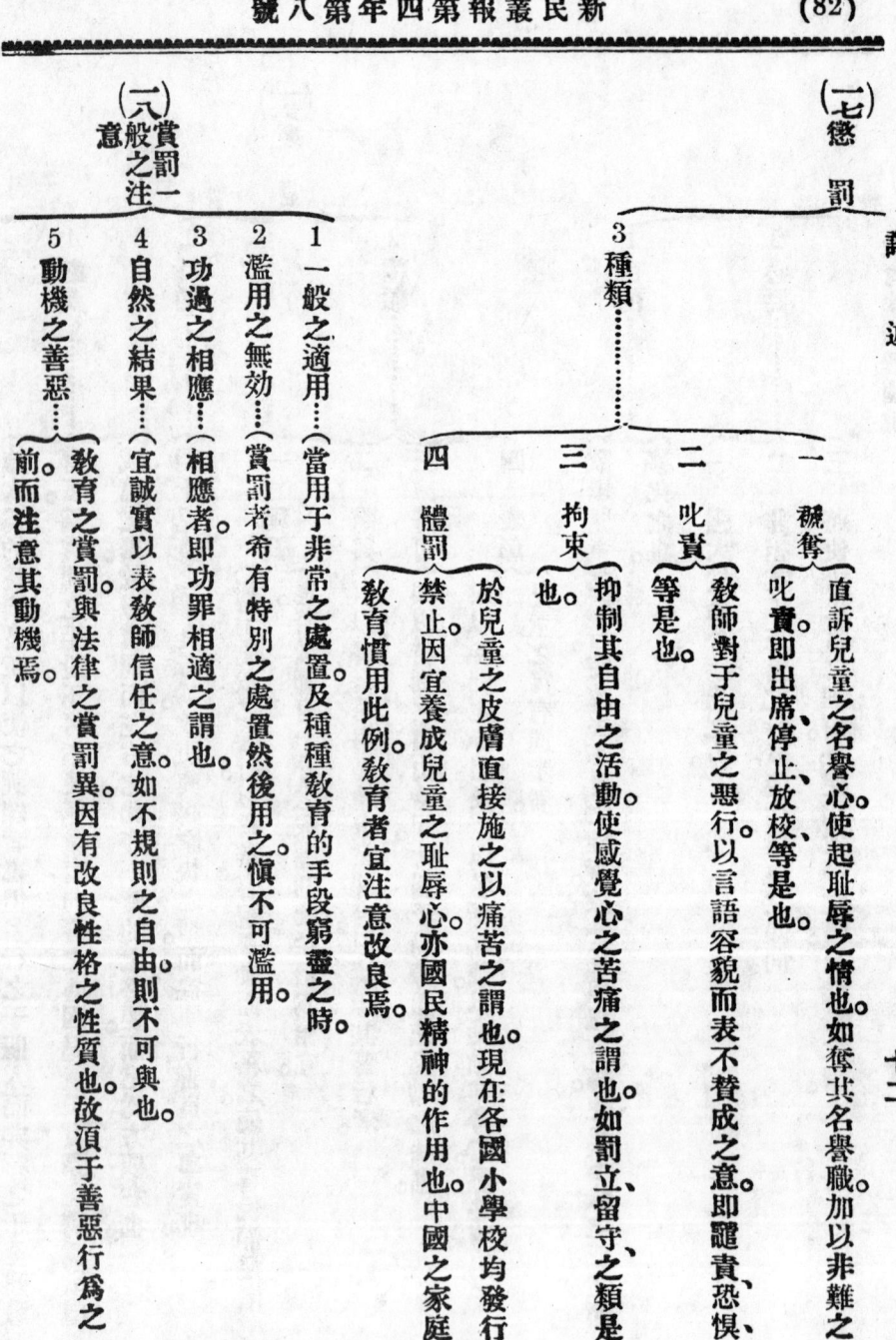

6 道德的性質…（賞罰者非形式的法律的直訴兒童之名譽心及道德心也。

7 情狀之斟酌…（須從兒童之年齡及能力而多方支配之。

8 周到之老慮…（用意須十分周到。熟慮之而後行。

（一九）特于褒賞之注意

1 程度…（於次第不減其度數以遂其耳心滿足之至樂。即從有形的可爲無形的賞許也。

2 必要…（如用十分努力所爲之善事。但從天稟所成之事者。不在此例。

3 希望…（賞者當必使有希望也。

4 顯著…（賞者無論何人。當使之無疑。可于顯著之時地行之。

（二〇）特于懲罰之注意

1 中心…（徒以教師之愛情爲中心。或侮辱嘲弄最不可。

2 故意…（有意之惡行。始特罰之。若係偶然失足。寬之可也。

3 私情…（教師亦不可以私心我意而行不公平之罰。

（二一）教授之訓育作用

1 材料之方面…

一 從人類界自然界取適當之材料。以養成爲健全之智力。其資于道德上之陶冶者。如修身國文等科是也。

二 國語、唱歌、圖畫等。爲審美的陶冶。

二 教師之人格…因人格之如何。兒童可於暗中受其訓化。

- 2 方法之方面……
  - 二 教師之態度……誠意熱心等之態度者可于兒童生活上養成其品格也。
  - 三 為明晰之言語……為明晰條理之言語使兒童聞之而起其興會也。
  - 四 說明訓話……教師之說明暢及訓話之親切大使兒童生感佩之念。

(三)教育者之種類

- 1 自然的教育者……父母是也。
- 2 職務的教育者……教師是也。

(三)父母及其補助

- 1 母之教育力……
  - 一 自然之教育者天職也決不能免其責任。
  - 二 注意周到。愛情强厚最為適任。
  - 三 語言態度等之最初之教育惟母教為優。
  - 四 稍乏威嚴易于溺愛此其缺點也。
- 2 父之教育力……
  - 一 父因為一家之主宰。為權力之中心也。
  - 二 常常外出。不易于親。
  - 三 可為正理果斷威嚴等之訓育。
  - 四 母之愛父之威可為共働之訓育。
- 3 祖父母兄姊弟妹……可常與父母同一方針者。

(一)

- 1 必要……
  - 一 兒童于發育時。要為特別之知識及技能者。父母或不能為此之教育。

(三) 於特殊之教育的知識及技能有圓滿之性格者可使養成之。

(四) 教育者之資格

2 資格……

一 身體上之資格
- 甲 要身體之調和的發育者。
- 乙 必須健康强固者。
- 丙 須有完全之言語機關者。
- 丁 須運動活敏技能巧妙。

二 精神上之資格
- 甲 須有高潔圓滿之品性者。
- 乙 當愛其教職者。
- 丙 于必要之職務須有其知識及技能者。
- 丁 當不怠于自修者。
- 戊 必要有親愛、勤勉、熱心、忍耐、進取等之性格者。

三 職務
- 甲 最高尚也……因此養成人之品性也。
- 乙 最困難也……人之精神作用愈複雜愈靈妙也。

第五章 教育之形式

(一) 教育之形式

1 意義……於實行之教育當執一定之形式之謂也。

(二 自數目分之者 (甲 個別教育。

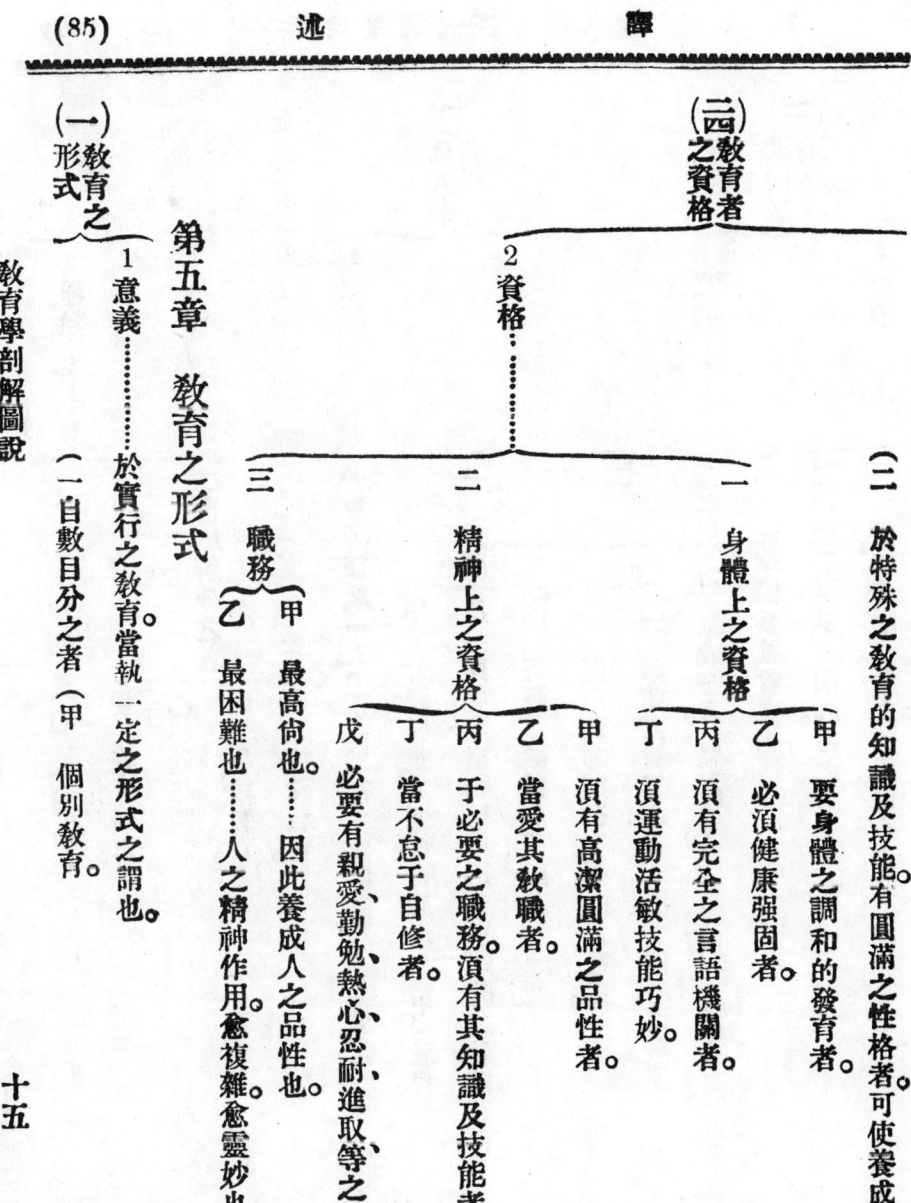

譯述

2種類……（乙　共同教育。
二自場所分之者
甲　家庭教育。
乙　幼稚園教育。
丙　學校教育。
丁　特殊教育。

(二)個人教育
1意義……一教師僅教一人或少數之兒童此即個別教育之謂也。
2長所短所……
一長所
甲　知悉兒童之個性得施以相當之教育。
乙　與兒童常相接見得施以臨時之教授訓育。
丙　可避惡影響及不良善之結果。
二短所
甲　僅一教師則恐有偏頗之發達。
乙　難望其競爭心、自治心、共同心之發達。

(三)共同教育
1意義……或多數之兒童或一人從數教師使于特別之施設而教育者也。
2特質……
一　使準備爲社會之生活。
二　使發達其共同心使之通達人情。
三　養成謙讓忍耐之美德使不生傲慢自負之念。

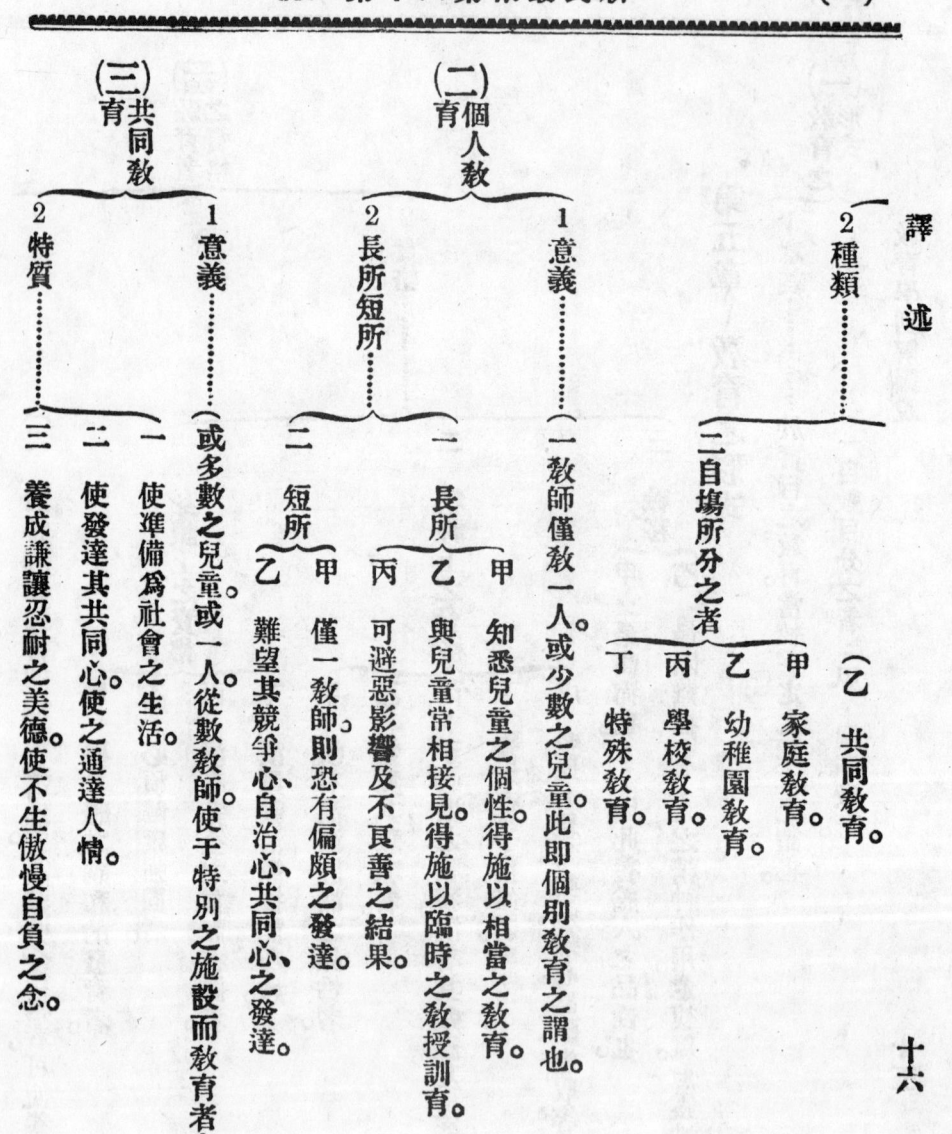

四 使發達其自治獨立之心。
五 使促進其競爭奮勵之心。
六 而其短所者。最易于惡風之傳播。不可不注意也。

(四)家庭教育之特質

1 使被愛情之感化

2 使養成社會的訓練之基礎

- 一 上於下之關係（兩親之慈愛。誠心也。
- 二 下於上之關係（子女之尊敬。感謝心也。
- 三 同等之關係（兄弟姊妹之友愛。相憐心也。

3 養成勤儉清潔秩序禮讓等之心。

4 父之威嚴及母之慈愛。可共働而調和之。

(五)幼稚園

1 目的……鍊習學齡前之兒童之身體及覺官。使爲身體心之自然之發達。補助家庭之教育。使爲準備入學校之生活。此幼稚園之目的也。

2 創設……一八三七年 Frofel（福羅比爾）爲創設幼稚園之始祖也。

3 教育法……

- 一 多談有趣味之簡單話。
- 二 爲簡易之作業。
- 三 遊戲及唱歌。

……從此使通自然界及人類界以陶冶其心情而養成爲高尙品性之國民。

譯述

1 特質……
- 一 心身未發達之時。故不可授以傳達知識等之課業。
- 二 補父母家庭教育之不備、即使得遂知識道德正當之發達。
- 三 家庭之教育雖甚完備。然必入幼稚園使受共同生活之利益。

(六)學校教育

1 特質……
- 一 爲法律的之關係、而非愛情的之關係、
- 二 使兒童之心中不可有隨意記憶之言行。
- 三 使知自己及同等爲同一之要求之學業。
- 四 使知于共同之秩序規律無論其是非與否不可爲不服從之事。
- 五 使守公德心。

2 種類……
- 一 普通教育……(小學校。中學校。高等女學校。各種之實業學校。
- 二 專門教育……
  - 高等學校。
  - 高等專門學校。
  - 大學、大學院。

- 一 德育。……授以道德教育之基礎。
- 二 民育。……授以國民教育之精神、

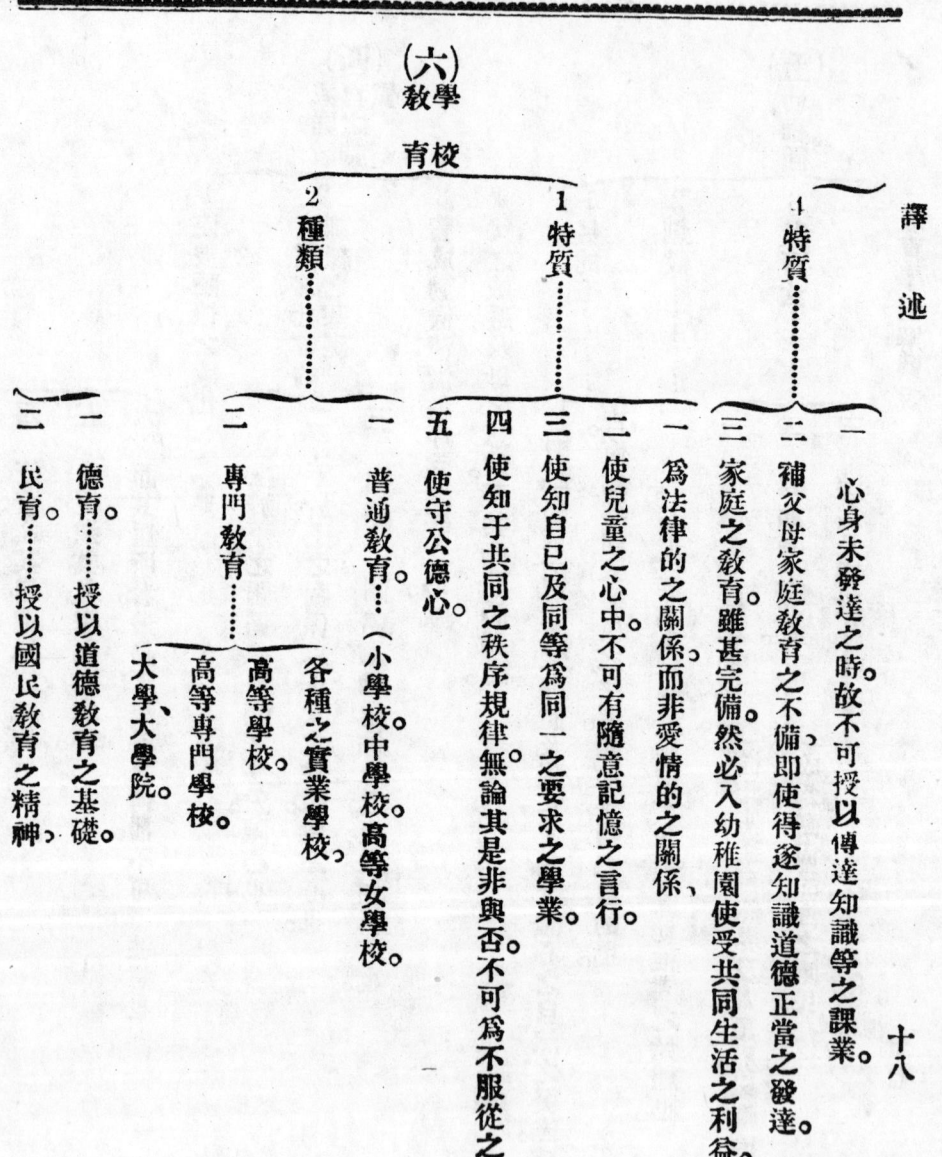

(七)小學校

- 1 要旨(法令上)
  - 三 知育。
  - 四 技育 …… 授以日常生活必須之知識技能。
  - 五 體育……留意于身體之發育以活潑其精神。
- 2 種類……
  - 一 尋常小學校。自滿六歲至十四歲之學齡間有就學之義務。(然不可不入尋常小學校。)
  - 二 高等小學校。

(八)特別教育

- 1 意義……於身心之發育有失常之形態者收容而教育之。
- 2 種類……
  - 一 聾啞院
    - 甲 性質 或因病或先天缺陷之無聽官及無言語發音之機關者之教育所也。
    - 乙 教育法
      - 1 發音法。使熟習視覺以爲言語之代用。(德派)
      - 2 符號法。使記憶一種之符號因此而交換其思想。(法派)
  - 二 盲人院
    - 甲 性質…或先天缺陷或因病而致視官不具者之教育所也。
    - 乙 教育法…用一種之器械使從觸覺而教育之。
- 3 白痴院。……是亦因病或先天缺陷之白痴者之教育所也。
- 4 孤兒院。……教育孤兒之所也。

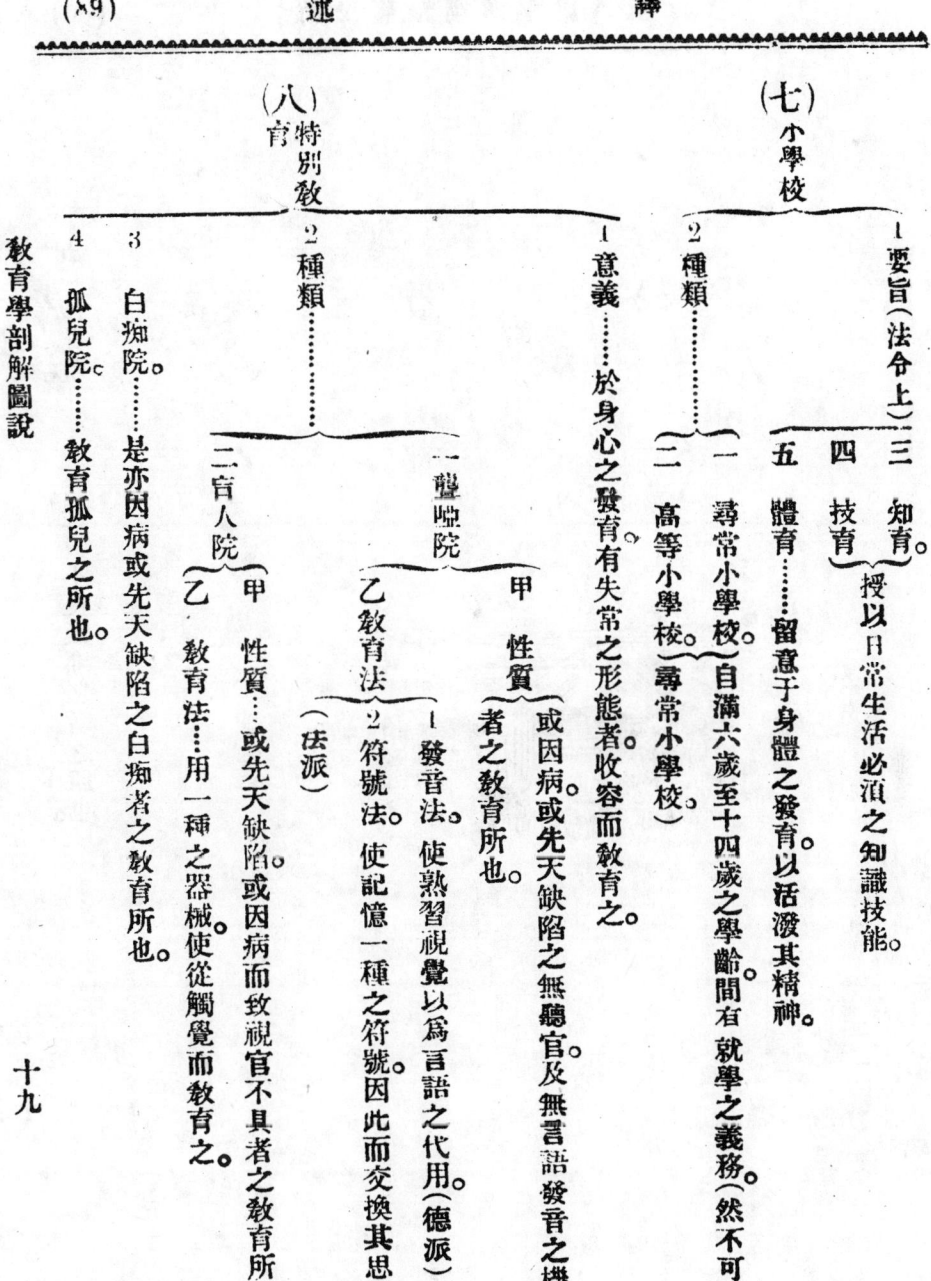

譯述

五　感化院。……敎育性質不良及邪惡者之所也。

二十

一〇九四二

（完）

美人手

第五十一回　借賴婚帶說銀行賊　欲歸國自訴黨人欺

紅葉閣鳳仙女史譯述

却說瑪琪拖亞一直向圖理舍銀行而來。剛至門前。便見舅舅家裡一個侍役。迎着道。相公來的恰好。主人正差我去請呢。瑪琪拖亞訝道。大清早便差人來請甚的事呢。懷着一點疑團。匆匆跑上樓去。踱進舅舅房中。祇見圖理舍譽在室內踱來踱去。像熱鍋上的螞蟻一般。臉上含着一種不豫之色。瑪琪拖亞近前問道。舅舅傳喚姪兒有甚的事。圖理舍譽一見。便狠不高興起來。厲聲道。怎原故你來攪亂我的家。嘏！。瑪琪拖亞茫然摸不着頭緒。漫應道。姪兒沒有甚的錯處。圖理舍譽喝道。還說嗎。怎麼你把霞那攪得瘋瘋癡癡的。我擇定的婚期。他偏偏拗着性子。說甚麼美治阿士無罪。是你告訴他。這不是你攪出來的嗎。瑪琪拖亞聽着。纔悟轉來。因荅道。不錯、這確是我之過。但沒要緊。這錯處我知道了。如今我已得美治阿士有罪的憑據。待我去勸勸妹子。要他回轉心意。諒也不難、圖理舍譽道。你這張嘴。說得狠易。終日調三剮四、弄得滿家愁着。你看伊古那連公事也懶了。那妮子見了我。就比見閻王判官還怕。連頭也不回，你好好把他勸轉來便罷。不然、我不依。瑪琪拖亞道。舅舅請安心。我向來沒得憑據。纔錯了主意。如今既有憑據。霞那再也沒得說了。圖理舍譽道。甚的憑據。瑪琪拖亞道。原來美治阿士與偸鐵箱子的賊。確是同黨。同黨還罷了。又與賊黨裡一個美人。是有私情的啊。圖理舍譽道。甚麼賊黨美人。瑪琪拖亞道。這事不從頭說起也不明白。我也不敢再瞞舅舅了。實在是鐵箱子未失前一夜。已經有賊進過行裡來了。此事祇有我同伊古那知道。當時我兩人見金庫裡射出灯光。疑有他變。遂同着跑進庫裡看看。見鐵櫃兩旁的叉子。跳了出來。機關穴裡。丟着一隻美人手。後來查點過。幸沒有失事。故不曾驚動舅舅。遂靜中把美人手拋入瀨音川裡。圖理舍譽還沒聽完。驚得眼都直了。急問道。甚麼呀。日前新聞紙上。喧傳美人手事件。是我行裡拋出去的嗎。瑪琪拖亞道。是的。圖理舍譽道。怎麼你把我瞞着。若當日告訴我。立刻留意關防。又何至把鐵箱失掉了。瑪琪拖亞道。這是我一時之誤我以爲一揚了出來就難破案故此囑令伊古那秘着讓我查個底細倒不曾料及他次晚還敢再來圖理舍譽聽說。不覺動起氣來道、你同伊古那幹的好事連我也不復顧忌了正要動火發作忽見行裡侍役跑進來說道、荷理別夫太尉請見瑪琪拖亞兒說、急對他舅舅道、何不請他到這裡來、大家會會我也想見見太尉。還有些事情商量圖理舍譽遂吩咐侍役直請進來侍役領命去後導着荷理別夫進來彼此見了禮、荷理別夫望着瑪琪拖亞道。瑪琪君你也來得巧啊又對圖理舍譽道。我今天要起程歸國了這匆促的原故想老兄已知道了圖理舍譽茫然道、那裡……一點兒都不知道啊、荷理別夫道。今早各新聞報已登着本國有急電來啊圖理舍譽道。爲甚事的急電荷理別夫道、虛無黨又謀弑俄皇昨皇上在雲玻里宮被黨人暗放炸彈幸皇上天祐沒遭險現滿城戒嚴特發急電促我回國呢圖理舍譽道、然則尊處存放的欵項可都要提取了。荷理別夫道。欵項倒閒一層我隨後托人代收也可以惟最緊要是鐵箱子一案因爲這箱子是政府發下的公文要件委交於我查辦今在貴行失了無以復命這盜犯是否貴書記美治阿士老兄可查得頭緒囉嗎。圖理舍嚳道。我已早疑着他。近聞舍親瑪琪拖亞說。美治阿士與賊同黨。已查得證據了。荷理別夫道。我明白告訴你。我早料美治阿士不是個好人。一月之前。曾經把他騙到家裡。困着。逐段審問他。誰料那廝狡展的狠。機鋒一句也不露出來。原來他已打定主意。知到早晚必有同黨來救他。至昨天忽來了一個沒會過的人。說是受本國政府的差委來的。探他的根由。也狠像我一時遂墮了他圈套。他說查得鐵箱子是虛無黨裡一個女賊。串同美治阿士偷來。叫我拿着美治阿士做釣子。引那女賊上餌。我信以爲實。帶了美治阿士到那女賊之家。誰料我倒上了他的釣子。被他硬把美治阿士奪回。到此時纔知那假扮的官差。也是一道兒的黨類。如今反弄得我沒法了。瑪琪拖亞不覺點點頭道。是了。我也料得是這原故了。荷理別夫訝道。瑪琪君。你何以知道。未知瑪琪拖亞怎樣答他。且看下文分解。

第五十二回　判賍證太尉獻書函　斬情根狂生薦帮手

却說瑪琪拖亞。見荷理別夫一問。也不隱瞞。直答道。不錯。我都見着。自昨天你同那俄羅斯人在北郡鄆酒樓晚餐。剛好我也到那家酒樓。後來你們散了。到戲園裡聽戲。我也跟着在座。末後你到上布街。又回去用馬車載了美治阿士來。隨後美治阿士被那輩惡黨搶去了。把你摽出門外。我一概都見得狠清楚啊。荷理別夫大驚道。狠大膽子。我的機密事。又與你無干。你屢跟着查探做甚。瑪琪拖亞道。先日不曾對你說嗎。你藏着美治阿士。原是瞞我不過。你偏偏不承認。故而我要找你的憑據來對付你啊。荷理別夫道。如今美治阿士有罪無罪。可明白了嗎。瑪琪拖亞道。明白的狠。他是虛無黨美人的私人。他受美人主使。偷了你的鐵箱子。你拿了他。那美人要救他。美人托了同黨的人。僞作俄國差官。把你騙了。把他奪回。可不是嗎。荷理別夫道。你審度的倒不錯。但我還有一確鑿的證據。無論是誰。也不能再爲美治阿士解釋。今天我來見圖理君。就專爲交回這憑據的原故了。說着。便從袋裡掏出一封書子。一張銀單來。放在圖理舍譽之前道。這就是五千元的單子。同那鐵箱子一齊失却的盜贓了。是從美治阿士身上搜出的。有此證據。諒也不是白揑他了。圖理舍譽同瑪琪拖亞見了。彼此駭然呆了半晌。說道。是的。確美治阿士身上搜來的麼。荷理別夫道。平白地未必搜到他身上來。因爲當初布置引他入局時。他已自供出囊裡有五千元。我就猜着是這段贓欵。後來審他他還不認說此五千元是他先世借與不知名的友人如今友人寄來還他的這書子也是從他袋裡搜出來就是他所說甚麼友人不署名的書函了你請看看圖理舍譽遂檢起書子。從頭讀了一回。放下道。沒來頭。沒名姓。那裡曉得是誰。計他先君去世時所遺產業都是我替他經分查他賬摺并沒有人欠借過千的鉅欵這無名的書函依我看來總是信不過的瑪琪拖亞見舅舅放下書函。他也接着細細看了一頓。似乎也挑不出甚的疑竇來。口裡沉吟道。事也很奇。筆法非美治阿士本人的字迹箋封是商家人通用的物品那就難審定了。荷理別夫從旁笑道。瑪琪君果精細凡事都不肯輕易放過這也算一點美質但我有一言勸告以後作事望你留點兒神不可視事太易計你平日交游品流很雜諒也不少是惡黨中人這輩黨人是交不過的你不看他連君父的情都斷絕了還有甚的朋友情啊況且他們舉動無一事不是秘密最忌人家識破近又設法運動傾覆政府無端在雲玻里宮埋放炸彈炸死近衛兵數十名瑪琪君你須子細勿貪頑意兒招惹他們所忌須顧惜這身命纔好啊瑪琪拖亞聽着不覺仰天大笑道某不是俄政府授意的人又不希望俄政府甚麼高官厚祿就是虛無黨也怕甚麼他殺我做甚。荷理別夫聽他話裏機鋒。知是有意反嘲自已。甚覺耳底激刺。遂猝然起座。對圖理舍譽道。我還有事。且要檢拾行裝。就此告辭了。說着、握握手。便匆匆出門去。是時伊古那剛巧有事進來。圖理舍譽、遂以此五千元匯票示他道。你看看這匯票可認得嗎。伊古那定睛一看。着實嚇了驚道。這是我經手簽收的票子。還認得那右角兒的針孔是我壓了暗記的。再一細認。更嚇驚道。啊喲、這不是日前同鐵箱子一齊失掉了的匯票嗎。圖理舍譽點點首道。這是從美治阿士袋裡搜來的。伊古那聽說美治阿士四字。好像聽了個霹靂、心裡畢卜的跳起來。想道。美治阿士出現。霞那婚事。豈不是沒指望了。不覺臉色嚇得也黃起來。問道。美治阿士還在巴黎麼。圖理舍譽道。有這個消息。但你不用操心。他的罪案已經明白了。他再不能到我家。如到來。定捉將官裡去。說着、把這五千元的舊單交給伊古那。這書子。自行擱在袋裡。伊古那心裡怔怔忡忡。還沒寧息。拿着單子。剛退出來。圖理舍譽忽喚道。你回來。我還有事問你。適纔瑪琪拖亞說。鐵箱未失之前一夜。已有賊進過來。怎麼你瞞着不告訴我嗎。伊古那嚇嚅道。非我膽敢隱瞞。因爲瑪琪君。切囑勿向上頭說。圖理舍譽道。哦、原來瑪琪拖亞之言。就如此有力。我試問你。從着他人以欺主人。是應該做的事嗎。無他、已過之事。今也不究。以後你須留着神啊。瑪琪拖亞在旁坐着。不敢則一點兒聲。聽着伊古那所言。暗自埋怨道。你看那厮事事祇推在我身上來。自已倒卸個乾淨。連朋友的情也不留點餘地了。咬着嘴唇。正在啞忍。忽圖理舍譽向着他道。你就太不是了。你是我的親戚。應該替我關照關照。纔是。反來唆慫行裡人。倘以後行裡人人都大起膽子來。有要緊事情。都瞞着不對我說。我的事業還能彀成立嗎。論理本該饒恕不得。念事體已過。姑寬免你這一次。如今你須上緊去勸導霞那啊。瑪琪拖亞道。要姪兒勸導霞那。姪兒沒有不盡力。但姪兒一個人。恐怕不得力。最好以舅舅之意命霞那見見丸田夫人。圖理舍譽愕然道。見丸田夫人。是怎意思。瑪琪拖亞道。無他、大家都是女子彼此易明心迹。况且丸田夫人十分器重霞那妹子。若姪兒把美治阿士罪狀先告訴夫人。由夫人轉帮着開導他。保管霞那諒，沒有不聽從的。圖理舍譽道。但求他意念能斷絕美治阿士就是。見誰也沒要緊。我祇望他早日與伊古那完了婚。勿天天祇是絮絮叨叨留着縫兒。令阿厮瞯隙又來迷惑那小妮子。你有法子。祇管替我幹去罷。說着、一種憂念兒女的愛情溢於辭色。幾乎連喉嚨也要咽起來。瑪琪拖亞道。舅舅不必過慮。美治阿士罪狀已得了十分的證據。諒霞那再沒有不醒悟的。正談論着。忽有人輕輕把門推開。踱將進來。欲知那人是誰。且看下回分解。

第五十三回　悶相思又聞消息　怨薄命傾飜新淚痕

却說輕輕踱進來的那人。原來就是此刻商議着要設法割斷他那縷情絲。拆散他那段鴛譜的那個圖理舍譽的愛女霞那。祇見他消瘦顏容。眉梢細蹙。帶着幾分愁病懶怠的步兒。緩緩踱將進來。一見瑪琪拖亞。不覺失聲道。啊喲、便停了步。若懷有甚疑怪者。圖理舍譽見是他女兒進來。便露出一種愛情。低聲問道。霞那、午餐設備了麼。你來叫我午餐去嗎。時候還早些。你來這裡坐坐。我們正在爲你的事商量着呢。說着、伸出手來。把霞那拉到身旁。祇見霞那臉色青一陣白一陣。眼眶裡含着一胞子淚珠兒。低着頭有氣無力的隨着倚在他父親腕裡。圖理舍譽又道。適纔荷理別夫也來了。回去還沒多時呢。霞那聽說。漸漸抬起頭來。作恨聲道。兒最討厭此人。願爹爹別題起他。圖理舍譽道。討厭麼。不題也罷。我也曉得你心意了。我同那太尉。都是疑美治阿士的。自然討你厭。但美治阿士的惡迹。適纔又探得眞消息了。你若還不醒悟。那就是個癡人了。老實告訴你。要合美治阿士結婚。我是萬不能依的。霞那聽父親的口氣。知又中了俄國太尉的毒。這俄太尉坑害他心上人。自從那天在丸田夫人府裡。聞知已自恨不過。今又來唆慫他父親。更自氣得全體無力。但爲着心上人。不得不辯。祇見他望着他父親發勁的道。爹爹不宜聽閒言。兒看美治阿士。決不是這樣的。若不信。可問問瑪琪哥哥圖理舍譽道。問瑪琪拖亞嗎。好……、你自已問問他。不是也認美治阿士是有罪的嗎。霞那聞說瑪琪拖亞也轉了心。自念這苦命兒再沒有人帮助了。不覺撲蔌蔌掉下幾點淚來。把眼睛對着瑪琪拖亞。狠狠的一瞟。這種怪可憐的心事。竟把瑪琪拖亞的口堵住。一句話也說不上來。祇見他呆呆的對着圖理舍譽巴巴的望着霞那。不知要怎的纔好。是時圖理舍譽開口催促道。瑪琪拖亞。怎不快把美治阿士連結賊黨之事告訴霞那知。你說保管勸轉霞那。怎見面一言也不發啊。難道你纔說的話。是不實在的嗎。瑪琪拖亞道。幷沒有不實在。美治阿士。確然是個污點的男子。霞那憤然道。啊喲。哥哥、你倒忘了囉嗎。昨天不纔說過。美治阿士是無罪的嗎。瑪琪拖亞道。妹妹、且勿執一句話便死心塌地的守着沒一些活動兒凡事須認眞審度過纔是啊我昨天雖還信他是好人但昨夜裡見了他行爲就確鑿斷他是個不足取的東西你不、知到啊他昨夜跟着一個賊黨的美人逃走了啊霞那聽說。嘴裡唧咕道。甚麼賊黨美人美治阿士跟着走瑪琪拖亞道。是眞的啊。這個賊黨美人。也數不盡許多惡迹。正是無惡不作。一個狠可怕的黨徒。他同着一道兒你說還有甚的好人啊霞那道。未必是一道兒祇怕有別的原故呢瑪琪拖亞道。若說起原故來怕更惹得你心裡不舒服不說也罷你也可諒我斷不是欺你的我勸你絕了念罷他眞是汚點的男子啊霞那道。任你怎麼說。我總是有點子疑。瑪琪拖亞道。還有甚麼疑。是我親眼見的。我昨天不還對你說他沒罪嗎。若不是的確擺在我眼裡平白地我何苦翻了初意又來撺他你想想霞那聽着。一句話也不荅。默着一會兒。忽問道。美治阿士現在那裡呀圖理舍譽陡然厲色視霞那道。你還沒心息還要問他蹤跡莫非想追着要訪尋他嗎霞那道。雖不是也想問問他蹤跡瑪琪拖亞道。你想問他蹤跡他如今同那惡美人一對兒了霞那道。可能給我點憑據嗎瑪琪拖亞道。我又不能領你到他家裡怎法兒給你憑據呢無他。今夜裡好歹我再要挺身去找他要把鐵箱失竊之事問他個明白有甚消息明大再告訴你罷霞那見這光景。知再問也無益。心裡雖不狠信也不得不動起這疑念來覺一縷淒涼兜到心曲哽咽着道左右除了一死再也沒得想了說罷、伏在他父親懷裡哭得連氣幾乎轉不過來圖理舍譽不覺鼻也酸了說道霞那、你連爲父也不念了爲父祇得你一塊肉常當你心肝兒似的怎麼你轉立了這個念頭白費我的心血了倒不如我先死了閉着眼不管你倒干淨霞那咽着淚道。爹爹不要惱恕兒不孝兒那苦命兒再也捱不動了說着、又翻不過氣來連手足也哭得冰冷了圖理舍譽摟着祇是拍他的背心裡想要開解幾句口裡一聲兒也吐不出來瑪琪拖亞見了這情形心裡祇是急口裡也沒得說綳着眉頭正不知怎開交一會兒圖理舍譽忽對瑪琪拖亞道。你來勸勸霞那罷。他年紀也不少了。不應該弄得一家愁悶累老親常傷心。叫他快些回轉念頭。早日合伊古那結了婚。勿令我牽着腸。掛着肚。沒一刻安心罷霞那聽說。陡然從父親懷裡爬起來住了哭道爹爹、兒命舛受不得人間幸福婚禮二字不要題了從今以後美治阿士我再也不念人間幸福再也不望爹爹、表哥哥以後不論美治阿士的事伊古那的事萬勿向我耳邊題起來啊、一種決絕的意念現於辭色、瑪琪拖亞就勢拉了他的手道。好妹妹。你別動氣你要怎的我總依你但求你曉得美治阿士不是個好人不要上他的當就好了餘外別的事但求你願意我保管總替你辦得來的現時候已過午了你先上餐房去我和舅舅隨後就來霞那把巾子拭了淚痕也不回答轉身便步了出來是時圖理舍礜對着瑪琪拖亞道、今日狠難爲你看這樣那妮子心也漸有轉機了。瑪琪拖亞道。雖似乎有點子活動。但仍須要依姪兒的法子再托、托丸田夫人透情勸他一頓纔中用夫人今天去了遊玩要一禮拜纔回待他回來我自去托他他是狠愛念霞那的待人也狠眞摯口才也狠來得以此事托他保管他必盡心舅舅請交權任我佈置我總替舅舅辦妥就是圖理舍礜聽說能替他把女兒勸轉。自是無有不從。瑪琪拖亞也再不留着午餐。遂告辭了出來。要知後事若何再聽下回分解。

飲冰室詩話

飲冰

公度先生拜曾祖母李太夫人墓一章。集中最得意之作也。其文云。『鬱鬱山上松。呀呀林中烏。松有蔭孫枝。烏非反哺雛。我生墮地時。太婆七十五。明年阿弟生。弟兒日爭乳。太婆向母懷。伸手抱兒去。從此不離開。一日百摩撫。親手裁綾羅。爲兒製衣裳。糖霜和麵雪。爲兒作餦餭。髮亂爲梳頭。脚膩爲煖湯。東市買脂粉。繽面日生香。頭上盤雲髻。耳後明月璫。紅裙絳羅襦。事事女兒妝。牙牙初學語。敎唱月光光。一讀一背誦。清如新炙簧。三歲甫學步。送兒上學堂。知兒故畏怯。戒師莫嚴莊。將出牽衣送。未歸踦閭望。問訊日百回。赤足足奔忙。春秋多佳日。親戚盡團聚。雙手擎掌珠。百口百稱譽。我家七十人。諸子愛渠醻，諸婦愛渠娘。諸孫愛渠父。因裙便惜帶。將緋難比素。老人性偏愛。不顧人笑侮。鄰里向我笑，老人愛不差。果然好狀貌。黯黯如蓮花。諸母背我罵。健犢行破車。上樹不停脚。偸芋信手爬。昨日探鵲巢。一跌敗兩牙。噀血噴滿壁。盤磚畫龍蛇。兒妹呢我言。向婆乞金錢。直傾紫荷囊。滾地金鈴圓。爺娘附我耳。勸婆要加餐。金盤膾鯉魚。果爲兒下咽。伯叔逢我手。心知不相干。故故摩兒頂。要圖老人歡。兒年九歲時。阿爺報登科。劍兒大父旁。一語三摩挲。此兒生屬猴。聰明較猴多。雛雞比老雞。異時知如何。我病又老耄。情知不堅牢。風吹兒不長。那見兒扶搖。待兒勝冠時。看兒能奪標。他年上我墓。相攜着宮袍。前行張羅纖。後行鳴鼓簫。猪雞與花果。一一分肩挑。爆竹響墓背。墓前紙錢燒。手捧紫泥封。云是夫人誥。祖孫共羅拜。焚香向神告。兒今幸勝貴。頗如母所料。世言鬼無知。我定開口笑。大父回顧兒。此言兒熟記。一年記一年。兒齒加長矣。兒是孩提心。那知太婆事。但就兒所見。依稀記一二。太婆每出入。籠東拄一杖。後來杖掛壁。時見垂帷帳。夜夜攜兒眠。呼娘搔背痒。展轉千搥腰。殷殷春雷響。佛前燈尙明。窗隙見月上。大父搴簾來。權笑時鼓掌。瑣屑及鄉鄰。譏訶到官長。每將野人語。眩作鬼魅狀。太婆悄不響。

便知婆欲睡戶樞徐徐闔移踵車輪曳明朝阿娘來奉匜爲盥洗欲飯爺捧盤欲羹娘進匕大父出迎醫亂緌講脈理咀嚼分嘗藥斟酌共量水自兒有知識日日見此事幾年舉場忙幾年絕域使忽忽三十年光陰迅彈指今日來拜墓兒既鬚滿嘴兒今年四十大父七十九。所喜頗聰強。容顏類如舊。週山看松栢。不要携杖走。拜跪不須扶。未覺躬傴僂。挂珠碧霞犀。猶是母所授。繡補炫錦雞。斯自粵西購。一手摩頷鬚。一手振袍袖。打鼓唱迎神。紅氍齊泥首。上頭爇紅香。中間酌黃酒。青箬苞黍粽。紫絲絡蓮藕。大父在前跪。諸孫跪在后。森森排竹笋。依依伏楊柳。新婦外曾孫。是婆定婚媾。阿端年始冠。昨年已取婦。隨兒擎腰扇。阿和亦十五。長樛次當蓀。此皆我兒女。青青秀才衣。兩弟名誰某。少者新簪花。捧觴前拜手。次第別後先。提抱集賤幼。一家盡偕來。只恨不見母母在婆最憐刻不離左右今日母魂靈得依太婆否樹靜風不停草長春不留世人盡癡心乞年拜北斗百年那可求所願得中壽謂兒報婆恩此事難開口求母如婆年。兒亦奉養久兒今便有孫不得母愛憐愛憐尚不得那論賢不賢上羨大父福下傷吾母年吁嗟無母人悠悠者蒼天」陳伯嚴評云。「孔雀東南飛木蘭辭後。乃有此奇作絕技。公之斯文若元氣。敢誦斯言。」吳季清評云。「獨漉王將軍歌。石笥李烈女行。表揚忠烈。極雄厚之致。然不能無摹擬之迹。此篇瑣述家常。純用今事。語語從肺腑間流出。貌不襲古。而溫柔敦厚之意味。沈博絕麗之詞釆。又若兼綜國風離騷樂府醞釀而融化之。陳伯嚴謂二千年來僅見之作。信然信然。」此詩經兩公評騭。鄙人復何能贊一辭。惟讀至下半。輙使我淚承睫不能終篇。龔定广詩云。「天亦無母之日月。地亦無母之山川。」以此思哀。哀可知矣。先慈生忌後五日記此。

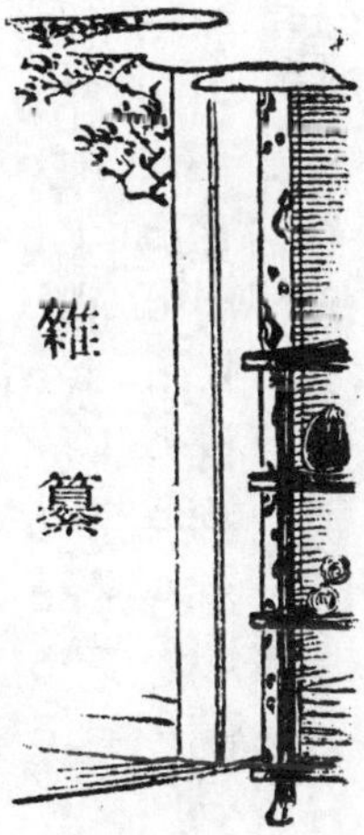

光緒三十一年夏季長崎商務報告冊

代理領事梁居實稿

領事爲商務官調査商業報告國中是其天職我國設領事於海外者數十年其能踐斯職者鮮矣本文爲前駐長崎代理領事梁君所報告非特就長崎一隅言而對於全國商工業之方針者能獨見其大誠有關大局之文字也亟錄之　本社識

總　論

謹案本年夏季長崎中日貿易。入口價額。共計一百一十九萬九千四百零四元一角。出口價額。共計六十六萬二千六百二十八元零二分。（出入口價額。日商所運。及華商往來香港台灣所運。均包在內。）出入相抵。輸入超過輸出。五十三萬六千七百七十六元零八分。以春季比較入口價額。

夏季增一十三萬零九百三十九元七角六分。出口價額。夏季增八萬六千三百三十七元零八分。查夏季入口價額。最多者爲豆餅。次爲豆類。次爲牛骨。次爲棉花。次爲菜子餅棉子餅。豆類棉花比春季價額皆減。然則夏季入口所增。寔在肥料矣。肥料以豆餅爲大宗。豆餅多來自營口。足見東三省之農業漸次恢復也。夏季出口價額。最多者爲海產。次爲煤炭。次爲木炭木板。海產木炭木板。比春季價額皆減。然則夏季所增。實在煤炭矣。綜而論之。入口之貨以肥料米豆棉花爲大宗。出口之貨以海產煤炭木炭木料爲大宗。觀於肥料米豆棉花入口之日增。知中國農業尚旺。惟米之來源。實由安南暹羅緬甸各處。中國若弛出口之禁。於農事商業均不無裨益。蓋米雖民食所關。亦不過貨物之一種耳。輪船鐵路已通以後。轉輸便利。以我之有餘者補人之不足。亦以人之有餘者補我之不足。彼此調劑。適得其平。原屬世界上交通之益。即其間邊徼之地。苦瘠之區。爲輪船鐵路所未通者。以運費之鉅。外米之不能運入者。內米亦不能輸出。似無庸以荒歉爲慮也。且即使所產無餘。以精易粗。以貴易賤。一轉移間。而我國之獲其利者。亦常不乏。查日本全國產米數量。據明治三十六年統計。四千六百四十七萬三千二百九十八石。是年入口之米。一千二百一十六萬二千四百零五石。其米之非有餘而爲不足可知。而出口亦有八十二萬二十四百三十六石。足見此事之不妨變通矣。又觀於海產出口之多。知我國漁業之未興。煤炭出口之多。知我國礦業之未興。木炭木料出口之多。知我國林業之未興。查日本全國海產價額。據明治三十五年統計四千二百七十二萬四千四百四十三元。包肥料魚油等在內可謂巨矣。此次勝俄後。又得東海濱一帶漁權。將來漁業必益發達。中國自錦奉以迄欽廉海道綿亘數千里。海產之富。實勝日本。惟自昔政尚寬大。不與小民爭利。其取攜悉聽諸沿海居民。以培養閭閻之生計。故在上者不忍收其利權。在下者又無經久之思想。聯合之勢力。以擴張其業。大利所在。虛懸無薄。遂易生外人覬覦之心。前者商部顧問官張京卿謇。提倡漁業公司之說。收買德國膠州漁船數艘。將來次第推廣。由東北而漸及西南。蜿蜒海疆。悉成天府。挽回利權。何可限量。又查日本全國產煤數量。據明治三十五年統計。共九百一十九萬九千九百三十三噸。以九州一區爲最多。實占總額百分中之八十一。九州中又以福岡縣爲最多。佐賀縣次之。離長崎三百八中里有唐津者。即佐賀縣產煤最多處也。領事自六月接差代理後。曾率同繙譯。親至該地考查煤業。共有煤礦四十。其大者十二。有名譽者五。五者之中。又以芳谷爲最大。每日出煤四百噸。合四十礦而計。每月共出煤七萬噸。十二大礦用機器掘採。其餘悉用人工。考煤炭共有四種。一曰無烟炭。色如黑漆。有金屬光澤。內含炭素最多。火力最强。燃時僅發淡烟。故又呼爲白烟炭。利於戰艦。取敵人不易辨也。二曰黑炭。即爲普通石炭。黑色有光澤。燃燒則發異臭。較木炭有三倍火力。凡商船工廠汽車皆取給之。三曰褐炭。即亞炭。謂次於黑炭也。褐色、燃燒亦發異臭。且多烟燄。火力較黑炭弱。通常皆取以代薪。又埋木者。亦褐炭之一種也。黑色木紋頗透亮。樹木久埋地不未經地心之熱力變化者。可造盆盎及盛果品之器。日本仙台地方多有此木。四曰泥炭。苔草樹葉埋於地中。積久則腐爛與泥土混合。黑色如炭。其中含有水分。雖晒乾而火力極弱。燒之有臭氣、然亦可以代薪。日本所出多係黑炭褐炭。間有無烟炭。惟出產無幾。其質亦不及英國之良。故日艦當交戰時。皆用英煤云。日煤輸出價額。以明治三十六年份計之。共一千九百二十六萬零五百零二元。以輸出中國爲最多。共八百零四萬零四百七十四元。實占總額百分之四十。

一。香港次之。此外若韓比兩國。及英法俄美荷之亞洲屬土。皆有之。而其數甚微。九州之煤。其出口從前多由長崎。自門司開埠後。大半由門司。因產煤之地。離門司近而長崎遠也。長崎亦產煤。計明治三十五年份。合一縣所產。共五十萬零五千三百五十一噸。以高島端島兩處爲最多。中國已開之煤礦。其有成効者。惟開平萍鄉兩處。此外蘊蓄於深山窮谷中者。尚不知凡幾。即山西一省之煤。據地質學大家所查。謂可供全球二千年之用。又近者日人在奉天撫順。查得一煤礦。計有三萬萬噸。可值三十萬萬元云。然則中國煤業果興。必能奪日人之利無疑也。又查日本林業。分爲三種。一爲御料林。一爲國有林。一爲民有林。民有林又分公私寺社三種。分疆畫界。各占區域。盜伐火燒。例禁綦嚴。特設山林警察。以時巡邏。故內地山嶺層疊。皆箐深林密。明治三十五年。國有林收入價額。二百四十萬零八千九百三十八元。其林業之盛可知矣。中國古昔。亦多森林。自丁口日繁。生計艱窘。謀衣謀食。朝不保夕。無論十年樹木之計迫不能待。也。且因而乏公益之心。斧斤之入林不時。材木之鬻市無度。日積月累。摧殘益甚。昔之名材美木。彌望成林者。久乃一變而爲童山。間有一二熱心之士。倡言種植。而一阻於風水再阻於盜竊三阻於紛爭坐使天地自然莫大之利廢棄而不敢過問其可惜孰甚焉誠使設法變通因民而利官長保護之於上紳商經營之於下廣佈林學書報多立林業公司以開其風氣而厚其資本日久漸著成效何至借材異地多一陋巵乎日草木暢茂旱則可蓄水以資灌溉即遇大雨時行亦不至一瀉無餘泥沙并下淤塞河道而冲決隄岸此更於農業水利皆有裨益者也因是數者爲出入口大宗之貨故推論及之至於商號工業與上季無異惟戶口增三十九人貿易之贏虧則出口貨悉屬平平入口貨尚有餘利其中又以米豆獲利爲較多但查米從前無稅豆亦每百斤止抽一角三分七厘自東歷七月一日起米稅每百斤須納六角六分豆稅每百斤加至四角二分三厘稅增則本重本重則利微耳此間自設立商會後凡屬華商皆能仰體商部振興商務之至意遇事和衷共濟情勢日益團結足紓廑念茲將輸出入重要品價額摠數比較春季列爲二表附之如左

輸入重要品價額比較春季摠表

季別 貨品	春季價額(元)	夏季價額(元)	比較增減(元)
米	四六一、八三七・六	一七七、〇〇八・七五	減二八四、八二八・八五
豆類	一八六、一〇五・三五	一一七、七九二・二七	減六八、三一三・〇八
豆餅	一六三、三一九・九二	五六三、七六六・八二	增四〇〇、四四六・九
菜子餅	四〇、二三一・九九	六八、八六三・六七	增二八、六三一・六八
牛骨	四二、四四二・四一	四二、四四三・四一	增六二、六一七・二三
棉花	一二三、一〇八・三一	九九、四六二・二六	減二三、六四六・〇五
棉子餅	六九、九四六・二五	一〇、七三三・四六	增三、七八七・二一
芝麻	八九、九九四・四二	五、三八七・九六	減三、六〇六・四六
布	一八、一七五・〇〇	二〇、七七〇・〇〇	增二、五九五・〇〇
雜貨	五、五〇二・八五	一〇、二八〇・〇一	增四、七七七・一六
其他各貨	一一、七九九・三〇	二〇、二七八・二六	增八、四七八・九六
總計	一、〇六八、四六四・四〇	一、一九九、四〇四・一〇	增一三〇、九三九・七六

輸出重要品價額比較春季摠表

貨品／季別	春季價額	夏季價額	比較增減
海產	三五五、九六七•六五(元)	三二二、九二四•一八(元)	減 三三、〇四三•四七(元)
煤炭	四六、九一五•四四	二一六、二四六•〇〇	增 一六九、三三〇•五六
木炭	五一、三一四•八一	二〇、八三八•四〇	減 三〇、四七六•四一
木板	一七、八九五•四九	一七、九〇二•三四	增 四六八•〇
皮紙	四六、〇二四•〇〇	一三、五〇〇•四三	減 三二、五一九•五七
茶葉	六、九七七•〇〇	二九、八八四•八六	增 二二、九〇七•八六
磁器	……	五、六四五•九二	增 五、六四五•九二
其他各貨	五一、二三六•九九	三五、六八一•八九	減 一五、五五五•〇六
摠計	五七六、二九〇•九四	六六二、六二八•〇二	增 八六、三三七•〇八

右兩表所列。其標明名目者。皆大宗貨物。此外各貨價額。爲數無幾。故以其他概之。包入香港臺灣價額者。以運之者爲華商也。日商所運亦合計者。以貿易在中國也。

以上甲乙二表皆一貨中分數之比較。及本年春夏兩季之比較也。今加長崎近十年中日貿易比較表一。然猶中國與日本比較也。又加中國及各國輸入長崎價額近五年比較表一。并長崎輸出中國及各國價額近五年比較表一。然猶長崎一埠中之比較也。更加三埠全年總數比較表一。計共四表分別開列如下。

長崎近十年中日貿易比較表

年次	由中國輸入長崎價額（元）	由長崎輸出中國價額（元）
光緒十九年	一、三〇四、七九四	一、一一七、一四九
〃二十年	一、五一五、七八七	一、一〇四、四八一
〃二十一年	一、九六五、一四一	一、二一六、八六七
〃二十二年	二、二〇二、五九四	一、五三五、九四一
〃二十三年	二、八七〇、九三一	一、六三六、七九六
〃二十四年	三、〇六一、四六〇	一、八九〇、二一五
〃二十五年	一、五六七、七六一	一、九六七、三一七
〃二十六年	二、〇五一、八一二	二、五五六、六八五
〃二十七年	一、九八二、二八一	二、三三一、七九六
〃二十八年	二、一一八、五七九	二、一一五、一四八

依右表觀之。輸入價額。以二十四年爲最多。以十九年爲最少。前六年皆逐年增加。後四年則忽減忽增。輸出價額。以二十六年爲最多。以二十年爲最少。前八年皆逐年增加。後二年則相繼迭減。輸出與輸入比較。則自二十四年以前。輸入皆超過輸出。自二十四年以後。輸出皆超過輸入。足見日之商務。昔不如今。其所現常爲進象。我之商務。今不如昔。其所現常爲退象也。

中國及各國輸入長崎價額近五年比較表

國別／年次	中國輸入價額	各國輸入價額	通計摠額	中國占摠額百分之幾
光緒二十四年	三、〇六一、四六〇(元)	一六、六三七、一八六(元)	一九、六九八、六四六(元)	一五(分)
〃二十五年	一、五六七、七六一	九、五七九、七四九	一一、一四七、五一〇	一四
〃二十六年	二、〇五一、八一二	三三、三七五、五二六	三五、四二七、三三八	一三
〃二十七年	一、九八二、二八一	一一、七九〇、二二九	一三、七七二、五一〇	一四
〃二十八年	一、一一八、五七九	七、二〇七、二五二	九、三二五、八三一	一二

長崎輸出中國及各國價額近五年比較表

年次 / 國別	輸出中國價額	輸出各國價額	通計總額	中國占總額百分之幾
光緒二十四年	一、八九〇、二一五（元）	四、六九七、〇六一（元）	六、五八七、二七六（元）	二八（分）
〃二十五年	一、九六七、三一七	四、二四〇、四五五	六、二〇七、七七二	三一
〃二十六年	二、五五六、六八五	四、三八二、四三五	六、九三九、一二〇	三六
〃二十七年	二、三三一、七九六	二、五二三、九九〇	四、八五五、七八六	四八
〃二十八年	二、一一五、一四八	二、三五九、〇三六	四、四七四、一八四	四七

依右兩表觀之。其輸入最多年份。百分中中國占二十二分。輸出最多年份。百分中中國竟占四十八分。然則長崎一埠。比之橫濱神戶兩埠。華商之貿易雖爲最小。而就崎言崎。以各國貿易比較之。則所占總額如此其多。實爲不小矣。考其原因。輸入之貨。以豆餅爲大宗。皆出自中國。輸出之貨。以海產爲大宗。皆銷之中國。故長崎貿易中國實占最重要之地位。各國不能與之爭衡也。

三埠去歲全年華商輸出入總數比較表 洋商所運不在內

埠別	輸入	輸出	通計
長崎	三、五一九、五八二（元）	二、二二八、二一〇（元）	五、七四七、七九〇（元）
橫濱	一〇、一二二、六二一	六、二八六、三五九	一六、四〇九、〇一八
神戶兼大阪	三八、〇五八、九八四	五一、六四一、四四七	八九、七〇〇、四三一

依右表觀之。長崎華商輸出入共五百七十四萬七千七百九十元。橫濱華商輸出入共一千六百四十萬零九千零一十八元。神戶華商輸出入共八千九百七十萬零零四百三十一元。合三埠輸出入總計一萬一千一百八十五萬七千二百三十九元。長崎占總額百分之五。橫濱占總額百分之十五。神戶占總額百分之八十。蓋因神戶爲日本商務之中樞。非長崎之偏於一隅者可比。又與大阪西京名古屋壤地相接。彼三處皆工廠林立。製造之物。充牣市廛。而以神戶爲出口之總匯。尤非橫濱長崎多農產而少工產者可比。此神戶貿易所以首屈一指者歟。

（未完）

東洋 教育掛圖畫 雙璧

陸軍示教掛圖	自第一輯至第三輯	各一輯五張一組	各一輯金貳圓
海軍示教掛圖	同	同	同
天地現象掛圖	自第一輯至第五輯	各一輯五張一組	各一輯金貳圓
地文學示教圖	自第一輯至第二輯	同	同
世界地理示教圖	自第一輯至第三輯	各一輯七張一組	各一輯金貳圓八十錢
人體生理解剖圖	廿張一組	完結	金八圓
世界人種風俗掛圖	自第一輯至第三輯	各一輯五張一組	各一輯金貳圓半
工業示教掛圖	自第一輯至第三輯	同	同
農業教授用掛圖	拾張一組	完結	各一輯金四圓
家禽家畜正圖	自第一輯至第二輯	各一輯六張一組	各一輯金貳圓半
世界哺乳動物正圖	自第一輯至第四輯	各一輯五張一組	各一輯金壹圓半
植物正圖	自第一輯至第十輯	各一輯五張一組	各一輯金貳圓
喰蟲有感植物正圖	五張一組	全	金貳圓
有毒植物眞圖	五張一組	全	金貳圓
救饑植物正圖	同	同	同
有益鳥眞圖	三張一組		金壹圓半
鳥類正圖	自第一輯至第二輯	各一輯五張一組	各一輯金貳圓
蟲類正圖	自第一輯至第四輯	同 同	各一輯金貳圓
稻作害蟲驅除法圖	五張一組	完結	金貳圓

農作物病害豫防法圖	五張一組	完結	金貳圓
漁業示教圖	五張一組	完結	金貳圓
養蠶示教圖	八張一組	完結	金參圓
爬蟲類及兩棲動物圖	自第一輯至第二輯	各一輯五張一組	各一輯金貳圓
甲殼類正圖	五張一組		金貳圓
菌蕈類正圖	自第一輯至第二輯	各一輯五張一組	各一輯金貳圓
貝殼類正圖	二張一組		金壹圓
前世界動物圖	三張一組		金八拾五錢
魚類正圖	自第一輯至第二輯	各一輯五張一組	金貳圓
海獸類正圖	五張一組	完結	金貳圓
熱帶植物圖	自第一輯至第三輯	各一輯五張一組	各一輯金貳圓半
人體寄生蟲及黴菌圖	自第一輯至第二輯	各一輯五張一組	各一輯金貳圓
下等動物圖	五張一組		金貳圓
植物解剖掛圖	十張一組		金參圓八拾錢
兒童眼病トラホーム豫防法圖	參張一組		金壹圓貳拾錢
救急治療法掛圖	六張一組		金貳圓
支那歷朝帝王御影	全一張		金八拾錢
兵式柔軟體操圖	全一張		金四拾錢
銃砲古今沿革全圖	二張一組		金壹圓四拾錢

鑛石實寫標本圖	全一張		金參圓
世界列國旗章正圖	全一張		金五拾錢
列國帝王軍隊服裝圖	全一張		金七拾錢
世界人種相貌圖	全一張		金七拾錢
世界發明元始家列影	全一張		金七拾錢
古今軍艦沿革圖	全一張		金參拾五錢
貨幣古今沿革圖	全一張		金參拾錢
帝國陸軍服裝圖	二張一組		金貳圓
列國勳章精圖	全一張		金八拾錢
物理學示教掛圖	自第一輯至第二輯	各一輯五張一組	各一輯金壹圓半
博物集覽全圖	三十六張一組		金七圓
萬國貨幣全覽	全二張		金壹圓半

本館製造教育專門著色圖畫。備蒙帝室寵賞。名聲藉甚。亦技術巧妙。價頗廉。稱東洋無雙。無論日本全國。及朝鮮滿洲。大中小學堂無不採用本館圖畫者。本年更欲拓販路。對門增設新工場。裝置精良大印刷機。準備已成。館運旺盛。特爲中國四方君子賞鑒。製圖畫目錄大畧如以上。東京造畫館主九拜

一本館畫目錄壹冊。函致有命。不論遠近。即呈。來函一切要照左記本館所在地。書字無誤

○日本東京市京橋區出雲町壹番地
東京造畫館
電話新橋七百二十三番

四

七

日本合資會社富山房書局新書發售告白

陸軍教授依田雄甫
河田羆
兩先生同編

漢文日俄戰記

洋布上製頗美本
價 貳元
清國小包郵費 三角五分

口繪日俄兩國皇帝等八頁入▲交戰地圖石印五彩▲日俄海陸勇將戰場景色百餘▲大判三七七頁

日俄戰役非日俄之私戰。東亞大陸之力戰也。歐亞國民之智戰也。而亦黃白人種優劣之競爭也。其聳動世界之耳目。震撼天下之人心。良有以也。夫介支那帝國之獨立自存强固者。則所以維持東洋永遠之平和。而東亞國民當盡之天職也。於是乎日俄戰役有焉。●惟此戰役者。古今稀見之壯擧也。而可傳於天下後世之偉績莫大焉。蓋有經世之志者。須先可作之戰記錄之實史以遺之子孫也。●此書旨之趣如何。開戰之原因經過戰況陣形等。詳論精察無不到。若夫至于實戰之動止擧措筆舌不能盡之所。則插置百數十寫眞圖補說之。蓋自戰場之山川草木乃至勇將名士之手采。歷歷可得指顧。宛然如臨於柑子局面。勝敗之數炳乎自判明。卷首更添戰鬪地圖。以明海陸戰鬪之時日兩軍對陣之形容攻守進退之經過。惟自日俄開戰之遠因近因國情兵力武備。乃至戰鬪之經過媾和之結果。解說明晰如此書者未有之也。●清國之於日本國實脣齒輔車之親。且同文同種有密切之關係。希大清帝國之君子。必採此書一以誇于外人。一以遺于子孫。以誡後生焉。

理學博士寺尾壽先生監修
藤森溫和先生著

日清對譯算術教科書

洋布上製菊判頗美本
價 壹元
郵費 壹角

寺尾博士者以算數學名聲冠于日本。宜也。其書一出群書悉潛其形也。蓋是理勢之當然亦不足怪。今漢譯發售。洛陽紙價自是漸貴矣。江湖君子請勿逸購求之機。

八

陸軍教授 依田雄甫先生著

漢文 最新萬國形勢指掌全圖

石印七彩地圖二十張
人物風景寫眞版十張 統計表廿四頁
價貳元五角 小包郵費三角五分

是爲現今所存最良最美精圖。是以直隸總督袁宮保。前兩江總督魏制台。學部侍郎嚴大人。日本駐剳楊公使。軍機處存記一品朱大人。直隸學校司參議丁大人諸公般勤賜書稱賀不已。今寫諸公眞蹟揭之卷首。是亦爲不易得。大方諸彥幸購一本閑窓披覽可臥遊于五大洲也

文學博士 重野安繹 河田羆兩先生同輯

文學博士 重野安繹先生著

漢文 萬國史綱目

▲唐本形全八冊 價貳元八角 小包郵費三角五分

支那疆域沿革圖

陸軍教授 依田雄甫先生著

▲石印三彩 價參元 小包郵費三角五分

文學博士 服部宇之吉先生著

漢文 論理學講義

▲唐本形全一冊 價六角五分 郵費六分

高等師範學校教授 黑田定治先生著

漢譯 世界讀史地圖

▲石印七彩 價貳元五角 小包郵費三角五分

陸軍教授 依田雄甫先生著（揭圖製）

漢文 最近世界現勢指掌圖

▲石印七彩 價貳元五角 小包郵費三角五分

漢譯 單級教授法

▲洋裝美本全一冊 價四角五分 郵費四分

發兌元 東京市神田區 合資會社 富山房特約店 上海、天津、北京、其他各地書局

新書發售豫告

陸軍教授 依田雄甫先生編
文學博士 瀨川秀雄先生著

大清帝國分省精圖

石印七彩頗鮮明 縱一尺一寸橫一尺六寸
五月發行

漢譯

西洋通史

菊判洋裝全一冊
紙數約一千頁
附圖 石印六彩 沿革圖十九葉入

第六高等學校校長 理學士 酒井佐保先生著

漢譯酒井

物理學教科書

菊判洋裝全一冊
紙數約五百頁
圖畫三百數十入

發兌元
東京市神田區裏神保町九番地
電話本局壹千三十六番
合資會社 富山房書局

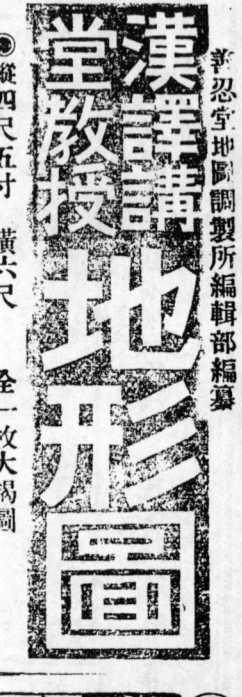

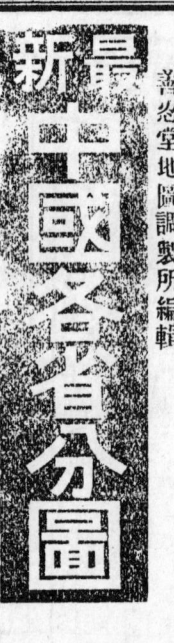

高等國文讀本

我國文與學相爲表裏非通文無以通學故國文爲中學以上最要之科然文字之道繁賾紛紜非示以途轍未易尋究世所通行各選本非過於高遠則失之蕪雜此編謹依欽定中學章程分五年爲五編每編所錄皆求極合于學者之程度而于文法文體言之最詳辨之最精雖曰讀本而實包有文法書文學史之義蘊學者讀此其於文字之要思過半矣高等學校及師範學校用作讀本皆極適宜

第一編每冊二角二編二角五分三編三角五分四編五編每冊四角

中學文法教科書

此書共分三部一曰正字學二曰性詞學三曰修辭學凡識字造句成章諸法皆備中國師得此教爲講授之資師逸功倍可斷言也每部二冊大洋七角

總發行所上海棋盤街廣智書局

第三種郵便物認可

明治三十一年十二月二十八日（第三種郵便物認可）[illegible]

SEIN MIN CHOONG BOU

P. O. BOx 255 Yokohama Japan.

新民叢報

第肆年第玖號

（原第八十一號）

光緒三十二年五月一日 明治三十九年六月二十二日

新民叢報第肆年第玖號目錄（原第八十一號）

報資及郵費價目表

報資及郵費價目表	全年廿四冊	半年十二冊	零售
報資	五元	二元六角	二角五分
上海郵費	二角四分	一角二分	一分
上海轉寄內地郵費	一元二角	六角	五分
各外埠郵費	一元四角四分	七角二分	六分
四川、雲南、陝西、貴州、山西、甘肅等省郵費	二元八角八分	一元四角四分	一角二分

日本各地及日郵已通之中國各口岸每冊一仙

廣告價目表

廣告價目表	
洋裝一頁	十元
洋裝半頁	六元

惠登廣告至少以半頁起算刊資先惠論前加倍欲登長年半年者價當面議從減

編輯兼發行者　馮紫珊
印刷者　陳侶笙
發行所　新民叢報社
橫濱山下町百六十番
上海發行所　新民叢報支店
四馬路老巡捕房對面
印刷所　新民叢報活版部

林肯幼時所居之宅

論著

論中國成文法編制之沿革得失(續第八十號)

飲冰

第七章 宋代之成文法

宋代法典之多。實前古所未聞。每易一帝。必編一次。甚者每改一元。必編一次。蓋終宋之世。殆靡歲不從事於編纂法典之業。其法典內容。非必悉相異。殆因沿前法。略加修正而已。然莫不裒然成一巨帙。少者亦數十卷。多者乃至數百卷。亦可謂極千古之壯觀矣。今據羣書列為一表而略下推論。

(法典名)	(卷數)	(條數)	(編纂者)	(編成年月)
●建隆刑統(或稱開寶刑統)	三〇		竇儀蘇曉等	太祖建隆四年
●建隆編勅	四	一〇六	同	同
●開寶長定格			盧多遜	太祖開寶間
●太平興國編勅	一五			太宗太平興國三年

淳化編勅	三〇		宋白等	太宗淳化二年三月
重刪淳化編勅	二五		蘇易等	淳化五年八月
●咸平新定編勅	一一	二八六	柴成務等	眞宗咸平元年
●景德三司編勅	三〇		林特等	眞宗景德二年九月
景德三司新編勅	一五		同	同
●景德農田編勅	五		丁謂等	景德三年正月
●大中祥符編勅	三〇	一三七四	陳彭年等	眞宗大中祥符九年
●諸路轉運司編勅	三〇		同	同
一州一縣新編勅	五〇		李迪等	眞宗天禧四年二月
一司一路編勅	三〇		同	同年十一月
天聖刪定咸平編勅			夏竦蔡齊等	仁宗天聖七年
天聖附令勅	一	五〇〇	同	同
●天聖令	三〇		呂夷簡等	天聖七年
●天聖編勅	三〇		宋庠等	天聖十年
諸路宣勅（天聖中刋正祥符勅）	一二			天聖中

諸司勅令格式	一二	同	同十年二月
熙甯詳定刑部勅	一	范鏜	同十年十二月
詳定軍馬司勅	五	吳充等	同九年十二月
禮房條例	一三	李承之等	同八年二月
新修審官西院條貫	一〇	沈立	熙甯中
新編大宗正司勅	八	同	同
新定諸軍直祿令	二	同	同
將作監式	五	曾肇	同
八路敕	一	蒲宗孟	同
熙甯新定孝贈式	一五	章惇等	同
熙甯新定節式	二	同	同
熙甯新定時服式	六	同	同
熙甯新定皇親祿令	一〇	同	同
司農寺敕	一	同	同
熙甯將官敕	一	同	同

論著

●元豐廣案……二〇〇……同
元豐新定在京人從敕式三等……沈希顏……同
元豐新修國子監大學小學元新格及令……一三……李定等……同
●元豐江湖鹽令勅……六……同
武學勅令格式……一……同
明堂赦條……一……同
新修尚書吏部式……三……曾伉……同
元豐將官勅……一二……蔡碩……同
貢舉醫局龍圖天章寶文閣等勅令儀式……四一〇……同……同
宗室及外臣葬勅令式……九二……同
皇親祿令及釐條勅式……三四〇……同
提舉市易司勅令并釐正看詳……二一……吳雍都……同
部條……一九……同
●元祐勅令格式……五六……蘇頌等……哲宗元祐二年十二月
六曹條貫及看詳……三六九四冊……元祐中

元祐諸司市務勅令格式……二〇六册……同
●元祐貢舉勅……三……同
六曹敕令格式……一〇〇〇……同
樞密院條及看詳……五〇……同
●元符勅令格式……一三二……哲宗元符中
紹聖續修武學勅令格式看詳幷淨條……一八册……徽宗建中靖國元年
紹聖續修律學勅令格式看詳幷淨條……一二册……同
諸路州縣敕令格式幷一時指揮……一三册……徽宗崇甯中
諸路將官通用敕……二〇……同
六曹格子……一〇册……同
●崇甯通用貢舉法……一二……同
中書省官制事目格……一二〇……同
尙書省官制事目格幷參照……六七册……同
門下省官制事目格幷參照……七二册……同
國子大學辟雍幷小學勅令格式……一六八册……同

六曹寺監通用勅令格式申明看詳……四六三……同……同十三年四月
國子監勅令格式……一四……同……同年十月
大學勅令格式……一四……同……同
武學勅令格式……二〇……同……同
律學勅令格式……一〇……同……同
小學令格……二……同……同
●重修貢舉勅令格式……四五……萬俟卨……同廿六年十二月
紹興重修吏部勅令格式……一〇二……朱勝非等……紹興中
紹興重修常平免役勅令格式……五四……秦檜等……同
紹興參附尚書吏部勅令格式……七〇……陳康伯等……同
乾道重修勅令格式……一二二……虞允文等……孝宗乾道四年十二月
紹興申明刑統……孝宗淳熙十一年
淳熙條法樞要……潘燾等……同三年十月
淳熙條法事類……四二〇……同七年五月
淳熙重修勅令格式及隨勅申明二四八……同三年三月

淳熙吏部條法總類	四〇	同	
●慶元重修勅令格式及隨勅申明	二五六	京鏜等	甯宗慶元二年二月
役法撮要	一八九		慶元六年
慶元條法事類	四三七	同	甯宗嘉泰二年八月
開禧重修吏部七司勅令格式申明	三二三		甯宗開禧元年
嘉定編修百司吏職補授法	一三三		甯宗嘉定六年三月
●嘉定編修吏部條法總類	五〇	同	
淳祐條法事類	四三〇		理宗淳祐十一年四月

(說明)右表所據。(一)宋史刑法志(二)宋史藝文志史部刑法類(三)文獻通考經籍考史部刑法類(四)明焦竑國史經籍志其加●識於首者。焦書所著錄至明末猶存者也。

由此觀之。則宋代成文法之汗牛充棟。實有足驚者。宋末之亂。蕩去者當不少。而元初修宋史。其粲然具備也尚若此。直至焦弱侯時。其所及見者猶不下四十種。乃逮本朝修明史藝文志修四庫書目。則已竟無一卷之著錄。豈明末之亂盡成灰燼邪。抑尚有之而屏勿錄邪。嗚呼。使以上諸書有一二種流存於人間。則其裨補於律學之研究者。

固不淺尠耳。

宋代成文法雖多。然大率編輯詔勅以成。其眞可稱爲立法事業者。惟神宗時代耳。宋史刑法志云。『神宗以律不足以周事情。凡律所不載者。一斷以敕。乃更其目曰敕令格式。而律恒存乎敕之外。熙甯初置局修敕。詔中外言法不便者。集議更定。擇其可采者賞之。元豐中始成書二千有六卷。復下二府參訂。然後頒行。帝留意法令。每有司進擬。多所是正。嘗謂法出於道。人能體道。則立法足以盡事。又曰。禁於未然之謂敕。禁於已然之謂令。設於此以待彼之謂格。使彼效此之謂式。修書者要當識此。於是凡入笞杖徒流死、自名刑以下至斷獄、十有二門。麗刑名輕重者。皆爲敕。自品官以下至斷獄三十五門、約束禁止者、皆爲令。命官之等十有七、吏庶人之賞等七十有七、又有倍全分釐之級、凡五等、有等級高下者、皆爲格。表奏章籍關牒符檄之類、凡五卷、有體制模楷者、皆爲式。由此觀之。則宋代法典之性質。略可推見焉。其敕即前代之律。專屬於刑法者也。其令與格則一般之法律。不屬於刑法者也。其式則判決例等附焉。而神宗時所編纂者。起熙甯初。迄元豐中。前後凡一十有餘年。（熙甯凡十年元豐凡八年）而其書裒然爲二千餘卷實可稱上凌千代橫絕五洲最厖大之法典也天喪斯文無一字傳於今日惜哉，（案此法典編纂之沿革及其卷數。惟見於刑法志。而宋史藝文志及文獻通考皆不著錄。可謂咄咄怪事。謂未成之業耶。而刑法志固明言頒行矣。豈此書爲總名。而前表所列熙甯元豐間各種勅令格式凡四十餘種者。即其一部分耶。）

宋代法典既無一傳於今者。故其內容不可考見惟據存目以推度之其特色有三。

(一)前代偏重一般法宋則多有局部法　如一州一縣一司一路法等是也。

(二)前代偏重普通法宋則多有特別法　如關於皇族。關於將官。關於在京人。多爲特別之規定是也。

(三)前代偏重刑法宋則多有刑法以外之法　前表所列。多屬於行政法之範圍。熙甯元豐間尤多。

終宋之世殆無歲不從事於編纂法典之業此又其與前代異者也就此事論之則亦得失參半其所得者則能使法律常與社會現象相應不至成爲紙上殭石其所失者則根本法屢動搖民無所適從而吏且得因緣爲姦也

第八章　明清之成文法

本章資料取材於日本博士織田萬著清國行政法者十而三四不敢掠美謹注明

今世現行之成文法。其大體殆全襲前明。故明淸兩代。當合論之。

(一)刑法　明太祖平武昌。即議律令。吳元年。命左丞相李善長爲律令總裁官。楊憲劉基陶安等二十人爲議律官。遂撰令一百四十五條。律二百八十五條。又命大理卿周楨等取所定律令類聚成編。訓釋其義。名曰律令直解。及洪武六年。詔刑部尚書劉惟謙定大明律篇目。一依唐律。而增爲六百有六條。二十二年。復取比年所增。以類附入。成四十卷。即今所傳之大明律是也。其篇目如左。

名例律一卷　四十七條

吏律二卷　職制十五條　公式十八條

戶律七卷　戶役十五條　田宅十一條　婚姻十八條　倉庫廿四條　課程十九條　錢債三條　市廛五條

禮律二卷　祭祀六條　儀制二十條

兵律五卷　宮衞十九條　軍政二十條　關津七條　廐牧十一條　郵驛十八條

刑律十一卷　盜賊廿八條　人命二十條　鬬毆廿二條　罵詈八條　訴訟十二條　受贓十一條　詐僞十二條　犯姦十條　雜犯十一條　捕亡八條　斷獄二十九條

工律二卷　營造九條　河防四條

其名例律所規定者與近世諸國之刑法總則相當如刑之適用刑之加減與夫恩典赦免數罪俱發等具焉其吏律所規定則官吏懲戒法也其戶律所規定則淆亂戶籍罪怠納租稅罪違反度量衡罪等具焉其禮律所規定則上自皇室下至百官之婚嫁喪葬等規則具焉其兵律所規定則如各國之海陸軍刑法也其刑律所規定則強盜竊盜殺人傷人毆打罵詈詐僞猥褻逃亡放火失火等諸科罪法具焉即各國刑法之大部分也其工律所規定則決水及破毀營造物諸罪具焉各國所謂普通刑法特別刑法採雜而成此其內容之大概也

清代凡百皆因明舊。順治三年。命吳達海等譯明律。參以滿制。爲大清律十卷。頒之。雍正三年。復頒大清律集解三十卷。乾隆五年。大清律例成。以例爲一種法典之名。自茲始。律與例性質之差別如下。

（光緒四年應寶時撰增修律例統纂集成序）漢自蕭相國採摭秦法作律九章。此律之名所由始。而後人申言之曰例者。則王制之所謂比也。比則察其小大而獄之輕重判焉。

（道光三年吳廷琛撰新增律例統纂集成序）其曰例者。王制之所謂比是也。古者獄辭之成。必察小大之比。

律尙簡而例獨尙繁非簡不足以統宗非繁不足以徵引(同治六年王凱泰撰重修律例統纂集序)是故斷法有律而準情有例律守一定而例則因時爲變通(道光六年祁塤撰新修律例統纂集成序)律一成而不易例則逐年增删五年一小修又五年一大修通行天下俾知遵守故律文自雍正年删改增併合爲四百三十六門至今仍循其舊條例世輕世重因時地而酌量變通增纂删改款目繁多(道光九年常德撰增修律例統纂集成序)律猶日星懸諸天壤而不可易例則如躔度次舍之運行或日易焉或歲易焉故天道五歲而一祧星家於是有置閏之法律例亦五歲而一輯法家於是有增修之文

由是觀之律者永久不變之根本法也例者隨時變通之細目法也其在明代永樂間嘗詔法司問囚一依大明律擬議毋妄引榜文條例爲深文成化元年又令讞囚者一依正律盡革所有條例十三年刑官復上言洪武末定大明律後列聖因時推廣之而有例例以輔律非以破律也(俱見明史刑法志)然則律與例之關係殆如今世各國法律與命令之關係不得以例破律猶不得以命令變更法律也雖然律者一成而萬古不易者也其與時勢之推移不能相應此無如何者也而條例則世輕世重準社會現象以爲衡

故條例所定自難保無與律相矛盾以近世法理論之司法官祗能用法不能制法故判決例萬不能認為法律（若判決例經國家採用承認。編入成文法中者。則已為律而非復為例矣。）雖然在古代立法機關未備裁判官於裁判之際得以己意所推條理變更補正成法者往往而有我國之條例實屬於此種英人米因氏所謂「判事制定法」也故明史刑法志又云。『自成化以後。律例並行。而弘治萬曆間屢次欽定條例。』蓋與律有同一之効力矣及乾隆定大清律例始以例與律並列而嘉慶續修會典卷四十一云。『有例則置其律例有新者則置其故者』又云『斷獄者當以改定之例為準不必拘泥律文』又刑案匯覽卷十四云『查律乃一成不易。例則隨時變通。故有律本輕而例加重者亦有律本重而例改輕者』然則非徒可以例破律而律與例有相矛盾者且適用例而不適用律矣故我國現行律例之性質。蓋如各國舊法律與新法律之關係（舊法律與新法律牴觸者。則以新法廢舊法）非如各國法律與命令之關係也（不得以命令變更法律）

故就律之一方面論之今律可云即唐律之舊亦即魏晉律之舊亦即蕭何李悝律之舊試列其篇目之分類比較之

法經	蕭何律	晉律	唐律	明清律
具法	具律	刑名 法例	名例	名例
		宮衛	衛禁	宮衛
		違制	職制	職制
	戶律	戶律	戶婚	戶役 婚姻
	廄律	廄牧	廄庫	廄牧 倉庫
	興律	興律	擅興	軍政
盜法 賊法	盜律 賊律	盜律 賊律	賊盜	賊盜
			鬥訟	鬥毆 訴訟
		詐偽	詐偽	詐偽
雜法	雜律	雜律	雜律	雜犯

四庫書目提要史部政書類唐律疏義條下云。『凡唐律篇目。今所沿用者。有名例職制賊盜詐偽雜犯捕亡斷獄諸門。其唐律合而今分者。如戶婚爲戶役婚姻。廄庫爲倉庫廄牧。鬥訟爲鬥毆訴訟諸門。其名稍異而實同者。如衛禁爲宮衛。擅興爲軍政諸門。其分析類附者。如關津留難諸條。唐律入衛禁。今析入關津。乘輿服御物事應奏不奏驛使稽程以財行求諸條。唐律俱入職制。今分析入禮律之儀制。吏律之公式。兵律之郵驛。刑律之受贓。謀殺人諸條。唐律入賊盜。今析入人命。毆罵祖父母父母諸條。唐律並入鬥訟。今析爲兩條。分入鬥毆罵詈。又姦罪市司平物價盜決隄防毀大祀丘壇盜食田園瓜果諸條。唐律俱入雜律。今分析入刑律之犯姦。戶律之市廛田宅。工律之河防。禮律之祭祀。』此以唐律與今律比較。

捕法	囚法								
捕律	囚律								
捕律	囚律	毀亡	告劾	繫訊	請賕	水火	諸侯	關市	
捕亡	斷獄								
捕亡	斷獄				受賕			市廛 關津	祭祀 儀制 公式 田宅 錢債 課程 郵驛 人命

言其淵源所自出。最爲分明。蓋今律十之七八。本諸唐律矣。

罵詈	犯姦	營造	河防

此以言夫律也。若夫例。則自乾隆間定章。五年一纂修。雖未嘗為嚴格的實行。而自嘉慶以來。續纂修改。既已不少。今列其目。

嘉慶六年　纂修
十一年　纂修
十九年　修改
廿五年　修纂
道光元年　修改續纂纂修
五年　續纂
六年　修改
十年　修改續纂
十年　修改纂修

歷次纂修條例告竣進呈表文者云『臣等悉心參考。分為修改、修併、移改、續纂、刪除、各名目。開列本例之首。粘貼黃簽。並於本條之下。逐條加具按語。分晰陳明。有原例者先列原例於前。次列現修新例於後云云。』是其纂修之體裁。大略分為五種。一、修改。將原例條文略加正者也。二、修併。將原例二條以上合為一條者也。三、移改。將原例條文移易其類屬位置者也。四、續纂。原例所無而新增入者也。五、刪除。原例所有而削去者也。

十九年　修改
二十年　修改續纂
廿一年　續纂
廿五年　續纂
廿六年　修改
咸豐二年　修改續纂纂修
同治十二年　修改續纂

又律例增修統纂集成凡例云『凡各省條奏及咨請部示準駁併刑部隨案修改例文應纂爲例』是條例之淵源全出於判決時所推條理也。

夫例既能與社會新現象相應而其性質復與律有同一之效力且律例牴觸而所適用者在例不在律則律雖有根本法之虛名而其中一大部分已成殭石今日法廷最優之勢力實判決例之勢力也即米因氏所謂判事制定法也我國所以當二千年後之今日而猶得行用李悝之法者以此我國法律之性質所以不明瞭而其効力所以不強固者亦以此

(二)行政法

自唐六典既頒以後歷代相沿如元典章明會典乃至現行之大清會典咸汲其流於

是我國有二大法典所謂律者即刑法也所謂會典者即行政法也而明清兩代之會典實並律之所規定者而悉收容於其間故會典之與律例實爲全部法與一部法之關係故研究會典之性質實重要中之重要也

明孝宗弘治十五年修大明會典成武宗正德五年修正刊布其書取則於唐六典以官職爲綱以各部所屬法規彙載於下凡百八十卷今述其編目

卷一……文職衙門　宗人府
卷二至卷十五……吏部
卷十六至卷四十一……戶部
卷四十二至卷百〇五……禮部
卷百〇六至卷百二十五……兵部
卷百二十六至卷百四十六……刑部
卷百四十七至卷百六十三……工部
卷百六十四至卷百六十六……都察院
卷百六十七至卷百八十……通政司等

論著

六部所占凡百六十餘卷。一切法規。悉網羅於此間。其餘諸卷。不過列官名與職掌。如漢官儀歷代職官志等而已。今以六典所屬之法規。與日本法規名目相比較。則吏部條下。凡官吏任用令、俸給令、懲戒令、官吏服務規則等在焉。戶部條下。凡戶籍法、地租條例、各種稅法等在焉。兵部條下。凡關於軍事及交通之法規等在焉。工部條下。凡河川法及工事營造規則在焉。刑部條下。則大明律全文悉載之。實明代最詳博完備之成典也。

清代自康熙二十三年。始仿明故事。從事於會典之編纂。二十九年頒布之。其後雍正十年、續修乾隆二十九年。第三次續修。嘉慶十八年。第四次續修。（皆舉頒布之年）即現行之大清會典是也。康熙本爲百六十卷。（雍正本同）乾隆本刪爲百卷。今本復刪爲八十卷。蓋康雍間事屬草創。且纂修官分任各門。殊缺統一。故不免枝蔓複沓。迨乾隆而體例始完。及嘉慶中葉。距成書時殆六十年。其重要之事例。新發生者不少。故有續纂之擧。最後則同治十二年。發議爲第五次續修。開館二十餘年。草案將成。經團匪之亂。悉燬兵燹。是以至今不就。此大清會典編纂沿革之大概也。

乾隆欽定大清會典凡例曰。『以典章會要爲義所載必經久常行之制玆編於國家大經大法。官司所守。朝野所遵。皆總括綱要勒爲完書』其於會典二字之定義及會典全書之性質言之無餘蘊矣盖大清會典中舉凡大清律例及其他成文不文法罔不包舉而所尤注重者則行政機關之組織權限及事務之準則嚴密規定日本織田萬氏謂現今各國除葡萄牙外無一國焉有專編之行政法典其最浩博之行政法惟我現行之大清會典非虛言也。織田氏謂歐洲諸國所以無行政法典者。一因其行政法之性質。不便於編爲法典。二因研究未充實。不能立一定不變之準則。而我國則立於此通例以外。故行政法典早發達云。

會典既爲經久常行之大法是則所謂根本法也根本法固不可屢動搖故乾隆本凡例又云『嗣後如有因時損益之處其畸零節目止於則例內增改即有關大體者亦止刊補一二條。無煩全書更動。庶一勞永逸。以便遵循』是其尊重根本法之精神畧可推見然社會現象推移終非可以一成不變之法而適用於永久也於是乎於會典之外復有則例會典其大綱法而則例其細目法也行政法之以例輔典猶刑法之以例輔律也我國古代編纂成文法之事業雖極盛大然大率捃摭先例以成其發達約如近世之國際法（國際法純以先例爲主）其嚴定法與例之區別者實自清代始乾隆御製會典序云『嚮者發凡排纂率用原議舊儀連篇並載是典與例無辨也夫例可通典不可變今將緣典而傳例後或摭例以淆典其可乎於是區會典則例各爲之部而輔以行』又凡例云『以典爲綱以則爲目庶詳略有體』觀於此則會典與則例之性質較然甚明織田博士曰『二者之差異及關係恰如近世立憲國家憲法之與法律』雖比擬不倫而不得謂無相類之點也其關係既已若是以法理論之則例宜不得與典矛盾苟有矛盾則其例當不適用雖然事實上乃正與之相反典例異趨數見不鮮而當其例未經採以入典變更典文之時則例行而典之効力且中止焉此實我國特別之理論而非可以普通法理繩之者也

如是則則例之性質及其編纂法不可不更置一言則例者施行大清會典時所起之實例也凡行政官當執行政務時每生疑義則或陳其委曲或自擬辦法經長官以請於中央政府由所屬之部審議奏聞得旨施行乃著爲例其性質與各國之法律經君主裁可公布者無以異且其例非徒約束行政官吏而已即對於一般人民亦生効力

此實一種之成文法而非可以尋常之慣習先例目之者也則例之對於典與條例之對於律。其關係全相同。雖然有一異焉條例與律合爲一法典稱之曰律例非有二書也則例之與會典其在乾隆前每將例之重大者編入典中體裁雖一如律例及嘉慶續修時其編纂法大加改良於大清會典八十卷外別有所謂大清會典事例者九百二十卷同時發布而會典事例名實皆爲例而不爲典純然爲獨立之一種成文法此其與刑法上律例之異點也

則例之編纂各部皆有定期欽定吏部則例奏疏云『各部則例每十年奏請纂修』欽定戶部則例云『嗣是五年一修如刑部律例館之例』是其編纂尙有定期而各部非必盡一雖然中經多故斯舉亦非實行。同治十二年纂修吏部則例奏疏云。『查臣部自道光十九年奏明續修則例至二十三年修竣以後迄今三十年之久』然則其不遵依定期甚明而近數十年來此業益付諸等閑蹉跎不舉又衆所共見矣。

則例之種類可大別之爲一般則例特別則例之二種今略舉其目。

論著

（甲）一般則例

大清會典則例
大清會典事例
吏部則例
戶部則例
禮部則例
工部則例

刑部無專屬本部之則例。蓋刑部所宜規定者。不外刑律之適用。而凡此皆入條例之部分。不入則例之部分也。兵部亦無專屬本部之則例。其理由未詳。

（乙）特別則例

賦役全書
督捕則例
中樞政考
八旗則例
學政全書
物料價値則例
六部處分則例
戶部漕運全書
大清通禮

通禮及賦役全書學政全書漕運全書等。雖無則例之名。實亦一種之則例也。六部處分則例。與日本之官吏懲戒令相當。故屬於特別則例。非屬於一般則例也。

第九章　成文法之淵源

我國歷代相傳及現行之成文法。裒然巨帙。充棟汗牛。求其所自出之淵源。蛛絲馬跡。粲然可見。今條舉之。

一曰慣習　各國法律之大部分無不從承認慣習而來故在英國有 Common Law 之名。即慣習法。而英人所最尊者也此其義舉凡法學家言之已詳。今不復述。而我國古今之立法家亦不能外此公例者也且我國儒家言素崇信自然法而謂自然法出於天天之代表爲人民總意於是以人民總意爲立法之標準，故曰，因其風不易其俗齊其政不易其宜後世立法家本此精神以因應一切故我國之重視慣習視他國爲尤甚其承認慣習以爲法律者必甚多自無待言

二曰君主之詔勅　我國數千年爲君主專制國其法律惟采單純的之命令主義舉凡君主下一詔勅其効力直普及於國內書之典謨訓誥誓命皆當時及後世所尊爲大經大法也而除謨以外皆屬於君主詔勅自漢以後則『前主所是著爲律後主所是疏爲令』（史記酷吏傳引杜周語）益成爲一般國民之理想故一切法文其採集詔勅而

成者十而八九至宋代則竟以勑代律並其名而易之矣（唐代有律令格式四種。宋代改爲勑令格式。律之語源。有平均中正爲事物標準之意。勑之語源。則誥誡而已。說文文部勑下云。誡也。言部誡下云。勑也。）故宋之法典什九以編敕爲名詔勑與法律幾同體而不可分矣

夫謂詔勑與法律同物此近世法理所決不許也雖然。無論何國之法律必待主權者之裁可公布而始生効力然則法律與主權者本有不可離之關係甚明而況乎在君主專制國以「朕即國家」之主義爲原則法律既爲國家意志之作用則君主意志即爲法律又論理上之一貫者也徵諸吾國即世界所共尊之羅馬法律全典 Corpus Juris Civils 合三種而成其第一種曰「哥狄士」Codex 即編纂巴特連奴帝 Patrianus 以後諸帝之命令其後續頒新典名曰「那威爾」。Novelle 則亦編纂周士的尼安奴帝 Justinianus 三十年間所發之命令也此亦與宋代之編勑無異矣然詔勑非一切與法律有同一之効力其詔勑不含有立法之性質者無論矣即含有立法之性質者亦必經君主再度承認或後之君主承認以法律之形式公布之然後永久之効力乃始發生宋史刑法志記「宋仁宗嘗問輔臣曰。或謂先朝詔

令。不可輕改。信然乎。王曾曰。咸平所删太宗詔令。十存一二。何爲不可。於是詔天下言赦得失』。是詔勅之不經再度承認。未成爲法律之形式者。可以無效也。晉書刑法志。亦稱『晉武帝修律。其權設之法不入律。悉以爲令。違令有罪則入律。』是即經再度承認者。苟不以法律之形式布之。則其効力與法律仍有差別也。故君主之詔勅。謂爲法律大部分之淵源則可。直謂之爲法律。猶不可也。

三曰先例。所謂比。所謂故事。所謂章程。所謂品式。所謂格式。所謂條例。所謂事例。所謂則例。皆先例也。先例經主權者承認。即變爲法律。其慣習。條理。學說等。大率皆先經採用成爲先例。復由先例間接以變爲法律。此各國所同。我國亦如是。

四曰學說。採學說以爲法律。實助長法律之進步最有力者也。羅馬法所以能爲法界宗主者。其所采之學說多而所含之學理富也。我國數千年來。可稱爲純粹之法律上學說者甚希。雖然。我國有支配人心最有力之一物焉。曰經義。經義者。實一種尊無與尙之學說。後世一切之公私行爲。動引爲準則。而於立法事業。亦有影響者也。漢初儒者。每引春秋及其他經義折獄。隨即成爲判決例。以供來者之比附。其見於史中者歷歷可考見至東晉元帝時主簿熊遠奏猶言凡爲駮議者若違律令節度當合經傳及前比故事又云諸立議者皆當引律令經傳（俱見晉書刑法志）又元魏眞君時以有司斷法不平詔諸疑獄皆付中書依經義論決（見通典卷一六四）然則視經傳與律令有同一之効力至晉六朝間猶然矣夫歷代固未聞有采經傳之文以制法律者然法官引經義以判事遂成爲判決例而判決例旋被采擇以入法文則間接而變爲法律者往往有焉矣及漢末而大儒叔孫宣郭令卿馬融鄭玄各爲漢律章句數十萬言魏明帝時遂採鄭氏說以入律晉武帝時又以魏律專用鄭氏失諸偏黨復廣採諸家是國家承認學說爲法律信而有徵者魏晉以還儒者讀書不讀律學說闕如於是立法家所憑藉之淵源失其一種矣

五曰外國法　今世各國現行法律多取材於異國其繼受他國之法系者無論矣（如歐洲大陸國繼受羅馬法系。美國繼受英國法系。日本前此繼受我國法系。近今繼受羅馬英國兩法系之類。）即一法系中所屬之國亦未嘗不互相師法棄短取長雖謂今世各國法律無一國不雜外國法焉可也我國數千年來自成一固有獨立之法系。除最近所發布之商法訴訟法外。未嘗一與他法系交通。於此而謂我國法律之淵源。有出自外國法者。其誰信之。雖然。最初之刑法。傳自苗族。苗族與我本爲異國。然則尤類言之。雖謂我爲繼受九黎法系。亦未始不可。及李悝著法經。其時諸國並立。悝以魏人而兼採六國法。是外國法可以爲立法淵源之一原則。在成文法鼻祖之李悝已承認之。及至元魏。定麟趾格。間羼入東胡舊制。隋承周舊。唐律因之。其間是否全無魏法之分子。蓋難言矣。然則謂外國法爲我法律一種之淵源。亦不爲過。

第十章　成文法之公布

日本人動引孔子民可使由之不可使知之二語。以相詆諆，謂我國法律取神祕主義。不與民以共見。此實瞽說也。在昔羅馬貴族專政。故神祕其法律、利用平民無法律知識。得以肆其蹂躪。其後見迫。乃制定十二銅表之法。在昔希臘暴主。有名狄阿西尼亞者。每發一令。懸諸數十丈之柱頭。使民不能讀。而因以罔民。此歐西野蠻之舊則有之。而我國自古不如是也。其在書胤征曰。『孟春之月。遒人以木鐸徇於路。』其在周禮秋官大司寇曰。『正月之吉。始和。布刑於邦國都鄙。乃縣刑象之法於象魏。使萬民觀刑象。挾日而斂之。』五官之長文略同 天官小宰曰。『正歲帥治官之屬而觀治象之法。徇以木鐸。曰、不用法者國有常刑。』小司徒小司寇文略同 地官州長曰。『正月之吉各屬其州之民而讀法。若以歲時祭祀州社。則屬民而讀法亦如之。』地官黨正曰。『四時之孟月則屬民而讀邦法以糾戒之。』地官族師曰。『月吉則屬民而讀邦法。』地官閭胥曰。『凡春秋之祭祀役政喪紀之數聚衆庶。既比則讀法。』秋官士師曰。『正歲帥其屬而憲禁于國中。』秋官訝士曰。『凡邦之大事。聚衆庶則讀其誓禁。』秋官布憲曰。『掌憲邦之刑禁。正月之吉執旌節以宣布于四方。而憲邦之刑禁。以詰四方邦國及其都鄙。達于四海。』使周禮而非僞書則我國古代於法典之公布視爲一重大之事甚明矣

考其公布之方法有三。

一曰揭示法 所謂懸法象魏者是也。羅馬十二銅表建諸公園使民共見。正用此法。

二曰口達法 所謂徇以木鐸者是也。法蘭西第一共和時所頒憲法使人鳴喇叭走市中而誦其條文。正用此法。

三曰牒達法 布憲職所掌是也。由中央政府頒法於地方所用之方法也。近日各國通行法以公文或官報到達日生効力。正用此法。

然則當時公布法之完備也如此。不甯惟是。其各地方鄉官常屬民讀法。歲有定期。凡此皆懼民之不知法。設種種方術以使之周知者也。

管子首憲篇云。『正月之朔。布憲法於國。五鄉之師。五屬大夫。皆受憲法大史。（中略）遂於鄉官。致於鄉屬。及於游宗。皆受憲。』是亦言公布法典之次第也。商君書定分篇云。『公問於公孫鞅曰。法令之當時立之者。明旦欲使天下之吏民皆明知而用之。奈何。公孫鞅曰。爲法令置官置吏。（中略）諸官吏及民有欲問法令之所謂也。（案謂欲問法之所言者爲何也。）於主法令之吏。皆各以其故明告之。』是商君以使人人知法令之所謂爲極要之政策。而司法官對于人民有說明法律性質之責任也。漢代法律。其公布之跡。雖不可考見。然以當時印刷術未興。民間於一切文籍。皆傳鈔不易。而法律者猶十餘家。家數十萬言。則其成典之普及於民間。殆可推見。迨晉編新律成。特於太始四年元日。大赦天下。以頒新律。其所以鄭重之者至矣。六朝迄隋。皆循斯例。唐則以貞觀十一年頒唐律。

永徽初頒律疏。開元二十五年。撰格式律令事類四十卷。詔於尚書都省寫五十本。散於天下。自茲以往。歷代每制一法。無不公布。成例相沿。不遑枚舉。而其所以編纂及公布之意。無非欲使舉國人民悉知法律。今略述歷朝建議之言。

（唐高宗永徽中趙曦奏）立法者貴乎人人盡知。則天下不敢犯耳。何必飾其文義。簡其科條哉。夫科條省則下人難知。文義深則法吏得便。（中略）臣請律令格式。復更刊定。其科條言罪。直書其事。無假文飾。使愚夫愚婦。闇之必悟。

（周世宗顯德四年中書門下奏）（前略）律令則文辭古質。看覽者難以詳明。格勑則條目繁多。檢閱者或有疑誤。（中略）方屬盛明之運。宜伸畫一之規。所冀民不陷刑。吏知所守。（下略）

（明洪武十二年諭）律令之設。所以使人不犯法。田野之民。豈能悉曉其意。爾等前所定律令。凡民間所行事。宜類聚成編。直解其義。頒之郡縣。使民家諭戶曉焉。

由此觀之。我國數千年來。皆執法律公布主義。且以使人民有法律智識。為國家之一義務。其事甚明。其間惟金代曾禁收藏制書。謂恐滋告訐之弊。實為二千年來我族所未嘗行之虐政。然以不孚輿論。禁亦旋弛。（金史張汝霖傳云。舊禁民間收藏制文。恐滋告訐。汝霖言。昔子產鑄刑書。叔向譏之者。蓋不欲使民預測其輕重也。今著不刊之典。使民曉然知之。猶江河之易避而難犯。足以輔治。不禁為便。詔從之。）近今如會典律例諸大法典。每撰成。隨即頒布而其餘各種單行法令。亦以京報發表之。近世各國公布成文法之方法。每登載揭示於官報。法人馬伊耶士謂此法由我國最初發明良不誣也

且歷朝尙有以律學課士之制。秦時命欲學法令者。以吏爲師。漢建初八年。詔書辟士四科。其第二科曰明曉法律。足以決疑。魏文帝時。衞覬請置律博士。轉相教授。從之。唐制科目有明法一科。宋初有刑法科。詔法寺主判官諸路監司奏舉京朝官選人兩考者。上等進秩補法官。仁宗天聖四年。復置律學。設教授四員。公試習律令生員義三道。斷案生員一道。刑名五事至七事。私試義二道。案一道。刑名五事至三事。及元明以後。制科純用八股。然明試舉子第二塲。猶作判五條。蓋亦獎厲讀律之意也。凡此掌故本不足爲律學輕重。然此可見我國法律本與民共見。而決非日本人所譏爲取神祕主義云云也。

（未完）

論著

●前號本論正誤表

(葉)	(行)	(誤)	(正)
九	二(夾注)	淸●	德○
一三	九(夾注)	秦政●	秦改○
一六	一〇	建●尉椽●	廷○尉掾○
一九	一〇	於新法	於是○新法
二〇	二(小注)	罪條例	罪名○條例
三五	五(夾注)	唐令●	唐會○
三七	一二	曲●禮	典○禮

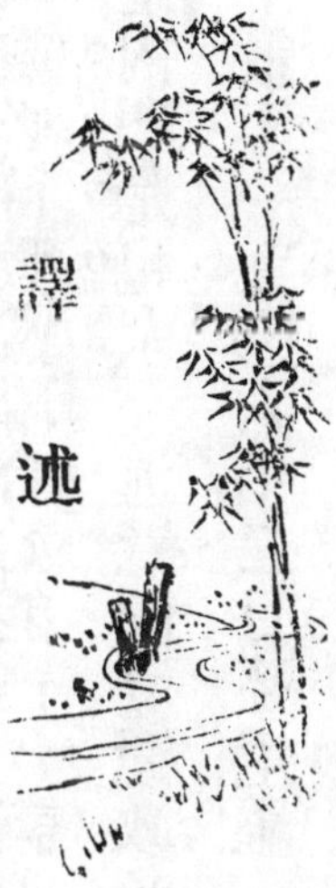

譯述

意大利立憲政治之近況（日本法學博士小野塚喜平次原著）

仲遙

(1)緒論

有突出地中海長靴形之一半島。曰意大利。亞爾伯重巒。屹然聳立於雲表。其山脈蜿蜒起伏。擁抱此半島之北部。重巒之陽。氣候適宜。物產饒富。山川綺麗。風日清和。所謂意大利地理上天然優美之盛名。與夫三度（武力的、宗教的、法制的）席卷天下之古羅馬之偉蹟。及喚起文藝復興時代爲近世文化鼻祖之北部中部意大利之光榮。其盛德豐烈。炳燿歷史。固已爲世人所同喻矣。雖然。至由意大利民族曩昔所希望及英瑪努埃王加富爾加里波的諸偉人所締造所莊嚴之統一的意大利之政治近況則知之者殆寥寥也。

統一的意大利者。戴撒波伊王家之一立憲君主國也。語其憲法。雖嘗經數度之修正。然其大體。大率以一八四八年三月四日所發布之撒的尼亞王國根本法（Statutofondamentale del Regno）爲基礎。議會爲二院制。於憲法法文之規定。未嘗及政黨內閣。大臣任免之大權。歸於君主。關於此大權之執行。雖無何種法規的制限。而就立憲政治活動之實況觀察之。則意大利慣習上。每屆任免大臣。君主必常留意於代議士院（Camera dei Deputati）多數之意旨。蓋所謂政黨內閣。於形式上殆已完全具備。雖然。意大利政黨之發達尚屬幼稚。其勢力其才畧。尚未能以一黨之獨力肩任國務。質而言之。即意大利之政黨。必待數黨聯合。始能占代議士院之大多數。必聚所聯合之各派代表者。始能構造內閣是也。余今述意國立憲政治之近況。先畧記自一九〇四年十一月代議士院解散。至一九〇六年二月孫尼羅（Sonino）內閣成立間之政變。次就拙見所及。於意大利政黨內閣問題上。加以評論，但就立憲政體之政治的實勢的而加研究，較之就其法規的形式的加以研究，尤爲困難。頗難得正確的研究之結果，要之研究者。就適當之記載，下不恕之判斷焉耳。

(2) 自一九〇四年十一月代議士院解散至一九〇六年二月孫尼羅內閣成立間之政變畧記

欲知一九〇四年意國代議士院解散前後之狀況。不可不進溯奏請解散此代議士院之郭利奇 (Giolitti) 內閣之組織以前而述一言。

一九〇一年二月，繼撒拉哥 (Saracco) 內閣而成立之察那路德露里 (Zonardelli) 內閣，實成於各派之聯合。即其十二大臣中。屬於察那路德露里派者三人，屬於郭利奇派者三人，屬於右席派者三人。屬於庫里斯皮 (Crispi) 派者一人，餘二人獨立不屬何黨。急進派之以其代表見於此內閣者。應察那露德路里之招也。此內閣於一九〇三年十二月。因不能堪極左派及右派之聯合攻擊。且以首相重病之故。辭職。郭利奇氏代之。組織新內閣，而其政策一依前內閣之舊。採自由的方針。組織之初。欲網羅各派爲閣員。而社會主義派之俾梭拉奇、(Bissolati)脫猶拉奇、(Turati)皆辭不至。急進派因其兩首領之個人的軋轢。亦失入閣之機。其結果也。郭利奇內閣較之前內閣。殆猶富於穩和的分子。其於代議士院。則以馬露哥倫(Marcora)所率之急進派、中央左席派、及奚路幾尼派爲援助。以社會主義派、撒奇(Sacchi)所率之急進派、及孫尼羅派爲政敵。蓋郭利奇內閣組織後。實有制議會多數之勢力。會一九〇四年七月。意國政界有「關於改定意墺瑞士三國之通商條約委任全權於內閣」之提議。紛論不決。卒之以二百〇五票對於廿六票之大多數。可決此案。郭氏目擊此情。頗欲令代議士院完其當然之五年任期。夫以意國政界而代議士院果能完其當然之任期與否。此誠一大疑問也。而是年夏秋之交。意國政界猶穩靜如昔。郭利奇內閣以其滔滔汩汩之勢進行於政界。大有春潮出峽之觀。即郭氏私心自揣。亦信其豫想之非妄。雖然。意大利政海固夙以狂瀾怒濤。靡有寧期著於世者也。果也是年九月。布額爾(Buggerru)地方之同盟罷工及加斯鐵奴奴次阿(Castelluzo)之小紛擾。首先發難。俄而密蘭、遮羅亞、布威尼斯諸市。亦大表同情。同盟罷工。兵士與市民大啓衝突。人心恟恟。凡亘五日。至九月二十一日。乃漸趨鎮靖。而此同盟罷工之最足注意者。則其肇事之性質。不在經濟的。而在政治的。凡從來同盟罷工所標揭之旗幟。如增加工資、減少勞動時間等。皆非此次罷工者之所要求。而彼等之目的。則在意國政治之根本的變革。即此次紛擾甚徵之地。如羅馬。如佛羅靈斯。如列普魯斯等。亦與其他諸市同一目的。此實奇異之特徵也。事既定。郭利奇政府旋蒙兩面之攻擊。即急進諸派。謂此次事件係民衆採正當的發表不平之方法。鳴政府以暴力鎮壓之之無道。右席派及中央席諸派。則謂政府平昔對於下級人民所執之態度。過於柔懦。此次之亂。即政府平昔失策之結果。政府既立於此楚歌四面之中。旁皇躊躇。計無所措。郭氏遂不得已。斷然棄其欲令代議士院五年滿任之希望。欲以己身行爲之當否。問諸國民之輿論。乃奏請解散此度之代議士院。一九〇四年十月十六日。意大利代議士院接解散之勅命。總選舉則定於是年十一月六日（第一投票）及是月十三日（決選投票）舉行。郭氏此舉。實一鳴驚人之手段也。加之當時社會主義黨中之二派。（戴脫猶拉奇爲首領者曰改良派。戴費盧利（Eerri）爲首領者曰革命派）日相內鬨。九月紛擾事件。革命派實爲主動。而改良派酷加非難。且其時人民之愛秩序喜平和者。其嫌忌革命派之現象。亦日急一日。郭氏利用此機。益躊躇滿志。欲與極端派以大打擊。而使鞏固之進步的政府黨占多數於代議士院而於此總選擧期所訴於輿論者自旁觀評之謂之爲議决特定政策之具體的可否投票謂之爲敦促其發表對於極端破壞黨之感情如何其絕妙者則郭氏所發表之政綱尤足以牢籠羣英操縱各派如政綱中所謂十分擁護自由諸語即所以維持左席諸派中之人望所謂減縮軍事費增加警察力數欵即所以供操縱右席派之妙用所謂鐵道官營一事即所以購極左派之歡心要之除最極端之過激派及最固陋之守舊派外其他諸派皆使之失其反對郭利奇政府之武器蹂躪複雜之諸小派使之爲己藥籠中之一丸此實郭氏俯視餘子之氣概也

今擧一九〇四年總選擧之狀況。較之前此。則代議士院議員選擧權享有者與選擧權行使者之人數及百分比例數之比較如左表。

第一表　選擧權享有者與選擧權行使者之連年比較表（據意國統計局刊行之一九〇四年總選擧統計書）

總選舉第一投票之年月日	選舉權享有者之數	投票者之數	投票者對於享有者之百分比例
單記投票時代			
一八六一年一月廿七日	四一八、六九六	二三九、五八三	五七、二二
一八六五年十月廿二日	五〇四、二六三	二七一、九二三	五三、九二
一八六七年三月十日	四九八、二〇八	二五八、二四三	五一、八三
一八七〇年十一月廿日	五三〇、〇一八	二四〇、九七四	四五、四七
一八七四年十一月八日	五七一、九三九	三一八、五一七	五五、六九
一八七六年十一月五日	六〇五、〇〇七	三五八、二五八	五九、二二
一八八〇年五月十六日	六二一、八九六	三六九、六二四	五九、四四
連記投票時代			
一八八二年十月廿九日	二、〇一七、八二九	一、二二三、八五一	六〇、六五
一八九六年五月廿三日	二、四二〇、三二七	一、四一五、八〇一	五八、五〇
一八九〇年十一月廿三日	二、七五二、六五八	一、四七七、一七三	五三、六六
單記投票時代			
一八九二年十一月六日	二、九三四、四四五	一、六三九、二九八	五五、八六

一八九五年五月廿六日	二、一二〇、一八五	一、二五一、三六六	五九、〇二
一八九七年三月廿一日	二、一二〇、九〇九	一、二四一、四八六	五八、五四
一九〇〇年六月三日	二、二四八、五〇九	一、三一〇、四八〇	五八、二八
一九〇四年十一月六日	二、五四一、三二七	一、五九三、八八六	六二、七一

準是、可知一九〇四年之總選舉時。投票者對於享有者之百分比例。實占多數之首位。其次多數。則在一八八二年即選舉權大擴張後最初之總選舉一役。

今更考對於其代議士院議員總數五百八人之候補者之數。而舉其得票五十以上者之連年比較。則如左表。

第二表　議員候補者之數之連年比較表（仍據意國統計局刊行之一九〇四年總選舉統計書）

總選舉年	候補者之合計數	候補者之實員數
一九〇四年	一、一九一	一、〇二〇
一九〇〇年	九八四	八八四
一八九七年	一、〇八九	九六九
一八九五年	一、〇三四	九一一

一八九二年	九八六	九四二

準是、又可知一九〇四年總選舉時候補者之合計數與候補者之實員數。其得數之鉅、實爲從來未有之大觀。

今更以連年比較法。舉其當選候補者之得票數與落選候補者之得票數。揭表如左。

第三表　議員候補者得票數連年比較表（仍據意國統計書）

總選舉年	(1)有効投票總數	(2)當選候補者得票數	(3)落選候補者得票數	(4)(2)對於(1)之百分比例	(5)(3)對於(1)之百分比例
	連記投票時代				
一八八二年	三、九一九、五二〇	二、四二四、二一九	一、四九五、三〇一	六一、八五	三八、一五
一八八六年	四、四六一、一八六	三、〇〇三、四七〇	一、四五七、七一六	六七、三二	三二、六八
一八九〇年	四、五四三、九〇二	三、二一七、三七九	一、三一六、五二三	七一、〇三	二八、九七
	單記投票時代				
一八九二年	一、六〇一、三九七	一、〇七七、二五四	五二四、一四三	六七、二七	三二、七三
一八九五年	一、二一八、七六七	八二五、八六七	三九二、九〇〇	六七、七六	三二、二四
一八九七年	一、一九九、五七五	八〇六、二一六	三九三、三五九	六七、二一	三二、七九

一九〇〇年	一、二七一、五九二	八六九、二七四	四〇二、三一八	六八、三六	三一、六四
一九〇四年	一、五四〇、六三三	九九四、六二〇	五四六、〇一三	六四、五六	三五、四四

此一九〇四年意大利總選舉情形之概略也。觀彼統計局之選舉統計。於議員及投票者之黨派別雖未嘗爲之區分。各新聞紙所載。殆亦支離破碎。難歸劃一。要之此次之總選舉。於其第一投票及決選投票之際。就當選之議員之數綜之。則政府黨實獲大勝。而反對派中如過激派等。實被碎於郭氏嚴厲手腕一擊之下。此彰彰不可掩之事實也。彼所謂極左諸派中之急進派、社會主義派、共和主義派。自此役後。合計遂失其固有的十四乃至十七之議席。而社會主義派於密蘭、遮羅亞、邱靈等地。尤蒙非常之失敗。殆若懲罰其主動九月騷擾之罪者然。而此次總選舉時。社會主義派之所以失敗。其例外之原因。則羅馬教皇實有間接的密切之關係。初羅馬教皇常目意大利王國爲篡奪教皇領地之僞朝。凡意大利王國所行爲。皆不承認其正當。因而有所謂「不許爲僞朝議員」「不許選舉僞朝議員」之教令。故凡敬禮教皇之僧侶。皆久已自放棄其選舉被選舉兩權。及一九〇四年意國總選舉時。教皇雖不敢廢止此令。而忽

也不依往時陳例，未發勵行此教令之嚴旨。於是夙昔放棄選舉權及被選舉權之僧侶，殆已默認與此次選舉不無有所關係。其結果也，公然帶僧侶之名稱而當選者，雖僅二人，而屬於僧侶派的投票歸於保守派候補者政府贊成派候補者之掌中者，則不一而足。而其情勢之深切著明者，如伯魯加摩地，亦即其一例也。伯魯加摩者，僧侶派平昔最占優勢之地也。前此因教皇勵行教令之故，放棄代議士院議員選舉權者，不乏其人。投票者不過占選舉權享有者三分之一弱，而社會主義黨之所以屢次當選之故，其原因即在乎此。而一九〇四年總選舉時，則投票之數忽占享有者之數之五分之四。於第一投票時，有僧侶派之名皮奇列爾利(Piccinelli)者，公然有當選之勢。其他各地莫不皆然。卒之因僧侶投入選舉場之故，而社會黨主義黨遂以一蹶不振。而郭內閣遂得其間接之補助，而一飛沖天。

一九〇四年十一月意大利之總選舉，其秩序派對於過激派之勝利，既如前述。郭黨當此，殆有一日千里之觀。雖然，郭氏尚未得高枕而臥。進步的穩和分子，尚未易從容奏凱旋之歌也。蓋所謂立憲派所謂秩序派者之內容，實含駁雜之原素，其所以一時爲共同之行動者不過因當總選舉時聊各爲黨略上之權術焉耳夙以富於箇人的地方的臨機應變的傾向著名之意國諸政派當總選舉既過之後時移境遷欲其長立於郭氏指揮之下爲共同的統一的行動此實不可得之數也且也過激派之勢力其膨脹之度如左表所示。則就彼方面上觀察之。抑亦非甚可侮者矣。

第四表　總選舉時社會主義候補者之連年得票比較表（據一九〇五年十一月巴黎刊行之政治學雜誌）

地方　年	一八〇〇年	一九〇〇年	一九〇四年
北部意大利	六二、六六一	一〇一、四六三	一六九、六九四
中部意大利	三六、六四三	五一、三九一	一〇二、二九〇
南部意大利	六、一八一	九、七〇〇	一八、三五六
島部意大利	二、六〇一	二、三九二	一一、一八五
意國合計	一〇八、〇八六	一六四、九四六	三〇一、五二五

郭氏深察此次總選舉之結果。就表面上而觀、雖歸穩和派之勝利。然此不過一時的

現象。而民心之所趨。實向於急進之潮流。決意欲以新代議士院議長政府側候補者一席。推奉於急進派之驍將馬露哥倫氏。以表示政府之進步的方針。果也、馬氏旋以四百四十二票中二百九十二票之大多數當議長之選。餘票中有一顧之價値者。則有集於社會主義派哥司塔氏(Costa)之二十九票、又其餘者則保守派共和主義派所投之白票是也。而馬氏之所以得此多數者。雖非純粹的足以代表急進派之勢力。要之。意國政海潮流之所向。固昭昭然不容諱者也。而一九〇四年十一月三十日意王對於新議會開院式之勅語曰。『以近年之所經驗。益使朕對於自由制度鞏固其信仰之誠、而以社會的新勢力勃興之結果、欲解決現今各國民所苦心研究之諸疑問。捨生息於自由制度之下之外。實無他策。』云云。蓋亦對於此潮流而發語云。

月明何與浮雲事。偏向圓時故故生。郭利奇氏以其進步的自由的方針。思着着進行以改良政界。方自慶其基礎之穩固。而忽也有所謂鐵道問題發生於政界與內閣之鞏固與否。殊有密切之關係。而內閣以缺乏大政黨爲其後援之故。每當施行政策之際。必對於各派爲種種之妥協交讓。然後能維持代議院中之多數困難之情如芒在背卒之郭氏於一九〇五年三月以多病之故辭此一席世人或目之爲暫脫難關徐待後圖蓋郭氏困難之情誠有歷歷可見者夫以數月前開新議會時方占優勢之郭氏並無他大失策之可指摘而數月以後遂竟不得不立於辭職之地位此實絕異之現象也無他意國政界之發達尚屬幼稚政派之離合集散尚不能壹意效忠於其主義其所行動尚未能律以有條理數字從而政府之地位遂不能不易於搖動此實意國內閣頻繁更替之一大原因耳

郭利奇後任之新內閣之組織自一方觀之若甚易事而其實不免陷於大困難之境蓋郭氏之去位既非由於議會得信任缺乏之票決亦非由於以政治主義上爭議之故公然辭職則於憲法規定之法文上及政治上國王選任首相之範圍皆廣大寬衍靡有定閑而急進派之馬露哥倫及穩和派之孫尼羅(Sonnino)兩人實皆似有被選任之資格者也雖然以意國諸小政派分立之狀況究無以一派首領獨力組織內閣之能力加之郭內閣前此所未解決之難關如鐵道問題、軍費問題等又予後內閣以由從人而起之困難於是國王初招左席派之費魯奇士(Fortis)使組織內閣無効又招右席派之奇次佗尼。(Tittoni) 使組織內閣。亦無効。卒之以費氏任首相兼內務大臣之職。奇氏任外務大臣之職。而此聯合內閣乃得告成。前內閣員仍強半留任。君子觀於此而益嘆一國政黨之發達成立。固決非如淺陋無識者所云可以一蹴而達於圓滿優勝之域者也。

抑此費奇兩氏之新內閣。不惟其構成上。已有駁雜不純之觀。自其就職以來。代議士院中。蓋亦已不少爲其反對者。即於左席之極左派。於中央席加爾羅(Gallo)所率之立憲眾民派。於右席孫尼羅所率之立憲在野派。皆莫不非與新政府立於反對之地位。而幸也新內閣成立之後數月間。頗能實行其所懷抱之政策。常見成効。而據其在議會所宣言。則謂關於官營鐵道事件。當仍襲用前內閣之政策。(參觀註一)關於內政事件。當認勞働者於社會上之新勢力。且欲以公恕之觀念。使之與其他諸勢力相調和。至國家之權威。原所以爲維持公共秩序之基礎。且爲各人自由之保障。若減殺之。實爲不可之事。而欲使國家增進平和幸福。則國防準備之急務。最不可忘。因是遂不能不認政費爲必要之需用。而此次增加政費爲遠大之要圖。然政府固仍當念財政之狀況。爲充分之節約云云。政府既循此方針而進行。故或遇同盟罷工事件。則持嚴正之態度以抑制其蔓延。或對於代議士院請求其必要之軍備擴張費、臨時繼續費。其間雖代議士院中常鳴政府以關於「軍事行政不整理」「冗費支出」「當局者與商人結托」諸罪。然政府皆執委婉之態度。反覆開譬以釋其疑。其結果也陸軍費（二億里納）以百九十六票對於六十八票之多數。海軍費（一億三千二百萬里納）以二百七十二票對於八十三票之多數皆得通過。蓋自其大體觀察之。新內閣之政策。實已著見成効。不圖一九〇五年歲末。突有奇異之現象發生於意國政界。無他。即代議士院一變其對於內閣之態度是也。一九〇五年十二月十六日。代議士院區分政治問題及經濟問題。以大多數議決對於內閣信任與否之後。即日即於政府提出之關於意西兩國通商條約案上加嚴刻之否決。（參觀註二）費氏不得已。遂奏請辭職。詔下命費氏另組織新內閣而免與此案有直接關係之外務農務諸大臣之職。以冀調和。未幾。新內閣成。新任諸大臣。較之前任者。皆更執進步政策之態度。惟新外務大臣山久利亞繇（San Jaliane）氏。爲一保守家。蓋由左黨中實乏可任此職者云。

雖然。費氏新內閣。亦非能久安其位之內閣也。休會之後越一月。復開會於代議士院。社會主義派之費盧利、脫猶拉奇。急進派之傅納德列脫、(Fradeletts) 沙奇。(Sacchi) 中央席之孫尼羅。右席之斯加利亞。(Scalca) 則皆振其所向無前之銳鋒。以進擊費氏新內閣。而費內閣中之應敵者。不過費氏與郭利奇二人。一九〇六年二月一日。於代議士院。遂以二百二十一對於百八十八之多數。否決政府之政策。費氏至此。實無復有立錐之餘地。乃奏請再度辭職。世人或嘲之曰。費氏新內閣。殆如稟賦薄弱之嬰兒。出產未三日。而竟以無疾而殤。洵非虐謔也。費內閣既辭職後。輿論咸屬意於孫尼羅氏。而左黨之已納里奇。右黨之盧奇尼。亦皆推舉孫氏。以應意王之諮問。於是意王乃下詔命孫氏組織內閣。孫氏者。實有才畧有聞望之政治家也。彼於一八九三年時。嘗爲格里士比內閣之大藏大臣。於整理財政上。卓著勳績。頗得意人之信任。今茲就首相之席。而又值軍費擴張問題、鐵道問題紛陳於前之際。故意人歡迎彼之熱感。固不俟言。彼則更發揮其敏活之手腕。與各派之有力者交換政見。廣羅各政派之代表。以謀建其新政府於各派之共同基礎之上。二月八日。孫尼羅新內閣遂以成立。其閣員所屬黨派之可見者。則陸軍大臣殷奇雅樂(Intignano)海軍大臣米納伯露羅。(mirabello)係前內閣之舊任。立於黨派外其他新任中。總理大臣兼內務大臣孫尼羅氏、外務大臣庫意茶爾幾尼氏、(Guecciardini)大藏大臣沙倫托拉氏。(Salandra)工部大臣加魯米列氏、(Carmine)文部大臣伯捨盧利氏。(Baselli)皆屬中席派。國庫大臣路査奇氏。(Luzzatti)屬右席派。遞信大臣巴奇葉魯里氏。(Bicceli)屬左席派。司法大臣沙奇氏、農務大臣般泰羅氏。(Pantano)屬極左派。故就孫內閣於代議士院之基礎察之。則於左席派及極左派方面。殆難言其鞏固。沙奇氏以列入孫氏內閣之故。已失急進派多數之歡心。般泰羅氏。亦難於極左派中占優勝之勢力。而現今最有勢力於意國代議士院之左席派之代表。亦不過僅巴奇葉魯里一人。且也本年二月一日與孫氏聯合以二百廿一票之多數顚覆費內閣之諸代議士之內容。詳爲剖分之。殆亦紛雜龐亂。莫可究詰。此非無故也。蓋極左派之所以與孫氏協力顚覆費內閣者。非以有所愛於孫氏之故。而以獨力不能顚覆之。欲假手於孫氏。故即左席派諸人。貌若與孫氏交相提攜。而實亦難得其肯效忠於孫內閣之確證。質而言之。則孫氏之基礎。實不過僅有保守派及孫尼羅派約百餘之票耳。而況乎二月一日立於郭利奇指揮下以黨助費內閣之百八十八票。今方蓄潛勢力於現內閣之黑幕。苟遇可乘之機。固又難保其不再與他派聯合再制代議十院多數以謀顛覆此基礎不固之危弱政府耶是故就基礎上之觀察立言則現今堂堂之孫內閣吾又未敢必其不爲三日之殤矣（譯者案據今日（陽歷五月二十九日）伯林電報。則意國內閣又已交迭。支阿列治爲首相。支德尼氏爲外務大臣云。然則小野塚氏不幸而言中矣。）

（註一）意大利鐵道政策以救財政困乏之故屢有變更一八六四年、皮葉門國有鐵道、被讓於私設會社、一八七五年、意政府盡購回國中各大鐵道之所有權、而以其營業之事委之於私設會社自一八七八年至一八八五年之八年間則政府自從事於營業、一八八五年因議會激論之結果實行鐵道國有之原則、然營業則仍採用委任私立會社之主義、同年四月廿七日遂發布之爲法律、定例以國有鐵道使用之權許之於三大鐵道會社、至是更斷然買收其營業權、鐵道遂永歸政府經營所謂鐵道官營主義是也、

（註二）意國葡萄酒產出諸地所選出之議員、以政府案爲不省意國葡萄酒被壓倒於西國葡萄酒之故、故盛唱反對、而對於內閣素懷敵愾心之諸分子、更從而附和之以致驟獲多數、

（3）評論

吾前記意國最近二三年間之政變。於意國立憲政治與政黨關係如何之問題。殆已

畧得其概要，吾今更於記述之外。就拙見所及。對於彼政黨內閣之近況及其原因。評以一言。

夫所謂政黨內閣謂之為法規上之制度毋寧謂之為政治上之狀態蓋一國執政機關之內閣歸於優勢政黨掌中之政治的慣習之名稱也而政黨之能得優勢與否之判斷其直接者則一以議會中有有力於政治之民選議院之議員之多數與否而決因是、故所謂下院多數無論其或為鞏固統一之一派或為互相聯合之數派及其多數者行動之性質之良否要之因下院多數變遷之故必常使內閣受直接影響而內閣各閣員實質而言之殆即可謂之為下院各派之代表此則政黨內閣之意義而意國政治之現象實足以為此種政治現象之確切證明者也嘗考意國政黨內閣之實勢議會對於內閣往往濫用其權力內閣對於議會亦往往好弄其權術兩者相交而互不以誠相見夫政黨之於政界判決雌雄授受政權也誠宜持嚴正光明之態度於堂堂之問題為侃侃之正論若夫摭拾一二於一國政策上比較的無關重大之問題以冀衝突內閣之一部分或妄冀全部之解散是則徒使內閣頻繁更替而促縮其生存之期間乃至職是之故從而使人人懷五日京兆之心而至無有爲國家畫深謀大猷之餘裕則豈惟內閣之不幸抑亦國家之不幸也彼意國政界當一八九七年十一月時曾有關於一士官階級昇進之一問題起時則政府以失二票之故其所提案遂爲代議士院所否決而陸軍大臣裴露羅(Pelloux)氏竟以是辭職越一日露幾尼內閣亦竟以是全部辭職更試觀彼自一八八七年格里士比第一內閣成立以來至一九〇六年二月孫尼羅現內閣組成時其間內閣更替之數竟多至十三次以其次數除其期間則一內閣之平均壽命實不過僅約得一年五月而意國政治上慣習每屆撰擇閣員恒必以代議士院中各派之代表者爲主若夫各省地行政長官之特別素養技能則曾不嘗一措意故意國之僅爲官吏而未嘗爲代議士者雖時有可爲閣員之資格亦往往不幸而遭屏棄此又意國政治昭然可見之事實也夫昔者意相加富爾當意大利國勢岌岌時曾以一身而歷農務大藏內務外務海軍諸大臣之任。然此在加富爾之雄才大略。乃可將事。其下焉者。無加氏之才器則意國之內閣遂終不能以一黨獨力組成。加之代議士院對於內閣之要求運動日甚一日而意國現今所採用之中央集權制度又益有助長此種弊端之現象若是乎意大利內閣殆終不能脫此種之困難而暢行其所懷抱之政策凡此諸弊雖可歸諸議會對於內閣濫用其權力之所致然還顧內閣對於議會之態度則亦有所以助長政界之腐敗者也蓋意國內閣既察彼國立憲政治實勢上之政黨內閣非有一立而不可動之勢同時復反省已之地位即決不能有如泰岱之安從而欲維持內閣之地位遂不得不汲汲求所以操縱諸政派之具而謀有以得多數之贊成職是之故其所採之手段遂每至無辨別政治道德上之價值之暇或以利益之分配賄誘議員或囑托行政官吏以供政爭之用甚至以大臣而與不良之秘密結社如馬弗意亞(mafia)者相結托以致招利用亂黨之風評而其以為操縱代議士之故而起於各地之各種土木事業實為意國政費膨脹之一大原因意國六十九縣之知事常以政爭的意味免職前內閣為牢籠代議士之故招集知事於國都痛蒙孫尼羅機關報紙(Giornaled Italia)之嘲罵此又意人之新事實而與人以共見者也

內閣與議會之關係。既已如是。以是之故其防礙政黨之健全發達固不待言而自根本上言之其所以生如是之關係者蓋仍以政黨發達幼稚之故而政黨之所以幼稚畢竟即國民之政治思想能力幼稚之表徵及其結果彼意國政黨之經歷雖經幾許變遷要之其不脫小黨分立之性質或以地爲轉移或以人爲轉移則意國政黨之卑劣而不可變易之性質也夫標示本黨之主義而活動於其下者此實政黨之正義而曾以「意國統一」「憲制創立」二者之實現爲第二生命及夢想黃金時代到來之意國國民以失望於黨弊之故每當代議士選擧時往往若有不勝其感慨者然此又事勢之無可如何者耳

抑吾聞世之不慊焉於意國政黨內閣之近況者。往往以減縮代議士院之勢力。爲改良政治之大計。從而諸說紛紜。莫衷一是。或謂宜增長國王之權力。如任免大臣等事。當據憲法所規定。由國王之自由意思之所指而決。或謂當改正上院議員任命法。（參觀註三）使大學教授、司法官、大地主、商業會議所等諸團體各奏請其候補者。而由國王及內閣之志意。就中擇其可稱職者。使之爲議員。以謀上院對於下院欲望固其獨立之主義。或有關於下院減少員數縮少豫算協贊權等之諸提案。嗚呼。此又似是而非之論也、夫欲一朝強大國王之實權。微論於立憲制之發達及國王之地位。可驟令其含無限之危險。即以意國立憲政治史上之經歷、與載於憲法之意國王之「依天祐民選即位」之名稱。及近時意國政治潮流之實勢。比較而精勘之。實亦不可能之事。而關於兩院組織等之問題。雖非絕無改良之餘地。要之政黨內閣之改良其根本仍在乎政黨之改良政黨之改良其根本之根本又在於國民之進化立憲政治者質而言之則國民的政治焉耳吾嘗謂各國憲政之發達靡不隨其國國民智德之程度而異彼意國亦何獨不然試觀彼自統一其半島全部以來其國民之程度厥初殆幼稚莫甚其後雖迭有進化然較諸彼完滿發達之立憲國則仍不可以道里計而以憲政施行以前之意國政府不惟不獎勵其國民爲立憲制之準備其君若臣且往往擅弄其威福以求愚其民之故至今於立憲政治精神之發達上且滋病焉夫陶冶國民之業至爲難事古諺常曰「羅馬非一日之羅馬」彼意大利之立憲制亦豈能於此短歲月間爲完滿之發達也耶亦豈能於此短歲月間爲完滿之發達也耶雖然。彼意國近年之物質的發達。尚極進步。其北部中部之農業。及北部之工業。「生絲毛織物木綿器械造船等」一尙逐漸改良進化。而其國之政治的進化。雖不能與其物質的進化爲正比例。要之人民之經濟之生活。於國家之普通敎育上。最有密切之關係。而一國之政治敎育。又必以普通敎育爲基礎。是則古哲所謂「衣食足而後禮義興」之格言。而使吾儕研究彼邦政治者。代之興茫茫無窮之前途之希望者也。今就意國普通敎育之普及速度。列一表於左。

第五表　人民百人中無敎育者之比例數（據一九〇五年倫敦刊行之政治家年鑑）

	六歲以上		二十歲以上	
	男	女	男	女
一八六二年	六八、〇九	八一、二七	六五、四七	八一、五二
一八七二年	六一、八六	七一、七三	六〇、一七	七七、一八
一八八二年	五四、五六	六九、三二	五三、八九	七二、九三
一九〇一年	四二、四九	五四、三七	四三、八五	六〇、三九

（註）一八六二年之無敎育者比例數係以五歲以上者計算

第六表　徵兵受驗者百人中之無敎育者比例數（所據同上）

一八八一年	四七、七四
一八九一年	四〇、二五
一九〇〇年	三二、九四
一九〇一年	三二、六一
一九〇二年	三二、六七

第七表　結婚者男女各百人中無敎育者之比例數（所據同上）

	（男）	（女）
一八八一年	四八、二四	六九、九〇
一八九一年	四一、一二	五九、一六
一九〇〇年	三三、八〇	四七、九五
一九〇一年	三二、七四	四六、一〇
一九〇二年	三二、五六	四五、七九

右表之事實。實暗示意民之政治敎育之進步之希望。及其政治敎育進步之結果之意國政治進步之希望者也。

嗟夫亞爾伯峯頭之雪。皚皚其如玉古羅馬文明之績。燦燦其如花。加以意大利國民之特長之强記敏捷優美能辯之諸良質及其公正寬容敢爲躬行等之諸德行。苟能發揮之光大之。以完美意國之立憲政治。以繼續乃祖乃宗之羅馬時代及文藝復興時代之盛德偉烈。乃至以其流風餘澤。超越乎亞峯之外。而波及於世界之文明界。夫又豈其難哉。夫又豈其難哉

（註三）意國上院稱元老院、（Senato）其議員以成年以上之皇族男子、及年四十以上而有憲法上所規定之各種資格以國王之大權任命之者組織而成、其總員數無限制、國王任命上院議員之大權、由內閣奏請而行、內閣爲欲得上院中多數贊成者之故、常推薦其黨與、一八九二年、郭利奇氏常一舉而薦其黨與五十八人、一九〇二年、察那路德濟里氏常一舉而薦其黨與三十八人、

跋

本文見國家學會雜誌第二十卷第五號。實本年陽歷五月最新出版也。著者爲此邦第一流政治學者。文之價值。無俟嘵嘵陳其著論之意。本爲日本國民借鑑。顧以今日我國人讀之。尤有足發深省者。彼持極端共和主義者無論矣。即彼一派之立憲論者。亦若以爲立憲政治。僅一紙法文之所可致。不

及今從各方面養成立憲國民之資格。而思收其效於一日。恐將來之失望而生反動。其危險有甚於方今者。夫以意國民沐憲政之澤已三十餘年。而其結果今猶若是。則玆事之非可一蹴幾也。其洞若觀火矣。抑吾更有感者。日本之立憲後於意大利殆二十年。而今日本人所享憲政之利益。視意大利人遠優勝焉。其故何由。蓋日本立憲以前。曾經過開明專制之一階級。而意無之。（撒的尼亞王國。曾略經此階級。意大利帝國則否。）日本至今日尙行大權政治（前此大隈板垣聯合之憲政黨內閣。雖沂於政黨政治。然其基礎不牢。旋被傾覆。後亦無繼者。）而意大利則自立憲伊始已成政黨內閣之形故兩國人民立憲程度之發達。未臻完滿也同。而日本政治之狀態與其程度相應。意大利政治之狀態與其程度不相應。與人民程度相應之政治能爲秩序的發達。政治狀態進一步。人民程度隨而進一步。人民程度進一步政治狀態亦隨而進一步。如是相引相長。其進無已時。與人民程度不相應之政治。其發軔之美觀。雖或足以眩一時。然緣種種阻力。使其進步濡滯。甚或弊捄於此而生於彼。緣是而益致墮落。嗚呼。政論之不可以冒昧也如是乎。讀者從此方面觀察之。則此文其可以爲吾攻錯之助焉矣。　飲冰

關稅權問題

批評

飲冰

四月十六日上諭。戶部尚書鐵良著派充督辦稅務大臣。外務部右侍郎唐紹儀。著派充會辦稅務大臣。所有各海關所用華洋人員。統歸節制。欽此。此實聳動一世耳目之舉動也。

此事於理宜行乎。曰宜。於勢可行乎。曰未可。

關稅者。國內行政也。凡在有獨立主權之國。此權宜由本國人操之。而萬不可以假諸外。即聘用客卿。而其任免黜陟之權。應爲主權者所自有。此無待詞費者。加以我國現在之財政。海關稅之收入。幾占國庫總收入三分之一。苟爲整理財政起見。此權若不收復。則其支絀其危險。皆不可思議。此舉國中人所宜處心積慮。以求此日的有得達之一日。而政府之對於此事。必當力求善後。又義務之無容諉卸者也。今忽有此英斷。

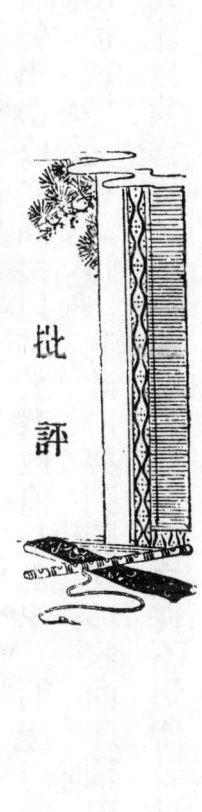

吾安得不爲政府頌。

雖然。政府之建畫政策也。與書生之坐論異。不行則已。行則必求其成。若量其難成者。則毋寧俟其可成之機。然後行之。否則政府之信用墜。而影響且及於他事。吾今從種種方面。以論此政策能否實行於今日。

我國關稅權之爲他國人掌握也。非自今日。而積重已數十年。非偶然之現象。而有特別原因以產出之。非出於我政府單獨之自由意志。而基於條約之束縛。請略言其歷史。當五口通商以前。歐美與我之通商。方始萌芽。其時政府視之極冷淡。未嘗爲嚴重之干涉。其進出口稅。未定常率。由我國行商任意徵收。以交納於政府。當時粤中所謂十三行者。實以商人而兼收稅官者也。是爲第一期。及道光二十二年。（一八四二年）南京條約成。國際通商之權利。始被確認。各國相繼派領事駐紮通商口岸。而貨物之進出口稅。由各領事徵收之。間接以納於我政府。是爲第二期。旋以各領事各自私其商民。弊竇百出。迨咸豐元年。（一八五一年）我政府與列國交涉收回此權。由我派員自徵收之。是爲第三期。旋以我官吏之絕無經驗也。且貪黷之性不知所饜也。稅關之規則。漫無一定。

即有之亦視若具文。列國商民大苦之。咸怨訴於其政府。各國公使領事屢以爲言。我政府既不能以自力善其事。乃與各國協議。凡各通商口岸之稅務司。以歐美人充之。外人之掌我海關。濫觴於此。實咸豐四年也。（一八五四年）於是英法美三國。各舉一人爲稅務司。英則濫德氏。美則卡兒氏。法則士蔑氏。三人同時爲稅務司。居同等之地位。有同等之權能。同居上海。以從事於海關之組織。是爲第四期。然當時我國之外國貿易額。英人占其泰半。故海關事務之大部分。實則管理英商貿易而已。加以濫德氏久居我國。熟諳華語。其技量優於其儕。其對於我國人中稟協議命令等事。可無須通譯而直接自辦。信用權力。自漸歸於濫德。未幾遂置總稅務司。而濫德實當之。其後濫德受本國命。任駐北京公使。安奴黎氏繼之。未幾赫德氏繼之。皆英人也。自咸豐四年以來。外人始任稅務司。其時各稅務司。由各國公使推薦適任之人。而我關道任之。及總稅務司既設置。而一切任免之權。始移於總稅務司之手。非復我國所得過問。是爲第五期。赫德就任以來。其權力日益擴張。全國郵政沿海燈臺及一部分教育事業。歸於其手。且凡遇交涉事件。赫德實爲全國之最高顧問。於是各國大妒之。光緒二十二三年之交俄法德三國。極力運動。求所以排去赫氏者。適值日本償款期迫。英人利用之。貸款以市恩於我。而赫德實爲居間人。此事之結果。遂使赫德之地位與英人之權力益以鞏固。二十三年三月。卒與英結一新約云。『在中國之商務若無他國能加乎英國之上者則海關總稅務司之職由英國臣民襲任之』蓋自是而英人之地位遂爲條約所規定。是爲第六期。綜上所記。則第一期爲華商代理時代。第二期爲各國領事代理時代。第三期爲華官專理時代。第四期爲歐美人分理受華官節制時代。第五期爲歐美人專理。且權力趨集於英人之時代。第六期爲英人權力確定時代。蓋經五十餘年之變遷。以馴致今日。而所以致此者。實緣我前此著著放棄權利。倒太阿而授人以柄。而既經咸豐四年光緒二十三年兩次之交涉。則此事雖爲國內之事。而已帶有國際的性質。今後欲有改作。不可不還附諸國際之協議。此前此所造之惡因。而今日受其惡果。無可逃避者也。

考總稅務司權力之擴張。實始自同治三年。總理衙門頒章程二十七條。其第二第三兩條云。

總稅務司係總理衙門所派至各口稅務司及各項辦公外國人等。中國不能知其好歹如有不妥惟該總稅務司是問

各關所有外國人幫辦稅務事宜均由總稅務司募請調派。其薪水如何增減。其調往各口以及應行撤退。均由總稅務司作主

此章程蓋赫德所由呈而由總理衙門頒布者也。自茲以往。而稅關上用人行政之權。我政府已不復過問。據其時所咨報則所用外人不過八十餘。中國人不過三百餘。其後勢力日以擴張至光緒二十五年所報告則赫德所部之人數如下。

	稅務	船務	教育	郵便	合計
歐美人	八三七人	九二人	六人	五八人	九九三
中國人	三、六一七	四五八	一	五三五	四、六一一
總計	四、四五四	五五〇	七	五九二	五、六〇四

更就稅關上高等官而類別之其爲歐美人所占者如下。

總稅務司	一	副總稅務司	一
稅務司	四三	副稅務司	三〇三

書記長	一	一等幇辦	一五
二等幇辦	三一	三等幇辦	三九
四等幇辦	一〇〇		
醫員	三〇	書記	一二

以上各員。除總稅務司副總稅務司皆英國人外。其餘稅務司副稅務司之國籍如下。

稅務司

	英	美	德	法	那	奥	俄	比	合計
光緒廿三年	二一	六	五	五	一	一	|	|	三八
光緒廿五年	二三	七	五	四	一	一	一	一	四三

副稅務司

	英	法	俄	德	意	美	嗹	比	合計
光緒廿三年	一八	二	二	一	一	一	一	一	二七
光緒廿五年	一四	一	一	一	一	一	一	|	二〇

然則此四十年中總稅務司所支配之員數。已十倍於其前。即此一端。而其權力之膨脹已可想。深根固蒂。既已若此。欲取而代之。固非旦夕所能爲力。而況乎復有國際上

之交涉以盾其後也。

自近四十年來世界各國競取保護貿易政策凡所以維持擴充已國之商務者恒以關稅爲一樞機於是而國定稅率與協定稅率之爭點起焉國定稅率者一切關稅稅率由主國自定之也協定稅率者對於甲國爲甲種之協定對於乙國爲乙種之協定而此協定則雙方各有其利益以償其損害者也協定稅率本割棄主權之一部分而受他國之限制（協定稅率者。兩締盟國於條約有効期間。不能任意增減其稅率也。）故學者多非難之然彼此相持往往兩敗俱傷故協定亦政策上所不得已也雖然協定稅務之約必爲「雙務的」毋爲「片務的」（双務的。謂兩國各有權利。各有義務也。片務的。則一國只有權利無義務他國只有義務。無權利也。）然後主權雖損而不損我國今日之關稅爲協定稅率而實則片務的協定也（我國並非與何國結特別之協定。故與尋常所謂協定者有異。然稅率之增減。全非我之所能自由。必須與納稅之國協定。其性質全爲片務的。）而人能限制我而我不能還限制人大反於互惠主義其病我也既甚即以所定稅率論疇昔值百抽五近以免釐故增至值百抽十加以子口半稅爲值百抽十有二五雖不可云太薄然以日本之關稅比較之其率自值百抽五乃至抽四十美法德諸國之保護稅或更重焉然則以此不自由之協定而我所受之損失可以類推矣鄰厚君薄收稅國之損失即納稅國之利益也此利益雖由條約所規定其原因不專在稅務官然以英俄德法之猖猖然爭此總稅務司之權則居此職之人必有影響於其原籍國之商務豈俟問矣條約所規定之利益我雖稅關易人原未易遽言回復然我外交上久失信用即微今度之舉動人已常疑我無履行條約之誠意今突然有此聳動一世之舉則杯弓蛇影人之連帶而生疑懼亦固其所夫關稅問題實我國將來與世界競爭之生死問題也以鄙見所主張我國將來必當求實行國定稅率即不爾亦當求得爲双務的協定稅率雖然此必須有實力以盾乎其後而決非咄嗟所能立致不見夫今之日本對於一二國猶不免片務的協定稅率之辱乎（日本自明治三十年。頒國定稅率法。然對於英法德奧四國。猶爲特別之協定稅率。其在英國。本取自由貿易主義。他國入口貨皆免稅。故其貨入他國者。亦要求爲一定之廉稅。此事理所當然者。奧國與日本。則彼此皆協定某種貨物。互約爲特別廉稅。此基於互惠主義。所謂双務的協定也。惟德法兩國。皆課極重之保護稅。其日本貨物之輸入彼國者。未嘗特定低廉之稅率。獨彼國貨物輸入日本者。則稅率以條約定之。日本不能自由增減。此實片務的協定。而日人至今引爲大辱者也。）

然則我國對於此問題而欲達其目的必當處心積慮智深勇沈以期收果於十年二十年以後而不可輕舉妄動以召猜疑蓋章章矣我政府而非有此計畫也則今茲之舉動何爲直謂之無意識焉可也我政府而果有此計畫也不

度德不量力。有謀人之心。而使人先知之。猶謂之無意識焉可也。

況乎我國之關稅權所以移於外國人之手者。原以我國前此之稅吏及稅務行政不足以塞人望。而予彼以口實。故漸推移剝蝕。以有今日。而今日之稅吏及稅務行政。果有以逾於疇昔乎。即在我亦未能自信。而欲人之無疑。烏可得也。

綜此諸端。則我國今日欲於關稅有所更革。無論如何。而必不易得各國之承諾。而國債以關稅為擔保之一事。尤授人以挾持之具。此又其最章明而為盡人所同知者矣。

夫此事非得列國承諾而不能行吾志。此至易見者也。而此事在今日萬不能得列國承諾。又至易見者也。而我政府於事前未嘗一探列國之同意。而毅然以迅雷不及掩耳之勢行之。其勇氣固可敬。而勇而無謀。則亦可驚也。吾至今猶未能知政府目的之何在。要之無論持何目的。其失敗皆無待蓍龜耳。夫一度之失敗。似不足惜。而不知此問題為我國將來之生死問題。吾輩方當思忍辱負重。圖為種種預備。以求解決於他日。而一旦以孟浪之舉動。召猜忌於強鄰。其今後所以防我厄我者。必將加密焉。則是作繭自縛。而予後人以倍蓰之困難。斯乃可大痛也。

嗚呼。我國數年以來。上自政府。下逮人民。皆若稍易其前此奄奄待死之態。而瞠然欲有所振拔。可喜之現象。孰過於此。雖然。至大之危險。即與之相乘。譬若久瘵之夫。將息未完。而驟欲凌百級之梯。其不蹶者幾希矣。自今以往。非取國家主義。則國誠不足以立。雖然。尚當知世界上之國家。非徒吾一國而已。當全球比鄰之今日。牽一髮而全身動。一國有所舉措。其影響直及於第二國第三國。不自明其國在世界上之位置若何。則跬步荊棘而已。故吾謂我國今日當持國家主義。然尚冠以一形容詞焉。曰「世界的國家主義」。此實今世列强所共持之大方針。而我國亦莫之能外者也。嗚呼。今者外人之以排外相誣者。既振振有詞。其烏可更爲無謀之舉。以授之口實也。

要之此舉之必失敗。殆可一言而決。其將收回成命耶。抑將懸此虛名。而內容一無變更。且予英人以無變更之確實保證耶。是未可知。顧無論如何。而此舉之無補於事實。則章章矣。往不可諫。然則今日所以處置之者當如何。竊以爲收回成命。則大損政府之威信。所當堅持之而萬勿容許者也。若夫稅關內容之無變更。此恐爲我所不能不承認。欲稍挽此次之失體。則惟將關稅以外之事項。釐劃其權限。以收之於我。如是庶可以減殺總稅務司之勢力而蓋朝廷諭旨無效之羞今將各政務之與關稅無涉而今在總稅務司支配之下者列舉之。

一　郵政自光緒十六年由赫德建議設郵局於稅關內其後光緒廿三年復擴張於內地各處統由總稅務司總其成郵政與電報同類應歸併電報局或別自獨立不歸稅務大臣統屬

二　沿海燈臺燈標等舊歸總稅務司經理若立海軍部應改歸該部

三　驗疫等事舊歸總稅務司經理若設衛生局應改歸該局

四　光緒二十八年中英新商約第五款云『中國本知宜昌至重慶一帶水道宜加整頓以便輪船行駛又深知整頓工費浩大且關係四川兩湖民生所以彼此訂定未能整頓以前應准輪船業主聽候海關核准後自行出資安設拖拉過灘之件』此等明屬地方水利之事應由地方官核准無須海關干涉今爲此規定正所以便洋商而抑華商但既載於條約明文未易更改我政府允宜著手於整頓之工事隨即收回此權

批評

五　同商約第七款云。『中國允保護英商貿易牌號。以防中國人民違犯跡近假冒之弊。由南北洋大臣在各管轄境內設立牌號註冊局所一處。派歸海關管理其事。』此款所規定其範圍本專屬洋商然行之既久華商亦必附入今商部既立商標章程既定此事無論華商洋商原應統歸商部轄理即云約文難更亦宜劃清範圍凡華商悉歸商部或商部所屬官即洋商由海關經手亦須轉呈商部立案乃為有效。

六　同商約第八款第九節云。『凡洋商在中國各處用機器紡成之棉紗及製成之綿布須完一出廠稅。由海關徵收、凡別項貨物與洋貨相同者若洋商在通商口岸或華商在中國各處用機器造成者。亦須按照以上章程辦法辦理。』此事為我訂商約時最失策之點其阻我工業發達之前途莫大焉出廠稅為國內稅而以海關稅務司徵收之本無理由若「中國各處」字樣所包範圍逾廣似此則我中國機器製造物品之廠多一家則內地官吏之權減一度此約不更則我國製造品更無能與他國競爭之一日今雖未能遽易然乘此以正定海關權限或亦一舉兩得之道也。

以上所舉。其中或未能遽行。而要爲不可不行者。因此次之失敗而行其一二。則非惟可以解嘲。抑亦政策上所宜有事云爾。

（附言）此文撰成方付印。得最近電報。知各國干涉。已不幸而言中矣。至篇末數事。能行一二與否。仍不得不深有望於當局者也。

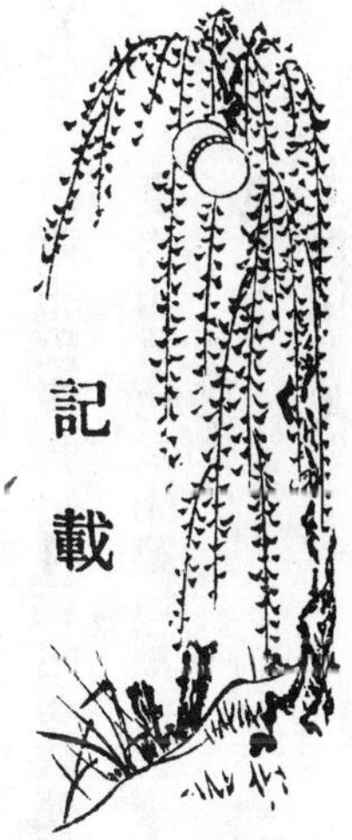

中國大事月表

丙午四月

◎初一日　巡警部頒發違警章程二十六條

◎初二日　日本要索東三省漁業利權盛京將軍趙爾巽拒之

諭各省改設提學使司提學使一員統轄全省學務歸督撫節制俄使璞科第照請外務部尚書瞿鴻禨親自議約却之

◎初三日　催日本勘估奉新鐵路以便備價贖回

英使勸我修濬湖南洞庭一帶河道

御史李灼華奏請變通各省解餉章程，

◎初四日　湖北道員陳錦奎以地六萬畝私售與德法兩國政府命將該員革職並勒令自行設法贖回

◎初五日　吉林將軍程德全電告外務部謂俄國軍政官在哈爾濱强占華人土地以爲築路之用又屢次干預詞訟與華人不時衝突恐激成暴動請向俄使交涉

外務部照覆日本公使謂滿洲開埠一事須俟接北洋大臣及盛京將軍趙報告方能訂定日期再行通告

江西南康府星子縣稟報所屬呂昌審兄弟結黨謀叛由潯道派兵馳赴防堵

◎初六日　法商要求從上思廳一鐵路以達柳州

記載

日本總理大臣西園寺公望至奉天

之權、

西藏條約畫押

◎初七日　御史陸寶忠奏陳治理東三省要政十條

練兵處咨調取外務部近六十年案卷以便編輯成書作陸軍大學堂教科之用

◎初八日　張蔭棠電告外務部印度總督現在測量由印度運兵入藏之路

俄國僧徒以研究佛敎爲名陸續前赴西藏

◎初九日　山西布政使張紹華福建布政使周蓮貴州布政使袁開第均奉　旨來京陛見

上海微有地震

出洋大臣奏請切實保護出洋華商

◎初十日　駐京日使照覆外務部謂日本在奉天開設博覽會一事日本政府尙未定准

政府因厲行條約照會各國公使嗣後洋商不得在北京城內開設行棧

◎十一日　巡警部奏請淸查五城戶警

修律大臣具奏民事刑事訴訟法　廷寄命各省督撫體察情形據實覆奏

上海西牢押犯相約越獄圖脫被守兵擊斃四名傷數名獄長及印捕亦均有受傷

◎十二日　留印度張蔭棠奉電　旨賞給五品京堂飭即由印度前往西藏查察一切

端戴兩大臣電告謁見那威國王時王極言深慕中華聲名文物之盛

◎十三日

外務部與英公使薩道義交換西藏條約

御史顧瑗奏請清釐全國戶口冊籍並仿古法設立鄉官

法國要求在重慶宜昌之間通行小輪

美國請准美人在奉天安東商埠之外可得任意居住

日本將駐劄遼陽之關東總督府移往旅順

◎十四日

駐法欽使劉式訓電告法政府已允豁免在西貢華僑量身苛法

政務處議准派翰林出洋由學院先選四五十名分游學游歷兩班

端藏兩大臣電告行抵瑞士因國王有病由攝政王紹往蒙贈寶星

議定嗣後翰林散館優拔貢朝考舉貢生員丁憂起復及改服更名承襲世職等事仍歸禮部畢業生考試事宜及以後學堂畢業所考取之舉貢廪附名冊則統隸於學部

前西藏幫辦大臣鳳全予謚威愍

◎十五日

澤尚李三大臣抵英倫

肅邸行抵蒙古東部報稱隣近吉奉兩省之地多被俄人買去該處農民貧弱遽難收回

◎十六日

孫家鼐等奏請疏通東南各省穀米

江西巡撫吳重憙奏調楊文駿

直督袁世凱札飭所屬以巡警易差役

諭派鐵良充督辦稅務大臣唐紹儀充會辦稅務大臣所有海關所用華洋人員統歸節制

記載 四

◎十七日 山東巡撫楊士驤奏請以地方紳士辦理巡警

張蔭棠奏調戶部主事何翔藻偕同入藏

電旨催甘肅布政使王樹枬江西按察使秦炳直貴州按察使興祿迅赴新任

四川鐵路公司聘粵人美國卒業生胡朝棟爲總工程師

德國兵官在北京前門大街刺傷巡警兵

◎十八日 黑龍江將軍程德全報稱業由本省籌集資本擬先築鐵路由齊齊哈爾以至墨爾根

出使英國汪大燮電告英外部已允認九廣鐵路辦法

傳聞蒙古有地震之災

饒州府屬景德鎮及浮梁鄱陽兩縣土匪騷擾

鎮江警察局訂立管理妓館規則

政府擬咨各省督撫籌議疏通候補人員

厦門有疫

江西巡撫吳重憙接印

◎十九日 日本兵士在康平地方强姦被土人執殺日本軍政官反向華官索撫卹

盛京將軍趙爾巽擬在奉天設立華產商品陳列所

廣東紳商聯名由許應騤領銜電囑同鄉京官在商部控告善堂棍徒及劣紳私舉粵漢鐵路總辦敗壞路政

巡警部擬令各省警務人員均歸本部註册

浙江巡撫奏請將購存銅餅儘數印花兌換以抵銅本

江南提督楊金龍卒於任

◎二十日

御史蔡金臺李灼華上疏力爭南昌教案

學部擬將國子監諸官及各省教職改爲文廟奉祀官

商部奏准改京漢滬甯鐵路大臣爲督辦大臣

商部奏定土膏統捐每百斤抽一百兩另一五稅十五兩嗣後不再抽收是名土藥統稅

北京警務學堂監督日人川島浪速因所訂合同將滿日政府要求續聘我未答允

盛京將軍趙爾巽創征紙捲烟稅日人以其有礙日本烟商反對之

法人於上月下旬以重兵占我太平府屬之金龍峒

練兵處議派京堂駐紮河南新建北廠督辦各省製造局

張鶴齡補授奉天提學使吳魯署理吉林提學使張建勳署理黑龍江提學使盧靖署理直隸提學使陳伯陶署理江甯提學使周樹模署理江蘇提學使沈曾植署理安徽提學使連甲補授山東提學使錫嘏補授山西提學使孔祥霖

記載

署理河南提學使劉廷琛署理陝西提學使陳曾祐署理甘肅提學使杜彤署理新疆提學使姚文倬補授福建提學使支恒榮補授浙江提學使汪詒書署理江西提學使黃紹箕補授湖北提學使吳慶坻署理湖南提學使方旭署理四川提學使于式枚補授廣東提學使李翰芬署理廣西提學使葉爲愷署理雲南提學使陳榮昌署理貴州提學使

◎念一日

英美兩國公使向外務抗議簡派稅務大臣之事

福建省樟腦歸官專賣英國謂其有礙英商利益向我抗議外務部咨令閩浙總督查明具覆

學部奏准將原議修蓋頤和園公所地段改建學部公所

刑部奏請添派司員前往日本調查法制刑政一切事宜

◎念二日

電旨著端方戴鴻慈順道前往和蘭國游歷

澤尚李三大臣到法法總統贈以寶星

華工一千五百名由秦皇島開赴南非洲

庫倫辦事大臣延祉定購彈藥訓練蒙兵

商部擬設軍服製造廠

◎念三日

山東巡撫楊士驤以東省近年不出敎案奏請賞給德國數人以三四五品頂戴及寶星

河南新野縣又有匪徒擾亂

厦門華教士議設華人自立耶蘇教會
◎念四日 兩宮幸昆明湖
◎念五日 兩宮諭發內帑十萬金賑濟湖南水災
英國已允歸還威海衛
英國惡斯佛大學以法學博士學位贈
予澤尙李三大臣
學部奏定各省提學使均須出洋考察
學務三閱月
長沙商會爲粤漢鐵路事開特別大會
議仿粤省章程招股一時認股已過百
萬現定招二百萬爲優先股一俟招足
即請商部准歸商辦
政府擬奏派湖廣總督張之洞兼任通
商大臣
◎念六日 各國公使因稅關問題在義國使館會
議
德國使館派書記官往福建查辦案件
商部奏各省鐵路請統籌全局早定路
線
商部奏請奉天省設立總商會
岑春煊電參粤紳許應騤等破壞路政
並擬拿辦商首凌朝康股東會楊蔚彬
各已派人入京呈控
北洋大臣袁世凱奏請設立游民習藝
所
◎念七日 商部奏請頒給湖南總商會關防
上海創立華商體操會是日開操
◎念八日 商部咨行盛京將軍趙爾巽請速向日
本索回撫順煤礦
岑春煊奏新加坡華商胡國廉提倡國

記載

民捐奉　旨卽著傳諭嘉奬

鐵良唐紹儀議設稅務公所

◎念九日　法國索築設鐵路權方允撤龍州駐兵

陳慶桂奏請派各科給事中各科御史

及各部司員出洋游學或游歷

美人手

第五十四回　巧機緣同車聞惡信　呆想像論事效忠言

紅葉閣鳳仙女史譯述

却說瑪琪拖亞辭了舅舅出了圖理舍銀行。一時行蹤。心裡沒有定向。自想道。丸田夫人又不在家。不如日到上布街一行。看看昨夜的痕迹罷。定了主意。遂邁着步。繞過比古尼街來。剛至荷理別夫大尉門前。見屋裡擠着許多夫役。搬運着許多行李。瑪琪拖亞點頭私語道。那探子果然歸國。哪也好、不在這裡混。地方上倒清靜些。諒他這回歸去定要受個處分。再也不能來了。嘴裡沈吟着。那步兒不覺已通過這條街。剛轉入那便街頭。忽後面來了一輛馬車。飛也似的駛來。幾乎不曾把瑪琪拖亞撞倒。瑪琪拖亞急閃身一避。那馬車也使勁收駐了轠。瑪琪拖亞回首看看車中人。忽聞車中人呼道啊喲、瑪琪君。可巧在這裡。撫着瑪琪拖亞一看。已認得是丸田夫人。不覺驚且喜道。啊喲、是夫人麼時夫人在車上伸出手來招呼道請上來這裡坐我此刻正回家裡去一同到我家裡談談罷瑪琪拖亞自是歡喜一脚蹬着車鐙便飛上車來那韁繩一鬆馬蹄兒便的的發動起來瑪琪拖亞問道。夫人怎的半路又回轉來麼夫人詫異道。甚的半路這話我不懂啊瑪琪拖亞道。今朝烏拉醫生說夫人要到別莊養病去不是麼夫人聽說烏拉醫生名字心裡像狠憂念的道那……裡。我幷沒有要到別莊的意思不過今天天氣好我特地出來散散步罷咧烏拉醫生想必爲的別事借此托辭哄你罷你在那裡見着他啊。瑪琪拖亞道。他今天一早就到我這裡來呢、夫人道。他來有甚的話說瑪琪拖亞道。就是說日前我對夫人說過那個澤瀨阿梅的事、他說查得那美人的地步打算今晚同我一齊去會他呢澤瀨阿梅昨夜在上布街鬧出狠怪的事來啊他騙倒荷理別夫把美治阿士奪了去啊。夫人道。我也聞得。我且問你。上布街之事可有對烏拉醫生說出來嗎瑪琪拖亞道。初意本來不對他說但看他模樣大概都已知道故此我也沒隱藏直白告訴了他夫人聽說。忽頓足道不好了瑪琪拖亞滿肚子疑惑摸不着頭惱。問道。甚麼事不好。夫人道。這不關你事我再問你烏拉逊華還有甚的說呢。瑪琪拖亞道、他說有這等事。會見了澤瀨梅、必更有意外的新聞呢。約我今晚、好歹去會會他。臨行時。纔告訴我說夫人下鄉去、要一禮拜纔回。囑我候着呢。夫人道。今夜你切切不可去啊。瑪琪拖亞道。怎解呢。夫人道。他要謀殺你啊。瑪琪拖亞道。哦、我明白了。澤瀨梅的家是個賊黨的巢窟。恐怕他害我麼。這事我倒沒留意。我見昨晚的事料美治阿士不是個好人。必是與澤瀨梅同黨。故此我想找着他。搶白他一頓呢。夫人道。你未知內裡底細。須要寧耐着。切切不可去啊。說着那馬車已回到門前。夫人遂下了車。瑪琪拖亞跟着也跳下車來。隨着進了伯爵府邸。到了內堂。轉入一間靜室。夫人指着一張漆皮梳化椅子。令瑪琪拖亞同着坐下。夫人問道。昨夜你見着美治阿士囉嗎。瑪琪拖亞道。見着呢。荷理別夫把他用馬車送到上布街呢。但有些不明解。怎麼澤瀨梅帶着美治阿士逃走呢。我本來昨天夜裡就想來告訴夫人。因爲時候太晚了。所以不及。還有一事。夫人聘用那個劍客也是澤瀨梅一路的人啊。夫人須留意防備着纔好啊。夫人聽說大驚道。嘉芝劍師你也見着嗎。瑪琪拖亞道。是呢。他扮作一位官員架子。擺得狠像。祇瞞不得我。過荷理別夫就被他騙倒了。夫人道。嘉芝那人。扮甚麼也狠像的。瑪琪拖亞道。就是這樣夫人更不可不留神他和澤瀨梅都是虛無黨啊夫人道。嘉芝不是虛無黨他是波蘭的愛國者要推翻俄政府替他同胞出力他對付那一輩偵探是最有手段的瑪琪拖亞道。照我度來澤瀨梅同美治阿士。於圖理舍銀行那件失案必定是同夥兒的。嘉芝若不是一流人。那肯幇着他。想他瞞着夫人。也不知幹了多少惡事呢。夫人道。你想差了。實在嘉芝澤瀨兩人與美治阿士一些兒沒干涉他們和美治阿士想是昨夜纔初見呢夫人所答。着着皆與瑪琪拖亞意見翻個對衝。瑪琪拖亞覺得狠奇把一雙眼睛釘着夫人臉上是時庭院外忽聞有腳步兒聲瑪琪拖亞把眼睛移向窗間一望見一彪形大漢攀着那株樹梢站在梯子上修理花木瑪琪拖亞一見不禁錯愕驚叫道啊喲、未知所見者誰。欲知其詳。且俟下回分解。

第五十五回　因事溯源剖明黨派　拔刀斷腕追迹賊蹤

却說瑪琪拖亞見了那彪形大漢。不禁錯愕驚叫。啊喲了一聲。夫人也錯愕道。瑪琪君。何事。瑪琪拖亞指着道。你看那大漢不是牛田嗎夫人道。甚麼可怕。這是我家裡底下人。啊瑪琪拖亞道。就是他串同澤瀨梅奪了我的金釧啊夫人聽說畧啓齒一笑向那大漢使了個眼色那大漢就像見了長官奉了命令一般垂着手低着頭恭恭敬敬的迴避了夫人道。此中事情你一些兒沒領會覺得怪怪奇奇觸目都是這也怪不得我今且透個底兒你知你可留心聽着啊瑪琪拖亞此時。要答也答不出懷着滿肚子疑團恍惚像獃子似的祇有點點首於時夫人再道。你估量圖理舍銀行被盜的事是個甚麼賊嗎那賊的目的祇注在一個鐵箱子餘外甚麼財寶都不是他稀罕的那五千元的失項諒必是別一個賊在後終歸有憑據拿得給你瞧你須知那賊是專意對付俄政府的非俄政府的物他斷不動你的啊瑪琪拖亞道。既是與俄政府作對。那不就是虛無黨嗎。夫人道。也不然。惱恨野蠻專制的政府也不獨虛無黨一輩子波蘭全土的義士要想脫離俄政府的壓制自求獨立幾乎沒一個不與俄政府作對的這叫做波蘭義士黨與虛無黨微有分別啊瑪琪拖亞道。然則鐵箱子裡。便藏着些甚麼呢。夫人道。除俄政府發交荷理別夫公文要件之外更有一卷最緊的冊子是列着虛無義士兩黨人的名字年貌這本冊子若落在野蠻政府手裡那輩黨人便無安枕之日了。荷理別夫花了無數心血買囑了一個黨員中的奸細把全黨的總花名冊盜了來荷理別夫正打算獻與聖彼得堡中央警察部他料是獻這本册子必得異常獎敍故萬分寶貴萬分愼密虧那義士黨爲這事不知出盡多少法子纔查出他存放在圖理舍銀行又不知經盡多少驚險纔把那箱子偷過來啊瑪琪拖亞道。然則伏埋布置行裡應該混有義士黨員在了。夫人道。不錯、有是有的，但幷不關美治阿士當時義士黨的首領和着一位心腹的勇士乘間躲進行裡來呢瑪琪拖亞道。這美人手。又是誰丟掉的呢。夫人道。就是義士黨首領的那首領是波蘭公爵的姑娘他一心爲國不顧身命立誓要做個轟轟烈烈的女豪傑的啊瑪琪拖亞道。夫人可認得此人嗎，夫人道。怎不認得他與我是最相得的瑪琪拖亞道。那勇士呢。夫人道。也是波蘭的豪傑，先年俄政府拿捕國事犯曾充配西伯利亞在鑛山捱過十年苦是個狠有耐力的男子他同着女首領藉銀行裡那位黨員導進金庫室是時女首領拿着鑰匙便開取那鐵櫃不料鑰匙剛插入穴那機關猝跳出來牢把手腕綑着掙脫不得女首領遂毅然叫那勇士把手腕切斷那勇士是身經百戰從死人堆裡奪出生命來的自然膽子不怯便拿出短刀來把手腕一割割斷用巾子包着傷口瑪琪拖亞急問道。那美人不怕痛昏了嗎。

夫人道。也幾乎捱不起了幸虧那勇士扶着纔走脫了瑪琪拖亞道。怪道那天晚上我剛進行裡就擁着兩人出來想就是這兩個了夫人道。是也未可定了那時還有一個黨員尚在庫裡躲着你同伊古那跟着便進庫裡來後來開了櫃子拿出那手兒同手釧來你說要留着自己查探勸伊古那勿揚出來遂把手釧揣在懷裡把手也藏在身上悄無聲同着伊古那跑出行外去了那黨員一一見着直來稟告首領那首領見手釧落在他人手上究竟不能安心因此托了一位我們的姊妹行名字喚作度璣授意把這手釧哄回來這位度璣就是你所見那個冰上美人澤瀨阿梅了瑪琪拖亞聽說。不覺呆了半晌定着神沈味了一回。既而道原來澤瀨梅。本名叫度璣。是受托於女豪傑的麼。我也猜到這原故了。那度璣可也是波蘭人氏嗎。夫人道。不是他、是法國人嫁於波蘭義士爲妻瑪琪拖亞爽然道。嫁了嗎。夫人道。是、嫁了。瑪琪拖亞道。誰呀。就是適纔所見那鬍臉漢子嗎。夫人道。是的。瑪琪拖亞不覺可惜道。唏、配他。不知夫人荅出甚的話來。欲知其詳。再看下回分解。

文藝

雜纂一

大清刑事民事訴訟法

第一章 總綱

第一節 刑事民事之別

第一條 凡公堂審判之案分爲二項

一 刑事案件

二 民事案件

第二條 凡叛逆謀殺故殺僞造貨幣印信强刦並他項應遵刑律裁判之案爲刑事案件

第三條 凡因錢債房屋地畝契約及索取賠償等事涉訟爲民事案件

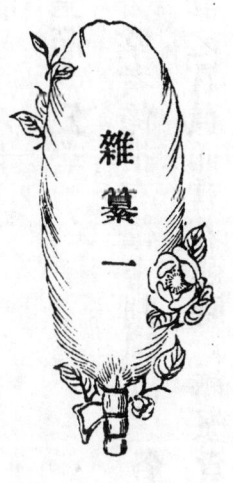

第二節 訴訟時限

第四條 凡刑事案件控訴之期限如左逾期不得復控

一 違警罪六月

二 輕罪三年 徒罪及監禁三年以下者

三 重罪十年 軍流以上者

第五條 凡控訴時限自犯罪之日起算但有續犯者則自續犯最後之日起算

第六條 凡時限因辦理起訴或審訊所過時日中斷作廢則自起訴或審訊停止之日起算

第七條 凡本法稱時者卽時起算稱日者二十四小時每一小時卽一點鐘稱月者三十日稱年者三百六十日

第三節 公堂

第八條 凡稱公堂者係指有權審判詞訟之各衙門而言稱承審官者係指公堂內有權審判詞訟之官員而言若臨時 簡派查辦之大臣及提審之委員亦是

第九條 凡公堂審訊案件堂上設立座位區分處所位置左列各人
一 承審官及會審官之座
二 陪審員之座
三 書記之座
四 原告及被告所立之處
五 證人供證時所立之處
六 律師之位
七 案外人觀審所立之處
第十條 凡承審官有左列情形者應向高等公堂聲明原由陳請迴避
一 承審官自被損害者
二 承審官與原告或被告有戚誼者
三 承審官於該案曾爲證人或代理人者
四 承審官有該案無論現在或將來有關涉利益或損害者

第十一條　凡陳請迴避之案由高等公堂另委有審判權之官員審理

第十二條　凡公堂之書記官及書記專司繕寫事宜俱考選士人補授不得以從前書吏承充

第十三條　凡開堂審訊應准案外之人觀審不得秘密舉行但有關風化及有特例者不在此限

第十四條　凡案外觀審及案內候審之人務宜肅靜不得在堂喧嘩笑語致擾審訊如有不遵或有他項無禮情事者即行驅出若情節較重乃以藐視公堂論科以罰金

第十五條　凡審訊原告或被告及訴訟關係人均准其站立陳述不得逼令跪供

第四節　各類懲罪

第十六條　凡舊例緣坐刺字笞杖等刑業經欽奉諭旨永遠廢止應一體遵行

第十七條　凡審訊一切案件概不准用杖責掌責及他項刑具或語言威嚇或逼令原告被告及各證人偏袒供證致令淆亂事實

第十八條　凡承審官巡捕官及各項官員違背前二條之例者即行降革治罪

第十九條　凡官民人等如抗違本法所載各條或於本法所載應爲之事故意不爲雖本條未載有懲罰明文亦以違例論處以一千元以下之罰金或六月以下之監禁

第二十條　凡有違背本法所載各條致令他人受虧或受損害者可將違背之人控告索取賠償

第二章　刑事規則

第一節　捕逮

第二十一條　凡有犯謀殺故殺强刦盜竊或他項重大之罪准由巡捕或被損害之人或知情目擊之人不持拘票將該犯捕送應管之公堂審訊

第二十二條　凡在道路犯罪者准由值班巡捕不持拘票捕送公堂審訊

第二十三條　無論何人如在道路見有人犯重大之罪准其不持拘票捕送公堂審訊

第二十四條　如有殷實之人指控道路之人犯罪巡捕不持拘票即將被指之人捕送公堂審訊

第二十五條　如在道路犯違警罪或情節較輕之罪且犯罪者似係殷實之人即不得將該犯捕拿祇須問明姓名住址事業請公堂發票傳令聽審

第二十六條　凡犯謀殺故殺强刼盜竊或他項重大之罪准巡捕長不持拘票逕入房院之內搜捕

第二十七條　除以上所載各條外非奉有適當公堂簽發之拘票概不准逕入房院或在道路擅行捕拿

第二十八條　凡將人誤行捕拿或拘禁者准受害者將其人並指告及主使之人向公堂控訴按律治罪或照民事案件辦法索取賠償

第二節　拘票搜查及傳票

第二十九條　凡票分左列三種俱由有權審判該案公堂之官員簽發

一　拘票將犯人即拘提

二　搜查票直入房院搜查犯人或贓物
三　傳票傳令被告於所限時日內到堂

第三十條　以上各票由該公堂管轄境內之差弁或巡捕持票施行

第三十一條　凡公堂准人所請發以上各票不得向發票人索取票費違則查明官員或差弁或巡捕分別降革懲處

第三十二條　凡拘票傳票須將原告被告姓名事業住址並被控事件及犯罪月日逐一載明

第三十三條　凡巡警員弁或平民或別項人請發拘提及搜索房院等票者必須在承審官前具呈簽押宣誓該承審官查明所具呈詞實係近理可信始准簽發如情節支離或跡近挾仇妄控即有駁斥之權

第三十四條　凡人被人控告拘提若審明所告不實或罪不至於拘提者即將控告之人處以罰金並令賠償房院誤被搜查者亦同

第三十五條　凡犯輕罪之人如有一定住址發傳票不得即發拘票

第三十六條　凡被告奉到傳票後應即依限到堂如有疾病及不得已之事故須豫向公堂聲明以便展期若屆期不到又不聲明不到之原委者可發拘票拘提

第三十七條　前條所載抗傳不到之被告既經拘提到案後應准其取保或由殷實人擔保或存保證銀於公堂將其釋放惟銀數務須適中

（未完）

雜纂二

光緒三十一年夏季長崎商務報告册（續第八十號）

代理領事梁居實稿

日本肥料情形

日本所用肥料。其大端可分爲七類。一曰豆糟餅（即豆）二曰魚糟。三曰獸骨。四曰乾鰯。五曰燐酸。六曰硫酸安母紐讀。七曰硝酸曹達。（以上三種皆外國化學家所製）據最近之前年入口統計表。豆糟七百六十一萬五千三百七十二元。魚糟二百萬零零零八百一十元。獸骨三十一萬五千六百四十元。乾鰯二十一萬九千三百二十五元。燐酸六十二萬一千一百二十五元。硫酸安母紐讀三十八萬二千六百一十九元。硝酸曹達二十七萬二千九百四十一元。其他無類者。（菜子餅棉子餅之類）一百七十三萬三千二百六十五元。共計入口肥料價額。一千三百一十六萬一千零九十七元。而豆糟實占總數百分中之五十八。可謂巨矣。至其來源。魚糟大半來自俄羅斯之海參崴沿海州薩哈連一帶。燐酸來自英美兩國爲多。豆糟則幾於全來自中國。查其入口七百六十萬五千三百七十二元之中。中國實占七百五十三萬六千九百八十五元。此外各國不過七萬八千三百八十七元。僅占中國百分之一而已。長崎領事署調查商務。始於前年冬季。前年長崎華商出入口數不可得而知。今以去歲一年間由中國來長崎之肥料考之。豆糟去歲入口八十二萬六千七百二十九元。實占中國來日本豆糟十分之一。獸骨全來自中國。去歲入口三十四萬零八百一十一元。比前年日本全國入口之數。尚超過三萬元。卽曰獸骨槩由長崎入口。亦未嘗不可。菜子餅、棉子餅、亦全來自中國。菜子餅去歲入口二十五萬五千六百四十元。棉子餅去歲入口五千一百三十三元。要以豆糟爲最多矣。然則日本何以無豆糟。而必購之中國。則以日人嗜豆之癖。達於極度。自肴蔬餅餌。至於氷水。無一不用豆沙。其嗜豆之故。則又以醫學家謂豆中含蛋白質最多。有益衞生云。考日本前年產豆三百八十四萬五千六百二十一石。尚不足供食料。仍須由外國輸入以補之。計是年入口二百七十六萬九千零零八担。價額七百九十九萬三千四百一十三元。故無以豆作糟者。且豆糟乃因搾豆取油。其渣滓即爲豆糟。日本人飲食不甚嗜油。故不將豆子搾油。因而無糟也。查肥養植物所必需之原質有三。一爲窒素。二爲燐酸。三爲加里。以上七類肥料中。皆含有此三原質。特多寡不同耳。窒素肥葉燐酸肥實加里肥根豆糟魚糟乾鰯。皆含窒素最多。獸骨含燐酸最多。此外可作肥料者。尚有草類糠類堆肥。一切汙穢不潔之物所攙和者。草類含加里最多。糠類含燐酸最多。堆肥含窒素最多。豆苗亦可作肥料。又有草名紫雲英者。草中最好之肥料也。惟出產不多。故人少用之耳。至論功用。則豆餅宜於五穀。獸骨亦宜於五穀。但其力量不及豆餅之速。菜子餅宜於蔬菜花果烟草。棉子餅、魚料、均宜五穀。魚料功效之速。且與豆糟等。惟價視豆糟較貴。非資本家不能用也。中國肥料。全用堆肥。無論其他。即豆糟獸骨爲中土所產。亦極少用者。又常用草灰石灰。然聞凡物已化灰。即失其窒素一原質。石灰或謂取其殺虫與烟骨即烟草之枝幹等。日本古法亦用之。新農學興後。試驗石灰壞土質。今與烟骨皆不用矣。殺虫惟用煤油。此日本肥料之大概情形也。再日本農業之興。其植基在農業學堂。而其實驗全在農事試驗塲。前查東京有總塲一所。在王子大阪九州北海道共有分塲三所。分塲所以驗各處氣候土地所宜。

幷考察虫害如何。若九州則昆虫最多之地云。皆農商省所轄。每府縣又有總場一所。分場數所。則皆知事所轄。此外亦有農學會東京王子摠場。占地甚寬。場中廣闢田圃。所有五穀雜粮蔬果。一切植物。無所不備。各種子種。各種土質。（日本全國土質。共有二十五種。）各種肥料。所肥何時。所植用水若干分量。皆區分畦別。實地測驗。以資比較。構屋十餘椽。中分五部。曰農藝化學部。曰種藝部。曰園藝部。曰昆虫部。曰病理部。又分十一室。一爲百穀陳列室。二爲昆虫陳列室。三爲肥料陳列室。四爲烟葉陳列室。五爲自病百穀蔬果陳列室。六七爲化學室。八爲蒸病菌室。九爲蒸烟葉室。十爲養虫室。十一爲病菌室。各室皆標本圖畫。羅列滿目。足供考究之需。其物宜何種。某種宜何土。何時何肥料。如何植法肥法。某虫害某物。當以某藥制之。虫害之後。病狀如何。當如何療治。莫不一一備載。如有心得之新理經驗之效果。以時派人巡行各府縣會場。勸令改良。此場設於明治二十六年。常年經費一十三萬四千五百元。又肥料檢查費三萬八千元。長崎一縣。農事試驗場有八。上長崎村一所其摠場也。創於明治三十二年。常年經費一萬一千元。場長（以技師一人兼之。）一人。技師二人。技手五人。書記一人。農夫小工又若干人。僻在山麓。方廣二町。其規模遠不如王子之完備。惟觀其試種稻子之法。有旱稻。有水稻。各爲一畝。其同一畝者。或分爲數區。或分爲數行。每區每行。皆豎一木標以識之。以時候比較。則有灌水前下肥料者。有灌水後下肥料者。有除草前下肥料者。有除草後下肥料者。其同時下肥料者。則以原質比較。有有燐酸窒素而無加里者。有有燐酸加里而無窒素者。有有加里窒素而無燐酸者。種種比較。筆難殫述。要在究測其何者爲最宜。隨時公佈於日報。復有長短期講話會。聚集農夫二十人以上。演說其試驗之景況。有疑則互相問難。求其了然於心。不至爲俗說舊習所誤。長期會一月一次。短期會七日一次。長崎產豆向少。去年日俄開釁。東三省出豆區域已作戰場。又因豆與豆餅可喂馬。俄人列爲禁制品。一時來源短缺。價驟飛漲。日本農民不堪其苦。乃由試驗場派人到各鄉。教導小民擴充種豆之業。頗有良果。於此見試驗場關係農業極大。不特肥料一端已也。

有田磁業情形

日本產陶磁地方。全國共有四十四。製造戶共有五千三百四十六。窑數共有一萬八千七百八十四。平均一日所用工人。二萬五千零九十八。其所出陶磁器價額。歲共六百九十一萬一千三百零一元。最多者爲愛知縣。二百三十萬零零二百三十八元。其次爲岐埠縣。九十三萬六千二百一十五元。其次爲西京府。六十四萬八千二百六十八元。其次爲佐賀縣。五十六萬五千二百三十二元。（以上俱以明治三十五年份核計。）其最古者。則爲有田。有田即佐賀縣之一町也。考寬永年間。（當中國明天啓崇禎間。）有朝鮮人李參平者。游歷日本。在有田發見白磁礦。謂以此造磁。可稱世界良品。遂傳其磁業方法。始製磁器。（從前日本所出皆陶器。）自是從事其業者日衆。尾張加賀西京各派學生來此學習。漸次傳播通國。然其業未精也。維新以來。派人至中國饒州。及歐美各國。悉心考究。於是質底製法。採之於中國。欵式描畫顏色。參之於歐美。集取衆長。改良進步。遂有今日之盛。查日本各地所產。皆雜陶磁器二種。惟有田則專製磁器。現在製造戶共二十三家。芳蘭社者。其中之最大公司也。（創於明治十二年。）每年出磁價額。約十七萬元。內輸出外國品約七萬八千元。其輸出之。口神戶最多。橫濱大阪長崎次之。其輸出之國。美洲最多。歐洲澳洲中國暹羅朝鮮次之。社中有房屋五六所。窯十一座。築造費共一萬五千元。有摠機器一副。附屬機器數副。購買費七千元。其製造約分三大綱。一製粉。二造器。三燒磁。惟製粉用機器。其餘悉用手工。共僱工匠一百一十八人。內男工六十八人。女工五十八人。工價最高者每日自二元至二元五角。最低者自一角五分至二三角。執業者皆屬分工。各有專職。其磁粉須用兩種。一種爲尋常之磁石粉。底質用之。一種爲釉石粉。兼以檮灰調和。過面用之。蓋非有第二種粉。磁膚不能光澤也。磁石釉石。皆出有田泉山。對馬島亦產釉石。檮灰或稱灰柞。出薩摩郡。聞爲樹皮所燒之灰。其顏料多購之中國及外洋。日本亦有之。惟一種吳州藍。爲顏料中之最上品。中國外無有也。此料原質。或爲金石。或爲草木。日本化學家。至今未能決。云昔時此磁由伊萬里出口。故初名伊萬里燒。今則名爲有田燒矣。有田離長崎。以火車路計。約中里一百二十六里。茲將其製粉之法。先條列於左。

第一製粉

(一)舂粉 將石置於臼中。用鐵杵隨機器運動。自上舂之。頃刻即粉碎。

(二)磨粉 將已舂之碎石。置於磨上。隨機器旋轉。磨成石粉。細如微塵。

(三)篩粉 將已磨之石粉。置於篩上。隨機推送。嫩者落於篩之下。粗者留於篩之上。

(四)浸粉 將已篩之嫩石粉。入於水船器中。浸和攪勻。再用機器淘汰小沙。並將上面浮水排去。

(五)壓粉 將水船器中沈下之粉取出。用布層層包裹。以壓搾器壓之。全除水質。成爲粉片。

(六)練粉 將粉片用精練器排除鐵質。所餘即成爲粘土。

以上爲製粉之法。至成粘土。而製法已備。可以造器矣。然磁器之製造品有三種。一曰美術品。一曰普通工藝品。一曰電氣材料品。若欲製造美術品。仍須再加人工如下。

磁粉已練成粘土後。將此磁料再移至阿洛機中。水浸數日。取其沈下者。以日光或火力蒸發其水氣。再用精細之壓搾器。排去水氣。閉置密室中。大約須經數禮拜之久。使其中混入之有機物。漸次腐敗同化。然後配合平均水氣。再以人工將所含之泡氣壓出。經此反覆調劑。始製練而成純粘土。此後則爲造器之法矣。

第二造器

(一)製品 製法有三。一曰手轆轤製造。凡細小品屬之。一曰蹴轆轤製造。凡巨大品屬之。一曰洋式轆轤製造。凡圓形及楕圓形品屬之。轆轤之式。其貼地處安一方木板，離方木板約一二寸。復安一圓木板中豎一柱。蹴轆轤則以兩足踏之，機關一動，其板及柱自然旋轉，隨將粘土貫於柱之末一段，用兩手向上搦之。復以指捏之。以線界之，應手而脫，或杯或碟或碗，即成粗坯。晒乾後。再置此粗坯於柱之末。俟其旋轉，以鐵刀修削之。遂成爲完全之器。以手運動者爲手轆轤。開其機關。自能運動者爲洋式轆轤。其用法如前。

(二)模型　模型之類有二。一爲人像及動物之模型。一爲有裝飾（凡物上有附屬之物凸起者。謂之裝飾。此種物雖圓式，亦不能用轆轤。）及異式器物之模型（非指圓形楕圓形者言）。此二類不能用轆轤。全以手工搏之捏之。製成粗坯，復以小刀雕嵌刻削。務在使其形神畢肖。惟不宜鐵刀。宜用竹刀。緣此時粘土未乾。一着五金之器。即不免汙其泥質云。

(三)描畫　描畫有二種。一爲本窯畫。一爲錦窯畫。本窯畫只一類。用中國所產之吳州繪葯。（即吳州藍）及外國所產之科巴路拖繪葯。畫作靑藍色。謂之靑華染錦窯畫分二類。一爲白色底。以金銀黃赤綠黑紫桃紅茶靑各色描繪之。謂之錦手。一爲靑華染與錦手兩種所畫合而爲一。謂之錦染。

以上爲造器之法。此下爲燒磁之法。

第三燒磁

(一)窰式・・ 窰皆以磚爲之外塗以泥。正面開一門。左右開四孔。將造成之器。用泥盆盛之層叠置放窰內。火發之後。將門緊閉。數人陸續添柴。自各孔投入若燒精細之磁。另有小窰。上覆以屋。

(二)燒料・・ 向來燒料必需松柴因恐來源易竭。後難爲繼。近時學校中以煤炭試驗亦可用。惟須量準其熱度耳將來若能改用煤炭比之松柴。其費可省四分之一五云。

(三)熱度・・ 陶質用泥。磁質用石。然亦以火候分之燒陶器之熱力以七百度爲則。燒磁器之熱力。以一千三百度爲則。則磁質可爲陶陶質必不可爲磁。因磁質堅。能耐火力。陶質脆不能耐火力也。若燒錑底磁面之器。則不過用二百度至三百度之熱力足矣。其燒時均經二十四點鐘之則。苟過時過度。則磁陶器將成灰燼。錑底亦變爲流質。不特爆裂已也。

凡此皆有田芳蘭社磁業之大概情形也。離社約里許有有田工業學校一所。名爲工業學校。實爲磁業學校。日本專教磁業者惟此一校。其他各校皆不過工業中。設一陶磁業科而已。此校爲官立。創於明治初年。建設之費。一萬五千元。常年經費。佐賀縣撥欵一萬元。文部省津貼六百元。校中約可容一百二十人。現有學生七十二人。教習十七人。學費每月五角。若住寄宿舍連飯食雜費共六元。教科有五。一曰陶業科。一曰陶畫科。一曰模型科。一曰製品科。一曰圖案科。以養成製造磁器人材。並改良該業。使之進步爲宗旨。每一科爲一室。繪圖演說。切實講求。校內復設機器一副。窰一座。磁石粘土及各器具。以資學生實地習練。故能日新月異。精益求精。大抵亞洲各國喜堅樸。歐美各國喜華麗。又能各投其所好而推行其利。無怪其商務之蒸蒸日上也。我中國古磁冠絕五洲。西人視若拱璧。得一佳品。雖千金亦所不吝。徒以古法失傳。又不能參之以新法。遂至因陋就簡。日流窳敗。然前二三十年。南北美洲因自昔聲價之播騰。尚銷流甚廣。今則悉用日磁矣。且滔滔汩汩。倒而貫注於中國。是我之銷路。已爲彼所奪者。更以我國爲彼之銷場一出一入其虧損之巨何可以數計哉應請派人至景德鎭磁窰考其現今之利弊及調查各省窰戶共有若干此外未發現之磁礦仍有若干一面派人至東西洋考察並携帶學生分途遊學爲他日改良之基礎夫中國磁質最佳所遜者工藝耳工藝之遜又全在欵式之新奇描畫之生動顏色之鮮豔是數者果能舍短取長力求進步不獨可與日磁馳騁世界抑何難駸駸駕其上乎領事曾親到有田考查兩次。用敢據耳目所見聞。臚陳如右。

(未完)

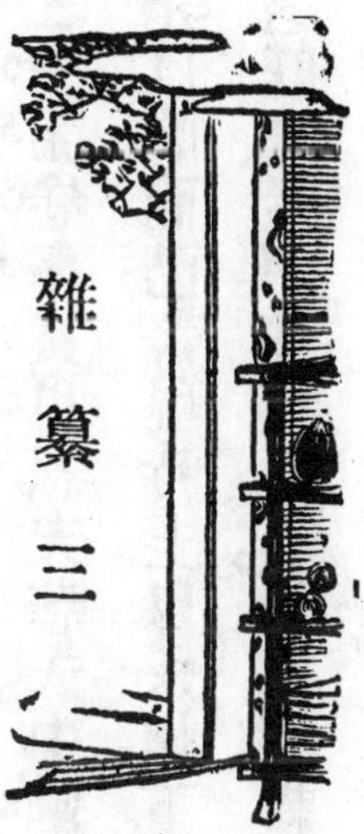

湖南來函（爲水災事）

湘省之物產。以穀米爲第一利源。湘人之生活。以耕作爲第一職業。倘一年收穫之額稍減。則徧地啼飢。死亡枕藉。小則刦掠橫行。觸身法網。大則聚徒暴動。抵抗客兵。往事昭垂。歷歷不爽。及客歲秋收歉薄。人心日益動搖。今年正月以來。穀價昂貴。鄉民携背糴穀。常有沿門探問。或環行一二十里。終無穀可糴。而乃嗒然以歸者。飢驅所迫。故於二三月間。長沙一帶地方。搶案迭出。富豪之主。刦掠一空。固無俟論。即小康之家。亦受波及。相率徙居城中。亂機決裂。而平江一帶暴動之風。遂勃發而不可挽救。省中當道。正當計窮力絀。徬徨無所之之時。乃更値淫雨爲災。徹日連宵。幾二十日而始歇。以致南路一帶地方積水橫決。奔赴下河。破壞堤岸。汎濫於衡、永、長、常四府之交。沿岸縱橫上下。各居民之生命財產。付之一洗。數百里間。汪洋一片。茫無際涯。田墓廬舍。渺無痕跡。惟見積種種面目種種裝束吞吐低昂于亂流激湍之渦中而已。死者三四萬。浮尸蔽江。避亂者三四十萬。泣聲震地。竊按此種奇災。爲湘省二百餘年所未有。論者謂今年世界之奇災。以桑港爲第一。而湖南即爲第二之桑港。此言良非誣也。現在寡人之妻。孤人之子。無富貴貧賤。無士農工商。皆凍餒交侵。四鄉乞食。聯班結隊。動以數百千人計。所過之地。騷擾萬狀。而各處居民。輒傾其倉箱釜甑之所有。不足以博難民之一餐。輾轉顚連。雖未遭水災之人民。其意外之受害。亦畧相等。夫現在避難者。旣已有三四十萬人。若不趕緊極力拯救。闢一衣食居處之大源。指日難民團聚。必逾百萬。其後禍甯可思議耶。夫湘省者。會匪所恃以爲巢窟者也。林深箐密之中。黨徒密佈。蹤跡追隨。時時出沒平原。伺機竊發。以逞其姦淫刦殺之技。即使無天災之流行。有官吏之保護。尚時生肘腋之憂。乃今遭此莫大之災。是無異天助會匪以暴動之機緣而造出中國亡國歷史之一開卷事實也。悲夫悲夫。中國其尚有一綫之生机耶。否耶。然而其災禍之所及。猶非目前而已。蓋現時上自永州。下迄湘陰。縣亘數百千里。今年不能耕種。日後大水雖退。旣無屋宇。且無器具。惟有輟耕而泣之一法。及從容籌備一切。而時序已去。不能種秧矣。嗚呼、目前之沃壤。變爲淤澤。覩此石田。如同畫餅。此未來之危險一也。加之湖南成例。每年至四五月之交。必大遭西水。（此次大水發于南路故稱南水）若其勢力之洶湧者。亦動至破壞堤圍。沿河兩岸。淹沒數十里。乃今于西水未暴發之先而已受此莫大之南水。倘西水隨而湧現。則湘省下流一帶。必復演出同一之慘劇。（衡永居湘水之上）試問湖南全省今年所產出之穀米。能有幾耶。此未來之危險二也。夫逐日飢民加多。人心亦益惶惑。若狡焉思逞者。登高一呼。則響聲四應。斬木揭竿。後先繼起。一指顧間不難坐集數十百萬之游民。蓋人民生命不能保全。不得不鋌而走險。以爲死中求生之計。並非本有此好亂之機也。不知京內外各袞袞諸公與湘中各如醉如癡之大憲諸公。亦曾慮及此種危機否。若一旦事果如杞人之所憂。吾不知所謂聲威赫奕之大人先生。有何術以善其後。如極力勦除耶。則何忍以狠煙毒硝加之於哀哀黎民之血肉之上。如不極力勦除耶。則蔓延日大。可以釀成數省響應之風波。縱或抹落良心。爲一時苟全計。將此顚連宛轉之難民。痛加翦薙。然以湘省因循玩沓之官吏。脆弱危小之官兵。其能一一相角逐耶。蓋不得視爲一隅暴動之成例也。言念及此。誠令人魄散魂飛矣。何也受害之人民有如此之多。受害之區域有如此之廣。決非一二千官兵所能應接故也。顧此失彼。疐前跋後。勢必直擣省城以逞其如火如荼之積憤。當道諸公其以此言爲實耶否耶。若以爲實。其以此言爲危耶否耶。夫現當湖北廣西江西各省匪黨後先發難之時。若更以湘省數十萬之飢民橫亘於其中。則其勢力之雄。飛有駸駸無已之概。必舉東南數省悉陷之于水深火熱之中。各國商務教堂布滿內地。兵鋒所指。無不足以爲亡國之導火綫。言念及此。更不覺肝腸寸斷矣。吾可斷言曰、湘省此次之水災。非徒湖南禍福之關係。乃中國存亡之關係。無乃天亡中國。時机已熟。無可挽回耶。某某無可如何。祇得拈筆墨和血淚。爲當道畫一二迂拙之策。以希採納。

一曰 湘撫宜速奏懇兩宮。再給發庫金三四十萬金。（按日前聞已發給庫金十萬。區區之數。不足以濟此莫大之禍。）

一曰 在京內各湖南同鄉官與湖南人在各省之官商。各宜激發天良。慨捐巨欵。以爲提倡海內之先聲。

一曰 湘省宜專設一「賑濟總局」派多數幹實官員駐守在內。以司各災害地方文書往復之事。並時時條陳對于此事之實策。

一曰　各災害地方宜專設各「賑濟分局」亦派多數幹實官員駐守在內。以與各地方紳董聯絡一氣。曲盡隨時適宜之方法。且官吏與紳董。有互相維持、互相監督之微權。其勞績之厚薄。辦事之得失。可互相密記通告上憲。以爲黜陟之憑藉。

一曰　湘省宜設一「總恤災所」。使流落省中之各難民居其中。各地方設「分恤災所」使各地方之難民居其中。一面使被難之人民。各有定所。酌授衣食其醫藥衛生等事。尤宜注意。且必頒一共同遵守之規則。朝夕必點名查數。不得任其三五成羣。在外騷擾。一面即爲之代籌生活。使生活確實後。然後派兵一律護送原籍。若自能謀有生活者。聽其自由行動。

一曰　宜揀派幹實官員。親往各處。調查人口之生死聚散。勘明田土房屋之界限標幟。人民若有田土爭訟事件。當就地剖斷曲直。不必用呈詞。不得收訟費。

按以右所舉者。不過畧言大綱。其詳細章程。俟得有湘省確實消息之時。當陸續擬定。茲所以不憚嘵嘵者。無非欲使　當道重視此事。無稍以疏忽置之也。則前途幸甚

日本文部認可

東洋大學

舊稱哲學館大學

募集中國學生

○高等法政 ○高等師範 ○高等普通

○高等警務 ○高等理化 ○高等日語

▲本大學係日本文學博士井上圓了先生所剏已歷二十餘年現添設日清高等學部既蒙日本文部認可更蒙駐日中國楊公使贊助實爲他校所無之特權

▲本大學之教員皆爲品學兼優之博士學士且富有教育經驗者並聘有通譯名員編輯講義及教室通譯

▲本大學設有寄宿舍房屋高大位置適宜最合衛生之道更附有圖書館運動場體操場等

▲本大學定於陽曆七月一日開學凡有志來學者務望先行報名以二千名爲滿足額不收

▲本大學刊有詳細章程凡欲閱者祈來本大學總務局自取或寄下日郵印花二分則可由郵局寄上

名譽學長文學博士 井上圓了 參事 岩崎董 經理 謝曉石 學長 文學博士前田慧雲 副主事 鼎義曉 教員理學博士 本多光太郎 主事 安藤弘 學生監 陸軍步兵少佐 杉田豐實 教員 法學博士中川孝太郎 外五十餘名

日本合資會社富山房書局新書發售告白

陸軍教授依雄田甫
河田羆
兩先生同編

漢文日俄戰記

洋布上製頗美本
價貳元
清國小三角五分
包郵費

口繪日俄兩國皇帝等八頁入▲▲交戰地圖石印五彩▲▲日俄海陸勇將戰場景色百餘▲▲大判三二七七頁

日俄戰役非日俄之私戰。東亞大陸之力戰也。歐亞國民之智戰也。而亦黃白人種優劣之競爭也。其聳動世界之耳目。震撼天下之人心。良有以也。夫今支那帝國之獨立自存强固者。則所以維持東洋永遠之平和。而東亞國民當盡之天職也。於是乎日俄戰役有焉。●惟此戰役者。古今稀見之壯舉也。而可傳於天下後世之偉績莫大焉。蓋有經世之志者。須先可作之戰記錄之實史以遺之子孫也。●此書旨之趣如何。開戰之原因經過戰況陣形等。詳論精察無不到。若夫至于實戰之趣止擧措筆舌不能盡之所。則插置百數十寫眞圖補說之。蓋自戰場之山川草木乃至勇將名士之丰采。歷歷可得指顧。宛然如臨於枏子局面。勝敗之數炳乎自判明。卷首更添戰鬪地圖。以明海陸戰鬪之時日兩軍對陣之形容攻守進退之經過。惟自日俄開戰之遠因近因國情兵力武備。乃至戰鬪之經過媾和之結果。解說明晰如此書者未有之也。●淸國之於日本國實脣齒輔車之親。且同文同種有密切之關係。希大淸帝國之君子。必採此書一以誇于外人。一以遺于子孫。以誡後生焉。

理學博士寺尾壽先生監修
藤森溫和先生著

日清對譯算術敎科書

洋布上製菊判頗美本
價壹元
郵費壹角

寺尾博士者以算數學名聲冠于日本。宜也。其書一出群書悉潛其形也。蓋是理勢之當然亦不足怪。今漢譯發售。洛陽紙價自是漸貴矣。江湖君子請勿逸購求之機。

東洋 **教育掛圖** 無雙

陸軍示教掛圖	自第一輯至第三輯	各一輯五張一組	各一組金貳圓
海軍示教掛圖	同	同	同
天地現象掛圖	自第一輯至第五輯	各一輯五張一組	各一輯金貳圓
地文學示教圖	自第一輯至第二輯	同	同
世界地理示教圖	自第一輯至第三輯	各一輯七張一組	各一輯金貳圓八十錢
人體生理解剖圖	廿張一組	完結	金八圓
世界人種風俗掛圖	自第一輯至第三輯	各一輯五張一組	各一輯金貳圓半
工業示教掛圖	自第一輯至第三輯	同	同
農業教授用掛圖	拾張一組	完結	各一組金四圓
家禽家畜正圖	自第一輯至第二輯	各一輯六張一組	各一輯金貳圓半
世界哺乳動物正圖	自第一輯至第四輯	各一輯五張一組	各一輯金壹圓半
植物正圖	自第一輯至第十輯	各一輯五張一組	各一輯金貳圓
喰蟲有感植物正圖	五張一組	全	金貳圓
有毒植物眞圖	五張一組	全	金貳圓
救饑植物正圖	同	同	同
有益鳥眞圖	三張一組		金壹圓半
鳥類正圖	自第一輯至第二輯	各一輯五張一組	各一輯金貳圓
蟲類正圖	自第一輯至第四輯	同	各一輯金貳圓
稻作害蟲驅除法圖	五張一組	完結	金貳圓
農作物病害豫防法圖	五張一組	完結	金貳圓
漁業示教圖	五張一組	完結	金貳圓
養蠶示教圖	八張一組	完結	金參圓
爬蟲類及兩棲動物圖	自第一輯至第二輯	各一輯五張一組	各一輯金貳圓
甲殼類正圖	五張一組		金貳圓
菌蕈類正圖	自第一輯至第二輯	各一輯五張一組	各一輯金貳圓
貝殼類正圖	二張一組		金壹圓
前世界動物圖	三張一組		金八拾五錢
魚類正圖	自第一輯至第二輯	各一輯五張一組	金貳圓
海獸類正圖	五張一組	完結	金貳圓
熱帶植物圖	自第一輯至第三輯	各一輯五張一組	各一輯金貳圓半
人體寄生蟲及黴菌圖	自第一輯至第二輯	各一輯五張一組	各一輯金貳圓
下等動物圖	五張一組		金貳圓
植物解剖掛圖	十張一組		金參圓八拾錢
兒童眼病トラホーム豫防法圖	參張一組		金壹圓貳拾錢
救急治療法掛圖	六張一組		金貳圓
支那歷朝帝王御影	全一張		金八拾錢
兵式柔軟體操圖	全一張		金四拾錢
銃砲古今沿革全圖	二張一組		金壹圓四拾錢
鑛石實寫標本圖	全一張		金參圓
世界列國旗章正圖	全一張		金五拾錢
列國帝王軍隊服裝圖	全一張		金七拾錢
世界人種相貌圖	全一張		金七拾錢
世界發明元始家列影	全一張		金七拾錢
古今軍艦沿革圖	全一張		金參拾五錢
貨幣古今沿革圖	全一張		金參拾錢
帝國陸軍服裝圖	二張一組		金貳圓
列國勳章榜圖	全一張		金八拾錢
物理學示教掛圖	自第一輯至第二輯	各一輯五張一組	各一輯金壹圓半
博物集覽全圖	三十六張一組		金七圓
萬國貨幣全覽	全二張		金壹圓半

本館製造教育專門著色圖畫。備蒙帝室院賞。名聲藉甚。亦技術巧妙。價廉。稱東洋無雙。無論日本全國。及朝鮮滿洲。大中小學堂無不採用本館圖畫者。本年更欲拓販路。對門增設新工場。裝置精良大印刷機。準備已成。館運旺盛。特爲中國四方君子需。製圖畫目錄大略如以上。東京造畫館主九拜

一本館畫目錄壹冊。函致有命。不論遠近。即呈。來函一切要照左記本館所在地。書字無誤

〇日本東京市京橋區出雲町壹番地

東京造畫館

●電話新橋七百二十三番

此墨不須磨工。以筆沾水濃淡自如。且墨質純良永無腐敗之患。即置夏冬時令亦無融凍等慮。光彩燦然。遠勝唐墨。美麗。輕便。於行旅中最爲相宜。價廉物美。足爲文人之至寶也。即以水溶解亦可適用。如官衙書家大小學校銀行等。猶爲不可少之品。本舖開設多年馳名已久。教育品展覽會內曾得優賞。中國朝鮮緬甸等處亦屢蒙光顧。惟需覽標本請賜郵費壹角二分。即以墨一個呈閱。不誤。其他文具種類太多。恕不悉錄。故特另紙詳載標本。

二十世紀

大日本登錄商標

最大發明

田口精爾謹製

開明墨

開明墨製造元　合資會社田口商會

日本東京京橋區南傳馬町一丁目七番地

岸田吟香著

最新五彩 萬國輿地分圖 定價一圓五十錢

五彩精密 各國旗章附 坤輿全圖 定價壹円三十錢

大清一統輿地分圖（近出） 定價金三圓

大幅加彩 重訂中外方輿全圖 定價三円五十錢

說明書付 石印五彩鮮美 東西兩半球圖 定價二十五錢

環轉自在 地球儀 定價 徑一尺二寸八 同四寸 一圓五十錢 同二寸 二十五錢

教科適用 物產一鐵道詳注 滿洲及世界地圖付 大清國最新圖 定價五十錢

石印五彩 精校朝鮮輿地全圖 定價六十錢

發兌所 日本東京京橋區銀座二丁目 樂善堂（電話新橋六一五番）

上海河南路老巡捕房對門 樂善堂分房

橫濱販賣所（橫濱市三丁目之五十六番地出町） 西脇商店

善忍堂地圖調製所編輯部編纂

漢譯講堂教授地形圖

◉縱三尺五寸　橫六尺　全一枚大掲圖

◉石版加彩色　定價金壹圓五角

地理教育之進步地圖與地形圖相輔而行誠必要者無此種圖出版於教育上誠一大缺點敝堂爲學界起見特令編輯部精意製爲此圖以資學校地理教授之用若入置一篇則凡地形上理解難會處之用語按圖指點便瞭如指掌此誠學校最利用之品也

善忍堂地圖調製所編輯

最新中國各省分圖

◉石版加彩色　美本　定價金五十錢

◉漢譯教科用地圖廣告

大清帝國全圖　石印細密六彩鮮美　定價六十錢

漢譯世界全圖　石印細密七彩鮮美　付各國旗章　定價四十錢

大清一統分圖　石印細密五彩印美　定價五十錢

支那帝國明細圖　石印細密配彩　定價廿五錢

兩半球圖　石印細密美彩　付各國旗章　定價叁十錢

中學堂清國形勢地圖　石印精密配彩　定價廿五錢

本圖爲清國學堂教科用而發行者也故凡地形山河及地名皆爲確實至其既成未成之鐵道亦詳細調查一一記入極便於地理研究者請速爲購取

發行所　大日本東京市京橋區三十間堀三丁目十九番地　大須賀善忍堂

日本法學士 織田一 著
中國諸暨 蔣簋方 譯

三版 **中國商務志**

洋裝定價三角半

商務爲今日立國之大本尙矣泰西之謀我者莫不由此然則考求本國商務實當今一最要之學也然中國風氣未開人之知我恒優於我之自知此書乃日本專門學校出版部所輯著名曰支那貿易本局特急譯之以爲富國之鑑其考覈精確議論切要有志經世者不可不先覩爲快也

總發行所 上海 **廣智書局**

SEIN MIN CHOONG BOU
P. O. BOx 255 Yokohama Japan.

明治三十一年十二月二十七日（第三種郵便物認可）（每月二回發行）

新民叢報

第肆年第拾號
（原第八十二號）

光緒三十二年五月十五日 明治三十九年七月六日

新民叢報第肆年第拾號目錄（原第八十二號）

報資及郵費價目表

報資及郵費價目表	全年廿四冊	半年十二冊	零售
報資	五元	二元六角	二角五分
上海郵費	二角四分	一角二分	一分
上海轉寄內地郵費	一元二角	六角	五分
各外埠郵費	一元四角四分	七角二分	六分
四川、雲南、陝西、貴州、山西、甘肅等省郵費	二元八角八分	一元四角四分	一角二分
日本各埠及日郵已通之中國各口岸每冊一仙			

編輯兼發行者　馮紫珊
印刷者　陳侶笙
發行所　橫濱山下町百六十番　新民叢報社
上海發行所　四馬路老巡捕房對面　新民叢報支店
印刷所　新民叢報活版部

山東孔林廟

朝鮮平壤箕子墓

論中國成文法編制之沿革得失（續第八十一號）飲冰

第十一章　前此成文法之闕點

以上所列。於我國成文法編纂之歷史雖不能具。然大略可覩矣。夫吾所以絮絮數萬言臚陳故實者。非爲陳死人校功罪。毋亦鑑往知來。思爲今後立法事業有所補助也。今欲語將來之方針。請先論前此之闕點。

一　**法律之種類不備**

近今學者言法律之分類。其說雖不一。而最普通者。則大別爲公法私法之兩種。公法者。所以規定國之組織。及國與人民之關係。國與國之關係者也。私法者。所以規定人民相互之關係。及甲國人與乙國人之關係者也。（公法私法之界說學者言人人殊今所徵引者日本梅謙次郎氏民法原理之說也）公法之中有規定國家之根本的組織者。是名憲法。有規定行政機關及其活動之規律者。是爲行政法。有爲國家自衛起見科刑罰於犯法之人者。是爲刑法。兩獨立國之間互定其法律關係者。是爲國際公法。私法之中。有規定一般私人間之權利義務者。是爲民法。或於民法中別取其關於商人商事者。爲特別法以詳定之。是爲商法。有規定甲國私人與乙國私人間之權利義務者。是爲國際私法。法律分類之大概如是。今以我國歷代遺傳及今日現行之成文法按之。

- 法
  - 私法
    - 民法……無（但一部分屬戶部）
    - 商法……無（但一部分屬戶部）
  - 國內公法（會典）
    - 憲法……無
    - 行政法
      - （機關）……吏部
      - （各部）
        - 內務行政……戶部禮部工部
        - 財務行政……戶部
        - 軍事行政……兵部

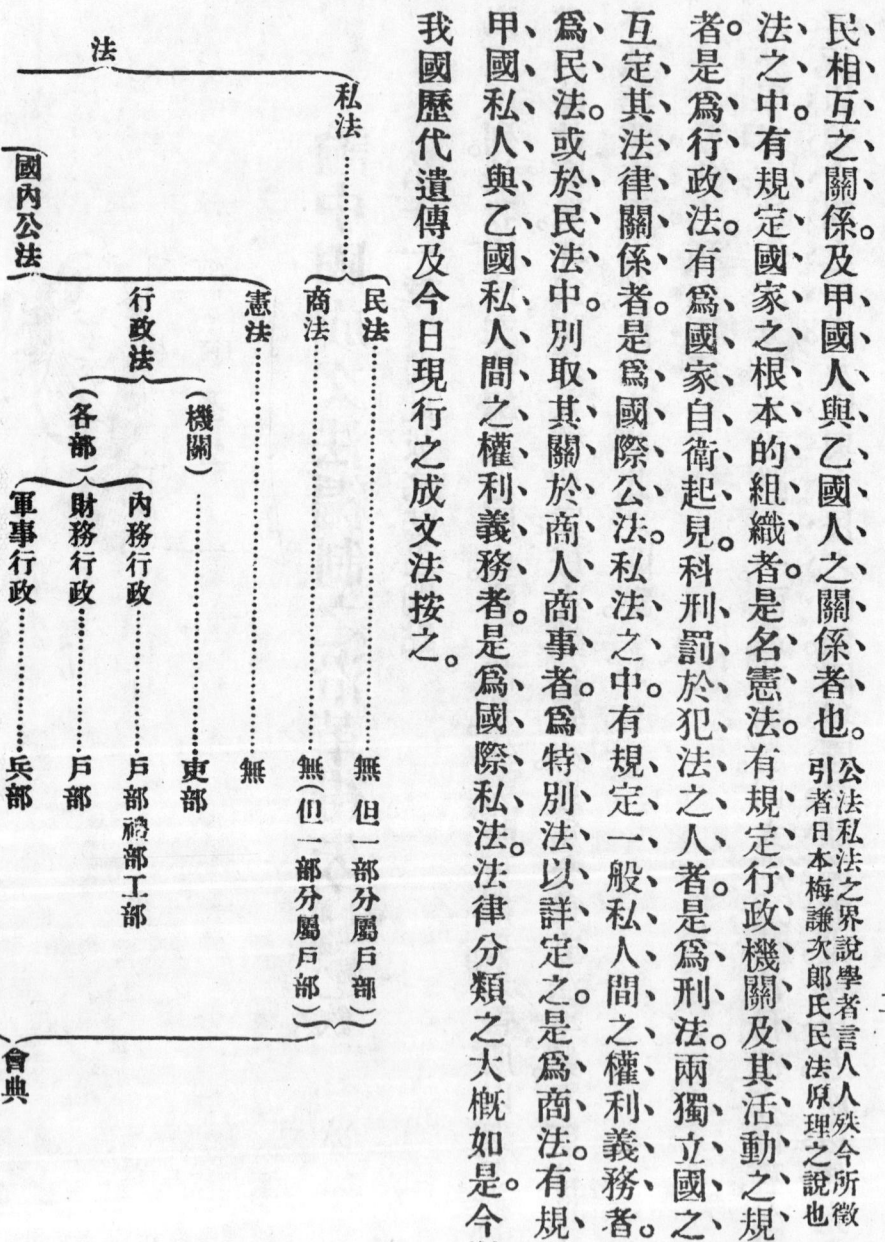

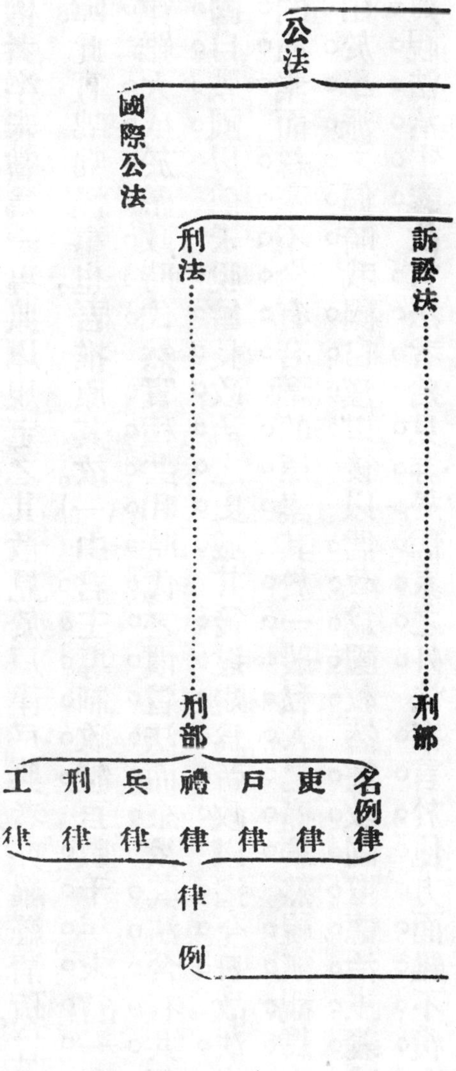

（附言）右表本於日本淺井虎夫見史學雜誌第十四卷第八號其比附本不能十分正確因彼我異形有非可擬倫者也姑錄之以備參考

我國法律界最不幸者則私法部分全付闕如之一事也羅馬法所以能衣被千禩擅世界第一流法系之名譽者其優秀之點不一而最有價值者則私法之完備是也。其中債權法尤極完備。今世各國。殆全體繼受之。故當近世之初所謂文學復興時代者羅馬法之研究自其時始啓端緒而近世之文明即於茲導源焉其影響之大如此。近世各國法律不取義務本位說而取權利本位說實羅馬法之感化力致之夫既以權利爲法律之本位則法律者非徒以爲限制人民自由之用而實以爲保障人民自由之用而人民之樂有法律且尊重法律也自不期然而然此原理變遷之間其關係不亦重乎我國法律之發達。垂三千年。法典之文。萬牛可汗。而關於私法之規定。殆絕無之。夫我國素賤商。商法之不別定。無足怪者。若乃普通之民法。據常理論之。則以數千年文明之社會。其所以相結合相維持之規律。宜極詳備。乃至今日。而所恃以相安者。仍屬不文之慣習。而歷代主權者。卒未嘗爲一專典以規定之。其散見於戶律戶典者。亦羅羅清疏。曾不足以資保障。此實咄咄怪事也。吾推原其故。(一)由君主專制政體亘數千年未嘗一變。彼羅馬法律。雖大成於帝政時代。然實積共和時代之慣習法而來。故其法含有共和的精神我國自戰國以前。未脫酋長政治之史域。其後遂變爲帝政。以迄今日。故法律純爲命令的原素。而絲毫不含有合議的原素。其於一般私人之痛癢。熟視無覩焉。亦固其所。(二)由於學派之偏畸。我國自漢以後。以儒教爲國教。然儒教固取德治主義禮治主義而蔑視法治主義。故言法者。殆見屏於儒家之外。法家言於他方面雖不復有勢力而在法律界仍以商韓爲不祧之宗夫儒家固常以保護私人利益爲國家之天職者也使純采儒家所持主義以立法則私法之部分其必不至視同無物無奈儒家言惟實重社會制裁力而於國家之強制執行不甚視爲重要其根本概念與法治不能相容故不得不任法家言占優勝之地位於法律界而法家言則祇知有國家自身之利益（純粹之法家言。本以國家之利益爲標準。其後君主即國家之理想。深入人心。於是更趨於君主之利益矣。）而構成國家之分子（即人民）之利益在所不計儒法兩派不能調和此所以法令雖如牛毛而民法竟如麟角也此實我文明進退消長之一關鍵不可不深察也

次所遺憾者則關於國家根本組織之憲法未能成立也夫憲法屬於最近世之產物。吾國前此之無之固不足怪雖然苟無此物則終不足以進於法治國何也此爲根本法無之則一切法無所附麗無所保障也英人布黎士頓 Preston 嘗有「清帝國憲法」之一論文 Constitutional Law of the Chinese Empire 介紹大清會典一書謂其爲永久不變之大法與憲法相類而日本織田萬氏亦言會典與則例之關係恰如立憲國憲法與法律之關係雖然此擬不於倫也夫各國所謂憲法者雖程度高下各有不同然其

內容大率分三大部一曰國家組織之方法二曰國家機關活動之規律三曰國家分子對於國家之權利義務三者缺一不得謂憲法而會典則惟有第二項其第一第三項皆無有也且憲法爲國家之根本法一切法律不得與憲法法文及法文所含之精神相觸背而會典之効力反往往得以則例停止之也故會典與憲法異者非徒在程度問題而實性質問題也

二　法律之固定性太過

法律之有固定性靜止性其本質然也雖然法律以適於社會之需要爲貴而社會之進步變遷瞬息未嘗停止者也以固定靜止之無機的法律而遇瞬息變遷之有機的社會然則法律之形質與社會之實況常日趨於相離此自然之勢也故法律不成文則已既已成文則無論若何敏捷之立法家總不能使法律與社會適相應而無一毫之隔膜蓋社會變態之速且幻終非有文句之法律所能追及也英國碩學米因曰『法律與社會的需要兩者之間恒有一鴻溝焉立法者宜思有以塡之其鴻溝之廣狹與塡之之遲速是即人民幸福之多少所攸判也(Maine, Ancient Law 第十一章)夫鴻溝不能無所爭者廣狹耳塡之不能盡所爭者遲速耳凡在愈進步之社會則其鴻溝之成也愈速而其塡之也愈難而愈不可不亟然能應於時勢急起直追則又愈可以助長社會之進步故鴻溝日日變坼日日塞塡坼者無已時塡者亦無已時如形影競走未嘗休息而國民幸福遂以日增其在不進步之社會則鴻溝之成也稍遲而塡之者亦不勉顧以不塡之之故而不適之法律遂益障社會之進步於是法律與社會兩者俱成靜止之形殆如僵屍毫無生氣雖然。社會者爲自然法則所支配雖其變遷緣他阻力而致遲滯顧終不能爲絕對的靜止而絲毫無變遷者也積年既久其與法律之鴻溝相去亦愈益廣非復小小補苴所能使之接近而法律之大部分遂不得不成秋扇僅賴其小小部分勉維持社會秩序於萬一則亦已同強弩之末一旦社會忽遇外界之刺激逼迫驟生出劇烈之變遷則法律全部無復足爲社會之保障而法遂成爲博物院中之法非復社會關係之法矣我國以進步遲鈍聞於世界。西人常謂馬可波羅之游記。（意大利人當元時游歷中國者）至今日猶與中國內地現狀相合。然則以今日而適用前古之法律。其鴻溝似仍不甚相遠。雖然。今之法律非他唐律之舊也唐律非他漢律之舊也漢律非他李悝之舊也夫李悝距今則二千餘年矣唐之距今則亦千餘年矣即曰社會進步淹滯亦安有千餘年前之法律適用於千餘年後而猶能運用自如者而試以今律校唐律其間所損益者能有幾何也夫法國現行民法由拿破崙時代所制定（即拿破崙法典）距今不過百年耳而運用之者已覺其多不適而大困難而倡議改正者且囂囂起（日本法學協會雜誌第二十三卷第一號穗積陳重博士著「佛蘭西民法ノ將來」）然則今之大淸會典大淸律例即使其當乾隆嘉慶閒果曾悉心研究參合彼時代社會之現象以立案然至今日而其大部分已須改正而況乎其所襲者實二千年前之舊也

歐洲近世自倍根 Bacon 首倡編纂法典之論至最近世則英之邊沁 Bentham 德之提巴 Thibaut 復鼓吹之而反對論者亦大起其反對論不一端而最有力者則謂爲障社會之進步其言曰成文法典者使法律成爲結晶體者也結晶體光釆爛然外觀甚美而不能有生育發達之活力（日本穗積陳重著法典論第四章）此論雖爲近今多數學者所排然以評我國法典與社會之關係蓋甚切當矣我國社會進步之淹滯其原因雖不一端而受博物院中法典之障礙實其重要原因之一無可疑也要之我法典之腐舊與社會之

麻木兩者遞相爲因遞相爲果而前代編纂法典之人固有不得不尸其咎者矣

近世學者之論各國法律多分爲成文國與不文國之二種。歐洲大陸諸國所謂成文國也。英美二國所謂不文國也。若我中國以歷史上觀之宜屬於成文國而以近今事實證之（即往古亦當然）則實可謂之不文國何也一切法律關係實則仍遵慣習及判決例等以爲衡時或頒發多數之單行法若夫朝廷所特制定整然成書號爲一國之大經大法者則不過以飾石渠天祿之壯觀而實際上之効力反甚薄弱此何以故則以法律與社會之鴻溝太相懸絕也

三　法典之體裁不完善

甲　範圍不確立

學者分法律之種類。又區爲主法與助法。主法者。實體的法律。如憲法、行政法、民法、刑法、等是也。助法者。施行法律之法律。如議院法、選舉法、行政裁判法、民刑事訴訟法、乃至其他爲一時一事所制定之特別法、皆是也。主法舉大綱助法明細目主法貴簡括助法貴詳密主法以法律現象之大原則爲準據成一獨立體助法以主法爲準據不

能觸背主法主法比較的固定不變助法比較的與時推移此其性質差異之大概也

法律中何者當屬於主法之部分何者當屬於助法之部分此立法者所最宜注意也我國之會典與律近於主法則例條例近於助法然有一般之大綱宜爲主法者而以入諸則例條例之中亦有部分之細目宜爲助法者而以入諸會典與律之內質而言之則律之與例會典之與則例果以何者爲界線彼立法者自初未嘗設有一嚴格的區別也夫宜爲主法者而入諸助法則効力不强而授官吏以出入上下因緣爲奸之隙宜爲助法者而入諸主法則主法太繁碎猥雜失彈力性緣夫時勢之變遷而主法遂不得不成殭石夫即以大淸律例中之律論之其中固有一大部分屬於瑣碎節目萬不能以入於主法的刑法者而竟充塞盈帙焉其不能實施適用而徒化爲一種之裝飾品不亦宜乎

日本穗積陳重論法典之範圍曰（法典論第五編第二章）『法典之範圍當便宜畫定非必一切法律悉編入一法典中也如民法法典中畫其關於商事者別爲商法刑法法典中畫其關於軍人犯罪者別爲海陸軍刑法此其最著者也其他不應編入法典之法律其種

類甚多。今舉其重要者。

一附屬於單行法之法規。如郵便罰則。當附屬於郵便法。租稅罰則。當附屬於租稅法。不必揭諸刑法中。

一頻須變更之法律。

一有實施期限之法律。

一別須細密規定之法律。

一限於一地方或一種之人民所施行之特別法。

一如商業法工業法農業法礦業法森林法海上法等。凡一切要特別規定之法律。

由是觀之。則範圍之限制與法典之良楛大有關係焉。我國之法典。如實桀求添。惟多爲務。此所以支離漫漶不適於用也。

乙　主義不一貫

穗積陳重曰。「凡編纂法典者必先確定其主義。如編纂憲法者。將取國家主義乎。抑取君主主義乎。抑取民主主義乎。其民法人事篇將取家族主義乎。抑取個人主義乎。

其財產篇將取完全所有權主義乎抑取有限所有權主義乎其相續篇將取分配主義乎抑取總領主義乎其在商法將取保護主義乎抑取助長主義乎抑取放任主義乎其在刑法將援據罪惡必罰之正理而取絕對主義乎抑取對立主義而於復讐恐嚇改良防禦諸主義中擇其一乎抑取折衷主義乎又如治罪法訴訟法將取口訴主義乎抑取書訴主義乎將取聽訟主義乎抑取審糺主義乎如裁判所搆成法將取合議裁判主義乎抑取單獨裁判主義乎每當編一法典則其通於法典全體之大主義及其爲一部基礎之小主義等皆不可不豫定之否則全典脉絡不貫通而彼此矛盾之弊遂不可免』

以上所述、爲近世科學發達以後據科學的方法以編纂法典者之所言也自不能以責諸前古人雖然、我國前此之法典其編纂太無意識去取之間絕無一貫的條理以爲之衡故一法典中而其文意相矛盾者指不勝屈使用法者無所適從而法典之効力以相消而不復存此不得不謂編纂方法拙劣之所致也

丙 綱目無秩序

立法家之腦力無論若何偉大斷不能取社會現在將來之現象而悉計及之自不能取社會現在將來之法律關係而悉規定之何也人之心理自由活動者也其活動固非有一成不變之規律即有之亦非人智之所能及也而法律者向於現在將來而有効力者也苟現在將來所起之法律關係而法律絕無所規定則法律之用將窮故善立法者於綱目之間最所注意爲先求得其共通之大原理立以爲總則比利時碩學普蘭斯（現今世界三大刑法家之一）曰『所謂犯罪者非犯刑罰法之謂謂其違反於產出法典條文之大原則也如犯殺人罪者非必其犯刑法之某一條。以其犯不可殺人之原則也。犯竊盜罪者。非必其犯刑法之某一條。以其犯不可竊盜之大原則也。』（最近刑法論第二卷第一章第二節）故立法者苟欲取犯罪之現象無小無大無正無變而悉規定諸條文之中則其勢必有所不給矣故綱舉而目自從綱不舉則雖臚目如牛毛猶之無益也豈惟刑法凡一切法皆若是矣我國今日現行兩大法典其大清會典無所謂總則不必論矣其大清律例沿晉唐之舊首置名例律一門頗有合於總則之義雖然。大清律例之名例律有非貫通於全律之大原則而亦入其中者有貫通於全律之大原則而不入其中者謂名例律足以包舉諸律焉不得也謂諸律悉無觸背名例律焉不得也故名例律者有總則之名而未能全舉其實者也夫大清律例爲發達最古稍稱完備之書而猶若是其他更無論矣此我國法律所以等於頭痛灸頭脚痛灸脚支離滅裂而終不足以周社會之用也

四　法典之文體不適宜

英國碩學邊沁嘗以法律之文辭比諸寶玉誠重之也法律之文辭有三要件一曰明二曰確三曰彈力性明確就法文之用語言之彈力性就法文所含意義言之若用艱深之文非婦孺所能曉解者時曰不明此在古代以法愚民者恒用之今世不取也確也者用語之正確也倍根曰『法律之最高品位在於正確』是其義也彈力性者其法文之內包甚廣有可以容受解釋之餘地者也確之一義與彈力性之一義似不相容實乃不然彈力性以言夫其義確以言夫其文也倍根又曰『最良之法律者存最小之餘地以供判官伸縮之用者也存最小之餘地則其爲確可見能供判官伸縮之用則其有彈力性可見然則二者之可以相兼明矣我國法律之文明則有之而確與彈

力性兩種。皆甚缺乏。大清律例卷首於律中文辭之用法雖有說明。然其細已甚。且不完備。以我律文與今世諸國之法文相較。其正確之程度相去遠矣。若夫彈力性。則我律文中殆全無之。率皆死於句下。無所復容解釋之餘地。法之通用所以日狹而馴即於不爲用者。皆此之由。

法文之美妙者。雖社會之變遷。其現象大異於立法之時。而猶可展轉叚借以適於用。如法國之民法。其制定在距今百年以前。此百年間。全社會精神物質兩方面。皆爲突飛進步。劃然成一新天地。而法之民法。迄今未改。雖用之常不免困難。而困難猶未嘗不可用。此無他。學說之解釋有以濟其窮也。而學說之解釋所以得施。則法文之美妙使然也。其最淺著者。如百年以前。世界未嘗有汽車有電車。此盡人所能知也。而今者法之法廷。凡關於汽車電車所起之事件。皆可援拿破侖所制定之民法以斷之。非解釋之功。安得有此。

學說解釋者。補助法律之最良法也。昔之立法者。嘗懼解釋者牽合附會。以失其本意。或從而禁之。如羅馬帝周士的尼安奴制定法典時。下詔嚴禁注釋。普王腓列特力第二與帝周斯夫第二亦曾禁之。拿破侖制民法新成。不旋踵而巴黎市中已有民法注疏出現拿破侖見而歎曰。余之法典既亡。凡此皆認解釋爲法典之蟊賊者也。雖然禁之終不可得禁非惟不可得禁且日盛焉盖法律之爲物有體有用有學有術其用其術神而明之存乎其人豈直不能禁抑亦不必禁不可禁也我國法律不禁詮釋故馬鄭大儒曾注漢律而唐律疏義乃由立法者奉勅自撰即大清律例其解釋之書亦不下十數其間因解釋以廣法文之用者雖自不少然終不能如彼法國民法之圓融無礙則法文之工拙爲之也。

學者之解釋不徒廣法文之用而並能助法學之進步盖法文所隱含之義未備之義反對之義恒能緣解釋而發明故解釋盛行其於改良之修補法文改正法文常得莫大之助我國雖有解釋而不能收此效果者其原因有數端(一)解釋家雖有之而不能盛盖法律解釋之業與辨護士之關係最密切而我國辨護士之業爲法律所禁自影響於法律解釋之學而無由盛也(二)法律學殆見排斥於學界以外漢代尚有馬鄭大儒從事注律自茲以降上流學者皆不屑讀律故解釋之業惟委諸刀筆俗吏夫俗吏

之學識不足以闡明高尚之學理豈待問也(三)則法文中所含學理本不富記曰甘受和白受采膚淺混雜之法文無論若何苦心研究終不能於其間得甚深微妙之義我國法典大率爲無意識的結集雖多集上流學者從事解釋猶將勞而少功而況乎解釋者率屬俗吏且寥寥不多覯也

以上闕點。就吾意念所及。拉雜舉之。尚未能備。然將來若無編纂法典之事業則已。苟有之。則此諸闕點其最當注意也。

(未完)

論著二

暴動與外國干涉

飲冰

某報有「駁革命可以召瓜分說」一篇。其言若甚辯。而不知實自隱其缺點。以自欺而欺人也。故更一臚其利害。與普天下愛國君子共研究之。

某報臚擧一般輿論之言革命可以召瓜分者。而區別爲兩種。甲種謂革命軍起即被干涉者。乙種謂革命有自取干涉之道者。其所駁者。於甲種獨詳。而於乙種甚略。其駁甲種之說。雖多飾詞。然間尚言之成理。其駁乙種之說。則無以自解。於此問題。而冀以囫圇瞞過者也。此種情實。本甚顯淺。今以彼言之嘵嘵也。故一是正之。

暴動的革命所以自取干涉者（彼報原文只云革命今冠以「暴動的」之一形容詞者如吾之政治革命論可謂之秩序的革命彼等所持者正暴動的革命也）有二。一曰對外之亂暴。二曰內部之衝突對外亂暴之一問題。彼亦辯解之而不能自完其說。其言曰。

(前略)其所指爲自取干涉之道者。謂革命家固以排滿爲目的。又兼有排外之目的。故革命之際。或蔑人國權。或侮人宗教。或加危險於外國人之生命財產。於是乃召外人之干涉。爲此言者。若以施之義和拳。則誠驗矣。(中略)吾人所主張之革命。則反乎是。革命之目的排滿也。非排外也。(中略)革命進行之際。自審交戰團體在國際法上之地位。循戰時法規慣例以行。我不自侮。其孰能侮之。謂革命軍有自取干涉之道者。其太過慮也。抑猶有宜深論者。今日內地之暴動。往往不免排外的性質。此不能爲諱者也。然此等暴動。可謂之自然的暴動。乃歷史上醞釀而成者也。(中略)洎乎近日。感外界之激刺與生計之困難。其勢尤不可一日居。此爲歷史上自然醞成。無待乎鼓吹者。此等自然的暴動。無益於國家。固亦吾人所深慮者也。以中國今日。決不可不革命也如此。而自然的暴動之不絕也又如彼。故今日之急務。在就自然的暴動。而加以改良。使之進化。道在普及民族主義國民主義。以喚醒國民之責任。使知負擔文明之權利義務。爲吾人之天職。於是定共同之目的。爲秩序之革命。然後救國之目的。乃可以終達。(下略)

其所以自辯解者。略如此。夫以該報記者之言革命。不含有排外的性質。吾亦能信之。雖然。詗諸吾國歷史。凡一革命軍之起。稍占勢力。則必有多數之革命軍與之響應。而諸革命軍必非能爲一致的行動。此前事之章章不可掩者也。論者果敢斷言暴動方起時僅爲一單獨之革命軍而無他軍與之迭興乎又敢斷言他軍迭興者必無一焉含排外之性質乎夫自然的暴動。由歷史上醞釀而成。至今日而其勢尤岌岌。此既論者所能知之而自言之者矣。曾亦思歷史上之遺傳性其勢力最爲偉大而欲革之也決非一朝一夕之效論者謂就自然的暴動。而加以改良。使之進化。此事抑談何容易耶所謂改良進化者不可不取國民心理洗滌而更新之然欲洗滌更新國民之心理必非口舌煽動筆墨鼓吹所能爲力而必賴秩序之教育故非教育機關整備而普及則所謂改良進化者終不能實現而教育機關之整備普及又必在政治革命實行以後而革命前之煽動家決無術以致此至易見也論者謂喚醒國民之責任。而豈知其所能喚醒者僅在感情而責任觀念決非簡單之煽動口語所能喚醒耶論者所希望。在秩序之革命。而不知苟非法治國國民無論何事而必不能有秩序況革命事業其與秩序性質最難相容雖以素有秩序之民行之其騷擾混雜猶常出意計之外若以素無秩序之民行之其危險甯更可思議耶論者如欲求秩序的革命也則其預備工夫不可不先謀所以養成右秩序之國民而欲養成有秩序之國民則必先求政治狀態生一大改革苟不注意於現在政治上之監督而惟思煽動於下吾敢斷言曰雖至海枯石爛而秩序之革命終無自發生也不幸而論者所執之手段乃正若是故彼雖自號爲秩序的革命而吾敢斷言其結果仍與自然的暴動無以異也比國碩儒普蘭斯（現世刑法大家）曰「羣衆心理學可分爲二。一曰有機的羣衆。二曰無機的羣衆。無機的羣衆者以互不相知之人嘯聚結合者是也。此種集合體其拓都之程度比於其幺匿尤爲劣下當其雷同附和也往往有非常之力然其聚散難測。其激動爆發最易。以其有多數之故其爲惡也較爲善爲尤勇往往以細故末節。一變而爲犯罪的羣衆。此等羣衆之特色尤易使入其中者驟變其秩序之性質而發揮其野蠻之本體」由此觀之。突然嘯聚之團體其性質之危險也如是而暴動事業無論在何國無論在何時其必出於嘯聚必爲無機的羣衆至章章也就令革命軍主動之內部團體若干人。稍爲有機的組織。而其他多數之景從者。固不能不出於嘯聚。若夫響應於四方者。更無論矣。以十八省之大苟並時雲擾合此大大多數之無機的羣衆向於激動爆發以進行其混亂狀態之所極誰能測之而謂以一二人之力能左右此大衆使一絲不紊爲規律的行動。此眞書生之見。架空之理想也。夫天下最可用者莫如感情。最可畏者亦莫如感情。當感情之旣發動也。如病狂者之驟生神力。其軌道之變幻。非尋常所能度。其勢燄之凶猛。亦非尋常所能制。不見夫法國大革命乎。其最初提倡者。豈嘗預爲斷頭臺上旬月斷送二十萬人之計畫。而其結果竟如是者。蓋已非復主動者之所能制也。又勿徵諸遠。即以去年日俄和議時日本國民之暴動事件論之。其最初提倡者。豈不以憤政府外交之失敗。欲要求條約之停止畫諾云爾。其絕不含有排外之性質。盡人所能知也。而其影響所波蕩。乃至有欲向俄法之教會及居留民加强暴者。（當時東京各報紙皆載其事）甚或以戰禍之導線由我中國。而欲遷怒於我留學生者。（此當時傳說云云然駿河臺之清國留學生會館附近有警察注意保護則事實也）幸而日本警察力完密强固。而其暴動時日又甚短。故不生他變耳。否則竟以此釀出國際問題。而使日本外交增無量荆棘焉。未可知也。夫以日本人之久受教育。漸已具備法治國國民之資格者。及其一旦爲感情之奴隸。猶能生出此種不思議之惡現象。而況乎我國之暴動的革命。其暴動所波靡之面積百倍於彼。(一)其暴動所歷之時日百倍於彼。(二)其參加於暴動團體之人數百倍於彼。(三)而一般人民所受之教育所具之常識與夫習於法治之程度非我所能望其肩背也（四）而革命軍初起之時倥偬於軍事注力於一隅其警察機關之整備而普及非我所能望其肩背也（五）而我國民排外之思想受諸數千年以來之遺傳性自平居無事時已躍躍欲試（六）而近來各國對於我之手段實又使我蓄怨積怒而久思一雪（七）而革命家所倡之民族主義國民主義以狹義言之雖專對於滿洲及君主以立言以廣義言之則以凡外族外國爲之界線煽動之餘最易招無遠慮者之誤認（八）以此諸原因而謂當一方揭竿萬里響應之時能定共同之目的爲秩序之革命絕不詒外國以干涉之口實苟非欺人其必自欺而已故論者無論運如何之廣長舌以自掩飾無論構如何圓滿之理想以自慰藉吾敢一言以指其妄警其迷曰**其結果與自然的暴動無以異** 公等既以自然的暴動爲非國家之福而引爲深慮則鄙人所以對於公等所執之手段而引爲深慮者其理由可以思矣

緣內部衝突而自取干涉者。彼報所諱而不言也。然吾前此固已略陳其利害。（參觀本報第四號第

三十五六葉　今請究竟其說。

吾所以認暴動主義爲足以亡中國而深怵之者全以其破壞之後必不能建設吾所以斷其必不能建設者以其所倡者爲共和政體而共和政體則吾絕對的認爲不可行於今日之中國者也。共和政體爲歷史上之產物。必其人民具若干種之資格。乃能實行。而不然者。強欲效顰。徒增擾亂。此徵諸法國及中美南美諸共和國覆轍相尋。皆歷歷可爲殷鑒者。而吾中國今日之國民程度。決無以遠優於彼等。加以我幅員之遼廓。各省之利害不相一致。故實行共和。視彼等尤爲困難。無論今代古代之共和政體。其所以能發生成立者。恒由小國。今美國雖爲絕大的共和國。然實由四十餘小國結合而成也。夫百年前法國之慘劇。盡人所能知矣。至中美南美諸國。如彼玻利非亞。歷代大統領十四人中。得善終者僅一人。如彼散得米哥。自一八六五年脫西班牙獨立。迄今僅四十年。而大小革命凡五十餘次。自餘諸國。大抵當選舉大統領時。輒殺人盈野。流血成河。蓋每三年或四五年。必起一度革命以爲恒。凡此皆不適於共和而強行共和之所致也。我國若於暴動後貿貿然欲建設此政體。則由擾奪政權所生之慘劇。必至不可思議。若軍人與人民之爭也。勞動者與上流社會之爭也。黨與黨之爭也省與省之爭也糾紛錯雜隨時可以生出問題而以未慣法治之國民當之則訌爭之結果必訴於武力以求解決大統領爲一國最高政權所在苟大統領以四年改選者則每四年全國當起一次大革命苟以三年或五年改選者則每三年或五年當起一次大革命不甯惟是以我國幅員之遼廓我之一省足當人一國故省之總督其政權亦龎大而可爲爭奪之媒苟總督而由民選者則每當改選之時其省之起革命也亦如之又不惟於大統領及總督改選時爲然耳即在平日任一事件之發生而皆可以促政權之更迭釀全國之騷擾搶搶攘攘國無甯時然此猶就既建設之後言之也顧所最危險者則當新破壞而未能建設之時中央舊政府既倒而新共和政府不能成立或暫成立而旋起衝突中央紛如亂麻而各省新經兵燹之後人民生計顚頓加以亂機已動人人以好亂爲第二之天性自然的暴動陸續起而政府所有有限之軍隊不能徧鎭壓此無垠之廣土於是秩序一破不可回復而外國之干涉乃起 其干涉之次第奈何其始必有一二國焉欲利用此機會

而獨占非常之利益者他國嫉之謀所以相牽掣相嫉相掣之結果不得已而出於協商協商奈何則惟有擁舊王統以爲傀儡而共監督之此則吾前此固已言之矣曰『新舊政府既皆滅絕而舉國中無一人有歷史上之根柢可以承襲王統者其間必有舊王統之親支或遠派遁逃於外以求庇於是聯軍乃擁戴之以作傀儡而此傀儡之廢置自茲以往一惟外國人之意而中國遂永成埃及矣信如是也則革命軍初意本欲革滿洲之王統而滿洲卒未得革不過以固有之王統易爲傀儡之王統而已則試問於中國前途果爲利爲害而言革命者亦何樂乎此也參觀第四號第三十五六葉嗚呼此非吾好爲不祥之言以聳聽也吾逆揣破壞後不能建設之結果其勢殆非至此不止也吾所謂暴動可以召干涉者其著眼點全在此吾一念及輒心悸焉願普天下愛國君子熟圖之。

彼報又有云。

問者曰。今者外人相驚以中國人排外。遇有小警輒調兵艦。如南昌教案法調兵艦矣。廣東因鐵路事官民交訌。各國亦調兵艦矣。凡此豈非干涉之小現象乎。應之曰此非干涉。乃防衛也。(中略)蓋國家於領域之內。不能自保而使外人蒙其損害則對之可以爲匡正（中略）然使蒙急遽之危害有緩不及事之虞則可以用防衛之手段用強力於他國領域內此國際法所是認者也然則使內地有變而危險及於外人之生命財產則外國派兵保護以扞禦災難不得謂之非理然此與干涉不同也

此就法理上立言誠若無以爲難然各國政策往往有利用法理曲解法理以爲護符者此又不可不察也試舉最近事實證之俄國當拳亂以後駐兵滿洲此非論者所認爲國際法上正當之防衛者耶而何以撤兵之期遷延復遷延直以滿洲爲彼領土必待日俄大戰爭告終以後而此問題乃解決也吾今試爲一假定之說當革命軍之起也主動者雖自宣言能守戰時法規慣例不至危及外國人之生命財產恐外國人未能遽信也於是競藉口於國際法上正當之防衛各調兵於其所自認之勢力範圍內如日俄之於滿洲也俄之於蒙古也德之於山東也法之於廣西雲南也其他甲國之於某省也乙國之於某省也莫不皆然於斯時也革命軍不得而責之何也彼有法理以爲之楯也而當此舊政府既破壞新政府未建設之時（或建設而未鞏固之時）地方狀態必極混雜彼乃藉口於此而布軍政焉甚或布民政焉革命軍不能禁也即至

舊政府既覆。軍事粗定。而當秩序新破。國民思亂之時。無論如何。而各地之大小騷動。必時時爆發。而不能絕。新政府若要求各國以撤兵。苟其國有狡焉之心者。則何患無辭。俄之前事。其成例也。於斯時也。新政府無論若何詰責。彼始終得以國際自衛權爲詞。而其勢力。遂永植而不可拔。非從事於戰爭。而不能解決。以云戰也。則新政府初成立之餘。乘彫敝之後。內部紛擾。且未息。能有力以及此乎。即曰能之。而對一國。尚懼不堪。脫有二三國以上。將如之何。是無異與聯軍戰也。如是則一戰而新政府可以覆亡。國家隨之。則革命軍爲亡國之罪人也。若審其難而不戰耶。則忍辱以終古。而國家一部分之主權喪失。是革命軍亦亡國之罪人也。使吾之此假定。而果見諸實事。則革命軍亡國之罪。左衝右突。而無從解免也。然吾之此假定。猶必革命軍自始至終。毫無自取干涉之道。乃克致耳。若前此所論。謂緣對外之亂暴。或內部之衝突。而生干涉者。苟有一。於此。則並此假定之結果。而不能望也。

論者又言。近世各國。憚於用兵。苟非關於國家大計。非兵力不足以維持者。不輕言動衆。斯固然也。然謂中國大暴動之影響。與他國之國家大計。絕無相關。則淺之乎言之也。即以商務論論者所指爲單純之原因。謂不足重輕者也。殊不知今後世界之大勢。以經濟上之競爭爲第一大事。謂商務無關於國家大計者。妄也。論者乃臚最近統計。舉某國人在中國者若干。某國人在中國者若干。而謂彼政府議會。斷不肯爲此等人營業之故。而遽動兵。此眞小兒之言也。使彼我之關係。而僅在此區區每國千人或數千人之居留民而已。則外國人之勢力侵入我國者。可謂之至微且弱。而我朝野上下稍有識者。咸怵怵然憂外患之不易。其毋乃皆爲杞人也。須知今日交通大開之天下。經濟無國界。牽一髮而全身動焉。使我中國以暴動之故。轉戰頻年。則倫敦紐約橫濱柏林之銀行。倒閉者不知凡幾。而經濟家所謂恐慌時代。可以徧於全球。義和團之役美國南部之棉花業大工廠四十餘家倒閉者八家其餘皆虧缺此吾游美時美人頻舉以相告者去年上海鬧審罷市不過數日而橫濱金融界大恐慌中國人商店坐此歇業者三家此吾在橫濱所目擊者此舉其例證之小者他可推矣各國對於此現象。無論或希望舊政府之速倒。或希望革命軍之速滅。而要之不願其相持而久不下。至易見也。若此兩種希望皆不克達。則奮起焉以助其一而斃其一。亦意中事。而不能謂其必無。苟有此者。則其爲助舊政府耶。爲助革命軍耶。又至易見也。就使如論者言。商務果無關於國家大計。然中國若有大暴動。則各國對於中國之形勢。或將一變。此又不可不察也。論者謂各國對中國之政策。以維持勢力平均之故。近數年來。由瓜分主義。一變而爲開放門戶保全領土主義。而信他人之必莫吾毒。雖然。吾聞諸日本松本君平博士之言曰。『保全支那云者。非列國之憲法也。前此瓜分之說。雖以日俄戰爭之結果而全失其勢。然如燎原之火。雖猛威暫戢於一時。而一星之爝或再爆發。誰能料之。』（立憲政友會會報第七五號第六葉）此其言可謂至言。夫瓜分之說極盛於乙未至庚子六年之間。而庚子以後日以失勢。去年以來更闃寂焉。其變化所以如是其速者。實由亞東形勢之自身有變化使之然也。夫刻舟膠柱之不足以爲政策。自古然矣。故各國政治家之對外也。其主觀方面雖有一定之方針。而又未嘗不隨客觀方面之變遷而相與推移。舉其一二之宣言而認爲不變之政策。去之遠矣。夫自一八九八年美國首倡門戶開放主義以來。歐洲諸大國曷嘗不皆報牘以表同情。而俄在滿洲之經營自若也。德在山東之經營自若也。前此之不足恃既已若此。豈其後此而能信之。要之。今世界列強對中國之政策。分兩大潮流。俄德法爲侵略派。英美日爲保全派。此形勢起於十年以前。直至今日未嘗變也。而現在以保全派驟占優勢。故侵略派之聲跡暫銷匿於一時而竟以爲永戢焉則其於詗鄰之道亦太不審矣而論者乃謂俄方新敗謀休養汲汲於平和顧吾以事實證之則俄雖失敗於滿洲方面而於蒙古方面且突進不休未嘗以新敗而沮其計畫也法在安南其所經營者著著進步吾苦不能得其汲汲言平和之據也獨至德國用心最險自日俄和議以後其對於我一變前此之恫喝政策而取懷柔政策此則鑒於侵略派之氣燄方衰目前未可以得志而懼空買我國之怨坐失應均之利故忽然演出此廻黃轉綠之怪劇所謂司馬昭之心路人共見也而謂其侵略之野心遂已灰槁焉則決不可蓋德國今方憂人滿殖民事業之能發達與否實其國家之生死問題而彼以後進之國環顧全球無展其驥足之餘地故飛而擇肉於東方彼非好爲此而國勢迫之不得不然也其此政策最後之成敗不可知而決不以目前之一挫而擲棄之章章然矣然則此侵略派之三國者雖一時若暫戢其謀而苟東方形勢有變動略予彼以可乘之機則必將再爆發焉若夫英日美者其利害與彼三國相反固盡人而知矣然英日新同盟協約其對於中國而協定者凡三大綱曰保全領土曰開放門戶曰機會均等論者屢引保全開放二語指爲各

國對淸之根本政策而忘卻機會均等一語則又未足爲善覘鄰也（若非忘卻則必欲抹煞此語以自欺而欺讀者）矣夫彼所謂機會者其言甚概括不知何所指但既有保全領土一語則其機會之性質必不屬於領土之攫取是亦吾所能信者然此外之機會萬端則非所敢知矣而所謂機會者雖有時可以彼我兩利然大率利彼而損我者爲多又至易見也夫如是則安得以有保全領土開放門戶之宣言而遂即安也吾意以爲中國全國秩序破壞之日即列强對淸政策生一大變化之時侵畧派之死灰必復燃而保全派之機會亦隨至俄法德三國必藉口於國際自衛權復演前此駐兵滿洲之惡劇英日美三國一方面對於我國之亂暴而行自衛也一方面對於彼等之侵略而行自衛也自始焉不得不與彼等出於同一之行動若其終局之如何則視彼兩派勢力之消長以爲斷侵略派占優勝耶則中國或緣是召瓜分保全派占優勝耶則以列國協商解決此問題而協商之結果則亦實行所謂機會均等之主義而已夫假因中國之暴動而致俄法德三國之生心則其影響於英日美之國家大計者不可謂不重英美暫勿論若日本則誠爲其國家生死問題也於彼時也彼若審形勢之不易確認革命軍爲足以間接助

侵略派之勢力則及其未成而干涉爲亦意中事即不然則亦俟兩派勢力對抗短兵幾接之時而後一决要之無論何派勝負而皆非爲福於我國家而已夫以今日大勢論之侵略派之勢力諒終不能優勝於保全派果爾則當暴動後列强處置中國之政策當未必出於瓜分而殆出於協商協商之結果奈何則亦襲義和拳善後之故智擁護舊王統以實收機會均等之効果而已而況乎新共和政府之萬不能建設更予彼以口實而促其此舉之實行也 **然則革命軍舍爲外國人作功狗之外果無復一毫善狀以裨國家也**

論者又歷引英杜美非前事謂其動兵數十萬轉戰經年糜帑殺人無數僅乃得志以此證干涉之不易而謂各國必不出此愚策此又知其一未知其二也杜之陸軍以强聞於天下而英之陸軍以弱聞於天下英人千里饋糧而杜以主待客勞逸之勢固已懸殊英人初又有藐杜之心調兵不多謂可一舉殲旃及其衂挫乃圖續調一度再舉動需數月此成功之所以濡滯也惟美亦然美自距今十年前猶鄙夷軍國民主義不

屑道其海陸軍皆微微不足齒於諸強而征菲之役驟然涉萬里之重洋懸軍深入以圖一逞故亦不得不需以歲月也若中國有暴動而召干涉則其所處之形勢及其所遇之敵與彼大異中國若秩序破壞而不可恢復則其影響最密切者莫如日本各國協商之結果若出於聯軍干涉則其首借重者亦爲日本義和拳之役英國電日本請先出師其已事也而彼日本以半月之力輸送四十萬大兵於中國綽綽有餘此彼國軍事家所熟道而事實亦至易見者也而日本陸軍力之偉大又我國人所共見而亦各國所同認者也故各國若無干涉之舉則已苟其有之則僅一日本之力已足以制我革命軍之死命而有餘以一重軍保護北京則革命軍不能動中央政府之毫末以一重軍扼武漢則革命軍無論豨突於何方而皆爲甕中之鼈末見其以干涉之故而所生困難之結果有如英之於杜美之於菲者也夫英之於杜美之於菲其目的在屋其社而裂其旗故非至反側全安民政確立不得謂成功焉若其干涉中國內亂則但摧破革命軍之武力市恩於舊政府而其事畢矣若其善後之處置仍以傀儡之舊政府當之干涉軍不必自直接以當此困難之衝也是日本對朝鮮之比例而非英對杜

美對非之比例也

此爲實行干涉之時言之也若其不居干涉之名而託於國際自衛權駐兵於其所自認之勢力範圍內爲負嵎之勢者革命軍方自束縛於所揭櫫之文明的戰時法規慣例不敢過問彼等不費絲毫之戰鬥力而可以收莫大之豐穫此則尤爲功人所欲禱祠於功狗者耳

以上所論皆謂革命軍有自取干涉之道而干涉乃生各國協商之結果而干涉乃成也雖然干涉之來抑又非限於此塲合也彼報所駁甲種第七項其目曰「謂革命軍起政府之力既不能平則必求助於外國外國出兵助平亂因以受莫大之報酬」而其駁之曰

夫虜之爲此謀容或意料所及然使其借兵於一國耶則虜先犯各國之忌各國慮破均勢之局將紛起而責問是徒自困也使其借兵於各國耶則各國之兵非虜之奴隷非虜之雇傭無故爲之致死耶

此其論吾不必自駁之吾觀彼報動引外國人之言以爲重吾亦請引外國一名士之言日本前自由黨領袖伯爵板垣退助曰（雜誌「大日本」第六卷第七號論文東洋ノ平和ト淸國ノ立憲制採用ヲ論ズ）

清國若率今不變。則革命戰爭。終不免爆發於南部。革命一日起。覺羅氏之朝廷。無暇復計永久之利害。徒欲脫目前之急難。必假俄力以自保其地位。於斯時也。日英之利害如何。日本則卅七八年戰役之結果。（即指日俄戰役）全然沒却。英國之東洋政策。亦蒙大打擊。清國之保全於是破。東洋之平和於是亂。如此必非日英兩國之所能堪也。故一日有叛亂之兆。日英兩國不可不先起而干涉之鎮定之。

此其言雖一人私言。然不可謂不中情實也。夫使如論者所希望。英日美等愛平和之國。能表同情於革命軍。認爲內亂團體。而自守局外中立。及夫現政府之自審難支也。鋌而走險。急何能擇。勢必將乞庇於他國。而平和派之各國。旣莫之應。則不得不轉而求諸侵略派諸國。於彼時也。侵略派諸國。有不因利乘便。而思以豚蹄易篝車者乎。他國不可知。若俄羅斯向來慣用之卑劣的外交手段。其必喜而應之。殆無可疑矣。而其應之也。又不必出兵於各省。以爲之代勤也。但以一軍戍畿輔。已足以市莫大之恩於政府。而攫莫大之報於將來。於彼時也。均勢必破。而必非平和派之所欲。無待言矣。然如論者言。謂各國僅交起詰責。而政府適以自困云爾。則試問政府果憚於自困而遂中止此計畫耶。亡之不圖。困於何恤。則政府必將答彼曰。貴國欲保均勢耶。請助我。我將予以機會均等之報酬。不然。我爲救亡計。雖稱臣稱姪於他國。貴國勿怨也。如是則詰責者且無辭。何也。此生死問題。非簡單之詰責所能了也。夫既不助之。又不能禁其不求助於他人。又不能禁他人之不彼助。而又不肯坐視助彼者之獨占利益。以破均勢。然則所以待之者如何。無已則惟與助彼者宣戰。以摧其勢耶。是諸强國中或加盟於舊政府。或加盟於革命軍。兩兩對抗。而釀出全地球空前絕後之大戰爭。則各國之兵。又豈其革命軍之雇傭。豈其革命軍之奴隸。乃無故而爲之致死也。舍此一策以外。則欲保均勢之局。惟有仍出於協商。而以聯軍共干涉之。鎮定之。否則如板垣所云云。日英等國。出奇制勝。先自從事干涉。間接以殺侵略派之勢而已。若是乎則即使革命軍無自取干涉之道。而未敢謂干涉之必不來也。

而論者尚有言干涉不足畏之說。其言曰。

爲外國者。設因欲保商務。欲得報酬之故。連萬國之衆。以來干涉。斯時爲我國民者將如何。其必痛心疾首。人人致死。無所於疑也。則試約畧計各國之兵數。庚子一役。爲戰地者。僅北京一隅耳。而聯軍之數。前後十萬。今若言干涉言瓜分。即以廣東一隅而論。新安近英。香山近葡。彼非有兵萬人。不能駐守。即減其數。亦當五千。以七十二縣計。當三十餘萬。即減其數爲二十萬。至少十萬。而其他沿江沿海諸省當何如。至於西北諸省則又何如。計非數百萬不能集事。而我國民數四萬萬。其起義也在國內革命。而無端來外人之干涉。滿奴不已將爲洋奴。自非肝腦塗地。誰能忍此者。我國亡種滅之時。即亦各國民窮財盡之時也。而問各國干涉之原因。則曰因欲得報酬。欲保傀儡之故。雖至愚者亦有所疑而不信矣。且今勿謂我國民甚弱。而各國之兵力至强也。練兵不能征服國民軍。歷史所明示矣。普佛之戰。佛練兵盡矣。廿必大起國民軍。屢敗普軍。爲毛奇所不及料。不敢出河南一步。古巴之革命也。金密士以數十人渡海入古巴。振臂一呼。壯士雲集。前後以四五萬人。與西班牙兵二十萬人。鏖戰連年。而美西戰事起。古巴遂獨立。菲律賓之革命也。壯士十人。以桿槍六七枝。刼西班牙兵五百人營。奪其槍五百。挨戰累歲。西兵駐防於菲者凡二萬人。無如何。卒賠款二百萬。其後西政府失信。戰事再興。美西之役。美提督載阿圭拿度再入菲律賓。與美合兵。阿圭拿度以兵數千人。俘西班牙兵萬數。卒立政府。其後美復失信。菲人以所獲於西兵之鎗萬餘。擇其可用者六七千。以與美精兵七萬戰。數年始定。使憑藉豐裕。則美非菲敵也。英杜之戰。杜與阿連治合兵三四萬人。英兵四十萬。前後三年。乃能兵。如上所述。以國民軍與練兵角。皆以十當一。況中國人數非菲杜比。憑藉宏厚相去千萬。外侮愈烈。衆心愈堅。男兒死耳。不爲不義屈。干涉之論。吾人聞之。而壯氣不因之而喪膽也。

壯哉言乎。吾讀至此。亦欲爲浮一大白。而惜乎其與情實全不相應也。彼謂練兵不能征服國民軍、為歷史所明示、而觀其所示之歷史、則除古巴菲律賓之對西班牙外、無一為其適例者。夫西班牙之積弱不足齒矣、而古巴菲律賓之所以能驅除之、則猶以美國之助、而非徒恃獨力所能為功也。自餘諸役、則毛奇果嘗征服甘必大否耶、美國果嘗征服菲律賓否耶、英國未嘗征服杜蘭斯哇及阿連治否耶。夫國民軍之力誠不可侮、然以今世利用物質上之文明、以致戰術之突飛進步、其間利器以及附屬戰事之各種機關、有非藉國力而不能致其用者。故十九世紀下半期以降、雖有猛烈之國民軍、而終不能與練兵為最後之決勝、雖屬天地間不平之事、然亦勢限之矣。我國憑藉之厚。雖非菲杜等蕞爾國之所可望、然謂以器械不良機關不備之揭竿斬木的兵隊、與世界轟轟著名數強國之聯軍相角、而可以立於不敗之地、則大言壯語、聊以自豪、何所不可、若彼以見諸實事、則中國乃我四萬萬同胞公共之國、非公等一二人之孤注、而豈容公等之一擲以為戲也、故論者苟能證言外國之必不干涉、則其說始差完耳。若謂干涉不足畏、則非欺人必自欺也、雖然、使外國干涉之結果、而必出於瓜分、則非屋吾社而裂吾旗。反側全安、民政確立、不能謂成功、信如是也、則我國亡種滅之時即亦各國民窮財盡之時吾亦信之而豈知其政策決不爾爾其或託於國際自衛權而遣戍兵於勢力範圍內耶則革命軍方兢兢然於戰時法規慣例之不暇豈敢妄爲挑釁而致授彼以干涉之口實彼安坐而布軍政民政不遺一鏃而收莫大之效果已耳其或以協商之結果而實行干涉耶則但求摧滅革命軍之武力而已足革命軍武力既摧滅以後若何善後之處置自有傀儡之舊政府代當其衝無勞彼爲是擾擾也而所謂摧滅革命軍之武力者則如吾前此所言以一重軍保護北京則革命軍不能動中央政府之毫末以一重軍扼武漢則革命軍無論豨突於何方而皆爲甕中之鼈彼專取守勢而不取攻勢其所損傷能幾何若軍費一項則又豈憂現政府之無以犒之也故各國決非有所憚而不敢干涉如論者所云云也

夫革命軍有自取干涉之道也既若彼各國有不能不干涉之勢也既若彼而干涉無論從何種方面進行皆足以敗革命之事業而危國家之地位也又若此然則今日

昌言起革命軍者其結果小之則自取滅亡大之則滅

亡中國無損於滿洲人之毫末而徒予外國人以莫大之機會是亦不可以已乎

夫明知其可以生滅亡中國之結果而猶悍然爲之則是叛國之逆夫也明知其可以生自取滅亡之結果而自取滅亡之後又非能有益於國家也而反以累國家而猶貿然爲之則沒而無名謚爲至愚愛國君子亦何忍出此

嗚呼吾請掬一縷熱誠以告普天下之愛國君子乎。今政府之所以待吾民者。與列強之所以待吾國者。稍有人心。受之能無憤慨而絕非徒憤慨之所能了也。又非感情用事孤注一擲所能雪吾憤而償吾願也，利用此列強持均勢主義之時，合全國民之力從種種方面用種種手段以監督改良此政府實坦坦平平之一大路循之而未有不能至者也苟至焉則種族上之壓制更何有政治上之壓制更何有內既足以自立則外人亦誰敢予侮焉而不然者溯必不可至之斷港絕潢造億刧不復之罪因惡果吾甚哀夫以光明俊偉之質抑塞磊落之才而誤用其情以爲天下僇笑也

俄羅斯之政黨

(日本文學士煙山專太郎撰)　仲遥

俄羅斯革命黨反對其政府之運動。百餘年來。譯者案。史家以十九世紀初爲俄國革命運動之始期。殆無虛歲。而其勢之最烈者。實在日俄戰爭時。彼社會黨竭其迅雷不及掩耳之手段。以煽動人民。自去年春初以來。民黨之爲示威運動者。所在皆見。而俄政府之陸軍。亦頑強剛狠。其鎭壓民黨也。不遺餘力。故民黨之勢力。究如長空殘雲。過眼皆虛。於是民黨察大勢之所趨。審失敗之理。原慨然悔其前此未嘗於政治之方面。爲正當之攻擊。乃於去年秋冬。爲舉國同盟罷工之運動。卒之使政府無應接內憂外患紛至沓來之餘裕。而素持強硬主義之俄政府。遂終不得不處於讓步之地位。迨至去年十月三十日。而所謂開國會之詔勅。亦遂終不得不發出。以爲降伏之表徵。於是俄國自亞歷山大二世以來。沉沉黯黯之國會問題。至是乃重光再耀。而據近日之電詞。則彼國會中官民衝突之報告。且不絕於耳焉。夫今後之事。其變遷結果如何。姑不具論。抑匪易言。然要之俄國自今以後。必進而入於立憲生活。此彰彰無容疑者也。若夫今日者。則觀察彼邦政黨之派別。及其人物。其亦不可已之事也。作俄羅斯之政黨。

(1)加瓦流士克黨　一稱波皮里斯。此派之宗旨極簡單。其所懷之目的。惟在改良農民與土地之關係一事。與七八十年代之土地自由黨同一性質。質而言之。則彼之主義。蓋欲使占其國人口十分之八之農民之經濟境況。達於優勝之域者也。

(2)社會民主黨　此派之宗旨。常以加瓦流士克黨所持之主義為不免偏重。為蔑視其他之問題。為不外妨害立憲運動。而反對之。彼以為欲圖俄國民族將來之大發展。則斷不可不惟彼勞働者是賴。而以社會主義灌輸於其間。實較諸加黨所持之主義。收效必鉅。其黨中之名士曰普列哈羅夫。彼嘗宣言曰。勞働黨有二大義務。其(一)脫保護者之羈縛。其(二)廢警察壓制之制。使俄國人民為自由國之自由市民而參預政權。其他如亞苦捨爾倫氏。如烏葉納查士利奇氏。亦皆為其黨中之重要人物。而皆七十年代革命黨中之偉人也。烏氏爲一女子。彼於上年。曾以其深閨之弱質。一度狙擊知事某氏。鴨綠江敗將查士利奇即彼之昆弟。要之彼黨主義綱領之所在。在於用共和、或立憲、信仰、印刷自由。對於老勞働者行養老金制度。減縮勞働時間。鐵道、工場國有、等數事。而對於俄領內異民族之國民運動、則不表同情。

(3)立憲民主黨　此不雜社會主義純然唱立憲主義之一溫和黨也。其黨中在外國之首領。名俾阿托爾斯托魯伯。彼數年來常居德國之斯次托加兒他。列行一雜誌。名曰阿士烏阿波久德業。而去年以來。則遷居巴黎。其國內之首領。名米流哥。米氏曾於莫斯科大學因言論之罪下獄。唱一局議院論、一般、直接、無記名投票等說。

(4)革命的社會黨　此社會黨中之急進派。而採暴力手段爲貫澈其主義之具者也。其黨戴普次葉夫爲首領。發行一雜誌。顏曰「革命俄羅斯」。其發行所無定地。而在巴黎刊行之時較多。其政綱之所在。與社會民主黨全無所異。惟社會民主黨不贊同民族主義之運動。而革命的社會黨則反之。於此一端稍有異同。其黨中有一有力之婦人。曰葉加鐵利那布列雄哥布士加。亦七十年代革命黨中之漏網者。

(5) **反動黨** 此即太公蟠結於宮中之一大勢力也。今不贅。

(6) **其他** 以上諸派之外。尚有有力之二三團體。皆國民的運動之產物。即猶太人有猶太同盟。波蘭有波蘭國民民主黨。猶太同盟之主義。在於要求於俄國內與俄人得同等之權利。畧同於革命的社會黨。其黨與各地之猶太人皆相聯絡。勢力絕非可侮。波蘭國民民主黨之主義。則專注其力於波蘭農民教育及小兒教育。採溫和穩健之手段。排斥彼同胞之革命運動。

綜而論之。俄國政界之潮流。實不外三端。即(一)欲維持獨裁主義。(二)主張伸張民權。採用代議制。(三)欲改鑄社會是也。雖然他日之俄國國會。其果僅有此三大潮流乎。吾恐於此種以政見區分之政派之外。必尚有一不可思議之階級的利害衝突。混入其間。此又吾之所敢斷言者耳。

譯者案。以上煙山學士之言。於俄國政黨之派別。實已瞭如指掌。而其識解之最明切者。尤在結論之末後數言。學士之文出版後甫兩月。以吾所見日本報章所載列俄國衆議院之議員黨派別。則其複雜之情狀。殆眞有不可思議者。今附錄之以供讀者參考。

俄國衆議院中議員四百四十二名之黨派別表

立憲民政黨	一九九	極左立憲民政黨	五七
立憲自由黨	二	民政改革黨	五
進步黨	四八	急激進步黨	四
木斯力曼黨	二	波蘭黨	二四
中間進步黨	八	十月十七日黨	一七
極左十月十七日黨	二	商工業會	三
穩和黨	一	保守黨	一一
黨派外	三七	所屬黨不明者	二二

合計四百四十六人

（完）

◉前號正誤記

(題)	(葉)	(行)	(誤)	(正)
意大利立憲政治之近況	一九	五(夾注)	文阿列治	郭利奇

論奧大利立憲制之運用與民族之複雜

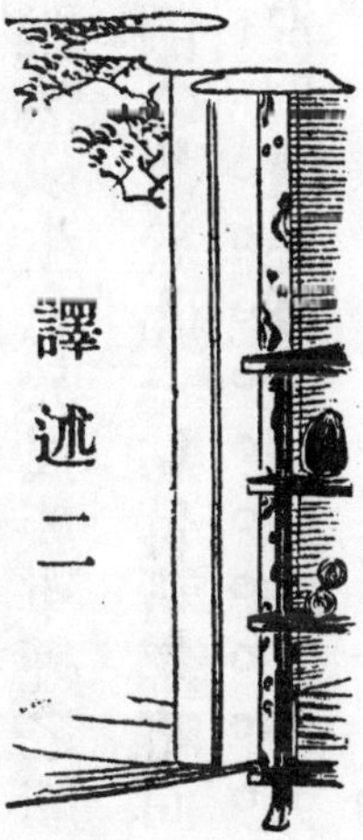

譯述二

（小野塚博士原著）仲遙

例言

（一）吾頃認研究各國政黨眞相爲中國今日之要務意欲詳究其發生成立之歷史及其現今之狀況以介於國人此後或譯述或編纂必當繼續從事無有間斷此篇及前所譯之「意大利立憲政治之近況」「俄羅斯之政黨」兩篇即其中之一部分也

（一）此篇多用意譯不斤斤於字比句次惟意義則無所異於原文殊敢自信

（一）此篇前經飲冰室主人譯其一段（見本年本報第二號）今卒成之惟飲冰室主人譯之意在備參攷故稍從簡略吾之譯此意在闡幽微故不辭繁蕪

（一）吾欲達此研究之目的材料苦不能多得以後所發表恐未必能圓滿無遺憾然旁徵博求亦頗費苦心願讀者加嚴重之注意

(1) 緒論
(2) 奧大利立憲制之沿革
(3) 奧大利政黨之分裂與民族之複雜
(4) 結論

(1) 緒論

立憲制度者。近世文明國通行之制度也。雖然、其運用之巧拙、結果之良否、因時因地常異。其趣溯其致此之源。千流萬派。莫可端倪。而國民之特質及精神上物質上發達之程度。必常能左右一國之立憲制而使之受絕大之影響。固不俟言。其他如國民間之各種階級關係。如活動於政界之人物之品性。如國家對外之關係。亦皆常能以其波譎雲詭之勢。消長於憲制界。而一國之民族之複雜之於憲制。其關係之密切。殆亦絕不讓於前數者。雖然、以生息於民族單純之國家之下之學者。而論及此事。輒往往以與已無直接關係之故。於此一點。付諸忽略。而奧大利以民族複雜之故。而影響於其國之憲制之近況。則實足爲說明此點之一大資料。而宜垂爲殷鑑者也。夫豈必曰吹皺一池春水干卿甚事而風馬牛視若也。匈奧兩國之國家的組織實天下所稀有之國家的組織也。其在國際上之名義。非匈牙利。非奧大利。而匈奧國。而一覽其所謂匈奧國者之內容。則又非單一的國家。而併立的國家也。匈與奧自物合以來。互競權力。不肯相下。今也以一八六七年之妥協條約之故。始得維持其共同政府及共同議會。然其共同之事業。則仍屬於狹小之範圍。而匈奧兩國當局者之交涉。其困難之情。殆幾若國際的談判。蓋匈奧兩國之物合。已極駁雜不純之觀。試更一覽兩國國家之內容。其在匈也。以民族複雜之故。因常妨礙其憲政之運用。而奧大利較之匈牙利。則民族尤爲複雜。其複雜民族相互間之關係。尤爲易於搖動。馬幾亞民族之於匈也。常對於他民族而獲政治上之優勢。而此種優勢之於奧也。則絕非德意志民族之所敢望。此實奧人運用憲制最困難之點也。故今鄙論所及。亦維敘述奧事。擇其尤者。以示鑑於天下。若夫連類所及。往往有涉於匈牙利者。此匈奧併立國之歷史之關係則然耳。

（2）奧大利立憲制之沿革

破壞舊政制(ancien régime)而誕育新時代之法國大革命。實千古未嘗有之偉劇。怒濤澎湃。密雲鬱勃。流風所播。波及全歐。然於當時之奧大利則無與也。彼奧人沿其舊日地方割據之習慣。與其思想學術之所蘊釀。心目中曾無一欲獲政治的自由之觀念。不特此也。其所號稱上流人士。肩任陶冶國民之業者亦絕不嘗一措意及此。而一國之教育大權。自小學以至大學。乃至歸諸固陋之「節斯意托」教僧之掌中。職是之故。凡關於自由民權之著作。不惟不許出版。抑且不許輸入。孟德斯鳩之「法律之精神」一書。經女皇馬利亞特許後。乃漸解輸入之禁。而一時風靡全歐之革新文學。於奧則絕無纖微之影響。鼓吹新思想之學者。以其風起泉湧之勢。先後輩出於歐洲。而於奧則惟產一二之音樂家。人心逸樂。風儀頹壞。國民之慾望。咸趨於物質的而遺政治的。腐敗之情。莫此爲甚。加之從來乏統一觀念之奧國國民。見外國獨立氣象之隆盛之後。不以之圖全國統一之事業。而以之增追懷舊日各地方獨立之情感。其極也。至使國內各地方割據軋轢之弊風。日益加盛。而中央政府以求全國統一之故。其專制之魔力。亦日益進步。

當一千八百一十五年。絕世英雄拿破侖一敗不振之後。專制渠魁奧相梅特涅。實以一身而爲國內外保守專制者之中心。秉其鷹瞵虎視之心。挾其如火如荼之勢。一往直前。所向披靡。而幸也一八四八年二月法蘭西革命軍捲土重來。再接再厲。一旦電報達於維也納。梅特涅躊躕育臯。計無所出。乃斷然棄其絕世之淫威。逃於英京。於是奧大利至此。始浴立憲制。發布憲法。召集議會。然不及四年。而內而議會以地方的紛爭之故被解散。外而德法兩國之反動力再興。且奧大利於德意志聯邦內之勢力亦已基礎鞏固。無復顧忌。一八五一年十二月。奧政府遂廢止憲法。仍用專制。厥後一八五九年。奧蒙意大利大敗後。財政困乏。慨然感專制之制究非可用。乃於一八六〇年十月。再改行立憲制。然以國內各地方難期調和之故。乃再以一八六七年十二月二十一日發布之根本法。承認匈奧之併立。訂明奧國議會專議奧國內部事項。此奧大利數十年來憲制沿革之大畧也。

奧大利自立憲以來。既數十年。此數十年中。其國民果有運用立憲制之能力否乎。此實非吾所敢言也。夫議會與政府衝突。凡世界立憲國莫不皆然。固不足爲病。雖然使究其於何種之問題爲何種之衝突乎則是非得失片言決耳若兩者始終以衝突相繼續曾無休時此必非立憲之本意也而奧國數十年來之政況實政府與議會未嘗爲一日之調和也議會之紛擾喧囂亦各國所不免雖然若奧之議會不惟紛擾喧囂而已嫚罵讒謗無所不至甚至繼以格鬬議長禁之不得借警察之力始能回復院内秩序其尤可怪者乃至爲三十三時間之繼續議事十二時間之一人演說（一八九七年十月廿八廿九兩日）此實奧國所獨見而他國未嘗所聞也其黨派之情實異常混雜若何乃爲多數若何乃爲少數其勢每不定故多數少數常相反目議會從未有正當之秩序彼此以互相妨害（"Obstruktion"）爲惟一之手段又不徒中央議會（Reichsrath）爲然耳各省議會（Landtag）亦然故雖復分中央之權於地方亦不足以救此弊此奧大利議會之狀況則然也

翻觀彼政府對於議會之態度何如彼政府非必以議會多數之贊成爲後援也而屢以地方特殊之利益陷各地之代議士以交換問題操縱議員議員亦甘受之毫不憂損議會之威嚴而不然者則往往借皇帝之威望以行干涉以圖苟且補苴通過政府

之提案彼內閣經幾度之交替議會亦經數度之總選舉而曾不嘗有一度之進化而極端的分子且益跋扈跳梁號叫於議會其關於帝國代表之國家根本法（Staatsgrundgesetzüber die Reichsvertretung)之第十四條雖嘗載明當緊急必要之際可發佈緊急勅令而奧政府則利用有此法文頻年奏請發緊急勅令以代法律且處分豫算其反於立憲之常軌者不一而足此奧政府對於其議會之狀況則然也

奧政府議會之狀況既如上述。若此者將歸之於政府之罪乎。抑歸之於議會之罪乎。吾竊以為政府議會固有罪。然非其遠因而其近因非其總因而其分因而所謂遠因總因者乃仍在乎其國民之自身也國民乎國民乎其立憲制上根本之根本乎後之君子日言愛國而醉於空華不一顧其國民之如何者其亦當知所戒矣

（3） 奧大利政黨之分裂與民族之複雜

吾欲窮奧國憲政蹉跌之最大原因。而吾得三假定前提。一曰教育。二曰政黨。三曰民族今以次比較推斷於左方。

一曰教育　欲知奧大利比年來教育之實況。則左表所示。有一覽無餘者。

奧國教育進步表 據千九百五年刊行之憹爾鐵氏政家年鑑內奧大利教育之部

調査年份	一八八〇年	一八九〇年	一九〇〇年
能讀書兼能作字之人	一〇、九三〇、〇九九	一三、二五八、四五二	一六、二一一、二七二
僅能讀書之人	一、三四五、七八一	一、〇三一、六二四	七五三、〇七四
不能讀書作字之人	九、八五八、二二四	九、六〇五、三三七	九、一八六、三六二
總數	二二、一四四、二二四	二三、八九五、四一三	二六、一五〇、七〇八

觀是、可知奧國教育進步之狀況。較之世界第一流之文明國。雖猶立於幼稚之地位。然謂之非進步實不得也。而一方則教育進步一方則憲政仍腐敗則其腐敗之原因不專在於教育從可知耳今更語其次。

二曰政黨 夫大政黨對立不必即爲憲制發達之表徵而小政黨分立實足以爲憲制不發達之代表此實必至之現象也今更考奧大利政黨之情狀則何如。

千九百年至千九百一年奧國議會衆議院議員選舉一覽表 據千九百二年奧國統計局刊行之千九百一年之統計年鑑

黨派之名稱	黨派員總數	自各種選舉團體中選出之黨派員員數						
		大地主	商工會議所	市及工業地	村落		一般選舉民	
					直接	間接	直接	間接

波希米保守的大地主派	一九	一八	⋮	一	⋮	⋮	⋮	⋮
波希米代議士俱樂部派	五三	⋮	四	二一	⋮	一九	一	八
波希米農民俱樂部派	五	⋮	⋮	⋮	⋮	五	⋮	⋮
波希米國家的社會聯合派	五	⋮	⋮	⋮	⋮	⋮	⋮	五
中央俱樂部派	二九	六	⋮	一	⋮	一七	⋮	五
德意志擴張派	二一	⋮	⋮	九	⋮	六	一	五
德意志農民派	四	一	⋮	⋮	⋮	三	⋮	⋮
耶蘇教的社會派	二五	⋮	⋮	八	六	三	五	三
德意志進步派	三二	⋮	一〇	一九	一	二	⋮	一
立憲大地主派	三〇	三〇	⋮	⋮	⋮	⋮	⋮	⋮
德意志國民派	四八	⋮	二	二八	二	一二	一	三
意大利派	一八	二	一	七	⋮	五	一	二
波蘭士派	六一	二〇	三	一三	⋮	一六	⋮	九
魯馬尼亞派	五	二	⋮	⋮	⋮	二	⋮	一
盧丁派	六	⋮	⋮	⋮	⋮	四	一	一

斯拉夫中央派	二一	…	…	…	五	八	一	七
斯羅奔派	一六	…	…	五	…	八	…	二
社會衆民派	一〇	…	…	一	…	…	五	四
無所屬	一七	五	一	五	…	六	…	…
總計	四二五	八五	二一	一八	二三	二六	一六	五六

此奧大利政黨分裂之情狀也。其議員四百二十五人中除無所屬者十七人外凡分裂爲十八黨其最大黨僅得六十一人其最小黨乃至得六人五人四人此眞世界各國中所稀聞也嘗考其所以致此之由其重要之原因則在於彼之選舉法考奧國之衆議院選舉法曾爲幾度之改正。而以一八九六年六月十四日之所改正。始採用普通選舉之制。於舊日所有之階級選出議員三百五十三人之外更加七十二人然此究不過示一般人民有選舉權而已。若夫選舉法之劃一。則仍僅屬於普通選舉一部分之範圍。而其他之階級議員之選舉方法。則仍委諸各省憲法之所規定。或爲直接選舉。或爲間接選舉。或爲記名投票。或爲無記名投票。(G. meyer, Das parlamantarische WaLlrecht. S. 286.) 職是之故。各代議士之感情勢不能一致。其利害勢不相調和。

從而欲爲一鞏固秩序之共通團體勢必不能而與大利之國勢遂終以奄奄沉沉而如不終日

三曰民族　前表中有最當注意者一事無他即政黨與民族有密切而不可離之勢之一事是也觀於彼所謂意大利派、波蘭土派其純然以民族之名名其黨昭然易見固不俟言而本有可以結合之傾向之農民團體乃亦於其黨派之上冠以民族名稱此則與國政黨分派之最大特色也而以政黨分裂之故乃至益促民族之分裂以民族分裂之故乃至益增議會之紛亂議會之紛亂日增國家之元氣日蹙而與大利乃眞無甯日矣哀哉

註　民族（Nationality, Nationalität, Nationalité）二字之定義學者多有異說以鄙見所及則欲根據學理而下左之定義

民族者常具有人種言語歷史政法經濟思想風俗習慣等之共同基礎而自覺爲一團體之人類社會也

此定義之特長有三

(一)使客觀的要素（事實）與主觀的要素（自覺）併立。
(二)不限定客觀的要素。
(三)非自然的觀念非政治的觀念而社會的觀念。

此定義之詳細的說明。今以與本題無直接之必要關係。姑從省略。惟有不可不附識一言者。則使用於奧大利官府之統計學者間之所謂民族者。專以人民日常使用之言語爲分類之基礎是也。

夫奧大利民族果有如何之複雜乎。如左表所示。可知其概。

千八百九十年及千九百年 奧國人民常用言語比較表 據千九百二年奧國統計局刊行之奧國統計書第六十三卷第一冊

言語名	一八九〇年	一九〇〇年	增加人口數	增加百分比
德意志語	八、四六一、五八〇	九、一七〇、九三九	七〇九、三五九	八、三八
波希米語及類似語	五、四七二、八七一	五、九五五、三九七	四八二、五二六	八、八二
波蘭土語	三、七一九、二三二	四、二五九、一五二	五三九、九二〇	一四、五二
盧丁語	三、一〇五、二二一	三、三七五、五七六	二七〇、三五五	八、七一
斯羅奔語	一、一七六、六七二	一、一九二、七八〇	一六、一〇八	一、三七

拾魯比亞語及類似語	六四四、九二六	七一一、三八〇	六六、四五四	一〇、三二〇
意大利語及類似語	六七五、三〇五	七二七、一〇二	五一、七九七	七、九九七
路馬尼亞語	二〇九、一一〇	二〇九、一一〇	二二、五八三	一〇、四五
馬幾亞語	八、一三九	九、五一六	一、三七七	一六、二九
總計	二三、四七三、〇五	二五、六三二、八〇五	二、一五九、七四九	二、九〇

註　此統計專指隸奧國國籍者而言。其外國居留民不計。

更有宜注意者。則此等複雜之民族。非各自爲居而參互錯綜以分居於各地方之一事是也。今以地爲經。以民族爲緯。再爲一表。

千九百年十二月三十一日　奧大利人民常用言語州別表（據千九百二年奧國統計局刊行之奧國統計書第六十三卷第一冊）

州名	德意志語	波希米語及類似語	波蘭語	盧丁語	斯羅奔語
下奧大利	二、七三三、九二三	一三二、九六八	四、九八一	一、二〇八	一、六五四
上奧大利	七九五、三五五	六、五三五	一一〇	四八	五〇八
撒魯次布爾	一八五、九五一	五六一	一〇	二	一三三
蘇塔雅馬苦	九〇三、三四五	七三三	九七	二九	四〇九、五三一

克倫丁	二六九、九六〇	一九六	三五	九	九〇、四九五
苦拉因	二六八、一七	三九〇	二五	二六	四七五、三〇三
托里斯托	八、八八〇	一四五	二六	三五	二四、六七九
額魯攵及姑拉旣斯加	三、四九八	八〇三	七	一	一四〇、五八二
意斯托里原	七、〇七六	四四六	一六二	六	四七、七七七
奇羅爾	四六〇、八四〇	一、六九五	九七	三五	三〇一
郭拉魯百爾古	一二三、三一六	二五〇	一	…	一六四
波葉門	二、三七七、〇一三	三、九二〇、〇九三	一、九二五	一、三三三	六〇
麥連	六七五、四九二	一、七七七、二七〇	一五、五六〇	三八七	四〇七
西列節原	二九六、五七一	一四六、二六五	二二〇、四七二	二九二	八九
加里奇原	三二一、七五二	九、〇一四	三、九八八、七〇二	三、〇七四、四四九	一二七
布哥普拉	一五九、四八六	五九六	二六、八五七	二九七、七九八	一〇八
達爾馬奇原	二、三〇六	一、一五九	九六	二五	六八三
合計	九、一七〇、九三九	五、九五五、三九七	四、二五九、一五二	三、三七五、五七六	一、一九六、七八〇

表之說明　右表之下端。即接左表之上端。

捨魯比亞語及類似語	意大利語及類似語	路馬尼亞語	馬幾亞語	總計
三三九	一、五四九	七九	……	二、八五六、七〇一
三四	六六〇	三	……	八〇〇、二五三
一八	一五三	…	……	一八六、八四八
一二九	四六二	一	……	一、三一三、三二五
一六	八九	…	……	三六〇、八〇〇
一七五	二五九	一	……	五〇四、三三二
四五一	一一六、八二五	一	……	一五一、〇一〇
九四	八一、一三六	一	……	二二五、四〇二
一四三、〇五七	一三六、一九一	一、三二一	……	三三五、九六五
三〇	三六八、〇二一	一	……	八三〇、九八八
三七	五、八八四	…	……	一一八、六五二
一二〇	二六四	一四	……	六、二七一、〇一二
一、五六六	四一	二四	……	二、四二〇、七四七
四	四七	…	……	六六三、七四〇

譯述二

二八	一二三	五〇八	……	七、二八四、七〇三
六	一一九	二二九、〇一八	九、五一六	七二三、五〇四
五六五、二七六	一五、二七九	一	……	五八四、八二三
七一一、三八〇	七二七、一〇二	二三〇、九六三	九、五一六	二五、六三二、八〇五

十六

一一九六

抑奧國之爲地也。畧位於歐洲之中央。自昔以來。即吸收各種民族。而非爲一民族之所專有。彼歐洲之三大種族。如條頓人、斯拉夫人、拉丁人。率皆有分子於奧國境內。而其所以至爲哈布斯堡家所統治者。實根於自中世傳來之國家觀念所謂「領土相續」之一觀念而後併合者爲多。以是之故。各地方各欲維持其舊組織。各民族各欲保存其舊言語。其間如德意志民族所用之德意志言語。以其民族常占政治的及文化的優勢之故。雖已爲上流人士共同之語言。然欲融化統一此複雜之民族之希望。則究非所敢期。而現今用於奧國憲法之奧大利名稱。實位於「代表帝國議會之諸王國及諸國」之奇名之下。舉一反三。而奧大利內容之複雜之狀況。可以瞭如矣。

註 Staatsgrundgesetz über Gemeinsame Angelegenheiten und Art ihrer Behandlung 之第一條有如左之句

Nachfolgende Angelegenheiten Werden als den im Reichsrathe vertretenen Königreichenund Ländern und den Ländern der ungarischen Krone gemeinsam erklärt,

夫奥大利民族複雜之狀況。既已如是。使在專制政治時代。殆猶可無慮焉。雖然、專制者。究非可以永陷民族於無意識之域者也。而自覺民族則必不肯甘他民族之抑制此又事理之所必至也。彼步馬幾亞民族之後塵之奇葉古民族。以能自覺之故。曾於巴拉克建一奇葉古語大學。而以其所楬櫫。遂竟能爲自覺其民族之木鐸。而此民族自覺之現象。雖其間程度不一。然其爲奥大利國中一大勢力。而今日猶日進未已。此則彰彰不可掩者也。考關於奥國市民之權利之根本法（Staatsgrundgesetz über die allgemeinen Rechte der Staatsbürger）之第十九條。味其意義。固已認民族之平等。於關於民族錯雜各地方之言語敎育。固已有所規定。雖然、此條文之所規定。將單指一般立法之準則乎。抑直認其臣民之一切權利乎。此又學者間之大疑問。而辯論無已者也。不特此也。其國之行政裁判所與大審院兩者之間之意見。亦正相立於反對之地位。(H. v. Herrnritt. Nationalitat und Recht Wien 1899. S. 56—) 職是之故。而根於此條文所發之命令及行政處分。動輒釀議會之紛擾。且更益民族之軋轢。且夫關於一國之大問題。當兩黨對持互不相下之際。而欲以法文之所設定。一朝而得就根本以解決之。此實不可能之事也。而奧大利之裁判所行政廳公立學校之言語問題。則適足爲此言之確切證明者也。吾嘗謂欲決此種問題惟有二事其一、則有關係於此種問題之諸民族之意見日益接近其一、則雖不能日益接近而能互尊重他人之意見而爲妥協之交讓而奧大利諸民族則此兩條件皆不具者也此兩條件皆不具而欲望憲政之發達是所謂緣木而求魚豈不難哉豈不難哉

(4) 結論

吾前究奧國憲政不發達之故。而既歸本於其民族複雜。雖然、此特鑑於彼邦過去數十年來之趨勢而立言耳若夫就民族之原理而論則民族者固一社會的現象而隨時代以爲變遷者也又豈惟其客觀的事實有所變遷而已即民族的感情之勢力亦固非固定而永無消長之勢也固無所謂萬年同一之固定的民族也抑吾之爲此論。不過就彼邦數十年來之趨勢立言。既如上述。然則過此以往再閱數百千年而此論

之適用與否固決不足以輕重吾言又彰彰明甚也要之論政者必當劃分時代之一部分然後於其一部分中察其民族假守活動之勢而立言是乃論政之正軌耳

一國家由一民族而成則國家之利害與民族之利害常能保定一致而不相背一國家由二種以上之民族而成則欲其國家之利害與各民族之利害全然一致勢必不能而於是時也若其各民族自覺之度高民族勢力之差異少而利害互不能一致則其各民族必常先以自民族之觀察點判斷政治而以國家全部之利害置於第二位而所謂國家之行動亦必不能以平等視各民族、何則掌握一國之國權者亦必屬於國內之一種民族其不能全然超然於民族的見解之上此固事理之必然也

雖然、以歷史爲必至的事實之連續此實一種之偏見而自由意思或程度之足以左右人事此又學者之所公認也吾於前章。固已認奧大利民族複雜爲其國憲政不發達之原之一端。雖然、若以奧大利憲政不發達之故而盡歸諸由於其民族複雜此又吾之所不欲承認者也夫民族之關係既如彼其複雜。吾固爲奧大利悲之。然其爲政家議政家之言行抑亦何爲如彼其陷於極端是固亦不可以已耶而況乎不獨以民

族感情支配政治而以遠大之政策的眼光指導民族又獨非識者之責任耶雖然、此又非所以敢望於普通之政治家者也世有欲評判奧大利之政治者乎。於彼邦民族複雜之一事。要亦非可以等閑視焉耳。

譯述三

心理學剖解圖說

長沙湯祖武編譯

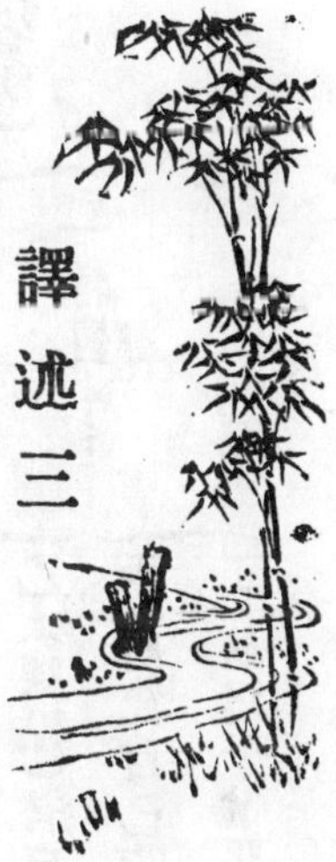

第一章 總說

(一)心理學之定義……(心理學者研究意識現象(即心的現象)之科學也。

(二)心的現象及物的現象

- 1 心的現象……
  - 一 吾人精神界之現象之謂也。
  - 二 吾人之感覺、欲望、情緒、認識、推理、斷定、執意等之作用之謂也。
  - 三 有時間的性質而無空間的性質。例如感覺記憶等者于某之時間可以爲此。或于某之地方又有不可爲此者之謂也。
- 2 物的現象……
  - 一 如自然物及自然現象皆於吾人之外界之現象也。
  - 二 有空間的性質及時間的性質。例如山川草木風雨雷電。無論何時何地。皆有存在及動作之能力。
  - 三 占領最長廣之地位。

(三)心理學之種類

1 比較心理學(動物心理學)……(研究人類及人類以下之動物之比較也。

2 兒童心理學……(爲研究兒童之心理者也研究兒童之心之發展於教育上最必要者也。

3 民族心理學……(民族者即集多數人類而成者也當研究其心之作用。

4 物理心理學(即精神物理學)……(案出物理學之器械而使測定于數學此說創自ウェーベル氏フェヒネル氏將爲實行者也。

5 病的心理學……(爲不健全之意識現象即瘋癲白痴發狂等精神病是也催眠術、讀心術、爲研究精神上之狀態者也。

6 生理的心理學(因於生理學之規則而研究心身之關係者也然必與精神物理學相須爲主要云。

7 經驗心理學(普通心理學)……(所謂普通心理學者因從經驗普通人類之心的現象而研究者也。

(四)心的現象研究法

1 直接觀察法(主觀的研究法又反省法)

一 方法……(反省自己之意識而研究之。

二 特質……

甲 宜便利且容易亦甚確實。

乙 (缺點)若自己一人則所挾之範圍不可以一般律之。

丙 研究自己時間甚長靜頗有萬人莫望之勢。

丁 易陷于憎惡偏見自負自愛等宜注意焉。

2 間接的觀察法（客觀的研究法又他察法）

- 一 觀察法……
  - 甲 方法（視他人之外貌（顏色）（言語）（舉動）以考察其事實。
  - 乙 特質
    - 一 恐陷于輕率誤解臆測等最宜注意。
    - 二 觀察普通人範圍甚廣。
- 二 試驗法（物理的試驗法）……
  - 甲 方法 或用裝置法以試驗之。
  - 乙 特質 此法爲最精密也。

（五）心的現象之分類

- 1 知識（知的現象）於客觀的使辨識一切事物之作用也……
- 2 感情（情的現象）於主觀的感受精神而生苦樂之作用也。

（以上）受働的

- 3 意志（意的現象）於主觀的事物注意鼓舞其勇氣。又於外界興起舉手投足之運動行爲而顯其作用之作用也……自働的

（六）心的現象之發達之法則

- 1 由簡短而爲複雜。
- 2 由不明而爲明瞭。
- 3 由粗雜而爲緻密。
- 4 由特殊而成普通。
- 5 由實物的而爲無形的。

（以上）……須于成人之精神。比較兒童之精神。

6 由直覺的而爲再現的。

7 由遲鈍而敏捷。

8 由不活動的而爲活動的。

(七) 意識

1 意義……於精神之醒覺時使發現種種之觀念之謂也。

2 階級
- 一 無意識……如在熟睡中無論何物莫能辨其狀態之謂也。
- 二 意識
  - 甲 不明之意識……醒覺時之意識雖有諸觀念皆平等之力。而嬰兒及下等動物直如成人寢覺時之精神。
  - 乙 明之意識……于醒覺時之意識所有之觀念而其强力勝于他觀念者則他觀念皆能服從之。如吾人專注意于一物或一事之時之謂也。

(八) 注意

1 意義……所用之觀念凝集于一點而排斥不用之觀念之作用也。

2 種類
- 一 無意注意 又受動的注意（如不思强光銳音使集注于意識之中。）
- 二 有意注意 又能動的注意（如以自己之意思以求或者之事實使集注于意識之中。）

3 教育上之應用
- 一 程度 宜顧兒童之（幼兒者無意注意者也。故須以刺戟物頻頻觸動之。）
- 二 宜使有興味（教授談話皆然也。）

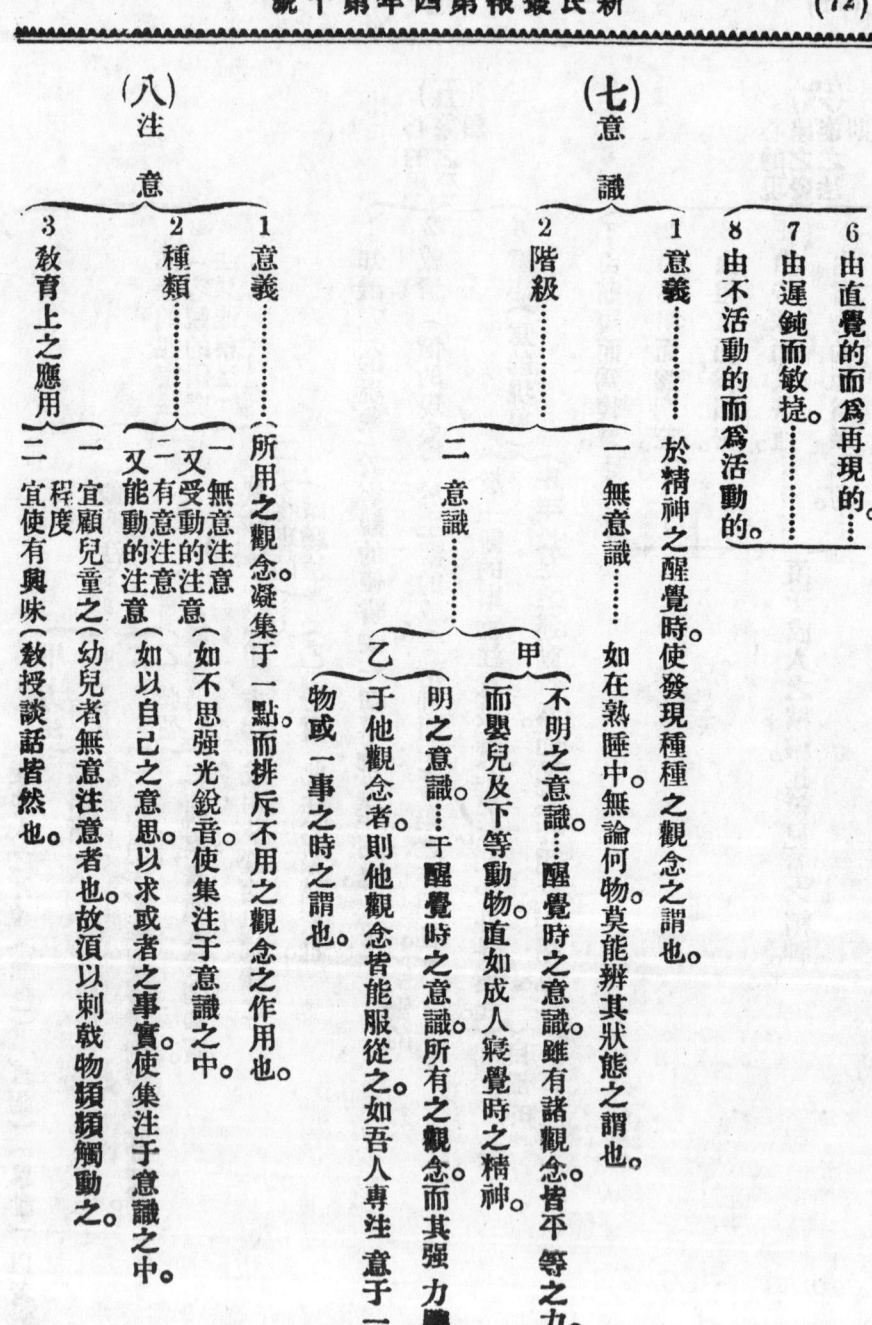

三 注意于衛生（勿使疲勞兒童之心身。

（九）心的現象之分類

- 1 知的現象……
  - 一 直觀……
    - 甲 感覺……
      - 1 普通感覺…即飢餓飽滿等之感覺也。
      - 2 特殊感覺…即嗅味觸視聽五官之感覺也。
    - 乙 知覺…加注意于感覺者也。
  - 二 觀念之再生
    - 記憶……任使生多少之觀念者也。
    - 想像……使生多少變化之觀念者也。
  - 三 思考……
    - 甲 概念…概括觀念之作用也。
    - 乙 斷定…使明概念及概念之關係之作用也。
    - 丙 推理…使明斷定及斷定之關係之作用也。
- 2 情的現象……
  - 一 感應……與視聽觸味表同情者。
  - 二 情緒……使感喜怒哀樂之情也。
  - 三 情操……
    - 甲 知的情操…與求知心同情者也。
    - 乙 美的情操…與美術爲同情者也。
    - 丙 德的情操…與倫理道德爲同情者也。
  - 一 衝動……無目的動心之狀態也。

譯述三

3 意的現象……
二 願望……有目的動心之狀態也。
三 意思……有目的有方法手段之動心之狀態也。
四 品性……因一定之主義，動心之習慣也。

（未完）

中國大事月表

丙午閏四月

◎初一日　學部奏請劃清學部禮部辦事界限奉旨依議

、、、學部奏准將各省貢院撥歸學部改設學堂

◎初二日　杭州米店高抬價值被貧民於廿九日聚衆打毀

、、、出使俄國胡惟德電告英俄中亞協約已成

◎初三日　學部奏准每年考試出洋畢業生

直督袁世凱飭黃開文再往奉天吉林接收電線

電飭袁世凱趙爾巽程德全等協力進剿馬賊

◎初四日　巡警部向戶部咨取綠營餉章

御史王步瀛奏請查戶口大員官宅不能以情面免查

、、、德國商人要索湖南衡州永綏廳郴州寶慶府四處礦權

練兵處咨行甘陝新疆雲貴各省按照定章編練營兵

◎初五日　商部代奏江蘇官紳呈請自辦本省鐵路公舉王清穆張謇爲總協理

吏部議各省舉人以知縣直州同鹽庫

記載

大使各項分用

浙東之米價漲頑民糾衆毀掠米行十餘家

◎初六日 川督錫良電覆外務部堅拒英商續辦合同逾限之礦務

華德礦務公司稟呈當道懇將煤磚焦炭煉鐵三事准其兼辦而於膠濟鐵路三十里內准華人用土法開採礦產

山東巡撫楊士驤電咨閩浙總督請援約禁阻德人在福州招工

法國地學會派人往西藏近處發掘古蹟

◎初七日 商部奏定破產律六十九條

盛京將軍趙爾巽電告外務部日本官吏在鴨綠江右岸徵收中國木商稅項實屬違背約章請向日本政府詰責

俄人占領黑龍江一帶礦山

◎初八日 海州淮營緝私勇丁肇事傷斃民命四名口

◎初九日 御史王步瀛奏請裁撤工部

匪黨毆傷東湖縣知縣孫將高

浙撫張曾敭電告政府謂浙省紳商籌辦本省鐵路擬集股本四百萬即行興工請勿與英商再議

◎初十日 俄國抗阻黑龍江紳商集貲自辦齊齊哈爾至墨爾根鐵路

日本依期將駐在奉天之兵撤至鐵嶺撫順地界

日本布告今日開放奉天

◎十一日 岑春煊因病電請開缺

香港英官禁止華商所設學校用兵式體操

◎十二日　皇上在頤和園召見各大臣詢及南昌教案關稅問題及中俄交涉事宜

◎十四日　暹邏王子微行抵京

◎十五日　諭派寶熙劉若曾充考查政治館提調

◎十六日　學部擬訂女學章程

學部擬通咨各省廣設幼稚園

俄國在烏里雅蘇台新設領事館並請中國許其在西伯利亞與庫倫間架設電線

◎十四日　東台縣匪徒藉口米貴糾衆拆毀學堂及夏紳官寅家

◎十八日　己革新疆巡撫潘效蘇押解到京

順天府請將施粥廠改爲習藝所

◎二十日　擬徵撫順煤礦出口稅日本政府不允

電飭使臣保送留學外洋畢業生充當考查政治館辦事人員

鄂督張之洞奏請以寶豐補授漢黃德道兼江漢關監督

粵紳黎國廉梁慶桂李璧源奉　旨開復官原銜

◎廿一日　政務處議准飭禁官民買賣婦女

◎廿二日　直督袁世凱派馬隊千二百剿辦馬賊至昌圖地方因事與日本輜重兵衝突幾釀大禍

◎念三日　印度政府議開一大道由印度斯坦以達西藏

江甯將軍誠勳奏准整頓江寧駐防與學校改營制

仕學館學員考試內場

◎念四日 俄人在吉林黑龍江私買中國民地

中國已從日本收還新民屯地方

◎念五日 法國定於本年西十月以前將北清駐兵撤去一半

◎念六日 上海粵路股東開團體大會決議不認廣東所私舉鄭官應黃景棠等為總副辦

◎念七日 政府照請日本速行開放大連灣設立稅關

新任法使巴思德覲見兩宮

◎念九日 小呂宋粵路股東電京政府不認廣東私舉鄭官應等為總辦

善堂行商所私舉之鄭官應等接收路事

川督在西藏仿造印度盧比銀幣

◎三十日 商部設農學試驗場以祝瀛元為總辦

美人手

紅葉閣鳳仙女史譯述

第五十六回　義士團俠氣成參商　革命派黨首定資格

却說瑪琪拖亞聽說那美人嫁了髯臉漢。大有鄙夷扼腕之意道唏、配他夫人正色道。度璣那人是個奇節的女子這點忠誠實在可感凡為他丈夫及義士黨首領的事就是赴湯蹈火沒有不盡力的瑪琪拖亞道。既為義士黨這麼盡力然則設法救美治阿士也是受了義士黨首領的命令了但有一點疑處怎麼他帶着美治阿士家裡去呢。他是有夫之婦無端家裡藏着別個男子不怕壞他的名譽嗎夫人道。你勿胡猜。這男子并不藏在他家裡瑪琪拖亞道。這是烏拉醫生告訴我的啊他說澤瀨梅救了美治阿士現正藏着在家裡呢夫人道。烏拉迓華是騙你的他嫌你滋擾討煩要哄你去處你個死刑啊。瑪琪拖亞道。這事我不狠信。我沒有窺破烏拉迓華甚麼。他害我做甚。難道他也有甚的隱謀嗎。夫人道。你不知道。那盜取鐵箱之事。當時烏拉迓華也是在場謀畫的。瑪琪拖亞道。然則烏拉迓華。也是義士黨中人員了。夫人道。這倒不是。雖也是俄國人。實在與義士黨無關。他從俄國逃亡出來。漂泊一身。借醫行業。是虛無黨的首領啊。烏拉迓華原不是他眞姓名。他眞姓名再沒有人知道。就是知道也沒人提出來。瑪琪拖亞聽說。不禁駭絕。變色瞪目望着夫人道。啊喲。那名滿巴黎。受一輩子大戶人家歡迎的大醫生。原來是虛無黨的頭目嗎。夫人道。是的。烏拉迓華一向同義士黨的首領非常親睦。所有事體。皆彼此合力扶持。自從爲着美治阿士的事。大家遂成了冰炭。烏拉迓華的主意。要不管美治阿士任荷理別夫把他怎難爲也好。總求不疑到我們身上來。就得了。義士黨首領的立意。說這件罪案由自已犯的。來不應該昧着良心。移令他人無辜受苦。決意挺胸膊子要把美治阿士救出來。因此烏拉迓華十分着惱。兩家幾乎要決裂起來呢。瑪琪拖亞道。怎麼義士黨首領。要把這事告訴他呢。夫人道。幷不曾告訴他。但事情怎瞞得過他。他得了風。問起來。不得不認。他聞義士黨首領說到要做英雄須得光明磊落昧本心事雖死也誓不肯爲他聽說知到勸不轉來便含憤去了上布街的事本來他不曾知他忖量昨天義士黨必出手段故此今天一早到你那裡探消息呢瑪琪拖亞道他一見我就像狠知道的模樣了這事還是他先向我挑逗起來啊夫人道你不知道這正是他的手段了他自從運動革命事業丟却本來的面孔已有二十來年了他研究醫學也正爲推求人類性質漫道你們閱歷根淺的人就是才識堅定認眞見過事面的一開口差不多也被他識透了瑪琪拖亞道他能彀有這等本領麼夫人道沒些本領怎能彀做得個首領啊虛無黨中凡預備可望充當首領的資格幾手沒一個不專攻這種學問有這種學問就無論敵人偵探怎麼隱形變相總不能逃得過他眼裡了他今早見你叫你不要到我這裡來說我旅行去了嗎瑪琪拖亞道是的這是甚麼意思呢夫人道無他義士黨首領因救美治阿士同他生了意見他打算要重罰義士黨首領恐怕你走漏消息吹到我耳邊我和義士黨首領最相好恐怕我傳報消息防備他這是他擺佈的計策啊瑪琪拖亞憤然道他這般可惡我要同他比劍夫人微哂道你怎是烏拉迓華對手你想他能彀當得虛無黨一個首

領俄政府尚且奈不得他何豈是你能奈得他何的麼這孩子話不要說了我問你聽了這一頓話。可明白美治阿士有罪無罪囉。瑪琪拖亞道。明白我是明白了但說起來舅舅未必肯信更兼那五千元銀票沒着落這件恐美治阿士推不得干淨啊夫人道。這件留着美治阿士自己剖白罷。好歹義士黨首領總要親自帶他去會會圖理君當面解釋一番完了這件心事到時我也要陪着一行但不能不先給霞那個信我纔發了書子想不久霞那也要到了正說着。忽一女子撥開簾幙靜靜的步將進來看官、你道這女子是誰呢欲知其詳再看下回分解。

第五十七回　落花寄贈宣示死刑　內幕圖全搜索生命

却說一女子撥開簾幙進來。瑪琪拖亞一眼認得是那冰上美人澤瀨梅。祇見他穿得滿身樸素好像侍婢的模樣與日前所見豔妝麗服大不相同然這種天生麗質仍然不減瑪琪拖亞不禁駭叫道啊喲、這不是梅姑娘嗎美人一眼瞧見瑪琪拖亞。心裡也自一跳不覺倒退了幾步於時聞夫人喚道度璣、不要緊。你且進來那美人恭恭敬敬趨到夫人跟前。低聲稟告道。夫人吩咐候着那位已經到了。瑪琪拖亞心裡想道誰到來呢。莫非是義士黨的首領麼。若是他到。今天可見着那斷手美人了。因急問道。是義士黨首領來麼。夫人道、不是。就是你的表妹子霞那啊。說着、又對度璣道。可請他到這纔吩咐你預備那間客室裡。烏拉醫生可來過嗎。度璣荅道。沒有來。剛纔送了白木箱子來。說請夫人收受呢。夫人聽說。點點首。度璣遂退出。瑪琪拖亞滿心疑惑。想道。甚的白木箱子。做甚用的呢。又想道。原來牛田澤瀨梅都是夫人的婢僕。怎麼夫人用着這一輩人呢。又想道。那義士黨的首領。說是個女豪傑。不知又是甚的人物呢。一個悶雷。弄得那心七上八落。夫人是時也不暇留意同他細談。祇見夫人問道。令表妹來了。你也同去會會他罷。瑪琪拖亞游移着道。今天早上。纔把他告誡一頓。斷實美治阿士有罪。且說拿着了憑據。如今怎好意思見面呢。夫人道。怕甚麼。你依着你所知道。照本心說。那不算欺負人。有甚沒好意思。難道你能夠避着。始終不會他面嗎。你眞是不脫那孩子氣。一齊去罷。說着、夫人先起來。步出去。瑪琪拖亞也祇得跟着出了院子。穿過一條小徑。到了一座廳院。這座廳院。與正座是離隔着不連屬的。裡進也有好幾所房子。夫人先踱進一所外客堂。祇見客堂內當中一張鏤花桌子。擺着一個白木箱。這箱子很像棺材的樣兒不過畧小些夫人瞧着道。哈哈、這是烏拉迓華贈來的嚜把盖子揭開一看裡便放着一束鮮花那花朶兒却枝枝折斷散落在箱底上祇有花葉留在枝頭夫人不覺勃然變色然亦并不露出驚慌的狀態來却微微含笑道哦……瑪琪拖亞疑惑道。夫人、怎麼他折了花朶兒纔送人有這樣褻瀆的嗎。夫人道。這是虛無黨宣告死刑的寄贈品啊虛無黨的戒律凡把無瓣花枝送與那人就是宣告那人死刑了瑪琪拖亞驚道宣告誰死刑啊夫人道。就是我瑪琪拖亞益大驚道。夫人和虛無黨有甚的過不去夫人還未及荅忽見那侍婢度璣慌忙跑進來對着夫人耳邊咕咕唧唧說了幾句夫人也附着度璣耳邊吩咐了幾句祇見度璣慌忙又跑去了夫人指着堂間裡門。對瑪琪拖亞道。霞那就在這裡廂呢。你進去陪着他。不要則聲。此刻烏拉迓華來這裡見我。我有話同他說。你細聽着。你懷着所有的思疑。自然就明白了。快進去罷。瑪琪拖亞要想留着護衛夫人但被夫人緊緊的催促連話也不容說沒法兒只得匆匆跑了進去暗自打算道也好。我留心聽着沒爭論便罷若覺來頭不像我便飛出去把烏拉迓華打殺了定了主意。遂把內廂門虛掩着。是時外間跚跚的脚步聲進來就是那虛無黨首領烏拉醫博士到了他日常見了人一種和顏悅色嘻着嘴縫兒合不攏來令人一見就親愛他今日把面孔忽翻轉來帶着一種肅殺的氣象眼底裡光綫含着一種威稜射着夫人臉上夫人神色一些兒也不動問道。適纔把我宣告死刑已知道了還有何事烏拉迓華發出嚴毅的聲口道還有一事要詰問你夫人微笑道。既受死刑還有何事可問烏拉迓華道。你還有那一輩同類也不能不處以死刑夫人正色道這就奇了所謂同類是指那一類你須說個明白那却不得不辯了烏拉迓華厲色道你須聽着你迷着這點小節把大事輕輕看過防害我黨安寧我先日曾總督黨員代表告誡你明白宣示你若再不醒悟定奪你的生命你偏偏不聽硬要替美治阿士出頭倒還罷了又牽引圖理舍譽的外甥做個同類差他帶領助摩祖探到敵人家裡來這罪還恕饒得過嗎你這樣弄法我虛無黨的內幕難保不敗洩在你手裡你手下那輩人才向來狠爲我黨盡力爲這件事竟然劃分黨派把正經大事丟着不辦自嘉芝以下那一輩子終日爲這無謂事件奔走試問你、美治阿士與虛無義士兩黨究竟有甚麼相干救了他出來於兩黨的事業究竟有甚麼利益借他一身替我們卸脫疑踪正是極好機會受苦由他受苦就是害了他一命也算不甚麼一點小不忍倘且看不破怎當得個義士黨首領現在縱欲把你容恕久後黨中機密必更弄到不可收拾即此鐵箱一案既要剖白美治阿士無罪勢不能不攬在自己身上供認出來豈不是把我慮無黨的事業給你做口供材料嗎夫人蹶然道。一人做事一身當我決不牽涉他人不錯、我的主意確被你猜着一定要救美治阿士一定要給他個無罪的憑證我出手做來的事一定照直供說盜鐵箱是何目的一定不隱藏我死。後也留與世人評個理你安心我拚着命兒不要各事攬在我一人身上也穀了你們好好的幹去

龍瑪琪拖亞在內廂聽得夫人所說。一字一淚。一字一血。心裡祗是發抖。不住的感歎。纔知道所謂義士黨的女豪傑。夫人也有關係的。欲知後事如何。再看下回分解。

飲冰室詩話

飲冰

南海先生以長歌一章見寄。題曰「巡覽全美還穿落機山頂放歌」。讀之亦可見先生近來志事之一斑也。錄入詩話。「祖龍華盛頓開美。十三州憑西洋隅。新當百年前未闢。乃爲班法之耘耡。南北戰餘四拾載。西來萬里未通車。蒼莽落機山只有荒林穴狐猪。眇眇太平洋只有烟剪晨捕魚。三藩息士高與乾沙。五十年前無人家。而今人居拾萬戶。畫樓廿層聳雲霞。羅生新闢十八載。公園華握可驚嗟、撥倫舍路憑山海、市里繁庶亦怪訝。鹽湖大鎮開自摩門教。多妻被逐來作家。沿海數州皆腴壤。綠陰秀野鋪麥麻。麥粉商估徧大地。以農富國機交加。新墨西哥宜水稻。溝洫舊跡出吾華、落機山中數州地。五金煤鐵大地誇。餘者亦復宜畜牧。牛羊徧野蔽艸沙。回顧我中國。三代文化卓。江南粵蜀閩。尙爲蠻夷穴。羅施南詔在宋時。猶爲鬼國之部落。寰中開闢艱遲猶如此。何況長城外東西北三角。歐洲大陸羅馬初。混混艸昧無人覺。日曼森林晋世開。英倫海賊宋末作。埃及以南莽蕩載。眇眇撒拉大沙漠。統觀大地開闢皆甚遲無有若美之速攫仗劍艸創數郡土闢萊順成萬里國蓋從機器備文明更賴鐵軌縮地岳一通氣車四十年萬里山河野蠻成神仙農家樓閣丹靑麗工人士女衣帶鮮小家琴聲弄娟娟熙熙婦子自姿妍禮容體態中法律皆從學校通文篇自從北購亞拉士駕富庶雄大無倫邊地勢東西遝兩海亞歐交通左右便我驚開闢進化速時哉時哉華盛頓林肯之生焉力少效大古無比太祖美洲汝爲先往來全美南北路。東西經過三周穿。行道略返五萬里。度盡落機四回旋。兩洋目極曾登岸。密士失必與微蘇剌皆泛船。東方登臼山。西遊黃石園。日日撫地圖。昔昔考山川。甚妬華盛頓。甚思開新天。橫觀大地中豈無荒地翳榛烟窩視霸王圖時來治敎起聖賢波士頓摩新世石初祖舍我其誰先從來爭內地尺寸皆奇艱一城流血以億萬兩雄互得守已單春秋晋楚爭虎牢三國六朝江淮間歐洲日曼千里土千年戰血流斑斑直布羅陀與旅順英班俄日爭幾年

魯衛宋鄭盛文化地居中原無由前晉楚燕秦齊强大處於西鄙易拓邊歐陸德法與
意奧千年雄爭兵氣纏相吞相割千百里凱歌高奏稱覇尊師丹焚殺數拾萬所得有
幾何慘旃拿破侖志一歐土萬戰不就身竄國猶偏豈若俄闢鮮卑地英攫澳洲印度
與加拿大焉葡班地小迫於海注意新地開最先只今國弱地頻削散布全美皆孫支
萬年英班必不滅以種徧地皆根萌古今國勢可以鑒勿爭朝市棄荒原英智或失愚
或得放逐或福王或憐南米有大荒逝將闢地開坤乾樓船航渡歲億千樹我種族播
我學存我文明拓我田移民迅速殖千萬立新中國光亘天既救舊國闢新國我族既
安强且堅雖未大同天下樂我願庶幾救顚連嗚呼不知何時償此願突兀獨立落機
雪峯顚

雪如復以蟲天二十三章見寄。以簡單之辭。說微妙之法。得未曾有也。視昔人禽言之作胥壞矣。愛不忍釋。錄餉同嗜。

螢爾不炦爾明而戕爾生吁嗟乎螢明固爾之天職也爾烏能全爾生以炦爾明螢

蛛爾之智不如愚爾智在殺爾其智之賊乎蛛

蠹爾禍文字耶。文字禍爾耶。抑爾之嗜耶。蠹

蝜蝂蝜蝂、爾之勞勞。爾誰逸也。蝜蝂蝜蝂。爾之勞勞。爾其性耶。抑爾習也。蝜蝂

爾巢于人睫。人不爾麾也。爲爾之瑣瑣。無可疑也。爾恃而不戒。岌岌其終危也。蟭螟

一切衆生。各有倚著。師爾之智。自繭自縛。蠶

火炎炎而撲之。而勇可師也。而無成可悲。雖然。天下事未可知也。而之成其終有時。

蛾

爾飲爾啄。膏與脂。爾瘠所天以自肥。嗚呼。膏與脂至有限也。爾胡爲乎來。蚩蚩。蝨

爾不知生車難耶。爾以一刹那之生。作無量壽觀耶。抑無可如何而自閒耶。蜉蝣

爾腹有物。爾能字之。化非類爲類。惟至誠而無私。嗚呼爾之仁可師。蠙蛣

蜂。爾之勞逸。誰所均也。豈爾君之所役。爾爲其順民也。嗟乎。爾之有君。將以羣其羣也。爾之勞逸。胡不均也。蜂

伏尸百萬。轉戰千里。異族用命。遇災知徙。殊能可驚。奇慧可喜。嗟嗟。慧爲戎首兮。能爲禍。與自殄其類兮。作俑可誅。蟻

爾朋遊而不爭爾翔洽乎天和爾逍遙其樂生爾幸福其最多蝶

供汝食者有阿屯之微生汝曷爲終日營營汝不終日營營其不能厲彼以自養也

蠅吾不汝憎蠅

爾與龜之相憐其合以天偉哉造化不期然而然曷所名其蚩妍蛇

爾雄伏而雌飛爾雄粥粥爾雌跂跂伊爾之自爲蟋蟀

而不自有其明而假目以爲生目之去汝兮而誰與行水母

爾自味其味也雖享爾以八珍不能奪爾嗜也爾自臭其臭也雖薰爾以都梁不能易爾臭也蜣螂且

天不可信而可信也而無營而不飢天可信而不可信也而之族將夷而沓嗟而涕洟而雖悔何追信天翁

爾之相依不可離也相生相養無差池也能自愛愛他誰謂爾無知也造化之所爲耶抑缺陷爾自彌也海葵海和尚

嗟爾之微能造世界不可思議爾何狡獪我佛有言是不足怪納須彌山我僅一芥

文藝二

珊瑚蟲

芸芸大千微爾無牛爾雖渺乎是生生之所萌鯤鵬雖巨而難爾爭阿彌巴

爾，何所慕而幻人，相爾如腦鏡能納萬狀何所構造而孕諸妄佛說羯摩爲爾懷懀

人類萬年厥亥無恙精蟲

雜纂一

大清刑事民事訴訟法（續第八十一號）

第二章之續

第三節 關提

第三十八條 凡關提逃往公堂管轄境外之刑事被告人無論係在何處公堂於未發票之先令發拘票人清心矢誓並察核呈內所稱犯事及藏匿各節實屬可信然後准其所請簽發拘票另備公文飭令差弁或巡捕前往關提

第三十九條 關提被告之拘票內須將原告被告姓名住址事業被控事件犯罪月日及逃匿處所逐一載明

第四十條 持票之差弁或巡捕親賚公文至被告逃匿處所之公堂呈遞經公堂官

員驗明該票合格卽於票內簽押蓋印添派差弁或巡捕數名協同持票之差弁或巡捕前往偵緝

第四十一條 緝獲之後將該被告解至協緝之公堂審明實係票內所指之人卽交持票之差弁或巡捕解回發票之公堂審訊

第四十二條 如協緝之公堂審明被拿之人並非拘票所指之人或其人向在該處居住並非藏匿應卽釋放或其人係應提之人能取具妥保保其必到發票之公堂聽審者則令取保釋放

第四十三條 如解至發票之公堂原告不能證實其罪被關提之人可向公堂控原告並主使及指引之人按律分別治罪或索取賠償

第四節 拘留及取保

第四十四條 凡人無論所犯何罪如非有裁判權之公堂不得將該犯審判拘留或監禁

第四十五條 凡人無論所犯何罪被拿之後立刻送公堂審訊自被拿至審訊之時

拘留不得逾二十四小時

第四十六條　凡人被拿如因人證不齊或因他故不能於二十四小時內審訊准由承審官展限至多不過七日期滿即將該犯提堂審訊若人證尚未齊集或因有合理事故不能審訊者准將該案再行展限惟每次展限均不得逾七日統計展期亦不得逾十次倘逾十次尚不能審判者公堂應將被告人取保釋放

第四十七條　除叛逆謀殺故殺强刦並他項重罪之案不准取保外其餘各案被告均應准其取保候審於停審期內亦不得將被告拘留

第四十八條　凡被告遵傳到案如審訊未完展期再審應准其歸家令依限到堂聽審

第四十九條　凡例應拘留之被告於審訊中應另置一所不得與已定罪之犯人同獄監禁例准取保尚未覓有保者亦同

第五節　審訊

第五十條　凡公堂審案承審官應照列左各項辦理審訊民事案件亦同

一 令原告親身到堂

二 令被告親身到堂

三 兩造證人隔別訊問

四 於審訊原告及兩造證人之先申明警戒令其不得虛僞

第五十一條 無論刑事民事案件原告及兩造證人須矢誓後方可供證不允矢誓者清心據實供述亦可如查有砌詞誣告或供詞故意虛僞等情即處以一千元以下之罰金民事案內之被告亦同

第五十二條 凡審訊必先訊問原告令其將所控之事並確知確見之實情詳細供述訊畢聽其任便歸家

第五十三條 原告供詞應由公堂飭書記照供記錄向原告朗誦一遍或令自閱然後籤押

第五十四條 承審官應准被告或所延律師得向原告當堂對詰

第五十五條 原告供述後承審官即據所控情節向被告詰問

第五十六條　如被告承認被控之罪承審官無須訊取他人供詞即照犯罪情形依律定擬

第五十七條　如被告堅不承認被控之罪承審官即分別令原告各證人供證實情飭書記照供記錄向各證人朗誦一遍或令自閱然後籤押

第五十八條　被告或所延律師均准向原告各證人對詰

第五十九條　被告或所延律師對詰原告各證人後原告或所延律師亦可覆問原告各證人

第六十條　原告並各證人均已供證後承審官即令被告申辯

第六十一條　被告申辯供詞亦飭書記照供記錄向被告朗誦一遍或令自閱然後籤押

第六十二條　被告申辯後如被告亦有證人准該證人代爲供證

第六十三條　被告各證人之供詞飭書記照供記錄向各該證人朗誦一遍或令自閱然後簽押

第六十四條 原告或所延律師亦准向被告各證人對詰對詰之後被告或所延律師亦可覆問被告各證人一如第五十八條第五十九條所載辦理

第六十五條 凡失而復得之物或相爭之物或可爲原告或被告作據之物均須當堂核驗

第六十六條 如證據未齊原告或被告尚願再呈他項證據公堂可將該案展期審訊使兩造得以齊集證據

第六十七條 如查出原告或被告所請展限係因耽延時日起見應即駁斥

第六十八條 原告被告及兩造證人均各供證後准被告或所延律師向承審官伸論曲直原告或所延律師亦可當堂覆辯

第六十九條 凡遇重大案件於原告及各證人供證後被告及各證人未供之前應准被告或所延律師當堂評論原告所控之是非並將如何覆辯之處先行略述

第七十條 原告被告及各律師對承審官伸論後承審官即將兩造證據供詞細心研究秉公判斷

第七十一條　如原告及被告均未延聘律師亦不諳訴訟條例者則凡審訊兩造及各證人等事均歸承審官辦理該承審官必須秉公審訊

第七十二條　凡審訊終結即定裁判之期先期知會該案原告被告及各律師屆期到堂聽候宣告判詞

第六節　裁判

第七十三條　凡裁判一案審案官應將左列各項細心研究

一　兩造各證人之名譽若何所供是否可信

二　兩造所呈之證據

三　兩造前後各供有無自相牴牾之處

四　權衡兩造供詞之重輕

五　權衡兩造情節之虛實

六　所呈證據是否足定被告之罪

七　證據已足是否爲法律所准

第七十四條 承審官確查所得證據已足證明被告所犯之罪然後將被告按律定擬

第七十五條 被告如無自認供詞而衆證明白確鑿無疑即將被告按律定擬

第七十六條 凡裁判均須遵照定律若律無正條不論何項行爲不得判爲有罪

（此條係指新定刑律若新律未頒行以前仍照舊律辦理）

第七十七條 凡裁判旣定應將判詞對原告被告及各律師當堂宣告並將本案憑證及一切文件詳細登錄檔册以備存查

第七節 執行各刑及開釋

第七十八條 凡宣告判詞經過上控期限方爲決定然後按照下列各條分別執行各刑

第七十九條 凡應處死刑者辦法如左

一 係立决者專摺奏交刑部核覆施行俟奉 旨後將該犯處決

二 係監候者彙案奏交刑部核覆施行俟奉 旨後將該犯歸入秋審分別情實

緩決辦理

第八十條　應處流徒刑者即將該犯分別發配或留內地俱撥交罪犯習藝所工作

第八十一條　應處監禁刑者羈禁監獄酌服相當之役

第八十二條　應處罰金刑者限決定後一月內完納不得拘留逾限不完以一圓折算一日易以監禁若監禁期內補繳罰金扣除所過日數徵取餘額即予釋放（如係由笞杖改折罰金其數較少於新律未頒行以前仍照向章辦理）

第八十三條　應監禁與罰金併處者監禁期滿徵收罰金如無力完納依前條例易折監禁

第八十四條　凡裁判除死罪人犯及情節重要者分別專摺或彙奏外流罪以下人犯按照左列辦法咨行刑部存案

一　係流徒及監禁者專案咨部

二　係罰金者按季彙案咨部

第八十五條　凡工作及監禁人犯本刑期滿或遇赦者即予釋放

第八十六條　凡證據難憑或律無正條或原告所控各節間有疑竇者應即將被告取保釋放令其日後自行檢束

第八十七條　凡本刑期滿或遇赦或被告經公堂判爲無罪者自後不得再因本案拘傳審訊

第八十八條　凡應開釋者除例應沒收之物不准携帶外餘均交還本人不得勒扣

（未完）

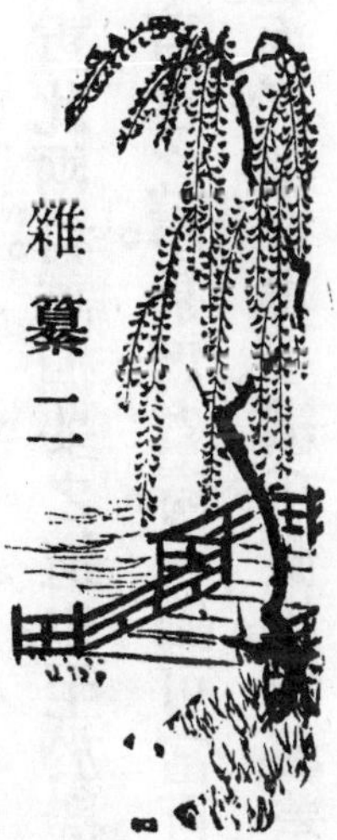

雜纂二

光緒三十一年夏季長崎商務報告冊（續第八十一號）

代理領事梁居實稿

結論

竊維今日世界商戰之世界也、實則農戰工戰之世界。生物者農、爲商家第一倉庫、製物者工、爲商家第二倉庫、農不能生物、商場中安得有原料品、工不能製物、商場中安得有製造品、是無農無工、即無商也。中國地處溫帶、氣候適宜、土壤肥沃、物產繁殖、是天然一大農國也。種族聰秀、人多巧思、丁口蕃滋、至達四億、是天然一大工國也。大農國大工國、即大商國也。通商以來、外人因其農工業之膨脹、無所宣洩、萬流爭趨、滔滔東注、群以我國爲全球商界之尾閭。且挾其資本家之厚、託辣斯（美國鉅商、合數十百公司、爲一大公司之名、）

之雄。高掌遠蹠。龍斷一世。至今日尤有倒海排山之勢。論者謂自今世界上。將無第二等商人立足之地。當此之時。使徒以商敵商。實難制勝。惟有力爭上流。以農敵之。以工敵之。庶幾其有濟乎。雖然。竊又以中國現狀揆之。新農學雖未興。而地質實冠環球。故所出土產。尚稱最良。惟工藝一道。素鮮研求。故輸出之品。悉屬生貨。并無熟貨。外人購我原料。一經製造。還而輸入我國。而攘奪我利。其失計莫甚於此。且自化學之興。能分原質而爲他質。即能合他質而爲原質。離奇變化。不可思議。故如蠶絲。如象牙。如樟腦。如雞蛋。皆可以他質造之。人力所成。雖不及天然之美。然將來精益求精。其巧奪天工之極。烏能測其所至。是土產之可恃與否。或者仍在可知不可知之數。然則權其害之輕重。事之緩急。尤以工戰爲第一要義矣。工戰之術。以理化爲體。以機器爲用。體用兼備。斯工藝可興。何則。物理之不明。烏能用物。化學之不精。即能用物而其用仍不廣。故工業學校。必注重此兩科。誠握要之道也。至於機器之功效。一人可抵百人之功。是爲省力。一日可畢百日之事。是爲省時。一錢可當百錢之用。是爲省費。力省時省費省。故其成本也必輕。而又整齊畫一。纖巧微妙。無參差不同式之弊。無粗拙不適用之嫌。故其製物也。更必精良。價廉貨美。購買家有不歡迎恐後者乎。購者愈多。工業愈盛。即商務益興。其勢相因而至。不待計而可決也。抑又嘗攷日本明治之初。輸出之貨。亦鮮製品。於是乃亟亟昌言藝學。創設工藝學校。幷派中學卒業學生游學歐美。其後以爲高等專門學業。非十年八年不能成材。其收效甚緩。又以爲有技師（頭等工匠、日人稱爲技師、）而無技手（二等以下工匠、日人稱爲技手、）亦不能振興工藝。且無以濟無業之窮民。於是復廣開手工學校。多募集貧家子女。傳習之。但求能因。不求能創。但求能操其業。不求能究其理。十年以後。風氣大開。自庸夫豎子。皆能各執一業。自食其力而有餘。而商務因之勃興。即至工廠林立。亦能各效指臂之用。而免有身無臂有臂無指之嘆。中國生齒之繁。甲於地球。利用之則爲天下莫富之國。不利用之。則爲天下莫貧之國。利用者何。工藝是已。工藝又宜擇其不能用機器。但能用手工。或半用機器。半用手工之製造品。先行着手。非特通材難以速成。機器不易驟辦已也。誠以以機器敵機器。充其量不過與泰西僅足相當。以手工敵手工。則西工人少而價貴。華工人多而價廉。且勤力耐勞。馴良服從。西工皆不如。華工從此抵制。必操勝算。擴而充之。久將無敵於天下。夫中國常以人滿爲患。似此則轉收人滿之益此利用之說也應請仿照日本辦法。於內地廣開手工學校。并派員多帶學生。入日本各學校工廠。學習手工製造之法。該員除照料學生外。專事攷察。大約照各校廠規則，有一年半年畢業者。亦有二三月可畢業者。畢業歸國後。可充學校教習。或工廠技師。其考察之員。則可爲學校及工廠管理人。其學校即附設於工廠之旁。以資學生實地習練。學校工廠以外。并仿日本多設勸工場。博品館，陳列所。工藝試驗場，貯蓄銀行各等。又以時開博覽賽會。爲工人比較優劣之地。似此轉相傳授。互相觀摩。不久將播諸通國。至製造日精。貨物充物。何患商務之不勃然興哉。不特此也。又可以紓海外華工之慘。今即以福建廣東論之。地窄人稠。山多田少。游民衆多。倍於他省。束手坐困。無所取食。故往往流離四散。遠涉重洋。棄家室。別鄉井，茹辛嘗苦，忍辱含垢。爲外人奴隸牛馬。藉以苟求一日之生活。至荆棘已披，蠶叢已闢。則又以操作動工價廉之故。爲彼族工黨所忌。百方苛虐。甚至下令逐客。必使之無容足之地而後已。假使內地工業繁興。足以贍其家而餬其口。何至慘怛若此。此又工事足以救農事之窮者也。且可以清內地土匪之源。人孰不愛其生命。苟非窮凶極惡。必無愍不畏法。甘趨死地者語有之曰。飢寒切膚。雖慈母不能保其子。又曰。鳥窮則啄。獸窮則搏。人窮則惡。豈其天性然耶。抑其勢固有所迫而來者乎。日漸月積。相習成風。一旦橫決。不可收拾。或援治亂國用重典之說。草薙而禽獮之。夫豈不收一時之效。然窮鄉僻壤。生計困難兵燹之餘。蕭索尤甚。衣食之源未開。身家之累無已。欲歸農而無田可耕。欲作工而無業可執。迨至窮無所之。終恐故態復萌。不久又蠢然思動。此所以一治一亂。循環迭生歷浩劫而海宇迄無甯歲者歟。果使人有謀生之路。家無遊手之夫。足以仰事俯畜。養生送死。聚家人父老含哺鼓腹。優遊鄉里間。以終其天年。雖毆之爲盜賊。有以知其必不爲也。此尤工政足以補兵政之缺者也。中國比年來定商律。開商學。立商會。設商報。凡屬商務中要政。莫不百廢具舉。復於京師上海。創建實業學堂。由北京工藝局推之各省。次第亦設工藝廠。派出東西洋學生。工科一途。人數漸增。仰見

商部於恤商之中。兼寓惠工之意。規模宏遠。區畫精詳。海外商民。同深欽感。領事　才庸識淺。百無知能。辱蒙

欽憲札充長崎代理領事。兩月以來。悉心考查。謹將本埠商務情形及管窺所見。冒昧

上陳。是否有當。伏祈俯察。

（已完）

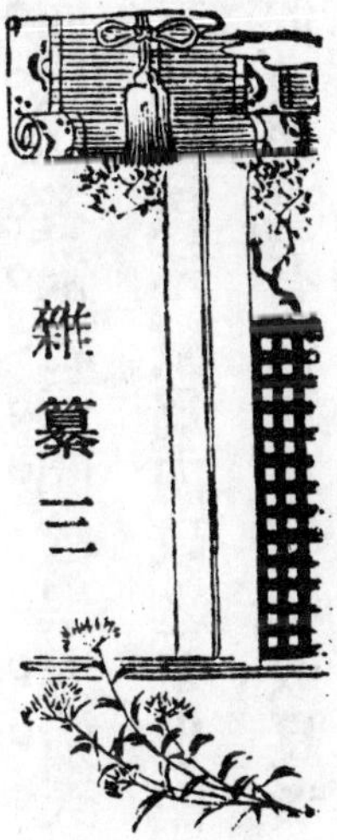

監獄改良兩大綱

投稿

獄政之良否一國之文野所關故英諺有云。入其國先觀其監獄則其內政足見一斑。旨哉言乎。攷日本今國獄費每年五百餘萬。（據明治三十七年司法省監獄統計年報本年支出額五百三十五萬七千三百三十一元收入額一百〇六萬二千〇七十七元）泰西各國可想而知。且夫地球開明諸邦。豈樂傾國帑厚罪囚沽世界文明之譽哉。以爲非此則獄制不完。獄制不完則終不能達刑期無刑之目的。羣居終日無所事事。監獄將爲研究罪惡之學校。故日講求所以改良進步之道。雖勞力費財而有所不得已也。嗚呼。我國監獄。往者不可諫矣。來日方長。吾知其難忍而與此終古也。或者曰。我國若欲收回領事裁判。非改良監獄則外人鄙我爲野蠻。將不服我法權。其說是矣。雖然。此猶僅對外一方面言之耳。夫監獄者。內政之一。且人民生命財產名譽之所關非細故也。外國人不居黑闇監獄。豈本國人遂無所不可歟。收回領事裁判方改良監獄。豈未收回領事裁判。遂聽其污穢不治歟。況刑罰者。所以全善良懲奸宄昭公道者也。監獄不治。則罪大惡極者擅作威福。鳴寃求直者苦海沈淪。孔子曰。刑罰不中則民無所措手足。哀我人斯。何年得見天日矣。閒嘗讀路溫舒尚德緩刑書。至天下大患莫深于獄。改法亂正。離親塞道。莫深乎治獄之吏。又曰。秦有十失。其一尚存。治獄之吏是。盖未嘗不掩卷太息而歎監獄改良之不可須臾緩也。雖然第云改良。將提綱挈領而後從事。爲百年長久之計歟。抑支支節節。蒙首盲進。苟且于一時也。於是爲之四顧。爲之躊躕。思得牽一髮而周身俱動之法。則有不能不留意之兩大綱在。

(一)統一獄制

昔梁襄王之問孟子曰。天下惡乎定。孟子對曰。定于一。一之時義大矣哉。法不一致而坐理政不統一。而成功者未之前聞。故聖人治天下。所由汲汲于一道德而同風俗者此也。今我國士夫。知監獄不整爲內政之着也。監獄改良之議。於是以起。其在各行省。有已着手實行改良者焉。有欲着手實行改良者焉。是可爲我國監獄前途賀、所可慮者。全國監獄行政。無統一之機關。甲省所改之獄制。與乙省所改之獄制不同。丙府縣所改之獄制。與丁府縣所改之獄制則又不同。無一定之標準。一定之宗旨。自爲風氣。其弊。殆不可勝言。何則。夫監獄胎源于刑法。二者必須一氣。不待智者而知。如各省自立獄制。其能一一與刑法吻合不相衝突乎。況監獄主義亦正不一矣。有雜居制。有分房制。有折衷制。一國之監獄。必有一定之主義。而後有一定之結果。若彼省採甲主義。此省採乙主義。譬如無舵之舟。無的之矢。其能登彼岸達目的者。蓋亦鮮矣。且近世監獄。其中殆無所不包。其紀律之森嚴也。宛如軍營。其查檢防範之精密也。宛如警察。衛生清潔。有醫院之精神。教化薰陶。具學校之性質。工作百種。工場無其煩難。會計出入銀行無其瑣碎。物品賣買。商店無其紛繁。泰西謂監獄爲一小天地。良非誣也。夫以複雜之事業。使無統一之法制以馭之。其不如治絲而棼者。蓋亦寡矣。監獄築造無定見。理事無定員。經費無定額。統計無定式。休作無定時。遇囚無定規。參差不齊。自相矛盾。于將來改良進步上。生一大妨礙。勢不至另起爐灶不可。夫爲世界分房監獄制之先進。于獄史上最有名譽。且最占勢力者。非北美合衆國乎。乃至今日。比較歐洲各國之監獄反日形其退步者。則以其無統一全國監獄之機關以致各邦之獄制不同各監之獄制又不同甚至同一監獄有時因政界改選之更變典獄交迭之頻繁前後迥殊其管理方法故也夫以美洲之文明無統一獄制之機關弊且如此況我國改良着手之初而可以不愼乎然則如之何而後可曰必也由中央政府頒定監獄法于京師設監獄總局于各省設監獄分局總局統一全國之獄政分局統一全省之獄政各府縣監獄聽命于分局各省分局聽命于總局夫而後脈絡一貫事得其序攷世界監獄稍整之國。無不有統一監獄之最高監督權者但有以之統一于內務省。視監獄爲行政之一者。如英吉利俄羅斯等國是有以之統一於司法省。視監獄爲司法之一者。如日本、荷蘭、比利時、墺大利、等國是有以之統一于獨立之局部。視監獄爲特別之事務者。如瑞典、伊大利、等國是。統一之法雖不同而其爲統一主義則一由是以譚我國不欲改良全國監獄則已。如其欲之。則非定獄制立獄局設統一之機關竊恐俟河之淸倘無整齊劃一之一日勞力無功費財鮮濟尤其小焉者也

(一)培養獄官

獄制定矣。獄局立矣。統一之機關設矣。監獄改良之事。遂止于此乎。未也。獄制即如何完善。使獄官未得其人。非特行之無効也。弊且滋甚。雖然。爲獄官者。不患無學問。特患無天良。不患無才能。特患無公德。原夫國之有罪犯。猶人之有疾病。罪犯者。國之疾病也。人有疾病。不能不治。國有疾病。不能不醫。罪犯之入監。其猶患者之入病院也歟。病院活患者之生命。監獄復罪犯之天良。監獄之需良吏。猶病院之賴良醫。非慨惻慈祥之君子。未足以語及此也。故獄官在文明國。爲最清潔最高尚之職員。或者曰。如子所云。獄官之品格如此其高。責任又如此其重。夫人才難得。自古已然。我國改良之始。安所得如許之良吏而任之。曰是不難。管子不云乎。一年樹穀。十年樹木。百年樹人。一樹一穫者穀。一樹十穫者木。一樹百穫者人。況我國獄官之所以爲世所詬病者。非僅獄官之罪也。試問我國獄官之位置果安全否。日本典獄以下苟無大過不輕解任位置朝秦暮楚。而欲其一意奉公。其可得歟。又試問其俸給果優厚否。日本典獄年俸六百元以上千八百元以下俸給之外又有恩給金遺族扶助金退隱料治療料弔祭料手當等金俸給不足以仰事俯蓄。而欲其廉正自持。又可得歟。世有購千里馬者。日食以粒餓不能行。則曰世無良馬。嗚呼。世豈眞無良馬哉。雖然。獄官之位置安全矣。俸給優厚矣。然不學無術。尚未足以任事也。乃立監獄專門學校。加之以教學。其所用而用其所學。如是有不一心國事日起有功者。蓋亦鮮矣。攷日本監獄改良。知獄官不得其人不足以奏効也。乃于明治廿三年。開設監獄專門學校。養成上級司獄官。第一期修學期限爲六個月。卒業後分遣爲各地典獄。政府見其著有成効。益懸養成獄官爲第一要着。復于明治卅二年。又開設監獄專門學校于東京。其入學生徒。別爲甲乙二種。甲種由全國現任上級司獄官吏。（看守長）年齡四十五歲未滿身體健全者選拔之。以六個月爲卒業期。乙種由中學卒業。及有同等學力。年齡三十歲未滿。身體健全者選拔之。以一年爲卒業期。其所教之科程。爲監獄學。監獄衛生。刑事心理學。統計學。身體測度法。免囚保護法。刑法。刑事訴訟法。體操。實務練習。及憲法。民法。並行政法之大綱。（明治卅一年以來于帝國法科大學設監獄學一科其後各私立法律專門學校亦添監獄學一科）入第見日本今日獄政之進步。日新月異而歲不同。而不知其培養獄官。實事求是。爲已久矣。昔黃梨洲先生云。有治法而後有治人。吾則曰有教育而後有治人。孔子曰。仕而優則學。學而優則仕。又曰。君子學道則愛人。小人學道則易使。言不可不受教育也。況我國幅員之廣。若徒以改良監獄一紙空文。遂欲各省齊起實行。勢必有所難能。擬改良着手之際。先設中央模範監獄（設于國中交通便宜之處尤佳）附屬監獄學校由各省派官吏而習之。（每省約十名上下）一面教以監獄理論。一面使其在監實地練習不出一年足以畢業運用乃將畢業者分歸原省設全省模範監獄附設學校養成各府縣獄官如初如是者不出十年全國獄官已足敷用即全國獄制亦不難普及譬之樹藝五穀播種及時苟非災害有不指日收穫者未之聞矣按部就班世無不可爲之事先教後用世無不可任之人天下不患無良才而患無良匠歐陽子洵不我欺矣。

今我國當局。知外交失敗。由于內政之不修也。乃編纂新刑法。除去酷刑。且刑民事訴訟法。業已告竣。將見諸施行。民生憔悴。從此其漸蘇乎。孟子曰。今國家閒暇及是時。明其政刑。雖大國必畏之。作者有厚望焉。惟刑法既更。則監獄不能不改。乃不揣固陋。著改良監獄兩大綱。聊盡國民責任。至其條目如何。則新律未布。無從着筆。閱者諒之。

雜錄三

雜俎

中國鐵路一覽表

工事既竣全部開通者用◎工事及半或已開車者用●指定路線尚未開工者用○未能决定者用△

揚子江以北

◎津榆鐵路	山海關至天津	英國出資及管理
◎營榆鐵路	山海關至營口	英國出資及管理
◎關外鐵路	溝帮子至新民屯	中國自營
◎京津鐵路	天津至北京	中國自營
●京張鐵路	北京至張家口	中國自營
○熱河鐵路	北京至承德府	中國自營
◎京漢鐵路	北京至漢口	法比兩國出資比國管理
○津鎮鐵路	天津至鎮江	英德兩國經營
◎膠濟鐵路	青島至濟南府	德國經營
△德正鐵路	德州至正定府	德國要求中
△東豫鐵路	袞州至開封府	德國要求中
●清濼鐵路	小清河至濼口	中國自營
○烟濰鐵路	煙台至濰縣	中國自營
△青沂鐵路	青州至沂州	德國要求中
○豫海鐵路	開封府至海州	中國自營
●正太鐵路	正定至太原	法國資本俄國經營
○西潼鐵路	潼關至西安府	中國自營
●澤浦鐵路	澤州至浦口	借英國資本
○潞安鐵路	潞安至邯鄲	借英國資本
○河南沙市鐵路	河南至沙市	借英國資本
●汴洛鐵路	開封至洛陽	比國經營
○浦信鐵路	信陽至浦口	借英國資本
○川漢鐵路	漢口至成都	中國自營

雜俎

揚子江以南

◎淞滬鐵路	上海至吳淞	歸併滬甯
●滬甯鐵路	上海至蘇州南京	英國資本及管理
○蘇杭甬鐵路	蘇州至杭州甯波	現正收歸中國自營
○蘇嘉鐵路	蘇州至嘉興	中國自營
○蕪廣鐵路	蕪湖至廣德	中國自營
○粵漢鐵路	廣東至武昌	中國自營
○九廣鐵路	九龍至廣東	英國經營(中英合辦)
○黃埔鐵路	廣東至黃埔	中國自營
●潮汕鐵路	潮州至汕頭	中國自營
○九南鐵路	九江至南昌	中國自營
○閩廣鐵路	厦門至廣東	中國自營
○漳厦鐵路	厦門至漳州	中國自營
◎三佛鐵路	三水至佛山	中國自營粵漢支路
△廣西鐵路	廣東至南寧	中國自營

二

△柳桂鐵路	柳州至桂林	法國要求中
△思龍鐵路	上思縣至龍州	法國要求中
○滇緬鐵路	雲南至緬甸	英國經營
○雲貴鐵路	雲南至貴州	中國自營
○滇蜀鐵路	雲南至四川	中國自營
○黔蒙鐵路	黔西至蒙自	中國自營
○越南鐵路	老開至雲南	法國經營

滿洲及蒙古

◎東淸鐵路幹綫	滿洲	俄國經營
◎東淸鐵路南綫	哈爾賓至長春	俄國經營
◎南滿洲鐵路	長春至大連	自俄國割歸日本
◎南滿支線	一蘇家屯至撫順	自俄國割歸日本
◎南滿支線	二南關嶺至旅順	自俄國割歸日本
◎南滿支線	三大石橋至營口	自俄國割歸日本
◎南滿支線	四煙台煤礦	自俄國割歸日本

◎奉安鐵路	奉天至安東	日本軍用線
◎奉新鐵路	奉天至新民廳	日本布設
○長吉鐵路	長春至吉林	有中日合資之說
△黑龍江鐵路	齊齊哈爾至墨爾根	中國企畫中

邊疆

○伊犁鐵路	甘肅蘭州伊犁間	中國自營
○川藏鐵路	成都至西藏	中國自營

雜俎

清國北京張廷彥校閲
陸軍通譯平岩道知著述

日華會話筌要

洋裝全壹冊正價金四拾五錢郵税八錢

平岩先生用特有之學才與多年之經驗編輯是書更由張廷彥先生嚴加校訂則其材料之豐富發音之正確不待多贅也

發音　有期無氣無氣窄音潤音捲古音撮口音等各節辨析錙銖靡有餘蘊猶面接良師親受其敎

單語　名詞代名詞形容詞等二千餘網羅無遺謂之爲最良之字典可也

會話　無論如何事物凡日常通行之語言盡數撮錄其解難者亦皆收在其中又對照慣用語句繁簡允得其宜

附錄　清日兩國府縣郡市府州省城等地名對照兩國聲音更貼付貨幣制度一覽表故日人欲學清語者及清人欲習日語者不可不置諸座右備一本之寶典也

新刊

格致塾主松村政親編著

漢譯日語要覽

洋裝全壹冊正價金四拾五錢郵税四錢

凡到于異邦不通其邦語者則同啞者感其不便幾何乎以是爲第一不可不知其邦語也方今清國人士來于日本者日益加多隨漢譯日語之著書雖亦甚多而乏於簡便適切之者著者年來於其私塾敎授於清國學生玆有所見且應其門生之希望而所以有此著也本書始說音格以便知日本語音字次說言格以便解日語之構造次分類名詞爲三十五稗而纂輯三千餘詞次分類日常適切之會話千十三部門而揭之矣本是爲便于獨習苟繙本書熟讀翫味則容易得解日語且說之又以其製本者小形其編流者分類而便于披覽常袖之臨時閱繙則以爲應梓之援而遂可得無發啞者之歎眞以爲好箇之書也

贈呈　圖書名目備載號張現在印刷諸君倘欲賜覽者即祈將四錢郵票來知弊堂待印刷成從速寄上以便翻閲專此佈聞

發行所　東京市神田區雉子町　特電話木局壹四八　合資會社　岡崎屋書店

陸軍教授 依田雄甫先生著

漢文最新萬國形勢指掌全圖

石印七彩地圖二十張
人物風景寫眞版十張統計表廿四頁
價貳元五角 小包郵費三角五分

是爲現今所存最良最美精圖。是以直隸總督袁宮保。前兩江總督魏制台。學部侍郎嚴大人。日本駐劄楊公使。軍機處存記三品朱大人。直隸學校司參議丁大人諸公般勤賜書稱賀不已。今寫諸公眞蹟揭之卷首。是亦爲不易得。大方諸彥幸購一本閑窓披覽可卧遊于五大洲也

文學博士 重野安繹●河田羆兩先生同輯

支那疆域沿革圖

陸軍教授 依田雄甫先生著

▲石印三彩 價叄元 小包郵費二角五分

漢譯世界讀史地圖

陸軍教授 依田雄甫先生著（揭圖製）

石印七彩 價貳元五角 小包郵費三角五分

漢文最近世界現勢指掌圖

▲石印七彩 價貳元五角 小包郵費三角五分

漢文萬國史綱目

文學博士 重野安繹先生著

漢文論理學講義

文學博士 服部宇之吉先生著

▲唐本形全八冊 價貳元八角 小包郵費三角五分

漢譯單級教授法

高等師範學校教授 黑田定治先生著

▲唐本形全一冊 價六角五分 郵費六分

▲洋裝美本全一冊 價四角五分 郵費四分

發兌元 東京市神田區 合資會社富山房特約店 上海、天津、北京、其他各地書局

四

橫濱上海間航路船期

敬啓者本公司常有快捷輪船鎮安、金華、安徽、三號專往來上海橫濱間沿途順經長崎門司神戶三埠每禮拜開行一次依期不悞在橫濱上海皆灣泊碼頭以便上落至于船上房位之潔淨招呼之妥當更不俟言諸君欲附本船者請向本行及各代理處購取船票可也玆將船期開列于下

每禮拜六下午由橫濱啓行前往上海

每禮拜四上午由上海啓行前往橫濱

橫濱山下町海岸七番
上海法租界洋涇濱 太古洋行啓

代理處 東京神田區裏神保町三番 中國書林
日本橋小舟町三之一 本行支店

徵求遺稿

敬白者 先伯小村公（公諱德溥一號季清）當庚子六月於浙江西安縣任所慘遭奇變後生平一切著述同成灰燼每念及此痛澈肺腑海內外前輩先生如存有 公舊作文章詩詞及論學論政之書札以至一切零編短簡統乞抄寄日本東京牛込早稻田鶴卷町二百九十番地玉水館吳業處俾得彙齊付印稍達宣揚 先人明德之微志先兄鐵樵（樵諱）生平著述亦不少並乞代爲留意感且不朽此白

達縣吳業敬啓

東洋 教育掛圖畫 無雙

品名	張數		價格
陸軍示教掛圖	自第一輯至第三輯	各一輯五張一組	各一輯金貳圓
海軍示教掛圖	同 同	同 同	同 同
天地現象掛圖	自第一輯至第五輯	各一輯五張一組	各一輯金貳圓
地文學示教圖	自第一輯至第二輯	同 同	同 同
世界地理示教圖	自第一輯至第三輯	各一輯七張一組	各一輯金貳圓八十錢
人體生理解剖圖	廿張一組	完結	金八圓
世界人體風俗掛圖	自第一輯至第三輯	各一輯五張一組	各一輯金貳圓半
工業示教掛圖	自第一輯至第三輯	同 同	同 同
農業教授用掛圖	拾張一組	完結	各一輯金四圓
家禽家畜正圖	自第一輯至第二輯	各一輯六張一組	各一輯金貳圓半
世界哺乳動物正圖	自第一輯至第四輯	各一輯五張一組	各一輯金壹圓半
植物正圖	自第一輯至第十輯	各一輯五張一組	各一輯金貳圓
喰蟲有感植物正圖	五張一組	全	金貳圓
有毒植物真圖	五張一組	全	金貳圓
救饑植物正圖	同	同	同
有益鳥真圖	三張一組		金壹圓半
鳥類正圖	自第一輯至第二輯	各一輯五張一組	各一輯金貳圓
蟲類正圖	自第一輯至第四輯	同 同	各一輯金貳圓
稻作害蟲驅除法圖	五張一組	完結	金貳圓
農作物病害豫防法圖	五張一組	完結	金貳圓
漁業示教圖	五張一組	完結	金貳圓
養蠶示教圖	八張一組	完結	金參圓
爬蟲類及兩棲動物圖	自第一輯至第二輯	各一輯五張一組	各一輯金貳圓
甲殼類正圖	五張一組		金貳圓
菌蕈類正圖	自第一輯至第二輯	各一輯五張一組	各一輯金貳圓
貝殼類正圖	二張一組		金壹圓
前世界動物圖	三張一組		金八拾五錢
魚類正圖	自第一輯至第二輯	各一輯五張一組	金貳圓
海獸類正圖	五張一組	完結	金貳圓
熱帶植物圖	自第一輯至第三輯	各一輯五張一組	各一輯金貳圓半
人體寄生蟲及黴菌圖	自第一輯至第二輯	各一輯五張一組	各一輯金貳圓
下等動物圖	五張一組		金貳圓
植物解剖掛圖	十張一組		金參圓八拾錢
兒童眼病トラホーム豫防法圖	參張一組		金壹圓貳拾錢
救急治療法掛圖	大張一組		金貳圓
支那歷朝帝王御影	全一張		金八拾錢
兵式柔軟體操圖	全一張		金四拾錢
銃砲古今沿革全圖	二張一組		金壹圓四拾錢
鑛石實寫標本圖	全一張		金參圓
世界列國旗章正圖	全一張		金五拾錢
列國帝王軍隊服裝圖	全一張		金七拾錢
世界人種相貌圖	全一張		金七拾錢
世界發明元始家列影	全一張		金七拾錢
古今軍艦沿革圖	全一張		金參拾五錢
貨幣古今沿革圖	全一張		金參拾錢
帝國陸軍服裝圖	二張一組		金貳圓
列國勳章精圖	全一張		金八拾錢
物理學示教掛圖	自第一輯至第二輯	各一輯五張一組	各一輯金壹圓半
博物集覽全圖	三十大張一組		金七圓
萬國貨幣全覽	全二張		金壹圓半

本館製造教育專門著色圖畫。偶蒙帝室御賞。名聲藉甚。亦技術巧妙。價良價廉。稱東洋無雙。無論日本全國。及朝鮮臺灣。大中小學堂無不採用本館圖畫者。本年更欲擴販路。對門增設新工場。裝置精良大印刷機。準備已成。館運旺盛。特爲中國四方君子賞需。製圖畫目錄大略如以上。東京造畫館主九拜

一本館書畫目錄壹冊。函致有命。不論遠近。即呈。來函一切要照左記本館所在地。書字無誤

○日本東京市京橋區出雲町壹番地

東京造畫館

●電話新橋七百二十三番

休寧程家檉先生纂著　日本伊藤繁延先生案圖

中國歷史教育畫

外附漢文說明書一册全部二十頁已經出版定價金五圓

團一國之精神。有如堅石。有如煉鐵。別無他道。世莫不稱曰國民教育。然其爲國民教育之利器者。則非歷史一科不爲功。中國歷史。浩如煙海。興亡之故。固不難藉教科書以傳之。而國民之眞精神。縱懸河之口。其無圖畫以相輔助。則終莫由而顯也。休寧程韻蓀先生。其經史之學。夙已蜚譽於禹域。自弱冠而負笈吾邦。前歲畢業於大學。其在東京。實留學生之最久者。以應敝局之請。爲著是圖。聯絡古今。貫串倫類。其數雖不過二十。然內準之中國社會之心理。外以合泰西教育之方法。由其精博之心胸。而出以卓越之識見者也。至其描畫神情。幾於頰上三毫。躍躍若活。呼之欲出。足令人可哭可歌。起慕起敬。誠宇內第一之歷史畫。而心乎教育者之不可不先睹爲快者矣。特此廣告。務宜家備一編。

講堂教授…漢譯　**暗射清國大地圖**

◉縱五尺　橫七尺全幅大掛圖

◉石版加彩色　定價金參圓五拾錢

發行所日本東京市京橋區弓町三松堂書局

岸田吟香著

最新五彩 萬國輿地分圖 定價一圓五十錢

五彩精密 坤輿全圖 各國旗章附 定價壹円五十錢

大清一統輿地分圖（近出） 定價金三圓

大幅加彩 軍訂中外方輿全圖 定價三円五十錢

說明書付 東西兩半球圖 石印五彩鮮美 定價二十五錢

環轉自在 地球儀 定價 徑一尺二寸八圓 同四寸一圓五十錢 同二寸二十五錢

教科適用 大清國最新圖 物產一鐵道詳注 滿洲及世界地圖付 定價五十錢

石印五彩 精校朝鮮輿地全圖 定價六十錢

發兌所 日本東京京橋區銀座二丁目 樂善堂（電話新橋六一五番） 上海河南路老巡捕房對門 樂善堂分房

橫濱販賣所（橫濱市日之出町三丁六十五番地）西勝商店

本社出版各書目

清議報全編	全十六册	八元
清議報全編	洋裝精本全八册	九元六
第一年分新民叢報	洋裝精本	四元
第二年分新民叢報	同	四元
第三年分新民叢報	同	四元
戊戌政變記		三角五
中西偉人傳		四角
節本明儒學案	洋裝精本	一元五
新大陸游記		一元
李鴻章		五角
康南海		二角
新地理		二角
德育鑑		五角

粵漢鐵路議	二角半
美國華工禁約記	一角二
美國游學指南	一角二
歐美公德美談	二分
十五小豪傑	五角半
極樂世界	二角半
電術奇談	五角半
說部腋	二角半
偵探案彙刻	貳角
廿年目睹之怪現狀甲乙	四四角
新小說 全年	四元
班定遠平西域新劇本	一角半
黃蕭養維新夢劇本合刻	一角八

甲卷

廿年目睹之怪現狀

定價四角

乙卷已出版
每册價四角

此社會小說也描寫種種情狀千奇百怪如大禹鑄鼎使讀之者忽然驚忽然怒忽然懼忽然悲怵然于人心之險世路之艱而涉世不敢不慎至其筆墨之神妙令人歎觀止焉此書曾登于新小說今其版權歸本局丙卷以次刊行

總發行所 上海 廣智書局

分售所 上海新民支店及各書坊 橫濱新民社 東京中國書林

第三種郵便物認可

洋裝出來減價四元 外埠酌加寄費

發行所 橫濱 新民叢報社

分售所
上海 新民叢報支店
上海 廣智書局
東京 中國書林